INDEPENDÊNCIA E MORTE

HELIO FRANCHINI NETO

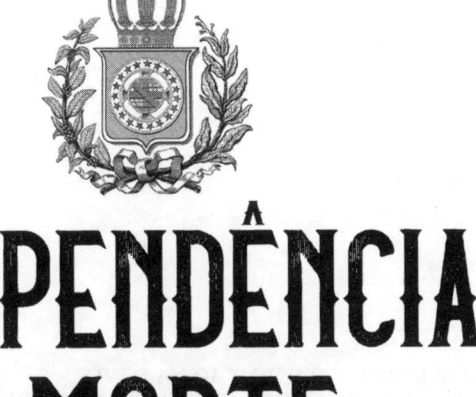

INDEPENDÊNCIA E MORTE

Política e Guerra na Emancipação do Brasil

1821-1823

TOPBOOKS

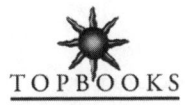

Copyright © 2019 Helio Franchini Neto

EDITOR
José Mario Pereira

EDITORA ASSISTENTE
Christine Ajuz

REVISÃO
Cristina Pereira

PRODUÇÃO
Mariângela Felix

CAPA
Miriam Lerner | Equatorium Design

DIAGRAMAÇÃO
Arte das Letras

CIP-BRASIL. CATALOGAÇÃO NA FONTE.
SINDICATO NACIONAL DOS EDITORES DE LIVROS, RJ.

F89i

    Franchini Neto, Helio
    Independência e morte: política e guerra na emancipação do Brasil (1821-1823) / Helio Franchini Neto. – 1ª ed. – Rio de Janeiro: Topbooks, 2019.
    673 p.; 23 cm.

    ISBN 978-85-7475-286-0

    1. Brasil – História – Independência, 1822. I. Título.

19-57818   CDD: 981.04
                                                     CDU: 94(81)"1821/1823"

TODOS OS DIREITOS RESERVADOS POR
Topbooks Editora e Distribuidora de Livros Ltda.
Rua Visconde de Inhaúma, 58 / gr. 203 – Centro
Rio de Janeiro – CEP: 20091-007
Tels.: (21) 2233-8718 e 2283-1039
topbooks@topbooks.com.br/www.topbooks.com.br
Estamos também no Facebook e no Instagram.

SUMÁRIO

PREFÁCIO 11
INTRODUÇÃO 17

I – O BRASIL DE 1822

Um Brasil em 9 de janeiro de 1822 31
As províncias entre Lisboa e o Rio de Janeiro 53

II – A CONSTITUINTE "LUSO-BRASILEIRA"

A convocação das Cortes Gerais em Portugal e no Brasil 63
As Cortes em seus primeiros momentos 83
Regeneração vs Recolonização 92

III – UMA REBELIÃO ARMADA

O Fico e o enfrentamento militar 121
As "Províncias Coligadas" 164
Da Rebelião à Independência 196

IV – A MOBILIZAÇÃO MILITAR

A mobilização militar do lado pró-Rio de Janeiro 219
Do outro lado do Atlântico 252

V – GUERRA NO CENTRO ESTRATÉGICO: BAHIA

A situação política baiana e os primeiros confrontos 281
Da indecisão à adesão 306

A fase regional da guerra 324
Do Pirajá a Itaparica 347
A guerra de posição 361
A Marinha rompe o cerco 378
O 2 de Julho e a incorporação da Bahia 394

VI – O TEATRO DE OPERAÇÕES NORTE

O Piauí e a Guerra do Fidié 401
    A província do Piauí, a Revolução do Porto e a ordem militar 402
    A mudança dos ventos: a revolta em Parnaíba 414
    Fidié toma a ofensiva e os revoltosos se retiram 418
    A sustentação do conflito pelas outras províncias:
        a participação do Maranhão, Pará e Ceará 423
    Revolta em Oeiras e a Batalha do Jenipapo 433

Maranhão: a fidelidade a toda a prova 447
    Preparando os novos tempos: o Maranhão no início dos anos 1820 447
    A adesão à Revolução do Porto e a fidelidade às
        Cortes portuguesas 453
    O contra-ataque: as operações no interior, nas margens
        do Parnaíba e o caminho para Caxias 467
    A luta em Caxias: a resistência de Fidié 480
    A hora da decisão: a incorporação do Maranhão
        à Independência 485

Pará: o início e o fim de um processo 492

VII – CISPLATINA: O CONFLITO ESTRATÉGICO DO SUL

A situação político-estratégica em 1821 523
Entre Lisboa e Rio de Janeiro 534
O cerco a Montevidéu 548
A partida das tropas portuguesas 564

VIII – O PÓS-GUERRA E O RECONHECIMENTO DA INDEPENDÊNCIA

A mudança dos ventos no Brasil e as ações
  de Portugal e Reino Unido 571
O desenrolar das negociações 601

CONCLUSÃO 625
APÊNDICE: Breve olhar sobre o significado da "guerra" 641
AGRADECIMENTOS 644
FONTES E BIBLIOGRAFIA 646

PREFÁCIO

Francisco Doratioto
(Universidade de Brasília/ Instituto Rio Branco)

Aproxima-se o bicentenário da Independência brasileira. Na realidade, o Brasil deixou de ser colônia em 1815, quando se tornou parte do Reino Unido de Portugal e Algarves. Em 1822, romperam-se os vínculos com esse Reino para criar-se um Estado independente, o Império do Brasil. São 200 anos de Independência e deixamos de ser um Estado jovem, argumento brandido no passado por aqueles que buscavam explicar nossas mazelas, como as estruturas sociais profundamente injustas e os comportamentos políticos autoritários ou populistas. A juventude foi-se e ainda não conseguimos chegar a definir claramente qual Brasil queremos construir e de como chegaremos a ele. Essa definição os brasileiros procuravam a partir de 1822. É melancólico constatar que, passados dois séculos, continuamos a procurá-la, com os atrasos – social, econômico, político e ideológico – a imobilizar-nos como bolas de ferro presas a nossos pés, enquanto no horizonte a modernidade desfila perante nossos olhos, parecendo estar quase ao alcance de nossos dedos, mas escapando entre eles.

Nos primórdios da Independência também a opção da modernidade apresentou-se, no projeto defendido por José Bonifácio, e foi vencida pelo conservadorismo. O bicentenário é uma oportunidade de reavaliar nossas origens, de compreender como aquelas que habitavam o espaço territorial que hoje é o Brasil fizeram ou resistiram à Independência, o que esperavam dela e de compreender como se construiu um Estado que, em contraste com o que ocorreu com a América Hispânica, conseguiu manter a unidade do espaço territorial herdado do período colonial.

Vejo a obra *Independência e Morte* como parte dessa reavaliação, resultando ela de anos de pesquisa em extensas fontes primárias e secundárias, trazendo novas informações e lançando esclarecedoras luzes sobre outras já conhecidas. Helio Franchini Neto apresenta-nos o processo de Independência, a manutenção da unidade territorial e a construção do Estado Monárquico, desvendando as articulações entre as dimensões política e militar. O fato de o Rio de Janeiro dispor, em 1822-1823, de força militar, limitada mas operacional, permitiu-lhe construir a estratégia para impor a unidade territorial e, mesmo, a independência às províncias brasileiras recalcitrantes em romper com Lisboa ou em obedecer Pedro I. Vê-se, nestas páginas, que as guerras de independência foram travadas em meio a pressões políticas, a disputas internas e à contenção das reivindicações a escravos, mestiços e brancos pobres.

A Independência do Brasil foi condicionada pela situação europeia nas duas primeiras décadas do século XIX. A invasão napoleônica de Portugal levou à retirada do governo português para a América, o que possivelmente retardou a independência política mas, por outro lado, permitiu, já em 1808, o fim da dominação econômica do sistema colonial. Nesse ano, ao chegar a Salvador, na Bahia, vindo de Lisboa, o príncipe regente D. João abriu os portos brasileiros para o comércio com países amigos, pondo fim ao monopólio comercial, deixando o Brasil de ser colônia econômica. No plano político deixou de sê-lo em 1815, com a elevação à condição de Reino Unido e, então, inverteu-se uma realidade de três séculos: o Brasil, com a permanência de D. João no Rio de Janeiro, tornou-se o centro do Império luso-brasileiro e Portugal passou a ser periferia.

No início da década de 1820, Portugal vivia uma difícil situação econômica e financeira, encontrando-se empobrecido pois perdera a condição de entreposto mercantil colonial do Brasil. A Revolução Liberal de 1820, no Porto, realizada pela burguesia mercantil, não alcançou solucionar essa crise econômico-financeira, pois não conseguiu recuperar o mercado brasileiro. Também não foi bem-sucedido o esforço desses revolucionários em colocar Portugal na posição predominante no Império luso-brasileiro. Esforço este que causou reações no Brasil, principalmente das elites agrária e mercantil da região Sudeste, e que resultou na Independência.

A proclamação da Independência brasileira não significou uma revolução política, como o foi nas antigas colônias hispânicas nas Américas, as quais romperam não só com a metrópole, mas também, com a forma monárquica de governo e declararam-se repúblicas. A Independência brasileira teve continuidade, tendo sido proclamada pelo príncipe herdeiro do trono português, Pedro de Alcântara, com o apoio da burocracia, parte dela composta por portugueses, e do corpo militar existente no Rio de Janeiro. Como consequência, pouco se questionou a legitimidade da condição de governante de Pedro I e, desde o início da Independência brasileira, o Estado dispunha de alguns meios, burocráticos e militares, para exercer sua autoridade ou impô-la às províncias que resistiam a subordinarem-se à nova ordem.

Helio Franchini trata, neste livro, dos primeiros momentos da construção do Estado Nacional brasileiro, negando preliminarmente "o fantasma [explicativo] de origem: o mito de uma independência pacífica". Lembra o autor que a partir da década de 1970, surgiram importantes avanços no estudo da dimensão política da independência, que passou a ser vista como parte de um longo processo de ruptura, colocando em xeque a interpretação da existência de um "nacionalismo" anterior a 1822. Franchini chama a atenção para o fato de que o mesmo avanço não ocorreu quanto ao papel das operações militares no processo político do período, e que persistiram as dúvidas quanto a se a guerra foi fundamental para a Independência e se sem ela a união territorial teria sido mantida. Boa parte da historiografia responsabilizou outras causas para explicar a manutenção da unidade territorial brasileira, na forma do Estado Monárquico, e não reconheceu devidamente a importância das operações militares comandadas pelo Rio de Janeiro e de seu impacto na dimensão política no processo histórico brasileiro dos anos 1820. Este livro faz esse reconhecimento, ao reconstruir e analisar o complexo processo político da Independência e nele inserir o componente militar.

Em um texto elegante e preciso, sempre respaldado por abundantes fontes primárias e secundárias, Helio Franchini demonstra detalhadamente a dimensão militar, apresentando-nos informações sobre números, batalhas, táticas e estratégias. Demonstra que a Independência teve diferentes etapas militares, desde a consolidação do Rio de Janeiro como polo contraposto às Cortes, até o segundo semestre de 1823, quando todas as províncias aderiram ou foram obrigadas a aderir ao poder instalado no Rio de Janeiro, o qual constitui o núcleo da construção do Estado Monárquico.

Nem todas as províncias brasileiras percebiam, com clareza, um ganho ao trocar Lisboa pelo Rio de Janeiro. As províncias da região Sudeste tiveram um grande desenvolvimento com a implantação, com D. João, da Corte na capital carioca, com a qual estabeleceram relações políticas e econômicas. O impacto foi menor no Norte-Nordeste as quais, anteriormente a 1808, mantinham estreitas relações com Lisboa e, nos anos seguintes, tiveram de pagar impostos ao Rio de Janeiro e sofrer a concorrência de comerciantes ingleses. Como consequência, existiam grupos que chegaram a defender a ideia da emancipação própria, sem subordinar-se ao projeto das províncias do Sudeste, enquanto outros grupos do Norte-Nordeste exigiam simpatia pelo Rio de Janeiro.

Surpreende a magnitude da dimensão militar da Independência que nos é apresentada neste livro, talvez porque ainda esteja presente no imaginário nacional a ideia de que, embora a Independência não tenha sido pacífica, também não foi tão violenta quanto nos países vizinhos. O autor faz um meticuloso levantamento dos efetivos, terrestres e navais, mobilizados pelo Rio de Janeiro e por Lisboa nas ações militares entre 1822 e 1823, considerando a mobilização inicial na própria capital carioca, em janeiro de 1822, seguidas na Bahia, na Cisplatina e no Norte (Ceará, Piauí, Maranhão e Pará). Nessas ações envolveram-se 60 mil militares, excluídas as reposições (no caso de mortes, deserções etc.), o que torna esse número representativo do efetivo que entrou em ação mas não representando o número total de homens que participaram das operações naqueles dois anos. O autor também não considera os efetivos mobilizados em províncias onde ocorreram agitações políticas contra a nova situação, mas nas quais não houve resistência armada ao Rio de Janeiro. Ou seja, o número de 60 mil militares é conservador e, ainda assim, impactante.

Este livro demonstra que na guerra pela Independência, considerando que a população das províncias brasileiras em 1822 era de 4,5 milhões de habitantes, foram engajados nas Forças Armadas entre 1,5% e 1,8% da população brasileira. É uma porcentagem próxima daquela da mobilização realizada para o maior conflito externo em que o Brasil esteve envolvido, a Guerra do Paraguai, na qual estiveram engajados entre 120.000 e 150.000 homens, ou seja, entre 1,33% e 1,66% dos 9 milhões de habitantes da época. Comparando os números do engajamento na luta pela Independência com o da população brasileira hoje – cerca de 204 milhões –, aquela porcentagem entre 1,5% e 1,8%

significaria engajar, nos dias atuais, entre 3 e 3,6 milhões de pessoas para uma ação bélica.

O Estado Monárquico brasileiro, demonstra Helio Franchini, não se construiu com a adesão voluntária das províncias brasileiras em torno do Rio de Janeiro. Boa parte delas se uniu ao Império do Brasil pela negociação política, por serem obrigadas pela força ou pela combinação desses dois fatores. Escreve o autor que "essa parte não 'aderiu' à independência: foi conquistada pelo e para o Império". Portanto, a manutenção da integridade territorial, do Brasil unido em contraste com a fragmentação política do território da antiga América Hispânica, não foi algo que ocorreu quase por inércia mas, sim, o resultado de uma estratégia político-militar do governo instalado no Rio de Janeiro em uma ação caracterizada por contradições internas e de resultado imprevisível; longe estava em 7 de setembro de 1822 de já existir o Império do Brasil abarcando todas as províncias que compunham anteriormente o Estado do Brasil.

A leitura de *Independência e Morte* deixa a certeza de que a guerra foi fundamental para a manutenção da unidade territorial na forma de um Estado Monárquico centralizado politicamente, ao destruir oposições a ele. As ações bélicas foram simultâneas a negociações políticas e se complementavam e a ameaça do uso da força militar serviu como instrumento de pressão para a cooptação de elites regionais em favor do projeto político centralizador da elite do Sudeste brasileiro. Ambas, guerra e política, foram pilares fundamentais para que todas as províncias brasileiras rompessem com Lisboa e para que terminassem incorporadas ao Império do Brasil.

INTRODUÇÃO

O primeiro inconveniente, que se segue desta medida (*a Independência do Brasil*), he a continuaçaõ da guerra com os Portuguezes, a que ja naõ podemos chamar guerra civil; porque he feita entre duas naçoens independentes.[1]

No sul a Independência foi "Te-Deum", beija-mão, applauso, luminaria, flores, fitas e proclamações. No Norte, sítio e trincheira, fome e peste, sangue e morticínio. Aqui a adhesão, lá a guerra". *Coronel Simplício Dias da Silva (militar e proprietário do Piauí).*[2]

Entre 1821 e 1823, o que hoje conhecemos como Brasil passou por um processo político caótico, incerto e violento, marcado pela confrontação política e por operações militares que resultaram na ruptura com o Estado de Portugal. Uma verdadeira Guerra de Independência,[3] cujos efeitos foram essenciais para a preservação da unidade brasileira, evitando o esfacelamento que ocorreu na América espanhola. Sem a combinação da ação política com a militar, o Brasil de hoje poderia ser muito diferente, possivelmente mais de um país.

A visão mais tradicional e mais difundida dessa história, no entanto, é a da emancipação brasileira ocorrendo de forma pacífica, com o país já praticamente pronto, sem ameaças de cisão entre as províncias. O 7 de setembro de 1822 seria mera data de oficialização de algo que já existia, um Brasil preestabelecido e consciente de si. Essa imagem tradicional decorre do fato de o primeiro momento da construção do Estado brasileiro e, principalmente, as explicações sobre manutenção da unidade territorial na passagem do Reino do Brasil para o Império brasileiro serem assolados por um fantasma de origem: o mito de uma Independência pacífica.

---

[1] In: *Correio Braziliense*, dezembro de 1822. In: Brasiliana USP. www.brasiliana.usp.br.
[2] In: CONDE, Hermínio de Brito, Introdução. In: FIDIÉ, op. cit., p. 17.
[3] Sobre o conceito de "guerra" vide o apêndice ao presente trabalho. A precisão é importante para a avaliação das operações militares ocorridas no Brasil, no processo que resultou na Independência.

Por essa razão, falar aqui em "guerra" parecerá uma designação um tanto estranha. Observando-se, porém, alguns breves fatos do período, essa imagem "rosada" da Independência do Brasil rapidamente se torna frágil e contestável.

Em 19 de fevereiro de 1822, estouraram confrontos violentos em Salvador. A disputa se dava em torno da substituição do brigadeiro Manoel Ribeiro, governador de armas da Bahia, pelo brigadeiro Madeira de Melo. O grupo que se opunha à nomeação de Madeira se concentrara em alguns quartéis e no Forte de São Pedro, mas sofreu forte oposição armada. Na confusão dos confrontos, alguns soldados invadiram o Convento da Lapa e assassinaram a golpes de baioneta sóror Joana Angélica, que dirigia a instituição. Após dois dias de combate, os opositores a Madeira fugiram de Salvador para o Recôncavo baiano. Em poucas semanas, esses grupos, concentrados no interior baiano, anunciariam sua adesão a D. Pedro. A "crua guerra dos vândalos" na Bahia[4] durou até 2 de julho de 1823, envolvendo milhares de tropas e provocando milhares de baixas.

Joana Angélica não foi a primeira nem a última vítima. Pouco mais de um ano após os ocorridos em Salvador, em 13 de março de 1823, o governador de armas da província do Piauí, major João José da Cunha Fidié, marchava entre as cidades piauienses de Parnaíba e Oeiras, acompanhado por "pequeno número de tropas".[5] Nas alturas da cidade de Campo Maior, enfrentou partidários da Independência do Brasil, cerca de dois mil soldados e milicianos. No que ficou conhecido como a Batalha do Jenipapo, o próprio Fidié[6] sustentou terem as forças brasileiras perdido "centenas" de homens, além de terem sido feitos 542 prisioneiros. Grande parte das baixas[7] era de simples sertanejos, arregimentados de última hora, não treinados e desequipados.

Também em 1823, em 28 de julho, com a chegada de Cochrane e a invasão do interior maranhense por milhares de tropas pró-D. Pedro[8]

---

[4] Expressão de D. Pedro. In: Fala do Trono de 1822, incorporada em ata da *Assembleia Geral, Constituinte e Legislativa do Império do Brasil*, de três de maio de 1823. Também encontrável em *Wikisource*.
[5] Expressão utilizada pelo próprio Fidié. In: FIDIÉ, João José da Cunha. *Vária fortuna de um soldado português*. 3ª edição. Teresina: Fundapi, 2006.
[6] 2006, p. 119.
[7] O conceito de "baixas", que voltará a ser tratado neste capítulo, compreende mortos (em combate e em outras circunstâncias), feridos e prisioneiros.
[8] Composta, em sua maioria, por tropas cearenses, piauienses e pernambucanas.

(que sitiaram a cidade de Caxias), o Maranhão foi obrigado a aderir ao novo Império.[9] Igualmente de forma violenta, o Pará foi incorporado em 15 de agosto de 1823. Finalmente se englobava todo o Norte ao novo Estado brasileiro. Na Cisplatina, província anexada ao Império Português, a retirada de todos os efetivos portugueses e a entrada do general Lecor em Montevidéu ocorreu apenas em 14 de fevereiro de 1824.

Esses fatos sugerem, assim, que algo mais se passou naquela época, algo muito mais complexo que o mero grito de D. Pedro às margens do rio Ipiranga. Das escaramuças caóticas de 1821-1822, o conflito evoluiu, em 1823, para a conflagração entre o Reino de Portugal e o Império do Brasil. Nem mesmo nesse período, contudo, as forças brasileiras estavam organizadas em um Exército efetivamente nacional, nem fizeram, tampouco, unanimidade entre as elites e os povos das diferentes regiões do novo Estado. O Império ainda não conformava todo o território do que hoje conhecemos como Brasil. Era algo ainda em construção.

Todo o processo que resultou na Guerra de Independência se iniciou com a Revolução do Porto, em 1820, a partida de D. João VI, em 1821, e o funcionamento das "Cortes Gerais e Extraordinárias da Nação Portuguesa". Havia, é bem verdade, elementos anteriores, sinais de descontentamento, ideias de autonomia ou de separatismo presentes no Reino do Brasil. Foram insumos importantes para o conflito. A Revolução do Porto, no entanto, abriu a caixa para que todos os interesses, vontades e projetos viessem à luz e entrassem em disputa pela primazia, em um processo caótico.

O desafio de todo esse período era organizar o novo Estado português, que seria implantado pela nova Constituição. O movimento que impulsionara a revolução, o "Vintismo", tinha também a ambição de promover a "regeneração" portuguesa. Era uma noção dúbia, o desejo de retorno a estado anterior de glória, e que trazia acoplado projeto de recentralização política em Lisboa, sem tomar em conta que o Império

---

Uma das narrativas mais conhecidas desse episódio é a de ARARIPE, Tristão de Alencar. "Expedição do Ceará em auxílio do Piauhi e Maranhão". Publicado originalmente em 1885. In: www.institutodoceara.org (acesso em 02/07/2013). Os documentos sobre a mobilização e seus pormenores serão tratados com maior pormenor no capítulo VII.

[9] A capitulação ocorre em 28 de julho de 1823, o juramento da Independência, em 3 de agosto de 1823.

já não era mais o mesmo.[10] Inicialmente apoiada pelos portugueses do Reino do Brasil, em detrimento do poder central do Rio de Janeiro, as Cortes aos poucos foram sendo vistas como uma ameaça aos interesses de setores brasileiros. Para esses grupos, com o desenrolar dos trabalhos constituintes, "regeneração" passou a soar como "recolonização".

O conflito entre o Rio de Janeiro e Lisboa se tornou aberto a partir da publicação dos decretos de setembro de 1821, recebidos no Rio de Janeiro apenas em 9 de dezembro de 1821. Um deles modificava toda a estrutura governamental no Reino do Brasil, criando províncias dotadas de maior autonomia com relação ao Rio de Janeiro. A medida praticamente anulava a entidade política do Reino do Brasil, centrada na capital carioca. Também foi determinado o regresso de D. Pedro à Europa.[11] Outra das medidas adotadas pelas Cortes com relação à organização política brasileira, de forte impacto público, foi a nomeação de governadores de armas, comandantes provinciais das tropas, que respondiam diretamente a Lisboa. Os governadores de armas, ao final, tiveram papel-chave na batalha política e militar em torno do Reino do Brasil.[12]

A recepção dos decretos das Cortes no Brasil foi pacífica no Norte-Nordeste, mas provocou grande confusão no Centro-Sul do Reino.[13] Um "vulcão", como dizia o representante diplomático do governo francês no Rio de Janeiro,[14] que acelerou as articulações dos partidários da manutenção de parte do Governo português no Rio de Janeiro.

---

[10] Vide SCHIAVINATTO, Iara Lis. "Questões de poder na fundação do Brasil: o governo dos homens e de si (c. 1780-1830)". In: *A Independência Brasileira. Novas Dimensões*. MALERBA, Jurandir (org.). Rio de Janeiro: Editora FGV, 2006, p. 233. O tema será tratado com pormenor no capítulo III.
[11] A viagem do príncipe, cabe registrar, foi suspensa pelas Cortes em 23/07/2013, até a promulgação da Constituição. In: Dom João VI (1822), *Carta de Lei. Permite a permanência de Dom Pedro no Brasil*.
[12] O *Correio do Rio de Janeiro*, nº 143, de 03 de outubro de 1822, ao tratar das investidas das Cortes contra o Brasil, se refere, em dado momento, à figura do governador de armas: *"Contra a experiencia não ha argumentos, e se faltasse a de tres seculos, demasiado lhe serviria a dos Avilezes, Carretis, Regos, Madeiras &c"*.
[13] Os termos "Centro-Sul" e "Norte-Nordeste" não eram conhecidos na época, quando fundamentalmente se diferenciavam o "Norte" e o "Sul" do Reino. Mantém-se, de todo modo, a referência dos termos modernos a fim de contribuir para o desenvolvimento da leitura.
[14] Comunicação de 17/11/1821. Arquivos diplomáticos do Quai d'Orsay, tomo 20 CP/1 (1820-1822), microfilme P/16776.

Setores do Centro-Sul do Reino, então, reagiram à medida e começaram a se mobilizar em torno do regente, D. Pedro, para resistir a algumas das disposições daqueles decretos.

Com o regresso da Corte a Lisboa, em abril de 1821, D. Pedro havia sido incumbido por seu pai para desempenhar-se como regente, em teoria com amplos poderes sobre o Reino, apoiado em uma estrutura de poder construída desde 1808. Era um administrador ainda um tanto indeciso,[15] que não contava com apoio de todas as regiões, muitas das quais se viam distantes, física e politicamente, do Rio de Janeiro.[16] O príncipe e os grupos que o apoiavam permaneceram fiéis a D. João VI até as vésperas da emancipação e não poderiam ser associados às ideias de Independência que circulavam no Norte do Reino do Brasil.

Havia, desse modo, diferenças patentes na forma como os debates e questões políticas da época eram percebidos e tratados nas regiões brasileiras.[17] Essa heterogeneidade era vista também nas Cortes, que se tornaram o centro do conflito político.[18] Alguns representantes do Reino do Brasil, já presentes em Lisboa no segundo semestre de 1821, aprovaram os controvertidos decretos de setembro. Para eles, essas medidas eram compatíveis com a manutenção da integridade do Império português e a recém-adquirida autonomia provincial.[19] Seu principal adversário não era Lisboa, mas o Rio de Janeiro, que centralizava o poder e cobrava carga excessiva de impostos.

---

[15] LUSTOSA, Isabel. *Insultos impressos: a guerra dos jornalistas na Independência (1821-1823)*. São Paulo: Companhia das Letras, 2000, p. 126.
[16] Os debates das Cortes portuguesas de 12 de março de 1822 exemplificam essa heterogeneidade, ao se discutir se o Brasil deveria ter apenas um Governo central, ou mais de um (esse tema, aliás, será utilizado pelos partidários de Dom Pedro como exemplo da tentativa das Cortes de partir o Brasil, a fim de facilitar a "recolonização") e quem poderia representar o interesse geral do Reino. Segundo um dos participantes do debate, deputado Ribeiro de Andrade, *"o Brazil he dividido em duas divisões do norte e sul. He verdade que uns diferem dos outros (...)"*. Já o deputado Pinto de França pergunta: *"Em que estado pois estão os nossos irmãos do Brazil? Desunidos entre si"*.
[17] "As províncias no Norte manifestaram sua clara adesão às cortes e recusaram qualquer subordinação, tanto política quanto econômica, ao Rio de Janeiro". "Estado e política na Independência". In: GRINBERG, Keila e SALLES, Ricardo (orgs.). *O Brasil Imperial, volume I: 1808-1831*. Rio de Janeiro: Civilização Brasileira, 2009, p. 121.
[18] BERBEL, Márcia Regina. "Capítulo 5 – Os apelos nacionais nas cortes constituintes de Lisboa (1821/1822)". In: *A Independência brasileira: novas dimensões*. In: MALERBA, Jurandir (org.). Rio de Janeiro: Editora FGV, 2006, p.190.
[19] Berbel, 2006, p. 190.

A evolução dos debates constitucionais deixou, porém, clara a dificuldade de harmonização entre as pretensões dos dois lados do Atlântico. Aos poucos, alguns dos representantes do Reino do Brasil começaram a demonstrar contrariedade com os projetos apresentados, principalmente com a chegada dos deputados paulistas. Estes vinham com instruções específicas, as quais enunciavam "uma nova forma de unidade para a nação portuguesa, que incluiria as demandas pela autonomia provincial".[20] Juntaram-se outros representantes do Centro-Sul e de outras regiões (o deputado Lino Coutinho, por exemplo, da Bahia), formando um núcleo que resistiria a medidas consideradas contrárias ao Reino do Brasil.

Posteriormente, a convergência se deu pelo acordo de convocação da Constituinte brasileira, já em um contexto muito mais tenso e já em processo que levaria à ruptura. Essa aproximação de projetos não significou, desse modo, harmonia entre os partidários de D. Pedro ou de outros setores das elites brasileiras que resistiam às medidas de Lisboa. Meses depois, fortalecido pelo desenrolar das ações políticas e militares, D. Pedro dispensou esses acordos, o que provocou a volta dos conflitos regionais, a partir de fins de 1823.

Por suas posições, as províncias do Centro-Sul e Pernambuco foram acusadas de "facciosas", ou seja, promotoras do dissenso no Império português. Ataques contra paulistas, fluminenses e mineiros que haviam se juntado ao príncipe herdeiro contra as Cortes são frequentemente encontrados nas atas da constituinte portuguesa[21] ou em relatos de autoridades portuguesas.[22] Em proclamação de 4 de novembro de 1822,[23] grupo de 655 cidadãos baianos assinaram manifesto pedindo o bloqueio dos portos do Rio de Janeiro, Pernambuco e Alagoas, acusando os partidários da "facção bonifácia" de atentar contra a ordem constitucional portuguesa. A partir desse núcleo inicial em torno do Rio de Janeiro e de D. Pedro, ampliou-se em revolta e conflito a disputa entre as "malditas Cortes"[24] e os "facciosos".

---

[20] Berbel, 2006, p. 192.
[21] Por exemplo, Borges Carneiro, em 25 de maio de 1822, e Sarmento, em 5 de junho de 1822.
[22] Relato de Francisco Maximiliano de Souza, comandante de expedição portuguesa, registrado na Ata das Cortes de 29 de maio de 1822.
[23] Documento incluído no conjunto de "Documentos Diversos sobre a Bahia". Biblioteca Nacional, arquivo MS 512 (67), n° 1330. Microfilme.
[24] Expressão utilizada por D. Pedro em carta ao pai.

O mais importante a se destacar é que ao optar pela permanência e, posteriormente, pela Independência, em um processo caótico e imprevisível, D. Pedro não teve em torno de si os brasileiros de todas as províncias, nem mesmo de todas as elites. Mesmo nos casos em que as províncias se perfilaram a seu lado, a conjuntura não oferecia ao príncipe grande conforto. Em Minas Gerais ou São Paulo, os acordos foram alcançados após negociações difíceis, muitas vezes frágeis e que se romperam nos anos seguintes.

Fora do núcleo centro-sulino, a situação era ainda mais precária.[25] Mesmo com o processo que resultou na Independência muito avançado, algumas províncias ainda optavam pelas Cortes. Elas, por razões diversas, envolvendo interesses locais, disputas regionais, que faziam diferenças com o Rio de Janeiro ou pela proximidade com Lisboa.

No quadro geral,[26] ao terminar o ano de 1822, o Centro-Sul e o Sul haviam reagido positivamente à aclamação de D. Pedro como imperador do Brasil, em 12 de outubro de 1822. A adesão de Pernambuco se deu oficialmente em 8 de dezembro de 1822, mas a província já enviara representantes para a Constituinte brasileira em setembro. As comunicações de Goiás, Mato Grosso, Rio Grande do Norte, Alagoas e Sergipe chegaram apenas no início de 1823, quando fortes combates já se desenrolavam em outras regiões brasileiras. Mesmo as províncias que aos poucos foram aderindo a D. Pedro não se viram livres do conflito, participando diretamente dos conflitos que se desenrolavam nas províncias vizinhas. O Ceará e a Paraíba, por exemplo, estiveram envolvidos diretamente nos conflitos no Piauí,[27]

---

[25] O comandante da Divisão Auxiliadora, general Avilez, restringia o sentimento autonomista ao Rio de Janeiro, apontando que os cariocas teriam se atribuído a representação das outras províncias uniformizando, "não se sabe com que principio, seus desejos com as outras Provincias, que não tem mostrado tal desejo". In: AVILEZ. Jorge d'Avilez Juzarte de Souza Tavares. *Participação, e documentos dirigidos ao Governo pelo General Commandante da tropa expedicionária, que existia na Provincia do Rio de Janeiro, chegando a Lisboa: e remetidos pelo Governo ás Cortes Geraes, Extraordinarias e Constituintes da Nação Portuguesa.* Lisboa: Imprensa Nacional, 1822. In: Senado Federal. Biblioteca Digital – http://www2.senado.leg.br/bdsf/item/id/179481 (acesso em 15/07/2015), p. 3.
[26] Lúcia P. Bastos Neves, 2009, p. 129.
[27] Vide o trabalho de ARARIPE, 1885. Conforme reporta o *Diário do Governo português*, nº 2, de janeiro de 1823, as Cortes de Lisboa ainda insistiam em tratar o Império brasileiro como caso de "províncias dissidentes", reconhecendo em estado de "rebelião" as províncias do Ceará, Paraíba, Pernambuco, Alagoas, Rio de Janeiro e São Paulo.

ao passo que São Paulo contribuiu com tropas para a guerra na Cisplatina.[28]

No Pará, Maranhão, Piauí, Ceará, Cisplatina e Bahia (que representavam parte significativa do território, população e economia do Brasil), além de pontos espalhados por todo o Reino, houve lutas que se iniciaram com cores locais e afunilaram, por pressão externa, na opção entre Lisboa ou Rio de Janeiro. Nesses pontos, o conflito desembocou na guerra.

No combate em torno desses seis territórios, praticamente todas as províncias estiveram envolvidas. Entre Pernambuco e o Rio de Janeiro estava a Bahia, tornando o primeiro vulnerável às forças portuguesas instaladas em Salvador. Essa, aliás, era a estratégia do lado português, ao concentrar a maior parte de suas forças na rica e estratégica Bahia, tomando-a como base de apoio para as operações em todo o Norte-Nordeste,[29] região de prioridade máxima para Lisboa, cogitando-se, inclusive, a separação do Norte brasileiro, preservado por Lisboa, do novo Império declarado por Dom Pedro.[30]

Boa parte do Brasil, desse modo, teve de ser unida ao novo Império pela negociação, pela força ou pela combinação das duas. Essa parte não "aderiu" à Independência: foi conquistada pelo e para o Império. A força e a violência estiveram presentes em todo o período 1821-1822, e foram peça importante na manutenção da unidade.

A busca pela compreensão da Independência requer, portanto, desvendar esse lado conflituoso, o que o motivou, e a guerra. É preciso abandonar, ou ao menos relativizar, o mito da Independência pacífica.

---

[28] O envio de tropas de São Paulo ao Sul é mencionado pelos deputados Paula Mello e Ribeiro Andrada em intervenções na Assembleia Geral, Constituinte e Legislativa do Império do Brasil do Rio de Janeiro, em 17/06/1823.

[29] Conforme instrução emitida por Lisboa ao general Madeira. In: BIBLIOTECA NACIONAL. *Documentos para a História da Independência*. Rio de Janeiro: Gráfica da Biblioteca Nacional, 1923. No mesmo sentido, cite-se o já mencionado documento à Junta Provisória da Bahia (pró-Lisboa) de 655 cidadãos da província, de 04/11/1822. Em ofício de resposta, de 14/11/1822, o general Madeira indica que suas instruções com relação à esquadra são a de preservar o porto de Salvador como "ponto de apoio" para expedições militares no Brasil e, secundariamente, apoiar as outras províncias cujos comandantes demandem auxílio. In: Biblioteca Nacional, *Documentos Diversos sobre a Bahia*. Ref. I – 31-6-7. Rolo MS 512 (67), nº 1330.

[30] Esse tópico será explorado no capítulo sobre a Revolta.

Os estudos mais conhecidos sobre a história do Brasil pouco trataram das operações militares,[31] ainda que elas sejam mencionadas em alguns casos.[32] A partir dos anos 1970-1980, importantes pesquisas consolidaram a imagem da Independência como "momento inicial de um longo processo de ruptura", rompendo com a visão homogeneizante do "nacionalismo" preexistente.[33] A ideia de que o Brasil e o brasileiro já existiam, bastando, em 1822, apenas a oficialização da Independência caiu por terra. Ainda assim, a maior parte desses estudos deixou de lado o papel das operações militares no processo político do período.

A ausência da guerra nesses estudos tem como consequência o surgimento de dúvidas quanto ao impacto desses eventos no processo histórico. A guerra foi fundamental para a Independência? O Brasil teria surgido de qualquer maneira? Teria se mantido unido? Havia chances de sucesso português? O que teria acontecido, nesse caso?

Não tendo havido guerra, ou mesmo isolando as operações militares do processo político, as razões unidade brasileira – tema bem resumido na pergunta de Kenneth Maxwell[34] – *"por que o Brasil foi diferente?"* – foram sendo buscadas em diferentes argumentos, tais como a

---

[31] Tais como PRADO JÚNIOR, Caio. *Formação do Brasil Contemporâneo*. Coleção Intérpretes do Brasil. Coordenação de Silviano Santiago, vol. III. Rio de Janeiro: Editora Nova Aguiar, 2002. FERNANDES, Florestan; *Revolução burguesa no Brasil*. Coleção Intérpretes do Brasil. Coordenação de Silviano Santiago, vol. III. Rio de Janeiro: Editora Nova Aguiar, 2002; BUARQUE de HOLANDA, Sérgio (direção). *História Geral da civilização brasileira*. Tomo II: O Brasil Monárquico. 1º Volume: O Processo de Emancipação. 2ª edição. São Paulo: Difusão Europeia do Livro, 1965; VIOTTI DA COSTA. *Da Monarquia à República: momentos decisivos*. 9ª edição. São Paulo: Editora Unesp, 2010. Mesmo alguns historiadores militares omitem o tema da guerra, como é o caso de MAGALHÃES, João Batista. *A evolução militar do Brasil*. 3ª edição. Rio de Janeiro: Biblioteca do Exército Ed., 2001; SODRÉ, Nelson Werneck. *História militar do Brasil*. 2ª edição. São Paulo: Expressão Popular, 2010.
[32] Como FAUSTO, Boris. *História do Brasil*. 8ª ed. São Paulo: Edusp, 2000. COSTA E SILVA, Alberto. "Capítulo I", *História do Brasil Nação: 1808/2010, vol. 1: Crise colonial e Independência (1808-1830)*. Coordenação: Alberto da Costa e Silva. Direção: Lilia Moritz Swarcz. Rio de Janeiro: Objetiva, 2011; IGLESIAS, Francisco. *Trajetória política do Brasil: 1500-1964*. São Paulo: Companhia das Letras, 1993.
[33] NEVES, 2009, p. 101.
[34] MAXWELL, Kenneth. "Por que o Brasil foi diferente? O contexto da Independência". In: MOTA, Carlos Guilherme (org.), *Viagem incompleta. A experiência brasileira (1500-2000)*, 2ª edição. São Paulo: Editora Senac, 2000.

crise no sistema colonial português,[35] a homogeneidade das elites[36] ou o medo do "haitianismo", ou seja, de revoltas escravas.

Nenhuma dessas visões se mostrou completa, pois dados essenciais, o conflito político e a guerra, foram omitidos ou tiveram sua importância diminuída. Na verdade, a guerra, impondo vontades ou rompendo impasses, foi peça-chave para a construção da unidade territorial do Império, na ausência de uma efetiva identidade "brasileira" e em meio a diferenças importantes entre as regiões do Reino. Foi uma ferramenta de consolidação do poder imperial e de unificação do território, correndo paralelamente às negociações políticas e tentativas de cooptação pelos dois polos que se formaram na disputa e que acabaram por concentrar as opções, mesmo que houvesse muitas outras ideias e projetos em voga no Reino naquele período.

A Independência brasileira deve ser tratada, desse modo, como processo não linear e não automático, que não necessariamente resultaria no Brasil independente e unificado. Por isso opta-se em falar em "processo que resultou na Independência", em vez de "processo de Independência".

A contestação da imagem pacífica da emancipação brasileira requer um esforço para incorporar o conflito político e as operações militares. Há uma dupla tarefa a ser realizada: reavaliar o processo político, recuperando as dissonâncias, a heterogeneidade e a complexidade do processo, e inserir o componente militar nesse contexto. O processo militar em si teve diferentes etapas. As disputas entre portugueses, de cá e de lá, foram se metamorfoseando em revolta e rebelião (como em 19 de fevereiro, na Bahia), enquanto D. Pedro se definia e tentava consolidar seu centro político carioca. Uma vez tornado o Rio de Janeiro polo em contraposição às Cortes, mas ainda sem forças para comandar seus apoiadores nas províncias, o regente – e depois imperador – viu seus partidários do Norte-Nordeste organizarem as próprias forças. Esta foi uma fase já de guerra aberta, porém sem um quartel-general. Essa mobilização descoordenada caracterizou a maior parte das operações

---

[35] NOVAIS, Fernando A. *Portugal e Brasil na crise do antigo sistema colonial (1777-1808)*. 2ª edição. São Paulo: Editora Hucitec, 1983. Vide também ALENCASTRO, Luiz Felipe de. Resenha sobre o livro de Fernando Novais – *Brasil e Portugal na crise do antigo sistema colonial*. In: *Revista Novos Estudos*, nº 59, março de 2001, p. 221.

[36] CARVALHO, José Murilo de. *A construção da ordem: a elite imperial. Teatro de Sombras: a política imperial*. 4ª ed. Rio de Janeiro: Civilização Brasileira, 2008.

militares na Independência brasileira, em episódios como a já citada Batalha do Jenipapo.

As forças pró–D. Pedro, deve-se ressaltar, não enfrentavam apenas focos de resistência de portugueses "perdidos" em terras americanas. Havia regiões inteiras ou importantes setores da sociedade, que permaneceram fiéis a Lisboa, resistindo ao Rio de Janeiro, política ou militarmente. Alguns grupos foram gradativamente mudando de lado, em direção ao Rio de Janeiro, mas não necessariamente compartilhavam a "causa" e as ideias de D. Pedro. Eram alianças de conveniência, fundamentadas, particularmente, nas promessas de autonomia regional feitas pelo regente em 1822 e rompidas, após a guerra, em 1824. As vertentes mais radicais pró–Cortes de Lisboa lutaram até o fim, com o apoio de tropas experientes, tanto de origem europeia quanto de nascidos no Reino do Brasil. A maior parte da tropa de linha do major João José da Cunha Fidié, que venceu a Batalha do Jenipapo, era composta de nativos das terras brasileiras.[37] Não eram os únicos.[38]

A partir de 1º de agosto de 1822, pode-se dizer que se iniciou formalmente o processo de guerra nacional, que aos poucos foi alcançando todos os territórios do Império. Menciona-se o 1º de agosto por se tratar da data de expedição de dois decretos, um que tornava inimigas todas as tropas portuguesas que entrem no Brasil sem consentimento do regente, outro no qual o regente explicava as causas da "guerra travada contra Portugal".

As operações militares, por sua vez, foram concentradas geograficamente, como era comum nas guerras da época. Desenrolaram-se no Norte e Nordeste, ademais da Cisplatina. A tarefa de garantir a adesão de todas as províncias ao Rio de Janeiro terminou apenas no segundo semestre de 1823.

Ao se concluir a guerra, havia milhares de mortos e feridos, mas poucos autores realizaram cálculos efetivos, um deles estimando as baixas

---

[37] DARÓZ, Carlos Roberto Carvalho. "A Milícia em Armas: o soldado brasileiro da guerra de Independência". Trabalho apresentado no *XXXVII Congresso Internacional de História Militar*. Rio de Janeiro, setembro de 2011. In: www.eceme.ensino.eb.br/cihm/Arquivos/.../30.pdf (acesso em 04/07/2013), p. 14.
[38] "Na luta entre brasileiros e portugueses, é interessante observar que, embora pareça ser um paradoxo, brasileiros lutaram pela causa portuguesa ao mesmo tempo em que portugueses optaram pela Independência do Brasil". Carlos Roberto Carvalho Daróz, 2011, p. 14.

entre 3 a 5 mil.[39] Apenas na Bahia, um ano e quatro meses de operações militares envolveu aproximadamente 16 mil brasileiros e 15 mil portugueses. A guerra no Brasil mobilizou um número de combatentes maior do que o das guerras de libertação da América espanhola, ainda que a quantidade de baixas tenha sido menor no caso brasileiro.[40] O processo brasileiro, por outro lado, durou menos de dois anos, ao passo que na América espanhola desenrolou-se durante toda uma década. Seria preciso, antes de comparar, ver as proporções entre os dois conflitos.

Se a guerra terminou em 1823, com a vitória de D. Pedro, seus efeitos no longo prazo não devem ser minimizados. Longe de conformarem compartimentos estanques, de razões distintas, a compreensão da Guerra de Independência poderá também servir para aproximar Primeiro Reinado e Regência, particularmente as revoltas desse segundo período, e inseri-los mais corretamente no que José Murilo de Carvalho[41] conceituou como o período de "acumulação primitiva de poder".

---

[39] Laurentino Gomes, 2010, p. 163.
[40] CERVO, Amado Luiz & BUENO, Clodoaldo. *História da política exterior do Brasil*. 2ª edição. Brasília: Editora Universidade de Brasília, 2002, p. 31.
[41] CARVALHO, José Murilo de. *A construção da ordem: a elite imperial. Teatro de Sombras: a politica imperial*. 4ª ed. Rio de Janeiro: Civilização Brasileira, 2008.

I
O BRASIL DE 1822

UM BRASIL EM 9 DE JANEIRO DE 1822

O palco em que se desenrolaram a Independência e a guerra era composto, em 1822, por um Reino, parte do Império português, vinculado à Coroa portuguesa e não mais ao Portugal europeu. Cada parte desse território experimentou as transformações das três primeiras décadas do século XIX – tanto aquelas particulares ao Império, quanto as mundiais – de maneiras muito diversas e procuraram se adaptar a essas mudanças de forma heterogênea.

O Reino do Brasil não era homogêneo. Vivia entre canais de conexão interna, alguns elementos de união e realidades regionais distantes. Muito antes do Reino Unido, o território era composto por uma série de colonizações portuguesas que se desenvolviam com relativa autonomia, ligadas diretamente a Lisboa. No final do século XVIII, a colônia que se tornaria o Reino do Brasil era "um vasto deserto pontilhado de pequenos núcleos de povoamento".[1]

Por seu desenvolvimento territorial e histórico, muitos comentaristas falavam, ainda no século XIX, em "Brasis". Para Stuart B. Schwartz[2] "os ingleses tinham razão quando falavam, nos séculos XVII e XVIII, dos 'Brasis', pois havia de fato mais de uma colônia". Mesmo antes da polarização entre Lisboa e o Rio de Janeiro, prenunciando a diferença

---

[1] RIOS, José Arthur. "Estrutura agrária brasileira na época da Independência". In: *Revista do Instituto Histórico e Geográfico Brasileiro*, volume 298, janeiro–março de 1973. In: http://www.ihgb.org.br/rihgb.php?s=20 (acesso em 04/12/2013), p. 296.
[2] SCHWARTZ, Stuart B.. "'Gente da terra braziliense da nação'. Pensando o Brasil: a construção de um povo". In: *Viagem incompleta. A experiência brasileira (1500-2000)*. MOTA, Carlos Guilherme (org.), 2ª edição. São Paulo: Editora Senac, 2000, p. 112.

de visões entre os dois lados do Atlântico, avaliava o deputado Soares Franco[3] que

> o Brasil é um paiz nascente e povoado de habitantes de diversas cores, que se aborrecem mutuamente; a força numérica dos brancos é muito pequena e só Portugal os póde socorrer eficazmente em caso de qualquer dissenção interna ou ataque externo. As Capitanias não se podem auxiliar mutuamente, por estarem separadas por sertões immensos; de modo que aquelle paiz não fórma ainda um reino inteiro e continuo, necessita em consequência de sua união com Portugal por meio da Carta Constitucional, que fará felizes ambos os paizes.

O resultado dessa realidade era a dificuldade em governar a colônia a partir de seu próprio território. Ao comentar a situação política antes da chegada da família real, em 1808, aponta John Armitage[4] que o vice-rei, estabelecido no Rio de Janeiro, era a maior autoridade na colônia. Seu poder político, no entanto, era limitado, sendo plenamente exercido apenas na capitania em que se encontrava. De resto, a administração, segundo o autor, ficava por conta de capitães-gerais, nomeados por triênios, que "recebiao as suas instrucções da Côrte de Lisboa, a qual erao responsáveis".

Essa foi, também, a avaliação de Silvestre Pinheiro, ministro dos Negócios Estrangeiros de D. João VI. Em parecer às Cortes de Lisboa em 1822, afirmava que o "povo" do Brasil[5] "não possue esta generalíssima ideia de hum Governo geral no Brasil".[6] Silvestre Pinheiro defendia, nesse momento já tenso da relação entre o Rio de Janeiro e Lisboa, a

---

[3] In: ARAGÃO E VASCONCELLOS. *Memorias sobre o Estabelecimento do Imperio do Brazil ou Novo Imperio Luzitano*. Annaes da Biblioteca Nacional. Volume XLIII-IV, 1920-1921. Rio de Janeiro, Officinas Graphicas da Biblioteca Nacional, 1931, p. 110.
[4] ARMITAGE, John. *História do Brazil, desde a chegada da Real Família de Bragança, em 1808, até a abdicação do Imperador Dom Pedro Primeiro, em 1831*. Rio de Janeiro, J. Vileneuve, 1837. In: Brasiliana USP, Coleção . In: www.brasiliana.usp.br (acesso em 20/04/2013), p. 2.
[5] Entendido aqui na acepção da época da palavra, que se relacionava com a divisão nobreza-clero-povo.
[6] "Estado Político do Brasil. Informações às Cortes Portuguezas por Silvestre Pinheiro Ferreira, Ministro dos Negocios Estrangeiros de Portugal". In: *Documentos para a História da Independência*. Rio de Janeiro: Gráfica da Biblioteca Nacional, 1923, p. 39.

quebra do Executivo brasileiro em mais de uma representação, opondo-se, desse modo, ao Rio de Janeiro.

Mesmo com a tentativa de centralização política a partir da transferência da capital do vice-reino de Salvador para o Rio de Janeiro, em 1763, a realidade daquelas terras brasileiras era muito distinta de local para local e se diferenciava na forma como as regiões se relacionavam com Lisboa. Essa relação ambígua entre o poder central e o poder local, ou regional, é essencial para a compreensão das reações locais à proclamação da Independência e das razões pelas quais uma guerra foi necessária para construir o Estado brasileiro entre 1822-1823.

Mudanças vistas na colônia nas décadas pré-Independência eram parte do conjunto de reformas que ocorria em Portugal, e na Europa, naquela segunda metade do século XVIII, voltadas ao fortalecimento do Estado e à aplicação de novas metodologias de gestão. De Lisboa, o Marquês de Pombal procurava modernizar o Estado português e ampliar o controle sobre o Brasil. Em 1759, foi extinto o regime de capitanias hereditárias, com a incorporação do Brasil aos domínios da Coroa. Pouco depois, com a ampliação da importância econômica do Centro-Sul (ainda que o Nordeste permanecesse o polo econômico), a capital do governo-geral foi transferida de Salvador para o Rio de Janeiro, a fim de marcar o controle sobre todo o território.

O processo reformista do mundo português, impulsionado por Pombal, teve importante impacto sobre grupos políticos que se formavam naqueles fins do século XVIII. As gerações seguintes, também influenciadas por D. Rodrigo de Souza Coutinho, ministro de D. João VI, tinham no "reformismo ilustrado" ou no "despotismo esclarecido" base de reflexão e de ação política que impactava diretamente na organização da colônia.[7] As reformas políticas e econômicas levadas a cabo por homens como Souza Coutinho tiveram impactos ainda maiores: formavam também as ideias e percepções de grupos importantes vivendo em Portugal e no Brasil, a "geração de 1790", à qual pertencia José Bonifácio. O projeto apresentado por Bonifácio, por exemplo, nas instruções de 1821 aos deputados paulistas nas Cortes (vide próximo capítulo), revela a in-

---

[7] CARDOSO, José Luís & CUNHA, Alexandre Mendes. "Discurso econômico e política colonial no Império luso-brasileiro (1750-1808). In: *Revista Tempo*, vol 17, nº 31, 2011. In: http://www.scielo.br/pdf/tem/v17n31/04.pdf (acesso em 13/04/2015), p. 88.

fluência desse grupo formado em torno de Souza Coutinho, que tinha a união do Império português como ideia central. Essas ideias estariam diretamente em ação durante o período de 1821-1823.

Fisicamente, a ocupação do território do Brasil se concentrava na costa entre Pernambuco e Rio de Janeiro, onde estavam as colônias de exportação, as instituições governamentais e a massa de escravos utilizada na lavoura. "Nessas áreas, os modelos culturais e os estilos europeus predominavam".[8] Para além, no interior e nas periferias, a estrutura social e de governo se distinguiam, "ou, pelo menos a cronologia separava essas regiões do resto do Brasil". Schwartz aponta que o Maranhão fora, entre 1621-1777, uma colônia fundamentalmente separada, com seus governantes e mesmo seu bispo se reportando diretamente a Lisboa, em vez de Salvador. Situação parecida se dava no Sul, cujas capitanias escapavam do controle dos governadores então residentes na Bahia.

Isso não significa dizer que inexistiam fatores de aproximação. A dinâmica luso-brasileira aos poucos desenvolveu rotas internas e meios de comunicação, de comércio e de movimentação no território.[9] O mar e os rios eram vias privilegiadas de transporte, mas também havia caminhos que, por exemplo,[10] levavam bestas criadas em Sorocaba para toda a colônia. Um comércio de bens e víveres se desenvolveu entre as regiões brasileiras, ampliando em volume especialmente no início do século XIX, o que também contribuiu para que, nesse época, se começasse a ver a colônia, os "Brasis", com contornos de unidade.[11]

A base da ocupação, no entanto, continuou compartimentada, marcando, principalmente, duas regiões principais: o Norte-Nordeste e o

---

[8] Essa visão também é compartilhada, por exemplo, por FROTA: "a própria distribuição da população apresentava-se irregular concentrando-se nas áreas férteis de Pernambuco, em torno de Salvador, Rio de Janeiro com ramificação para São Paulo e o planalto mineiro ainda produtor de ouro, a linha da costa do Maranhão ao Pará e os pampas sulinos convergindo interesse para Montevidéu". In: FROTA, Guilherme de Andréa. *A Marinha do Brasil nas lutas da Independência*. Palestra realizada em Soamar, São Paulo. São Paulo: Marinha do Brasil, 1986, p. 6.
[9] 2002, p. 1332.
[10] Ibid., p. 1350.
[11] PIMENTA, João Paulo G. "Portugueses, americanos, brasileiros: identidades políticas na crise do Antigo Regime luso-americano". In: *Almanack Braziliense*, nº 3, maio de 2006. In: http://www.ieb.usp.br/publicacoes/doc/almanack_03_1322177388.pdf (acesso em 10/04/2015), p. 74.

Centro-Sul. A maior parte da população estava concentrada no litoral, vivendo entre o campo e as poucas cidades existentes. Entre os núcleos em cada região, havia vastos territórios despovoados. No Sul, a mineração havia permitido uma investida para o interior, em Minas Gerais. O Nordeste continuava, no entanto, a figurar como a área mais importante da colônia, apesar da mudança da capital de Salvador para o Rio de Janeiro, em 1763.

O *Correio Braziliense*, de setembro de 1822,[12] estimava o total da população em 4,48 milhões de habitantes. A Bahia, nesta lista, aparecia com 592 mil habitantes (e proporção de livre/escravos em 1:0,4[13]), Rio de Janeiro com 706 mil, Minas Gerais com 621 mil, Pernambuco com 647 mil, Maranhão com 462 mil. O *Correio Braziliense* não especificava, no entanto, outras províncias.

Em pesquisas mais recentes, Marcelo de Paiva Abreu e Luiz Aranha Correia do Lago[14] igualmente apontaram a população brasileira entre 4,5 e 4,8 milhões. Maria Luíza Marcílio[15] precisou que o Brasil teria, em 1819, 4,4 milhões de habitantes (incluindo 800 mil "índios errantes") e, em 1823, aproximadamente 4,8 milhões. Terceira em termos de população em 1819 (477.912), a Bahia era a unidade mais populosa em 1823 (671.922). Minas Gerais tinha 631.885, em 1819, e 640.000, em 1823. Já o Rio de Janeiro, 510.000, em 1819, e 451.548, em 1823.

Com base no trabalho de Marcílio[16] e nas macrorregiões atuais, observa-se que o Nordeste (incluindo Bahia e Sergipe) era em 1819 e 1823 (respectivamente, 1.703.111 e 2.050.218) mais populoso do que o Sudeste (1.512.995 e 1.541.648). A região Norte (englobando o que hoje é o Norte e o Nordeste), onde a Independência se desenrolou com "sítio e trincheira", nos termos do coronel Simplício Dias era, dessa forma, a mais populosa do Brasil. Na proporção publicada pelo *Correio Braziliense*,

---

[12] Vol XXIX, nº 172, p. 332. In: Brasiliana USP, acervo digital.
[13] Pará, Pernambuco, Rio de Janeiro, São Paulo, Mato Grosso e Minas Gerais tinham a mesma proporção. Maranhão e Goiás tinham proporção mais alta, com 1:0,8.
[14] PAIVA ABREU, Marcelo de & CORREIA DO LAGO, Luiz Aranha. "A economia brasileira no Império, 1822-1889. In: *Textos para discussão*, nº 584. Departamento de Economia PUC-Rio, 2010. In: http://www.econ.puc-rio.br/pdf/td584.pdf (acesso em 20/11/2013), p. 2.
[15] MARCÍLIO, Maria Luíza. "Crescimento Histórico da População Brasileira até 1872". In: www.cebrap.org.br. Acesso em 18/02/2013, p. 10.
[16] Ibid., p. 11.

em setembro de 1822, também o Norte-Nordeste tinha vantagem sobre o Sul, com algo em torno de 100 mil habitantes a mais.

Essa população, distribuída por toda a colônia, era "ao mesmo tempo multicultural e mestiça".[17] Os homens livres não formavam grupo coeso, não sendo homogêneos nem na origem, nem na posição em que figuravam na sociedade. Havia toda uma classe de proprietários, altos funcionários, militares, profissionais liberais; uma espécie de classe média de pequenos comerciantes, contadores, despachantes etc.; e, um tipo de classe média baixa, com seus mecânicos, marceneiros, ourives etc.[18]

A proporção desses diferentes componentes não permite se vislumbrar um país com grande classe média (na medida em que se pode usar o termo para a época). Tampouco se pode imaginar um Reino cruamente dividido entre senhores e escravos. Entre homens livres e escravos havia toda uma classe de mestiços que se somavam a negros livros ou libertos e brancos pobres para formar uma classe baixa, esta na maior parte das vezes esquecida por observadores que "só enxergavam senhores e escravos".[19] Esse grupo sem face era a massa popular "que dava força às manifestações políticas de rua nas quais se expressava o crescente sentimento de nacionalidade".

O registro sobre essa massa popular é importante para o processo de 1821-1823, pois quem ganhasse politicamente esse grupo teria uma poderosa ferramenta política nas cidades brasileiras. Os grupos populares dependiam de "incentivos", de ideias, para se mobilizar. Assim, a propaganda política teve lugar importante na disputa política entre as Cortes de Lisboa e o Rio de Janeiro.

Em meio às camadas de identidade que permeavam a colônia brasileira, é inegável que existiam problemas de relacionamento entre os nascidos na Europa e os nascidos na América. Evaldo Cabral de Mello aponta como, em Pernambuco, no contexto da revolta de 1817, havia clara estranheza entre os "filhos do Brasil" e os europeus.[20] Já Maria Graham,[21] que passou pelo Nordeste e viveu no Rio de Janeiro no período da Independência, registrou em seu diário a existência de divisões

---

[17] Carlos Alberto da Costa e Silva, 2011, p. 57.
[18] Ibid., p. 57.
[19] Ibid., p. 70.
[20] MELLO, Evaldo Cabral de. *A educação pela guerra: Leituras cruzadas de história colonial*. São Paulo: Penguin Classics Companhia das Letras, 2014.
[21] 1824, p. 126.

entre os originários do Brasil e aqueles nascidos em Portugal. Segundo a autora, os

> portugueses europeus são extremamente ansiosos em evitar casamentos com os nascidos no Brasil, e preferem entregar suas filhas e fortunas ao mais insignificante escriturário de origem europeia do que ao mais rico e meritório brasileiro.[22]

No Rio de Janeiro, essas diferenças começaram a se amainar em fins da década de 1810, com o processo de enraizamento e integração da Corte, que chegara em 1808, fugindo da invasão napoleônica. Também teve importância o fato de que os traços de divisão social entre europeus e americanos não se refletiam como barreira incontornável – e talvez essa seja uma particularidade interessante da história luso-brasileira – nos canais de acesso ao poder. Alguns brasileiros tiveram acesso a cargos de conselheiros de reis, na Magistratura, na administração colonial, movimento que se intensificou na presença da Corte no Rio de Janeiro.

O mais importante é que essa diferença entre americanos e europeus, apesar de presente, não se tornou forte o bastante para se transformar em identidade nacional dos "brasileiros" e servir de fator político que se tornasse o principal impulsionador da imagem de um Brasil unido contra os "portugueses", que caminhava direta e automaticamente para a Independência. Havia diferenças de nascimento, inclusive no acesso aos empregos públicos, mas elas variavam de província em província. Tampouco conformaram, na forma como ocorreu a Independência, o elemento impulsionador, ainda que, após a guerra, o "antilusitanismo" tenha se tornado fator político importante. Foi, principalmente, no avançar do conflito entre as Cortes e o Rio de Janeiro, entre a disputa real e as ações de propaganda, que a diferença se acentuou, muitas vezes não necessariamente ligada ao nascimento, mas, sim, à opção política.

Esse desdobramento é constatado em uma série de cartas publicadas ao longo do período 1821-1822, e compiladas em ampla obra de pesquisa levada a cabo por José Murilo de Carvalho, Lúcia Bastos e

---

[22] "The European Portuguese are extremely anxious to avoid intermarriage with born Brazilians, and prefer givin their daughters and fortunes to the meanest clerk of European birth, rather than to the richest and most meritorious Brazilian."

Marcelo Basile.[23] A disputa política registrada nesses documentos mostra uma instrumentalização de características geográficas ou sociais no contexto da disputa entre o Rio de Janeiro e Lisboa pelo título de capital do Império. A maior população de Portugal, a dimensão territorial brasileira, a elevação do Brasil a Reino são dados que vão aparecendo nas disputas, em um cabo de guerra de debate público. Um exemplo é a série de cartas dirigidas ao *Astro da Lusitania*,[24] ao longo de 1821.[25] Em uma delas, o "Compadre de Lisboa", ao defender a volta da Corte à Europa, Lisboa, afirma:

> (...) Primeiramente o Brasil por vasto, por igual que seja em extensão a toda a Europa, e nada comparado a Portugal. Gigante em verdade; mas sem braços, nem pernas; não falando do seu clima ardente, e pouco sadio, o Brasil está hoje reduzido a umas poucas hordas de negrinhos, pescados nas Costas d'África, únicos, e só capazes de suportarem, (e não por muito tempo) os dardejantes raios de uma zona abrasada; (...)

A reação foi rápida e, em pouco tempo, surgiram cartas dirigidas ao mesmo diário, defendendo a perspectiva do Reino do Brasil. O "amigo do filho do compadre do Rio de Janeiro" procura, em sua carta,[26] enfatizando o que via como uma unidade do Reino, acusar alguns partidários de Lisboa de quererem fragmentá-lo. Relativiza a suposta superioridade em número de habitantes, colocando em dúvida a estatística, "com o que o tal Senhor medidor de povos bem pode quebrar o côvado, ou vara, de que se serviu para a medição, e que se conhece agora ser de muito pouco préstimo". À referência das "hordas de negrinhos", rebate:

> Ora aí está o que é falar! E o que é falar de verdade segundo a ideia do Senhor Compadre, o desgraçado Brasil nada mais tem, do que

---

[23] In: CARVALHO, José Murilo de; BASTOS, Lúcia & BASILE, Marcelo. *Guerra literária: panfletos da Independência (1820-1823)*. 4 Volumes. Belo Horizonte: Editora UFMG, 2014.
[24] A sequência encontra-se em Carvalho et al., 2014, vol. 1.
[25] "Carta do Compadre de Lisboa em resposta a outra do Compadre de Belém ou juízo critico sobre a opinião pública, Dirigida pelo *Astro da Lusitania*". In: Carvalho et al, 2014, vol. 1, p. 160.
[26] "Carta, que em defesa dos brasileiros insultados escreve ao Sachristão de Carahi o Estudante Constitucional, amigo do filho do Compadre do Rio de Janeiro". In: Carvalho et al., 2014, vol. 1, p. 247.

hordas de negrinhos! E toda a Real Família, que aqui então se achava? E os empregados públicos? E uma multidão de europeus aqui estabelecidos? E os seus descendentes o que serão?

Observa-se claramente que as referências raciais não apenas traziam em si o problema da escravidão e do racismo, mas também um tom político forte de rebaixamento do Reino do Brasil, na disputa que, como se verá no próximo capítulo, tinha no tema da igualdade entre os dois lados do Atlântico um ponto de discórdia grave.

Mesmo com essa exacerbação ao longo do conflito Lisboa-Rio de Janeiro, é possível constatar que a separação entre "portugueses" e "brasileiros", desse modo, não foi o motor do processo de emancipação. Foi, mais do que tudo, uma consequência desse processo político, instrumentalizado no contexto da disputa entre as capitais pela liderança do Reino.

Na verdade, a pesquisa histórica[27] tem indicado como a identidade nacional brasileira foi sendo construída aos poucos, sobre uma base de múltiplas identidades, fundamentadas em imagens locais, regionais e gerais. Iniciou-se, certamente, ainda no período colonial, mas era frágil, insuficiente. O processo de emancipação, cujos impactos não devem ser minimizados em termos de formação nacional, foi a primeira tentativa de construção de um corpo unitário, ainda com D. Pedro I. Também nesse momento, as noções de "brasileiro" eram frágeis, usadas em peças oficiais sem se traduzir em sentimento efetivo. Apenas após algumas décadas, com a predominância do projeto Saquarema,[28] é que se consolidou a identidade brasileira.

A fluidez em termos de identidade era, portanto, a marca do período em que ocorreu a Independência. Nas atas das Cortes de Lisboa ou na Constituinte do Rio de Janeiro, nas referências documentais citadas por Maria Graham,[29] Almirante Cochrane,[30] nos relatos dos generais Madeira[31]

---

[27] Vide os trabalhos mencionados na parte 2 da introdução da presente tese.
[28] Vide ROHLOFF de MATTOS, Ilmar. *O Tempo Saquarema. A Formação do Estado Imperial.* 2ª edição. São Paulo: Editora Hucitec, 1990.
[29] 1938.
[30] 2003.
[31] In: Offícios e Documentos dirigidos ao Governo para serem presentes as *Cortes Geraes Extraordinarias e Constituintes da Nação Portugueza e a Sua Magestade o Senhor Dom João VI, pela Junta Provisoria do Governo da Provincia da Bahia, com a data de 8 e 13 de março de 1822.* Lisboa: Imprensa Nacional, 1822. Disponível eletronicamente em http://books.google.com (acesso em 15/03/2013).

e Avillez,³² dentre muitos outros, observa-se exatamente multiplicidade. Há referências a "brasileiros", "portugueses da América", imagens locais restritas a "pernambucanos ou paulistas", ou atribuições a que todos pertenciam à mesma comunidade "portuguesa". Mesmo com o avançar da Independência, na Assembleia Constituinte do Rio de Janeiro, as imagens ainda eram heterogêneas: nos discursos dos deputados Alencar³³ ou Carneiro de Matos,³⁴ a referência de pertencimento à nação portuguesa foi matizada pela Independência, vista como adoção de um novo pacto social e a "formação" de uma nova nação. Outros personagens da época³⁵ se viam apenas como "brasileiros", ou utilizaram a referência ao Brasil como parte de Portugal.³⁶

Essa multiplicidade de referências também é visível nas dezenas de cartas publicadas ao longo do período, como aquela assinada por "um fluminense", em 1821.³⁷ Logo no início da missiva, o fluminense, ao analisar o problema do comércio, indica que "parece que este mal é incurável, mas que portanto é bem fácil de remediar, o caso está em os Portugueses, Europeus e Brasileiros, querermos". Observa-se, na referência, que a entidade política do Reino do Brasil estava presente e era fator importante, particularmente do ponto de vista político, mas o tema da identidade em termos de nação continuava a ser visto como elemento unificador.

Em resumo, como sustentam István Jancsó e João Paulo G. Pimenta,³⁸ os portugueses que viviam no Brasil eram ligados a múltiplas re-

---

Vide também: *Offícios e Cartas dirigidos ao Governo pelo Governador das Armas da Provincia da Bahia com as datas de 7 e 9 de julho deste anno e que forão presentes às Cortes Geraes Extraordinarias e Constituintes da Nação Portugueza*. Lisboa: Imprensa Nacional, 1822. Disponível eletronicamente em http://books.google.com (acesso em 15/03/2013)

³² 1822.
³³ Em 19 de junho de 1823.
³⁴ Em 20 de junho de 1823.
³⁵ Como o deputado Rodrigues de Carvalho, em sessão da Assembleia do Rio de Janeiro de 20/06/1823.
³⁶ As atas do mês de junho da Assembleia Constituinte do Rio de Janeiro de 1823 são exemplos interessantes do registro do debate sobre a nacionalidade brasileira.
³⁷ "Resposta Analytica a hum artigo do Portuguez Constitucional em defesa dos direitos do Reino do Brasil, por um fluminense". In: Carvalho et al., 2014, vol. 1, p. 281.
³⁸ JANCSÓ, István & PIMENTA, João Paulo G.. "Peças de um mosaico (ou apontamentos para o estudo da emergência da identidade nacional brasileira)". In: *Viagem incompleta. A experiência brasileira (1500-2000)*. MOTA, Carlos Guilherme (org.). 2ª edição. São Paulo: Editora Senac, 2000.

ferências de identidade: pátria local (Rio de Janeiro, Bahia etc), país (Reino do Brazil) e nação (portuguesa). O elemento de união era o rei, que definia toda a nação portuguesa, "um espaço de governo e jurisdição". Seguia-se uma segunda camada, do "paiz", que eram as regiões, as realidades de pernambucano, paulista, cearense etc.

Com o desenvolvimento das relações entre as capitanias, ainda que as distâncias subsistissem, e o processo de centralização da administração, iniciado pela Coroa na segunda metade do século XVIII, surgiu, gradualmente, uma terceira identidade, a americana, fundamentada na "ideia de America", a qual, começava a fazer sentido tanto para os colonos, quanto para a administração portuguesa.[39] Conforme avalia João Paulo G. Pimenta, os efeitos dessa terceira identidade se intensificaram após o início do século XIX:

> (...) nos quatroze anos que antecedem a Independência, há uma reconfiguração de uma identidade luso-americana anteriormente já existente, agora progressivamente reforçada, politizada e cristalizada pela transformação da América em sede da monarquia. Os fundamentos de tal identidade não só eram plenamente compatíveis com a pluralidade identitária que, tradicionalmente, alicerçava a nação portuguesa, como também pareciam reforçar a perspectiva de complementariedade de espaços segundo os ditames do Reformismo Ilustrado.

Existiam, assim, três "camadas" de identidade que interagiam na América portuguesa no período da Independência: portuguesa, americana e local (mineiros, baianos etc.). A interação entre essas variava de região para região e resultou em posicionamentos diferentes no processo de Independência. A visão da unidade "luso-americana" ainda estava em construção em 1821-1823, sendo mais acelerada no Centro-Sul do que no Norte-Nordeste. O primeiro caso beneficiava-se do fato de a sede da Monarquia tratar de seus domínios americanos em conjunto, como unidade. Ou seja, a proximidade com o governo, que via o Brasil como "Reino Unido" (tema explorado abaixo), e a disputa política com Lisboa – incluindo as referências dos próprios europeus aos "brasileiros", em geral – favoreceu no Centro-Sul a incorporação de uma ideia de nacionalidade entendida como uniforme para todo o Reino.

---

[39] PIMENTA, João Paulo G., 2006, p. 74.

Ali, a metrópole se "interiorizou", como apontou Maria Odila Leite da Silva Dias.[40] Desenvolveram-se novas relações econômicas, políticas e sociais vinculadas especialmente ao novo status do Rio de Janeiro, de capital portuguesa, a partir de 1808. Além do comércio, estimulado pela ampliação da população e da própria estrutura da capital, cargos públicos, antes distantes e de difícil alcance para os nascidos nas Américas, passaram a ser acessíveis; o status social de vários grupos foi elevado, inclusive com elevações à condição de nobreza.

A dinâmica da nova vida metropolitana, que influenciava todo o Centro-Sul, tinha impactos na visão política dos habitantes da região e nos interesses a serem defendidos. Foi um dos motores da reação às Cortes Gerais, a partir do início de 1822. Daí que a visão compartilhada por D. Pedro e seus partidários pós-Fico tinha no Brasil uma unidade, em que valia a pena, inclusive, usar a força para ser construída ou mantida.

No Norte-Nordeste, a evolução em direção ao Brasil foi mais lenta e heterogênea nos diferentes setores da sociedade, resultando numa dinâmica complicada da relação com Rio de Janeiro e com Lisboa. Também influíam os interesses locais, as disputas de poder pelo governo e organização das províncias. Algumas partes do território nacional, desse modo, viram o processo da emergência de uma identidade nacional, impulsionada pela emancipação, de forma mais rápida do que outras.

A presença da Corte no Rio de Janeiro foi, portanto, momento definidor da vida da colônia, depois Reino Unido, mas teve impactos heterogêneos nas regiões brasileiras. Ela trouxe aos domínios portugueses na América novos tipos sociais (a aristocracia reinol), cuja influência alteraria muitas das características da realidade carioca e das províncias vizinhas. Muito do que era o Brasil de antes, entretanto, se mantinha.

A elevação do Brasil a Reino, conformando o "Reino Unido de Portugal e do Brazil e Algarves" foi a culminação desse processo de construção da terceira "camada" de identidade, modificando politicamente a realidade da América portuguesa e criando uma unidade política antes inexistente. Ainda que as características sociais permanecessem em certa medida inalteradas, a criação do Reino do Brasil é legal e sim-

---

[40] SILVA DIAS, Maria Odila Leite da. "A interiorização da metrópole". In: *A interiorização da metrópole e outros estudos*. 2ª edição. São Paulo: Alameda, 2005.

bolicamente um elemento formador da antiga colônia como unidade territorial.

Muito se discute sobre as motivações da medida. A interpretação mais corrente é a de que a transformação política da colônia se deu por sugestão de Talleyrand, a fim de reforçar a posição de Portugal nas negociações no Congresso de Viena (1815),[41] que puseram fim às guerras napoleônicas. Folheto anônimo "sobre o Estado de Portugal e do Brasil desde a sahida d'El-Rei de Lisboa em 1807 até o presente", escrito em Londres, em 1º de junho de 1822,[42] atribui a ideia aos representantes diplomáticos da legação portuguesa, que teriam inicialmente agido sem instrução, com o objetivo de "zelar pela conservação da integridade da monarchia e pela sua prosperidade", o que exigia mudanças no "systema". Esses diplomatas teriam sondado as grandes potências, que não se opuseram. A proposta teria sido, em seguida, apresentada ao governo português, que a incorporou e executou.

Para André Roberto de Arruda Machado,[43] todo o processo de transmigração da Corte, abertura dos portos e elevação do Brasil a Reino Unido eram parte de esforços que vinham sendo realizados desde o século XVIII, "com o intuito de preservar a Monarquia e ampliar o seu poder, frente a um sentimento generalizado de crise". A decisão de elevar o Brasil a Reino Unido, muito mais do que simples artimanha diplomática, se encaixava no processo de construção das estruturas de poder para transformar o Rio de Janeiro em efetiva capital do Império português.

A medida reforçava, especialmente, a decisão de Dom João VI de permanecer no Brasil. Com a nova medida, o rei (naquela época ainda regente) não governaria a partir de uma colônia, nem transmitiria ordens a Lisboa a partir uma colônia, mas, sim, de uma entidade hierarquicamente igual ao território europeu.

A partir de 1815, desse modo, não era mais um território luso-americano, uma colônia, que abrigava temporariamente a Coroa portuguesa no Rio de Janeiro. O Brasil passou a ser um Reino, territorialmente

---

[41] Lúcia Bastos Pereira das Neves, 2009, p. 113.
[42] "Considerações sobre o Estado de Portugal e do Brasil desde a sahida d'El-Rei de Lisboa em 1807 até o presente". In: *Revista do Instituto Histórico e Geográfico Brasileiro*, vol. XXVI, 1863. http://www.ihgb.org.br/rihgb.php?s=20 (acesso em 05/08/2014), p. 146.
[43] 2006, p. 54.

delimitado e autônomo, diretamente vinculado ao rei. A Carta-Lei de 16 de dezembro de 1815[44] tornou uma abstração anterior (o conjunto das colônias brasileiras) em entidade jurídica concreta, ainda que heterogênea, marcada por fatores de aproximação e distanciamento político, econômico e social. Como já mencionado anteriormente, a noção de unidade política do Reino se tornou clara não apenas nos debates oficiais, mas nas várias cartas trocadas entre cidadãos, que disputavam a preeminência entre os Reinos, entre Lisboa e Rio de Janeiro. A elevação será utilizada, inclusive, como justificativa posterior para a convocação do Conselho de Procuradores (vide capítulo III):

> Em teoria, porque estando o Brasil elevado, como está, à sublime categoria Política de reino, e como tal reconhecido de fato, e de Direito; não se lhe pode negar a atribuição de convocar os Procuradores dos Povos das suas Províncias; e formar a sua representação individual para deliberar com poder absoluto e independente de outro qualquer Povo, e fazer as Leis que o devem governar; (...)[45]

Nem todo mundo, nem todas as regiões do novo Reino, contudo, tinham consciência dessa nova entidade jurídica. É interessante, nesse particular, observar a linguagem utilizada na carta de 16 de dezembro de 1815.[46] Um primeiro elemento que chama a atenção é a caracterização da

---

[44] A íntegra da referida carta está disponível no sítio eletrônico da Câmara dos Deputados do Brasil: http://www2.camara.leg.br/legin/fed/carlei/anterioresa1824/cartadelei-39554-16-dezembro-1815-569929-publicacaooriginal-93095-pe.html.
[45] "O Amigo da Razão, ou carta aos redactores do Reverbero, em que se mostrão os Direitos que tem o Brasil a formar a sua Camara especial de Cortes no próprio território, conservando a União com Portugal...". In: Carvalho et al., 2014, vol. 1, p. 375.
[46] D. João por graça de Deus, Principe Regente de Portugal e dos Algarves etc. Faço saber aos que a presente carta de lei virem, que tendo constantemente em meu real animo os mais vivos desejos de fazer prosperar os Estados, que a providencia divina confiou ao meu soberano regimen; e dando ao mesmo tempo a importancia devida a vastidão e localidade dos meus dominios da America, a copia e variedade dos preciosos elementos de riqueza que elles em si contém: e outrosim reconhecendo quanto seja vantajosa aos meus fieis vassallos em geral uma perfeita união e identidade entre os meus Reinos de Portugal, e dos Algarves, e os meus Dominios do Brazil, erigindo este aquella graduação e categoria politica que pelos sobreditos predicados lhes deve competir, e na qual os ditos meus dominios ja foram considerados pelos Plenipotenciarios das Potencias que formaram o Congresso de Vienna, assim no tratado de Alliança, concluido aos 8 de Abril do corrente anno, como no tratado final do mesmo Congresso: sou portanto servido e me praz ordenar o seguinte:

área elevada a Reino, qualificada por termos como "vastidão", "copia e variedade dos preciosos elementos de riqueza".

É igualmente relevante, no que se tornaria ponto importante nas disputas nas Cortes, a justificativa apresentada na Carta-Lei, de reconhecer "vantajosa aos meus fieis vassallos em geral uma perfeita união e identidade entre os meus Reinos". Na expressão da *"perfeita união e identidade"* subjaz a noção de igualdade política que se estava estabelecendo entre Brasil e Portugal no seio do Império, também expressada, simbolicamente, pela modificação da titulação do Estado.

Juridicamente, a elevação "à dignidade, preeminência e denominação de Reino do Brasil" marcou a emancipação do Brasil de Portugal. Os dois Reinos passaram a se ligar, em termos de igualdade, à Coroa, esta a entidade que encarnava a soberania, exclusiva do rei, e que também atuava como elemento centralizador e unificador de todo o Império português.[47]

A nova estrutura não deixou o Brasil com papel jurídico menor. Sua elevação não o relegava a um papel equivalente ao Reino dos Algarves, fórmula ultrapassada, mas, sim, era inspirada no modelo de Reino Unido europeu, que se via entre Inglaterra e Irlanda, ou Suécia e Noruega.[48] O editor do *Correio Braziliense*, Hipólito José da Costa, também seguiu essa interpretação quando afirmou, em abril de 1820, que "todo o sistema de administração está hoje arranjado por tal maneira que Portugal e Brasil são dois estados diversos, mas sujeitos ao mesmo rei...".[49]

A nova estrutura do Império modificou, assim, a relação de forças políticas e transformou uma identidade ainda fluida, a "americana", em noção concreta e juridicamente estabelecida. Ainda que as reações em

---

I. Que desde a publicação desta Carta de Lei o Estado do Brazil seja elevado a dignidade, preeminencia e denominação de – Reino do Brazil –.
II. Que os meus Reinos de Portugal, Algarves e Brazil formem d'ora em diante um só e unico Reino debaixo do titulo – Reino Unido de Portugal e do Brazil e Algarves.
III. Que aos titulos inherentes a Coroa de Portugal, e de que até agora hei feito uso, se substitua em todos os diplomas, cartas de leis, alvarás, provisões e actos publicos o novo titulo de – Principe Regente do Reino Unido de Portugal e do Brazil e Algarves, d'aquem e d'alem mar, em Africa de Guiné e da Conquista, Navegação e Commercio da Ethiopia, Arabia Persia, e da India etc.

[47] Como sustentam Yancsó & Pimenta, 2000.
[48] NIZZA DA SILVA, Maria Beatriz. "Autonomia e Separatismo". In: *Clio – Revista de Pesquisa Histórica*, nº 30.1, 2012. http://www.revista.ufpe.br/revistaclio/index.php/revista/article/view/260 (acesso em 15/05/2013), p. 2.
[49] In: Varnhagen, 1957, p. 28.

cada região a essa nova realidade tenham sido distintas, a criação do Reino Unido foi elemento central na controvérsia entre aqueles que se perfilariam em torno de D. Pedro e os partidários das Cortes de Lisboa. Já antecipando o motivo principal da contenda entre brasileiros e portugueses, que motivou o "*casus belli*" da Independência, Hipólito José da Costa dizia, sobre a realidade entre Portugal e Brasil, que

> a residência do soberano em um deles será sempre motivo de sentimento para o outro, a não se fazer mais alguma coisa. Nesses termos, a mudança de el-rei para a Europa trará consigo a mudança do lugar dos queixosos, mas não remédio dos males...

O elemento que se deve reter da organização legal de 1815 diz respeito, portanto, à simbologia de igualdade entre o Brasil e Portugal, sentida fundamentalmente na capital fluminense e em seu entorno imediato. Feito pela própria Coroa, esse princípio foi visto nos debates das Cortes, na maior parte das vezes nas vozes de representantes de províncias do Centro-Sul. Assim, ao passo que outras regiões do Brasil tinham em seu interior visões múltiplas de unidade e proximidade com o Rio de Janeiro ou com Lisboa, a capital manteve visão de maior unidade e de igualdade na relação entre Brasil e Portugal. O centro do poder no Rio de Janeiro enxergava unidade onde, em grande medida, as Cortes, apoiadas por elementos do Norte-Nordeste, ainda viam diferença.

Não será exagerado dizer que, apesar das hesitações, D. Pedro herdou, como membro dessa Coroa, essa imagem centralizada do Reino do Brasil, ainda que ela permanecesse, na prática, precária e mais ligada ao terreno legal e à visão da "cabeça" do Estado. Em 18 de setembro de 1822, poucos dias após o Grito do Ipiranga, ao estabelecer em decreto a bandeira do novo Estado, D. Pedro advogava pela manutenção da unidade exatamente recuperando a noção anterior do estabelecimento do Reino Unido:

> Havendo o Reino do Brasil, de quem sou Regente e Perpétuo Defensor, declarado sua Emancipação Política, entrando a ocupar na Grande Família das Nações o lugar que justamente lhe compete como Nação Grande, Livre e Independente; sendo por isso indispensável que ele tenha hum Escudo Real D'Armas, que não só o distingão das Armas de Portugal e Algarves até agora reunidas, mas que sejão características

deste rico e vasto continente; e Desejando Eu que se conservem as Armas que a este Reino forão dadas pelo Senhor Rei Dom João VI, Meo Augusto Pay, na Carta de Ley de 13 de Maio de 1816.

Note-se, nessa passagem, como Dom Pedro, já depois de 7 de setembro, ainda não se refere ao Brasil como Império, nem se proclama Imperador.[50] O ainda regente mostrou, principalmente, a herança do Reino Unido de 1815 ao referir-se às dezenove províncias, a maior parte das quais ainda não havia aderido à emancipação política e muitas das quais fariam uma opção contrária a seu governo. A imagem do Brasil "entre os Grandes Rios, que são seus limites naturaes e lhe formão sua integridade", como dissera o regente, era ainda um projeto, um conceito que confirma o impacto da medida adotada por D. João VI em 1815.

Setores das elites políticas pertencentes ao círculo mais próximo da capital compartilhavam essa tendência unitária.[51] Essa proximidade de visões decorria, em grande medida, de interesses particulares de grupos do Centro-Sul, que convergiam para a defesa do Rio de Janeiro como capital.

Mesmo no Centro-Sul, entretanto, são encontradas referências múltiplas nos debates sobre o futuro do Reino. Havia projetos de autonomia regional, semelhantes àqueles presentes nas províncias do Norte (neste caso, como se verá abaixo, em relação ao próprio Rio de Janeiro). Não se observava, assim, homogeneidade de projetos e de concepções de como lidar com a crise política que vivia o Reino português pós-Revolução do Porto.

A elevação do Brasil a Reino Unido, de todo modo, era forte elemento na imagem daquele território que deveria ser administrado a partir do Rio de Janeiro, por D. Pedro. Pensando em sua herança política, dificilmente o regente trabalharia com a hipótese de não governar sobre todo o Reino, sobre o qual tinha, inclusive, os poderes conferidos por D. João VI.

---

[50] Esse tópico, da efetiva data da Independência, será mencionado no capítulo sobre a Revolta do Rio de Janeiro, onde se narra a evolução política da emancipação.
[51] Vide, por exemplo, as "Lembranças e Apontamentos do Governo Provisório da Província de São Paulo para seus Deputados", de outubro de 1821, elaborada por José Bonifácio. O primeiro item dessas instruções fala em "integridade e indivisibilidade do Reino Unido". No item sobre negócios do Brasil, o documento estabelece a visão de um governo-geral executivo de "união central" do Brasil.

O Rio de Janeiro era propício para o pensamento "unitário" do Brasil, ao contrário do que se passava nas províncias do Norte-Nordeste.

Por fim, as características gerais da economia brasileira são importantes para se dar conta da realidade que se vivia naquele início de século XIX. A chegada da Corte, em 1808,

> acelerou a circulação de mercadorias. Os negócios se ativaram, a agricultura aumentou principalmente depois que se estabeleceu prêmio aos agricultores que aclimatassem no país novas espécies ou promovessem plantas nativas de outras regiões.

As exportações aumentaram e a circulação de navios multiplicou-se, passando, no porto do Rio de Janeiro, de 90 entradas, em 1808, para 442, em 1810.[52] A abertura dos portos e a presença da Corte estimularam novos estilos de vida, maior urbanização no Centro-Sul e a chegada de novas ideias.

O impacto econômico e social, como o político, não era o mesmo em todas as regiões e reforçava a heterogeneidade das posições políticas. No Norte-Nordeste, como se verá no capítulo VII, muitos agricultores se aproximaram dos vintistas portugueses por compartilharem reação contra a abertura dos portos e a presença dos comerciantes ingleses, considerados prejudiciais aos negócios.

Essa diferença de perspectiva econômica entre o Centro-Sul e muitos setores agrícolas do Norte tinha grande importância política no Brasil das primeiras décadas do século XIX, pois, ademais de área mais populosa (como visto mais acima), o Nordeste era também a principal região de produção das mercadorias exportadas pelo Reino.

À época da Independência, "o setor primário certamente respondia por grande parte do produto interno e das exportações, com predominância da agropecuária".[53] Com o ouro de Minas Gerais já sem força e o café do Rio de Janeiro e São Paulo ainda incipiente, o açúcar mantinha-se como o principal produto de exportação naquele início de 1820. Pernambuco e Bahia respondiam por mais da metade das exportações de açúcar. As exportações de algodão ainda eram relativamente baixas, mas a produção estaria concentrada em Alagoas e Pernambuco.

---

[52] José Arthur Rios, 1973, p. 296.
[53] Paiva Abreu & Correia do Lago, 2010, p. 5.

O fumo era produzido especialmente na Bahia, com Minas Gerais e Rio Grande do Sul respondendo, principalmente, pelo consumo interno. Salvador era ponto importante para as exportações brasileiras, competindo com o Rio de Janeiro.[54] A capital bainana ainda era, em 1817, praça comercial estratégica do Brasil. Mesmo com o novo status do Rio de Janeiro, existia "um equilíbrio entre as duas cidades, o que foi alterado cada vez mais, após a Independência e a centralização realizada no Rio de Janeiro".[55] Os próprios representantes baianos no Rio de Janeiro procuravam destacar essa importância político-econômica da Bahia. Como o fez o deputado Montesuma, em 28 de agosto de 1823, na Assembleia Constituinte do Rio de Janeiro, na qual afirmou que

> todo Mundo vê que a Bahia fica como um centro comum do nosso Imperio tanto para o Norte como para o Sul, além de oferecer pela qualidade do seo Commercio muitas facilidades de transportes de qualquer parte para ali; o que não sucede para São Paulo.[56]

Também Recife tinha grande importância econômica, disputando, inclusive com Salvador. Na visão de Maria do Socorro Ferraz Barbosa,[57] Pernambuco representava, para o Norte-Nordeste, a mesma importância política que o Rio de Janeiro mantinha sobre o Sul. Apresentava, também, desenvolvimento histórico particular, calcado na experiência e na mitologia da guerra contra os holandeses (1630-1654). A cultura política pernambucana desenvolvera, com base nessa experiência, forte identidade local e tendência à autonomia, que se fundava na interpretação de que haviam sido exclusivamente os locais que haviam expulsado os holandeses. Essa visão regional, como apontam os estudos de Evaldo Cabral de Mello,[58] seria de grande importância para a

---

[54] VASCONCELOS, Pedro de Almeida. "Salvador, rainha destronada? (1763-1823)". In: *História* (São Paulo), v. 30, nº 1, p. 174-188, jan.-jun. 2011. In: www.scielo.br/pdf/his/v30n1/v30n1a08.pdf . Último acesso em 02/09/2013, p. 180.
[55] Pedro Almeida Vasconcelos, 2010, p. 180.
[56] In: *Diários da Assembleia Geral, Constituinte e Legislativa do Império do Brasil – 1823*. In: http://books.google.com (acesso em 15/02/2013). Sessão de 28 de agosto de 1823.
[57] BARBOSA, Maria do Socorro Ferraz. "Liberais constitucionalistas entre dois centros de poder: Rio de Janeiro e Lisboa". In: *Revista Tempo*, vol. 12, nº 24. Niterói, 2008. In: http://www.scielo.br/scielo.php?script=sci_arttext&pid=S1413-77042008000100006 (acesso em 02/09/2013).
[58] MELLO, Evaldo Cabral de. "Frei Caneca ou a outra independência. In: MELLO, Evaldo Cabral de (org.). *Frei Joaquim do Amor Divino Caneca*. Organização de Evaldo

compreensão das ações e posturas da província no período 1821-1823. Também é chave no aparecimento de ideias de autonomia regional e mesmo de versões que propunham a emancipação, distintas daquelas que surgiram no Rio de Janeiro, em 1822.

Independentemente das disputas de importância entre uma ou outra cidade, o fato é que Salvador e Recife representavam pontos de convergência econômicos e políticos importantes do Reino do Brasil.

Também é preciso ressaltar, além da relevância econômica, política e social, que as províncias mais ao norte, como Maranhão e Pará, tinham ligação física muito mais fácil com Lisboa do que com o Rio de Janeiro. A imagem que primeiro vem à mente é a de Portugal distante, separado pelo oceano, ao passo que as províncias se comunicariam de forma mais célere. A natureza, no entanto, apresentava uma outra realidade, como cita o diário *O Conciliador*, de 15 de maio de 1822:[59]

> Quem desconhece ser mais interessante para as províncias do Norte do Cabo de S. Roque obedecer antes a Portugal que ao Rio de Janeiro? Os imensos sertões que entre si medeiam, as faz crer em tão longínqua distância, como se ali fosse um outro mundo. Que dificuldade para daqui se obter uma graça ou um recurso. *Pela direção dos ventos, e correntes, pode-se ir a Lisboa, e voltar, enquanto navegando para o Rio de Janeiro, apenas se teria chegado à meia travessa.* (grifo nosso)[60]

No mesmo sentido, sublinha monsenhor Joaquim Chaves[61] que:

> A navegação à vela do Norte para Portugal era fácil, suave, segura, permanente e abundante. O mesmo não se dava com a nagegação do Norte para o Rio de Janeiro. Em certas épocas do ano as viagens por mar, entre o Norte e o Sul, tornavam-se difíceis e arriscadas. Por causa dos ventos contrários ou das calmarias, do Pará a Pernambuco, desde maio até dezembro, gastavam-se 3 meses na viagem, e às vezes 5 ou 6, e assim progressivamente, para a Bahia e para o Rio.

Cabral de Mello. São Paulo: Editora 34, 2001. _____. *A outra independência: o federalismo pernambucano de 1817 a 1824*. São Paulo: Editora 34, 2005.
[59] In: GALVES, 2006, p. vii.
[60] *O Conciliador*, nº 88, 15/05/1822. In: Galves, 2010, p. vii.
[61] CHAVES, Monsenhor Joaquim. *O Piauí nas lutas de independência do Brasil*. Teresina: Alínea Publicações Editora, 2005, p. 29.

Do ponto de vista geográfico, portanto, algumas regiões eram mais distantes do que outras, e muitas vezes mais distantes entre si do que de Lisboa. E não se tratou de mera característica física, sem consequências para o processo de construção do Estado brasileiro.

O Nordeste, em resumo, era naquela época região muito mais importante política e economicamente para o Reino do Brasil do que veio a ser caracterizado posteriormente na historiografia da Independência. Por sua localização, população e economia, toda aquela região configurava, à parte da capital do Reino, um território estratégico do Brasil, para a administração portuguesa. E, nessa região, Salvador e Recife despontavam como cidades centrais. No turbilhão político que se desatou a partir de 1821, entre Lisboa e o Centro-Sul do Reino do Brasil, quem dominasse essas duas cidades, teria a vantagem estratégica sobre todo o Nordeste brasileiro. E, em todos os casos, o mar era o ponto-chave para o controle estratégico. A Marinha teria igualmente um papel vital na preservação da região nas mãos de um poder político.

Também se observam pontos estratégicos do Reino brasileiro no Pará (entrada do Amazonas) e na Cisplatina (entrada do Prata). Já nos avançados anos em que se passou a Guerra do Paraguai (1964-1970), as memórias do Visconde de Taunay[62] sobre a Retirada da Laguna indicam as dificuldades de acesso ao Centro do Brasil por terra. Pode-se imaginar como toda essa área territorial do país dependia do transporte fluvial, que vinha pelo Sul, na rede hidrográfica do Prata, ou pelo Norte, com os rios da bacia amazônica. Quem dominasse as entradas desses rios garantiria, no longo prazo, todo o Centro brasileiro.

O Piauí era igualmente ponto estratégico no Norte-Nordeste, um entroncamento entre as diversas vias de comunicação interna do Norte e do Nordeste, centralizando-se na capital Oeiras.[63] Era rota para o Maranhão e a principal fonte de abastecimento de toda a região. O monsenhor Joaquim Chaves[64] sustenta que a posição geográfica da província despertava a atenção de Lisboa, pois, "estrategicamente falando, o Piauí teria muita importância nesse plano (*projeto português de*

---

[62] TAUNAY, Visconde de. *A Retirada da Laguna*. Coleção Obra-Prima de Cada Autor. São Paulo: Martin Claret, 2005.
[63] Caio Prado Júnior, 2002, p. 1336.
[64] 2005, p. 29.

manutenção do Norte-Nordeste, separando-o do Centro-Sul independente[65]). Segundo o estudioso, a província oferecia comunicações por terra com o Ceará, com a Bahia e com Pernambuco. A província também era o principal fornecedor de carnes para a região, de modo que, "firmar-se militarmente nele seria cortar o abastecimento de carnes para os rebeldes e ficar em posição de poder atacá-los por terra, numa contra-ofensiva, se o movimento independente ali enfraquecesse".

Não se pode, portanto, compreender a Independência do Brasil, como se passou, com conflitos, incertezas e guerra, sem se corrigir a versão histórica que concentra todo o poder e o desenvolvimento do processo no Centro-Sul e, particularmente, no Rio de Janeiro. Em termos estratégicos é conveniente avançar elementos que serão desenvolvidos nos próximos capítulos: os principais confrontos entre tropas pró-Lisboa e pró-Rio de Janeiro ocorreram em três dos cinco pontos mais geograficamente sensíveis do Reino (Bahia, Piauí-Maranhão e Cisplatina), ao passo que os outros dois não viram combates por estarem mais seguros para os lados da contenda: o Pará, para os portugueses e o Rio de Janeiro, para os independentistas. Em todos esses pontos estratégicos a mobilização envolveu também as regiões do entorno. Poucas províncias ficaram de fora do conflito. E quem dominou o mar garantiu a vantagem maior no conflito que se desenvolveu na região.

---

[65] Esse tópico será desenvolvido no capítulo III, na seção referente à estratégia portuguesa.

AS PROVÍNCIAS ENTRE LISBOA
E O RIO DE JANEIRO

Nas disputas políticas que se desenvolveram no Reino do Brasil, entre 1821 e 1823, é preciso insistir na ideia-chave de que aquele processo foi experimentado de formas distintas entre o Centro-Sul e o Norte-Nordeste, e mesmo dentro de cada uma dessas regiões, partes de um mesmo Reino, mas com realidades políticas distintas, ambientes estratégicos diversos. A política não estava apartada da realidade social e cultural do Reino, "a desunião, por assim dizer, geográfica precisava ser compensada com a união política".[66] Os fatores de aproximação e distanciamento existiam já antes de 1821, inclusive nos projetos anteriores de autonomia ou mesmo de Independência, mas foram intensificados por estas.

Havia razões fortes, anteriores ao vintismo, para que o Rio de Janeiro sofresse oposição. Nesse cenário, o advento das Cortes e o regresso do rei a Portugal tenderam a ampliar as diferenças entre Norte-Nordeste e Centro-Sul. Enquanto a primeira região retomou em sua inteireza os contatos com Lisboa, livrando-se, de certa maneira, das pressões fiscais do Rio de Janeiro, a segunda via aparecer o temor de uma decadência político-social: para o Rio de Janeiro, o que as Cortes terminaram por propor era uma regressão difícil, após o processo de "metropolização"[67] que transformara a cidade desde 1808, mas principalmente após 1815.

---

[66] Nizza da Silva, 2012, p. 12.
[67] SCHIAVINATTO, Iara Lis. "Entre histórias e historiografias: algumas tramas do governo joanino". In: GRINBERG, Keila e SALLES, Ricardo (orgs.), *O Brasil Imperial, volume I: 1808-1831*. Rio de Janeiro: Civilização Brasileira, 2009, p. 73.

O Rio de Janeiro era uma cidade que vira, em 1818, a coroação de um rei, em cerimônia com forte componente de reiteração da unidade e unanimidade do povo em torno do soberano, poucos meses após a ameaça de desagregação da Revolução de 1817, iniciada em Pernambuco.[68] O retrocesso a uma situação menor, especialmente na intensidade que as Cortes pretendiam aplicar após os decretos de setembro de 1821, era difícil de ser aceito. Isso se aplicava também, como visto na sessão anterior, ao entorno regional do Rio de Janeiro, onde houvera a "interiorização da metrópole".

O processo de interiorização não foi, é bem verdade, uniforme nem mesmo no Centro-Sul do Brasil. Luiz Adriano Borges, em trabalho sobre a política de São Paulo no período 1821-1823,[69] aponta como a posição dos deputados paulistas nas Cortes e a visão das lideranças da província sobre a reorganização do Estado português se harmonizavam com seus interesses econômicos, seja na venda de seus produtos (dentre os quais o açúcar e mulas), seja pela cadeia econômica desenvolvida com o Rio de Janeiro. Mesmo no caso paulista havia divergências e disputas internas que não apontavam para a homogeneidade de pensamento e posição política. José Bonifácio, durante sua atuação no processo que levou à Independência, procurou continuamente coordenar esses interesses, inicialmente com a negociação (por exemplo, na redação das instruções aos deputados paulistas nas Cortes) ou com a força (vide último capítulo).

No caso de Minas Gerais, a aproximação com o regente foi igualmente ambígua,[70] entremeando-se apoios e críticas. À histórica conexão de Minas com um Rio de Janeiro que havia se tornado capital da colônia em razão do ciclo do ouro, adicionou-se a incorporação mineira à dinâmica político-econômico-social da Corte, mas de forma heterogênea. De um lado, um grupo de comerciantes mineiros sentiu-se "à margem do processo de reconhecimento das elites e pendeu para o liberalismo constitucional, postulando o livre comércio e a au-

---

[68] SCHIAVINATTO, 2009, p. 81.
[69] BORGES, Luiz Adriano. "Aspectos econômicos da participação paulista no processo de Independência". In: *Almanack*. Guarulhos, nº 6, p. 61-80, 2º semestre de 2013. In: www.almanack.unifesp.br (acesso em 15/07/2015).
[70] Pascoal (2008: 151), por exemplo, transcreve citação de Saint-Hilaire, que "acompanhou os conflitos em Minas, em 1822, entre membros da junta governativa, desejosos de permanecer fiéis a Portugal, e D. Pedro (...)".

tonomia local".⁷¹ Esse era o grupo que se distanciava de D. Pedro e se aproximava das concepções e projetos de setores do Norte-Nordeste, por exemplo, em Pernambuco. De outro lado, o sul mineiro transformou-se em um dos maiores abastecedores da Corte, estabelecendo-se interesse material comum na região.⁷² A perda de importância do Rio de Janeiro ao longo de 1821-1822 ameaçava sensivelmente a organização do comércio, de modo que "o destino econômico e político da sociedade que surgia no sul de Minas se ligou ao da Corte",⁷³ mesmo que fossem detectadas vacilações importantes dos dirigentes mineiros.⁷⁴

Antes de 1822, assim, Minas Gerais e São Paulo constituíam o círculo expandido da capital, influenciado e influenciando o Rio de Janeiro. A posição do Centro-Sul, especialmente do Rio de Janeiro, capital ao mesmo tempo da Coroa portuguesa e do Reino do Brasil, entidade ligada à soberania da Coroa (e não a Lisboa), tornava difícil a composição com as visões portuguesas das Cortes que pretendiam reunificar a direção do Império em Lisboa, tema a ser explorado no próximo capítulo. Esse foi o elemento central de uma disputa política que se radicalizou, se transformou em propaganda (a ameaça de "recolonização") e impulsionou a formação da oposição no Rio de Janeiro.

O Norte-Nordeste brasileiro, por sua vez, sentira impactos menores à chegada da família real. A elevação a Reino Unido também provocou mudanças na percepção nortista do que era aquele conjunto político português nas Américas, sem, porém, ser sentido como o fora no Centro-Sul. Conforme apontado na sessão anterior, a relação do Norte-Nordeste era muito diferente do Centro-Sul em termos de proximidade física, econômica e social com Lisboa, sendo natural que a política também expressasse essa relação. Com a retomada dos laços com Lisboa, findas as disputas napoleônicas, a região viu reforçadas suas ligações com a Europa.⁷⁵ As noções de fidelidade ao Império português mos-

---

⁷¹ Lívia Schiavinatto, 2009, p. 79.
⁷² PASCOAL, Isaías. "Fundamentos econômicos da participação política do sul de Minas na construção do Estado brasileiro nos anos 1822-1840". In: *Economia e Sociedade*. Campinas, v. 17, nº 2 (33), p. 133-157, agosto de 2008, p. 137.
⁷³ Ibid., p. 151.
⁷⁴ Na memória apresentada por Avillez (1822), é anexado artigo do "Semanário Cívico" da Bahia, de 7/03/1822 (nº 53), no qual o autor afirma que "Mas vemos, que Minas não reconhece mais o Principe, pelo que está praticando (...)".
⁷⁵ Vide Neves, 2011, p. 82.

travam distinções entre o Norte e o Sul do Reino, sendo que o primeiro tendia a favorecer Lisboa.[76]

Como resultado dessa equação, a relação entre o Rio de Janeiro e o Norte-Nordeste sofria com problemas políticos e econômicos, especialmente em função da centralização do poder na capital carioca, a qual afetou a autonomia local, anteriormente vivida pelas colônias mais afastadas da capital do vice-rei. Essa nova dinâmica centralizada no Rio de Janeiro suscitou ressentimentos locais, que passavam a ver a Corte como "nova metrópole".[77]

Mais importante ainda, a nova Corte no Rio de Janeiro obrigou a Coroa a intensificar a cobrança dos impostos, necessários ao financiamento do governo. Esses tributos eram fundamentalmente recolhidos no Norte-Nordeste. Lúcia Bastos Pereira das Neves[78] aponta, efetivamente, que,

> após a euforia inicial, as capitanias logo descobriram que somente eram lembradas por ocasião do lançamento de novos impostos. Como resultado, a centralização a partir do Rio de Janeiro levou a um declínio da autonomia local, gerando melindres e resistências nas chamadas pequenas pátrias (...) que passaram a ver a Corte com ressentimento (...).

Evaldo Cabral de Mello[79] também enfatiza o efeito dos impostos na relação entre o Norte-Nordeste e o Rio de Janeiro, motor importante do processo de centralização do poder na capital carioca:

> Numa época em que a principal rubrica orçamentária consistia nos impostos sobre o comércio exterior, era imprescindível restaurar o controle da Corte sobre as grandes províncias do Norte (Bahia, Pernambuco e Maranhão), geradoras das divisas estrangeiras e dos excedentes de receita, de vez que os rendimentos da Alfândega fluminense não bastavam para cobrir as despesas da Corte, que o Mato Grosso, Goiás, Minas e Santa Catarina eram deficitários, e São Paulo e o Rio Grande do Sul apenas cobriam seus gastos.

---

[76] SENA, Ana Lívia Aguiar de. *As Cortes gerais e extraordinárias da nação portuguesa: espaço do cidadão maranhense na resolução de suas querelas*. II Simpósio de História do Maranhão Oitocentista. São Luís, 2011, p. 8.
[77] Vide Neves, 2011, p. 82.
[78] 2011, p. 82.
[79] MELLO, Evaldo Cabral de. *A outra independência: o federalismo pernambucano de 1817 a 1824*. São Paulo: Editora 34, 2014, 2ª ed., p. 79.

A crítica aos impostos destinados a financiar a Corte é facilmente encontrada nas cartas da época, como exemplifica texto originário do Pará, assinado por "Impostor verdadeiro", em 1820, e dirigido ao jornal *Astro da Lusitania* de Lisboa,[80] no qual criticava duramente um dos impostos, a "sisa":

> Paga-se mais do peixe a Sisa chamada vulgarmente das correntes, e isto de Sisas é a maior tolice em que podiam dar os nossos antigos – Costumam os povos aplica-las para inteirar o cabeção, que é d'El Rei por contrato; mas Vossa mercê bem sabe que El-Rei é muito rico e não precisa dessas ninharias. Os sobejos são para pagar partidos de Médicos, Cirurgiões, Boticários, despesas de Enjeitados, e às vezes de pontes, fontes, calçadas, casas de Câmara, de Cadeia e outras de Cadeia, e outras; mas tudo isso é frioleira; são bagatelas de pouco momento; não vale a pena de se despender real nelas (...)

Centralização do poder e aumento de impostos, combinação necessária para a manutenção da Corte, eram centrais na insatisfação regional. Prova do ressentimento com a cobrança dos impostos veio na boa acolhida da Revolução do Porto no Maranhão, a qual fez com que "comerciantes e agricultores maranhenses tivessem esperança na extinção dos impostos cobrados pela manutenção da Corte portuguesa no Brasil".[81] Setores da população do Norte brasileiro, portanto, alimentavam desejo de autonomia do Rio de Janeiro, derivado de motivações econômicas (livrar-se da cobrança de impostos) e políticas (relacionadas às ideias liberais que já se difundiam pelo Reino Unido).

Caso interessante desse processo foi a Revolução Liberal pernambucana de 1817, motim causado pela prisão de militares liberais no Recife, em 6 de março de 1817, que terminou por se alastrar pela cidade e pela região. Foi então proclamado um governo provisório, de cunho liberal, autonomista e republicano. A rebelião é vista por Lúcia Bastos Pereira das Neves[82] como exemplo de momentos de tensão do jogo político entre o Rio de Janeiro e as províncias, evidenciando "um conflito entre o centralismo da corte fluminense e o seu desejo de um autogoverno provincial".

---

[80] "Carta do Compadre de Belém ao Redactor do *Astro da Lusitania* dada à luz pelo comprade de Lisboa". In: Carvalho et al., 2014, vol. 1, p. 91.
[81] SENA, Ana Lívia Aguiar de, 2011, p. 8.
[82] 2009, p. 110.

Também Evaldo Cabral de Mello[83] defende que o federalismo pernambucano não se ligava à visão de unidade nacional, mas, sim, à ideia de que a soberania deveria ser dada às províncias. Nestas no Norte-Nordeste, circulavam ideias de autonomia e mesmo de independência. Estas últimas, no entanto, eram algo distinto, regional, contra a Coroa, não podendo ser confundidas com o movimento que ocorreu em 1822. Eram ideias que influenciavam outras regiões e as distanciavam do Rio de Janeiro. Cabral de Mello insiste nas diferenças entre o Norte-Nordeste e o Centro-Sul. O desejo de autonomia regional era, em 1822, elemento importante nos debates das províncias tanto com Lisboa quanto com o Rio de Janeiro.

As discussões nas Cortes de Lisboa refletiram essa diferença entre Norte e Sul. Alguns deputados eleitos pelo Reino do Brasil se aproximavam das ideias de centralização do poder em Lisboa. As atas das Cortes indicam que os europeus (e americanos que os apoiavam) tentavam intensificar essa distinção Norte-Sul, ao passo que os aderentes ao Centro-Sul e a D. Pedro se esforçavam por minimizá-la. A imagem da unidade/desunião foi também elemento de propaganda utilizado por cada um dos lados da disputa. Com a vitória do Centro-Sul e da visão homogeneizadora, foi natural o esforço de diluir os problemas de separação, de forma a deixar inconteste a noção de unidade brasileira.

Refletindo-se sobre a ideia da divisão entre Norte-Nordeste e Centro-Sul, ou entre Norte e Sul, seria possível dizer que houve uma diferença de vivência histórica dessas duas áreas. O "Norte" brasileiro sempre se manteve como território administrado a distância, como colônia ou como parte do Reino. O Rio de Janeiro e, por que não dizer, Lisboa, experimentaram tanto versões de centro, quanto de periferia. Enquanto as duas capitais passaram a disputar a primazia política sobre o Reino do Brasil (conflito que degringola em um *"casus belli"*), o Norte-Nordeste teve de lidar com uma situação mais complexa, reagindo às suas tradicionais ligações com esses dois polos, ademais da própria reflexão de seus próprios interesses sobre a questão da autonomia ou independência. Talvez seja possível, por essa razão, sugerir que o Norte-Nordeste esteve em situação mais parecida com as colônias espanholas nas Américas em seu processo de Independência, do que com o Centro-Sul brasileiro.

---

[83] In: NIZZA DA SILVA, 2012, p. 11.

No Brasil, portanto, a reação à Revolução do Porto foi ao mesmo tempo liberal e conservadora, centralista (D. Pedro) e descentralizadora (setores fluminenses, pernambucanos...). Em Portugal, a revolução era liberal, mas – como se verá – também "regeneradora", que tinha dentre seus elementos o projeto de restabelecimento da primazia política lisboeta. Lisboa e Rio de Janeiro foram Cortes e não queriam deixar de sê-lo. Em torno dessa disputa, o Império português de 1821-1822 mergulhou numa guerra civil de moldes bem "tradicionais", impulsionada pela disputa entre dois grupos políticos pela primazia do poder em um território, com membros das elites e do povo tomando partido dos dois lados.

O Norte-Nordeste precisou definir posição quanto à alternativa que se configurou, tornando-se o território da disputa. Cada província foi, ao fim e ao cabo, terreno para a luta entre dois polos de poder. Cada uma, em dado momento, tomou ou foi obrigada a tomar partido. E a que pendia para um deles só poderia ser retomada pelo outro com firme negociação, com a força militar ou com ambas.

Grande parte do Norte brasileiro pendeu para Lisboa, em razão do histórico que pesava sobre ela, sobre sua posição nas terras brasileiras, sobre sua relação com as duas capitais. Setores importantes do Norte continuaram a ver as Cortes em sua faceta liberal, insensíveis às acusações de "recolonização" que se desenvolveram no Rio de Janeiro. Mantinham-se, igualmente, antigas desconfianças com relação ao Rio de Janeiro, coletor de impostos e centro da Monarquia absolutista entre 1808 e 1821, sentimento que permaneceu mesmo após a unificação em torno de D. Pedro I e influenciou o longo processo de consolidação da identidade brasileira.

II
A CONSTITUINTE
"LUSO-BRASILEIRA"

A CONVOCAÇÃO DAS CORTES GERAIS EM PORTUGAL E NO BRASIL

As "Cortes Gerais, Extraordinárias e Constituintes da Nação Portuguesa" foram convocadas após a Revolução do Porto, de 24 de agosto de 1820. O exercício constituinte de 1821-1822 foi, ao mesmo tempo, um momento de esperança para os grupos que simpatizavam com os projetos liberais – o projeto de elaboração de Constituição, nos moldes das ideias que circulavam no Ocidente pós-napoleônico – e marco de processo de distanciamento entre tendências que acabaram aos poucos se orientando em direção a dois polos, o Rio de Janeiro e Lisboa. A Independência do Brasil relacionou-se, assim, à "disputa, entre portugueses e brasileiros, pela hegemonia no interior do vasto Império luso-brasileiro".[1]

O "vintismo", como ficou conhecido o movimento liberal que surgiu no Porto, não chegou a constituir algo uniforme. Ainda assim, espraiou-se pelos territórios europeus e americanos do Reino de Portugal. Tivera, segundo Evaldo Cabral de Mello,[2] a própria Revolução pernambucana de 1817 como antecedente:

> Dezessete foi uma derrota da maçonaria portuguesa e fluminense, cujo objetivo, consoante o enviado de Buenos Aires ao Rio, Carlos de Alvear, informava a seu governo, consistia em compelir D. João VI a convocar as Cortes portuguesas e jurar uma Constituição, na linha, como se vê,

---

[1] NEVES, Lúvia Maria Bastos P. "O Império Luso-Brasileiro redefinido: o debate político da Independência (1820-1822). In: *Revista do Instituto Histórico e Geográfico Brasileiro*, nº 387, abril-junho de 1995. In: http://www.ihgb.org.br/rihgb.php?s=20 (acesso em 04/12/2013), p. 306.
[2] 2014, p. 42.

do que Gomes Freire de Andrade projetara no Reino e do que as lojas do Porto executarão com êxito em 1820.

Inspirados no modelo francês, os revolucionários vintistas mostravam-se inicialmente moderados, proclamando a "liberdade regrada pelas leis", a introdução de reformas guiadas "pela razão e pela justiça" e a criação de um governo provisório que chamasse Cortes para fazerem uma Constituição capaz de assegurar "os direitos dos portugueses". "Não renegam, antes perfilam, a religião católica e a Monarquia".[3]

O movimento contagiou Portugal rapidamente e estabeleceu, com sua chegada em Lisboa, em 1º de outubro de 1820, uma "Junta Provisional do Governo Supremo do Reino". Esse órgão foi o impulsionador das reformas, com claro corte liberal. Propunha o estabelecimento de "órgão da nação" (as Cortes) que, diferentemente das Cortes tradicionais, "deveriam expressar a soberania da nação e redigir uma Constituição elaborada pelos deputados eleitos".[4] Em 10 de novembro de 1820 foi publicada a lei eleitoral (emendada em 22 de novembro de 1820), que estabeleceu, conforme sua inspiração na legislação espanhola, o sufrágio universal, com deputados eleitos a cada 30 mil habitantes. As eleições foram realizadas em 10 de dezembro de 1820 e as Cortes Gerais instaladas poucas semanas depois, em 26 de janeiro de 1821. Desde 1698, não se reunia aquele Parlamento.[5]

O movimento vintista trouxe em seu ideário tentativas de rupturas com antigas concepções, tais como "Cortes" e "Constituição". O desejo vintista de inovação encontrou, no entanto, limites e contradições, como no próprio termo das "Cortes" que seriam convocadas. Falava-se em novas, em "diferentes" Cortes, mas a imagem do órgão do antigo regime ainda estava lá. No mesmo sentido, desde o início do século XVII, a palavra "constituição" estava presente no ideário luso-brasileiro, registrada como "um estatuto, uma regra, na perspectiva de um

---

[3] Ramos, 1985, p. 131.
[4] Berbel, 2008, p. 228.
[5] In: SOBRINHO, Antonio de Araújo de Aragão Bulcão. "A Bahia nas Cortes de Lisboa de 1821". In: *Revista do Instituto Histórico e Geográfico Brasileiro*, vol. 226, janeiro-março de 1955. In: http://www.ihgb.org.br/rihgb.php?s=20 (acesso em 15/12/2013), p. 232. SOBRINHO também lista, na p. 234, os nomes de todos os deputados brasileiros eleitos para as Cortes, muitos dos quais não chegaram a estar presentes nas discussões em Lisboa.

ordenamento político, pautado na prática do direito consuetudinário".[6] "Constituições" era termo utilizado nos meios eclesiásticos "para designar conjunto de leis, preceitos e disposições que regulavam uma instituição como seu estatuto orgânico".[7] Pretendia-se fazer algo novo.

Essas eram contradições de um período de transformação, que nem por isso deixava de ter consciência da ruptura vintista e da opção constitucionalista. Uma transição entre o antigo e o novo, inédita, o que "fez com que em muitas situações prevalecessem soluções arcaizantes, em outras, tipicamente modernas e também de compromisso".[8]

Outro dado fundamental do período é a inspiração direta que o vintismo sofreu do processo constitucional que ocorria na vizinha Espanha e da Constituição de Cádiz, de 1812. Não se tratou, contudo, de mera cópia do processo espanhol.[9] As circunstâncias, especialmente a relação entre Europa e América, eram diferentes e foram refletidas no processo português. As regras eleitorais, por exemplo, foram inicialmente estabelecidas apenas para o lado europeu. Ainda assim, as instruções da Junta Provisória estabeleciam como base da representação nacional a igualdade em ambos os hemisférios, sendo que a proporcionalidade passava a ser o total de indivíduos da nação.[10]

Consolidada em Portugal, a revolução em pouco tempo se espalhou para as províncias brasileiras. O movimento, entretanto, manteve uma dinâmica distinta entre as duas macrorregiões brasileiras, no Norte-Nordeste e no Sul. A primeira adesão ocorreu no Pará (em 1º de janeiro de 1821), mas foi com a vitória na Bahia (em 10 de fevereiro de 1821) – ponto estratégico da revolução – que efetivamente se espraiou para o resto do Brasil, chegando ao Rio de Janeiro.

---

[6] In: Neves, 2009, 184.
[7] Ibid., p. 184.
[8] Ainda segundo o autor, "nem todas as sociedades em que se deu algum tipo de revolução eram integralmente revolucionárias, e nem todos os revolucionários pautavam-se pelo mesmo ideário. In: WEHLING, Arno. "Constitucionalismo e engenharia social no contexto da Independência". In: *Revista do Instituto Histórico e Geográfico Brasileiro*, nº 150 (363), abril-junho de 1989. In: http://www.ihgb.org.br/rihgb.php?s=20 (acesso em 25/11/2013), p. 192.
[9] O movimento português "avançou propostas originais, sempre elaboradas diante da experiência anterior e paralela, verificada cotidianamente nos domínios vizinhos e, no que se refere à América, diante da crescente desagregação do Império espanhol". Berbel, 2008, p. 225.
[10] Berbel, ibid., p. 231.

O vintismo foi particularmente atrativo para as populações do Norte-Nordeste. Como visto no capítulo anterior, essa região mantinha laços relativamente mais próximos com Lisboa, retomados ao fim das guerras napoleônicas, e reclamava da centralização política e das cobranças de impostos exigidos do Rio de Janeiro. Muitos no Norte-Nordeste também compartilhavam a antipatia com relação à abertura dos portos, principalmente ao comércio inglês. Por impostos ou pelo comércio aberto, esses grupos convergiam no impulso pela mudança, tendo sido a volta da Corte para Lisboa um símbolo do atendimento dessas demandas.

O Rio de Janeiro fora alertado da conjuntura sensível de Portugal antes da chegada das notícias do movimento do Porto.[11] Havia preocupações anteriores com o estado político de Portugal,[12] como exemplifica parecer de Tomás Antônio de Vila Nova Portugal, de 6 de junho de 1820, no qual estimava que o rei "se ache em huma crise arriscada (...) porque estando todas as Nações inquietas; he muito possível que Portugal se inquiete também".[13]

A Coroa britânica, implicada na política interna do território europeu de Portugal, mantendo o marechal Beresford como chefe do Exército em Lisboa (e efetivo governante do território europeu de Portugal), igualmente se preocupava com a fragilidade política portuguesa. O chanceler do Reino Unido, visconde Castlereach, enviou ofício, em 5 de maio de 1820, ao representante diplomático britânico no Rio de Janeiro, Edward Norton, comentando-lhe a precária situação política no Portugal europeu, ligada ao fato de "uma nação acostumada em se ver a sede do Império", e que colocava os "interesses" de D. João VI "no mais sério perigo".[14] Castlereach determinou ao diplomata britâ-

---

[11] Segundo Varnhagen, "não tomou de sobressalto a notícia da revolução a el-rei nem aos ministros, mas sim a ideia da regência de pactuar com a revolução, convocando, por conselho de Palmela, as Cortes, sem ter para isso autorização." 1957, p. 20.
[12] Vide, por exemplo, a "Carta de um fiel vassalo a El Rei D. João VI, relatando o estado do Reino de Portugal sob o governo regencial e pedindo a volta de S. M.". In: *Documentos para a História da Independência*, 1923, p. 5.
[13] Tomás Antônio mostra-se particularmente preocupado com o "contágio" de Portugal com o que se passava na Espanha. In: "Revolução Liberal Portugueza. Parecer de Tomás Antônio de Vila Nova Portugal sobre os meios de tolher seu desenvolvimento" In: *Documentos para a História da Independência*, 1923, p. 145.
[14] Ofício do visconde Castlereach a Edward Norton, em 5 de maio de 1820. Arquivo diplomático do Foreign and Commonwealth Office, F.O. 63/227. In: WEBSTER, C. K. (Ed.). Britain and the Independence of Latin America (1812-1830). Select

nico que evitasse levantar o assunto antes da chegada do duque de Palmella, naquele momento em trânsito para o Rio de Janeiro, mas indicava que as obrigações dos tratados bilaterais não permitiam que a Coroa britânica "ficasse em silêncio". Os britânicos defendiam que um membro da família real, preferencialmente D. Pedro, fosse enviado a Portugal para administrar a situação. Nesse projeto, os britânicos estariam intimamente associados a Palmella.[15]

Encontrariam resistência, no entanto, na própria figura de D. João VI, preocupado com a manutenção de sua autoridade e desconfiado das intenções do filho. Em respostas de 31 de maio e 25 de outubro de 1820, Edward Norton confirmou essa resistência do rei. Na segunda missiva, sobre a situação em Portugal e a necessidade de reverter o movimento com o envio do príncipe, Norton relatou a preocupação de D. João VI: "e se o povo o aclamar (rei) quando ele chegar lá?" (D. João tinha medo de que fosse acusado de trair sua palavra, de que voltaria para Lisboa quando a paz voltasse).[16]

As preocupações de autoridades portuguesas e britânicas foram reforçadas pela viagem do marechal Beresford, que governava Portugal, no Rio de Janeiro. O militar fora à Corte exatamente para solicitar mais poderes, de modo a enfrentar as insatisfações dos metropolitanos com a conjuntura portuguesa, então governada por um oficial estrangeiro. Na visão de Varnhagen, a ausência de Beresford de Lisboa facilitou "o aliciamento dos principais chefes das tropas do Minho".[17]

A notícia da Revolução do Porto em si chegou ao Rio de Janeiro em 17 de outubro de 1820, com a informação do sucesso do movimento em Lisboa e a capitulação da Junta do Governo de Portugal, esta "por sua parte com as ideias em voga e convocando as antigas Cortes da monarquia".[18]

D. João VI e seus ministros realizaram, no início de setembro de 1820, uma série de consultas[19] sobre o evento. Desde os primeiros en-

---

documents from the Foreign Office Archives. Vol. I. London: Oxford University Press, 1938, p. 196.
[15] Como sugerem as correspondências diplomáticas britânicas. In: Webster, 1938, p. 206.
[16] Ofícios de Edward Norton a Castlereach, F.O 63/227 e 63.229. Webster, 1938, p. 203.
[17] Varnhagen, 1957, p. 20.
[18] Varnhagen, 1957, p. 20.
[19] Varnhagen registra ofícios já em 02/09/1820 e em 10/09/1820, 1957, p. 20.

contros, ministros e conselheiros do rei tenderam a concordar com a necessidade de confirmar a convocação das Cortes, mesmo que essa medida fosse considerada ilegal por alguns (a convocação legalmente deveria ser feita pelo rei). Houve apoio a que D. João prometesse seguir para Portugal ou enviar membro da família real, a fim de acompanhar o novo processo político. O rei continuou a resistir ao envio de D. Pedro, mas, em 28 de outubro de 1820, emitiu Carta Régia autorizando a convocação das Cortes.[20]

Durante todo o período entre novembro de 1820 e fevereiro de 1821, continuaram no governo as discussões sobre como lidar com o movimento.[21] Os partidos se dividiam entre a resistência à convocação das Cortes, ainda tidas como ilegalmente constituídas, e a estratégia de cooptá-las, com o rei assumindo a liderança do movimento constitucional, administrando-o de acordo com os interesses da Coroa. A ida a Portugal do rei ou do príncipe era parte essencial dessa estratégia de controle. Essa presença real, cabe frisar, havia sido prevista pela própria Carta Régia de 1815, quando da elevação do Brasil a Reino Unido.

Palmella foi um dos principais defensores de que D. João VI assumisse a liderança das reformas. Chegando ao Rio de Janeiro em 23 de dezembro de 1820, após ser testemunha[22] e agente do que se passara em Lisboa (foi um dos inspiradores da ideia de convocação das

---

[20] No documento, D. João também sublinha o tema da igualdade entre os Reinos: "Assegurando aos meus vassalos do Reino de Portugal e Algarves, que, concluídos êsses trabalhos, de forma que satisfaçam ás minhas paternais vistas, com a dignidade devida, terão na Europa para os governar a minha real pessoa, ou um de meus filhos ou descendentes, assim como também outro no Brasil, para a consolidação da união e vantagens recíprocas do reino unido, que mutuamente se aumenta e se defende". In: Varnhagen, 1957, p. 22.

[21] Varnhagen detalha muitas dessas discussões no seu primeiro capítulo da *História da Independência do Brasil*. Também há importante coleção de documentos sobre o período na coletânea *Documentos para a história da Independência, 1923*.

[22] Em carta ao presidente da Junta Provisional de Lisboa, Palmella frisa que "não sendo provável que outra qualquer pessoa possa informar El-rei tão detalhadamente e tão exatamente como eu, do que aconteceu entre nós, e do estado em que se acham actualmente as cousas". In: PALMELLA, Duque de. Despachos e Correspondência do Duque de Palmella. Tomo Primeiro: desde 9 de abril de 1817 a 25 de janeiro de 1825. Lisboa: Imprensa Nacional, 1851. In: Centro de Estudos Históricos da Universidade Nova de Lisboa, http://books.google.fr/books?id=_IMDAAAAYA-AJ&printsec=frontcover&dq=editions:06tseqmN7Fw6IvTc7gD8bO&hl=pt-PT&redir_esc=y#v=onepage&q&f=false (último acesso em 06/01/2014), p. 140.

Cortes),[23] o recém-nomeado ministro defendeu que o rei deveria tomar as rédeas do movimento, limitando os efeitos do vintismo na política portuguesa:

> Porém, Senhor, os factos que presenciei desgraçadamente em Portugal, e a idéa que formei do estado da opinião publica na ilha da Madeira, na Bahia e n'esta própria capital, me obrigam a declarar positivamente a V. M., que não há nem um só instante a perder para adoptar medidas firmes, decisivas, análogas ao espirito do tempo quanto fôr compatível com a honra e segurança do Throno.[24]

Sua ideia era o estabelecimento de uma Monarquia Constitucional, outorgada pelo rei, e estruturada ao longo de processo controlado. É interessante observar que a relação entre os Reinos de Portugal e do Brasil, na visão de Palmella, era distinta do "unitarismo" presente nas Cortes de Lisboa: o ministro propunha a reunião de representantes do Reino do Brasil na Corte do Rio de Janeiro, a fim de deliberar sobre reformas.[25]

Havia, logicamente, aqueles que resistiam a essas propostas. Tomás Antônio Vila Nova Portugal manteve longa correspondência particular com D. João VI[26] e, em uma de suas cartas (datada de 6 de janeiro de 1821),[27] reagiu à ideia de Palmella. Para Vila Nova Portugal, a medida equivaleria a uma rendição aos revolucionários, acarretando, com isso, riscos à união de Brasil e Portugal.

Tanto Palmella quanto Tomás Antônio compartilhavam, por outro lado, a preocupação do que se passaria caso a revolução chegasse às províncias brasileiras antes de a Corte tomar as rédeas da agenda. A urgência por medidas, solicitada por Palmella, justificava-se não apenas para conter a revolução em Portugal, mas também para evitar seu espraiamento pelo Brasil "(...) para evitar uma revolução no Brasil é urgentíssimo apagar o incêndio que se ateou em Portugal".[28]

---

[23] 1851, p. "X".
[24] Carta a D. João VI em 02/01/1821, 1851, p. 142.
[25] Idem, p. 147.
[26] Algumas dessas correspondências estão incluídas nos *Documentos para a História da Independência*, 1923, p. 173.
[27] In: Varnhagen, 1957, p. 21.
[28] "Finalmente V. M. não deve perder de vista que se a revolução de Portugal se prolonga, a tranquilidade do Brasil está muito ameaçada (...)". Ibid., p. 143. Em 26/01/1820: Palmella, 1851, p. 157.

Em carta a D. João VI, Silvestre Pinheiro, outro conselheiro do rei, achava ser inevitável que o movimento chegasse ao Brasil. Sua preocupação, nas missivas, não era evitá-lo, mas definir um meio de como lidar com ele, procurando, dentre outras medidas, apresentar ao rei como eram distintas as posições sobre como realizar essa reação.²⁹

A relação entre os Reinos de Portugal e Brasil tornou-se, desde o início, objeto de destaque nas avaliações dos conselheiros de D. João VI. As reflexões voltavam-se particularmente sobre como preservar a unidade do Império. Havia, já nesse momento, temores quanto à relação entre os Reinos, dependendo de como se levasse a reestruturação do Estado português.³⁰

Também se refletia sobre a própria relação interna das províncias: reconhecia-se a existência de elementos de desagregação e de hostilidade contra o Rio de Janeiro,³¹ o que poderia levar à fratura do Reino. Essa resistência, cabe sempre ressaltar, não significava um sentimento antibrasileiro: o Rio de Janeiro, nesse momento, além de ser o centro de coleta de impostos, representava o Antigo Regime.

Nesse sentido, as decisões de D. João VI, publicadas no período, realçavam a necessidade de se adaptar as medidas à realidade brasileira, tal como no decreto de 23 de fevereiro de 1821, que enviava o príncipe real a Lisboa. O texto falava em convocação de "outras Côrtes no Rio de Janeiro", o que dava a entender o estabelecimento de "duas constituições e duas capitais, habitadas estas alternativamente pelo soberano e pelo herdeiro da Coroa".³² Silvestre Pinheiro relatou que alguns con-

---

²⁹ FERREIRA, Silvestre Pinheiro. "Cartas sobre a Revolução do Brazil pelo Conselheiro Silvestre Pinheiro Ferreira. In: *Revista do Instituto Histórico e Geográfico Brasileiro*. Tomo II, Primeiro Folheto de 1888. In: http://www.ihgb.org.br/rihgb.php?s=20 (acesso em 11/12/2013), p. 239.

³⁰ Como já citado anteriormente, afirmava já em 1819 Hipólito José da Costa que "todo o sistema de administração está hoje arranjado por tal maneira que Portugal e o Brasil são dois Estados diversos, mas sujeitos ao mesmo rei; assim, a residência do soberano em um dêles será sempre motivo de sentimento para o outro, a não se fazer mais alguma coisa. In: Varnhagen, 1957, p. 28.

³¹ "Mas, depois das ocorrências da Bahia, principalmente, no plano do novo regime era perigoso, e ameaçava o fracionamento do Brasil, confederando-se a Portugal algumas províncias, para entrarem no gôzo de mais direitos constitucionais do que os que lhe eram oferecidos por Tomás Antônio." Varnhagen, 1957, p. 40.

³² Varnhagen, 1957, p. 39.

selheiros recomendavam o estabelecimento de duas constituintes, uma em Lisboa e outra no Rio de Janeiro.³³

Interessante observar que foi este o efetivo resultado do conflito que se estabeleceu posteriormente, a partir de 1822, entre Rio de Janeiro e Lisboa. Na verdade, o tema continuou em pauta nos debates públicos, fundado na ideia de que, como Reino, o Brasil mantinha o direito de ter representação em seu território,³⁴ em igual direito com Lisboa. Essa ideia esteve, assim, na origem do movimento que resultou na convocação da constituinte, em junho de 1822.

Ademais de seus conselheiros, D. João VI continuava a receber gestões de representantes diplomáticos, especialmente os britânicos, que também defendiam o envio de membro da Coroa a Lisboa. As instruções do visconde de Castelreach ao representante diplomático do Reino Unido no Rio de Janeiro sublinhavam,³⁵ inclusive, que D. João não deveria se fiar na "chamada" Santa Aliança para eventual recuperação de Portugal, mecanismo que considerava "ilusório". Ponto importante, o chanceler britânico indicava que os tratados com o Reino Unido não se aplicariam na questão, por se tratar de tema interno de Portugal. A responsabilidade era exclusiva do rei, o que mostra que a Coroa britânica mantinha-se atenta aos desenvolvimentos em Portugal e à proteção de seus interesses comerciais, mas não dirigia ou determinava o processo.

O representante diplomático britânico no Rio de Janeiro concordava, em 14 de março de 1821,³⁶ com a avaliação da necessidade de duas constituintes. Em sua avaliação, a partir da capital carioca, a revolução

---

[33] "Entretanto que outros concordando em sua Sua Alteza Real é, que deve ir presidir aos trabalhos do Congresso Nacional, são de parecer, que pela sua parte um congresso particular do Brazil, debaixo da imediata direção de Sua Magestade, formalize uma constituição, que lhe seja apropriada, bem que conforme aos princípios que servirem de base ás instrucções que Sua Alteza Real houver de levar para de acordo dirigir os trabalhos das côrtes geraes da monarchia em Lisbôa". PINHEIRO, Silvestre. "Cartas sobre a Revolução do Brazil". In: *Revista do Instituto Histórico e Geográfico Brasileiro*. Tomo LI, 1º Folheto de 1888. In: http://www.ihgb.org.br/rihgb.php?s=20 (acesso em 05/12/2013), p. 239.
[34] Vide a já citada carta "O Amigo da Razão, ou carta aos redactores do Reverbero, em que se mostraõ os Direitos que tem o Brasil a formar a sua Camara especial de Cortes no próprio território, conservando a União com Portugal...". In: Carvalho et al., 2014, vol. 1, p. 375.
[35] F. O. 63/227, ofício de 15 de novembro de 1820. In: Webster, 1938, p. 203.
[36] F. O. 63/227, ofício de 14 de março de 1820. In: Webster, 1938, p. 204.

ainda era essencialmente portuguesa, com pouca influência sobre a população em geral. Mas alertava para o risco da tentativa de Lisboa de retomar sua predominância, algo que, em sua avaliação, ameaçaria a união entre os Reinos.

As ideias desenvolvidas pela Corte em reação à Revolução do Porto são particularmente importantes, desse modo, para se compreender os objetivos posteriormente desenvolvidos por D. Pedro. Temas como a preservação da unidade brasileira, a relação com o Parlamento em Lisboa, ou a convocação de Cortes também no Brasil foram muito debatidos entre D. João e seus conselheiros, incluindo o próprio D. Pedro,[37] que nesse momento passou a opinar sobre os temas do Reino.[38] Pode-se estimar que esses debates muito influenciaram as percepções do futuro imperador, mesmo que ele mantivesse, ao contrário de seu pai, ideais liberais que o aproximavam dos grupos que demandavam uma Constituição portuguesa. Foi acompanhado, como se verá abaixo, por outros grupos também herdeiros de algumas tradições dos conselheiros "esclarecidos" do rei, especialmente na tradição de homens como D. Rodrigo de Souza Coutinho, como mencionado no capítulo anterior, sobre a geração de 1790.

Ainda no primeiro momento da Revolução do Porto, uma das maiores preocupações dos conselheiros de D. João foi a possível chegada da revolta à Bahia. Essa província, como visto no capítulo anterior, era ponto estratégico do Brasil por sua posição geográfica, econômica e política. Os assessores do rei temiam que um triunfo do movimento na Bahia redundaria em todo o Nordeste influenciado pelo vintismo.[39]

---

[37] Parecer de Villanova Portugal. In: *Documentos para a História da Independência*, 1923, p. 184.
[38] Consultado por D. João sobre decreto contendo as bases da Constituição que se elaboraria em Lisboa, em 22/02/1821, D. Pedro avalia: "Senhor – Lei nenhuma terá vigor, sem ser proposta pelo rei, em Côrtes, as quais devem ser consultivas, quero dizer, terem o direito de discutir a proposta real, a qual, decidida pela pluralidade de votos, será sancionada pelo rei. (...) Mandar as bases da Constituição, é reconhecer a convocação destas Côrtes; reconhecida aí, está reconhecido o governo, e é indecoroso a V. Majestade. O reconhecimento é uma vergonha certa, e ser ou não ser admitida uma probabilidade é incerto; portanto, neste caso, o melhor é ir pelo incerto do que não pelo certo. – Pedro." In: Varnhagen, 1957, p. 37.
[39] Segundo Tomás Antônio, em parecer ao rei: "torno a restituir à real presença de V.M. os papéis que me fêz a honra de mandar com o voto do Conde dos Arcos. Êle nada diz de razões: diz que não, porque entende que não, e contenta-se com impugnar. Portanto, o que V.M. tem decidido, de ir o Conde de Vila Flor é muito justo e acertado; e, se o não fizer, expõe-se a perder a Bahia e principiar a revolução

Vê-se, nessa preocupação, o papel que exercia a Bahia na política nacional.

Em novembro de 1820, começaram a circular notícias sobre riscos de manifestação de parte da tropa aquartelada em Salvador.[40] Preparou-se, como reação, o envio do conde de Vila Flor à Bahia, ainda que essa decisão tenha sofrido a resistência do conde dos Arcos. Para Tomás Antônio, o envio de Vila Flor deveria ser decidido em conjunto com outras ações de contenção da tropa e de reforço da economia local, o que não ocorreu.

O tempo da revolução, porém, andava mais rápido que as considerações – e vacilações – de D. João VI e de seus conselheiros. Em 1º de janeiro de 1821, o Pará declarou sua adesão às Cortes.[41] Pouco mais de um mês depois, foi a vez da Bahia. O movimento baiano registrou, desde o seu início, a violência que marcaria todo o processo político da época. Foi iniciado em Salvador, em 10 de fevereiro 1821, promovido por Cipriano Barata[42] e alguns militares.[43] Após alguns confrontos com partidários do governo (tema que será retomado no capítulo V), proclamou-se então a Constituição na Câmara de Salvador. Em 12 de fevereiro de 1821, ofício dirigido a D. João VI informou a adesão da Bahia ao movimento do Porto. O teor do documento apresentava, desde o início, proximidade ideológica

---

no Brasil. É conhecida de V.M. a manobra da Bahia; todo mundo conhece e teme, e pergunta porque não se dá providência. Precisa, pois, dar as providências já ponderadas, – e não perder tempo, porque eles não o perdem, e ainda não há notícias do batalhão 12". In: Varnhagen, 1957, p. 24.
[40] In: Varnhagen, 1957, p. 23.
[41] Segundo Oliveira Lima, o movimento foi insuflado por um estudante brasileiro de Coimbra, conhecido como Patroni, e, vitorioso, formou uma Junta Provisória, que comunicou a Lisboa sua adesão à causa vintista. In: Oliveira Lima, 1997, p. 65. João Francisco de Madureira Pará publicou, em 1822, longa memória sobre os acontecimentos de 1º/01/1821. Seguindo o tom liberal da época, o autor acusa "a tirania dos opressores da minha Pátria". In: PARÁ, João Francisco de Madureira. "O Despotismo Desmascarado ou a Verdade Denodada. Decicado ao Memorável dia 1º de janeiro de 1821, em que a Província do Grão-Pará deo princípio à Regeneração do Brasil oferecido ao Soberano Congreso da Nação Portugueza. Lisboa: Typographia de Desiderio Marques Leão, 1822. In: http://books.google.fr/books/about/O_despotismo_desmascarado_ou_A_verdade_d.html?id=ICk0AQAAIAAJ&redir_esc=y. (acesso em 08/01/2016), p. 10.
[42] Ibid., p. 65.
[43] Varnhagen cita como líderes, os três comandantes dos corpos de linha, Manuel Pedro de Freitas Guimarães, Francisco José Pereira e Francisco de Paula Oliveira. 1957, p. 260.

com Lisboa, que o distanciava das soluções que vinham sendo cogitadas no Rio de Janeiro, especialmente aquela de dois congressos para Portugal e Brasil.[44] Partiram também comunicações a Lisboa, informando da adesão e solicitando tropas para garantirem a segurança do movimento.[45]

A notícia da vitória do vintismo na Bahia foi recebida no Rio de Janeiro antes das informações sobre o Pará[46] e causou forte impacto. O rei e seus conselheiros continuavam a discutir medidas relacionadas à Revolução, principalmente o retorno da Corte – ou de parte dela – a Portugal. Até então, a tendência era o envio de D. Pedro, conforme as considerações de Palmella e de Tomás Antônio.[47] Em reunião de emergência do conselho do rei, Palmella insistiu na publicação urgente das bases da Constituição que se faria em Portugal, como medida antecipatória de possíveis revoltas na capital e reação às notícias da Bahia. Foram assim emitidos decretos em 18 e 23 de fevereiro de 1821,[48] o primeiro sobre a convocação de procuradores das cidades e vilas do Brasil. Seu impacto foi restrito, haja vista, inclusive, a resistência de D. Pedro às medidas. Quando chegaram à Bahia, antes da notícia do movimento no Rio de Janeiro, esses decretos foram rejeitados, atitude que reforçou a resistência de setores baianos à Coroa.[49]

---

[44] Varnhagen, ibid., p. 46.
[45] Segundo Oliveira Lima, as Cortes logo responderam ao pedido, "despachando para lá tropas com que a província lograsse resistir à capital, caso esta reagisse. Ainda segundo o autor, que cita Maria Graham, a combinação de tropas de primeira e segunda linhas, de ordenanças e de civis dispostos a combates poderia chegar a 19 mil homens, incluindo os corpos de cidades como Cachoeira, Pirajá etc., 1997, p. 67.
[46] Devido, como apresentado no capítulo II, à distância e as dificuldades de navegação entre o Norte do Brasil e o Rio de Janeiro.
[47] Havia, por outro lado, a questão da ida ou não, com D. Pedro, da princesa Leopoldina, então grávida. A própria princesa resistiria à ideia da separação, que tinha como objetivo político manter o herdeiro de D. Pedro em terras brasileiras. Silvestre Pinheiro resume o debate da época, em carta a D. João em janeiro de 1821: "Mas mesmo entre estes mesmos homens moderados é grande a discrepância dos votos, porque uns aconselham Sua Magestade, que, deixando o Brazil confiado a uma regência, como a que em 1807 ficou encarregada do governo de Portugal, regresse quanto antes a aquelle reino, afim de ali dirigir os progressivos successos da revolução e manter os direitos da sua real corôa: outros são de parecer, que, commettendo este cuidado a Sua Alteza Real o príncipe herdeiro, Sua Magestade (dizem uns) se aplique a impedir, que no Brazil se não faça inovação, emquanto nas côrtes de Portugal se não ultima o edifício da nossa constituição de toda a monarchia". Silvestre Pinheiro, 1888, p. 239.
[48] Concedendo bases para a futura Constituição.
[49] Varnhagen, 1957, p. 46.

Aos poucos, porém, nas casas, nas ruas e na emergente imprensa carioca,[50] os liberais e as tropas começaram a se agitar. O movimento revolucionário estourou no Rio de Janeiro em 26 de fevereiro de 1821, liderado pelos padres Marcelino José Alves Macamboa e Francisco Romão Gois,[51] que se colocaram à frente da tropa reunida no Rossio.[52] A participação política dos militares apenas terminaria em 1822, quando parte dela aderiu ao príncipe, e parte foi expulsa. Na opinião de Oliveira Lima, Macamboa "desempenhou divinamente o seu papel",[53] colocando-se à frente das tropas e do povo na reclamação de que D. João VI jurasse a Constituição que viesse a ser preparada em Lisboa. Reagiu, inclusive, às primeiras tentativas de D. Pedro de remediar a situação.[54]

Assumindo maior iniciativa, D. Pedro pôs-se também à frente do movimento. Havia ambiguidade nessa participação do príncipe, restando indefinidas as causas de seu ímpeto. Para Oliveira Lima, D. Pedro o fez "no interesse imediato e egoísta da sua dinastia e também com a preocupação mais larga de que ele se não tornasse anárquico".[55] A ambiguidade do príncipe esteve presente em toda sua vida após sua entrada nos negócios do Reino.[56]

A postura de D. Pedro foi, também, objeto de comentários do representante diplomático britânico, Edward Thorton. Pouco antes de estourar o movimento no Rio de Janeiro, em fins de janeiro de 1821,[57] Thorton mencionou a resistência do rei em enviar D. Pedro a Lisboa, em parte em razão das desconfianças do pai em relação ao filho. Thorton dizia que o príncipe havia se portado muito bem até então, "respeitoso e obediente". Mas estimava que D. Pedro era

---

[50] O tema da movimentação na imprensa é tratado por Lustosa, 2000.
[51] In: Nizza da Silva, 2004, p. 1014.
[52] Segundo Varnhagen, uma comissão dos revoltosos foi enviada à Quinta de São Cristóvão para "prevenir ao príncipe o que ia suceder, e porventura também para o convidar a vir colocar-se à frente do movimento", 1957, p. 44.
[53] LIMA, Oliveira. *O movimento da Independência, 1821-1822*. 6ª edição. Rio de Janeiro: Topbooks, 1997, p. 79.
[54] Ibid., p. 79.
[55] Oliveira Lima, 1997, p. 78.
[56] As atitudes do príncipe são mais profundamente exploradas nas biografias escritas sobre ele, dentre as quais se pode destacar o trabalho de LUSTOSA, Isabel. *Dom Pedro I: um herói sem nenhum caráter*. São Paulo: Companhia das Letras, 2006.
[57] F. O. 63/227, ofício de 31 de janeiro de 1821. In: Webster, 1938, p. 205.

jovem, em última instância não instruído e sem experiência nos negócios, impetuoso e caloroso em seu caráter, buscando ardentemente por ação mais por curiosidade do que sabedoria, e ocupando seu ócio, ao qual está condenado, nas mais violentas e ruidosas diversões.

Thorton alertava, pouco depois,[58] para as influências que D. Pedro vinha sofrendo, as quais o fariam caminhar para algo que seria, na visão do diplomata, contra seu interesse, referindo-se aos riscos de desmembramento do Reino.

Com as pressões da tropa e do povo reunidos nas ruas, e por intermédio de D. Pedro,[59] D. João VI jurou a Constituição em 26 de fevereiro de 1821.[60] O soberano também nomeou novos ministros e altos funcionários. A Revolução do Porto chegava ao Rio de Janeiro com o apoio fundamental da tropa. O componente militar não saiu de cena em nenhum dos acontecimentos seguintes. Pelo contrário, foi elemento central.

A partir da adesão da capital, sucederam-se incorporações das demais regiões do Reino, no ritmo em que andavam as comunicações da época, e em meio a crescentes turbulências políticas,[61] em grande medida motivadas pelo próprio estado confuso em que o mundo português entrou com a revolução e o que André Roberto de Arruda Machado chamou de "a quebra da mola real das sociedades",[62] a estrutura que vigorava no Antigo Regime. Diferentes interesses, diferentes posições ideológicas e políticas, sofrendo a influência do que se passava em Portugal, convergiam no movimento de adesão ao Porto.

Em cada localidade em que se proclamou a adesão à revolução foram estabelecidas juntas governativas, cujos moldes não eram muito distintos daqueles órgãos que existiram na América Espanhola. Também reuniram-se as Câmaras, as quais se tornaram locais privilegiados

---

[58] Webster, 1938, p. 206.
[59] Nizza da Silva registra escrito do próprio D. Pedro sobre sua participação nos eventos de 26/02/1821: "chegou finalmente o grande dia 26 de fevereiro, em que tive a felicidade de servir de medianeiro entre meu pai e a nação e de me constituírem regenerador da pátria". In: Nizza da Silva, 2004, p. 1015.
[60] O decreto de D. João, escrito por D. Pedro, é reproduzido por Varnhagen, 1957, p. 45.
[61] Conforme sustenta Varnhagen, "sua sorte ficou desde logo dependente do resultado da grande luta que veio a travar-se entre os governos centrais de Lisboa e do Rio de Janeiro", 1957, p. 46.
[62] 2006.

dos desenvolvimentos políticos, discutindo propostas, apresentando ideias e, principalmente, debatendo a posição política a se adotar com relação às grandes disputas que foram emergindo no seio do Império português. As disputas de poder envolvidas na organização das novas estruturas políticas foram elementos importantes para a definição da posterior opção entre o Rio de Janeiro e Lisboa.

O papel das Câmaras locais foi igualmente essencial na política da Independência,[63] mas não se pode vê-las como uma instituição homogênea, desde cedo independentista e com uma identidade nacional clara. Eram tempos fluidos e dizer que muitas dessas Câmaras não apoiaram, em 1821-1822, o projeto encarnado por D. Pedro não significa classificá-las de antipatrióticas, mesmo porque ainda era controversa a posição de D. Pedro como "patriota" brasileiro.

A adesão da Corte do Rio de Janeiro não redundou, em seu primeiro momento, em decisão efetiva sobre a volta da Corte a Lisboa, mesmo com a chegada, em 7 de março de 1821, de ofício das Cortes (de 15 de janeiro) solicitando o regresso do rei.[64] D. João seguia em conferências com seus conselheiros e com o príncipe, inclusive buscando entender o que se passara e quem eram os responsáveis por aquela nova realidade política.[65] As decisões eram feitas com informações truncadas, parciais e recebidas com diferenças grandes de tempo, em razão das distâncias. Paralelamente, intensificam-se os debates sobre as próximas medidas políticas em proclamações, jornais, em clubes e na maçonaria.

Após muitas vacilações entre retornar a Portugal ou enviar D. Pedro, também em 7 de março de 1821 foi emitido decreto no qual o rei de-

---

[63] "No interior e a partir das Câmaras brasileiras, surgiu toda uma dinâmica que ao longo de 1822-1823 investiu a figura real de uma determinada soberania, porque estas declaravam a sua "adesão" a D. Pedro sob a condição de que ele se comprometesse e fizesse uma Constituição brasileira. In: CARVALHO SOUZA, Iara Lis. "A adesão das Câmaras e a figura do imperador". In: *Revista Brasileira de História*, vol. 18, n° 36. São Paulo, 1998. In: www.scielo.br (acesso em 05/06/2012), p. 2 e 3.
[64] Varnhagen, 1957, p. 47.
[65] Alguns conselheiros de D. João atribuíram o movimento a "aventureiros" portugueses, despachados pelas Cortes, para provocar a revolução no Brasil. Referindo-se a essa imagem, afirmou o deputado Vergueiro, em 22/08/1823, na Assembleia Constituinte do Rio de Janeiro: "O Brasil não adherio a Portugal por causa desses aventureiros; adherio porque amava a sua liberdade; e não foi por solicitações de Portugal."

cidia sua partida e determinava que o príncipe real seria encarregado dos Negócios do Brasil.[66] No mesmo dia, outros importantes decretos foram publicados: (i) sobre a convocação de eleições para as Cortes[67] – as capitanias, já transformadas em províncias, recebiam instruções sobre o formato das eleições, num total de 72 deputados,[68] dos quais, pode-se antecipar, apenas 46 efetivamente chegaram a Lisboa; [69] (ii) sobre a tropa brasileira – igualando os soldos desta com aqueles da tropa portuguesa,[70] medida destinada a reforçar a unidade das Forças, mas que também redundava em uma elevação do status dos militares brasileiros.

D. João evitou, contudo, tomar providências práticas para sua partida, com Silvestre Pinheiro na linha de frente da resistência. O representante diplomático dos EUA no Rio de Janeiro, P. Sartoris, relatou a Washington[71] que D. João VI havia confidencialmente instruído assessores a criarem impedimentos às preparações para a partida, gerando uma série de ordens e contraordens nas preparações dos navios que muito atrasaram a partida. D. Pedro, segundo o diplomata norte-americano, descobriu o estratagema, e teria se articulado com partidários da partida em mobilizar a população, o que ocorreu em 20 de abril de 1821.

---

[66] "Decreto de 7 de Março de 1821: Trata do regresso d'El-Rei para Lisboa ficando o Principe Real encarregado do Governo Provisorio do Brazil". In: *Coleção de Leis do Império do Brasil – 1821*, p. 27, vol. 1 pt. II (Publicação Original). In: http://www2.camara.leg.br/legin/fed/decret_sn/anterioresa1824/decreto-39236-7-marco-1821-569073-publicacaooriginal-92357-pe.html (acesso em 16/01/2014).

[67] "Decreto de 7 de Março de 1821: Manda proceder á nomeação dos Deputados ás Côrtes Portuguezas, dando instrucções a respeito". In: http://www2.camara.leg.br/legin/fed/decret_sn/anterioresa1824/decreto-39239-7-marco-1821-569077-publicacaooriginal-92359-pe.html (acesso em 16/01/2014).

[68] In: Sobrinho, 1955, p. 233.

[69] In: BARRETO, Dalmo. "Da Independência à Constituinte". In: *Revista do Instituto Histórico e Geográfico Brasileiro*, vol. 312, julho-setembro de 1976. In: http://www.ihgb.org.br/rihgb.php?s=20 (acesso em 05/12/2013), p. 313.

[70] "Decreto de 7 de Março de 1821: Augmenta os soldos dos officiaes de Major a Alferes". In: *Coleção de Leis do Império do Brasil – 1821*, página 40, vol. 1 pt. I (Publicação Original) http://www2.camara.leg.br/legin/fed/decret_sn/anterioresa1824/decreto-39240-7-marco-1821-569080-publicacaooriginal-92361-pe.html (acesso em 16/01/2014).

[71] Ofício de 12 de maio de 1821. In: MANNING, Willian R. (org.). *Diplomatic Correspondence of the United States Concerning the Independence of the Latin-American Nations*. Vol. II. New York: Oxford University Press, 1925. In: www.archive.org.pdf (acesso em 16/09/2014), p. 712.

Pouco antes desse dia, o Senado da Câmara do Rio de Janeiro havia enviado ao soberano documento em que insistia no pedido de que el-rei não se ausentasse do Rio de Janeiro.⁷² Pediam os deputados que o rei ficasse, como pediriam depois a D. Pedro. Alguns elementos pró-Rio de Janeiro se mobilizavam, de sua parte, contra a partida do rei, alertando para os riscos que isso poderia trazer, inclusive no que dizia respeito à unidade do Reino. Como aponta Lúcia Bastos Pereira das Neves,⁷³ os portugueses, americanos, ou "brasileiros", tinham em mente o

> exemplo da Independência das colônias espanholas para defender a permanência do rei, considerando preferível conservar um grande poder no Novo Mundo do que se sujeitar à condição de satélite de terceira ou quarta ordem de alguma potência no Velho.

No dia 19 de abril 1821, os ânimos estavam agitados.⁷⁴ Fora convocada, por iniciativa de Silvestre Pinheiro,⁷⁵ reunião de eleitores da comarca, que elegeriam os deputados para as Cortes. O ouvidor da comarca, entretanto, mudou o local de encontro, da igreja de S. Francisco de Paula para a praça do Comércio,⁷⁶ e antecipou a reunião dos eleitores do dia 22 para o 21, Sábado de Aleluia. Nesse dia, pela manhã, haviam sido publicadas novas resoluções de D. João, sobre sua partida, sobre as eleições e sobre a regência. Paralelamente, também estava prevista para o dia 21 de abril de 1821 reunião de parte da tropa em cerimônia fúnebre a um falecido general. Os militares se movimentaram, nesse contexto, para que, no dia anterior, fosse reiterado o juramento às Cortes, de 26 de fevereiro.⁷⁷

O governo procurou, inicialmente, controlar os ânimos dos militares e evitar agitações no Sábado de Aleluia, mas o caso terminou em revolta. Segundo um relato de época,⁷⁸ os grupos reunidos reagiram às deci-

---

⁷² In: Varnhagen, 1957, p. 48.
⁷³ 2011, p. 82.
⁷⁴ Varnhagen, 1957, p. 52.
⁷⁵ Conforme apontam Oliveira Lima, 1997, p. 88, e Nizza da Silva, 2004, p. 1015.
⁷⁶ Nizza da Silva, 2004, p. 1015.
⁷⁷ Varnhagen, 1957, p. 52.
⁷⁸ "Memoria sobre os acontecimentos dos dias 21 e 22 de abril de 1821 na Praça do Commercio do Rio de Janeiro, escripta em Maio do mesmo anno por uma testemunha presencial. Offerecida ao Instituto em Sessão de 16 de Março de 1839 pelo Sócio José Domingues de Atahide Moncorvo." In: *Revista do Instituto Histórico e*

sões de D. João VI e à ausência de novas medidas, como a constituição de uma Junta Provisória no Rio de Janeiro. Em meio à crescente aglomeração de pessoas, foi exigido que, antes de sua partida, D. João VI adotasse provisoriamente a Constituição espanhola.[79] Foi organizada Comitiva,[80] que se dirigiu a São Cristóvão e, após longa entrevista, obtiveram do rei a assinatura de decreto[81] no qual o soberano jurava a Carta da Espanha, deixando sem efeito as resoluções de 26 de fevereiro de 1821.[82]

Apesar de a audiência com o rei ter passado sem maiores problemas,[83] a demora no retorno da representação agitou os ânimos na Praça do Commercio.[84] Nova mobilização de tropas[85] e de populares[86] enviou uma segunda comitiva a São Cristóvão e procurou impedir a saída de D. João do Brasil antes de tomar as medidas demandadas.[87] Por volta das 4 horas da madrugada de 22 de abril, com muitas pessoas já tendo deixado a praça do Comércio, a tropa do brigadeiro Carretti, despachada por Jorge Ávilez (recém-nomeado governador de armas) e comandada pelo major Peixoto, abriu fogo contra civis, provocando várias mortes.[88]

Geográfico Brasileiro. Tomo XXVII, parte primeira, 1864. In: http://www.ihgb.org.br/rihgb.php?s=20 (acesso em 14/12/2013).

[79] "(...) o povo em geral, como se estivesse concertado entre si o que devia fazer, exclamou a uma só voz, e com uma unanimidade rara nas comoções políticas: 'queremos a constituição hespanhola interinamente'. Todo aquele ajuntamento parece ter uma só boca, uma só idéa. Testemulha presencial, 1864, p. 276.

[80] Ibid., p. 278.

[81] Decreto de 21 de Abril de 1821. In: *Coleção de Leis do Império do Brasil – 1821*, p. 69, vol. 1, pt. II (Publicação Original) In: http://www2.camara.leg.br/legin/fed/decret_sn/anterioresa1824/decreto-39450-21-abril-1821-569678-publicacaooriginal-92905-pe.html (acesso em 17/01/2014).

[82] Testemunha presencial, 1864, p. 279.

[83] Ibid., p. 282.

[84] "Entretanto que isto se passava na real quinta de S. Christovão, o povo na Praça do Commercio estava sumamente inquieto pela demora da deputação, e n'esta incerteza muitos homens entraram, espalhando voz de que as tropas estavam em armas nos quarteis". Ibid., p. 280.

[85] Ibid., p. 286.

[86] Ibid., p. 287.

[87] Ibid., p. 281.

[88] A 6ª Companhia do batalhão de caçadores de Portugal, tendo á sua testa o major graduado Peixoto, apresentou-se na frente da porta do edifício em linha de batalha com 25 filas de frente, e deu para dentro uma descarga de 50 tiros, e logo dobrando filas entraram no salão, e carregaram á baioneta calada os cidadãos desacautelados que se achavam dentro". Ibid., p. 288.

A confusão decorrente desse confronto foi determinante para que o rei se visse obrigado a efetivamente partir a Lisboa. Os eventos de 20-21 de abril de 1821 alteraram, no entanto, mais do que a presença ou não do rei no Brasil ou o próprio registro de um embate entre tropas nativas e europeias. Na visão de Beatriz Nizza da Silva,[89]

> é preciso procurar entender a atuação de D. Pedro no episódio que antecedeu imediatamente a partida de D. João VI para depois se poder avaliar o seu grau de oposição ao constitucionalismo das Cortes e se compreender o seu papel no processo da Independência do Brasil. Refiro-me aos acontecimentos de 21 de abril de 1821.

Na confusão que se seguiu, em 22 de abril de 1821, D. João retomou em parte sua autoridade e voltou atrás de seu juramento da Constituição da Espanha. Expediu novo decreto,[90] nomeando D. Pedro como "Príncipe Regente do Reino do Brasil". O instrumento dava poderes para governar, nomear ministros, realizar a administração do Reino e mesmo "fazer guerra defensiva" contra algum inimigo que atacar o Brasil e as circunstâncias não permitirem a chegada de novas instruções.[91] Caso algo acontecesse com o príncipe, sua sucessão seria definida na pessoa de D. Leopoldina.

Apesar da amplitude dos poderes transmitidos por D. João VI a D. Pedro, desde os primeiros meses o mesmo desalinhamento que ocor-

---

[89] 2004, p. 1015.
[90] "Decreto de 22 de Abril de 1821: Encarrega o Governo do Brazil ao Principe Real constituido Regente e Lugar-Tenente d'El-Rei". In: *Coleção de Leis do Império do Brasil – 1821*, p. 71, vol. 1, pt. II (Publicação Original). In: www.senado.gov.br.
[91] Nas instruções de D. João VI: "O Príncipe real do Reino Unido toma o título de Principe Regente e meu logar-tenente no governo provisorio do Reino do Brasil de que fica encarregado; (...) O Principe real tera todos os poderes para a administração da justiça, fazenda e governo econômico; (...) Podera fazer guerra defensiva contra qualquer inimigo, que atacar o Reino do Brazil, si as circumstancias forem tão urgentes que se torne de summo prejuizo aos meos fieis vassallos deste Reino o esperar as minhas ordens, e pela mesma razão, e em iguais circumstancias, podera fazer tregoas ou qualquer tractado provisorio com os inimigos do Estado (...)". In: REBOUÇAS, Antonio Pereira. *Recordações Patrioticas (1821-1838). Recordações da vida Patriótica do Advogado Rebouças, compreendida nos acontecimentos políticos de Fevereiro de 1821 a Setembro de 1822; de Abril a Outubro de 1831; de Fevereiro de 1832 e de Novembro de 1837 a Março de 1838*. Rio de Janeiro: Typ. G. Leuzinger Filhos, 1879. In: Biblioteca do Senado Federal. Seção de Obras Raras. In: http://www2.senado.gov.br/bdsf/item/id/242446 (acesso em 16/01/2014), p. 89 e 90.

reu entre o rei e os revolucionários cariocas se repetiu com o regente, no próprio Rio de Janeiro e, mais grave ainda, nas províncias do Norte-Nordeste. O caminho do regente, de autoridade teórica a líder de um polo que passou a disputar a liderança política com as Cortes e proclamou a Independência, será o tema do próximo capítulo. Antes disso, é preciso compreender a causa que levou D. Pedro e os grupos que se aliaram a ele a assumirem uma resistência aberta às Cortes, ou seja, ao que faziam as Cortes.

Em 26 de abril de 1821, após treze anos de permanência no Brasil, o rei partiu de volta para Portugal. Chegou a Lisboa em julho de 1821, marcando o fim da primeira fase do processo revolucionário e dos trabalhos das Cortes Gerais.

AS CORTES EM SEUS PRIMEIROS MOMENTOS

Num primeiro momento, as declarações vindas de Lisboa aos habitantes do Brasil indicavam uma aproximação de interesses.[92] A decisão do Parlamento, de aceitar os deputados brasileiros como iguais na Assembleia Constituinte era medida única, que havia sido rejeitada pelos ingleses quando da Independência norte-americana, e não cumprida pelos espanhóis.[93] Era decorrência das promessas de unidade e de igualdade entre todas as partes do Reino.

É bem verdade que a chegada tardia da maior parte dos deputados brasileiros, que não estavam presentes nos primeiros meses da Constituinte, contribuiu para que o início dos trabalhos não fosse tão atribulado. Alguns representantes de províncias do Norte-Nordeste que chegaram rapidamente não tiveram grandes dificuldades de se adaptar a muitas das ideias em debate. Os primeiros foram os pernambucanos, de tendência liberal, mas cuja prioridade, no início de sua participação, fora conferida aos interesses locais, "como a suspensão da remessa de rendas provinciais para o Rio".[94] A representação pernambucana não objetou, inclusive, à ordem de regresso de D. Pedro a Portugal, ao mesmo tempo em que rejeitava o envio de novas tropas europeias a Pernambuco.

Boa parte dessas primeiras delegações compartilhava com seus colegas europeus as restrições ao Rio de Janeiro,[95] que ainda representava o

---
[92] Oliveira Lima, 1997, p. 34
[93] LACOMBE, Américo Jacobina. "A Constituinte Brasileira". In: *Revista do Instituto Histórico e Geográfico Brasileiro*, nº 298, janeiro-março de 1973. In: http://www.ihgb.org.br/rihgb.php?s=20 (acesso em 10/10/2013), p. 128.
[94] Evaldo Cabral de Mello, 2014, p. 76.
[95] "O Bispo do Pará e os deputados do Maranhão, que chegaram mais tarde, votaram em geral com os deputados de Portugal, e Martins Bastos e Luís Paulino,

Antigo Regime e mantinha política comercial que desagradava a esses setores. A crise econômica vivida em Portugal (particularmente entre os empresários do Porto, que muito apoiaram o vintismo) e a concorrência inglesa fizeram com que os comerciantes portugueses europeus tivessem participação direta nos trabalhos das Cortes, como aponta Antônio Penalves Rocha,[96] recorrendo aos deputados constituintes para buscar um reequilíbrio da relação comercial.

A situação nas Cortes mudou, particularmente, com a chegada dos deputados paulistas, com instruções específicas, as quais enunciavam "uma nova forma de unidade para a nação portuguesa, que incluiria as demandas pela autonomia provincial".[97] Esse grupo buscava fundamentalmente preservar seus interesses, relacionados ao Rio de Janeiro, aos quais se adicionavam visões sobre a administração do Reino. Não era diferente, nem melhor, do que outros setores regionais que buscavam autonomia ou se colocavam a favor de Lisboa. Apenas tinham um projeto, que vinha muito influenciado pela ideologia de José Bonifácio, herdeiro das ideias de D. Rodrigo de Souza Coutinho, antigo ministro de D. João.

Existem, logicamente, controvérsias sobre a influência desse "projeto paulista". Mesmo os paulistas não mantinham posições necessariamente homogêneas. José Bonifácio, de fato, não representava o único grupo de parte das elites do Centro-Sul (ou, ainda que minoritárias, de outras regiões) que buscavam manter a relevância política adquirida pelo Rio de Janeiro após os anos de presença da Corte. Grupos liberais fluminenses inclusive resistiam ao regente, exercendo o poder local a partir da Câmara Municipal.[98] Em Minas Gerais, alguns setores apoiaram o Fico, mas outros contestaram a centralização em torno de D. Pedro, desenvolvendo, inclusive, "a ideia de separar Minas do príncipe e das

---

eleitos aquêle pelo Rio de Janeiro e este pela Bahia, nem sempre se associaram nas votações com os outros seus conterrâneos, nos primeiros passos de armas, que foram providenciais para se estabelecer uma espécie de harmonia entre os deputados de províncias distantes, e quase sem nexo entre si (*harmonia*), que depois veio a ser aproveitada em favor da integridade na declaração da Independência". In: VARNHAGEN, 1957, p. 72.
[96] 2009.
[97] Berbel, 2006, p. 192.
[98] CALDEIRA, Jorge, "Introdução". In: ANDRADA E SILVA, José Bonifácio de. *José Bonifácio de Andrada e Silva*. Organização e introdução de Jorge Caldeira. São Paulo: Ed. 34, 2002, p. 29.

Côrtes".[99] O fato, entretanto, é que o projeto de Bonifácio,[100] mesmo que não único, terminou por ser o fundamento da causa que passou a ser liderada por D. Pedro.[101]

O documento de orientação do processo constituinte português foi "Bases da Constituição Política da Monarquia Portuguesa", aprovado em 9 de março de 1821.[102] Curto e elaborado após o juramento constitucional de D. João VI, o texto continha declaração de direitos e as definições gerais sobre as bases políticas e constitucionais para a organização do Estado. Inspirada no contexto histórico vivido pela Europa naquelas primeiras décadas do século XIX, a base dessa reflexão era claramente liberal. Havia, também, consciência do que se passara no resto da Europa, e do Estado em que se encontravam as terras da América, nos EUA, no Norte, e as convulsões nos territórios hispânicos.[103]

Uma das ideias mais frequentes que se registra nas atas da Constituinte era a rejeição ao "despotismo", expressão da crítica ao regime anterior, traduzida em referências aos "corcundas".[104] Nos discursos dos deputados portugueses, nota-se recorrente utilização dos conceitos de "liberdade" e "constituição", e de rejeição do despotismo. Em contraposição às imagens anteriores à época,[105] a versão vintista de liberdade se

---

[99] DIAS TAVARES, Luis Henrique. "A Independência como Decisão da Unidade do Brasil". In: *Luso-Brazilian Review*, vol. 12, nº 1 (Summer, 1975), p. 58-64. www.jstor.org/stable/3512926, p. 63.

[100] "Projeto" aqui utilizado como expressão mais ampla, fundamentada em dois documentos: as instruções de José Bonifácio aos deputados paulistas presentes (*Lembranças e apontamentos do governo provisório para os senhores deputados da Província de São Paulo*) e o manifesto dos paulistas a Dom Pedro (*Representação*, de 03/01/1822). Segundo Lustosa (2000: 20), "*o projeto de José Bonifácio para o Brasil contemplava aspectos econômicos e sociais que passavam ao largo do discurso dos liberais. (...) Politicamente, José Bonifácio jamais se confundiu com os liberais. Ele acreditava que o Brasil só poderia se organizar 'com governo forte, sob a forma monárquica', e lutaria sempre para garantir uma maior parcela de poder para o Executivo*".

[101] CALDEIRA, Jorge. In: Bonifácio, 2002, p. 29.

[102] O documento pode ser encontrado em Carvalho et al., 2014, vol. 2, p. 34.

[103] Vide referência ao tema da "anarquia" no fim do presente capítulo.

[104] NEVES, Lúcia Bastos P. "A 'Guerra de Penas': os impressos políticos e a Independência do Brasil". In: *8Tempo*, agosto de 1999. www.historia.uff.br. Acesso em 15.06.2012, p. 7.

[105] "Registrado num dicionário da época – a faculdade, que a alma tem de fazer, ou deixar de fazer alguma coisa, como mais quer – ao qual recorriam ainda alguns folhetos, como as reflexões filosóficas sobre a liberdade e a igualdade: a absoluta faculdade de fazer tudo, quanto se quer, sem responsabilidade, e sem relação a coisa alguma, sem dever, e sem lei". In: Neves, ibid., p. 7.

transformou em elemento central da vida do homem, em sua atuação social, na organização institucional ou mesmo na vida privada. Também se observavam referências sobre a liberdade de imprensa, o habeas corpus,[106] a estrutura jurídica do Estado, o voto secreto. Na sessão de 12 de agosto de 1822, foi aprovado capítulo sobre os "direitos e deveres individuaes dos Portugezes".[107]

As atas das Cortes mostram, ademais, a consciência dos parlamentares de que ali se estava debatendo a reestruturação do Estado português, fundamentada na ideia de representação e "legitimidade popular".[108] Essa noção de representação popular não vinha, apenas, do ideário liberal. Havia expressões claras de que aquele era um movimento "popular", no que isso pode ser aplicado aos padrões da época.

As Cortes debatiam, enfim, um modelo constitucional[109] e eram claras no que diz respeito à unidade: "a nação portuguesa é a união de todos os portugueses de ambos os hemisférios" (sessão II, art. 16). Todo esse conjunto de ideias e a própria mobilização revolucionária acabavam por redundar na construção de nova legitimidade do Estado português.

A "recolonização" brasileira não era, cabe dizer, o objeto central daquele Parlamento. Deve-se olhar com cautela a imagem de que as Cortes se ocupavam mais com o governo do Brasil do que com os artigos da Constituição. Ali estava representada a população portuguesa que vivia em um Reino Unido, cuja autonomia estava estabelecida e que influenciou diretamente os trabalhos dos constituintes, sendo, aliás, um dos principais desafios na engenharia constitucional. Se a Assembleia Constitucional de 1823 do Rio de Janeiro é a primeira Constituinte do Brasil "Independente", as Cortes de 1821-1822 poderiam ser consideradas a primeira Constituinte do Brasil, ou uma Constituinte "luso-brasileira".

Outra questão importante foi o fato de as Cortes não terem se restringido apenas ao exercício constituinte. Tornaram-se um foro de debates gerais, ampliando suas funções, recebendo demandas e pedidos de toda sorte. Mais do que órgão constituinte, as Cortes desempenha-

---

[106] Nas sessões de fevereiro de 1822.
[107] Registrado na ata das Cortes Gerais de 12/08/1822.
[108] Essa claridade pode ser observada, por exemplo, no próprio registro inicial do funcionamento das Cortes, em 26/01/1821.
[109] Vide, por exemplo, a declaração do deputado Castello Branco Manoel em 11/03/1822.

ram, no fim, papel de centro político do Império português, recebendo "petições e memorandos que foram dirigidos tanto por cidadãos individuais quanto por grupos mais ou menos organizados".[110] Esse ativismo era ao mesmo tempo um problema, pois foi no extrapolar de suas funções que se ampliou a influência política dos diferentes grupos, especialmente aqueles voltados a reforçar o papel de Lisboa como capital da regeneração portuguesa.[111]

O debate constitucional centrava-se, enfim, em como estruturar o Estado português. Havia desafio claro de distribuir o governo entre territórios distantes, dificuldade que permeou praticamente todos os trabalhos de organizar um Estado que atendesse às aspirações de grupos cujos propósitos, sob a capa do liberalismo, não eram necessariamente coincidentes.

Um exemplo das dificuldades técnicas e políticas da reorganização do Estado português, particularmente da harmonização entre interesses centrados em Lisboa e aqueles do Rio de Janeiro, foram as discussões dos artigos referentes às "revisões" processuais, ou seja, o estabelecimento de um ou mais tribunais superiores. O tema se arrastou por dias, principalmente entre janeiro e março de 1822, sem uma solução definitiva. Nesse período, no Brasil, D. Pedro já declarara que ficava (mas a decisão ainda não era conhecida em Lisboa).

A questão dos recursos era particularmente importante, pois o anúncio da extinção dos tribunais no Rio de Janeiro foi um dos elementos de destaque na construção da imagem da ameaça de recolonização, o elemento mobilizador do polo brasileiro.

Não se tratava de questão ligada apenas ao prestígio da capital brasileira ou da distribuição de poder entre Europa e América. A medida das Cortes poderia causar o desemprego de centenas de servidores, o que certamente influenciou setores das elites cariocas diretamente beneficiadas pela burocracia a resistirem e a buscarem apoio em D. Pedro. Essa imagem, aliás, era conveniente ao lado português, que utilizou o argumento de que a causa brasileira estava ligada a interesses particulares e não à disputa legítima pela organização do Estado. De todo

---

[110] In: Malerba, 2006, p. 86.
[111] "NIZZA DA SILVA, Maria Beatriz. "D. Pedro e o Processo de Independência do Brasil". *Estudos em Homenagem a Luís António de Oliveira Ramos*. Faculdade de Letras da Universidade do Porto, 2004, p. 1011-1018. In: www.ler.letras.up.pt (acesso em 29/03/2012), p. 1017.

modo, a medida representava o desmantelamento da estrutura governamental no Rio de Janeiro, o que confrontava diretamente aqueles que já não viam o Brasil mais como um ente dependente de Lisboa.

Mais do que os interesses imediatos, o debate sobre os tribunais trazia uma questão conceitual: alguns deputados defendiam que o Tribunal Superior deveria ser apenas um, estabelecido em Portugal, de modo a permitir a harmonia jurídica das decisões superiores. Se a última instância do Judiciário fosse múltipla, múltiplas seriam as decisões e não haveria possibilidade de evitar o dissenso. A unidade do Reino exigiria a permanência de apenas um Tribunal Superior.[112] A Justiça somente poderia ser válida se aplicada igualmente a todos os súditos.

Esse grupo se apoiava, assim, em uma visão "unitária" para o Estado português, fundada em política de defesa do exercício da soberania de forma homogênea em todo o território. Representava parte da burocracia/nobreza de Lisboa, voltada à recuperação do status anterior da cidade. Também se juntavam a essa tendência representantes do comércio da capital e do Porto, que haviam perdido espaço com a abertura dos portos e, particularmente, com a ação dos comerciantes ingleses no Reino do Brasil.[113]

Outros grupos eram advogados da duplicidade da Corte, uma delas sediada no Reino do Brasil. Os "dualistas" eram em sua grande maioria provenientes de províncias brasileiras, particularmente do Centro-Sul, que pretendiam manter as instituições criadas por D. João VI no Brasil. O argumento mais utilizado pelo dualismo era a distância entre Brasil e Portugal, ou mesmo dentro do Brasil, para que houvesse provisões melhor adaptadas à realidade brasileira.[114] As instruções dos deputados de São Paulo para as Cortes, redigidas por José Bonifácio, eram claras quanto a essa necessidade de respeito à integridade e à indivisibilidade do Reino, e à igualdade entre os cidadãos. Dessa forma, as leis *deveriam levar em consideração as circunstâncias especiais brasileiras "de clima e de povoação"*.

---

[112] Conforme afirmava, em 4 de fevereiro de 1822, o deputado Camello Fortes.

[113] O tema é desenvolvido por Antonio Penalves Rocha (2009). Luiz Adriano Borges (2013, p. 78) trata brevemente desse tema, que será também explorado no capítulo VII.

[114] Também na defesa desse dualismo pode ser citado o deputado Lino Coutinho, em resposta à intervenção citada do deputado Camello Fortes, sobre o caso das revisões, no dia 4 de fevereiro de 1822.

Não foi apenas o caso das revisões que revelava as dificuldades de se definir modelo que atendesse a dualistas e unitários, ou seja, os partidários de se concentrar o poder em Lisboa ou em dividi-lo entre a capital europeia e o Rio de Janeiro. Ainda que as regras eleitorais fossem relativamente consensuais, acabaram esbarrando no problema geográfico. A definição das comarcas e dos procedimentos eleitorais tinha de levar em conta as diferenças físicas entre os dois países e as amplas distâncias brasileiras. Alguns deputados estimavam que o próprio sistema eleitoral deveria ser distinto no Brasil, uma posição inaceitável para os unitários.

Outra situação parecida ocorreu nas discussões sobre a organização da administração local no Brasil,[115] com uma ou mais representações do Executivo, tópico com grande repercussão nas terras brasileiras e interpretado como ameaça à unidade do Reino, capitaneada pelo Rio de Janeiro. A heterogeneidade entre as posições do Norte-Nordeste e do Centro-Sul, não se excluindo obviamente as diferenças existentes também no interior dessas regiões, é perceptível no tópico. No Norte e no Nordeste, muitos deputados pendiam para o lado português e se opunham a uma concentração de poder no Rio de Janeiro.

Em julho/agosto de 1822, as discussões sobre a divisão do Brasil em mais de um centro de poder ganham intensidade muito mais política do que técnica. A hipótese de quebra do poder no Brasil tornou-se ameaça direta a D. Pedro. A comissão chegou a voltar atrás, em declaração em 17 de junho 1822 e no seu projeto para o Reino do Brasil, apresentado em 31 de agosto de 1822, restabelecendo a previsão de apenas uma delegação de poder. Nesse momento, porém, essa e outras discussões já estavam eivadas pela inflexibilidade de lado a lado, o que impedia a reflexão sobre mecanismos constitucionais capazes de dar conta das particularidades de cada lado.

O trabalho técnico das Cortes, portanto, trazia em si dificuldades práticas, como a estrutura das eleições, a administração do Reino, ou mesmo a unidade ou não do governo. Muitos deputados, brasileiros e portugueses, sustentaram, ao longo dos meses de 1822, a necessidade de se evitar a discórdia, de não dar força às ideias de que Portugal pretenderia "recolonizar" o Brasil. Nesse sentido, houve momentos ou iniciativas de moderação, em meio aos conflitos que aos poucos foram

---

[115] Vide, por exemplo, intervenção do deputado Sarmento, em 05/06/1822.

surgindo e que buscavam entendimento com os representantes brasileiros. Assim registrou Antônio Carlos de Andrada, deputado nas Cortes por São Paulo. Em carta de 20 de março de 1822 a seu irmão Martim Francisco,[116] já em meio ao conflito derivado do Fico, Antônio Carlos recordava que "o Congresso parecia querer seguir a vereda da justiça, e de facto tinha nomeado huma Comissão Especial para remediar os gravames, de q. se queixava o Brasil, de q. fui membro". Também foram elaborados textos mais balanceados, como o projeto de relações comerciais entre os Reinos, apresentado em 15 de março de 1822, que não continha disposições ameaçadoras de uma "recolonização" do Brasil.

A questão não era, entretanto, jurídica ou mesmo econômica. Era política.[117]

As Cortes portuguesas terminaram seu trabalho constituinte em 4 de novembro de 1822, com a promulgação de Constituição que ainda incluía o Reino do Brasil como sua parte. Não reconheciam a legitimidade de D. Pedro.[118] As Cortes ainda tinham a seu lado grupos importantes em várias províncias do Norte e do Nordeste, inclusive das Juntas Provisórias do Pará, Maranhão e Bahia, dentre outros. Dos 141 deputados que assinaram a Constituição portuguesa, em novembro de 1822, 36 eram representantes de províncias brasileiras,[119] sendo que alguns ainda permaneceram no exercício de seu mandato após a Constituinte, já nas Cortes Ordinárias do Reino.

Em termos jurídicos, portanto, houve no Brasil, de 1822-1823, uma efetiva divisão legal do país, entre uma área que estava ligada à declaração de soberania de D. Pedro e outra onde vigorava a Constituição

---

[116] In: *Documentos para a História da Independência*, 1922, p. 44.
[117] Berbel, 2006, p. 183.
[118] Armitage recorda os diversos decretos e proclamações das Cortes de Lisboa visando a anular as medidas de D. Pedro, como em 19/09/1822 e em 03/10/1822. Esse último proibiu as comemorações do aniversário de D. Pedro em Portugal. In: Armitage, op. cit., p. 62.
[119] In: LUZ SORIANO, Simão José da. *"História de El-Rei Dom João VI, Primeiro Rei Constitucional de Portugal e do Brasil"*. Lisboa: Typographia Universal, 1866. Cópia pertencente à Universidade da Califórnia. In: http://books.google.com (acesso em 05/12/2013), p. 95. Vide também In: PINHEIRO, José Feliciano Fernandes (Visconde de São Leopoldo). "Memórias do Visconde de S. Leopoldo, José Feliciano Fernandes Pinheiro, compiladas e postas em ordem pelo Conselheiro Francisco Ignácio Marcondes Homem de Mello". In: *Revista do Instituto Histórico e Geográfico Brasileiro*. Tomo XXXVII, Parte Segunda, 1874. In: http://www.ihgb.org.br/rihgb.php?s=20 (acesso em 15/01/2014), p. 41.

portuguesa. Dois Estados, ambos defendendo que sua posição era legítima, ambos buscando conquistar o território do outro, dentro dos quais havia partidários de todas as tendências, muitos dos quais se declaravam para um lado, sem excluir a virada para outro.[120] Preocupações nesse sentido, sobre a situação nas províncias, sobre o humor das elites e dos demais setores da sociedade eram claras nos discursos dos agentes políticos brasileiros e portugueses, conforme registra a documentação da época.[121] Uma típica situação de guerra, como de fato se desenrolou naquele processo de emancipação brasileira.

---

[120] Conforme registrado em ata da sessão da Assembleia Constituinte Brasileira, de 02/08/1823, em fala do deputado Carneiro da Cunha.
[121] Veja-se, por exemplo, discurso do deputado Fernandes Pinheiro, em 15/07/1823, em sessão da Assembleia Constituinte do Rio de Janeiro, que discutiu projeto de Lei Marcial, em reação à legislação portuguesa anti-independência.

REGENERAÇÃO vs RECOLONIZAÇÃO

Qual era a disputa política que surgiu no seio da reorganização do Estado português e que levou ao conflito entre Lisboa e Rio de Janeiro e à guerra?

Quando se reuniram, em 21 de janeiro de 1821, as Cortes Gerais, Extraordinárias e Constituintes não representavam apenas uma parte do Reino português. Na verdade, os deputados reunidos em Lisboa deveriam elaborar uma Constituição para o Estado português composto pela união dos Reinos, dentre os quais figurava, desde sua elevação em 1816, o Reino do Brasil.

Já existia, portanto, uma entidade política que situava o Brasil como um todo, "autônomo". O Império de Dom João incluía, dentre outras possessões, dois Reinos em situação distinta: i) um saindo de um período de regressão (e de quase transformação em colônia) e que tentava se restabelecer; ii) outro com uma confiança recém-adquirida por ter sediado, por treze anos, a Corte, e por ter sido, em 1816, elevado à condição de Reino Unido.

Apesar de a Revolução do Porto ter-se espraiado pelo território brasileiro e adquirido a legitimidade de corpo representante da "nação" portuguesa, o movimento europeu teve dificuldades em incorporar em seus projetos a nova realidade do Reino Unido. Também sofreu com o fato de que as diferentes partes do vasto Estado português viviam realidades distintas, a serem adaptadas dentro dos novos valores liberais.

Ainda que os problemas de organização do novo Estado estivessem já na origem dos trabalhos constituintes, o estopim do conflito foi a emissão dos decretos de 29 de setembro de 1821,[122] expedidos pelas Cortes ao Reino do Brasil, e recebidos no Rio de Janeiro apenas em dezembro daquele ano. O primeiro decreto estabelecia Juntas Provisórias de governo nas províncias, compostas por 5-7 membros, e transferia o poder militar a governadores de armas diretamente ligados a Lisboa.

As duas medidas quebravam o poder centralizado no Rio de Janeiro. Politicamente, a decisão era aceitável para muitos setores do Norte-Nordeste, exasperados com a centralização da capital carioca. Quem mais perdia era D. Pedro e os grupos do Centro-Sul que se beneficiavam da nova realidade do Rio de Janeiro, como agricultores que forneciam às Cortes, funcionários públicos cujo emprego dependia da manutenção de estruturas do Executivo no Rio de Janeiro, além de beneficiários em termos políticos, econômicos e sociais da capital do Reino em terras brasileiras.

O segundo decreto ordenava a volta do príncipe real a Portugal. Chegando a este país, D. Pedro "passaria a viajar incógnito ás côrtes e reinos de Espanha, França e Inglaterra, sendo acompanhado por pessoas dotadas de luzes, virtudes e adesão ao sistema constitucional, que para esse fim S.M. houver por bem nomear". O tom do documento, e dos comentários realizados nas Cortes sobre ele, foi considerado pelo lado brasileiro como uma afronta à dignidade do príncipe.

As duas medidas significavam, na prática, o desmantelamento da estrutura de governo estabelecida no Rio de Janeiro a partir de 1808. Essa era uma das próprias motivações do vintismo, que via a presença da família real no Brasil como motivo da decadência portuguesa. As Cortes, assim, transformavam o Reino do Brasil em mera notação jurídica, uma vez que o poder passaria a ser concentrado em Lisboa, de acordo com a visão unitária.

Independentemente de suas motivações técnico-jurídicas, ou mesmo ideológicas, os decretos significavam, fundamentalmente, que a igualdade havia se tornado um problema de organização política do Império. A discórdia envolveu, assim, percepções distintas da realidade

---

[122] O decreto sobre as Juntas Provisórias, de acordo com o barão do Rio Branco, em nota à obra de Varnhagen, foi emitido em 29/09/1821 e convertido, em 01/10/1821, em "carta de lei". Por essa razão podem existir diferenças nas citações aos decretos das Cortes, entre setembro e outubro daquele ano. In: Varnhagen, 1957, p. 66.

e estrutura do Império português, uma ruptura conceitual que aflorou e se transformou.

A noção de "Regeneração" – conceito-chave para a compreensão do tom dos decretos de setembro de 1821, do vintismo e do próprio funcionamento das Cortes Gerais – revelava o problema. Por esse conceito, os revolucionários do Porto buscavam a institucionalização de um novo regime, o projeto de transformar Portugal em Estado de fundamento liberal, calcado na elaboração de uma Constituição.

Ao mesmo tempo, pretendiam, por esse movimento liberal, "regenerar" o país, ou seja, retornar a um estado anterior de suposta glória. No manifesto dirigido à nação, em janeiro de 1821, atribuía-se o estado precário de Portugal à presença da família real no Rio de Janeiro e à abertura dos portos do Reino do Brasil ao comércio.[123] A regeneração portuguesa, de origem europeia, tinha claro sentido de recuperação de seu status prévio à mudança da Corte para o Brasil. Buscava a precedência anterior,[124] sem esconder o estado de "irritação" contra a situação política do Reino,[125] de ser governado a distância, com as ordens vindas do Brasil e, até 1820, com a presença de um representante inglês à frente dos negócios. Conforme aponta Oliveira Ramos:[126]

> Quer dizer, os patriotas lusíadas, com o monarca no Rio e os ingleses presentes na metrópole, consideravam ferida a dignidade e a autonomia do país. Admitia-se a necessidade de experimentar diferente modelo de governação e diferente regime.

---

[123] In: RAIOL, Domingos Antonio. *Motins Políticos ou Historia dos Principaes Acontecimentos Politicos da Provincia do Pará, desde o anno de 1821 até 1835*. Rio de Janeiro: Typographia do Imperial Instituto Artistico, 1865. In: Google Books, http://books.google.fr/books/about/Motins_politicos_ou_Historia_dos_princip.html?id=5Q-9QAAAAYAAJ&redir_esc=y (acesso em 15/12/2014), p. 2.

124 Vide, por exemplo, documento anônimo, elaborado em Londres e datado de 04/06/1822. In: ANÔNIMO. "Considerações sobre o Estado de Portugal e do Brasil desde a sahida d'El-Rei de Lisboa em 1807 até ao presente (indicando algumas providencias para a consolidação do reino unido)". Londres, 04/06/1822. In: *Revista do Instituto Histórico e Geográfico Brasileiro*. Tomo XXVI, 1863. In: http://www.ihgb.org.br/rihgb.php?s=20 (acesso em 03/01/2014), p. 147.

[125] In: REIS, Arthur Cezar Ferreira. "Portugal no seu esforço de independência e autonomia do Brasil. In: *Revista do Instituto Histórico e Geográfico Brasileiro*. Volume 249, outubro-dezembro de 1960. http://www.ihgb.org.br/rihgb.php?s=20 (acesso em 03/12/2013), p. 41.

[126] 1985, p. 134.

O "rancor", conforme expressão de Lúcia Bastos Pereira das Neves,[127] de setores portugueses com a nova realidade do Império (que chamavam de "governo tupinambá" a administração no Brasil) alimentava a ideia de decadência e a necessidade de recuperação, de regeneração. Ou seja, de recuperar a liderança de Lisboa. Esse tom oculto da regeneração esteve inicialmente reprimido, pela necessidade de ganhar adesões e de evitar que os "corcundas" pudessem reagir.

Não se deve, logicamente, atribuir a todos aqueles do lado português a mesma intenção velada. Tampouco se deve estimar que o tom de recuperação da precedência anulasse completamente as ideias liberais e os projetos constitucionais. O quadro era mais complexo, mas o tom político da regeneração portuguesa trazia em si esse problema existencial na relação entre a antiga Lisboa, a ser recuperada, e o novo Rio de Janeiro.

A proclamação das Cortes de 13 de junho de 1821, no entanto, mostrava certa dicotomia entre "portugueses" e "brasileiros". O documento utilizava expressões como "mutuos interesses", referia-se a "vossos deputados". Em grande medida as Cortes tinham o Brasil como ente unificado, mas distinto. Concretizavam o discurso do "outro", do distinto. Um discurso que ainda não existia no Brasil, onde a identidade "brasileira" ainda estava nos primeiros passos, sem garantias de que fosse se concretizar. De fora, em Lisboa, viam-se "brasileiros"; no Reino do Brasil, essa particularidade ainda se formava, sem existirem efetivamente os "brasileiros".

Observa-se, nesse sentido, um descompasso no que poderia ser tido como a "hierarquia" das representações dos dois lados do Atlântico. Em alguns casos, os representantes portugueses utilizavam um tom de superioridade ao defender a "precedência" europeia, possivelmente uma maneira de compensar a centralização do poder no Rio de Janeiro, na década anterior. Buscavam, fundamentalmente, recolocar Lisboa como único centro de poder. Na sessão de 6 de março de 1822, o deputado Guerreiro transmitiu a imagem que o "regenerador" tinha do processo em curso em Portugal: por terem sido os primeiros a reagir contra o despotismo, os europeus teriam precedência e, ao aderirem a este movimento, os povos do Reino do Brasil haviam aceitado as determinações das Cortes:

> As províncias do Continente europeu forão as primeiras que proclamárão a nova ordem de cousas, que espancarão o despotismo, e fizerão re-

---

[127] 2011, p. 75.

assumir à Nação os seus direitos, direitos de que gozará no princípio da monarquia; as províncias do Continente europeu regularião a marcha de sua regeneração (...). Por conseqüência as províncias do Continente europeu, quando fizerão a sua regeneração attenderão a si, attenderão ás suas circunstancias; a sua representação foi legitima desde o principio, porem desde o seu principio não tinha direito de legislar para as provincias do Continente americano; mas quando uma dellas declarou adherir á causa das províncias do continente europeu, quando reconheceu as Cortes de Portugal, quando jurou obediência á Constituição, quando affiançou com juramentos esta promessa, não reconheceu a legitimidade desta representação nacional? Não se sujeitou a obedecer a estas determinações?

Essa concepção chocou-se, logicamente, com o reverso da ideia, a noção de igualdade que mobilizava os brasileiros. Para muitos dos representantes brasileiros, os debates constitucionais relacionavam-se com o trabalho de manter o status recém-adquirido, simbolizado, especialmente, pela elevação do Brasil a Reino Unido, em 1815. Como aponta Nizza da Silva,[128] havia diferença em como portugueses e brasileiros encaravam a elevação do Brasil, sendo que os primeiros o viam como um simples formalismo "sem conteúdo".

Os setores do Centro-Sul brasileiro, por sua vez, trabalhavam a partir da experiência recente, da preparação da capital carioca para o bom funcionamento de um governo nos moldes utilizados em Portugal pré-Revolução do Porto, com todas as consequências políticas, econômicas, sociais e culturais. Enfatizavam, particularmente, a nova dignidade do Reino, inclusive, como visto anteriormente, a capacidade de origem, de um Reino, em ter seus próprios representantes e estruturas governamentais. Viam, desse modo, os dois Reinos como iguais. Nesse sentido, as reações à chegada dos decretos das Cortes de setembro de 1821 (a serem tratados no próximo capítulo) mobilizaram opiniões, que atacavam os portugueses pelo rancor mostrado e enfatizavam a importância do Rio de Janeiro. O *Dispertador brasiliense*,[129] em dezembro de 1821, afirmava:

> Finalmente para nos tirarem toda a consideração política, e até mesmo as aparências da graduação, e categoria, a que nos havia elevado

---
[128] 2012, p. 2.
[129] In: Carvalho et al; 2014, vol. 2, p. 120.

a Carta de Lei de 16 de Dezembro de 1815, eis que por um ciúme mal-entendido mandam recolher agora com toda a brevidade possível, e sem terem consultado primeiro a parte mais importante da Nação, o nosso Amável Príncipe, o único apoio que restava às nossas esperanças, a única sombra do que fomos, e o único centro que era ou podia ser o Poder Executivo neste vasto Continente (...)

Esses atos, já apontava o *Dispertador*, em 1821, iriam "reduzir nossas Províncias ao detestável estado de Colônias", referência que passou a se tornar chave na narrativa dos apoiadores do lado brasileiro.

Os partidários do Rio de Janeiro continuaram a defender, ao longo de 1822, a mesma noção de igualdade, fundada a elevação a Reino, passando a ver esse ponto como essencial para a manutenção da unidade da Coroa, e também para a própria unidade do Reino do Brasil.[130] A já citada carta do "amigo da razão" ao *Reverbero Constitucional*, em 1822, alertava para o risco da preponderância de Lisboa: "ficaremos sempre à disposição da decidida maioria Europeia, que não há de poupar-se a todos os artifícios com o intuito de frustrar o benefício que alcançamos".[131] Esse argumento seria muito utilizado, então, no processo que levou à convocação da constituinte do Rio de Janeiro, como se verá adiante.

A elevação do Brasil a Reino Unido simbolizava, em grande medida, o tom de igualdade pelo qual alguns deputados das províncias brasileiras buscavam garantir os desenvolvimentos da estrutura governamental e social ocorridos no Rio de Janeiro ao longo da presença da família real.[132] Esses portugueses, nascidos ou apenas instalados no Reino do Brasil, especialmente no Centro-Sul, não estavam dispostos a perder as conquistas políticas recentes, fundamentadas na ideia de igualdade e de independência recebida da elevação a Reino Unido. Como defendeu, em abril de 1822, D'Araujo Carneiro:[133]

---

[130] O mesmo *Dispertador* afirmava, então: "O Brasil Senhor não pode já conservar-se sem as prerrogativas de Corte, ou ao menos sem um Ramo da Augusta Casa Real, que sirva como de centro, e apoio aos seus Governos Provinciais."

[131] "Carta ao Sachristão de Tambi, sobre a necessidade da reunião de Cortes no Brasil". In: Carvalho et al., 2014, vol. 1, p. 477.

[132] Observe-se, por exemplo, o discurso do deputado Andrada registrado nas atas das Cortes, em 18/06/1822.

[133] "Brasil e Portugal ou reflexões sobre o estado actual do Brasil por H. J. D'Araujo Carneiro". In: Carvalho et al., 2014, vol. 2, p. 344.

O princípio errado, donde se parte é ainda a ideia de que o Brasil deve ser aprendiz a Portugal; isto é um erro, nem Portugal podia ser Colônia do Brasil, como o esteve sendo de fato 14 anos; nem o Brasil hoje o pode ser de Portugal: o Brasil abriu os olhos e foram os mesmos Portugueses que contribuíram para isto, e portanto hoje todo que não fora dar a tempo o que se pode tomar depois por si mesmo, é tempo perdido: não podem existir unidade e firmeza de Governo, sem que haja um ponto de apoio e de reunião o mais próximo destas partes constituintes.

Também Maria Graham, que testemunhou parte dos eventos, sustentou que haveria no Brasil, à época, a ideia de que a presença anterior da Corte no Rio de Janeiro induziria as Cortes a tratar do Brasil como parte integral da nação portuguesa.[134] Nas discussões nas Cortes se observam, por exemplo, muitos discursos de representantes brasileiros de que as medidas adotadas somente seriam aplicáveis quando da aprovação de todos os deputados do Brasil.

As Cortes foram acusadas, na disputa com o Rio de Janeiro, de terem violado esse princípio de igualdade e de terem legislado para o Brasil sem ter a legitimidade para tanto.[135] Nesse contexto, ao passo que as disputas no Parlamento cresciam, entre 1821 e 1822, setores das elites da capital carioca e das províncias mais próximas começaram a se movimentar para resistir a essas tentativas de diminuir a importância política e social adquirida pelo Reino do Brasil. Diferentes projetos e interesses distintos começaram a se aproximar.

Essa postura crítica é vista, por exemplo, em parecer de anônimo escrito em Londres, em 4 de junho de 1822, ao príncipe regente.[136] O autor teria sido, segundo Oliveira Lima,[137] o marquês de Barbacena, que

---

[134] Graham, 1824, p. 76.
[135] Em ata de 24/05/1823 da Assembleia Constituinte do Rio de Janeiro, recordava o deputado Dias sobre as razões da resistência contra as Cortes: "Foi então que a salvação publica nos dictou que deveramos reassumir nossos inauferíveis direitos, pelas mesmas Cortes de Portugal confessados, quando anunciarão que as Bases da Constituição obrigavão desde logo á sua obervancia os Reinos de Portugal e Algarves, mas ao Brasil só depois de comparecerem seos Representantes."
[136] "Considerações sobre o Estado de Portugal e do Brasil desde a sahida d'El-Rei de Lisboa em 1807 até o presente (indicando algumas providencias para a consolidação do reino unido)". In: *Revista do Instituto Histórico e Geográfico Brasileiro*. Tomo XXVI, 1863. In: http://www.ihgb.org.br/rihgb.php?s=19 (acesso em 03/01/2014).
[137] LIMA, Oliveira. *D. João VI no Brasil (1808-1821)*. 2º volume. Rio de Janeiro: Typ. do

estava na capital britânica nesse período. Em tom conservador, o texto delineava um plano para o Reino Unido de Brasil e Portugal, no qual D. Pedro era colocado como a figura central da união, necessária para a preservação da integridade do Reino e da própria Monarquia.[138] A base de reflexão era exatamente a necessidade de se manter a igualdade dos dois lados do Império português, estimando as perdas de cada lado em uma eventual separação. Ademais de insistir na integridade do Reino do Brasil e na necessidade de se enfrentar a anarquia, o autor ressaltava a importância de se obter a legitimação do poder do regente pelas Câmaras locais.[139] O anônimo procurava, particularmente, enfatizar a importância da manutenção do vínculo político entre Brasil e Portugal, já em um contexto no qual a Independência era tema abertamente discutido.[140] Um de seus argumentos era o comercial,[141] ideia que não teria escapado, também, a outros atores brasileiros, principalmente no Norte-Nordeste, onde se deu a resistência a D. Pedro, por razões anteriores (os problemas de relacionamento com o Rio de Janeiro da Corte) e daquele momento (a legitimidade do liberalismo vintista).

Tom semelhante sobre a questão da igualdade e da importância do Brasil foi observado nas proclamações realizadas por José Bonifácio e por outras autoridades paulistas, nas instruções aos deputados paulistas nas Cortes,[142] de 10 de outubro de 1821, e na representação ao príncipe dirigida pelo Senado da Câmara e clero de São Paulo, de 31 de dezembro de 1821. Nos dois documentos, o norte da posição paulista nas Cortes se fundamentava claramente na noção de igualdade entre os Reinos. As instruções aos deputados paulistas tinham como segun-

---

Jornal do Commercio, 1908. In: http://www.yumpu.com/pt/document/view/12657111/dom-joao-vi-no-brazil-1808-1821 (acesso em 27/01/2014).
[138] 1863, p. 173, 176 e 182.
[139] 1863, p. 182.
[140] "Que Portugal separado do Brasil ficaria privado da principal base da sua prosperidade e poder, é uma verdade de tal evidencia, que só póde ser contestada por loucos ou por facciosos inimigos da monarchia (...) Que o Brasil separardo de Portugal perde muitos meios de aumentar progressivamente a sua prosperidade e poder, e fica exposto a bastantes perigos, é também uma verdade fácil de demonstrar. Ibid., p. 163.
[141] Ibid., p. 163.
[142] "Lembranças e Apontamentos do Governo provisório da Província de São Paulo para seus Deputados". In: ANDRADA E SILVA, José Bonifácio de. *José Bonifácio de Andrada e Silva*. Organização e introdução de Jorge Caldeira. São Paulo: Ed. 34, 2002, p. 125.

do ponto dos "Negócios da União" a defesa da "igualdade de direitos políticos, e dos civis, quanto o permitir a diversidade dos costumes e território, e das circunstâncias estatísticas". O último ponto da seção sustentava a importância de se manter a igualdade da representação nas Cortes, entre o Reino de Portugal e o Ultramar.

Três meses depois, ao terminar o ano de 1821, a retórica se tornou mais contundente, em razão da notícia dos decretos das Cortes, de setembro de 1821. A representação relatava atitudes históricas que exemplificariam como os "portugueses nascidos no Brasil prezaram sempre sua independência". Os paulistas também acusavam as Cortes de legislarem sobre o Brasil sem esperar os representantes deste, incluindo no projeto de Constituição disposições que buscariam "escravizar este riquíssimo país, e reduzi-lo a mera colônia". Acusavam, igualmente, a constituição das Juntas Provisórias como instrumento para "enfraquecer-nos, dividir-nos em partidos e desligar as províncias, a fim de melhor imperarem sobre cada uma". E criticavam, especialmente, o constante envio de tropas portuguesas ao Reino do Brasil. Para a representação de São Paulo, "os brasileiros, real senhor, estão persuadidos de que é por meio de baionetas que se pretende dar lei a este Reino".

Hélio Viana[143] relata que o deputado Antônio Carlos Andrada[144] entrevistou-se com o príncipe em 9 de novembro de 1821. Este,

> em consequência, em carta ao pai, do mesmo dia, advogou a reciprocidade de direitos dos portugueses e brasileiros, e a igualdade da representação política do Brasil, relativamente a Portugal, nas referidas "Instruções" defendidas.

Semanas depois, no início de dezembro, chegam ao Rio os decretos das Cortes. Para Viana, nesse momento, os "patriotas" (termo que não refletia, na verdade, o que era o grupo em torno de D. Pedro) que buscavam a manutenção da igualdade política entre os dois Reinos teriam compreendido que os atos das Cortes significavam a "extinção do laço de união". Ao reiterarem sua crítica aos decretos das Cortes, os paulistas enviaram ao regente deputação liderada por José Bonifácio, destinada

---

[143] VIANA, Hélio. "José Bonifácio e os Imperadores D. Pedro I e D. Pedro II". In: *Revista do Instituto Histórico e Geográfico Brasileiro*, n° 260, julho-setembro de 1963. In: http://www.ihgb.org.br/rihgb.php?s=20 (acesso em 10/12/2013), p. 166.

[144] Antônio Carlos Ribeiro Andrada Machado e Silva, irmão de José Bonifácio.

a convencê-lo a permanecer. Nos argumentos utilizados para o Fico, conformou-se o centro da visão política que sustentaria a posição do polo do Rio de Janeiro, tanto na defesa da igualdade, quanto na visão da centralização do poder nas mãos do príncipe regente.

Reforçar o elemento da igualdade foi o principal ingrediente da imagem de ameaça de "recolonização", tema principal da resistência do Rio de Janeiro em sua disputa com Lisboa. Por trás desse projeto paulista ou "centro-sulino", é importante resgatar uma linha de reflexão sobre a organização do Estado português e o papel do Brasil nesse processo. Como aponta Maria Odila Leite da Silva Dias,[145] a "elite burocrática" formada por Portugal (que contava com a presença de muitos brasileiros, atraídos pelo serviço ao rei), especialmente aquela da geração de 1790, trabalhava intensamente em projetos de organização social do Império, tendo sempre a centralização como fundamento de suas reflexões:

> Estadistas como D. Rodrigo de Souza Coutinho ou o Conde da Barca tinham como missão precípua a tarefa da fundação de um novo Império que teria como sede o Rio de Janeiro e que deveria impor-se sobre as demais capitanias. E para esse trabalho contaram com a colaboração e o empenho dos ilustrados brasileiros.

Talvez seja precipitado incluir todos os "ilustrados" brasileiros e os outros setores das elites do Reino na ação desse grupo, fundamentalmente ligado a D. Rodrigo de Souza Coutinho. Lúcia Bastos Pereira das Neves diferencia, no grupo centro-sulino próximo a D. Pedro, uma "elite coimbrã" influenciada por um "ideal reformador cosmopolita moldado pelas pragmáticas, ainda que mitigadas, luzes portuguesas", capaz de se aproximar do liberalismo sem se distanciar do rei. Esse era o caso de José Bonifácio, Hipólito José da Costa ou José da Silva Lisboa. Eles pensavam no Império português, e no Reino do Brasil como um todo, unificado sob um só comando.[146]

Outro grupo, na interpretação de Neves, era a "elite brasiliense", majoritariamente nascida no Brasil e "menos doutrinados por vias for-

---

[145] 2005, p. 33.
[146] Em carta a D. Pedro, de 23/01/1822, Caetano Pinto defende as ideias propostas por Bonifácio em janeiro de 1822, e sublinha que "hé necessário empregar todos os meios de reunir o Brasil no mesmo systema". In: *Documentos para a História da Independência*, 1923, p. 374.

mais e mais abertos às ideias do pensamento francês". Esse conjunto, de homens, como Gonçalves Ledo, Diogo Feijó e Cipriano Barata, era pouco vinculado à noção de Império luso-brasileiro de D. Rodrigo de Souza Coutinho. Tendiam a ser, como se vê nas posturas que adotou em relação ao Rio de Janeiro e, posteriormente, às Cortes, mais localistas (como o caso de Barata, primeiro anti-Coroa, depois pró-D. Pedro e finalmente revolucionário), mais liberais e mais descentralizadores. Muitos deles seriam acusados, feita a Independência, de republicanos, facciosos ou revolucionários.

A reação contra as medidas das Cortes não atingiam apenas aqueles setores do Centro-Sul. Tampouco foram unânimes nesta região. Muitos grupos da elite do Norte-Nordeste resistiram abertamente ao Rio de Janeiro, atitude que não se iniciou com o conflito com as Cortes, mas que o precedia, na desconfiança da centralização feita na capital carioca. Havia, ademais, uma ideologia para sustentar esse grupo, ligada ao vintismo e à legitimidade da Coroa.

Dado importante: não se tratava de simples grupelhos portugueses, mesmo que não fossem majoritários. Todos os residentes do Reino do Brasil eram cidadãos de Portugal, apesar das diferenças já sentidas entre os nascidos na Europa e os nascidos na América. A diferença entre "portugueses" e "brasileiros" era algo ainda em construção, em grande medida nas reações e distinções vistas nas próprias Cortes. Mas, muitos no Brasil, com a distância física e temporal, tanto de Lisboa quanto do Rio de Janeiro, sustentaram a ideia da Constituição liberal portuguesa.

Para esses grupos, a "Regeneração" mantinha o tom propalado em 1820-1821, sem as bases "ocultas" dos continentais. Em contraste com a proclamação escrita por Bonifácio, ofício encaminhado por 655 cidadãos da Bahia ao governador de armas, general Madeira, em 4 de novembro de 1822, sustentou a da causa vintista, demandando providências das autoridades locais contra os "facciosos" do Sul. O documento reconhecia a "mudança gradual da opinião pública a favor da rebelde e antissocial facção bonifácia", mas defendia a necessidade de medidas para inverter essa ordem.

Se alguns setores brasileiros não variaram seu apoio ao vintismo, outros se movimentaram entre os dois polos do conflito. Círculos republicanos ou defensores da autonomia regional se colocaram num primeiro momento ao lado do vintismo, contra a centralização do Rio de Janeiro. Inverteram de lado, ao longo de 1822, ao resistir às medidas adotadas pelas Cortes sobre o Reino do Brasil. Aproximaram-se, com isso, de D. Pedro, ainda que se tratasse muito mais de uma aliança de conveniência do que de convicção. Essa fragilidade apresentou sua fatura logo no processo subsequente à Independência, e continuou a influenciar a política brasileira até meados da década de 1840.

Exemplo desse movimento pendular foi a situação do baiano Cipriano Barata. Luís Henrique Dias Tavares[147] analisa o manifesto publicado por Barata após seu retorno ao Brasil, em 1823, cujo objetivo era apresentar um "dezengano para Brasileiros, e Europeos Residentes no Brasil". Aponta que o baiano foi um dos principais articuladores, na Bahia, do levante militar que concedeu o apoio às Cortes, em 1821, afastando a província do Rio de Janeiro.[148] Ao analisar a vinculação de Barata ao movimento liberal-constitucional em voga em Portugal, Dias Tavares sublinha não ser possível saber se o representante baiano

> defendia a posição dos que já preferiam separar a Bahia de Portugal e do Rio de Janeiro – ou se estava na posição daqueles que consideravam suficiente apoiar a queda do odiado sistema despótico, deixando para depois as Cortes de Lisboa realizarem a sagrada missão de construir a ordem liberal-constitucional igualmente válida para Portugal e Brasil.[149]

Dessa posição anti-Rio de Janeiro e autonomista, Barata transitou, ao longo dos debates nas Cortes, para a resistência às medidas que passaram a ser vistas como a "recolonização" do Reino do Brasil. Aproximou-se do grupo dos paulistas e outros partidários da igualdade entre os Reinos, fugindo com aqueles de Portugal, em fins de 1822. Já de volta ao Brasil, publicou seu manifesto crítico às Cortes no qual sustentava que a Constituição de Portugal (que havia sido assinada, em 23 de julho de 1822, por outros representantes brasileiros) "só he própria para os portugueses".

No momento da publicação do manifesto, em 1823, já se observavam em Pernambuco resistências à "exagerada concentração de poder

---

[147] DIAS TAVARES, Luiz Henrique. "Uma Leitura do Manifesto de Cipriano Barata à Bahia em 1823". In: *Revista do Instituto Histórico e Geográfico Brasileiro*, vol. 149, nº 360, julho-setembro de 1988. In: http://www.ihgb.org.br/rihgb.php?s=20 (acesso em 10/12/2013), p. 269.
[148] Ibid., p. 272.
[149] Ibid., p. 273.

executivo central em uma só pessoa, o imperador Pedro I e num só ponto do Brasil". Cipriano Barata manteve-se fiel às suas convicções liberais e autonomistas e lutou contra a centralização, que remetia às primeiras movimentações contra o Rio de Janeiro, em 1821, e que haviam sido amainadas pelo conflito contra as Cortes. Liberado das Cortes lisboetas, voltou, já em 1823, à sua luta antiga contra o Rio de Janeiro centralizador, representando a Bahia e suscitando preocupações inclusive de Mareschal, representante diplomático austríaco.[150]

Era, portanto, tarefa difícil aglutinar as diferentes tendências, mesmo que as atitudes das Cortes servissem de indutor das negociações. A mera sensação de injustiça cometida pelas Cortes, por outro lado, muitas vezes não era suficiente para mobilizar a formação de uma resistência em torno do Rio de Janeiro e aproximar os múltiplos projetos em uma causa comum, ao menos no que diz respeito aos grupos que resistiam às Cortes.[151] Mesmo com a crescente participação de variados setores da população nas ruas, ainda não havia, na maior parte de 1821-1822, uma única tendência capaz de se impor, seja do lado português, seja de algum dos projetos brasileiros.

Foi preciso mais do que a reação às Cortes: era necessário ter liderança e projeto. D. Pedro se tornou, assim, figura central para a solução "brasileira", oposta à "regeneração", na medida em que para ele convergiam interesses diversos que tinham em comum a aversão à ameaça de "recolonização", ou perda de espaço do Rio de Janeiro. Com a legitimidade de herdeiro da Coroa, negociou o apoio de grupos da capital e das províncias, o que, com a exceção de Rio de Janeiro e São Paulo, normalmente terminou apenas com arranjos provisórios ou rejeições.

A base do projeto do polo do Rio de Janeiro foi aquela dos herdeiros de D. Rodrigo de Souza Coutinho, capitaneada por José Bonifácio. Eles desenvolveram uma organização política com traços de centrali-

---

[150] Em 09/06/1823, escreveu Mareschal: *Plusiers députés de la Province de Bahia sont déjà connus, quoiqu'ils n'aient point encore les actes nécessaires pour prendre leus places ; quelques uns sont bons, mais il y en a un qui est le plus violent des Démocrates; c'est le député Barata qui a déjà siégé aux Cortes de Lisbonne et est à présent à Pernambouc*. Mareschal. Correspondência Diplomática. In: *Revista IHGB*, 1976, p. 228.

[151] Lembrando-se, sempre, de que setores da sociedade brasileira, especialmente no Norte-Nordeste, de origens variadas (brasileiros e portugueses), permaneceram ao lado das Cortes até o fim da guerra e da conquista militar.

zação e de autonomia regional. Orientaram a construção do Império brasileiro, inclusive no momento em que a força armada, a guerra, foi necessária para garantir aquele projeto unitário e centralizador. Não eram os únicos, no entanto, a terem projeto político para o Brasil, de modo que a disputa continuou internamente, durante e após a resolução do problema externo que uniu provisoriamente as diferentes tendências.

Ao enviar agentes diplomáticos a Buenos Aires, Londres, Paris e Viena, José Bonifácio, desde janeiro de 1822 ministro dos Negócios Estrangeiros, buscou realizar a dupla tarefa de adquirir meios necessários para a defesa do Reino Unido e justificar as ações de D. Pedro como meios de preservar a Coroa no Brasil e "os direitos da augusta casa de Bragança.[152] A luta principal que se travou em 1822 foi entre Cortes liberais de Lisboa e o representante da Coroa. Ambos buscaram, ademais do apoio das províncias, o patrocínio das principais potências europeias.

A visão mais corrente sobre esse processo diplomático é a de Lisboa mobilizando as potências europeias, reunidas na "Santa Aliança", contra o Rio de Janeiro. Mas seria, mesmo aos olhos, por exemplo, de Viena, mais interessante se colocar ao lado das Cortes liberais, enquanto o regente, no Rio de Janeiro, representava exatamente a legitimidade muito mais próxima da ideologia que eles advogavam?

A simpatia de Mareschal, diplomata austríaco no Rio de Janeiro, pelo príncipe regente é conhecida, mas não chegou a se traduzir em apoio oficial de seu governo a D. Pedro. Muitos ofícios enviados pelo diplomata à sua capital[153] davam conta, porém, do fato de que a presença do herdeiro da Coroa interessava à monarquia austríaca. Mareschal estimava que aquele momento político (ele escrevia em 30 de janeiro de 1823) favorecia a causa brasileira, pelo curso da guerra na Bahia e na Cisplatina, pela situação positiva em Pernambuco e no

---

[152] "Instruções de José Bonifácio de Andrada e Silva, ministro dos Negócios Estrangeiros, a Manuel Rodrigues Gameiro Pessoa, encarregado de negócios em Paris". In: "Instruções 1822–1840". *Cadernos do Centro de História e Documentação Diplomática*, ano 7, nº 12, primeiro semestre, 2008. In: Fundação Alexandre de Gusmão, www.funag.gov.br (acesso em 04/03/2012), p. 17.
[153] In: "Correspondência do Barão Wensel de Mareschal com o Príncipe de Metternich. Rio de Janeiro, abril 1823". Lata 349, Arquivo do IHGB. In: *Revista do Instituto Histórico e Geográfico Brasileiro*, volume 313, outubro–dezembro de 1976. In: http://www.ihgb.org.br/rihgb.php?s=20 (acesso em 13/11/2013).

Centro-Sul.[154] Não há menção ao Piauí, Maranhão ou Pará. Continuam em outros ofícios as referências ao apoio ao príncipe[155] e, principalmente, gestões para que este adote um modelo de governo aceitável à monarquia austríaca. Mareschal via o "triunfo desse princípio (a monarquia) na América Portuguesa como um contrapeso bem desejável ao Republicanismo revolucionário".[156]

Também observou-se nas atitudes de Reino Unido, Prússia e Áustria tendência mais favorável à causa brasileira. Não por ser brasileira, mas por ser a de D. Pedro, representante real. Consciente dessa tendência, o próprio conde de Palmella, chanceler português após a derrocada do vintismo, nas instruções que enviou ao representante em Londres sobre o não reconhecimento da Independência, disse que D. Pedro tinha simpatia das potências, a maior parte das quais formava a "Santa Aliança", por exatamente resistir às Cortes liberais.[157] Contra os liberais, Palmella tinha dificuldades em atacar D. Pedro. Com a volta de D. João VI, a situação era outra e Palmella ampliou seus esforços em obter apoios europeus contra a Independência.

---

[154] Em 30/01/1823: *En tout je crois pouvoir assurer Votre Altesse d'après mes faibles lumières, que la route de LL.AA.EE. n'a jamais été dans une meilleure position et que si surtout, elle est moralement appuyée par l'assentiment des grandes puissances, ce qui flatteroit infiniment l'amour propre des Brésiliens, elle a toutes les chances d'un succès complet.* Ibid., p. 159.

[155] Em 24/02/1823, Mareschal comenta em novo despacho sinais de problemas políticos ao príncipe, com a resistência de Pernambuco à causa monárquica e a influência do "partido de Ledo" que se agitaria e teria mesmo contato com a divisão portuguesa que ocupava Montevidéu. O grupo de Ledo, na opinião do diplomata, iria "fomentar novos problemas", contando com o apoio de parte da Assembleia Constituinte. Para o diplomata, o "momento da crise" havia chegado, mas havia muitas chances de ele passar bem, sendo aquele o momento no qual "o assentimento de uma das grandes potências europeias será o mais necessário e o mais útil à causa da Realeza; este apoio moral decidirá a questão em um instante, pois é sobre esse ponto que os dois partidos fixam igualmente suas opiniões". Ibid., p. 171

[156] Ibid., p. 214.

[157] "N'uma palavra, não póde ocultar-se aos Soberanos da Europa, que o estabelecimento de Estados independentes na America, os quaes todos tendem mais ou menos proximamente a converter-se em democracias, é contrario diametralmente aos seus interesses; e que a resistência do Principe Real ás desassisadas ordens das Côrtes de Lisboa, se era justificada em quanto triumphava em Portugal a facção jacobinica, se torna agora totalmente imperdoável, porque a revolução acabou em Portugal e começou no Brasil. Parece que Mr. Canning e o embaixador austríaco em Londres, fallaram n'este mesmo sentido ao Marechal Felisberto, e o persuadiram da necessidade de promover a conciliação dos interesses portugueses e brasileiros." Palmella, 1851, p. 253.

Nos planos interno e internacional, portanto, ao longo de todo o processo entre 1821-1823, a participação do príncipe na causa brasileira era essencial para que o projeto de unificação e centralização em torno do Rio de Janeiro funcionasse. O enfrentamento das Cortes, a resistência às consequências da "regeneração" no Brasil terminaram por ter no regente peça-chave.

Um pouco mais complexa, porém, é a definição das razões da decisão de Dom Pedro de se vincular aos resistentes a Lisboa. Oberacker Jr.,[158] contesta a tese de Octávio Tarquínio de Souza, biógrafo de D. Pedro, segundo o qual o príncipe regente teria se "abrasileirado", naturalmente tomando a posição a favor dos "brasileiros". Também Graham[159] relata que, tendo "passado sua vida, desde os onze anos, no Brasil, estava ele (D. Pedro) fortemente ligado e desposara calorosamente seus interesses".

À tese de um nacionalismo de adoção, que muito contribui para o mito da Independência pacífica, contrapõe-se a lenta evolução do regente em direção ao conflito com as Cortes e à emancipação, processo "penoso", "apesar de ser impelido pelo desejo de glória e fama". D. Pedro digladiou-se entre duas vontades, uma pessoal e uma política, a primeira a favor do regresso a Lisboa, a segunda destinada a "conservar no Brasil a monarquia e seus privilégios".[160]

Houve um contraste na postura de D. Pedro, entre os vários indícios de desejo pessoal por regressar a Lisboa[161] e a crescente consciência da importância política de sua presença no Reino do Brasil. Já em junho de 1821, D. Pedro teria se convencido de "que deveria sacrificar o seu mais fervoroso desejo particular de voltar para a Europa".[162] Mareschal relatou ter se referido, em conversa com José Bonifácio, ao título impe-

---

[158] OBERACKER JR., Carlos H. . "Por que D. Pedro declarou a Independência do Brasil". In: *Revista do Instituto Histórico e Geográfico Brasileiro*, nº 349, outubro-dezembro de 1985. In: http://www.ihgb.org.br/rihgb.php?s=20 (acesso em 10/12/2013).
[159] 1938, p. 81.
[160] Oberacker Jr., 1985, p. 16.
[161] Oberacker Jr. cita (vide p. 16-18), dentre outros documentos, as correspondências dos diplomatas Mareschal (Áustria) e Flemming (Prússia), ofícios de militares brasileiros e, principalmente, cartas do próprio príncipe real a seu pai, indicando o desejo de regressar a Portugal. Numa dessas correspondências citadas, Mareschal teria informado a seu governo que Dom Pedro *"embarquerait sans hesiter pour Lisbonne et se mettrait de même à la merci de ses ennemis"*.
[162] Ibid., p. 20.

rial adotado por D. Pedro, ao que o ministro brasileiro o interrompeu para dizer que o príncipe regente não havia adotado, mas "forçado a adotar" o título de imperador.[163]

Seja na acepção daqueles que veem D. Pedro como um "brasileiro novo", seja na visão contrária, do sacrifício pessoal do Regente em torno de interesse político, o que transcende as interpretações é o conflito com as Cortes como combustível das principais decisões do regente. Numa de suas correspondências,[164] Mareschal informou a seu governo que D. Pedro "embarcaria sem hesitar para Lisboa e se colocaria mesmo à mercê de seus inimigos".[165] Mais do que a hesitação ou não em partir, o que chama a atenção é a referência aos "inimigos" de D. Pedro. Nesse sentido, meses depois da decisão de ficar e já no intenso conflito entre Lisboa e Rio de Janeiro, justificava-se o príncipe em carta a seu pai, de 19 de junho de 1822:[166]

> Circunstancias politicas do Brazil fizeram que eu tomasse as medidas que já participei a Vossa Magestade; outras mais urgentes forçárão-me por amor á Nação, a Vossa Magestade, e ao Brazil, a tomar as que Vossa Magestade verá dos papeis officiaes que somente a Vossa Magestade remetto. Por eles verá Vossa Magestade o amor que os Brazileiros honrados lhes consagrão á sua *sagrada*, e inviolável Pessoa, e ao Brazil, que a providencia divina lhes deu em sorte livre, e que não quer ser escravo de Lusos-Hespanhoes quaes os infames déspotas (Constitucionaes in nomine) dessas facciosas, horrorosas, e pestiferas Cortes.

A referência à "sagrada e inviolável" pessoa de Dom João VI é muito indicativa dos limites do constitucionalismo do regente e da reação ao que ele percebeu como "humilhações" recebidas pelo pai e por ele mesmo ao longo de 1821, nos pronunciamentos da tropa portuguesa

---

[163] "Mr. D'Andrada m'écouta avec la plus grande attention et le plus vif intérêt montrant continuellement son assentiment et sa satisfaction, excépté à la phrase de la dépêche reservée oú il est dit 'du titre Impérial que Mgr. Le Prince Régente s'est décidé à prendre', oú il m'interrompit vivement, en disant: 'à prendre non, Dieu le sait, jamais il ne l'auroit fait, il fut forcé à l'accepter, il ne l'a pas pris», ajoutant du reste: "ce point (voulant dire le titre d'Empereur) est la base fondamentale, c'est la clef de l'Efifice; sans lui rien, jamais, jamais (...)'." In: Mareschal, Correpondência, Revista IHGB, 1976, p. 212.
[164] Oberacker Jr., 1985, p. 19.
[165] "Embarquerait sans hesiter pour Lisbonne et se mettrait de même à la merci de ses ennemis".
[166] Registrada na ata do Diário das Cortes, em 26/08/1822.

presente no Rio de Janeiro. Em várias de suas declarações, D. Pedro procurou manter D. João longe da disputa.[167]

Sua briga, assim, era com as Cortes. A tese de Oberacker Jr. é a de que o que mais contribuiu para o Fico foi a "invasão do poder real pelas Cortes, apesar de ele fingir concordar com as usurpações do Parlamento lisboeta". D. Pedro tomou cuidado em não declarar seu pai como adversário. Considerava-o *in carcere constitutus*, "visto não ter aquella liberdade de acção que hé dada ao Poder Executivo". Essa postura teve impactos diretos na forma gradual como se consumou a Independência.

Escrevendo ao pai após ter declarado a Independência, em 22 de setembro de 1822,[168] D. Pedro reiterou suas acusações contra as Cortes, contra a recolonização ameaçada, a cativdade de D. João VI, e, interessantemente, deixou entrever também sua relação pessoal com o processo, o que confirma em parte as teses de que o príncipe se viu pessoalmente atingido pelas atitudes das Cortes, principalmente no que diz respeito aos decretos de 29/09/1821:

> O Brasil será escravizado, mas os brasileiros não; porque, enquanto houver sangue em nossas veias, há de correr, e primeiramente *hão de conhecer melhor o Rapazinho, e até que ponto chega a sua capacidade, apesar de não ter viajado pelas côrtes europeias.* (grifo nosso).

As consequências da ideologia derivada da Regeneração, portanto, aproximaram D. Pedro e outros grupos, principalmente do Centro-Sul, os quais participavam do ideário liberal do vintismo, mas de uma perspectiva geográfica e temporal distinta, que foi adaptada no caso dos herdeiros de D. Rodrigo de Souza Coutinho. Desse casamento nasceu um projeto de Império português, e depois de Estado brasileiro, consumado principalmente na pena de José Bonifácio, e que configurou o polo carioca da disputa contra as Cortes.

O mote desse grupo, que foi se formando gradualmente, por interesses e não por identidade, foi a reação à "Recolonização". Independente-

---

[167] Vide, por exemplo, o decreto do príncipe de 1º de agosto, "sobre a defesa do Brasil ante possíveis ataques de tropas vindas de Portugal", cujo parágrafo 1º determina "considerar Sua Magestade El-Rey o Senhor Dom João Sexto = in carcere constitutus = visto não ter aquella liberdade de acção que hé dada ao Poder Executivo". In: *Documentos para a História da Independência*, op. cit., p. 390.
[168] In: Varnhagen, 1957, p. 151.

mente dos múltiplos projetos políticos que existiam no Brasil em 1821-1823, a definição do projeto Pedro-Bonifácio se tornou referência que atraía ou repelia os demais, em contraposição ao polo de Lisboa.[169] Entre esses dois centros de gravidade tiveram de se revolver os demais atores.

Antônio Penalves Rocha[170] questiona se houve, de fato, ação "recolonizadora" por parte dos portugueses. O autor reconhece[171] que a noção de recolonização foi criada e veiculada, a partir de 1822,[172] pelo grupo próximo a D. Pedro. Seu surgimento teve origem na percepção de que havia ameaça à autonomia da parte brasileira do Reino Unido.

Não há dúvidas de que os vintistas procuravam reconcentrar o poder em Lisboa e, com isso, quebrar a influência do Rio de Janeiro. Para Penalves Rocha, no entanto, é difícil comprovar efetiva ação "recolonizadora", no sentido de eliminar juridicamente o Reino Unido do Brasil e retorná-lo à situação anterior a 1808. Como sustentaram os partidários da causa brasileira à época, as ações das Cortes equivaliam a uma "nova colonização",[173] o que não era exatamente "recolonização".[174] Nas atas das Cortes os próprios deputados europeus fazem referência ao tema da "Recolonização", preocupados em contrarrestar os efeitos políticos desse conceito.[175]

O fato, de todo modo, é que na disputa política entre Rio de Janeiro e Lisboa o mote da "Recolonização" ganhou ímpeto, e foi capaz de expressar com mais força a causa do Centro-Sul. A reorganização do

---

[169] Como aponta Arno Wehling, "Podemos, entretanto, nos beneficiar da discussão, constatanto a vitória de um 'centro político' que evoluiu de defensor do Reino Unido a adepto da monarquia constitucional, isolando recolonizadores de um lado e republicanos federalistas de outro. Ao aduzirmos a isto um 'centro geográfico', – as províncias de Minas Gerais, São Paulo e Rio de Janeiro – e a liderança dos proprietários rurais neste processo, temos traçado os limites do constitucionalismo brasileiro e justificado por que esta ou aquela fórmula política foi preferida a outra qualquer, 1989, p. 195.
[170] ROCHA, Antonio Penalves. *A recolonização do Brasil pelas Cortes: História de uma invenção historiográfica*. São Paulo: Editora Unesp, 2009.
[171] Ibid., p. 12.
[172] A primeira menção do termo, segundo o autor, se deu na "Representação do povo do Rio de Janeiro, de 20/05/1822".
[173] Na representação que José Bonifácio apresentou ao príncipe, em janeiro de 1822, fala-se que as Cortes queriam "condenar astuciosamente o Brasil a ser outra vez colônia". In: José Bonifácio de Andrada e Silva, 2002, p. 138.
[174] Ibid., p. 19.
[175] Vide fala do deputado Andrade, em 10/08/1822.

Estado português levou, desse modo, à disputa da primazia sobre o Brasil, o vasto e estratégico território do Reino Unido.

Em resumo, os europeus buscaram se valer da reafirmação dos princípios e percepções da "Regeneração". Os brasileiros, de sua vez, transformaram a reação à "Recolonização" na causa da Independência. Um mote, inclusive, que foi capaz de mobilizar variados setores da população, tornando todo o processo não apenas um arranjo entre elites, mas, um conflito relativamente popular, especialmente no processo militar no Norte-Nordeste.

Na dicotomia "Regeneração" versus "Recolonização" tem-se o conflito político que motivou a guerra, o *casus belli* que terminou com a Independência do Brasil. Ao se observar a Constituinte de 1821-1822, é preciso ter em mente como a origem dessa disputa que se polarizou entre Lisboa e Rio de Janeiro tinha elementos de atração e repulsão para os dois lados, no que diz respeito aos demais setores do mundo português, especialmente no Reino do Brasil.

O polo do Rio de Janeiro não surgiu homogeneamente. Muitas províncias resistiram aos dois, como no caso de Pernambuco, ou não estavam envolvidas diretamente na disputa, de modo que a necessidade de optar por um dos dois não nasceu dentro delas, mas veio de fora. O *casus belli* da Independência brasileira não se limitou, por outro lado, à briga de "brasileiros", entendidos como todos os habitantes do Reino, com identidade já formada, contra as Cortes. Tratou-se de um processo longo, incerto e, mesmo com alguma segurança do apoio a Dom Pedro no Centro-Sul, sem garantias nem da viabilidade do Império, nem da unidade do Reino do Brasil.

O Fico, em 9 de janeiro de 1822, foi a largada para a corrida pela legitimidade disputada entre os dois polos, como se verá no próximo capítulo. Ao se estabelecerem os polos de Lisboa e do Rio de Janeiro, cada província viu seu destino vinculado à luta entre os governos centrais de Lisboa e do Rio de Janeiro. Em cada província se desenvolveu o mesmo conflito, com tendências distintas de acordo com as regiões brasileiras e suas realidades com relação aos dois polos. Muitos "portugueses" vivendo no Brasil optaram por D. Pedro, e muitos "brasileiros", simpáticos ao liberalismo das Cortes, ficaram ao lado delas. A guerra foi o caminho para se romper impasses.

As concepções de Regeneração-Recolonização derivaram, ao iniciar-se o conflito, em dois outros conceitos importantes: "Rebelião" e "Anarquia".

Do lado português, se as Cortes regeneradoras eram o legítimo Poder Constituinte (este na concepção moderna do termo), então a reação de D. Pedro e das províncias do Sul só poderia ser reação ilegítima: era a Rebelião, a formação de "partidos", da "dissidência" e a expressão mais usada e de forte carga política na época: os "facciosos"[176] (a mesma expressão foi usada por brasileiros, para caracterizar as Cortes como "facciosas" contra o rei e a unidade do Império português).

A ideia de rebelião é fundamental para entender as atitudes do lado português, especialmente dos representantes desse poder que estavam presentes no Brasil.[177] Pelas origens do vintismo ou pela própria distancia física e temporal, os deputados portugueses aferram-se à percepção de que a resistência às suas medidas, que se concentrou a partir de 9 de janeiro de 1822 no polo do Rio de Janeiro, inseria-se na lista daquelas outras revoltas ocorridas em território português, por exemplo em Pernambuco, em 1817. As atas das Cortes Gerais mostram, ao longo de 1822, um reforço do sentimento português de que enfrentavam uma rebelião, localizada e com elementos claros.[178]

As Cortes portuguesas definiram, no início de 1822, a origem da rebelião: o Rio de Janeiro e São Paulo.[179] Em alguns casos, Pernambuco e Minas Gerais eram mencionados. Em outros, a referência foi mais genérica, às "províncias do Sul". Não significa, com isso, dizer que não havia "patriotas brasileiros" em outras províncias, mas o fato é que muitas delas foram citadas como favoráveis às Cortes.[180] O polo carioca, envolvendo o Centro-Sul brasileiro, foi tratado tanto por portu-

---

[176] Na ata das Cortes de Lisboa de 29/08/1822, debatiam os deputados a permanência ou não dos representantes das províncias brasileiras após a notícia de convocação da Assembleia Constituinte do Rio de Janeiro. Em meio aos debates, reagia o deputado Villela contra parecer da comissão do Brasil a favor de sancionar as províncias "rebeldes".

[177] Em 15/07/1823, ainda no contexto da Guerra de Independência, lembrava o deputado Henriques de Rezende, na Assembleia Constituinte do Rio de Janeiro: "Para com os Portuguezes ha com efeito Povos revoltados, por que assim nos julgão; para nós não os há, e nem hé provável que haja; porque Brasileiros huma vez separados de Portugal, jamais se lhe tornaráô a unir."

[178] Vide registro da presidência das Cortes, no diário de 18/6/1822.

[179] Por exemplo, acusam São Paulo, respectivamente, os deputados Sarmento (em 05/06/1822) e Moura (em 29/05/1822).

[180] Deputado Gyrão, em 29/08/1822.

gueses[181] quanto pelos próprios representantes centro-sulinos[182] como o centro da resistência, apesar de alguns atores brasileiros terem se esforçado em eliminar a imagem de um grupo pequeno de províncias contra as Cortes, enfatizando o que seria uma "unanimidade brasileira".[183] Os defensores do lado português, logicamente, contestavam essa unanimidade. Em análise crítica do manifesto de D. Pedro, de 1822, o "Voz do Brasil"[184] sustentava:

> As Províncias Meridionais do Brasil não lançaram os olhos sobre o Príncipe Dom Pedro; que miserável ilusão é deste Príncipe! Foi uma pequena Classe, que se quis manter nos seus Privilégios; foi um partido servil que em São Paulo se levantou para ditar a lei ao Brasil e à Europa; foi um fanfarrão de Política, e de literatura, que manejou uma intriga de Palácio, e que pensa em governar o Brasil com duas palavras repetidas nos acessos de uma vertigem despótica, e frenética; (...)

Os documentos dos dois lados confirmam, desse modo, a imagem que gradualmente se estabeleceu da disputa política entre dois polos, Lisboa e Rio de Janeiro.

Como ocorrera em 1817, a tendência portuguesa foi a de enfrentar o problema com a repressão. À medida que o conflito político se agudizava e confrontos esparsos começavam a ocorrer (por exemplo, na Bahia, em fevereiro de 1822), as atas das Cortes registraram a crescente radicalização do discurso e da referência à utilização da força pelos deputados de Lisboa.[185]

---

[181] Como outro exemplo, vide declaração das Cortes registrada na sessão de 10/06/1822.
[182] O próprio D. Pedro, na proclamação de 1º de agosto de 1822 ("Eslarece os Povos do Brasil das causas da guerra travada contra o Governo de Portugal") reconhece que "então as Provincias Meridionaes do Brazil, coligando-se entre si, e tomando a atitude majestosa de um Povo, que reconhece entre os seus direitos os da liberdade, e da própria felicidade, lançaram os olhos sobre Mim, o Filho do seu Rei, e seu Amigo (...)". In: *Brasil. Decretos e proclamações*, p. 126.
[183] Em 23/08/1822, o deputado Andrada tentou reagir à singularização das províncias do Sul como responsáveis pela "dissidência".
[184] "Reforço Patriotico ao Censor Luzitano na Interessante tarefa de que se propoz, de combater os periódicos". In: Carvalho et al., 2014, vol. 2, p. 615.
[185] Um dos deputados mais vocais com relação ao Brasil, Borges Carneiro fez discurso nas Cortes Portuguesas, em agosto de 1822, contra o Rio de Janeiro (In: Rodrigues, 2002, p. 20). Vide, no mesmo sentido, fala do deputado Girão, em 10/08/1822.

Essa percepção também ocorreu no caso dos grupos que, vivendo no Brasil, mantiveram seu apoio à ideia liberal-constitucional das Cortes e não se aproximaram de D. Pedro ou do projeto centro-sulista (nem mesmo da conciliação com alguns grupos liberais, na convocação da Assembleia Constituinte no Rio de Janeiro). O já citado ofício de 4 de novembro de 1822, dos 655 cidadãos ao general Madeira, relacionava diretamente a postura de Pernambuco e Alagoas aos acontecimentos de 1817. Essa rebelião era exemplo de como se deveriam resolver questões envolvendo "facciosos". Eles estavam, em 1822, muito concentrados no Centro-Sul, mas avançavam para o Norte-Nordeste, território estratégico, no qual se destacava a Bahia.

A opção pela força não ficou, no caso do Norte-Nordeste, apenas no plano dos discursos. Era preciso, na visão das Cortes, reagir e utilizar os setores sociais e as estruturas existentes no Reino do Brasil, que apoiavam Lisboa, na repressão aos facciosos. Em muitos casos, Lisboa acabou responsabilizada pelos atos dos chefes militares portugueses estacionados no Brasil, que passam a reprimir violentamente as manifestações autonomistas. O caso do general Madeira, na Bahia, foi o mais notório: as escaramuças de fevereiro de 1822 terminaram com saldo trágico e com a criação de um dos primeiros mitos da Independência brasileira, a sóror Maria Angélica.

Os brasileiros resistiam, portanto, à suposta ameaça de recolonização, ao passo que os portugueses, a partir de seu projeto de regeneração, viam a necessidade de enfrentar uma rebelião.

O último elemento dessa disputa política relacionou-se com a instabilidade dentro do Reino do Brasil. Se o Rio de Janeiro, no avançar da disputa, tinha claro o conflito com as Cortes, sua relação com os setores do Reino ainda resistentes à liderança de D. Pedro aglutinava a ameaça da "Recolonização" com o temor à "anarquia".

Essa imagem é igualmente central para o processo de consolidação da unidade do Estado brasileiro naqueles primeiros momentos de sua existência. A "Recolonização" se tornou aos poucos a imagem do "inimigo externo", contra o qual se fez a guerra. O temor à "anarquia" não apenas serviu de catalisador de grupos antes dispersos e pouco homogêneos em seus projetos, como se tornou, após a expulsão das tropas portuguesas, a "ameaça interna", o segundo desafio da unidade, necessariamente ligado ao primeiro. Um desafio que continuaria vivo nas duas décadas seguintes à Independência.

A preocupação com a anarquia era conceito político, referindo-se principalmente ao exercício soberano do poder, e voltava-se para a unidade do poder, tendo os exemplos do que se passara na Revolução Francesa e na Independência das colônias espanholas das Américas. Era o desgoverno, a falta de direção, atingindo toda a sociedade.

Não se limitava, assim, ao temor das revoltas escravas, o "haitianismo". Não se podem, logicamente, diminuir os temores de setores das elites brasileiras ao potencial de agitação de escravos, ex-escravos e das classes mais pobres da sociedade. O folheto anônimo, provavelmente escrito por Barbacena em Londres, em 4 de junho de 1822, trata diretamente do problema potencial das rebeliões escravas,[186] sugerindo, inclusive, que reorganizados o Estado e as FFAA portuguesas após as Cortes, poderia o Brasil receber auxílio dos militares portugueses contra "qualquer sério levantamento de negros, que ainda mais se devem temer, em quanto o incêndio revolucionário não se extingue inteiramente no continente americano".[187] Essa menção ao aporte português contra o risco do "haitianismo" levou muitos atores europeus a estimarem que o movimento em torno de D. Pedro teria pouco sucesso, pois o Brasil "continuaria a precisar de Portugal para sustentar o tráfico de escravos e as elites brasileiras não ousariam desencadear a revolução" (de escravos).[188]

O risco da anarquia era, portanto, uma visão ampla do temor ao desgoverno. Para os liberais e outros membros europeus das Cortes, a anarquia era a resistência ao vintismo. Borges Carneiro, nas Cortes lisboetas, utiliza-o para caracterizar a "rebelião" no Centro-Sul, contra a qual o governo deveria agir, aproveitando-se do fato de que, segundo o deputado, "temos no Brazil grandíssimo partido por nós".[189] A palavra

---

[186] "Lembremo-nos que pretender civilizar o Brasil, e promover sua prosperidade e segurança, transplantando para ele a negraria da Africa, é um absurdo o mais extravagante e nocivo. Cada nova importação de escravos, são novos combustíveis que se acumulam no volcão!". In: Anônimo. "Considerações sobre o Estado de Portugal e do Brasil desde a sahida d'El-Rei de Lisboa em 1807 até o presente". Brasiliana USP, p. 172.
[187] Ibid., p. 166.
[188] PEDREIRA, Jorge Miguel. "Capítulo 1 – Economia e Política na explicação da independência do Brasil". In: MALERBA, Jurandir (org.). *A Independência brasileira: novas dimensões*. Rio de Janeiro: Editora FGV, 2006, p. 93.
[189] Em discurso registrado na ata das Cortes de 23/08/1822: "Nada de delongas: trata-se de se acudir algumas províncias do Brazil que existem em perfeita anar-

era rotineiramente utilizada também na Assembleia Constituinte do Rio de Janeiro.

Observa-se, nesses registros, que o conceito servia para acusar o lado opositor como responsável pela instabilidade política, pela fragmentação e pela violência. Para os elementos mais conservadores, a anarquia era o principal produto das revoluções liberais, do que se viu na França após 1789. Essa referência era diretamente realizada no caso do já mencionado parecer não assinado, escrito em Londres, em junho de 1822, possivelmente por Barbacena.[190] No texto, a ameaça de anarquia seria, naquele momento de junho de 1822, o principal risco para o Brasil, ainda mais por estar sendo alimentada, segundo o autor, pelo partido das Cortes.[191] A "Representação do Senado da Câmara do Rio de Janeiro, pedindo a convocação de uma Assembleia Geral das Províncias do Brasil", de 23 de maio de 1822, também acusava Portugal de dividir o Brasil para melhor o dominar, alimentando o "mal da divisão" entre os brasileiros.[192] Para os signatários da representação, a Constituinte seria o melhor remédio contra a desunião.

Do lado do Rio de Janeiro, o discurso sobre a anarquia foi aos poucos se metamorfoseando na conjunção de ameaça de desgoverno com o risco de divisão do Brasil. Ganhou, com isso, centralidade nas ações do regente. A questão reapareceu no momento seguinte à expulsão das

---

quia (...)". Dois meses antes, em 18/06/1822, já havia acusado o Deputado: "todas as noticias nos segurão do estado perigoso e anarquico que existe em Pernambuco. Parece-me que se deve excitar o Governo para que mande vir toda a junta preza para responder com as suas cabeças; pois verdadeiramente he ella a culpada de todas estas desgraças, cuja responsabilidade tomou sobre si, quando rejeitou a força militar que alli se mandava para segurar a tranquilidade publica".

[190] "Quanto a commoções internas e anarchia, que é o que o Brasil mais póde temer, só a poderão produzir indiscripções e falta de união da parte dos seus habitantes que tem que perder, e são interessados em evitar tão grande mal. Os muitos exemplos dos horrores e desgraças com que a revolução franceza, e as outras que ella gerou em diferentes paizes tem assolado a Europa por trinta anos: fazem assás ver, que constituições representativas improvisadas, particularmente por meio de revoluções, devem sempre ter aquelles terríveis efeitos", p. 167.

[191] "A facção das côrtes tem assás feito ver quanto procura por todos os meios retalhar e republicanizar o Brasil (...) o único remédio é formarem uma muralha á roda do throno do regente todos que tem que perder, e empregarem todos os meios para conservar a ordem publica, a obediência ao príncipe, e assim a integridade do reino". Ibid., p. 173-174.

[192] In: *Documentos para a História da Independência do Brasil.* 1923, p. 380.

tropas portuguesas, em todo o Norte do novo Império, com a Confederação do Equador e outras revoltas. Possivelmente influenciou a negociação do reconhecimento da Independência com Portugal e esteve presente, como um problema de origem, até o início da década de 1840.

Separadas, ao fim, pelas ideias opostas de regeneração-rebelião versus recolonização-anarquia, as "malditas Cortes", conforme se referiu D. Pedro em carta a seu pai, acabaram se transformando, mais do que um foro de debates de projetos e ideias, em uma fonte de discórdia e no *casus belli* da Guerra de Independência do Brasil. Não lograram superar o distanciamento político e, pior ainda, se tornaram, do lado brasileiro, o principal símbolo da ameaça portuguesa.

O conflito estava armado, seu móvel bem estabelecido e os dois lados dispostos ao confronto.[193] Assim se desenrolou a guerra, com a emancipação brasileira só terminando, efetivamente, no segundo semestre de 1823. Por essa época, até mesmo a política portuguesa tomara outros rumos, com a recuperação dos poderes executivos por D. João VI, na Vilafrancada, em maio de 1823. Portugal e Brasil já eram, no entanto, dois países.

---

[193] Segundo José Honório Rodrigues, "a maioria, nas cortes, porém, defendia a guerra para submeter o Brasil, tendo como ponto de apoio as províncias onde a deslealdade predominava. Os portugueses se animaram muito com o que chamavam de dissidências, como se pode ver nos debates das cortes e na literatura panfletária da época. Qualquer divergência interna era tida como dissidência...". In: Rodrigues, 2002, p. 17.

III
UMA REBELIÃO ARMADA

O processo político que resultou na Independência do Brasil e na unificação do antigo Reino em Império caminhou apoiado na força armada. Ela não apenas garantiu que houvesse um centro organizado de poder no Rio de Janeiro, como foi essencial para que o caso brasileiro se diferenciasse daquele da América Espanhola, na medida em que o Brasil terminou uno. Sem o pilar militar, restariam incompletas as explicações sobre a unidade nacional.

A ideia da Independência brasileira não surgiu de repente, da insatisfação de D. Pedro e das elites ligadas a ele, e da impossibilidade de composição com as Cortes reunidas em Lisboa. Suas raízes foram múltiplas, de sentimentos nativistas de alguns, das particularidades culturais que em uma das dimensões passaram a diferenciar brasileiros e portugueses, da efetiva descolonização, em 1815, com a criação do Reino Unido. Circulava em alguns setores brasileiros, muitos deles distantes do Rio de Janeiro (física e politicamente), inspirados, inclusive, no que se passava no resto das Américas, nos EUA e na América Espanhola. Esse era o caso, por exemplo, de Pernambuco, onde a ideia de Independência se formou sem influência do Rio de Janeiro de D. Pedro, calcada no conceito de autonomia provincial.

A forma, contudo, como se desenrolou o efetivo processo de emancipação teve D. Pedro como protagonista. Foi a partir do polo de poder do Rio de Janeiro – político, militar e ideológico – é que se deu a emancipação do Brasil na forma como a conhecemos, no formato em que conhecemos. Não se tratou, no final, de processo único, linear, previsível.

Dos debates constituintes de Lisboa, nos voltamos agora para o território brasileiro, onde a marcha dos acontecimentos, paralela aos debates nas Cortes, adquiriu tom político-militar. A largada do conflito foi a decisão do príncipe regente de ficar no Rio de Janeiro. A partir dela iniciou-se a corrida, dos dois lados, por adesões das outras províncias.

O FICO E O ENFRENTAMENTO MILITAR

Em sua narrativa de serviços, Thomas Cochrane afirma que, no segundo semestre de 1821, D. Pedro, "se bem que regente nominal do Brasil, veio a encontrar-se, na realidade, pouco mais que Governador do Rio de Janeiro".[1] A avaliação de Cochrane é compartilhada por outros, por exemplo, Varnhagen e Mareschal,[2] ainda que este último relativize a dureza da análise do chefe da esquadra brasileira, ao estimar que o Centro-Sul reconhecia o regente. O agente diplomático austríaco no Rio de Janeiro, em 16 de novembro de 1821, recordava a situação do príncipe, que das Cortes não tinha recebido nenhuma ordem, nenhuma orientação, achando-se sem dinheiro e sofrendo constantemente com atos de oposição a sua autoridade, os quais eram aplaudidos pelas assembleias. Nessa situação, afirmava Mareschal,

---

[1] 2003, p. 34.
[2] Em análise sobre os ofícios de Mareschal, afirma Figueira Mello que "partira d. João VI para Lisboa com a família real e a sua corte, deixando atrás de si a população da capital brasileira diminuída, e uma situação financeira das mais melindrosas. Recusaram as capitanias do Norte obedecer á Regencia instituída pelo rei, pautando o seu proceder pelas decisões das Côrtes de Lisboa. Em Pernambuco crescia a animosidade entre Portuguezes e Brasileiros. A autoridade do príncipe regente limitava-se unicamente ás províncias do Rio de Janeiro, São Paulo, Sancta Catharina, Rio Grande do Sul, Cisplatina (ainda que ahi diminuida) e Minas Geraes, já trabalhada esta ultima por comoções politicas.... extrema era a fermentação politica no Rio de Janeiro: republicanos, independentes, absolutistas, recolonizadores (apoiados estes nas tropas portuguezas), agitavam-se". In: FIGUEIRA MELLO, Jeronymo de A.. "A Correspondencia do Barão Wenzel de Mareschal (Agente diplomático da Austria no Brasil de 1821 a 1831). In: *Revista do Instituto Histórico e Geográfico Brasileiro*. Tomo LXXVII, Parte I, 1914. In: http://www.ihgb.org.br/rihgb.php?s=20 (acesso em 29/11/2013), p. 170.

o resultado era a "anarquia a mais completa" e o "isolamento absoluto de todas as províncias".[3]

Na verdade, mesmo no Rio de Janeiro a posição do regente era precária. A partida de D. João, como visto no capítulo anterior, havia sido precedida de significativa convulsão social no Reino e no Rio de Janeiro, como mostraram os eventos de 21-22 de abril de 1821, na capital carioca.

Regente, D. Pedro tentou fazer-se governante de um Reino em ebulição. Com gabinete ministerial nomeado por D. João VI e liderado pelo conde dos Arcos, não tinha condições de ir além do esforço de manter uma administração funcionando. Ao mesmo tempo, tentava ganhar a confiança do povo e, principalmente, da tropa baseada no Rio de Janeiro. Tentava controlar, de alguma maneira e sem muito sucesso, a aplicação das decisões do rei, vindas de Lisboa.[4] E ainda tinha que se esforçar para cortar despesas, haja vista o "decadente estado das finanças em que actualmente se acha esta Provincia".[5]

---

[3] *Le Prince Régent n'a reçu depuis le départ du Roi, ni de S.M., ni des Cortes, aucun ordre, aucune direction quelconque ; sans trouppe, sans argent, que pent-il faire, surtout lorsque tous les actes en opposition avec son autorité, ont été hautement approuvés et applaudis par l'assemblée qui a usurpé tous les parvoirs ; le résultat en est l'anarchie la plus complette, l'isolement absolu de toutes les provinces.* In: Figueira Mello, op. cit., p. 234.

[4] Por exemplo, pela PORTARIA do [secretário de estado do Reino e Mercês], Inácio da Costa Quintela, determinando o envio pela Secretaria de Estado dos Negócios do Reino, ao ministro e secretário de estado dos negócios da Marinha [Joaquim José Monteiro Torres], uma relação dos despachos remetidos do Rio de Janeiro para a real assinatura, ficando suspensa a sua resolução em conformidade com a circular da Regência do Reino de 7 de Maio de 1821, e em consequência da ordem das Cortes Gerais e Extraordinárias de Portugal, de 28 de Julho do mesmo ano. In: Arquivo Histórico Ultramarino – Projeto Resgate, AHU_ACL_CU_017, Cx. 287, D. 20282.

[5] Um exemplo foi a decisão de cortes nas folhas de pagamento de pessoal em desvio de função, como se vê na CARTA do [secretário de estado da Marinha no Rio de Janeiro], Manoel Antônio Farinha ao rei [D. João VI], sobre as determinações do príncipe regente D. Pedro em cortar da folha de pagamentos desta província a todos os oficiais que são desta repartição mas que estão servindo no Reino. Em 19 de junho de 1821. In: Arquivo Histórico Ultramarino – Projeto Resgate, AHU_ACL_CU_017, Cx. 287, D. 20277. Vide também OFÍCIO do [secretário de estado de Negócios da Guerra no Brasil], Carlos Frederico de Paula, ao [ex-secretário de estado da Guerra], Manoel Martins Pamplona Corte Real, sobre a chegada dos oficiais da província de Pernambuco no Rio de Janeiro e a determinação do príncipe regente D. Pedro em remeter para Portugal todos os oficiais que não estejam ligados diretamente ao Rio de Janeiro; informando a sobrecarga de despesas que tem havido com a oficialidade, sendo este o motivo de não ter pago os ordenados dos militares

Do Norte-Nordeste, D. Pedro tinha muito pouco a esperar, mesmo que existisse potencial apoio de alguns grupos que não simpatizavam com o vintismo, principalmente no interior. A adesão daquelas regiões às Cortes traduziu-se, ao longo de 1821, na formação de governos provisórios ou juntas governativas, que se relacionavam, em sua maioria, diretamente com Lisboa.[6] Ao se referir a essa realidade, panfleto[7] de março de 1822, assinado por J.B. da R., em Lisboa, afirmava que:

> (...) dinheiro não lhe vem das Províncias do norte, que nunca o Príncipe reconheceram: (...) O Norte do Brasil, que é a parte mais rica, parece que não tem espíritos tão elevados como o Sul, para se desejar nas grimpas de uma categoria Imperial: (...).

As antigas restrições de setores do Norte-Nordeste à centralização do Rio de Janeiro tinham agora a força do movimento constitucional, de suas relações econômicas privilegiadas com a Europa, da resistência ao absolutismo. Não se limitava esse movimento a setores menores dos comerciantes portugueses: ainda não havia "causa brasileira". Mais ainda, descentralizadores, republicanos e outras tendências tinham reservas quanto a um Rio de Janeiro que em grande medida continuava a representar o Antigo Regime.[8]

Sem o apoio do Norte-Nordeste, com dificuldades mesmo em áreas do Centro-Sul, como em Minas Gerais, D. Pedro enfrentava, assim, dura crise política e econômica, causada pela partida da família real, pela expansão do vintismo no Brasil, e pela interrupção do envio de tributos do Nordeste.[9] Ao longo do segundo semestre de 1821, D. Pedro "deixara de

---

que estavam em Pernambuco. Em 16 de novembro de 1821. In: Arquivo Histórico Ultramarino – Projeto Resgate, AHU_ACL_CU_017, Cx. 288, D. 20371.
[6] In: Lúcia Bastos P. das Neves, 2011, p. 93.
[7] "Exame crítico do parecer que deu a comissão especial das Cortes sobre os negócios do Brazil". In: Carvalho et al., 2014, vol. 2, p. 488.
[8] Avilez, em intento de reforçar a causa portuguesa, acusa o Rio de Janeiro de estar por trás da decisão do Fico e acusa os habitantes do Rio de Janeiro que, "erigindo-se em Representantes das outras Províncias, uniformizárão, não se sabe com que principio, seus desejos com as outras Provincias, que não tem mostrado tal desejo". In: Avilez, 1822, p. 3.
[9] Segundo Varnhagen (1957, p. 77), apenas Pernambuco continuou a enviar sua cota. No mesmo sentido, Figueira Mello afirma que "diversa da de Pernambuco era a atitude da Bahia para com o Governo do Principe Regente; e, além do mais, não

ser o ídolo dos constitucionais portugueses – se é que algum dia o foi integralmente – e ainda não era bem o ídolo dos constitucionais brasileiros".[10] O governo entrou numa espécie de "marasmo",[11] no qual "mal se podia saber onde verdadeiramente residia a autoridade suprema". Mareschal[12] registrou a espera que havia sobre o recebimento de informações de Portugal e da situação política que se definiria após esse momento. As notícias da chegada de D. João VI em Lisboa foram recebidas no Brasil apenas em agosto de 1821, num momento em que as províncias do Norte estavam praticamente sem comunicação com o Rio de Janeiro, conforme a avaliação de Mareschal.[13]

Na capital, vivendo entre os múltiplos partidos,[14] o primeiro momento de D. Pedro era de não contar com apoio o efetivo de nenhuma facção, ainda que mantivesse a atração de ser o herdeiro da Coroa, tendo presente que o vintismo se apoiava na Monarquia constitucional. A relação era paradoxal. Por ser príncipe, tinha força política, mas sofria também com desconfianças pelo fato de, apesar de sua adesão ao constitucionalismo, ser exatamente representante da Coroa. Levantava, com isso, suspeitas de liberais e grupos de maior influência lusitana. A autoridade do regente estava, portanto, desbalanceada. O conde dos Arcos era a maior representação das desconfianças de diversos setores, a ponto de Varnhagen[15] sugerir que o ministro deixava a todos descontentes, os portugueses, por acharem que ele era demasiadamente afeto ao Brasil; os brasileiros, não vendo no conde um "natural" do Reino.

A precariedade da situação de D. Pedro ficou visível na revolta conhecida como "Bernarda", de 5 de junho de 1821. Notícias chegadas da Bahia davam conta da organização de forças (2.500 homens) para apoiar os constitucionais, ao mesmo tempo em que aportavam rumores de artigos nos jornais da Bahia acusando o príncipe de ser o

---

mandava dinheiro, o que devia constituir motivo de queixa bastante grave". 1914, p. 191.
[10] Oliveira Lima, 1997, p. 175.
[11] Varnhagen, 1957, p. 84.
[12] In: Figueira Mello, 1914, p. 210.
[13] Ibid.
[14] Conforme aponta Oliveira Lima, havia partidários da Monarquia absoluta, da Monarquia constitucional, da República Unitária, da República Federativa, do dualismo e da Independência. 1997, p. 111.
[15] 1957, p. 76.

responsável pela ação da tropa na convulsão de 21 de abril, quando civis foram mortos.[16] Armitage[17] também se referiu à acusação de que D. Pedro fora o mandante da operação, influenciado pelo conde dos Arcos, que teria "excitado a ambição do príncipe". Seja ou não verdade, as referências ao confronto em abril e da atuação controvertida do ministro enfraqueciam o governo.

Entre boatos de que D. Pedro mandaria prender os supostos agitadores e as reações destes em acusar o governo pelas mortes no episódio de abril, a cidade do Rio de Janeiro alarmou-se. Naquele momento, andavam "os soldados em correrias pelas ruas principaes da cidade, comprando pólvora e balas; fecharam-se as casas; barricadas se erguiam no interior das lojas, temendo-se que fossem saqueadas".[18] Em relato a Metternich, Mareschal afirmou que desde o dia anterior sabia-se da sedição, com proclamações correndo de mão em mão.[19]

O governador de armas, general Avilez, teria alertado o conde dos Arcos sobre os riscos de revolta. A conversa teria resultado em troca de acusações entre os dois sobre o alvo efetivo da sedição, pois cada um via o outro como o alvo. A vantagem, ao fim do caso, ficou com Avilez, que se aproximou da tropa e adotou uma atitude mais rígida contra o príncipe.

O conde dos Arcos sofreu as consequências de uma impopularidade que, do lado dos grupos pró-Lisboa, se relacionava à percepção de que ele desenvolvia um plano para preservar o Brasil da influência das Cortes e da Constituição. Mareschal sugere, de sua parte, a existência desse plano.[20] Já o jornal *O Compilador Constitucional, Politico e Litterario Brasiliense*,[21] em edição de 5 de janeiro de 1822, registrou que a demora no juramento das bases da Constituição levou o governo provisório da Bahia a acusar o conde de "conspirar" contra o Estado, em "hum plano para fazer o Brasil independente de Portugal, entrando nisso o Governador de Pernambuco". A folha atribuía essa hipótese à "conjectura, de supposiçoes e de presumpçoes".

---

[16] Figueira Mello, 1914, p. 177.
[17] 1837, p. 22.
[18] Figueira Mello, 1914, p. 180.
[19] Figueira Mello, 1914. p. 180.
[20] 17/06/1821. In: Figueira Mello, 1914, p. 183.
[21] In: Hemeroteca Digital Brasileira. In: http://memoria.bn.br/DocReader/DocReader.aspx?bib=700371&pasta=ano%20182. (acesso em 29/12/2015).

Segundo o *Compilador*, a maioria dos brasileiros desejava conservar a união com Portugal. Nesse sentido, em suas "reflexões" sobre o que se passava no Reino, em dezembro de 1821, Theodoro José Biancardi,[22] que trabalhava na Secretaria dos Negócios Estrangeiros, avaliou que,

> A deposição do conde dos Arcos não foi mais que uma medida trivial de prevenção; a justiça dos fundamentos que a motivaram ainda é duvidosa; e pode ser que nunca se ocupasse o seu espírito dos crimes que lhe tem suposto. Talvez o conde fosse de parecer que para a suspirada e proveitosa união dos dois Reinos era no Brasil indispensável a presença do príncipe herdeiro do trono português, e que, dominado por esta opinião, desse alguns passos indiscretos, que o público desconfiado julgou preparatórios do projeto da separação absoluta do Brasil.

Após, então, a mobilização da tropa, em 5 de junho, houve reunião de eleitores, os quais demandaram a demissão do conde dos Arcos, o juramento das bases da Constituição e a nomeação de nova junta governista. A tropa formada por naturais do Reino permanecia tranquila e, até ali, segundo Mareschal, impassível. Esses elementos, de acordo com o diplomata, teriam se mobilizado com apenas uma palavra do regente. As diferenças entre os grupos "portuguêses" e "brasileiros" aos poucos se intensificavam e davam mostras de que poderia ter consequências políticas.[23]

D. Pedro, porém, acedeu e reiterou que governava por obrigação, podendo deixar o cargo no momento em que lhe fosse solicitado. Nomeou novo governo, liderado por Pedro Álvares Diniz, com membros que não haviam participado da sedição. Perdeu o ministro-chefe deixado por seu pai, mas ganhou, por outro lado, maior ascendência sobre o novo governo, em razão da saída da figura forte

---

[22] "Reflexões sobre alguns successos do Brasil. Escripta por Theodoro José Biancardi". In: Carvalho et al., 2014, vol. 2, p. 240.

[23] "Bem diversa era então a atitude, que tinham em publico Portuguezes e Brasileiros: 'Os Portuguezes moram quase todos na cidade, ocupando a maior parte dos empregos públicos; são os únicos, sobretudo depois dos últimos acontecimentos, que falam francamente e dizem as suas opiniões; os Brasileiros são reservados, medrosos, têm realmente elevado grau de fleugma e de apathia.'" Com isso, aponta Mareschal, era difícil verificar qual era verdadeiramente a opinião pública naquele momento. In: Figueira Mello, 1914, p. 186.

do poder, o conde dos Arcos.²⁴ Isso significava pouco, haja vista a prontidão da tropa portuguesa em manter o regente bem alinhado com o vintismo.

Na avaliação do representante britânico no Rio de Janeiro, os eventos de 5 de junho, levados a cabo por uma "pequena parte da força militar portuguesa", provocaram "uma grande mudança material na forma desse Governo", "uma mudança que talvez não tenha tido tanta consequência em si, mas no modo pelo qual ocorreu".²⁵ A ação mostrava uma postura mais "vintista" dos oficiais, com o claro objetivo de limitar o poder do príncipe.

Uma relativa tranquilidade voltou ao Rio de Janeiro,²⁶ enquanto as movimentações políticas continuavam a agitar-se por baixo dessa aparência de calma.²⁷ Paralelamente, as disputas fora da capital, na Bahia e em Pernambuco, tornavam-se cada vez mais violentas. Avilez, em seu relato sobre a saída da Divisão Auxiliadora do Rio de Janeiro, afirma que tinha conhecimento das movimentações emancipadoras (fala em "independência política") em "clubs" e outros meios secretos.²⁸ Mareschal, por sua vez, avaliava que a única saída que restava às contínuas movimentações da tropa portuguesa era a utilização da tropa brasileira a favor do príncipe, mas "nenhum português ousaria propô-lo"²⁹ (a chegada dos decretos de setembro eliminou, porém, essa resistência). O diplomata austríaco, em fins de 1821,³⁰ estimava que os habitantes do interior, com menor relação direta com Portugal, estavam mais decididos e dariam, eles, marcha aos acontecimentos, sendo mais difícil reprimi-los.

A prisão e deportação do conde dos Arcos impactaram D. Pedro como uma verdadeira humilhação. Antes mesmo, portanto, que fossem dadas as ordens das Cortes para que o regente voltasse, já havia

---

[24] "As desconfianças de ser o príncipe um joguete do conde dos Arcos mudaram de objeto, e a Juncta, que o substituira, caído aquelle do poder, já era suspeita de ser um instrumento passivo do príncipe". Figueira Mello, ibid., p. 185.
[25] Ofício de 11 de junho de 1821. F.O. 63/227. In: Webster, 1938, p. 210.
[26] "A calma, diz Mareschal, vai renascendo". Figueira Mello, 1914, p. 186.
[27] "Tanto na Bahia, onde a situação continuava no mesmo pé, como no Rio de Janeiro, parecia-lhe que os diferentes partidos se observavam e esperavam o efeito da chegada do rei a Portugal". In: Figueira Mello, 1914, p. 194.
[28] 1822, p. 5.
[29] "(...) *aucun Portugais n'osera jamais le proposer*". Figueira Mello, ibid, p. 188.
[30] Figueira Mello, ibid., p. 229.

elementos da potencial discordância do príncipe com partidários de Lisboa. Durante todo aquele período, porém, a política do príncipe foi de composição com as tropas portuguesas aqui sediadas, comparecendo a banquetes e bailes promovidos pela oficialidade.[31] Tinha medo do futuro que o aguardava e expressava publicamente desejo de ir embora para Portugal, conforme manifestou em carta a D. João datada de 21 de setembro:

> peço a V.M., por tudo que há de mais sagrado, me queira dispensar deste emprego, que seguramente me matará, pelos contínuos e horrorosos painéis que tenho, uns já à vista, e outros, muito piores, para o futuro, os quais eu tenho sempre diante dos olhos (...).

O príncipe, dessa forma, "procurava convívio com os oficiais da Divisão" (Auxiliadora) e tentava afiançar seu constitucionalismo,[32] em meio a incertezas que se relacionavam ao futuro do Reino e à própria situação da Monarquia. Naquele tempo de comunicações lentas, muitos rumores corriam, até de renúncia de D. João VI,[33] fomentando ainda mais as movimentações políticas.

Nada disso passou ao largo da atenção de D. Pedro. Nem as reações diversas entre constitucionais, corcundas e partidários do Rio de Janeiro às notícias de decretos das Cortes que sucessivamente chegavam ao Rio de Janeiro ao longo de 1821, nos quais o risco de uma divisão do Brasil já era percebido por alguns setores. O primeiro grupo, dos constitucionais, que envolvia portugueses não nobres, simpatizava com as medidas liberalizantes e antiaristocráticas. Absolutistas e partidários do Rio de Janeiro tendiam a se chocar com as Cortes, por diferentes razões, sendo que estes temiam pelo fim da regência.

Essas movimentações políticas por vezes abalavam a tranquilidade aparente na capital do Reino. Tumultos ocorreram em 18 de setembro de 1821, entre "brasileiros" e "constitucionalistas" apoiadores das Cortes. A partir de setembro começam também a surgir em

---

[31] Lustosa, 2000, p. 121.
[32] Oberacker Jr., 1985, p. 18. Vide também o parecer de Mareschal: *Le Prince Royal cherche visiblement, surtout depouis cette époque, à établir qu'il est franchement constitutionnel, qu'il l'a été dés l'origine et qu'il a supporté avec effet la cause des Côrtes.* In: Figueira Mello, 1914, p. 216.
[33] Ibid., p. 216.

número importante jornais, panfletos e proclamações, tais como o *Revérbero Constitucional Fluminense* (setembro de 1821), o *Espelho* (outubro de 1821) e *A Malagueta* (dezembro de 1821).[34] Ficavam cada vez mais patentes as divisões entre um "partido brasileiro" e um "partido português" (o que não significava, necessariamente, divisão entre "brasileiros" e "portugueses"), como registrou Mareschal, que também apontava a já existente ideia, de alguns grupos minoritários, de declarar D. Pedro imperador do Brasil.[35]

É preciso ter certa cautela com relação à posição de D. Pedro nesse período, de sua aproximação com a tropa portuguesa, de seu constitucionalismo português e, principalmente, de seu público desejo de partir, pouco se importando com o destino do Reino. O próprio Mareschal sugere, em dado momento, desconfiar que o príncipe dissimulava sua verdadeira posição.[36] Pode-se questionar o quanto ele efetivamente desejava partir, e o quanto era jogo de cena. Pois, se a situação de D. Pedro não era boa na capital do Reino e no Norte-Nordeste, sua presença no Brasil era uma garantia de continuidade do poder da Coroa em um Reino marcado pela forte agitação política e risco de esfacelamento, além da possibilidade de recuperação da legitimidade do Rio de Janeiro.[37]

Mesmo frágil, D. Pedro mantinha a possibilidade de liderar um movimento de construção da unidade e da estabilidade, como sugeria Mareschal:[38]

---

[34] In: Neves, 2002, p. 50.
[35] Officio de 24 de outubro de 1821. In: Figueira Mello, 1914, p. 225.
[36] *Le Prince Régent montre toujours um grand désir de sortir de la position vraiment bien pénible où il se trouve ; je le crois entièrement étranger aux projets que le parti Portugais voulait lui attibuer ici ; son plus grand tort est son espèce d'enthousiasme – révolutionnaire qui ne parait pas encore haisser ; c'est ce qui me fait souvent croire qu'il dissimule, mais cette dissimulation seroit bien soutenue, son ignorance explique beaucoup et sa présomption doit être nourrie par son entourage qui est d'une médiocrité incroyable (...).* In: Figueira Mello, 1914, p. 229.
[37] "A Coroa atuava porém como um ímã muito mais forte do que qualquer outro prestígio, e a União tinha de brotar da implandação da monarquia ou antes da transformação liberal dessa instituição tradicional, como brotaria a desunião dos constantes atropelos constitucionais das Províncias Unidas (do Prata), agrupadas pelo pacto do estatuto de 1816. (...)" No Brasil, em 1821, um observador estrangeiro como Mareschal notava que não havia entre as províncias unanimidade, nem sequer tendências comuns. Oliveira Lima, 1997, p. 38.
[38] *"Si le Prince quitte le pays, ce dont il monstre même dans son interieur fréquemment l'envie, les partis ne seront plus retenus par rien, et une guerre civile et l'expulsion des Européens peut être la suite du prémier incident imprévu; la mine est chargée, il ne faut que l'éticelle qui l'allume."* Figueira Mello, 1914, p. 187.

Se o Príncipe deixar o país, o que ele frequentemente afirma pessoalmente ter vontade, os partidos não se veriam impedidos por nada, e uma guerra civil e a expulsão dos europeus poderiam ser a sequência do primeiro imprevisto; o canhão está carregado, não falta uma fagulha que o acenda.

O regente provavelmente conhecia essa avaliação, pois havia participado das discussões logo no início do vintismo no Brasil, recordando-se que ofereceu pareceres sobre a partida da Corte e sobre a atitude do rei com as Cortes. Mareschal afirma que o conde dos Arcos, enciumado da influência de Palmella sobre o jovem príncipe,[39] trabalhara para ganhar maior ascendência sobre D. Pedro. Sua queda abriu espaço para a volta de ideias como as de Palmella, na tradição de D. Rodrigo de Souza Coutinho, que em pouco seriam encabeçadas por José Bonifácio.

O futuro "Patriarca da Independência" já se encontrava, nesse segundo semestre de 1821, na ação política. O governo provisório de São Paulo, que reconhecia a autoridade de D. Pedro,[40] emitiu, em 9 de outubro de 1821, as já mencionadas "Lembranças e Apontamentos" à deputação de São Paulo nas Cortes de Lisboa. O documento constituía efetivo programa político para o Império português e para o Reino do Brasil, fundado ao mesmo tempo na unidade política e no fortalecimento das províncias.[41] Foi enviado a D. Pedro com uma carta, possivelmente escrita por José Bonifácio, na qual pedia que o regente não deixasse o Brasil.[42] O príncipe evitou comprometer-se com a proposta e não publicou a carta, como lhe havia sido solicitado. Mas havia tomado conhecimento de que havia um projeto político para o Reino.

Também houve iniciativas de tentar ganhar o príncipe diretamente, apresentando-lhe reflexões sobre a conveniência de sua permanência. Mareschal, como já relatado acima, registra em 12 de julho de 1821 acusações de "brasileiros" contra a facção "portuguesa" (entendida aqui como

---

[39] In: Figueira Mello, ibid., p. 196.
[40] Houve, no caso de São Paulo, revolta de soldados em Santos, em 1821, contra o governo. Tratava-se, principalmente, de questão envolvendo o pagamento de soldos, que foi rapidamente resolvida. In: Figueira Mello, 1914, p. 204.
[41] In: SOUZA, Otávio Tarquínio de. *José Bonifácio*. Belo Horizonte: Itatiaia; São Paulo: Editora da Universidade de São Paulo, 1988, p. 126.
[42] Oberacker Jr., 1985, p. 19.

partidária das Cortes), por quererem obrigar o príncipe a partir. Para o diplomata austríaco, o partido "brasileiro" (ou seja, pró-Rio de Janeiro)

> poderia(m) ter razão, pois eles o temem agora e creem não ser mais mestres se ele (D. Pedro) tiver partido; – mas essa partida seria, da minha maneira de pensar, um grande mal para Portugal e para o Brasil; o grande laço entre esses dois países é certamente a ligação comum à casa de Bragança.[43]

O príncipe regente reagiu a essas iniciativas, pressionado por Avilez. Em 4 de outubro de 1821, o governador das armas do Rio de Janeiro demandou que D. Pedro reiterasse ao povo seu juramento constitucional. No mesmo dia, D. Pedro publicou proclamação aos fluminenses,[44] na qual sustentava que "nunca serei perjuro, nem á religião, nem ao Rei, nem á Constituição". Ameaçava, também, declarar "guerra despiedada, e cruelíssima, a todos os perturbadores do socego publico, a todos os Anticonstitucionaes".

D. Pedro igualmente registrou em carta a D. João, do mesmo 4 de outubro,[45] que "a Independencia tem se querido abrir comigo e com a tropa", sem efeito, por sua "honra, e ella he maior que todo o Brasil". Um mês depois, em outra carta, o Regente registrava que tudo estava "em perfeito socego", salvo nas províncias, particularmente em Pernambuco, "quazi em huma perfeita anarchia":

> he em geral o estado da Provincia de Pernambuco huma das mais interessantes da America, e que por consequência há de dar o exemplo as mais, que por vontade ou por necessidade e vergonha o hão-de tomar.[46]

---

[43] Grifo nosso. *Les Brésiliens accusent la faction Portugaise d'ici, de vouloir à toute force faire partir le Prince; ils pourroient avoir raison, car ils le craignent encore et croiront être plus les maîtres s'Il était parti; – mais ce départ seroit d'après ma manière de voir un grand mal pour les affaires en Portugal et pour le Brésil; le grand lien entre les deux pays est certainement l'attachement commum à la Maison de Bragance* (...). In: Figueira Mello, 1914, p. 200.
[44] In: Avilez, 1822, p. 39.
[45] In: "CARTAS (cópias) do príncipe regente D. Pedro, ao rei [D. João VI] sobre várias matérias relativas a situação política – administrativa nas relações entre o Brasil e Portugal". In: Arquivo Histórico Ultramarino, AHU_ACL_CU_017, Cx 288, D. 20405. In: Biblioteca Virtual do Projeto Resgate, http://www.cmd.unb.br/biblioteca.html (acesso em 26/03/2015).
[46] In: "CARTAS (cópias) do príncipe regente D. Pedro, ao rei [D. João VI] sobre várias matérias relativas a situação política – administrativa nas relações entre o Brasil e

Os ingredientes da crise, como se pode ver nessas movimentações, já estavam presentes ao longo de todo o ano de 1821. Eram objeto de debates desde as discussões entre D. João VI e seus assessores, antes da partida a Lisboa, passando pelos grupos que também falavam de constituinte brasileira, resistiam ao risco da partida de D. Pedro e, em alguns casos, pensavam em uma Independência.

É incontestável, entretanto, o impacto dos decretos de 29 de setembro de 1821 em termos de propulsão da marcha dos eventos, e da grande ruptura política. Quando o brigue de guerra *Infante D. Sebastião* aportou no Rio de Janeiro,[47] em 9 de dezembro de 1821, a capital do Reino, já politicamente agitada há meses, entrou em "ebulição", conforme as palavras do representante diplomático francês.[48] Para os setores que se beneficiavam da presença do príncipe e da manutenção do Rio de Janeiro como um dos centros de poder do Império português, a notícia dos decretos era trágica: concretizava a diminuição da importância da capital.[49]

Como visto no capítulo anterior, a Revolução do Porto, as Cortes e a partida da família real afetaram diretamente os interesses daqueles que se beneficiavam do Rio de Janeiro como capital portuguesa. Havia interesses econômicos, derivados do fornecimento de produtos à capital e da dinâmica econômica que ela motivava.[50] Socialmente, o Rio de

---

Portugal". In: Arquivo Histórico Ultramarino, AHU_ACL_CU_017, Cx 288, D. 20405. In: Biblioteca Virtual do Projeto Resgate, http://www.cmd.unb.br/biblioteca.html (acesso em 18/01/2015).

[47] Moreira de Azevedo sublinha que foi o brigue *Infante D. Sebastião* e não o *Infante D. Miguel* que trouxe, em 09/12/1821, os decretos das Cortes. In: AZEVEDO, Moreira de. "O 9 de Janeiro de 1822. Memoria lida no Instituto Historico e Geografico Brasileiro pelo Dr. Moreira de Azevedo". In: *Revista do Instituto Histórico e Geográfico Brasileiro*. Tomo XXXI, 1868. In: http://www.ihgb.org.br/rihgb.php?s=20 (acesso em 08/12/2013), p. 34. Também o ministro da Guerra, Carlos Frederico de Caula, registra ter sido o *Infante D. Sebastião*. In: *Documentos para a História da Independência*, 1923, p. 367.

[48] Já citado no capítulo 1 do presente trabalho. In: Arquivos Diplomáticos do Quai d'Orsay.

[49] Como registra Mareschal em ofício de 16/12/1821, com a chegada das notícias de Lisboa, muitos diplomatas acreditados no Rio de Janeiro, inclusive dos EUA e da Holanda, partem da capital carioca. In: Figueira Mello, 1914, p. 239.

[50] "Entre as capitanias que sofreram impactos imediatos podemos destacar a de Minas Gerais, que desde o período colonial brasileiro mantinha uma intensa produção de gêneros de primeira necessidade, funcionando como entreposto comercial com outras localidades, como o Rio de Janeiro. (...) A situação também desagradou

Janeiro pós-1808 era muito diferente daquele da Colônia, oferecendo acesso político-econômico-social aos locais e aos de fora que ali haviam se instalado. A própria sobrevivência econômica da cidade estava em jogo, inclusive no que diz respeito às rendas enviadas pelas províncias e ao fato de que centenas de funcionários públicos poderiam potencialmente ficar desempregados, com a extinção dos tribunais[51] (tema que continuou a ser discutido ao longo de 1822, como visto na segunda parte do capítulo anterior). Também estavam em questão os interesses políticos, a importância de se estar próximo ao poder, afetando não apenas a posição política local, mas igualmente a posição sobre a condução dos assuntos do Reino do Brasil, tema importante para muitos grupos, como os de Bonifácio e de Ledo.

Em uma das muitas cartas e panfletos impressos no início de 1822 pela Imprensa Nacional, cidadão com pseudônimo de "Patricio affeiçoado" escreveu longa carta ao deputado Fagundes Varella, eleito no Reino do Brasil, reagindo à notícia dos decretos das Cortes.[52] Acusando Fagundes Varella de "egoísta" e "frouxo", o autor atacou diretamente a decisão de determinar a partida de D. Pedro, outra medida prevista nos decretos.[53] Sustentava interesse de manter a união, desde que Portugal não "desrespeitasse" o Reino e retirasse a estrutura governamental ali presente.

Em resumo, a diminuição da importância do Rio de Janeiro afetava interesses e posições de toda ordem, muitos que derivaram em projetos políticos distintos, mas que se viram aproximados pelo temor dos

---

o Centro-Sul de Minas, pois o mesmo mantinha uma relação comercial com o Rio de Janeiro que a favoreceria caso apoiasse D.Pedro, o que de fato ocorreu". In: DELFIM, Maria Elisa Ribeiro. *Viva a Independência do Brasil!: a atuação da elite política sanjoanense no processo de Independência (1808-1822)*. Dissertação apresentada no curso de pós-graduação em história da Universidade Federal de São João del-Rei, 2011. In: http://www.ufsj.edu.br/portal2-repositorio/File/pghis/DissertacaoMariaElisa.pdf (acesso em 10/02/2015), p. 103.

[51] Mareschal em 16/12/1821: (...) *le départ de la Cour et l'extinction des tribunaux jettera dans la misère et le désespoir huit cent familles ; on paraissait d'abord vouloir empecher de vive force le départ du Prince* (...). In: Figueira Mello, 1914, p. 241.

[52] MENDONÇA, José Alves Ribeiro de. (editor). "Carta que ao Ilustre Deputado o Senhor Luiz Nicolao Fagundes Varella escreveo hum Zellozo Patriota dada á luz por José Alves Ribeiro de Mendonça. Rio de Janeiro: Imprensa Nacional, 1822. In: Brasiliana USP, http://www.brasiliana.usp.br/bbd/handle/1918/2/search?&fq=dc.subject%3APol%C3%ADtica%5C+e%5C+governo%5C+%5C-%5C+S%C3%A9c.+XI-X%5C+%5C-%5C+Brasil&fq=dateissued.year%3A1822 (acesso em 24/02/2014).

[53] Ibid., p. 6.

danos da diminuição da importância política do Rio de Janeiro. O risco não era novidade: os próprios conselheiros de D. João VI haviam alertado para o fato de que o balanço entre as duas capitais deveria ser fino o bastante para evitar a ruptura, de um lado ou de outro. Lisboa queria voltar ao que era antes, com todos os interesses envolvidos aí. O Rio de Janeiro não queria perder o que alcançara. O próprio general Avilez, em seu relatório às Cortes,[54] reconheceu exatamente que os decretos de setembro propiciaram momento importante para o partido "brasileiro", pois na ordem de retorno de D. Pedro "encontrárão hum campo vasto para fazer manobrar a seu bel prazer a desconfiança, a maledicência, a perfídia, o odio contra as Cortes Geraes".

Os decretos de setembro de 1821, desse modo, impulsionam a convergência de grupos heterogêneos, que viram nas Cortes uma ameaça comum. Foi o momento propício para a união entre o regente e o projeto encabeçado por Bonifácio, que contou também com o apoio de outras tendências políticas, unificadas pelo conflito contra o inimigo comum. Segundo relato do "Sachristão da Freguezia de São João de Itaboray",[55] no mesmo dia da chegada do infante Dom Sebastião "começaram os amigos da ordem, e da união de ambos os hemisférios a trabalharem por fazer uma representação legal", relacionada à permanência do príncipe.

A primeira reação de D. Pedro, registrada pelo ministro da Guerra, Carlos Frederico de Caula[56] (e também em carta a D. João VI, de 10 de dezembro de 1821),[57] não foi de revolta, ao contrário do que sustentou Maria Gaham.[58] Segundo o ministro da Guerra, ao ler os decretos das Cortes, D. Pedro consultou os ministros sobre o que deveria fazer e recebeu como resposta "unânime" que deveria cumprir as ordens.[59]

---

[54] In: Avilez, 1822, p. 6.
[55] "Carta escripta pelo Sachristão da Freguezia de S. João de Itaboray ao Reverendo Vigario da mesma Freguezia, narrando os acontecimentos dos dias 9 e 12 de janeiro deste anno". In: Carvalho et al., 2014, vol. 1, p. 627.
[56] In: *Documentos para a História da Independência*, 1923, p. 367.
[57] In: "CARTAS (cópias) do príncipe regente D. Pedro, ao rei [D. João VI] sobre várias matérias relativas a situação política – administrativa nas relações entre o Brasil e Portugal". In: Arquivo Histórico Ultramarino – Projeto Resgate, AHU_ACL_CU_017, Cx 288, D. 20405.
[58] Em seu diário, em 09/01/1822, Graham sustenta que o decreto das Cortes ordenando o retorno de D. Pedro *excited the most lively indignation not only in His Royal Highness, but in the Brazilians from one end of the kingdom to the other*. 1824, p. 173.
[59] De Caula sustenta ter ainda acrescentado: "veremos a comoção que fazem no Publico; ante-vejo que será grande". Ibid., p. 367.

O regente ordenou, então, que se publicassem os documentos no dia seguinte e que se aprontasse a fragata *União*, o quanto antes, para que pudesse partir. Queria que no prazo de 60 dias, contatos do dia 10 de dezembro de 1821, estivesse instalado o governo e, ele, embarcado. Ainda segundo o ministro da Guerra, ao passo que os ânimos começaram a agitar-se no Rio de Janeiro, D. Pedro manteve, por um tempo, a resolução de partir. Recusou-se, no entanto, a tratar do tema com seus ministros, limitando-se nos despachos aos expedientes do dia a dia. É de se perguntar se essa resolução e o silêncio que se seguiu entre D. Pedro e os ministros demonstravam firmeza na decisão do regente, ou a busca por ganhar tempo, para preparar outra solução.

Em 15 de dezembro de 1821, o regente informava ao pai, em carta,[60] as gestões dos representantes de Minas e São Paulo, que lhe teriam dito:

> ou vai (D. Pedro), e nós nos declaramos independentes, ou fica, e então continuamos a estar unidos, e seremos responsáveis pela falta de execução das ordens do Congresso: e de mais tanto os Inglezes Europeos como os Americanos Inglezes nos protegem na nossa independência no caso de hir S. A.

Pessoalmente, D. Pedro se declarava pró-Cortes ("Torno a protestar às Cortes e a S. Mag. Que só a força será capaz de me fazer faltar ao meu dever, o que me será o mais (?) censsivel neste Mundo"), mas o fato de colocar a referência aos mineiros e paulistas não vinha sem intenção. Nesse sentido, o diplomata austríaco no Rio de Janeiro[61] estimava, em 16 de janeiro de 1822, que no estado em que as coisas se encontravam, o único meio de se conservar a união entre os Reinos seria o estabelecimento da sede da Monarquia no Brasil, caso contrário se passaria nas terras bra-

---

[60] In: "CARTAS (cópias) do príncipe regente D. Pedro, ao rei [D. João VI] sobre várias matérias relativas a situação política – administrativa nas relações entre o Brasil e Portugal". In: Arquivo Histórico Ultramarino – Projeto Resgate, AHU_ACL_CU_017, Cx 288, D. 20405.

[61] *Dans l'état présent des choses, je crois pouvoir affirmer sans hésiter, qu'il n'y a plus qu'un moyen pour conserver l'union d'une manière durable, c'est l'établissement du siège de la Monarchie au Brésil ; du moment où cela n'est pas, ce pays se retrouve dans la même position que le reste de l'Amérique et suivra la même marche. (...) Je crois pouvoir ajouter que le rappel du Prince Régent amenera probablement de suite cette séparation pour la plus grande partie de ce Royaume ; au lieu qu'en le laissant ici et en l'appuyant de toutes manières il y aurait peut être encore une possibilité de rétablir l'ordre, de ramener les différentes provinces à son centre commun et de prolonger la dépendance du Brésil de la mère patrie.* In: Figueira Mello, 1914, p. 235.

sileiras o mesmo que no resto das Américas. Mareschal advogava junto à Corte austríaca que a presença do príncipe era a única chance de se restabelecer a ordem, restabelecer a unidade e manter a união com Portugal. E exercia influência sobre D. Pedro por meio da princesa Leopoldina, esta também envolvida nas movimentações políticas que ocorriam.[62] A mesma ideia pode ser encontrada nas representações que os cariocas enviaram a D. Pedro, em janeiro de 1822, e que foram incluídas como anexos das cartas do príncipe a seu pai.[63]

Se o ministro da Guerra registrou que apenas em 9 de janeiro de 1822, após a Representação da Câmara e do Povo do Rio de Janeiro, D. Pedro manifestou sua decisão de ficar, o relato do representante diplomático da França retrocedeu essa decisão do regente para semanas antes. Segundo o despacho de 11 de janeiro de 1822, o coronel Malet registra ter conversado com o príncipe em 27 de dezembro, quando este lhe comentou estar disposto a aceitar a demanda dos habitantes do Rio de Janeiro e suspender seu regresso até que as Cortes e o rei tivessem determinado efetivamente a forma de governo do Reino.[64]

O diplomata francês sublinhou, ainda, que a princesa Leopoldina teria tido papel importante nesse contexto, e falado com *"beaucoup de vivacité"* das dificuldades de partir grávida para uma viagem de retorno à Europa. Em nova carta a D. João VI, datada de 2 de janeiro de 1822, D. Pedro

---

[62] Em carta a Schaffer, em 08/01/1822, Leopoldina afirma que "o Principe está decidido, mas não tanto quanto eu desejaria. Os ministros vão ser substituídos por filhos do Paiz, que sejam capazes. O Governo será administrado de um modo análogo aos Estados Unidos da America do Norte". In: "Cartas Ineditas da 1ª Imperatriz D. Maria Leopoldina (1821-1826)". In: *Revista do Instituto Histórico e Geográfico Brasileiro*. Tomo LXXV, Parte 2, 1912. In: http://www.ihgb.org.br/rihgb.php?s=20 (acesso em 10/11/2013), p. 114.

[63] Fala do Juiz de Fora José Clemente Pereira, presidente do Senado da Câmara, também em janeiro de 1822: "Senhor – a sahida de V.A.R dos Estados do Brazil será o Decreto fatal, que sancione a independência deste Reino!". In: DE ALCÂNTARA, Dom Pedro. *Cartas e mais peças officiaes dirigidas a sua Magestade, o Senhor Dom João VI*. Lisboa: Imprensa Nacional, 1822. Exemplar mantido pela Universidade de Harvard. Disponível eletronicamente em http://books.google.com (acesso em 15/03/2013), p. 14 e 23, respectivamente.

[64] (...) *le Prince Regent m'avoit dit le 27 du même mois (dezembro de 1822) qu'il étoit disposé a se prêter á la demande des habitants de cette capitale et a retarder son retour en Europe jusqu'à ce que le Roi et les Cortes a qui l'on adresseroit des remontrances a ce sujet, eussent statué définitivement sur la forme de gouvernement qu'il étoit convenable de donner au Brésil*. In: França, Arquivos Diplomáticos, op. cit.

já começava a mudar o tom de sua postura, como se estivesse reagindo às pressões locais. Declarou que "farei todas as diligencias por bem para haver socego, e para ver se posso cumprir os decretos 124 e 125, o que me parece impossível, porque a opinião é toda contra por toda a parte".[65]

D. Pedro parecia querer ficar, mas ainda não dava mostras de incorporar um projeto completo sobre o futuro do Reino. As semanas entre 9 de dezembro 1821 e 9 do mês seguinte foram importantes nessa conversão. Segundo Varnhagen, no meio da agitação, foi mostrada ao príncipe carta de Tomás Antônio a um amigo, Antônio Soares de Paiva, na qual "lhe dizia que o mesmo príncipe, se quisesse salvar seu pai e aos reinos de Portugal e do Brasil, e também a si próprio, não devia por forma alguma deixar o Brasil".[66] Para o coronel Malet, diplomata francês, em despacho de 11 de janeiro de 1822, o príncipe regente era apenas em aparência reticente: "não contava se submeter às ordens e retornar a Portugal", esperando aparecer um pretexto, que ele aproveitou na primeira ocasião que apareceu para atrasar sua partida.[67]

Essa ocasião resultou da mobilização de cariocas, paulistas e mineiros. No Rio de Janeiro, a resistência aos decretos de setembro se organizou rapidamente, com a formação de "clubs" e com a mobilização da maçonaria,[68] entidade que seria responsável pela concepção ou discussão de muitas das iniciativas que se adotaram no Rio de Janeiro e que resultaram na Independência. Nesse sentido, em 12 de dezembro de 1821, José Clemente Pereira, juiz de fora do Rio de Janeiro, escreveu a Lisboa para alertar, como fizera o próprio regente, para a "comoção" que a perspectiva de partida do regente causava na cidade e as movimentações para evitá-la.[69]

---

[65] In: Moreira de Azevedo, 1868, p. 38.
[66] Varnhagen, 1957, p. 93.
[67] (...) *il eut evidente, Mon seigneur, que le Prince qui a si peu a se louer des Cortes de Lisbonne, n'a compté se rendre a leurs ordres et retourner en Portugal que tant qu'il n'a pu apercevoir aucun moyen aucun faux fuyant pour eluder ces dispositions, et qu'il a saisi avec ardeur le première occasion qui lui a été offerte pour retarder son départ et pour gagner du temps.* In: Arquivos Diplomáticos do Quai d'Orsay.
[68] "Todas as moderadas tendências da parte dos brasileiros pensadores mudaram de repente (devido à ordem de partida do príncipe). De um dia para outro, viu-se extraordinariamente alentada a pequena minoria dos clubes que ousara acenar tão cedo com a Independência". In: Varnhagen, 1957, p. 93.
[69] OFÍCIO do juiz de fora (do RJ), José Clemente Pereira, ao [secretário de estado da Marinha e Ultramar], Joaquim José Monteiro Torres, sobre o cumprimento da portaria, emitida pela secretaria de estado dos Negócios do Brasil para reunir os eleitores de paróquia, a fim de proceder a eleição da Junta Provisória; informando

Clemente Pereira confirmava que o motivo dessa tensão eram os decretos das Cortes, que incluíam também a decisão de abolição dos tribunais. Apesar de todas as gestões, realçava que a vontade geral permanecia a de manter o vínculo com Portugal,[70] ainda que, alertava, algumas províncias principiavam a descobrir "hum tom de independência fortificando-se e preparando suas tropas". Isso se passava em Permanbuco e em algumas partes de Minas Gerais. Em Minas, inclusive, se estaria preparando a cunhagem de moeda provincial. Essas ameaças independentistas, como se percebe, se colocavam tanto contra Lisboa, quanto contra o Rio de Janeiro.

O representante britânico, Henry Chamberlain, ainda não se encontrava no Rio de Janeiro. Havia sido designado e recebido instruções, datadas de 31 de dezembro de 1821. Em sua viagem, Chamberlain passaria por Pernambuco e Bahia, onde deveria

> aprender o exato pé pelo qual as Províncias brasileiras de Portugal continuarão a ser governadas, e até onde pode existir intenção de restabelecer o monopólio de comércio, ou quais medidas poderão estar em cogitação para evitar os perigos que ameaçam a total separação entre as possessões europeias e transatlânticas da Monarquia portuguesa.[71]

---

da comoção que esta cidade fica pela partida de sua alteza real, príncipe D. Pedro; da desconfiança do povo sobre o novo sistema de juntas provisórias com generais, encarregados do governo das armas, levando o Brasil ao antigo estado de colônia, tirando a sua liberdade de comércio; e requerendo que o voto geral para os negócios do Brasil fosse regulado, por meio das instruções dada pela junta provisória de São Paulo. Em 12 de dezembro de 1821. In: Arquivo Histórico Ultramarino – Projeto Resgate, AHU_ACL_CU_017, Cx. 288, D. 20391.

[70] OFÍCIO do juiz de fora do Rio de Janeiro, José Clemente Pereira ao [secretário das Cortes Gerais e Extraordinárias da Nação Portuguesa], João Batista Felgueiras, sobre a opinião pública que pede ao príncipe regente que suspenda o seu retorno à Corte de Portugal, enquanto suplicam ao soberano Congresso pela sua permanência no Brasil; informa também que a vontade dominante é manter a estreita relação com Portugal. In: Arquivo Histórico Ultramarino – Projeto Resgate, AHU_ACL_CU_017, Cx. 288, D. 20401.

[71] (...) *you will endeavour to learn the exact footing on which it is likely that the Brazilian Provinces of Portugal will continue to be governed, how far the intention may existo n the parto f the Mother Country of replacing them in the situation of Colonies with a monopoly of trade to Portugal, or what measures may be in contemplation to avert the dangers which threaten of a total separation between the European and Transatlantic possessions of the Portuguese monarchy.* Marquis of Londonderry to Henry Chamberlain, em 31 de dezembro de 1821. FO 63/245. In: Webster, 1938, p. 212.

O interessante das instruções é que, ao contrário da imagem mais comum, o representante britânico não pretendia interferir diretamente no processo político brasileiro. A ordem era para proteger os interesses comerciais britânicos, mas manter-se "distante de toda interferência nas dissensões políticas no Reino do Brasil".[72]

O representante diplomático francês, por sua vez, observou todo o processo no Rio de Janeiro. Informou a Paris que, nas semanas depois de 9 de dezembro de 1821, alguns indivíduos, ameaçados pela partida do príncipe, começaram a percorrer a cidade com representações sobre a necessidade de se conservar a presença de D. Pedro. Essas movimentações se expressavam de igual maneira nos jornais e nos diversos panfletos que já apareciam no Brasil desde o início da Revolução do Porto. Manifestos, cartas,[73] sermões, uma ampla gama de meios de expressão foram utilizados por cidadãos do Reino, antes e depois desse período, no que José Murilo de Carvalho, Lúcia Bastos e Marcelo Basile chamaram de "Guerra Literária",[74] levada a cabo no período, dos dois lados do Atlântico. A tropa não estava distante dessa movimentação.[75]

Surgiram, assim, as primeiras mobilizações de cariocas,[76] ao mesmo tempo em que eram enviadas representações aos governos de São Paulo e Minas, para que estes gestionassem junto ao príncipe.[77] Um

---

[72] (...) *you will also bear in mind the necessity of keeping aloof from all interference in the political dissentions which may be connected with late events at those places. (...) but it is essential that you should exert your utmost influence while there to prevent the commercial interests of His Majesty's subjects trading to those Out Ports from being injured by these dissentions.*
[73] CARVALHO, José Murilo de; BASTOS, Lúcia & BASILE, Marcello (org.). Às armas cidadãos! – Panfletos manuscritos da Independência do Brasil (1820-1823). 1ª ed., São Paulo: Companhia das Letras; Belo Horizonte: Editora UFMG, 2012.
[74] Op. cit, 2014.
[75] "Assim principiou a alimentar-se huma aversão á Divisão auxiliadora, a qual não estava ao alcance de dissipar huma impressão tão sinistra". In: Avilez, 1822, p. 7.
[76] (...) "ligou-se o capitão-mór José Joaquim da Rocha com seu irmão o tenente-coronel graduado do batalhão de caçadores e com outros brasileiros, e fizeram elle e os seus continuas reuniões, conciliábulos, nos quaes trataram de sobrestar a partida do príncipe. Tornou-se a casa do letrado Rocha, á rua d'Ajuda 137 esquina do becco do Proposito, o centro das reuniões politicas, frequentadas entre outros, pelo coronel Francisco Maria Gordilho, depois marquez de Jacarepaguá, Luiz Pereira da Nobrega, Pedro Dias Paes Leme, depois marquez de Quexeramobim e o franciscano, frei Francisco de Sampaio". In: Moreira de Azevedo, 1868, p. 35.
[77] "Enviaram os patriotas a S. Paulo com officios e cartas endereçadas a Martim Francisco e a José Bonifacio, membros d'aquelle governo, e para informal-os dos negócios do Rio, a Pedro Dias, que, dando-lhe azas o patriotismo, transpôs em poucos dias a distancias que nos separam d'aquella província do sul; e a Minas o

dos partidários da permanência de D. Pedro, o coronel Francisco Maria Gordilho, ficou como responsável de conversar com o príncipe, para saber se, "vindo representações dos governos de S. Paulo e Minas, e havendo representações do povo e tropa do Rio de Janeiro, resolveria a sua ficada no Brasil".[78] D. Pedro não apenas não teria obstado o envio dos emissários, como teria reagido à proposta:

> asseverára a Gordilho que, se as representações que lhe fossem dirigidas convenientemente, assumiria a responsabilidade de desobedecer ás côrtes; e apesar de haver-lhe dito Paes Leme o fim que levava-o a S. Paulo, não estorvára D. Pedro a sua viagem.[79]

Todas essas condições foram cumpridas, ainda que tenha havido dificuldades prévias no caso de Minas Gerais. Essa província, como já sugerido, se mostrou contraditória em seus sinais com relação ao Rio de Janeiro desde meados de 1821, ora aproximando-se dele, ora se distanciando. Em outubro de 1821, Vila Rica chegara a instalar uma junta provisória e deu ordens que terminavam por estabelecer uma efetiva autonomia tanto do Rio de Janeiro quanto de Lisboa.[80] Minas Gerais terminou por enviar seu apoio à permanência do príncipe, assim como São Paulo.

O apoio paulista foi mais claro. Ao relatar a ação do Legislativo carioca na demanda pela permanência de D. Pedro, documento da época registrou que, ademais de aproximadamente mil assinaturas que acompanhavam o requerimento, D. Pedro teria levado em conta a "vontade dos povos desta Província, a qual coincidia com a que pouco antes manifestara por ofício seu a Junta Governativa de São Paulo.[81] A província já pendia pelo príncipe e por sua permanência, e reagira aos decretos das Cortes. A única "novidade" para os paulistas foi saber que o Rio de Janeiro também se mobilizava pelo Fico.[82] Como apontado no

---

tenente Paulo Barbosa da Silva depois mordomo da casa imperial, ao qual disse o príncipe que, se fosse feliz n'essa missão, ficaria seu amigo". Ibid., p. 36.
[78] Ibid., p. 35.
[79] Ibid., p. 36.
[80] *Le fait est que dans le moment présent cette responsabilité directe, vu la distance, est entièrement illusoire, et que par cette déclaration ils se trouvent réellement indépendants de Rio de Janeiro et de Lisbonne.* Mareschal, em 24/10/1821. In: Figueira Mello, 1914, p. 223.
[81] "Breve exposição dos fatos acontecidos nesta capital depois do dia 9 do corrente mez de janeiro". In: Carvalho et al., 2014, vol. 4, p. 401.
[82] Octávio Tarquínio de Sousa, 1988, p. 135.

capítulo anterior,[83] apesar de não haver homogeneidade absoluta nos interesses e posicionamentos das principais lideranças da província, a proximidade econômica e política com o Rio de Janeiro e a correspondente distância de Lisboa faziam com que as visões sobre a reorganização do Estado português aproximassem os paulistas do núcleo que aos poucos foi se formando em torno de D. Pedro. Como aponta Luiz Adriano Borges:[84]

> Os três pontos fundamentais que a bancada paulista defendeu – autonomia, a manutenção do Rio de Janeiro como centro do poder e o livre-comércio – estavam ligados aos interesses comerciais de sua província, da mesma forma que os deputados portugueses defendiam os interesses da elite mercantil e industrial de Lisboa. A opção pelo Rio de Janeiro se explicita quando se olha para as conexões mercantis entre as duas regiões, além da ligação administrativa que surge quando da vinda da família real.

Uma primeira representação paulista de apoio a D. Pedro, de 24 de dezembro de 1821, foi recebida no início de janeiro[85] e publicada em 8 de janeiro de 1822, por ordem do príncipe.[86] Outro documento, datado de 31 de dezembro, chegou dias depois.[87] Nele estavam resumidas as principais ideias paulistas sobre o problema da representação nas Cortes de Lisboa, apontando para a suposta "ilegalidade" das medidas já tomadas em Portugal, dada a ausência dos deputados brasileiros, especialmente

---

[83] Vide p. 71.
[84] 2013, p. 78.
[85] Varnhagen indica que esse documento chegou em 31/12/1821, ao passo que Moreira de Azevedo sustenta que a data seria a de 01/01/1822. Ainda segundo Azevedo, D. Pedro escreveu no dia seguinte a D. João, afirmando que "hontem pelas 8 horas da noite chegou de S. Paulo um próprio com ordem de me entregar em mão própria o officio que ora remeto incluso, para que Vossa Magestade conheça e faça conhecer ao soberano congresso quaes são as firmes tenções dos paulistas e por ellas conhecer quaes são as geraes do Brasil". In: Moreira de Azevedo, 1868, p. 39.
[86] Varnhagen, 1957, p. 94.
[87] In: SÃO PAULO. *Representações que, à Augusta Presença de Sua Alteza Real o Principe regente do Brasil, Levarão o Governo, Senado da Câmara, e Clero de S. Paulo; por meio de seus respectivos Deputados; com o Discurso, que, em Audiência Pública do dia 26 de Janeiro de 1822, dirigio em nome de todos ao Mesmo Augusto Senhor, o Concelheiro José Bonifácio d'Andrade e Silva, Ministro, e Secretário d'Estado dos Negocios do Reino, e Estrangeiros*. Rio de Janeiro: Imprensa Nacional, 1822. In: http://www.brasiliana.usp.br/bbd/handle/1918/03890400#page/1/mode/1up (acesso em 18/02/2014).

na questão dos tribunais e na ordem de partida do príncipe.[88] A preparação da segunda representação incluiu o envio de deputação com três representantes,[89] dentre os quais José Bonifácio, que faria gestões junto a D. Pedro.[90] Foi nesse contexto que o patriarca se tornou ministro.

O projeto político do polo carioca teve, então, seu momento de gênese. O apoio vindo das províncias vizinhas significava a possibilidade de contar com forças militares, o que efetivamente se passou após o Fico. Posteriormente, com o apoio do Rio Grande do Sul[91] e, ainda que um tanto mais frágil, de Pernambuco, D. Pedro teria a seu lado toda a região Sul do Reino brasileiro, não a mais rica, nem a mais populosa, mas ainda assim uma ponta de lança para defender o projeto político.

Secundado por Minas Gerais e São Paulo, em meio às movimentações e tensões do processo, o príncipe regente respondeu, em 9 de janeiro de 1822, a representação do Senado da Câmara do Rio de Janeiro que lhe solicitava suspender a partida. O regente decidira permanecer no Brasil. Era o "dia do Fico". Segundo o coronel Malet,[92] representante francês, D. Pedro não consultou seus ministros sobre a decisão, o que explicaria a ausência de antecipação no relato do ministro da Guerra, mencionado acima.

---

[88] "Os Brasileiros, Real Senhor, estão persuadidos de que he por meio de baionetas que se pretende dar a lei a este Reino (...) a noticia da extinção dos Tribunaes do Rio de Janeiro, a da retirada dos Vasos de guerra, e os Decretos de vinte e nove de Setembro vierão pôs o cumulo á nossa desesperação. Ordenão que V.A.R. vá quanto antes para Portugal, deixando o Reino do Brasil sem centro comum de governo, e união, e tornando-o dependente de Lisboa em todas as suas relações, e negócios; qual vil Colonia sem contemplação". Ibid., p. 6.

[89] José Bonifácio, coronel Antonio Leite Pereira da Gama Lobo e marechal José Arouche de Toledo Rendon.

[90] Os três deputados assinam também uma proclamação: "(...) e sendo para os Paulistas indubitavel, que Sua Magestade fora forçado a chama-lo para Portugal, desobedecer a taes Ordens he hum verdadeiro acto de obediência filial. Seria acaso a felicidade de seus súbditos da Europa? Quem mais dela precisa que os habitantes do seu Brasil? Serião os interesses futuros de Sua Augusta Familia? Estes mesmos requerem imperiosamente, que V.A.R. conserve para a Serenissima Caza de Bragança o vasto, fértil, e grandioso Reino do Brasil". In: São Paulo, *Representações*, p. 13.

[91] No próprio 09/01/1822, o coronel Manoel Carneiro da Silva Fontoura escreveu representação a D. Pedro, pedindo que ficasse, em nome da província do Rio de Janeiro. In: D. Pedro, *Cartas e mais peças officiaes dirigidas a sua Magestade*, p. 28. Ainda houve, no Rio Grande do Sul, instabilidades com relação ao apoio a D. Pedro, a serem tratadas na próxima seção.

[92] No já citado despacho de 11/01/1822.

Após uma primeira proclamação um tanto vaga, que não satisfez os brasileiros, D. Pedro modificou seu discurso e incorporou a célebre passagem "diga ao povo que fico".[93] Informou seu pai dessa decisão, em carta do mesmo dia, na qual descreveu todo o processo. A missiva chegaria a Lisboa apenas dois meses depois.[94] Sugere Moreira de Azevedo que a data do Fico teria sido deliberadamente escolhida para servir de paralelo com o dia da chegada dos decretos das Cortes.[95] Em seu discurso naquele dia, D. Pedro destacou os termos "União" e "Tranquilidade", referências que continuaria a utilizar nos tempos posteriores.[96] Eles foram conceitos centrais do projeto do polo carioca.

O Fico não foi apenas uma proclamação, foi um ato político que derivou em confronto militar em durou quase um mês. Não se devem subestimar o clima de tensão, o risco de desencadeamento da violência e, principalmente, o caráter político da guerra, o potencial de que a força pudesse ter sido usada para inverter a decisão do regente. Todos esses elementos estavam presentes.

Relato da época[97] dá conta de que, já na sequência do Fico, os oficiais da Divisão Auxiliadora se mostravam agressivos e davam mostras de mobilização:

> Discursos insolentes, e atrevidos, em que se referem haver um deles chegado a proferir – que levaria o Príncipe preso à ponta da sua espada – e mesmo uma mal disfarçada dissimulação faziam justamente recear algum próximo e funesto rompimento.

Esse rompimento veio, então, com o enfrentamento militar entre o grupo de D. Pedro e as tropas portuguesas, apoiadas estas por elemen-

---

[93] O tema das declarações do regente é mencionado em nota de Hélio Viana à obra de Varnhagen. In: Varnhagen, 1957, p. 94.
[94] D. Pedro, *Cartas e mais peças officiaes dirigidas a sua Magestade*.
[95] 1868, p. 40. O autor também faz um relato pormenorizado da evolução desse processo no dia 9/01/1822, entre o pedido de audiência do Senado a D. Pedro e as duas versões do discurso do Fico que teriam sido proferidos pelo príncipe. Segundo Moreira de Azevedo, a primeira versão teria sido dúbia e causado má impressão; a segunda, mais clara, causou "vivo contentamento e expansiva alegria dos brasileiros" (p. 48).
[96] Por exemplo, em anexo a carta enviada a D. João, de 02/02/1822. In: *Cartas e mais peças officiaes*, p. 13.
[97] "Breve exposição dos factos acontecidos nesta capital depois do dia 9 do corrente mez de janeiro". In: Carvalho et al., 2014, vol. 4, p. 401.

tos da sociedade carioca, iniciado dois dias depois, em 11 de janeiro de 1822. O próprio regente apresentou a seu pai sua versão "oficial" sobre o início do conflito, explicando que na tarde daquele dia, o general Avilez foi aos quartéis dos Batalhões 11 e 15 (duas unidades militares de sentimento fortemente pró-Cortes) e afirmou aos soldados "que estava dimitindo do Governo de Armas, e que assim elle sentia muito deixar um comando". Os soldados teriam reagido com vivas ao "General Constitucional" e, a partir desse momento, iniciado a mobilização, que à noite já significava um levantamento em armas, ao qual se juntou, também, o Batalhão de Artilharia.

D. Pedro informava que, naquela noite, estava no Teatro de São João. Recebeu a notícia de que os soldados da Divisão Auxiliadora, em grupos de 20-30, haviam saído pelas ruas, "a quebrarem as vidraças, quebrando, e apagando as luminárias com páos, e dizendo: esta cabrada leva-se a páo". Em resposta, sustentou ter chamado o brigadeiro Carretti (que posteriormente lutou do lado português) e dado ordens para que medidas fossem tomadas contra os amotinadores.[98] Naquela noite, Avilez não estava no teatro, do qual era, no entanto, frequentador assíduo.[99] Sua ausência era, no mínimo, suspeita.

A agitação não provinha, porém, apenas de Avilez, como sustentou D. Pedro. Uma briga (seguida de ameaças) ocorrera pouco antes, no próprio teatro, entre o tenente-coronel José Maria da Costa, português do 11º Batalhão, e o tenente-coronel José Joaquim de Lima e Silva. O episódio colocou o 11º Batalhão em alerta.[100]

No relato a seu pai, D. Pedro manteve linguagem legalista e relatou ter dito a Carretti que, se os militares fizessem desordens, ficariam responsáveis perante o rei e às Cortes "por qualquer ultraje". Em outro ponto de sua carta, afirmou que estava trabalhando pela união com Portugal e que nem os "desvarios" da Divisão Auxiliadora atrapalhariam esse processo. D. Pedro acusou os militares portugueses de ter conspirado para realizar esse levantamento. Indicou, então, que a tropa brasileira, as milícias e o povo reagiram rapidamente e também se colocaram em armas, não aceitando se desarmar até que a Divisão Auxiliadora assim o fizesse.

---

[98] In: *Cartas e mais peças officiaes dirigidas a sua Magestade*, p. 7.
[99] Oliveira Lima, 1997, p. 204.
[100] Varnhagen, 1957, p. 98.

O primeiro relato de D. Pedro procurou neutralizar, de certa forma, a dramaticidade daquele primeiro momento, que, envolto em confusão, avançou para a mobilização de forças opostas. Maria Graham[101] diz que, logo após o Fico, a linguagem dos soldados portugueses era muito violenta (*"most violent"*) falando-se em levar o príncipe à força para Lisboa. Segundo a observadora britânica, ambos os partidos se tornavam cada vez mais radicais. De sua parte, o coronel Malet, diplomata francês, informou que "a maior parte dos habitantes da cidade se refugiou no campo, (...) a consternação foi geral entre os oficiais portugueses".[102]

Depois de passado o conflito, em outra carta, D. Pedro relatou o sofrimento familiar da crise, resultante do envio da princesa e dos filhos para fora da capital, por temores dos combates e de um eventual sequestro. Esta viagem improvisada terminou na morte do frágil filho de D. Pedro, João Carlos. Como relata a seu pai, "a divisão auxiliadora, pois foi a que assassinou o meu filho e neto de Vossa Magestade. Em consequência, é contra ella que levanto minha voz.[103] A própria situação da família do regente, assim, dá conta da tensão e da confusão pelas quais passou o Rio de Janeiro em 11-12 de janeiro de1822.

Avilez[104] contra-atacou as afirmações do lado brasileiro e de D. Pedro, dizendo que o conflito que se desatou era plano combinado do partido "brasileiro". Essa visão é, em parte, compartilhada pelo representante diplomático francês.[105] O comandante da Divisão Auxiliadora registra que, já na manhã do dia do Fico, o comandante do 2º Regimento de Cavalaria Miliciana, coronel Bello, havia formado seus esquadrões em um lugar chamado "Campinho", medida que teria sido seguida por outras forças brasileiras. Outros 600 paisanos teriam se aprontado a saquear o Arsenal da Artilharia. Eram, segundo Avilez, medidas preparatórias para o dia do Fico.[106] Para o general, os opositores das Cortes passaram a alimentar "huma aversão à Divisão Auxiliadora", de modo a provocar revolta e sua retirada, antes da chegada de nova divisão de Portugal, que vinha render a tropa portuguesa. Na estimativa de Avilez,

---

[101] 1824, p. 180.
[102] Despacho de 16/11/1822. In: Arquivos Diplomáticos do Quai d'Orsay.
[103] In: Moreira de Azevedo, 1868, p. 56.
[104] In: Avilez, 1822, p. 7.
[105] Em despacho de 16/01/1822. In: Arquivos Diplomáticos do Quai d'Orsay.
[106] Avilez, 1822, p. 12.

esta força, somada com a da Divisão Auxiliadora, inviabilizaria qualquer projeto "anti-constitucional".

Em manifesto aos cidadãos do Rio de Janeiro, em 14 de janeiro de 1822, o general defendeu que a tropa portuguesa apenas reagia às provocações brasileiras,[107] e que ele foi procurado pelos corpos portugueses para que se mantivesse no comando e restabelecesse a disciplina da tropa, que estava muito baixa.[108]

O governador das armas sugeria também que o partido brasileiro manipulava o príncipe regente[109] e afirmava que o povo estaria igualmente à mercê desses pequenos grupos: "como a plebe he sempre irreflexivel, e aprende tudo sem exame, facilmente acharão nella hum instrumento eficaz para levar adiante os seus planos".[110]

Avilez diz ter solicitado sua saída do cargo, em 10 de janeiro de 1822, e pedido ao ministro da Guerra seus passaportes. Depois desse evento, sustentou, teriam seus subordinados se dirigido a seu quartel e solicitado que ele continuasse no comando, o que ele teria aceitado, segundo se defende em seu documento, para defender a causa constitucional.[111]

Seja qual lado iniciou o confronto, a sublevação dos soldados dos Batalhões 11 e 15 desencadeou processo distinto daquele visto em 5 de junho de 1821, quando a tropa brasileira ficou estática. A circunstância era outra, como reconheceu *O Compilador Constitucional, Politico e Litterario Brasiliense*,[112] em edição de 27 de janeiro de 1822, ao comentar o Fico e a reação militar pró-D. Pedro:

> depois de ter-mos visto tantas Bernardas Militares, de carrancudo aspecto, e que tem sempre tido por primeiro effeito a difusão do terror, e do susto por entre pacíficos habitantes desta Cidade, permite que presenciemos neste dia huma Januaria Municipal, que bem longe de derramar entre nós, receitos, e desconfiança, não deixará de ter em resultado

---

[107] In: *Cartas e mais peças officiaes dirigidas a sua Magestade*, p. 60.
[108] Avilez, 1822, p. 14.
[109] Em 1821, cabe recordar, o representante diplomático britânico estimava que D. Pedro sofria "influências" importantes, sem precisar de qual tendência. In: Webster, 1938, p. 93.
[110] Avilez, 1822, p. 7.
[111] Ibid., p. 14. Oliveira Lima registra relatos de outros autores, segundo os quais a demissão não teria se dado senão no dia 12/01/1822. 1997, p. 204.
[112] Hemeroteca Digital Brasileira. In: http://memoria.bn.br/DocReader/DocReader.aspx?bib=700371&pasta=ano%20182. (acesso em 29/12/2015).

o cumprimento dos desejos de todos os bons, e amantes do socego publico. Nossas esperanças não forão illudidas...

Às notícias da mobilização dos batalhões portugueses, D. Pedro procurou transmitir imagem de calma, tendo permanecido no teatro até o fim da apresentação, momento em que deu ordens para que as forças de 1ª e 2ª linha se mobilizassem, como medida de precaução. Partiu, depois, para São Cristóvão, de onde continuou a expedir ordens e mobilizar apoios.

Falou, inicialmente, com o comandante do 3º Batalhão de Caçadores, que lhe jurou fidelidade.[113] Segundo Oliveira Lima,[114] tratava-se potencialmente de ardil do comandante. Os Caçadores teriam plano combinado com a Divisão Auxiliadora para sequestrar o regente e embarcá-lo à força para Portugal. Essa notícia teria sido responsável pela decisão de D. Pedro de enviar sua esposa e filhos para fora do Rio de Janeiro, como relatado acima. O 3º Batalhão terminou mantendo-se neutro até a partida da Divisão Auxiliadora, à qual se juntou. Na noite de 11 de janeiro de 1822, seus oficiais mais rebeldes foram bloqueados pelas forças brasileiras.

O irmão de Avilez, capitão de mesmo nome pertencente ao 3º Batalhão de Caçadores, foi preso e posteriormente liberado para entregar uma mensagem ao general. O general Oliveira Álvares, partidário de D. Pedro, teria dito ao capitão, já no campo de Sant'Ana, que "o Sr. está habituado a calcular e pode, de um golpe de vista, avaliar quantos milhares de homens aqui estão armados, municiados e ansiosos por combater". A mensagem era a de que, para evitar o derramamento de sangue, a Divisão não seria atacada, mas qualquer movimento hostil dessa seria respondido com o combate.[115] Apesar dos ânimos da mobilização pró-D. Pedro, o coronel Manuel Joaquim Meneses avaliou que, se o ataque português tivesse ocorrido naquela noite, a tropa brasileira teria perdido, ainda que, depois, o "furor do povo" seria vitorioso.[116]

---

[113] Varnhagen, 1957, p. 99.
[114] 1997, p. 206.
[115] RODRIGUES, José Honório. *Independência: Revolução e contrarrevolução*. Rio de Janeiro, Biblioteca do Exército Editora, 2002, p. 187.
[116] Ibid., p. 187.

Sob o temor da ofensiva da Divisão Auxiliadora, as tropas leais a D. Pedro mobilizaram-se com a velocidade das crises populares, incluindo os regimentos dos Henriques e de Pardos, a Brigada de Artilharia Montada (o corpo militar mais bem organizado do Rio de Janeiro, segundo José Honório Rodrigues) e grande parte da tropa miliciana. Eram não apenas elementos "brasileiros", mas também portugueses como o citado general Oliveira Álvares, que inicialmente comandou a tropa concentrada no Campo de Sant'Ana.[117] Pouco depois, com o avançar da confrontação, Álvares foi substituído pelo general José Joaquim Curado, o mais antigo dos militares presentes no Rio de Janeiro, nascido na América portuguesa e veterano das campanhas do Sul. Curado seria nomeado, pouco depois, responsável pela defesa do Rio de Janeiro.

O grosso dos partidários do Rio de Janeiro se agruparam, desse modo, no Campo de Sant'Ana. Outro grupo correu, naquela noite, para as cavalariças da Casa Real. Tiveram sucesso em obter montaria e três peças de artilharia, às quais se juntaram, posteriormente mais duas peças.[118] O coronel Luís da Nóbrega também mandou buscar munições e cartuchos escondidos na casa do capitão José Maria da Silva Bitencourt, ganhando no caminho apoio de uma Companhia de Polícia Militar, que acompanhou os brasileiros e aprisionou uma patrulha portuguesa.

Avilez, tentando ganhar a vantagem tática, posicionou sua tropa no morro do Castelo,[119] ponto estratégico a partir do qual poderia controlar toda a cidade. Mais vulnerável do ponto de vista militar, o Campo de Sant'Ana, escolhido pelos brasileiros, tinha a vantagem de facilitar a chegada de apoios de todas as direções. A tensão estava fortemente presente entre soldados e populares.[120]

Não esperando essa reação brasileira, Avilez cometeu, na avaliação de José Honório Rodrigues,[121] o erro de não levar provisões suficientes

---

[117] Varnhagen, 1957, p. 99.
[118] Segundo Varnhagen, o responsável por essa peripécia teria sido o capitão José Januário Lapa. 1957, p. 99.
[119] Segundo José Honório Rodrigues, o relato de Avilez às Cortes é tão impreciso que ele sequer menciona o posicionamento de tropas no morro do Castelo.
[120] Após ter visitado o campo, avaliou Maria Graham: "fiquei bem impressionada com o ambiente que encontrei no campo, e melhor ainda à medida que o dia passava, porque demorei-me algum tempo para assegurar-me de que tudo se resolveria sem derramamento de sangue, salvo duas ou três pessoas mortas, acidentalmente, durante a noite". In: Rodrigues, 2002, p. 189.
[121] Ibid., p. 188.

ao morro do Castelo. O local tampouco tinha fontes de água. O comandante da Divisão Auxiliadora estabeleceu seu comando no Batalhão nº 11. Segundo seu relato às Cortes, teria tomado as providências necessárias "não só para precaver, que se rompesse o fogo, como também para evitar toda a desordem, e ultraje, que se pudesse fazer aos habitantes, e suas propriedades".[122]

> Após as medidas de combate, o Comandante da Divisão Auxiliadora dirigiu-se, na madrugada do dia 12 de janeiro, a São Cristóvão, para falar com o Regente. Segundo relatos, D. Pedro recebeu Avilez na varanda, frente a todos, e atacou-lhe: – "Isto que é disciplina?". O General teria se limitado a responder "Senhor!", ao que retrucou o Regente: – "Qual, Senhor, nem meio Senhor".[123] O Comandante da Divisão Auxiliadora teria então afirmado que "tudo estava sossegado", mas que se fazia necessário que a tropa brasileira se desarmasse. D. Pedro, então, teria sentenciado:

> – Eu é que a mandei armar e não se há de desarmar sem que os outros se desarmem. Eu vou já tratar de os mandar pela barra afora e a vosmecê também, porque não estou para aturar maroteiras de ninguém, muito menos do general e a outros dessa laia.

Tratou-se de linguagem dura para um príncipe que há poucos meses ainda vacilava sobre qual partido tomar. Seja ou não preciso o registro da conversa (muitos diálogos do período foram refeitos ou inventados nos relatos históricos posteriores), a linguagem de D. Pedro a partir daquele momento tornou-se crescentemente assertiva e belicosa, principalmente após a expulsão da Divisão Auxiliadora e da recusa ao desembarque das tropas substitutas, em março seguinte.

A conversa com Avilez foi, ademais, a reedição, com resultado distinto, daquele diálogo de 5 de junho do ano anterior, quando D. Pedro jurou as bases da Constituição portuguesa.[124] Após o encontro, D. Pedro e Avilez voltaram-se aos preparativos de cada um dos lados da contenda.

Na manhã de daquele dia 12 de janeiro de 1822, a tensão pairava no ar e a possibilidade de se estourar um confronto não era pequena.

---

[122] Avilez, 1822, p. 15.
[123] José Honório Rodrigues, 2002, p. 185.
[124] Varnhagen, 1957, p. 79.

O coronel Malet informou a Paris ter percorrido o Rio de Janeiro a cavalo, pela manhã.[125] Encontrou os portugueses, em seu cálculo uns 700 homens, pela metade da vila e das principais elevações que a dominavam, tendo visto uma bateria de artilharia a cavalo de 8 peças, todas municiadas e com os fogos acendidos. Os brasileiros teriam no Campo de Santa'Ana, algo em torno de 3 mil homens de infantaria, um esquadrão de cavalaria e 6 canhões. A partir das 10 horas da manhã, foram recebidos reforços de tropas de milícias a cavalo, além da chegada de muitos cidadãos armados precariamente.

Os números da mobilização variam muito de autor a autor:[126] Maria Graham falou entre 4 e 6 mil brasileiros, José Bonifácio registrou 6 mil, Tobias Monteiro e D. José de Almeida estimam 10 mil mobilizados, número também utilizado por Varnhagen.[127] Relato da época[128] registrou 4 mil do lado brasileiro, "pela maior parte destituídos sim de disciplina", aos quais foram se juntando elementos adicionais ao longo do período de mobilização.

Do lado português, variam também os cálculos, entre os 700 soldados mencionados pelo coronel Malet (representante diplomático francês) e por Maria Graham, 1,5 mil segundo despacho do representante diplomático norte-americano e 2 mil, de acordo com Tobias Monteiro e Varnhagen. Em sua *Participação e Documentos Dirigidos ao Governo*,[129] Avilez inclui anexa *Representação* ao príncipe regente relativa à saída da Divisão na qual reclama que as embarcações disponibilizadas "só podiam conter 988 pessoas; constando esta Divisão de 1.673 homens, além do trem de artilharia". Assim, a aproximação de 1,7 mil soldados do lado português parece a mais correta.

---

[125] Despacho de 16 de janeiro de 1822. (...) *D'es la pointe du jour j'ai mené à cheval et j'ai parcoru la vile pour voir ce qui se passait et connaitrê moi-même la position des troupes: j'ai trové les Portugais occupant, avec a peu près 700 hommes la moitié de la ville et les principales hauteurs que le domminent, ils avoit une batterie d'artillerie à cheval de 8 pièces de canon bien attellées et moche allumé. Les troupes Brésiliennes avoient a peu près 3000 hommes de l'infanterie, um Escadron de cavalerie et 6 pièces de canon; Elles occupaient le fórum de la Place Sta. Ana dont toutes les avennis étaient soigneusement gardés a peu près 10 heures, les troupes Brésilieenes a reçu un certain nombre de compagnies de Milices à cheval qui son armés de la campagne.*
[126] José Honório Rodrigues, 2002, p. 1888.
[127] 1957, p. 100.
[128] "Breve exposição dos factos acontecidos nesta capital depois do dia 9 do corrente mez de janeiro". In: Carvalho et al., 2014, vol. 4, p. 401.
[129] 1822, p. 67.

Tendo-se em conta que o Rio de Janeiro tinha àquela época aproximadamente 80 mil habitantes,[130] entre as estimativas mais conservadoras e as mais amplas temos que, somando brasileiros e portugueses, entre 6% e 15% da população da cidade se viu envolvida no confronto militar. Apenas para se ter uma dimensão, e com as devidas precauções das diferenças temporais, a mobilização de 12 de janeiro de 1822 equivaleria, no Rio de Janeiro de 2010 (6,3 milhões de habitantes, segundo o censo do IBGE), a entre 365-945 mil habitantes mobilizados e em armas, no centro do Rio de Janeiro.

Paralelamente, no próprio dia 12, foram despachados emissários para Minas Gerais e para São Paulo, com pedidos de tropas escritos de próprio punho por D. Pedro,[131] os quais foram atendidos na velocidade possível dos transportes da época. São Paulo enviou aproximadamente 1.100 soldados, dos quais apenas metade havia retornado à província em 17 de junho de 1823.[132] Posteriormente, D. Pedro, reconhecendo o "socorro" das tropas da região, criou uma Guarda de Honra do Imperador, composta por três esquadrões, um do Rio de Janeiro, um de São Paulo, e um de Minas Gerais.

Os números dão a dimensão da mobilização no período, mas são menos representativos da situação militar. Experientes (em muitos casos veteranos das guerras napoleônicas), treinadas e em posição estratégica, as tropas de Avilez perfaziam uma força militar significativa, que poderia ter controlado a situação, tivessem resolvido utilizar a força. O resultado poderia ter sido um conflito sangrento, não muito distante do que se passou na Bahia, em fevereiro de 1822 (vide capítulo V).

---

[130] Segundo cálculos, referentes a 1821, apresentados por ALGRANTI, Leila Mezan. "Tabernas e Botequins: Cotidiano e sociabilidades no Rio de Janeiro (1808-1821)". In: *Revista Acervo*, Rio de Janeiro, v. 24, nº 2, p. 25-42, jul./dez. 2011. In: www.revistaacervo.an.gov.br (acesso em 26/02/2014), p. 26. Soares calcula a população total do município do Rio de Janeiro, em 1821, com freguesias urbanas e rurais em aproximadamente 116 mil. In: SOARES, Luiz Carlos. O "Povo de Cam" na capital do Brasil: a escravidão urbana no Rio de Janeiro do século XIX. Rio de Janeiro: Faperj – 7Letras, 2007. In: www.books.google.fr (acesso em 26/02/2014). O trabalho de Marcelo de Paiva Abreu e Luiz Aranha Correa do Lago, citado no capítulo II do presente livro, fala em 112 mil habitantes cariocas, o que incluirá as áreas rurais. Utiliza-se, assim, a primeira estatística, referente à população urbana.
[131] Oliveira Lima, op. cit., 1997, p. 199.
[132] Conforme discurso do deputado Paula Mello na Assembleia do Rio de Janeiro em 17/06/1823. In: *Atas da Assembleia Constituinte*.

A mobilização pró-D. Pedro, rápida e em número significativo, teve grande participação popular, conferindo-lhe maior força política. Igualmente, ao contrário de episódios anteriores, contaram o partidários do Rio de Janeiro com a determinação do príncipe regente, que surpreendeu as tropas portuguesas.

O resultado foi favorável ao regente, com um recuo do governador das armas. Justificando-se posteriormente ter "evitado o derramamento de sangue", a decisão de Avilez de não combater teria se relacionado com a consciência de um erro de percepção da conjuntura por parte do general. Armitage[133] sugere, de sua parte, que Avilez teria se "embaraçado" com a oposição brasileira e "receoso de offender o Príncipe, e vacilante por não ter recebido ordens positivas das Côrtes". Por isso resolveu capitular.

O fato é que Avilez não se encontrava mais num Rio de Janeiro parecido com aquele de junho de 1821. Os grupos contrários a Lisboa haviam se mobilizado politicamente e os decretos das Cortes haviam modificado a direção dos ventos políticos, principalmente em setores anteriormente indecisos. Ao contrário do segundo semestre de 1821, D. Pedro não hesitou em mobilizar a tropa naquele janeiro de 1822. Politicamente, portanto, a partida fora perdida por Avilez.

Assim, ainda no dia 12, após avaliar a situação, Avilez enviou emissários ao lado brasileiro. Do Quartel do Batalhão nº 11, enviou ofício ao regente no qual afirmava que

> (...) querendo poupar quanto esteja da sua parte a efusão de sangue, rogão (as Tropas de Portugal) a V.A.R., que com a maior brevidade possível dê as Ordens necessárias para o seu alojamento na Praia Grande, donde sahirão para embarcar logo que cheguem de Portugal as Tropas, que devem rendelos.[134]

Não está claro, todavia, se foi o próprio Avilez quem suscitou a ideia de transposição da Divisão Auxiliadora para o outro lado da baía, ou se veio ultimato do lado brasileiro nesse sentido, que o general apenas replicava em sua comunicação. De todo modo, foram rapidamente aprontadas embarcações suficientes para transportar a Divisão, que partiu da praia de D. Manoel para o outro lado da baía, instalando-se

---

[133] 1837., p. 44.
[134] In: Moreira de Azevedo, 1868, p. 58.

em alojamentos nos Quartéis da Armação e edifícios adjacentes, improvisados para servirem de caserna provisória.¹³⁵

A saída da Divisão Auxiliadora do Rio de Janeiro foi a primeira vitória político-militar de D. Pedro. Quatro dias após o confronto, em 16 de janeiro de 1822, D. Pedro nomeou novo gabinete ministerial, com José Bonifácio como ministro do Reino e dos Negócios Estrangeiros.¹³⁶ Segundo Otávio Tarquínio de Sousa,¹³⁷ Bonifácio ainda não se encontrava no Rio de Janeiro e foi alcançado por D. Pedro, no dia 18, em Sepetiba, onde o príncipe lhe comunicou a nomeação. Bonifácio a teria recusado, no primeiro momento, como de praxe. Concordou em seguida.

A chegada de José Bonifácio ao marcou o processo de aproximação entre os dois personagens e foi simbólica do lançamento do projeto do polo do Rio de Janeiro, do representante "liberal" da Coroa com o brasileiro herdeiro de D. Rodrigo de Souza Coutinho. Um projeto de governo nacional monárquico, com as províncias unidas. O tom daquele processo histórico de 1822 é muito relacionado com a liderança dessas duas figuras,¹³⁸ mesmo que outras personagens, de diferentes tendências, também tenham feito parte do movimento político. A heterogeneidade das posições, inclusive entre D. Pedro e Bonifácio, gradualmente reapareceria, a partir de 1823, levando a novos conflitos políticos (vide capítulo IX).

A agitação com relação à tropa portuguesa instalada em Praia Grande continuou ao longo de todo o mês de fevereiro. Foram emitidas várias ordens para que Divisão embarcasse, com intensa troca de correspondência entre o comando da Divisão e o governo do Rio de Janeiro.¹³⁹ Os atrasos, normalmente explicados por razões logísticas (falta

---

¹³⁵ Como registrado pelo próprio príncipe em carta a D. João VI. In: Moreira de Azevedo, 1868, p. 56.
¹³⁶ Os outros ministros eram: Luís Pereira da Nóbrega de Sousa Coutinho, ministro da Guerra; Martim Francisco (irmão de Bonifácio), ministro da Fazenda; Caetano Pinto de Miranda Montenegro, ministro da Justiça; e Manuel Antônio Farinha, ministro da Marinha.
¹³⁷ 1988, p. 141.
¹³⁸ Varnhagen sustenta que "a entrada principalmente de José Bonifácio no ministério veio a dar-lhe mais unidade, o que foi de grande consequência para a marcha que seguiram os negócios. Op. cit., 1957, p. 101.
¹³⁹ Parte dessa correspondência pode ser encontrada anexa ao OFÍCIO do [secretário de estado da Guerra], Cândido José Xavier, ao [secretário das Cortes Gerais e Extraordinárias], João Batista Felgueiras, remetendo os ofícios enviados pelo secretário de estado dos Negócios da Guerra no Rio de Janeiro, [Joaquim de Oliveira

de embarcações, do pagamento de soldos etc.), eram vistos como meras desculpas de Avilez, pretextos para esperar a chegada de novas tropas ou para a preparação de uma ofensiva contra o regente. A cidade permanecia "em sobressalto, e quase diariamente, principalmente ao pôr do sol, se experimentavam alarmas, e corriam noticias de um próximo desembarque".[140]

Os partidários do Rio de Janeiro procuravam, enquanto isso, aprimorar seus mecanismos de defesa, manter prontidão e reforçar suas capacidades. O reforço dessas capacidades contribuiu para a gradativa assertividade do regente contra as Cortes de Lisboa.

O velho e respeitado general Curado, que saíra da aposentadoria para comandar as forças no Campo de Sant'Ana, liderou esses esforços. Parte da Marinha havia optado pelo lado brasileiro, o que garantia a segurança da baía. Com oficiais e marinheiros predominantemente portugueses, a adesão dessas embarcações permanecia, no entanto, pouco confiável.

Nesse estado de espírito correu, em 6 de fevereiro de 1822, a notícia de que um ataque da tropa portuguesa havia começado. Houve grande agitação na cidade, com os habitantes correndo pelas ruas, os sinos e cornetas tocando. A mobilização de armas incluiu o próprio José Bonifácio a cavalo, na frente das tropas.

Avilez, em sua representação às Cortes, desdenha do episódio e acusa Bonifácio.[141] Diz que a agitação decorreu do simples fato de a Fortaleza Villa Galhã ter dado três tiros, o que poderia ter ocorrido, segundo o general, por combinação com o próprio ministério, talvez, "porque naquele dia devia o Senhor José Bonifácio de Andrada fazer sua gloriosa aparição armado em Cavalleiro". Segundo seu comandante, a Divisão Auxiliadora ainda não havia partido por manipulações do próprio D. Pedro, que teria encontrado na situação uma "pedra de escândalo, que sérvio de facho para incendiar, dividir, e attrahir sobre nós a aversão pública".

Avilez reclamou, igualmente, dos emissários do regente que chegavam à caserna da Divisão para, em sua visão, "seduzir os Soldados,

---

Álvares] sobre o regresso ao Reino da Divisão Auxiliadora; o impedimento do desembarque das tropas que chegaram ao Rio de Janeiro. Em 26 de maio de 1822. In: Arquivo Histórico Ultramarino – Projeto Resgate, AHU_ACL_CU_017, Cx 289, D. 20478.
[140] Varnhagen, 1957, p. 102.
[141] 1822, p. 18.

para que desertassem dos seus Corpos, a fim de dissolver a Divisão".[142] Houve, de fato, inúmeros pedidos de baixa, encaminhados pelo Ministério da Guerra, que foram resistidos por Avilez, normalmente com pretextos burocráticos.[143] Em 24 de janeiro de 1822, ao reportar ao ministro da Guerra em Lisboa essas dificuldades, o general sustentou que a tropa estaria pronta para partir, mas ameaçava pedindo que o príncipe "não lhe faça hostilidade alguma".[144] Dezenas de soldados (mas poucos oficiais) terminaram por aderir ao regente e foram de grande utilidade nos combates que se seguiram pelo Reino.

No plano discursivo, desse modo, continuou naquele período a disputa retórica entre o general e D. Pedro pela imagem da legitimidade, cada qual procurando convencer que apenas se defendia de ofensas do outro lado. Avilez adotou tom crescentemente de lamento, reclamando da desonra das ofensivas brasileiras. Omitiu, em seus relatos, as resistências de seu lado, como o protesto de oficiais portugueses contra a ordem de que embarcassem em 4-5 de fevereiro de 1822, pois "era contra sua honra".[145] Induzia a pensar que estava apenas se defendendo e, ao mesmo tempo, procurava favorecer a narrativa das Cortes, de atribuir a D. Pedro e aos grupos centro-sulinos o papel de "facciosos".

D. Pedro também elaborou sua narrativa que, ao contrário de Avilez, era de crescente segurança. Da vacilação, aparente ou não, vista até mesmo no dia do Fico, ele passou a elevar o tom do discurso. Em meio às contínuas declarações de apoio que chegavam da região (por exemplo, representação de deputação de Minas Gerais, em 15 de fevereiro de 1822, o regente relatou todos os seus atos ao pai, pedindo que fossem

---

[142] Ibid., p. 17.
[143] Também sublinha que "desgraçadamente, se V.A. não se digna a acceder á nossa humilde supplica, permitta-nos ao menos, para descargo de nossa responsabilidade, o mais reverente protesto (como desde já o fazemos) perante as Cortes Geraes pelas consequencias, que podem resultar de desligar para sempre os Soldados da obrigação de servir á defesa de sua Patria."
[144] "A Divisão está prompta a retirar-se á Europa toda a vez, que se não ultraje, nem degrade da honra, e reputação, que tem merecido perante as Cortes, e seu Soberano: muito pouco deve ser o tempo, que há de decorrer, até que chegue a Expedição, que deve render a esta; entretanto rogão a Vossa Alteza não lhe faça hostilidade alguma, pois que ella há de evitar toda a ocasião de discórdia, logo que pedio ocupar este acantonamento, aonde promettem conservar a tranquilidade, e a disciplina militar". In: D. Pedro, *Cartas e mais peças officiaes dirigidas a sua Magestade*, p. 71.
[145] Varnhagen, 1957, p. 103.

reportados às Cortes.¹⁴⁶ Mostrava, com isso, sua força política, referindo-se às medidas da Corte como a "hydra do despotismo".

No caso da Divisão Auxiliadora, D. Pedro reclamou ao pai, em carta de 29 de janeiro de 1822, que a unidade militar "está cada vez mais insubordinada, e visto este seu anticonstitucional modo de proceder, já tenho navios prontos para a levarem: espero, que saia até 4 do mez que vem, o mais tardar".¹⁴⁷ Após novas acusações mútuas, relatou o príncipe, em 12 de fevereiro, que

> cansado de aturar desaforos á Divizão Auxiliadora, e faltas de palavra, assim como a de no dia 5 deste me prometerem ficarem embarcados no dia 8 (...) ordenei embarcarem (dia 9 de fevereiro), e se não executarem amanhã, começo-lhe a fazer fogo (...) começaram a embarcar no dia que determinei (...) e Ordenei que no dia 14 ou 15 sahissem barra fora acompanhados das duas Corvetas, *Liberal* e *Maria da Gloria*.

De fato, a pressão sobre os militares portugueses aumentou significativamente e a partida não teve mais como ser retardada. Em 1º de fevereiro de 1822, editais do intendente da polícia mandavam cortar toda a comunicação com a Praia Grande, Armação, S. Domingos e imediações.¹⁴⁸ Com restrições nos soldos e mesmo no acesso a víveres, os oficiais da Divisão Auxiliadora pediram um pagamento adiantado, mais transportes e a possibilidade de os soldados visitarem o Rio de Janeiro brevemente, para os arranjos da viagem. O relato de D. Pedro, mencionado acima, foi escrito em meio às ações do príncipe regente de ir pessoalmente à baía, a bordo da fragata *União*, de onde enviou o ultimato a Avilez. Esse momento foi imaginado, com cores nacionalistas e em grande medida inverídicas, no quadro de Oscar Pereira da Silva, *D. Pedro a bordo da Fragata* União.

A Divisão Auxiliadora finalmente iniciou seu embarque, comple-

---

¹⁴⁶ Por exemplo, em carta de 16/02/1822: "Meu Pay, Meu Senhor – Dou parte a Vossa Magestade, que tendo annuido como era minha obrigação, ás respeitosas reprezentaçoens do Brazil; e sendo n'ellas exijida a creação de hum Conselho de Estado, convenci-me, que assim como atendia, quanto á minha ficada, também devia anuir quanto á creação do dito conselho, visto ser em utilidade Publica; e determinei-me a creal'o, atentas ás razoens fortíssimas dadas pelas trez Provincias; e eu entender que era para a felicidade geral da Nação, em que eu estou prompto a trabalhar athe á morte". In: D. Pedro, *Cartas e mais peças officiaes dirigidas a sua Magestade*, p. 86.
¹⁴⁷ Op. cit., p. 11.
¹⁴⁸ Varnhagen, op. cit., 1957, p. 103.

tando-o e partindo em 15 de fevereiro de 1822. O primeiro movimento militar, essencial para o que veio depois, estava encerrado. Resultou, na avaliação do conde de Gestas, outro representante francês, no fortalecimento do polo do Rio de Janeiro, de modo que a França, recomendava o diplomata, deveria manter relações amigáveis com D. Pedro.[149]

D. Pedro ganhou duplamente nos episódios de 11-12 de janeiro de 1822 e na retirada da Divisão Auxiliadora. No plano militar, venceu a confrontação. A ausência de efetivo combate no Rio de Janeiro não deve ser suficiente para diminuir a importância de D. Pedro ter logrado resistir militarmente, como o fez. No plano político, ganhou apoios e transmitiu uma mensagem muito distinta da vacilação anterior. Adquiriu tom discursivo mais firme, capaz de construir uma narrativa de proteção do Reino e da própria Coroa contra as "malditas Cortes", além de fortalecer a imagem do elemento "brasileiro" que resistia à tentativa de recolonização. Foi a partir dessa base e com a convergência de interesses vistas no capítulo anterior, que entrou em ação o projeto do "polo do Rio de Janeiro". Dele se consolidou a disputa com as Cortes, que terminou na Independência e na guerra necessária para a garantia da unidade brasileira.

Resolvido o primeiro problema militar, a política continuou, com apelos de autoridades brasileiras às Cortes Gerais, como visto no capítulo anterior, em busca de mudanças nas medidas relacionadas ao Brasil, e com medidas práticas de D. Pedro. No primeiro caso, as comunicações a Lisboa pretendiam alertar para a necessidade de revogação dos decretos de setembro e de nova forma de lidar com a questão brasileira. Duas cartas exemplificam essas gestões. A primeira, do juiz de fora do Rio de Janeiro, José Clemente Pereira, era dirigida ao secretário das Cortes e relatava acontecimentos de 12 de janeiro.[150] A carta indi-

---

[149] *Tous les evenemens successifs portent a croire que Rio de Janeiro restera le centre du nouvel Empire Brézilien a la tête duquel sera le Prince Regent (...) Je crois donc devoir insister de nouveau sur l'importance d'entretenir des relations amicales avec ce pays qui offre tant de ressouces au coimmerce français. Son nouveau ministre est très disposé a retablir les plus promptement possible des rapports directs avec des puissances continentales. Despacho de 1902-1822.* In: Arquivos Diplomáticos do Quai d'Orsay.

[150] OFÍCIO do juiz de fora do Rio de Janeiro, José Clemente Pereira, ao [secretário das Cortes Gerais e Extraordinárias], João Batista Felgueiras, sobre os acontecimentos ocorridos nas províncias de São Paulo e Minas Gerais; sobre a provável suspensão da saída dos deputados mineiros até o resultado do soberano congresso acerca das pretensões do Brasil; e os desagradáveis acontecimentos do dia 12 de Ja-

cava, principalmente, a determinação do grupo formado em torno de D. Pedro, com a possibilidade de suspensão da partida dos deputados mineiros às Cortes. Como alertava Clemente Pereira

> concluo, informando a V. Exa que se o Soberano Congresso negar a estas Províncias o que lhe vão pedir, parece inevitável o resultado de huma decedida separação de Portugal: que tal he a opinião dominante!!!!.

A segunda missiva era do Senado da Câmara do Rio de Janeiro e se destinava a D. João VI.[151] Demandava diretamente a revogação do decreto de 29 de setembro de 1821 ("que encheria o Brasil dos males que deveria trazer consigo a separação de Portugal") e afirmava que o Reino do Brasil (na verdade, naquele momento, falavam apenas pelas "Provincias Colligadas") faria "guerra implacável" a qualquer outro governo que não o constitucional. O pedido de revogação se sustentava na "absoluta necessidade para salvar a Nação Portugeza da perda inevitável do Brasil". As ameaças de ruptura, no entanto, serviam como alerta, mas ainda estavam longe de representar risco imediato.

Enquanto essas cartas e ofícios eram escritos e enviados, no Rio de Janeiro medidas práticas eram tomadas por D. Pedro para reforçar a legitimidade da capital carioca. Já no próprio dia 16 de fevereiro de 1822, um dia depois da partida de Avilez, D. Pedro convocou o Conselho de Procuradores.

Escrito por José Bonifácio, o decreto de convocação[152] remetia-se ao Decreto de D. João VI, de 7 de março 1821, que havia nomeado D. Pedro regente e lhe conferido os poderes para administrar o Reino. Vinculava-se, assim, na legitimidade anterior, conferida pelo rei. O texto falava

---

neiro principiados pelas inconsiderações da Divisão Auxiliadora; informando que é inevitável a separação de Portugal, se o congresso negar o pedido das províncias. Arquivo Histórico Ultramarino, AHU_ACL_CU_017, Cx 289, D. 20421.

[151] CARTA do senado da Câmara da cidade do Rio de Janeiro ao rei [D. João VI], solicitando a revogação dos decretos de 29 de setembro de 1821, instituindo um sistema de governos provisórios no Brasil com poderes divididos, e a força militar independente dos governos e sujeita a Portugal; deixando o Brasil ao príncipe regente [D. Pedro]; permitindo que as suas províncias se continuem a reger pelos governos que escolheram; declarando que o Brasil só aceitará um governo constitucional e que fará guerra implacável a qualquer outro; e que pretende sair no pacto social com condições iguais a Portugal; quer ser irmão deste e não filho. Arquivo Histórico Ultramarino, AHU_ACL_CU_017, Cx 289, D. 20430.

[152] In: D. Pedro, *Cartas e mais peças officiaes dirigidas a sua Magestade*, p. 87.

da necessidade de manter um centro de união, sem o qual o Brasil ficaria "exposto aos males da anarchia, e da guerra civil". O Conselho de Procuradores foi importante predecessor da Assembleia Constituinte do Rio de Janeiro e sua convocação deu início efetivo à busca de apoios nas demais províncias.

Enquanto a reorganização política do Reino dava seus primeiros passos, D. Pedro relatou ao pai, em 14 de março, a situação no Rio de Janeiro:

> desde que a Divizão Auxiliadora sahio, tudo ficou tranquillo, seguro, e perfeitamente adherente a Portugal mas sempre conservando em si hum grande rancor a essas Cortes, que tanto tem segundo parece, buscado aterrar o Brazil, arrazar Portugal, e entregar a Nação á providencia.

Já se via, desde janeiro de 1822, a longa batalha discursiva entre os dois lados do Atlântico, entre os polos de Lisboa e do Rio de Janeiro, nos termos que foram pormenorizados no capítulo anterior.

Foi necessária ainda mais uma ação de resistência militar do Rio de Janeiro, para que o regente efetivamente adquirisse território a partir do qual irradiou seu projeto de organização política do Reino. Na já citada carta de 9 de março de 1822, D. Pedro relatou que, no mesmo dia, apareceu no Rio de Janeiro a esquadra que trazia novas tropas portuguesas, comandadas pelo brigadeiro Francisco Maximilano de Souza. Essas forças deveriam render a Divisão Auxiliadora, conforme planejamento que fora realizado ainda em 1821,[153] sem relação com os conflitos que cresciam no Reino do Brasil. Deveriam ter partido em período anterior, ainda em 1821, levando aproximadamente 1.200 homens, mas ocorreram atrasos na organização dos transportes.[154] A esquadra que

---

[153] AVISO do [secretário das Cortes Gerais e Extraordinárias da Nação Portuguesa], João Batista Felgueiras, ao [secretário de estado da Marinha e Ultramar], Joaquim José Monteiro Torres, ordenando o envio de dois batalhões para o Rio de Janeiro, e o retorno das tropas que lá se encontram atualmente. Em 21 de agosto de 1821. In: Arquivo Histórico Ultramarino – Projeto Resgate. AHU_ACL_CU_017, Cx. 287, D. 20293.

[154] PORTARIA do secretário de estado da Guerra, Cândido José Xavier, ordenando ao secretário de estado da Marinha e Ultramar, [Joaquim José Monteiro Torres] "que apronte a expedição que vai para o Rio de Janeiro até 24 de Novembro, remetendo relações dos praças que compõem a mesma". Em 30 de outubro de 1821. A lista das tropas contém 175 homens de artilharia, 537 oficiais e soldados em cada um dos dois regimentos e 541 no regimento de infantaria nº 3. A previsão era que partissem em

os levou ao Brasil incluía a nau *D. João VI*, a fragata *Real Carolina*, duas charruas e dois transportes.[155]

Essa esquadra cruzou, na altura de Abrolhos, com os navios que levavam Avilez e a Divisão Auxiliadora de volta a Portugal. Seus comandantes tomaram, nesse momento, conhecimento da situação no Rio de Janeiro. O grupo passou em seguida por Pernambuco. À esquadra de Maximiliano havia se juntado transporte que levava Avilez, doente, mas que não obteve licença para desembarcar na província. A Junta de Pernambuco dispensou a permanência de tropas auxiliares. Como se verá na próxima seção, Pernambuco também havia registrado, em fins de 1821, situação militar parecida com aquela do Rio de Janeiro, tendo logrado a retirada do Batalhão do Algarve, ali sediado. A completa adesão pernambucana a D. Pedro, contudo, ainda era um longo caminho.

Ao chegar ao Rio de Janeiro, em 9 de março, o general Maximiliano recebeu imediatamente a ordem de estacionar os navios entre as fortalezas da barra. Estava impedido de entrar na baía, mesmo se fosse necessário usar a força. Apenas no dia seguinte, após conversas dos comandantes com o príncipe, os navios fundearam próximos à fortaleza de Boa Viagem, vigiada pela esquadra leal a D. Pedro.[156] Segundo o secretário da Guerra instalado no Rio de Janeiro, o desembarque fora impedido "à vista do abalo e sensibilidade em que ainda se achávão os ânimos deste Pôvo em consequência dos últimos e memoráveis acontecimentos que aqui tiveram lugar".[157] Na comunicação ao pai, afirmou

---

24 de novembro. Várias providências para a preparação das embarcações. In: Arquivo Histórico Ultramarino – Projeto Resgate, AHU_ACL_CU_017, Cx. 288, D. 20259.
[155] Oliveira Lima, 1997, p. 219 e Varnhagen, 1957, p. 109. O barão do Rio Branco, em anotação de rodapé da obra de Varnhagen, registra terem sido as charruas *Conde de Peniche*, *Orestes* e *Princesa Real*, e dois transportes, *Fênix* e *Sete de Março*, conduzindo os batalhões de infantaria nº 3 e 4, uma companhia de artilharia e outra de condutores.
[156] Anotações do barão do Rio Branco. In: Varnhagen, 1957, p. 109.
[157] OFÍCIO do [secretário de estado dos Negócios da Guerra no Rio de Janeiro], Joaquim de Oliveira Álvares, ao [secretário de estado da Guerra], Cândido José Xavier, sobre a presença da nau e esquadra comandada pelo chefe de Divisão Comandante de Esquadra, Francisco Maximiliano de Sousa; explicando razões do impedimento do desembarque das tropas; remetendo mapa dos oficiais inferiores e soldados que passaram voluntariamente para os corpos da guarnição do Rio de Janeiro; informando que os restantes regressam a Lisboa com os ordenados pagos e as comedorias de costume; remetendo correspondência sobre o bom comportamento dos comandantes da esquadra e da Tropa, que contrasta com a conduta do intruso general e mais comandantes da Divisão Auxiliadora. Em 21 de março de

D. Pedro ter mandato fundear a nova esquadra "fora da barra, por o povo estar mui desconfiado de tropa que não seja Brazileira, e tem razão, porque huma vez, que os Chefes hão de obedecer ás Cortes actuaes, temem a sua ruina total".[158]

Poucos dias depois, em 14 de março, o príncipe relatou que

> naquela mesma noite vierão os Commandantes a terra, e se portarão bem, escreverão hum protesto, que remeto incluzo impresso: no outro dia entrarão para o pé da Fortaleza de Santa Cruz para se municiarem de viveres, e voltarem o mais tardar até 26 deste.[159]

Esforçando-se em realçar a legitimidade de sua posição, sustentava D. Pedro que

> se dezembarcasse a tropa, imediatamente o Brazil se desunia de Portugal, e a independência me faria aparecer bem contra minha vontade por ver a separação; mas sem embargo disso, contente por salvar aquella parte da Nação a mim confiada, e que está com todas as mais forças trabalhando em utilidade da Nação, honra e gloria, de quem a libertou pela elevação do Brazil a Reino, d'onde nunca descera.[160]

Mais uma vez, a ameaça de separação parece algo mais teórico, destinado a assustar, sem indícios de efetividade. O objetivo era obter mudanças nas atitudes das Cortes. Ainda assim, Mareschal[161] estimou, em carta também de 14 de março de 1822, que D. Pedro não tinha mais como recuar perante as Cortes, o que tornava o processo arriscado, não pela efetiva vontade de emancipação, mas pela dinâmica do conflito entre Rio de Janeiro e Lisboa. O diplomata austríaco se mostrava preocupado pela relação do regente com a "facção brasileira", temeroso de que esta se servisse do príncipe apenas como instrumento para seus objetivos.

D. Pedro, ao final, não autorizou o desembarque e ordenou a partida da esquadra, que obedeceu às suas ordens. Talvez o maior resultado do

---

1822. In: Arquivo Histórico Ultramarino – Projeto Resgate, AHU_ACL_CU_017, Cx 289, D. 20451.
[158] D. Pedro, *Cartas e mais peças officiaes dirigidas a sua Magestade*, p. 67.
[159] Ibid., p. 90.
[160] Ibid., p. 90.
[161] In: Oliveira Lima, 1997, p. 219.

episódio, além da mensagem política enviada às Cortes, tenha sido que muitos soldados portugueses passaram para o lado brasileiro. Varnhagen fala em 400 soldados que mudaram de lado. Rio Branco, em anotação à obra, precisa que 894 oficiais e soldados se voluntariaram ao serviço do príncipe.[162] O mapa das tropas que permaneceram no Brasil, informado no supracitado ofício do secretário da Guerra no Rio de Janeiro, enviado a Lisboa em 21 de março de 1822, indica 394 soldados em baixa, dos aproximadamente 1.200 que haviam aportado com o almirante Maximiliano.

D. Pedro logrou também obter a adesão da fragata *Real Carolina*, mais tarde renomeada *Paraguaçu*. Sua força militar cresceu em número e em capacidades marítimas, mas isso ainda não significou tranquilidade em termos de segurança do polo do Rio de Janeiro. Parte dessa tropa voluntária era de pouca confiança, especialmente os marinheiros, que nas primeiras ações na Bahia se recusaram a combater.

Vencedor em duas ocasiões na resistência contra a tropa armada portuguesa, o Rio de Janeiro ainda se mostrou temeroso de eventual ataque português diretamente contra o Rio de Janeiro. Foram, assim, elaborados planos militares de defesa da cidade. Um deles, do general Curado, previa hipóteses de ataque e os meios de defesa. Calculava em 10 mil homens a tropa necessária para defesa, precisando, com isso, contar com forças das províncias vizinhas, que já as haviam fornecido. Aos 79 anos, Curado era o governador de armas do Rio de Janeiro e apresentava, também, medidas para a coesão interna do Rio de Janeiro. Propunha o juramento ao regente dos corpos de 1ª, 2ª e 3ª linhas, ademais de civis, na presença do príncipe regente, para que todos fossem bem persuadidos de que os transgressores seriam castigados.[163]

Outro plano defensivo, apresentado a D. Pedro, em 4 de abril de 1822, foi a *"Memoria sobre a maneira de cobrir militarmente a cidade do Rio de Janeiro de qualquer ataque, que uma expedição inimiga tentasse desembarcando ao sul da barra da mesma cidade"*.[164] Segundo o documento, o "projeto de agressão do inimigo" dependeria de determinar precisamente um "teatro da guerra", "para contar com os pontos de dezembarque, comunicações

---

[162] 1957, p. 111.
[163] Rodrigues, 2002, p. 28.
[164] *"Memoria sobre a maneira de cobrir militarmente a cidade do Rio de Janeiro de qualquer ataque, que uma expedição inimiga tentasse desembarcando ao sul da barra da mesma cidade"*. In: *Revista do Instituto Histórico e Geográfico Brasileiro*. Tomo LXXVII, parte II, 1914. In: http://www.ihgb.org.br/rihgb.php?s=20 (acesso em 15/01/2014).

para o interior, meios de subsistência nos Lugares occupados". Vislumbraram-se três pontos ao sul da barra do Rio de Janeiro: i) a praia de Copacabana, ii) "desde a ponta da Ioatinga, entrando em pequena embarcação pela Barra da Lagôa de Jacarépaguá (...)"; iii) entrando pela Ilha Grande na bahia de Septyba athe perto da Ilha da Madeira, em lanchas e embarcações meudas".[165] Analisados os caminhos e estratégias possíveis, o documento passava a oferecer também soluções para a defesa do Rio de Janeiro, projetando linhas de trincheira, obras necessárias para o reforço de fortalezas e outras posições de resistência. Uma providência logística proposta era a de retirar para o interior "todos os gados, cavalgaduras, escravos, em geral todos os meios de subsistência e recursos, logo que os navios inimigos apareção sobre a Costa".[166]

O plano não mencionava a ação de espiões do lado português, mas sabe-se que estes operaram no Rio de Janeiro, a favor do partido português, tendo inclusive advertido Madeira da partida da expedição de Labatut em direção à Bahia, em julho de 1822.

---
[165] Ibid., p. 31.
[166] Ibid., p. 42.

AS "PROVÍNCIAS COLIGADAS"

Desde sua declaração pública de permanência no Rio de Janeiro, o discurso de D. Pedro apresentou como temas recorrentes, ademais da reação às Cortes, a necessidade de se enfrentar a ameaça à anarquia ou à dissolução do Reino. Esse temor foi argumento importante para o desenvolvimento do plano de unificação do Reino em torno do regente e liderado pelo Rio de Janeiro. Para alcançar esse projeto, D. Pedro precisava, ao mesmo tempo, do apoio das províncias, ou de ao menos um grupo delas a partir do qual estabelecesse base de lançamento para a conquista – pela negociação ou pela força – de todo o Reino.

Desde que fora nomeado ministro, José Bonifácio entendeu que era necessário trabalhar pela união das províncias.[167] Rio de Janeiro, São Paulo e Minas formaram o que à época se denominou as "Provincias Colligadas",[168] base essencial do polo do Rio de Janeiro.

O partido pró-Rio de Janeiro tentava criar, em suas declarações, uma imagem de "unidade" já existente, como se houvesse consenso nacional em torno da liderança de D. Pedro.[169] Por vezes, as declarações tra-

---

[167] Segundo Otávio Tarquínio de Sousa, naquela época, as notícias que chegavam ao Rio de Janeiro não eram auspiciosas. 1988, p. 149.

[168] Como registrado na Representação do Senado da Câmara do Rio de Janeiro em 22/05/1822, na qual solicitava a convocação de uma Assembleia Geral das Provincias do Brasil. In: *Documentos para a História da Independência*, 1923, p. 378. D. Pedro também utiliza o termo em seu Manifesto de 1º/08/1822, que *"Esclarece os Povos do Brazil das causas da guerra travada contra o Governo de Portugal"*.

[169] Vide, por exemplo, passagem de Representação da Câmara do Rio de Janeiro, enviada em anexo a carta de D. Pedro a D. João VI, em 02/02/1822: "O Povo do Rio de Janeiro, conhecendo bem, que estes são os sentimentos de seus Coirmãos Brazileiros, protesta á face das Nações pelo desejo, que tem, de ver realizada esta

ziam em si, sutilmente, os limites dessas afirmações de consenso, como no caso do *Correio do Rio de Janeiro*, de João Soares Lisboa, em 8 de maio de 1822. Ao reagir contra o parecer da Comissão de Assuntos Brasileiros das Cortes Portuguesas sobre a permanência de D. Pedro no Rio de Janeiro, o jornalista enfatizava os argumentos relacionados à igualdade e à ordem do partido brasileiro (vide capítulo III) e referia-se a uma ideia de "Soberano Povo do Brasil". Soares Lisboa sublinhava, porém, o direito das "cinco Províncias já unidas", mostrando que o argumento da unidade ainda não alcançava, na prática, o apoio desejado ao Rio de Janeiro.[170]

Do ponto de vista do Reino como um todo, a situação de D. Pedro ainda era precária.[171] Na verdade, a adesão a D. Pedro ao longo de 1822 foi, no máximo, parcial.[172] O Reino brasileiro se dividiu em muitas tendências, aos poucos convergindo, por vontade ou por coação, para a opção entre duas tendências, as "Provincias Colligadas" (o polo do Rio de Janeiro), e as Províncias Constitucionalistas, que apoiavam Lisboa, concentradas principalmente no Pará e no Maranhão, nas que contavam com apoio também em outras áreas. Bahia, Piauí, Pernambuco e a Cisplatina foram palcos dos mais intensos conflitos políticos. Nas demais regiões a situação era a mesma, e em cada uma houve oscilação entre os dois lados, a partir das "áreas de influência" que possuíam em cada província.[173]

O príncipe regente enfrentou, em primeiro lugar, problemas no seio das próprias "Provincias Colligadas", em Minas Gerais e em São Paulo,

---

união tão necessária, e tão indispensável para consolidar as bases da prosperidade nacional". In: *Cartas e mais peças officiaes dirigidas a sua Magestade*, p. 85.

[170] *Correio do Rio de Janeiro*, nº 25, 8 de maio de 1822. In: Google Books, http://books.google.fr/books?id=FzxKAAAAcAAJ&printsec=frontcover&hl=pt-PT&source=gbs_ge_summary_r&cad=0#v=onepage&q&f=false (acesso em 17/03/2014).

[171] Otávio Tarquínio de Sousa, 1988, p. 149.

[172] Em ofício de 11/01/1822, no qual comentava o Fico, o coronel Malet, representante diplomático francês, afirmou que *"ce qu'on vient de faire a Rio de Janeiro est le produit et le fruit de l'interêt personnel de la part du plus grand nombre, le resultat de l'aversion pour les Cortes (…), mais qu'il n'existe pas de vrai élan en faveur du Prince"*. In : Aquivos Diplomáticos do Quai d'Orsay.

[173] Conforme mencionado por Martha Victor Vieira. In: VIEIRA, Martha Victor. "Cunha Mattos em Goiás: os conflitos de jurisdição entre o Governo das Armas e o Governo civil (1823-1826)". In: Revista *Territórios & Fronteiras*. Cuiabá, vol. 5, nº 2, julho-dezembro 2012. In: http://www.ppghis.com/territorios&fronteiras/index.php/v03n02/search/titles?searchPage=3 (acesso em 10/03/2014), p. 225.

onde disputas internas abriam o risco de uma guerra civil[174] e poderiam ameaçar o apoio ao Rio de Janeiro. O regente foi obrigado a se envolver diretamente nos negócios provinciais. Para buscar conciliação local, teve de realizar visitas às duas províncias.

Entre março e abril de 1822, D. Pedro fez sua famosa visita a Minas Gerais. O episódio se iniciara ainda em fevereiro de 1822. Enquanto a delegação mineira visitara o regente para lhe prestar apoio, em 15 daquele mês, estourou em Vila Rica pronunciamento liderado pelo tenente-coronel Pinto Peixoto e inspirado pelo juiz de fora Cassiano Esperidião de Melo Matos, que pretendia redirecionar a província ao apoio das Cortes.[175] Os revoltosos assumiram o poder invocando atribuições autônomas. Desde o início, o risco maior que se estabeleceu foi o de uma luta armada entre as diferentes facções. Como em todos os momentos desse período político brasileiro, o risco do confronto estava presente em Minas Gerais.

Ao receber as informações da revolta, D. Pedro, avaliando a gravidade da situação, decidiu gerir a crise pessoalmente, partindo para Minas Gerais em 25 de abril. Nos diversos ofícios que expediu ao longo da viagem,[176] o regente exprimiu claramente que seu objetivo era lidar com "contradições que todos os dias observava no Governo Provisório de Minas Gerais", as quais o convenciam de sua pouca adesão.[177]

A visita rendeu os efeitos políticos desejados. Ao longo do período em que o regente esteve em Minas, Câmaras de várias comarcas (Sabará, São João D'El-Rey, Vila Nova da Rainha, Barbacena, Villa Rica) enviaram representações de apoio e adesão.[178] Esses documentos, entregues a D. Pedro quando de sua estada em Vila Rica, mostram proximidade das visões dessas localidades com o Rio de Janeiro, de resistência ao "violento modo de proceder" das Cortes, à situação dos governadores de armas, aos riscos da quebra da união política e à anarquia, reco-

---

[174] Rodrigues, 2002, p. 177.
[175] Oliveira Lima, 1997, p. 267.
[176] As representações foram compiladas em número da *Revista do Instituto Histórico e Geográfico Brasileiro*, em 1904. In: "Excursão do Principe Regente D. Pedro de Alcântara á Provincia de Minas Geraes em março e abril de 1822". *Revista do Instituto Histórico e Geográfico Brasileiro*. Tomo LXVII, parte I, 1904. In: http://www.ihgb.org.br/rihgb.php?s=20 (acesso em 05/12/2013).
[177] Em representação enviada ao Governo Provisório de São Paulo. Ibid., p. 37 e 55.
[178] In: "Excursão do Principe Regente D. Pedro de Alcântara á Provincia de Minas Geraes em março e abril de 1822", p. 12 a 17.

nhecendo, ao mesmo tempo, as diferenças que havia entre as posições das distintas províncias.[179] Confirmavam, principalmente, como os interesses da região convergiam pela manutenção do status adquirido pelo Rio de Janeiro desde 1808, com todos os seus impactos políticos, econômicos e sociais.

Ainda na capital mineira, o regente despachou as últimas ordens para a pacificação da província, com movimentação de tropas e punição dos responsáveis.[180] Mandou também diversas comunicações às outras comarcas, para tratar da adesão dessas. Foi, ainda, determinada a realização de reunião dos ouvidores e outras autoridades, em 20 de maio de 1822, para a eleição dos 7 membros da Junta Provisória do Governo da Província, "removendo o mesmo Governo logo a duvida, que póde suscitar-se de ser, ou não precisa a nomeação de novos Eleitores".[181]

Ao deixar Minas Gerais, em fins de abril de 1822, D. Pedro havia vencido uma nova batalha, que lhe garantia importante apoio político e financeiro, evitando o risco de guerra civil. Na interpretação de Varnhagen,[182] a viagem foi um momento de transformação importante no ânimo do príncipe, que se "abrasileirava" definitivamente. Despindo-se das cores nacionalistas do autor, no momento em que a viagem ocorreu, D. Pedro já se encontrava de fato em um conflito com as Cortes, tendo estabelecido seu projeto de união do Reino do Brasil em torno do Rio de Janeiro. Logo após a visita, em 4 de maio, D. Pedro emitiu o decreto do "cumpra-se", ordenando que toda ordem vinda de Lisboa fosse chancelada pelo regente. Em 13 de maio, o príncipe foi nomeado "Protetor e Defensor Perpétuo do Brasil".

---

[179] No documento enviado pela Câmara de São João del-Rei, reconhecem os representantes que estavam "as Provincias divididas e sem obediência, porque nenhuma delas póde arrogar-se o direito de superioridade, nos oferece de antemão o triste espetáculo da debilidade e impotência (...)". Sobre o governador de armas, afirma o mesmo documento que "não he menos prejudicial ao Brasil a independência do Governador das Armas, sem sujeição alguma ao Governo, e unicamente responsável ás Côrtes pelo bem, ou mal que fizer: por similhante disposição se levanta entre nós hum novo Colosso de Despotismo". Ibid., p. 28.
[180] O primeiro decreto de D. Pedro em Vila Rica é a suspensão de Cassiano Esperidião de Mello Mattos e sua intimação para apresentar-se à Corte do Rio de Janeiro. Ibid., p. 34.
[181] Ibid., p. 53.
[182] 1957, p. 115. Para sustentar sua avaliação, Varnhagen cita carta de D. Pedro ao pai, de 26/04/1822, a qual traria um tom muito distinto das anteriores,

A viagem a Minas Gerais se inseriu, assim, em processo político já em curso, mas acelerou as decisões. A expedição constituiu, ao mesmo tempo, o exemplo de contradição inicial, entre apoio e resistência ao Rio de Janeiro, resolvida pela negociação com os diferentes grupos da elite mineira, alguns dos quais, como visto no capítulo II, não se mostravam favoráveis ao Rio de Janeiro. A visita terminou por dar ao regente grande popularidade e, ao ultrapassar resistências, ofereceu importante reforço a sua causa.

Em São Paulo, onde a adesão ao príncipe era mais clara, a viagem veio no segundo semestre, com o conflito com Lisboa avançado, e se fez necessária para eliminar foco de instabilidade decorrente de sublevação na cidade contra Martim Francisco de Andrada, iniciada em 23 de maio 1822. Conhecida como a "Bernarda de Francisco Inácio",[183] o episódio decorria de problemas de relacionamento entre as elites locais, mas manteve-se por alguns meses como foco de preocupação, após José Bonifácio ter ordenado devassa sobre o motim do dia 23 e a ocorrência de novos episódios de disputa política entre os envolvidos. D. Pedro, concentrado em providências para o envio de forças à Bahia,[184] não logrou debelar as reações de parte da elite paulista contra os Andradas. No confronto que se instalou, Martim Francisco foi expulso da província.

Recebendo protestos de apoio de várias comarcas,[185] D. Pedro partiu para São Paulo em 14 de agosto de 1822, para apaziguar os ânimos da província e punir os responsáveis. Foi nesse contexto que chegaram ao Rio de Janeiro notícias de Lisboa e das atitudes das Cortes contra o regente, que se tornaria o momento da ruptura. Na viagem a São Paulo, observa-se que, ao mesmo tempo em que tomava medidas que redundariam, ao fim, na declaração da Independência total do Brasil, o regente se via obrigado a trabalhar continuamente para garantir a unidade mesmo dentro das "Provincias Colligadas."

---

[183] Vide: LACOMBE, Américo Jacobina. "A Constituinte Brasileira". In: *Revista do Instituto Histórico e Geográfico Brasileiro*, n° 298, janeiro-março de 1973. In: http://www.ihgb.org.br/rihgb.php?s=20 (acesso em 10/10/2013), p. 132.
[184] Varnhagen, 1957, p. 125.
[185] Por exemplo, representações de Sorocaba, em 29/07/1822, e de Taubaté, em 17/08/1822. In: "Excursão do Principe Regente D. Pedro de Alcantara à Provincia de S. Paulo, em agosto e setembro de 1822". In: *Revista do Instituto Histórico e Geográfico Brasileiro*. Tomo LXVII, parte I, 1904. In: http://www.ihgb.org.br/rihgb.php?s=20 (acesso em 05/12/2013), p. 84.

O Rio Grande do Sul foi outra província partidária de D. Pedro que sofreu com a instabilidade política. A adesão à Revolução do Porto e ao novo sistema fora realizada com agitação política, movimentada pela resistência do governo local em declarar sua adesão e pela ruptura das regras anteriores. A grande presença de tropas, envolvidas nas operações na Cisplatina, agravava a situação, a ponto de demandarem do comércio local o pagamento adiantado de um ano de soldo. Ao resumir a situação da província no momento da adesão à regeneração, em 1821, um cidadão anônimo resumia a situação: "nenhum direito de propriedade, nenhuma segurança pessoal, imensos privilégios; intrigas, e demandas de terras; enfim, geral devastação".[186]

A situação teve relativa melhora com a nomeação do general João Carlos de Saldanha de Oliveira e Daun como chefe da Junta Provisória do Rio Grande. Saldanha chegara ao Rio Grande em 1816 e participara das operações militares na Cisplatina. Fora nomeado governador da província por D. João VI e, a partir de 1º de outubro de 1821, assumira o governo provisório. Sob seu mandato, o Rio Grande manteria tendência pró-Rio de Janeiro, apesar da instabilidade política.

Declarações oficiosas de apoio a D. Pedro foram feitas em janeiro de 1822, no Senado do Rio de Janeiro, por parte do coronel Manuel Carneiro da Silva e Fontoura, ao que se seguiu, em março, da entrada gaúcha nas "Provincias Colligadas".[187] Saldanha chegara ao Rio Grande em 1816 e participara das operações militares na Cisplatina. Fora nomeado governador da província por D. João VI e, a partir de 1º de outubro de 1821, assumira o governo provisório. Após, entretanto, a convocação da Assembleia-Geral Constituinte do Rio de Janeiro, em 3 de junho de 1822 (a ser tratada na próxima seção), Carlos Saldanha expressou discordância com a medida, solicitou que a Junta de Governo pedisse demissão e ameaçou partir para Montevidéu, onde

---

[186] "EXPOSIÇÃO CIRCUNSTANCIADA dos acontecimentos da Provincia de Porto Alegre, e Rio Grande, desde 7 de abril do corrente ano, até o meado de Maio, composto e remetido por hum Cidadão da mesma Cidade". In: Carvalho et al., 2014, vol. 4, p. 327.
[187] In: José Honório Rodrigues, 2002, p. 210. O decreto de adesão, de 12/03/1822, encontra-se na série de documentos publicados pela *Revista do IHGB* sobre a história do Rio Grande do Sul. In: "Documentos relativos à História da Capitania, depois Provincia, de S. Pedro do Rio Grande do Sul". Compilação do barão Homem de Mello. In: *Revista do Instituto Histórico e Geográfico Brasileiro*. Tomo XLII, parte I, 1879. In: http://www.ihgb.org.br/rihgb.php?s=19 (acesso em 10/10/2013), p. 122.

se concentravam tropas portuguesas. Acusou D. Pedro de alterar o sistema político com a convocação[188] e declarou-se "cheio de mágoa". Nesse mesmo contexto, enfrentou oposição do general Marques, que tentou expulsá-lo, sem sucesso.[189] Em 15 de julho de 1822, a Junta aceitou a demissão de Saldanha e, em 8 do mês seguinte, D. Pedro enviou carta régia mandando retirá-lo de Porto Alegre.[190] O general optou por partir da província em direção a Portugal. Sua saída consolidou a posição do Rio Grande em apoio ao regente.

O apoio gaúcho a D. Pedro foi fundamental para a sustentação, junto com São Paulo, do confronto na Cisplatina. Sem esse membro das "Provincias Colligadas", o extremo sul brasileiro, que conformava também a entrada principal para o centro do Reino, para Goiás e Mato Grosso, estaria ameaçado.

Afora o Centro-Sul, o Rio de Janeiro atuou intensamente em busca da adesão de Pernambuco. Tratou-se de caso ainda mais complexo. A província, rica e situada em posição estratégica, era tradicionalmente palco de intensas movimentações políticas, sempre com um componente militar, como ocorrera em 1817, revolução que causara muitas mortes, desorganização da produção e descrédito ideológico.[191] Alagoas fora, em 1817, separada de Pernambuco como punição pela rebelião.[192]

Entre as lideranças rurais e urbanas, o espectro ideológico pernambucano variava da fidelidade à Monarquia às ideias republicanas. Talvez a característica que mais se destacara era o nativismo, herdeiro da luta com os holandeses, que impulsionava ideais de autonomia local. A busca pelo governo local seria ponto que pautaria tanto as negociações quanto aversões, fosse com o Rio de Janeiro, fosse com Lisboa. Essa questão, inclusive, manteve-se por décadas, passando pela Confederação do Equador e terminando, possivelmente, apenas com o fim da Revolução de 1848.

Em 1821, boa parte das lideranças pernambucanas, com exceção das áreas rurais do Sul (que tinham tendência "corcunda"), viram positivamente o novo constitucionalismo português, decorrente da Revolução

---

[188] Rodrigues, 2002, p. 210.
[189] Relatório de Mareschal. In: Figueira Mello, 1923, p. 232.
[190] *RIHGB*, Documentos sobre a História do Rio Grande do Sul, p. 127.
[191] Maria do Socorro Ferraz Barbosa, 2008, p. 112.
[192] Evaldo Cabral de Mello, 2014, p. 149.

do Porto.[195] Havia uma questão de princípio, relacionada à ideologia liberal e, como mencionado, às aspirações de autonomia regional. O vintismo era oportunidade, particularmente, para enfrentar o centralismo da Corte, com suas cobranças de impostos e visão unitária, que se chocava com as pretensões de governo local.

Também pesou o fato de a Revolução do Porto ter permitido a libertação dos presos políticos de 1817, que estavam na Bahia, os quais, como visto anteriormente, tinham proximidades ideológicas com os vintistas. Esse foi o caso de Gervásio Pires Ferreira, comerciante nascido em Pernambuco, preso acusado de participar da revolta de 1817,[194] e que se tornaria, na sequência, presidente da Junta Governativa, após a queda do general Luiz do Rego. Como aponta Evaldo Cabral de Mello:[195]

> Gervásio compreendeu que o maior obstáculo ao autogoverno provincial não era Lisboa, mas o Rio, com seu "exército faustoso e inútil de empregados públicos", os quais, "para se perpetuarem na ociosidade, mando, privilégios e interesses de que gozam à custa da liberdade e fazenda dos cidadãos, não dividam em sacrificar a mesma Constituição e a nossa fraternal harmonia."

Havia, assim, uma aliança potencial entre os autonomistas pernambucanos e as Cortes de Lisboa, a qual permitiria o isolamento das pretensões centralizadoras do Rio de Janeiro. Pelo menos, no início do processo, Pernambuco favorecia Lisboa, colocando-se contra um Rio de Janeiro que pregava a centralização e que demandava pesada carga de impostos.

A província era, na época em que estourou a Revolução do Porto, comandada pelo general Luiz do Rego, que se encontrava no poder desde que fora enviado à província para reprimir a Revolução de 1817. O próprio governador das armas de Pernambuco conta sua versão sobre o que se passou no período em "Memória Justificativa",[196] que pu-

---

[193] Ibid., p. 104
[194] Maria do Socorro Ferraz Barbosa analisa a controvertida acusação contra Gervásio Pires, cujo processo foi contestado pelo acusado.
[195] 2014, p. 78.
[196] REGO BARRETO, Luiz. *Memoria Justificativa sobre a conducta do Marechal de Campo Luiz do Rego Barreto, durante o tempo em que foi Governador de Pernambuco, Presidente da Junta*. Lisboa: Typographia de Desiderio Marques Leão, 1822. Coleção da Harvad College Library. In: Google Books, http://books.google.com (acesso em 10/02/2013).

blicou em Lisboa, em 1822. Luiz do Rego afirmou que sua administração se iniciou em momento de tal instabilidade política, marchado por um "theatro de vinganças",[197] que "de certo se não admirará dos muitos inimigos que ali grangeei". Essa teria sido, segundo o general, a base dos desentendimentos que se seguiram, o que faz com que seu relato diminua a importância das visões autonomistas mais tradicionais da província.

Para seus adversários, logicamente, o governador das armas era representação do despotismo, lá enviado para terminar com a Revolução de 1817, de cunho liberal e próxima ao vintismo. O governador fora responsável por dezenas de prisões e de violações, cuja memória ainda estava viva.

Luiz do Rego tenta se justificar, no seu relato, pela demonstração de que estava muito envolvido em lidar com a estabilização da província, quando da Revolução do Porto. Não demorou muito para chegarem, na sequência, notícias da vitória da Revolução na Bahia. O general procurou se adaptar rapidamente ao novo momento. Aguardou a chegada de instruções, mas, na ausência dessas, começou a se aproximar do vintismo. Inicialmente tratou do caso com o Conselho local, tendo indicado que, na ausência de instruções do Rio de Janeiro até 2 de abril, proclamaria o regime liberal.[198]

O governador de Pernambuco apontou em seu relato que, ao contrário do que se passou em outras províncias, nas quais se colocavam obstáculos à circulação de livros, não havia impedimentos de seu governo aos debates das novas ideias.[199] Em sua visão, porém, havia um conflito irreconciliável entre grupos políticos pernambucanos desde os acontecimentos de 1817. Esse tema estava presente nos ofícios que dirigira ao Congresso e ao rei. O general sustentava que

> tomei logo o partido que me pareceu mais digno e mais análogo ao caracter de que me achara revestido (...) declarei que era absolutamente impossível que o Brazil seguisse outro destino que não fosse o de Portugal.[200]

---

[197] Ibid., p. 4.
[198] Evaldo Cabral de Mello, 2014, p. 66.
[199] Ibid., p. 25.
[200] Ibid., p. 27.

E refere-se aos acontecimentos na Bahia, como causa que "aconselhava circunspecção".[201] Luiz do Rego registra em seu relato que o povo do Recife o teria apoiado.

Após ter jurado a Constituição, em 28 de maio de 1821, o governador chamou eleições para as Cortes, que se realizaram no mês seguinte. Na sequência, convocou, em 30 de agosto de 1821, o Conselho Constitucional Governativo da Província, que o elegeu presidente da Junta. Segundo Maria do Socorro Ferraz Barbosa,[202] o general "tentava, através do Conselho, legitimar suas ações", as quais procuravam, ao mesmo tempo, aderir a Lisboa sem romper com D. João VI, de quem esperava obter apoio contra seus adversários.

O governo de Pernambuco enfrentava, no entanto, a oposição contínua dos liberais, de autonomistas e de republicanos.[203] Quando da chegada da notícia do juramento constitucional de D. João VI, em 26 de março de 1821, foram registrados movimentos oposicionistas tentando derrubar o governo e aliciar a tropa. O tenente-coronel Francisco de Albuquerque Melo foi preso nesse episódio.[204] Em julho de 1821, Luiz do Rego sofreu tentativa de assassinato.[205]

A libertação dos presos da Revolução de 1817, no início de 1821, adicionou ingredientes à equação pernambucana,[206] com a volta de atores como Gervásio Pires Ferreira à província. O retorno desses elementos marcou o fortalecimento dos projetos autonomistas,[207] que se chocavam com a administração de Luiz do Rego, mesmo que este

---

[201] P. 28.
[202] 2008, p. 105.
[203] Conforme ofício de Mareschal, de 24/10/1821., 24/10/1821 (PARA PERNAMBUCO) "*le rapport de l'Ouvidor de la ville du Recif (Pernambouc) em date du 22 Septembre et la proclamation du Gouvernement provisoire dont le Général Luiz do Rego étoit président prouvent que quoique les insurgés avoient déjà commencé les hostilités, ils n'avoient poit encore osez prononcer le mot d'indépendance et coloraient leur révolte du prétexte de faire renvoyer le Gouverneur et le Commandant Portugais ; il ne serait pas même étonnant s'ils avoient reussis depuis á se rendre maitre de la ville, que le Gouvernement établi par eux se déclara responsable aux Cortes* (...). In: Figueira Mello, op. cit., p. 227.
[204] Varnhagen, 1957, p. 290.
[205] Vide seu relato, p. 33, e Varnhagen, 1957, p. 291.
[206] O próprio Luiz do Rego se defende, em sua memória, dizendo que estava tudo em boa ordem "até que chegarão a Pernambuco muitos dos Presos, que se achavão na Bahia por causa da revolta de 1817", p. 33.
[207] In: SANTOS DA SILVA, Luiz Geraldo. "O avesso da independência: Pernambuco (1817-24)". In: MALERBA, Jurandir (org.). *A Independência Brasileira. Novas Dimensões*. Rio de Janeiro: Editora FGV, 2006, capítulo 10, p. 345.

tenha tentado se mostrar relativamente conciliador,[208] atitude destinada, possivelmente, a lhe garantir a permanência no poder. A eleição dos deputados que representariam Pernambuco nas Cortes Gerais não foi suficiente para evitar os confrontos políticos.

A tentativa de Luiz do Rego de se eleger chefe da Junta Provisória foi, principalmente, uma reação à revolta que estourou em Goiana, ao norte do Recife. A cidade era, na época, importante centro comercial e agrícola, mas tivera problemas com o governo provincial, inicialmente em consequência da Revolta de 1817, depois por causa dos projetos de Luiz do Rego de modernização da produção de artesanato produzido na cidade.[209]

O movimento de Goiana foi ao mesmo tempo político e militar. Reagia a um governo de Recife ainda visto como representante do Antigo Regime, pois liderado por Luiz do Rego. Os goianenses instalaram, em 29 de agosto de 1821, um Governo Constitucional Temporário, presidido por Francisco de Paula Gomes dos Santos, e apoiado por aproximadamente 600 soldados de milícia e corpos locais.[210] Intimaram, nesse processo, o general Luiz do Rego a deixar a província. A Junta pretendia instalar um sistema igual àquele da Bahia ou do próprio Rio de Janeiro. O governador, nesse contexto, era considerado inimigo das Cortes.

Seguiram-se, nos dias seguintes, troca de proclamações e ofícios entre Recife e Goiana,[211] com alguns intentos de conciliação,[212] estes prejudicados pela pretensão de Luiz do Rego de manter-se no poder. Os dois lados também enviaram correios às outras comarcas e às províncias vizinhas, pedindo apoio. Luiz do Rego recebeu apoio da Paraíba e da Bahia. O general sustenta que as embarcações inglesas e francesas que se encontravam em Recife estavam também prontas a intervir, caso seus nacionais estivessem ameaçados.[213]

---

[208] Vide, por exemplo, a p. 36 da memória do general.
[209] Vide Maria do Socorro Ferraz Barbosa, 2008, p. 113.
[210] Maria Graham, 1824, p. 97.
[211] Registrado por Luiz do Rego. Segundo o general, a resposta de Goiana fora uma intimação para que deixasse a província, p. 53.
[212] A Junta de Recife, segundo Luiz do Rego, ofereceu aos rebeldes uma completa pacificação, atuando "na maior moderação". Op. cit., p. 53. Vide também Varnhagen, 1957, p. 293.
[213] Ofício da Junta Provisional de 1º/10/1821. Anexo ao relato de Luiz do Rego, p. 139.

A Bahia, já sob o comando da Junta Provisória pró-Cortes de Lisboa, enviou, em 30 de setembro de 1821, 350 soldados a bordo da fragata *Príncipe D. Pedro*.[214] Essa tropa, segundo relato da época, era composta por "348 homens composta de igual nº de brasileiros e de europeus (para evitar ciumes, desconfiança e rivalidades que existem entre uns e outros)"[215] Os relatos subsequentes registram não se ter conhecimento, na Bahia, dos motivos da sublevação, nem por que Goiana teria se insurgido contra obedecer a capital, haja vista que esta também tinha jurado a Constituição. Seguem-se, nas informações, justificativas da Junta da Bahia para o auxílio contra Goiana, sempre com vistas a manter a "paz" na província e evitar o alastramento de ideias que poderiam incentivar problemas como os ocorridos na América Espanhola (mencionada explicitamente). A rivalidade entre "europeus" e "americanos" estava, segundo os documentos, crescendo, alimentada pelo contexto pós-revolução do Porto. Tomava, aos poucos, uma cor política que não tinha antes.

A reação de Goiana contou, de sua parte, com a adesão de tropas estacionadas na comarca e em outras freguesias, inclusive no Recife, conseguindo atingir aproximadamente 2 mil homens em suas colunas.[216] Nesse processo, houve uma tendência de adesão de tropas locais a Goiana. As de origem europeia ficaram divididas entre as duas partes. Luiz do Rego acusou seus opositores de mobilizarem a população e as tropas a partir de denúncias falsas, como a de que haveria uma lista de mais de duzentas pessoas que seriam proscritas, incluindo todos os antigos presos que haviam voltado da Bahia. Os rumores davam conta também de que as tropas de origem local não eram "afeiçoadas" a Rego, e que este teria prendido algumas delas nas igrejas do Recife.[217]

O próprio general reconheceu que parte da tropa, mesmo de origem europeia, aderiu aos revoltosos, tendo outros corpos, como o 3º

---

[214] Luiz do Rego, p. 56 e 72. Rio Branco, na obra de Varnhagen, registra que 200 soldados eram da Legião de Caçadores da Bahia, comandados pelo major Joaquim de Sant'Ana Brito, e 150 da Legião Constitucional Lusitana, comandados pelo major Dordaz.
[215] BIBLIOTECA NACIONAL. SANTOS, Antonio Pio dos. "Comunicações a D. João VI dando conta das informações obtidas nos barcos recém chegados, sobre Portugal". Rio de Janeiro: [s.n.], 1821. 5 f. In: http://objdigital.bn.br/acervo_digital/div_manuscritos/mss1289253/mss1289253.pdf (acesso em 22 de junho de 2015).
[216] José Honório Rodrigues, 2002, p. 192.
[217] Segundo o relato de Luiz do Rego, p. 45.

Batalhão de Caçadores e o Batalhão do Algarve, permanecido fiéis a Recife. Também teriam ficado com Luiz do Rego parte dos habitantes da capital pernambucana e de Olinda, e algumas das tripulações de navios que estavam ancorados no porto. A região sul de Pernambuco igualmente permaneceu fiel a Recife.[218]

A cidade foi fortificada em preparação para o ataque de Goiana.[219] Na avaliação do próprio Luiz do Rego, o que ocorreu foi uma "guerra", mas não de "Nação a Nação, em que a destruição de huma convem sempre á outra; he huma guerra entre Portuguezes, cujo resultado será funesto a todos".[220] Inicialmente, o governo de Recife planejou ofensiva contra Goiana, justificada por dois motivos:[221] (i) "amedrontar o partido nascente, a quem mostras de brandura parecião sinaes de fraqueza"; (ii) "porque importava persuadir aos habitantes do Recife que o Governo entendia em sua segurança". A primeira ação foi a de preparar ataque aos rebeldes, porém as tropas partiram com ordens de evitar a iniciativa do confronto. Ao fim, a Junta governista optou por recuar o que, segundo Luiz do Rego, teria atrapalhado o moral da tropa governista, que perdeu com isso seu ímpeto inicial.[222]

Em meio às hesitações de Recife, Goiana tomou a ofensiva, fazendo movimento para sitiar a cidade. Os primeiros combates ocorreram em 21 de setembro de 1821, em Vila de Olinda. Foram iniciados pelos de Goiana, cujo quartel-general estava em Berberibe. Tratou-se de uma ação de "reconhecimento" ou de "demonstração de força" sobre Recife e Olinda, a qual foi rechaçada pelas tropas de Luiz do Rego, com o resultado total de 16 mortos, 7 feridos e 35 prisioneiros, todos estes dos revoltosos.[223] Combate paralelo se desenrolou na área dos Afogados, ao

---

[218] Evaldo Cabral de Mello, 2014, p. 69.
[219] Luiz do Rego, p. 68.
[220] Ibid., p. 138.
[221] Ibid., p. 54.
[222] "Estas tropas, como todas as que marchão ao inimigo, quando avançarão sobre Goyanna hião cheias de enthusiasmo, e de valor; e se isto houvesse acontecido, de certo combaterião como denodo, e brio; ou antes (e isto he o mais provavel) não acharião inimigos com quem combater. Mas desde que receberão ordem de retirar-se, tudo mudou; e este era o receio que eu tinha, e o que por vezes expuz á Junta, logo que se mandou gente armada na direção de Goyanna. Os soldados perderão a força moral; crerão que a retirada provinha da superioridade do inimigo (...)". Ibid., p. 59.
[223] Hélio Viana, em anotação à obra de Varnhagen. 1957, p. 294.

sul da cidade. Na conta de Luiz do Rego, eram aproximadamente 200 inimigos. As duas ofensivas falharam, resultando em novas mortes e feridos.

Maria Graham chegou ao porto do Recife no dia seguinte ao confronto.[224] Relatou em seu diário um estado de tensão na cidade. Todas as lojas estavam fechadas e grande parte das famílias mais ricas haviam empacotado seus bens, depositando-os em residências de ingleses (que dificilmente seriam importunados). Os dias seguintes, segundo a autora, foram mais calmos, mas, em vários momentos, Graham indica ter cruzado, ao longo de seus passeios, com soldados e barricadas. Também menciona grande falta de víveres em razão do cerco. Novos corpos milicianos percorreriam a cidade fechando lojas e preparando para a retomada dos combates.

De 30 de setembro para 1º de outubro, estourou novo confronto, na povoação dos Afogados, seguindo até o Aterro, onde uma bateria de canhões defendia a entrada do Recife. Houve número significativo de mortos, a maior parte deles do lado dos goianenses. Luiz do Rego sustentou que a carnificina só não foi maior porque ele teria feito "pontaria alta", ação que ele qualificou de "generosa".[225] Um terceiro combate ocorreu no mesmo dia.[226]

A entrada em Recife se tornou inviável, pela resistência da capital pernambucana e pelo reforço recebido, no dia anterior, das tropas vindas da Bahia. Reforços da Paraíba para Luiz do Rego também teriam sido possíveis, por decisão do governador desta província, mas os despachos de Recife foram interceptados e utilizados para a mobilização da população paraibana, que impediu a cooperação entre as duas capitais.[227]

Com o impasse militar, foram retomadas as conversações. Em encontro ocorrido na povoação de Berberibe, chegou-se a termo em 5

---

[224] 1824, p. 98.
[225] 1822, p. 72.
[226] Varnhagen, 1957, p. 295.
[227] "Tinha a Junta dado parte da sua instauração ao Governador da Paraiba do Norte: este sabendo dos sucessos de Goyanna, oficiou á mesma Junta, oferecendo a sua cooperação para o que fosse necessário a bem da causa Publica. (...) Os inimigos interceptarão os officios, e os abrirão; entenderão-se com os seus sectarios naquelª Provincia, e tratarão de paralisar os movimentos das tropas, que delá virião, servindo-se das artes da intriga. Na verdade o Governador, como elle mesmo me comunicou, vio-se desobedecido". Luiz do Rego, 1822, p. 73.

de outubro de 1821, com o acordo ratificado quatro dias depois. Nesse mesmo período, apesar da tendência ao acordo, nova revolta estourou no sul de Pernambuco, contra Goiana, mas o movimento foi sufocado e relativa estabilidade voltou à província.

Em 26 de outubro, foi finalmente eleita nova Junta Provisória,[228] após terem sido recebidas ordens de Lisboa para a eleição de novo Governo e convocando Luiz do Rego de volta a Portugal.[229] O general partiu no mesmo dia da eleição e seria, meses depois, reabilitado pelas Cortes, retornando à atividade militar. Esse ponto agravaria as desconfianças que gradualmente foram surgindo em Pernambuco contra Lisboa, ainda que ideologicamente houvesse mais proximidade entre os dois do que entre os pernambucanos e o Rio de Janeiro.

A nova Junta era composta fundamentalmente por comerciantes e representantes do Recife, deixando de lado os proprietários rurais tanto do Norte quanto do Sul. Esses se tornavam, potencialmente, grupos que poderiam ser atraídos pelo Rio de Janeiro, pois haviam sido alijados do poder local e precisavam de novos aliados e uma nova "causa".[230] As elites rurais comporiam o poder apenas após a queda de Gervásio.

À frente da Junta Provisória estava Gervásio Pires, que a liderou até 16 de setembro de 1822. Prisioneiro de 1817, representante de grupos autonomistas que tinham Luiz do Rego como adversário do constitucionalismo, Gervásio Pires não se via naturalmente atraído ao Rio de Janeiro. Desconfiava deste,[231] mesmo após as repercussões negativas dos decretos de Lisboa de setembro de 1821.

O comerciante enviava sinais contraditórios à capital carioca. Defendia o entendimento entre os dois lados do Atlântico, apesar do fato de que o conflito entre portugueses de origem europeia e americana crescia. Sua ação política também trazia o risco de conflito potencial do distanciamento tanto dos proprietários rurais, que haviam participado do movimento de Goiana, quanto daqueles da mata sul, que ainda era próxima ao Rio de Janeiro. As contradições foram aparecendo nos atos. A Junta de Pernambuco apoiou o Fico e declarou sua oposição ao envio de novas tropas portuguesas ao Reino.[232]

---

[228] Ibid., p. 74–75.
[229] Varnhagen, 1957, p. 295.
[230] Evaldo Cabral de Mello, 2014, p. 71.
[231] In: Maria do Socorro Ferraz Barbosa, 2008, p. 118.
[232] Conforme registra portaria do príncipe regente de 27 de maio de 1822, publi-

Gervásio, por meio de emissário, enviou agradecimento a D. Pedro por sua decisão de ficar.

O presidente da Junta pernambucana recusou-se, no entanto, a enviar os representantes ao Conselho de Procuradores, aguardando decisão das Cortes sobre essa medida de D. Pedro. Ao responder a essa recusa pernambucana, o regente interessantemente se declarava, em portaria, que "achando-se á testa do Governo das Provincias Austraes do Brazil, e confiando que as Septentrionaes em breve se lhe haõ de unir...".[233] Também indicava que não havia incompatibilidade entre o Conselho e as Cortes, tendo em vista que o primeiro não seria destinado a "fazer leys". Posteriormente, Gervásio também reagiu negativamente à convocação da Assembleia-Geral Constituinte do Rio de Janeiro, dando mostras de distanciamento de D. Pedro.

Essa ambiguidade se manteve, desse modo, presente em todo o primeiro semestre de 1822, período crucial para o que se tornou a Independência do Brasil. O principal ponto para Gervásio, segundo Evaldo Cabral de Mello, não era a forma do governo que se discutia na época. Buscava-se para a província a autonomia para se governar, "com a competência de poder nomear, sem que ninguém possa impedir, a todos os empregos civis e militares".[234]

Um dos problemas de Gervásio e da Junta, no entanto, residia no fato de que tanto o Rio de Janeiro quanto Lisboa igualmente se mostravam contraditórios, ao longo de 1822, em lidar com a reorganização do Reino do Brasil. A saída do Batalhão do Algarve e a atuação de representantes pernambucanos em Lisboa criavam melindres contra os vintistas mais ferrenhos, como Borges Carneiro. Desconfiava-se nas Cortes dos rumos de Pernambuco, mesmo que a tendência do presidente da Junta pernambucana fosse mais para Lisboa do que para o Rio de Janeiro. Para as Cortes, as atitudes de Pernambuco foram gradualmente se aproximando do "facciosismo", retomando-se a memória da Revolução de 1817.

Também havia a questão temporal. Enquanto as Cortes arrastavam-se nos debates sobre como lidar com o tema brasileiro, a disputa entre

---

cada no *Correio Braziliense* de setembro de 1822, vol. XXIX, nº 172, p. 1. In: Brasiliana USP.
[233] Mencionada na mesma portaria de D. Pedro de 27 de maio de 1822.
[234] 2014, p. 77.

Lisboa e Rio de Janeiro intensificava-se e colocava pressão sobre todas as províncias, particularmente sobre Pernambuco. Por mais que o presidente da Junta pernambucana evitasse negociar com D. Pedro, mesmo em troca de concessões autonomistas, outras lideranças pernambucanas se aproximavam das promessas que vinham da capital carioca.

Foi nesse contexto que grupos da base urbana de Pernambuco começaram a se mobilizar em uma "facção unitária", que favorecia a aproximação com o regente, ainda que essa não dissesse respeito à Independência como se deu no 7 de setembro. Esses grupos eram parte da oficialidade, antigos revolucionários de 1817 e líderes da revolta de Goiana.[235] Eram apoiados por simpatizantes da Monarquia, tais como membros da magistratura. Os proprietários rurais, alijados do poder e potencialmente aliados do Rio de Janeiro, ainda levariam algum tempo para se posicionar. A vanguarda da aproximação com D. Pedro era urbana, e cooptou

> a aliança castrense-popular de dezembro e janeiro contra a tropa portuguesa, especialmente receptiva ao que, no projeto do Rio, satisfazia tanto o rancor antilusitano quanto o reflexo colonial que via na Coroa o contrapoder às dominações oligárquicas.[236]

No Rio de Janeiro, a situação pernambucana também preocupava o governo, que suspeitava ter Gervásio pretensões de "República" ou de "federação" das províncias em torno de Pernambuco.[237] O polo que se formava em torno de D. Pedro tinha consciência da posição estratégica desta província, por sua influência sobre as demais, por sua riqueza, pela capacidade de fornecer recursos, e por sua proximidade com a Bahia, onde já se estabelecera o principal ponto da resistência portuguesa.

José Bonifácio decidiu, então, enviar Antônio de Meneses de Vasconcelos Drummond à província, que lá permaneceu entre fevereiro a junho de 1822, a fim de trabalhar pela adesão pernambucana. Também foram enviados Manuel Pedro de Morais Mayer e Manuel Inácio Cavalcanti de Lacerda, ambos pernambucanos.[238] Foram feitas promessas a diferentes grupos, desde o respeito à propriedade rural contra amea-

---

[235] Evaldo Cabral de Mello, 2014, p. 86.
[236] Ibid., p. 87.
[237] Ibid., p. 77.
[238] Evaldo Cabral de Mello, 2014, p. 89.

ças dos escravos, até o restabelecimento de ordens abolidas pelas Cortes, passando por promessas de expulsão dos portugueses (apreciadas pelos nativistas). O ponto central era a promessa de autonomia para o governo local.

Mais tarde, o desembargador Bernardo José da Gama foi designado pela Câmara do Rio para a Relação do Recife, recebendo também a tarefa de obter a adesão das Câmaras pernambucanas.[239] Gama favorecia D. Pedro, mas era adversário de Bonifácio, o que significava que a disputa interna entre os grupos fluminenses que apoiavam o regente se espraiava para as províncias. A atuação de Bernardo da Gama, assim como de outros enviados, contribuiu para a adesão pernambucana à ideia do Império, mas ampliou o problema da incompatibilidade entre as aspirações autonomistas pernambucanas e o projeto unitário de D. Pedro. Os atritos entre esses dois projetos continuariam por todo o período.

Felisberto Caldeira Brant, que se encontrava em Londres, manteve correspondência com Gervásio Pires, tentando convencê-lo a optar pelo Rio de Janeiro. Brant aconselhou o presidente da Junta a aproximar-se do Rio de Janeiro:

> Terminada a guerra civil que os portugueses nos querem fazer e garantida a integridade do Brasil, que todos desejavam ver dividido, não pode haver a menor dúvida que cada uma das províncias há de ter sua particular administração (...) neste momento de crise o que sobretudo convém é a estreita reunião com o Rio.[240]

Desse modo, enquanto Gervásio estimava que o parecer da Comissão sobre Negócios do Brasil, em 18 de abril de 1822, parecia indicar que a autonomia viria de maneira mais fácil das Cortes do que do Rio de Janeiro,[241] as pressões dos unitários e dos partidários de D. Pedro aumentavam.

Uma terceira via, inclusive, poderia estar em gestação: não optar por nenhum dos lados. As ideias de Independência que circulavam em Pernambuco naquela época não eram necessariamente ligadas ao Rio de Janeiro. Havia, efetivamente, a chance de que a província buscasse seguir um caminho próprio, distante tanto do Rio de Janeiro quanto de Lisboa.

---

[239] Ibid., p. 96.
[240] Em 16 de junho de 1822. In: Evaldo Cabral de Mello, 2014, p. 100. Vide também Nizza da Silva, 2012, p. 11.
[241] Evaldo Cabral de Mello, 2014, p. 84.

Com o passar das semanas e com as notícias vindas do Rio de Janeiro, que indicavam a promessa de autonomia provincial, as pressões de diferentes setores em favor de D. Pedro foram se tornando abertas e se intensificaram as movimentações pró-Rio de Janeiro.

Durante reunião da Câmara do Recife, no Palácio do Governo, em 1º de junho de 1822, muitos populares e tropas se aglomeraram no entorno, enquanto ocorriam debates que resultaram em indicação clara de apoio a D. Pedro. No dia seguinte, foi aprovado apoio ao Rio de Janeiro, em uma linguagem que falava em união, mas também em autonomia e em direitos locais.[242] Ao recordar a evolução da política pernambucana, na Assembleia Constituinte do Rio de Janeiro, Bernardo da Gama[243] afirmou que

> foi publico que as tropas e Povo d'aquela Provincia, não podendo mais suportar a conducta ambígua do Ex-Governador e Gervasio Pires Ferreira por desobedecer tanto á Lisboa como ao Rio de Janeiro, tomarão a resolução de pegar em armas no 1º de junho, e de o obrigar a declarar-se aderido ao systema Brasilico (...).

O parlamentar também comentava que, mesmo assim, Gervásio resistiu à chegada do Decreto do Rio de Janeiro convocando a Assembleia Constituinte, mas a tropa "pegou em armas" para mandar fixar os editais. O governador de Pernambuco foi também acusado de perseguir os partidários do Rio de Janeiro nas semanas que se seguiram, ainda mostrando-se vacilante sobre a adesão.

A proclamação de apoio era, como se observa, condicionada. Seus requisitos voltariam a ser cobrados do Rio de Janeiro em fins de 1823, com a agitação política em Pernambuco e com a dissolução da Assembleia Constituinte A condicionalidade do apoio pernambucano fundamentaria a posição daqueles que defenderam a ruptura política com o Rio de Janeiro, em 1824. Não havia, portanto, homogeneidade entre as visões que fundamentavam a proclamação e o Rio de Janeiro. Não havia identidade comum, mas interesses que, naquele momento, convergiam, no entendimento de que demandas dos dois lados seriam atendidas.

---

[242] Ibid., p. 147.
[243] Ata da Assembleia Geral e Constituinte de 16/05/1823.

A sessão de 2 de junho, ao final, não marcou a opção pelo Rio de Janeiro. A decisão da Câmara foi anulada por Gervásio. Em 19 de julho de 1822, a Junta lançou proclamação ao povo às armas, para defender a província de qualquer investida militar, sem diferenciar as tropas de Lisboa ou do Rio de Janeiro.[244] O órgão provincial declarava considerar os conflitos na Bahia como um caso de "guerra civil".

Vieram, então, novas pressões contra a Junta, as quais, dentre outras, terminaram por provocar a demissão do governador de armas indicado por Lisboa. A agitação permanecia, surgindo, inclusive, a ideia da Convocação de uma Constituinte provincial, defendida com base nas contestações sobre a legitimidade da Constituinte convocada por D. Pedro.[245] Esse projeto foi fortemente combatido por Bernardo da Gama, que mobilizou a Câmara de Goiana (agora favorável ao Rio de Janeiro) e parte da tropa. As lutas entre as facções continuaram, ainda que, no Rio de Janeiro, a chegada de Felipe Neri, emissário pernambucano, tenha sido interpretada como confirmação da adesão da província.[246]

Na verdade, apenas em agosto de 1822, após notícias sobre a rejeição das Cortes ao parecer de 18 de março, sobre o Reino do Brasil, o grupo de Gervásio perdeu força e abriu espaço à mudança de rumo.[247] Em 26 de agosto foi finalmente aprovada a adesão ao Rio de Janeiro, ainda que a Independência, como ocorreu, ainda não estivesse declarada. Poucos dias depois, em 1º de setembro de 1822, em debate convocado pelo governo, decidiu-se pelo apoio, ainda limitado,[248] às tropas de D. Pedro lideradas por Labatut.

Indeciso entre os dois polos que disputavam a primazia do poder no Império português, Gervásio Pires acabou por perder o poder poucos meses depois, em novas agitações políticas lideradas pela facção unitária. O novo governo era francamente favorável a D. Pedro. Em 8 de dezembro de 1822, no mesmo dia da Batalha do Pirajá, na Bahia, foi finalmente anunciada a adesão pernambucana à Independência e ao Império.

Nem essa decisão resolveu as pendências ou as disputas políticas, que continuaram intensas, inclusive com riscos reais de fragmentação

---

[244] José Honório Rodrigues, 2002, p. 206.
[245] Evaldo Cabral de Mello, 2014, p. 102.
[246] Ibid., p. 104.
[247] Ibid., p. 105.
[248] Ibid., p. 207.

do Império. Mantinham-se vivas tendências pró-Lisboa ou anti-Rio de Janeiro, autonomistas radicais, republicanos, além de disputas fomentadas pelos diferentes grupos cariocas que disputavam, no Rio de Janeiro, a organização do Reino. Ainda no início do primeiro semestre de 1822, chegou a Recife Pedro da Silva Pedroso, revolucionário de 1817 posteriormente indultado pelas Cortes.[249] Inicialmente refratário a D. Pedro, Pedroso se aproximaria de Bernardo da Gama, contra a tendência unitária (promovida, no Rio de Janeiro, por Bonifácio). Ainda assim, foi nomeado governador das armas de Pernambuco, tornando-se um dos principais personagens das disputas locais que culminariam com a Confederação do Equador, em 1824.

Pernambuco teve ao menos uma vantagem nesse confuso processo de aproximação com o Rio de Janeiro: não mais contava, como mencionado acima, com a presença de tropas portuguesas que pudessem repetir o que se passou na Bahia. Pouco antes da decisão de D. Pedro de "ficar", as autoridades pernambucanas haviam obtido, em fins de 1821, a retirada do Batalhão do Algarve. A busca dos habitantes da província pela autonomia não era compatível com a presença dessas tropas. Nos últimos capítulos de suas memórias, Luiz do Rego acusa os revoltosos de Goiana de, desde o princípio, terem trabalhado por sua expulsão e pela do Batalhão.[250]

As tropas baianas que haviam apoiado Luiz do Rego partiram logo após o fim do confronto com Goiana. O Batalhão do Algarve, ou 2º Batalhão, estava anteriormente previsto para também embarcar e ser posteriormente substituído, como já haviam determinado as Cortes lisboetas. Esse processo de saída contou, porém, com a resistência de muitos portugueses que residiam na província. À notícia de seu embarque, em 29 novembro de 1821, circulam fortes rumores de que prisioneiros seriam também levados nos navios. Surgiram desentendimentos entre soldados dos Batalhões dos Henriques e do Algarve, com tiros disparados de lado a lado. A cidade se mobilizou para obrigar o embarque, que foi feito no mesmo dia, tendo os soldados recebido três meses de soldo adiantados. Essa condição, financiada pela província, foi essencial para a partida.

---

[249] Evaldo Cabral de Mello, 2014, p. 108.
[250] "O objetivo dos levantados era, sem modificação alguma, entrarem no Recife á mào armada, estabelecerem ali hum Governo á sua feição, principiando desde logo as suas medidas por embarcar-me, e ao Batalhão do Algarve". 1822, p. 64.

Nas semanas seguintes, muitos portugueses ligados a Luiz do Rego deixaram Pernambuco em direção à Bahia. Mareschal registra, em 16 de novembro de 1821, que mais de 500 europeus haviam deixado Recife,[251] junto com a saída do Batalhão do Algarve, como se verá abaixo.[252] Outros ainda se viram animados com a chegada, em 24 de dezembro de 1821, do governador de armas José Maria de Moura, que tinha consigo algumas tropas.[253] Surgiram, como aponta José Honório Rodrigues, temores de que os militares chegavam para sufocar os movimentos brasileiros, com a volta de Luiz do Rego. Novas mobilizações populares aconteceram, novos confrontos e mortes se registraram, após um sargento português abrir fogo contra a população.[254] Após debates, a Junta pernambucana deliberou por não aceitar o desembarque das tropas que ainda se encontravam nos navios portugueses. Foram pagos novos soldos, para que as tropas partissem.

Como visto na seção anterior, Pernambuco também resistiu, em fevereiro de 1822, ao desembarque de tropas que vinham ao Brasil substituir a Divisão Auxiliadora, parte das quais deveriam ser desembarcadas na província. Essa medida evitou que a situação da província seguisse o mesmo curso da Bahia, caso no qual teria sido muito difícil a D. Pedro unificar o Nordeste às "Provincias Colligadas". As mobilizações militares na província, ao mesmo tempo, ofereceram ao príncipe regente a oportunidade de utilizar-se dessa tropa já preparada para a guerra que se desenrolaria em território baiano.

A situação instável da província, a ausência de tropas portuguesas, a atitude das Cortes portuguesas – que provocaram uma reaproximação com o projeto do Rio de Janeiro – e as negociações levadas a cabo por emissários do Rio de Janeiro lograram, por fim, obter o mencionado apoio da província em favor de D. Pedro.

---

[251] In: Figueira Mello, 1914, p. 231.
[252] O diplomata austríaco mantinha, em fins de 1821, opinião ainda favorável a Luiz do Rego, estimando que as Cortes, "após ter começado o incêndio por meio dos decretos revolucionários, privam o partir do português de seu apoio, no momento de ainda maior perigo". O diplomata austríaco também avalia ser inconcebível como as Cortes conseguiram em tão pouco tempo "desorganizar inteiramente o país e criar uma raiva profunda contra o nome português e um espírito de independência que creio impossível segurar por muito tempo" In: Figueira Mello, 1814, p. 228.
[253] Rodrigues, 2002, p. 195.
[254] Ibid., p. 196.

O movimento pernambucano em direção ao príncipe não foi, portanto, semelhante àquele ocorrido em Minas Gerais ou em São Paulo. Requereu mais tempo para se concretizar na plena adesão, a qual muito se relacionou com as promessas feitas em favor da autonomia provincial. Entre Lisboa e o Rio de Janeiro, como apontam Otávio Tarquínio de Souza[255] e Maria do Socorro Ferraz Barbosa,[256] Pernambuco continuou a tentar ganhar tempo, manteve-se ambíguo, "jogando com pau de dois bicos", conforme a expressão utilizada por José Bonifácio na época.[257] Isso sem contar a hipótese de que uma terceira via, longe tanto do Rio de Janeiro quanto de Lisboa, estivesse em cogitação.

Não havia, nessa aproximação, sentimento natural de vinculação com o príncipe, calcado em uma ideia de nação brasileira anterior:

> Entre os dois centros de poder, a Junta presidida por Gervásio Pires prestigiou, em todos os seus atos, as cortes, o rei, enfim, Lisboa; entretanto, sentia-se desamparada na sua política contrária à Independência defendida pelo Rio de Janeiro. Da província saíam tributos que alimentavam os cofres para pagamento da polícia e da iluminação do Rio de Janeiro. Os grandes proprietários não eram atingidos por essa política de arrocho fiscal. Talvez seja compreensível a retirada do apoio da elite secundária, constituída pelos pequenos e médios proprietários, ao governo Gervásio Pires. Sem o suporte de Lisboa, este grupo passou a apoiar o Rio de Janeiro. Contando apenas com os comerciantes, Gervásio Pires se tornou alvo fácil da política do Rio de Janeiro e de eventuais motins dos militares.

O apoio a D. Pedro contra as Cortes tampouco significou o fim dos atritos entre Pernambuco e o Rio de Janeiro. Os conflitos entre centralistas e autonomistas continuaram, mesmo que a aproximação marcasse certa conformação com o projeto do Rio de Janeiro.[258] O Rio de Janeiro teve dificuldades em exercer seu poder na província, até porque durante meses os esforços de D. Pedro e da própria província estavam concentrados na guerra nacional em curso na Bahia. Tanto Mareschal,[259]

---

[255] 1988, p. 149.
[256] 2008, p. 122.
[257] In: Otávio Tarquínio de Sousa, 1988, p. 149.
[258] Santos da Silva, 2006, p. 349.
[259] Mareschal escreve, em 14/05/1823, sobre Pernambuco: *Cette Province est toujours dans un état de désordre; une faction succède à l'autre et elles s'accusent réciproquement, les Gama*

quanto Condy Raguel, cônsul dos EUA no Rio de Janeiro,[260] reportaram a fragilidade política da situação pernambucana, assim como o diário pró-Lisboa *O Conciliador do Maranhão*, que em 15 de março de 1823 registrava: "alli (em Pernambuco) a desordem já náo he entre Constitucionaes, e Independentes: nem entre Europeos e Brasileiros; mas sim entre a populaça de côr, e os brancos de qualquer naturalidade (...)"

O período pós-Independência, adicionalmente, foi marcado por um distanciamento crescente entre a promessa de autonomia provincial apresentada por D. Pedro na convocação da Assembleia Constituinte (principal elemento de aproximação de Pernambuco com o Rio de Janeiro) e a centralização prática que ocorreu ao longo do período de unificação do Brasil. As contradições no apoio político pernambucano ao imperador ficaram patentes nos debates da Assembleia Constituinte do Rio de Janeiro e nas disputas de poder na província, narradas com pormenor por Evaldo Cabral de Mello.[261] Transformaram-se em conflito aberto, em 1824, com a Confederação do Equador, movimento que, em conjunto com as revoltas do mesmo período no Maranhão e no Pará, ameaçou a unidade brasileira que há poucos meses havia sido conquistada pelo novo imperador. A instabilidade política permaneceu, portanto, viva ao longo de 1822-1824, como se verá no capítulo VIII.

Apesar de todos os problemas, Pernambuco terminou por fornecer apoio logístico e militar determinante para a vitória das forças brasi-

---

ont été remplacés par les Albuquerques que dans ce moment occupent exclusivement toutes les places de quelque importance ; toutes ces factions reconnoissent l'Empereur, mais aucune n'obéit ; cette ordre de choses durera tant que l'expsulsion des Portugais de Bahia ne permettra point de s'occuper plus sérieusement de ce point important, et tant que la forme des Gouvernemens Provinciaux ne sera point changée ; heureusement l'intérieur de la Province est tranquile et ne prend point de part aux désordres de la Capitale. In: Mareschal, RIHGB, 1976, p. 205.

[260] *From Pernambuco we learn that the place is in a very unsettled state, and that the authorities have refused to receive the new Governor sent by the Empereour, and to execute the decree confiscating Portuguese property. I am also informed by an American who was lately at the headquarters of General Labattut near Bahia. that wTien some reinforcements were sent to that officer from Pernambuco, he was given to understand, that they were to be considered as sent for the purpose of assisting to extirpate the Portuguese from Brasil, and amounting to no pledge to stand by the existing system. It is also thought that the besieging army, after they shall have succeeded in taking Bahia, will be found to advance sentiments towards the Emperour very different from those, which have been professed, whilst they stood in need of his money, arms and troops, and in fact unless the doctrines and principles of "The Holy Alliance," which have been to a certain extent adopted here, be abandoned, it will require no prophet to foretell the results.* Ofício de 8 de março de 1823. In: Manning, 1925, p. 754.

[261] 2014.

leiras no Nordeste e participou ativamente da guerra na Bahia, desde pelo menos a chegada de Labatut à província, em 29 de agosto de 1822. Gervásio resistiu ao pedido do regente de apoiar a expedição que chegava do Rio de Janeiro, temendo que as ações militares pró-Cortes se estendessem da Bahia para Pernambuco. Foi pressionado pelo Grande Conselho, concordando enfim com o fornecimento de víveres e pequeno número de soldados. A mudança de tendência, pró-Rio de Janeiro, gradualmente aumentou esse apoio.

Ao final, com tendências independentistas, ainda que não ligadas ao que se passava no Centro-Sul, a província acabou vinculando seu destino ao do Rio de Janeiro ao entrar em confronto com as Cortes portuguesas por seu apoio a Labatut, as quais passaram a qualificar os pernambucanos de "facciosos".[262] Por sua posição estratégica no Reino, uma vitória portuguesa na Bahia e, na sequência, em Pernambuco, teria praticamente garantido todo o Norte-Nordeste ao polo de Lisboa. A província tendia a se tornar, assim, o alvo principal das forças portuguesas, caso fossem resolvidos os problemas na Bahia, como sugere Caldeira Brant a Gervásio Pires, na já citada carta de 11 de junho de 1822.[263]

Essa ameaça também foi relatada pelo próprio Labatut, que em 9 de janeiro de 1823 enviou ofício à província, na qual menciona arranjos da esquadra portuguesa para o bloqueio de Recife, ação que seria o prelúdio da chegada de nova expedição militar enviada pelas Cortes (o tema será retomado no capítulo VI). O comandante das forças brasileiras recomendava que as autoridades pernambucanas se acautelassem e tomassem as medidas convenientes.[264]

Penambuco foi o último elemento-chave da formação do polo do Rio de janeiro. Em meio às dificuldades políticas de diferentes graus e

---

[262] Pernambuco foi rotineiramente apontada pelos deputados em Lisboa como exemplo maior da ameaça "facciosa" vista no Brasil. Vide, por exemplo, Parecer da "Comissão das Infracções de Constituição" das Cortes Ordinárias de Lisboa, em janeiro de 1823: "de quantas Provincias do Brazil, fora do alcance do Rio de Janeiro, derão exemplos de rebelião, nenhuma o há dado tão escandaloso e temporão como Pernambuco". In: *Diário do Governo*, nº 10, 11 de janeiro de 1823. In: *Diário do Governo de Lisboa*, p. 59.
[263] "De certo o primeiro ataque (dos soldados portugueses que seriam mandados por Lisboa para a Bahia) será sobre Pernambuco e a cabeça que mais se deseja cortar é a de V. Exa.". In: Nizza da Silva, 2004, p. 11.
[264] *Diário da Junta do Governo*. Pernambuco, nº 1, 8 de fevereiro de 1823. In: Biblioteca Brasiliana e Guita José Midlin, http://www.brasiliana.usp.br/bbd/handle/1918/06003410 (acesso em 19/05/2014).

natureza, o Rio de Janeiro mobilizou-se contra as Cortes apoiado por seus aliados mineiros, paulistas, gaúchos e, em menor escala, pernambucanos. A base de D. Pedro, como se vê, era pouco sólida e não se relaciona com a imagem tradicional da historiografia, segundo a qual as províncias teriam natualmente se posicionado a favor do Rio de Janeiro, que representava uma nação brasileira já constituída.

Do lado contrário às "Províncias Colligadas", estavam principalmente Pará, Maranhão, Piauí, Bahia e, na Cisplatina, a cidade de Montevidéu. Nos dois primeiros casos, como já visto anteriormente, o partido das Cortes era muito mais forte, sendo o posicionamento dos habitantes "diretamente ligado à noção de fidelidade ao Império português",[265] tendo mantido essa posição até os ultimatos e as mobilizações militares, no segundo semestre de 1823. O parecer da "Comissão de Infracções de Constituição" do Parlamento lisboeta registrou, em janeiro de 1823, seu "louvor" às províncias do Maranhão e Piauí, por resistirem ao Rio de Janeiro. No caso do Maranhão, mencionava a Comissão terem sido rejeitadas as iniciativas de emissário de D. Pedro, "que lá foi convidar os Povos para a guerra civil".[266]

Piauí (em conjunto com Maranhão e Pará) e Bahia foram os principais palcos da disputa política e militar no Norte-Nordeste. Antes de a guerra se iniciar, essas províncias já viviam intensamente as atribulações políticas do período. A Bahia, desde o início do vintismo, era ponto determinante dos rumos do Brasil, junto com o Rio de Janeiro. O Piauí, como também já apresentado, era centro estratégico de passagem no Norte-Nordeste, além de importante abastecedor de carnes. As duas províncias se viram fortemente divididas, não havendo apenas opção unânime pelo Brasil.

Nas demais províncias do Reino do Brasil, situações conflitivas apareceram, dando conta da agitação política em que se encontrava o território português. Não existiu apenas uma tendência nesses territórios, ao contrário do que a historiografia tradicional aponta e qualifica como exemplo de uma brasilidade preexistente.

---

[265] Sena, op. cit., p. 5. Um exemplo de expressão de apoio às Cortes pode ser encontrado, também, em XAVIER, Manoel António, "Memória sobre o Decadente Estado da Lavoura e Comércio da Província do Maranhão e outros ramos públicos, que obstão à prosperidade e aumento de que é susceptível". In: *Revista do Instituto Histórico e Geográfico Brasileiro*, n° 231, abril-junho de 1956. In: http://www.ihgb.org.br/rihgb.php?s=20 (acesso em 05/12/2013), p. 305.

[266] In: *Diário do Governo*, n° 10, 11 de janeiro de 1823. In: *Diário do Governo de Lisboa*, p. 59.

No Ceará,[267] Paraíba, Alagoas e Rio Grande do Norte, a adesão a D. Pedro ocorreu paralelamente ao caso pernambucano. Essas províncias também se mostraram indecisas e convulsionadas,[268] como se passava em todos os cantos do Reino.

Em Alagoas, ainda em fevereiro de 1822, a Junta Provisória reiterou sua adesão a Lisboa, com informação de que a província estava no maior

> socego, e na mais perfeita harmonia, sem que até agora, depois que se soavão n'ella os Echos da nossa Incomparavel, e Glorioza Regeneração se tinhão manifestado aquelles sintomas maléficos, e assustadores, que de ordinário costumam assaltar o Corpo social nas tranzições de um para outro sistema.[269]

Em maio-junho de 1822, a Junta alagoana ainda se recusava a cumprir as ordens de D. Pedro[270] e sustentava que a província estava tran-

---

[267] Sobre a evolução da política cearense ao longo do ano de 1821, artigo de Braz da Costa Rubim, apesar do tom nacionalista brasileiro típico da metade do século XIX, é útil registro sobre os acontecimentos da Revolução do Porto e da relação com D. Pedro. Rubim registra levantamento militar em 14/04/1821, para pressionar o governador a jurar a Constituição, o que ocorre em 18/04/1821. Segue-se o mesmo padrão de instabilidades políticas, com distanciamento da província com o Rio de Janeiro. Esse processo é revertido ao longo de 1822. In: RUBIM, Braz da Costa. "Memoria sobre a Revolução do Ceará em 1821". In: *Revista do Instituto Histórico e Geográfico Brasileiro*. Tomo XXIX, parte Segunda, 1866. In: http://www.ihgb.org.br/rihgb.php?s=20 (acesso em 05/12/2013).

[268] Ofício da Legação espanhola de 12/07/1821, de José Maria de Pando a D. Eusebio de Bardaxi y Azara, regista-se que no Rio de Janeiro "reina la mayor confusion y que el Principe Real está completamente desacretitado", ao passo que no Ceará "no se havia procedido a celebrar las elecciones por temor de movimento de las facciones (...) Gran numero de personas huyen de aquel suelo, temerosas de las convulsiones que se aguardan". In: "Nos Archivos de Hispanha, relação dos manuscriptos que interessam ao Brasil". Organizada por Pedro Souto Maior. In: *Revista do Instituto Histórico e Geográfico Brasileiro*. Tomo nº 81 (1917), 1918. In: http://www.ihgb.org.br/rihgb.php?s=20 (acesso em 05/12/2013), p. 224.

[269] OFÍCIO da Junta Provisional do Governo da província de Alagoas ao presidente do Congresso Nacional sobre o cumprimento do decreto relativo à eleição do novo governo da província, ao sossego e à tranquilidade pública, e à aderência ao sistema constitucional. Em 7 de fevereiro de 1822. In: Arquivo Histórico Ultramarino – Projeto Resgate, AHU_ACL_CU_004, Cx. 7, D. 504.

[270] OFÍCIO da Junta Provisional do Governo da província de Alagoas ao presidente do Congresso Nacional a enviar cópia de decretos do príncipe regente do Brasil, D. Pedro, relativos ao alistamento de voluntários nas tropas de linha e ao Conselho de Estado no Rio de Janeiro composto pelos procuradores-gerais das províncias, que a mesma Junta não deu cumprimento por estarem em contravenção com o poder legislativo das Cor-

quila e em apoio às Cortes.²⁷¹ A situação seria revertida em meados de junho de 1822, com a mudança da posição alagoana em prol de D. Pedro, ainda que mantendo a fidelidade a D. João VI.²⁷²

Também na Paraíba houve tumultos e desordens. Ao contrário do Rio de Janeiro, a província cumpriu o decreto de 29 de setembro das Cortes e procedeu à eleição de nova Junta de Governo, em fevereiro de 1822. Na informação sobre o pleito,²⁷³ a Junta paraibana reafirmava sua fidelidade a D. João VI e às Cortes. Relatava, porém, tumulto na tropa de linha da província, motivado por disputa entre comandantes militares, que tinha descambado em princípio de revolta. Na opinião da Junta paraibana, a revolta fora causada pelos "inimigos da Ordem, das Cortes e de El'Rey", motivados pela ordem de 8 de dezembro de 1821 (eleição da Junta Governativa), os quais, ainda que em número pequeno, haviam ganhado adesão de parte da tropa. A Junta tentou recorrer a Pernambuco, o que não foi possível, pois, segundo o relato, Pernambuco se encontrava na "maior convulsão, e desordem", e já em "guerra civil".

A revolta terminou por se amainar, mas a agitação continuou, com revoltas em outras localidades e muitas disputas políticas. Em março, a Junta registrava um "amplo movimento a favor da Independência",²⁷⁴

---

tes Constituintes. Obs.: ofício nº 1. Anexo: decretos e ofício (cópias) 6 de maio de 1822. In: Arquivo Histórico Ultramarino – Projeto Resgate, AHU_ACL_CU_004, Cx. 7, D. 509.
²⁷¹ OFÍCIO da Junta Provisional do Governo da província de Alagoas ao presidente do Congresso Nacional sobre o sossego e tranquilidade pública da província e a aderência ao sistema constitucional. Em 22 de junho de 1822 In: Arquivo Histórico Ultramarino – Projeto Resgate, AHU_ACL_CU_004, Cx. 7, D. 516.
²⁷² OFÍCIO da Junta do Governo Civil e Militar da província de Alagoas ao secretário de estado do Reino [Filipe Ferreira de Araújo e Castro] a enviar cópia das actas sobre a aclamação solene do príncipe D. Pedro de Alcântara por Regente e Perpétuo Protector e Defensor do Brasil de modo a evitar-se uma guerra civil e demissões de empregados públicos europeus civis e militares que se transportam para Lisboa. Em 11 de julho de 1822 In: Arquivo Histórico Ultramarino – Projeto Resgate, AHU_ACL_CU_004, Cx. 7, D. 519.
²⁷³ Conforme relata a própria Junta em "CARTA da Junta Provisória do Governo da Paraíba, ao rei [D. João VI], sobre a eleição e composição dos membros da dita Junta; e sobre ter pedido ajuda a Pernambuco para dar cabo ao tumulto que se desencadeou no Batalhão de Infantaria de Linha contra o seu comandante e ajudante". Em 6 de fevereiro de 1822. In: Arquivo Histórico Ultramarino – Projeto Resgate, AHU_ACL_CU_014, Cx. 50, D. 3459.
²⁷⁴ CARTA da Junta Provisória do Governo da Paraíba, ao rei [D. João VI] sobre o amplo movimento político existente na Paraíba e Pernambuco, contrário ao governo Constitucional e a favor da independência. In: Arquivo Histórico Ultramarino – Projeto Resgate, AHU_ACL_CU_014, Cx. 50, D. 3470.

dizendo, ao mesmo tempo, que a maior parte do povo permanecia fiel a Lisboa. Essa tendência independentista, no entanto, não se relacionava com o Rio de Janeiro (recordando-se, ainda, que em março, no próprio Rio de Janeiro, ainda não estava formada por completo a causa da Independência), que praticamente não é mencionado no documento da Junta paraibana. A causa independentista, ali, era influenciada e seguia o caso pernambucano, como reconhecia a própria Junta, que registrava também a mobilização de indígenas. Houve ações do comandante das armas para tentar impedir os tumultos, sem sucesso.

Em abril de 1822, a situação paraibana se agravou, influenciada pela crescente separação entre partidários de Lisboa e do Rio de Janeiro em Pernambuco. Só nesse momento entrava em cena a causa do Rio de Janeiro, com decretos do príncipe regente sendo recebidos na província.[275] A Junta registrava que muitos europeus se portavam como "superiores" sobre os "brasileiros", o que agravava a agitação política. O tom da comunicação, apesar da reiteração de fidelidade, já era outro, e mostrava tendência de distanciamento de parte dos paraibanos de Lisboa. O caminho não seria, no entanto, rápido. Aos poucos, seguindo as influências de Pernambuco e em meio ao conflito que já engolfava toda a região, a Paraíba moveu-se em direção ao Rio de Janeiro. A província terminaria por contribuir nas operações militares no Norte-Nordeste, inclusive com tropas.

O caso cearense, de sua parte, será pormenorizado no capítulo VI, pela influência que teve sobre a situação no Piauí. Vizinhas das províncias mais ativas (Maranhão, Pernambuco, Bahia), as regiões do Norte-Nordeste foram muito influenciadas por essas províncias.[276] O apoio a D. Pedro tardou em muitos desses casos, sendo a Independência brasileira reconhecida pelo Ceará, Alagoas e Rio Grande do Norte, apenas no início de 1823.

---

[275] CARTA da Junta Provisória do Governo da Paraíba, ao rei [D. João VI], remetendo dois decretos do príncipe regente e informando do desgosto que assola a Paraíba, por temer o retorno ao antigo sistema colonial; e das rivalidades crescentes entre brasileiros e europeus, principalmente em Pernambuco. Em 2 de abril de 1822. In: Arquivo Histórico Ultramarino – Projeto Resgate, AHU_ACL_CU_014, Cx. 50, D. 3473.
[276] A "Comissão de Infracções da Constituição", do Parlamento português registra, em janeiro de 1823, a opção dessas Províncias pelo Rio de Janeiro. In: *Diário do Governo*, nº 10, 11 de janeiro de 1823. In: *Diário do Governo de Lisboa*, p. 59 e 60.

A situação de Sergipe encontrava-se, essencialmente, ligada à da Bahia, de quem havia se separado, para se tornar província, apenas em 8 de julho de 1820. Fora, poucos meses depois, necessária inclusive a utilização de tropas provenientes de Salvador para alcançar a adesão da jovem província à Revolução. Foram realizadas prisões, inclusive do governador da província, Carlos Cezar Burlamaque, levado a Salvador e solto 30 dias depois.[277] Após essas ações, a adesão sergipana fora garantida, porém, sem se alcançar a estabilidade política e social.

Passados os meses e agravado o conflito entre Lisboa e o Rio de Janeiro, Rio Branco anota na obra de Varnhagen[278] que o brigadeiro Pedro Vieira tentou juntar forças "para disputar o passo em Vila Nova, ao sul do São Francisco", em favor dos portugueses. Foi impedido por forças comandadas por Labatut, que se encontrava no trânsito em Pernambuco, para atacar a Bahia. Numa operação militar, portanto, garantiu-se a adesão de Sergipe ao Rio de Janeiro. Mesmo com a adesão, entretanto, sua situação manteve-se precária ao longo de todo o período da guerra, estando a província, assim como suas vizinhas, entre os dois grandes teatros de operação do Piauí e da Bahia.

Ao final, todas essas províncias participaram ativamente do esforço de guerra, com soldados, suprimentos e, no já mencionado caso do Ceará, com parte de seu território envolvido nos combates concentrados no Piauí, os quais também incluíram as incursões no Maranhão. Toda a região estava inserida, assim, nas operações militares.

Em outras regiões a situação foi parecida. Em Goiás, existia divergência entre a comarca do Sul e a comarca do Norte.[279] O sul goiano era parte da zona de influência do Rio de Janeiro, ao passo que o norte aproximava-se, por suas relações sociais e econômicas, do Pará e da Bahia. Ao longo de 1821-1822, as notícias dos acontecimentos em outras regiões repercutiam na província e motivaram tentativas de golpe contra o governador das armas. Houve, inclusive, movimento separa-

---

[277] Vide "Memoria histórica, e documentada dos sucessos acontecidos em Sergipe de El-Rei, sendo Governador daquela Provincia Carlos Cezar Burlamaque, que a foi criar, em independente, e separada totalmente da Bahia por decreto de sua Magestade Fidelissima de 8 de julho de 1820, e carta patente de 25 do mesmo mez e anno". In: Carvalho et al., 2014, vol. 4, p. 349.
[278] 2002, p. 273.
[279] Martha Vieira, 2012, p. 225.

tista da comarca do Norte, em setembro de 1821, pelo qual se procurava estabelecer um governo autônomo.

O decreto das Cortes de setembro de 1821, que estabeleceu as Juntas Provisórias e o cargo de governador das armas, ampliou a instabilidade política.[280] Criou, em Goiás, uma fricção entre os setores civil e militar, em momento de crise de autoridade. A província pendeu, por fim, por D. Pedro, mas a situação permaneceu instável ao longo de 1822. Em 1823, foi necessário o envio de um novo governador de armas, o general Cunha Mattos, "para proteger as fronteiras e inibir o avanço de ideias e de tropas militares que pudessem ameaçar a autoridade do Príncipe Regente e o projeto de unidade do território brasileiro".[281]

Mato Grosso passou por conflito semelhante ao de Goiás, entre as duas tendências derivadas das influências do Norte e do Sul, respectivamente entre Vila Bela e Cuiabá. A primeira continuava a favor de Lisboa, ao passo que Cuiabá favoreceu D. Pedro, apesar de oposições dentro mesmo da cidade.[282] As Cortes de Lisboa registram, ainda em 6 de agosto de 1822, a renovação do juramento, em favor de Lisboa, do governador das armas de Mato Grosso, Antonio José Claudino de Oliveira Pimentel.[283] A adesão da província ao Império foi recebida no Rio de Janeiro apenas em janeiro de 1823, mas a divisão da província se manteve até agosto do mesmo ano, quando a adesão de Vila Bela ao Império permitiu um governo de união.

Também no Espírito Santo observaram-se movimentações políticas, com forte tendência a D. Pedro. *O Diário do Governo de Lisboa* registrou, em 19 de janeiro de 1823, informação da nomeação do coronel Joaquim de Sousa Pizarro como governador de armas daquela província. Pizarro viajaria ao Espírito Santo para tomar posse, mas, ainda na Bahia, recebeu a informação de que a província aderira ao Rio de Janeiro. O militar resolveu, então, permanecer na Bahia e aguardar instruções de Lisboa.[284] No *Diário do Governo de Lisboa*, de 6 de fevereiro 1823, por fim, foi informado que a província havia nomeado Joaquim Xavier Curado como seu procurador no Rio de Janeiro, passando,

---

[280] Vieira, ibid., p. 226.
[281] Ibid., p. 226.
[282] In: Rodrigues, 2012, p. 181.
[283] Ata das Cortes Gerais de 06/08/1822.
[284] *Diário do Governo*, nº 25, 19/01/1823, p. 176.

assim, a ser incluída no rol das províncias "dissidentes" do Governo de Lisboa.[285]

Das dezoito províncias do Reino do Brasil à época da Independência, portanto, apenas quatro (São Paulo, Minas Gerais, Rio de Janeiro e Rio Grande do Sul) apoiaram D. Pedro de maneira imediata, ainda no início de 1822, enquanto duas, Maranhão e Pará, se mantiveram oficialmente do lado das Cortes durante todo o período, apesar dos conflitos internos. As demais províncias, enfrentando disputas políticas internas, foram aos poucos favorecendo o Rio de Janeiro, por interesse ou por pressão. Praticamente todas elas se viram posteriormente envolvidas na continuação da guerra, que se concentrou geograficamente em quatro províncias estratégicas: Bahia, Piauí–Maranhão e Cisplatina.

Cada província do Reino do Brasil, desse modo, sofreu com a radicalização do processo político, desde fins de 1820 (em lugares como Pernambuco, o processo era anterior), e aos poucos foi se afunilando, no ano de 1822, na exigência de optar pelo Rio de Janeiro ou por Lisboa. Os projetos dos dois polos em disputa englobavam todo o Reino, ainda que a disputa chegasse, em muitos casos, de fora e se aglutinasse a questões locais e regionais.

---

[285] *Diário do Governo*, n° 34, 06/02/1823, p. 234.

DA REBELIÃO À INDEPENDÊNCIA

O confronto político que, vonluntariamente ou não, resultou na Independência do Brasil começou com os decretos das Cortes de 29 de setembro de 1821, que empurraram Dom Pedro e setores da elite centro-sulina a se unirem Essa união foi simbolizada pelo Fico. Seguiram-se atos militares de resistência e expulsão da Divisão Auxiliadora e rechaço da esquadra do almirante Maximiliano. Na medida em que essas duas dimensões, política e militar, foram se desenvolvendo ao longo de 1822, os atos e a linguagem de D. Pedro se tornaram mais assertivos, mais diretos. Não foi apenas o discurso do regente que passou a tratar abertamente do conflito com as Cortes e da avaliação de que D. João VI se encontrava incapaz de agir.[286] Negociações políticas, propaganda, medidas de construção e de uso de Forças Armadas se juntam às palavras.

Gradualmente, D. Pedro construiu sua posição como polo de poder e figura central de projeto de união do Reino do Brasil em torno do Rio de Janeiro. Em teoria, seu discurso atingia todo o Reino. Era a pretensão que o herdeiro da Coroa tinha de governar todo o território americano, do qual era regente. Na prática, o alcance de D. Pedro ficaria por meses circunscrito aos limites das "Provincias Colligadas". Mesmo nessas havia problemas, como no caso mencionado da viagem do regente a Minas Gerais, a fim de debelar potencial revolta na província.

---

[286] Em instrução a Felisberto Caldeira Brant, de 12/08/1822, Bonifácio lista dentre os motivos das medidas adotadas por D. Pedro "considerar Sua Majestade El-Rei o sr. d. João Vi em estado de coação e cativeiro, sendo por isso indispensável que S.A.R. tente salvá-lo deste afrontoso estado de péssimo exemplo às dinastias estrangeiras". In: *Cadernos do CHDD*, 2008, p. 20.

Um dos temas que movimentavam a política no Reino, nesse contexto, foi a convocação do Conselho de Procuradores. Como visto anteriormente,[287] a criação dessa instância e a posterior convocação da Constituinte eram vistas por partidários do Rio de Janeiro como decorrência natural da entidade jurídica do Reino do Brasil. O argumento foi ganhando força à medida que o conflito se ampliava nas Cortes.

Em comunicação à Junta Provisória de Pernambuco, Bonifácio explicava que o Conselho

> fora criado não para fazer leis, porque estas eram da competência exclusiva da assembleia dos representantes da nação, 'mas para julgar as que se fizessem nas Cortes de Lisboa, onde por desgraça sobejas vezes se entende que sem distinção pode servir no Brasil a legislação acomodada ao terreno de Portugal'.[288]

A convocação do Conselho de Procuradores pode ser vista como medida pela qual o Rio de Janeiro colocava-se como intermediário entre Lisboa e o resto do Reino do Brasil. Tentava posicionar-se, naquele momento, como o centro político único do Reino do Brasil, ainda ligado a Lisboa, apesar do crescente clima de confrontação entre D. Pedro e as Cortes. Mesmo no decreto do "Cumpra-se", de 4 de maio 1822, é possível notar que o conflito entre Lisboa e Rio de Janeiro não significava a ruptura do diálogo. A medida reforçava a posição do príncipe de intermediário do Reino com a nação portuguesa, ao determinar que apenas as medidas das Cortes chanceladas pelo regente teriam validade no Reino. As Cortes de Lisboa ainda permaneciam como ponto de origem das leis.

Nova medida veio em maio de 1822. Da maçonaria – ponto de encontro e de negociação de boa parte do processo político que se desenrolou no Rio de Janeiro – partiu a ideia de proclamar D. Pedro "Protetor e Defensor Perpétuo do Brasil". O título significava, na prática, que o regente se tornava "Generalíssimo" das tropas que lhe eram fiéis,

---

[287] Vide, por exemplo, a citada "Carta ao Sachristão de Tambi, sobre a necessidade da reunião de Cortes no Brasil". In: Carvalho et al., 2014, vol. 1, p. 477.
[288] VINHOSA, Francisco Luiz Teixeira. "Administração Provincial em Minas Gerais". In: *Revista do Instituto Histórico e Geográfico Brasileiro*. A. 160, número 403, abril-junho de 1999. In: http://www.ihgb.org.br/rihgb.php?s=20 (acesso em 16/11/2013), p. 280.

rogando a si o papel de chefe militar do projeto encampado pelo Rio de Janeiro. Assim interpretava o representante diplomático britânico,[289] para quem o título e os posteriores decretos de agosto sobre as tropas portuguesas (a serem tratados mais abaixo) mostravam o desejo de D. Pedro de assumir esse papel militar.

Para Armitage,[290] o estabelecimento desse título relacionou-se com a chegada de notícias de além-mar sobre instruções do governo português a seus consulados, para impedir a exportação de armamentos e munições para o Brasil. Segundo o autor, a medida teria sido recebida pelos brasileiros como "uma declaração de guerra". A data escolhida para a nomeação de D. Pedro como Defensor Perpétuo, o 13 de maio de 1822, coincidia com o aniversário de D. João VI, adquirindo, além de apoio ao regente, a simbologia de apoio à Coroa e contra as Cortes.

José Maria Lisboa opôs-se à ideia, temeroso de que pudesse ser interpretada como uma "agressão" pelas Cortes. Maria Lisboa não se equivocava dos riscos da interpretação que se faria em Portugal. Em Lisboa, como explorado no capítulo anterior, essas atitudes brasileiras eram inseridas na visão portuguesa de ver as medidas do Rio de Janeiro como "facciosismo", dissidência. O título de "Defensor Perpétuo", ao final, procurava reforçar a unidade do Reino em torno de D. Pedro e enviar mensagem de força contra as Cortes.

A disputa política agora se acelerava. Ainda naquele mês de maio de 1822, outras notícias de Lisboa e das províncias (especialmente da Bahia), conjugadas com a própria implantação do projeto do Rio de Janeiro, agravaram a situação. No mesmo 4 de maio, chegam ao Rio de Janeiro despachos das Cortes Gerais, dentre os quais se incluía a cópia de parecer da Comissão Especial sobre o Brasil, que fora apresentado em 18 de março anterior. O órgão das Cortes refletia no seu texto as críticas às "Provincias Colligadas", atacava o facciosismo e tentava legitimar a Constituinte portuguesa pela adesão brasileira ao vintismo.

Segundo o *Correio do Rio de Janeiro*,[291] a chegada daquele parecer da Comissão sobre o Brasil motivou uma grande festa no Rio de Janeiro, pois os rumores eram os de que o documento aceitava as deman-

---

[289] Ofício de Chamberlain para George Canning. Em 10 de fevereiro de 1823. F.O. 63/258. In: Webster, 1938, p. 216.
[290] 1837, p. 55.
[291] Em 8 de maio de 1822. In: Soares Lisboa, 1822, p. 99.

das dos representantes do Reino do Brasil.[292] O *Correio*, pelo contrário, tentava demonstrar que o parecer era fundamentalmente negativo à causa do Rio de Janeiro, passando a responder parágrafo a parágrafo as afirmações da Comissão. Destacava, especialmente, a incompatibilidade das leis que se faziam em Portugal à realidade brasileira.[293] Eram necessárias, defendia o jornal, medidas mais harmônicas com o Reino do Brasil, que as regras fossem também tratadas no Rio de Janeiro.

Nesse contexto já movimentado, foram se intensificando os movimentos para a convocação da Constituinte do Rio de Janeiro, com a campanha na imprensa, nos clubes, na maçonaria. A ideia, como visto no capítulo precedente, fora cogitada pelos próprios conselheiros de D. João VI, quando este ainda estava no Brasil e continuava a circular nos grupos pró-Rio de Janeiro. Com a formação das "Provincias Colligadas" e a confrontação com as Cortes, a questão voltou a ganhar força.

Em 18 de maio de 1822, o *Correio do Rio de Janeiro* publicou proposta de convocação de Assembleia Constituinte, que foi também defendida pela Câmara, em manifesto de 23 de maio de 1822. A ideia sugerida inicialmente era a de "examinar se a Constituição, que se fizer nas Cortes Geraes de Lisboa, he no seu todo adaptável ao Brazil".[294] O texto justificava a convocação da Assembleia como a única possibilidade de manutenção da união das províncias, e mesmo do Brasil com Portugal. Fazia duras críticas às medidas das Cortes, citando os decretos de setembro de 1821 como evidência das más intenções portuguesas. Deixava claro, também, que o Rio de Janeiro mantinha pretensões de continuar como centro de poder, ou um dos centros, do Império português. Alvo de especial crítica dos signatários do manifesto era o ge-

---

[292] "Em noite do mesmo dia os habitantes desta Corte illuminarão espontaneamente suas cazas; houverão bandas de musica instrumental pelas ruas quase toda a noite; grande profuzão de foguetes ao ár em muitos e differentes lugares da Cidade; abrio-se o Theatro, e se representou a Comedia intitulada As Minas de Polonia. Perguntamos a alguns varões ilustres se sabião, porque nós ignorávamos, a que se dedicavão as publicas demostrações de regozijo, e me responderão huns que não sabião, e outros que era por ter o Soberano Cogresso annuido ás pretenções do Brasil, como constava do Parecer da Commissão especial". Ibid., p. 99.

[293] "(...) Leitores que reflexionem com madureza nas seguintes palavras = SYSTEMA EUROPEO = Systema europeo!!! Como he isto? O systema europeo he e sempre foi dominar Colonias! E serão essas as pertenções do Soberano Congresso Luzitano?". Ibid., p. 99.

[294] In: *Documentos para a História da Independência*, 1923, p. 378.

neral Madeira, acusado de usurpar o poder na Bahia e de massacrar os brasileiros.[295] O manifesto pedia, inclusive, o reforço da Marinha e do Exército para enfrentar aquele problema.

Com a pressão aumentando, foi convocada, em 1º de junho de 1822, a primeira reunião do Conselho de Procuradores, realizada no dia seguinte,[296] apenas com representantes de Rio de Janeiro e Cisplatina. Estavam ausentes, portanto, os conselheiros de São Paulo e Minas Gerais. A urgência dos eventos, principalmente a necessidade de convocar Assembleia Constituinte, como explicou o regente, levou-o a reunir o Conselho antes da chegada desses procuradores.[297] D. Pedro realizou discurso no qual explicava sua permanência no Brasil, "porque então conheci que a vontade dos Povos era não só útil mas necessária para sustentar a integridade da Monarquia em geral, e mui principalmente do grande Brasil de quem sou filho". Foram, na oportunidade, empossados os conselheiros presentes.

No dia seguinte, em 3 de junho de 1822, o Conselho emitiu parecer de que o sistema europeu não era adaptável ao americano. Gonçalves Ledo foi quem apresentou a proposta de Constituinte, retomando a fórmula da independência do Governo brasileiro com relação a Lisboa e de sua união diretamente à soberania do rei, motivadas pela elevação do Brasil a Reino.[298] Na representação enviada ao regente,[299] o Conselho dos Procuradores afirmava que "o Brasil, Senhor, quer ser feliz (...) para preenche-lo (esse desejo) é-lhe indispensável um Governo". As Cortes foram acusadas de quererem a "recolonização" (o Congresso de Lisboa "perdeu o Norte"), além de ameaçar com a força "as ricas províncias deste Continente".

Apareceu, assim, o registro do desejo "brasileiro" de "estabelecer o seu governo e sua independência", mas não se tratava de uma ruptura

---

[295] Ibid., p. 282.
[296] As atas do Conselho de Procuradores-Gerais das Províncias do Brasil (1822-1823) foram reunidas em publicação do Senado Federal, em 1973. In: http://www.senado.gov.br/publicacoes/anais/pdf/ACE/ATAS1-Conselho_dos_Procuradores_Gerais_das_Provincias_do_Brasil_1822-1823.pdf (acesso em 10/02/2015).
[297] "Não querendo portanto demorar nem um só instante, nem tampouco faltar em coisa alguma ao que os Povos desejam, e muito mais quando são vontades tão razoáveis, e de tanto interesse não só ao Brasil, como a toda a Monarquia Convenci-me de que hoje mesmo devia instalar este meu Conselho de Estado apesar de não estarem ainda reunidos os Procuradores de tres Provincias (...)". Atas do Conselho de Procuradores-Gerais das Províncias do Brasil (1822-1823), p. 44.
[298] In: Lacombe, 1973, p. 129.
[299] Atas do Conselho de Procuradores-Gerais das Províncias do Brasil (1822-1823), p. 46.

total: "o Brasil quer ter o mesmo Rei, mas não quer Senhores nos Deputados do Congresso de Lisboa".[300] A Independência que se discutia era a "Independência moderada", que se fundava no próprio modelo de reino unido: a soberania permaneceria com a Coroa.

D. Pedro convocou a Assembleia Geral brasileira no mesmo dia. O decreto da Assembleia luso-brasiliense, de 3 de junho de 1822,[301] se bem que voltado à relação com Portugal e à necessidade de "manter uma justa igualdade de direitos" entre os Reinos, fazia referência à Constituinte como ato "necessário e urgente para a mantença da integridade da monarquia portuguesa, e justo decoro do Brasil". A unidade do Reino era mais uma vez declarada como objetivo claro do grupo em torno de D. Pedro. De todo modo, funcionou em atrair grupos inicialmente resistentes do Rio de Janeiro, mas que se distanciavam das Cortes em razão das medidas vistas como "recolonizadoras".

A convocação da Assembleia Constituinte, em 3 de junho 1822, foi o ato principal para congregar, nesse primeiro momento, as diferentes visões, que variavam entre a centralização e a descentralização do poder no Reino do Brasil. Foi exercício de conciliação política de D. Pedro, como haviam sido as Cortes de Lisboa no início. É difícil dizer se se tratou de efetiva tentativa de congregação dos grupos brasileiros, ou apenas uma mobilização tática do regente para arregimentar apoio à causa monarquista.[302]

Dias depois, em 19 de junho, foram emitidas instruções para as eleições dos representantes das províncias. D. Pedro mais uma vez evitava falar em ruptura completa, justificando sua posição na imagem de igualdade entre os Reinos:

---

[300] "O Brasil quer independência, mas firmada sobre a União bem entendida com Portugal, quer enfim apresentar duas grandes famílias regidas pelas suas leis particulares, presas pelos seus interesses, e obedientes ao Mesmo Chefe".
[301] In: *Documentos para a História da Independência*, 1923, p. 378.
[302] Escrevendo em 17/03/1823, após a abertura da Assembleia Constituinte do Rio de Janeiro, Mareschal afirma que os irmãos Andrada já teriam um plano de Constituição pronto e aprovado pelo príncipe, o que seria necessário para implementar princípios de garantia da estabilidade e ser reconhecido pelas potências. Pouco mais tarde, em 26/04/1823, o mesmo Mareschal estima que "pela natureza do país e pela disposição geral da população, a causa Real ganhará progressivamente pelo seguimento (político), e retornaremos pouco a pouco à Monarquia pura". In: Correspondência Mareschal, *RIHGB*, 1976, p. 183 e 198.

o Brasil não quer atentar contra os direitos de Portugal, mas desdoura que Portugal atente contra os seus: o Brasil quer ter o mesmo rei, mas não senhores nos deputados do Congresso de Lisboa.[303]

Nas sessões seguintes do Conselho, a convocação da Constituinte foi reforçada com argumentos de que D. Pedro não poderia legislar para o Reino e, uma vez que as medidas da Cortes de Lisboa não eram mais aceitáveis, caberia instituir corpo legítimo para legislar.

A partir da convocação da Assembleia Geral Constituinte, ultrapassou-se o ponto de algum tipo de barganha com as Cortes.[304] A medida consumou a ruptura das "Provincias Colligadas" com o Parlamento lisboeta, o que, de certa forma, representava uma declaração de Independência. Mas de "Independência Moderada", como os próprios dirigentes do Rio de Janeiro continuavam a insistir.

Rompia-se com o governo em curso em Lisboa, mas não com o Estado, representado pela Coroa. Daí a "Independência moderada", voltada à autonomia organizacional e em reação à forma como Lisboa tentava reorganizar o Império português, cujo resultado era, na visão do Rio de Janeiro, "recolonização" do Brasil.[305] Havia sentido jurídico e político nessa postura sobre a "Independência política" ou "Independência moderada". Recorde-se, nesse particular, que a elevação a Reino Unido significava, juridicamente, que o Brasil deixava de se vincular diretamente a Portugal, em igualdade com a porção europeia do Reino português. A soberania não era portuguesa, mas do rei, da Coroa. A imagem da soberania originária da nação, do povo, já estava presente naquele momento, e foi utilizada pelos partidários do Rio de Janeiro para justificar a convocação das Cortes brasileiras, as únicas que seriam

---

[303] In: Vinhosa, "Administração Provincial em Minas Gerais", 1999, p. 281.
[304] Na opinião de José Silva Lisboa, o decreto de 03/06/1822 foi "o primeiro passo para a emancipação do Brasil e sua separação de Portugal". In: VIANNA, Hélio. "A Independência e o Império". In: *Revista do Instituto Histórico e Geográfico Brasileiro*. Volume 263, abril-junho de 1964. In: http://www.ihgb.org.br/rihgb.php?s=20 (acesso em 10/10/2013), p. 175.
[305] Em carta a D. João VI, de 14/03/1822, D. Pedro afirma que "os Brazileiros, e eu somos Constitucionaes, mas Constitucionaes, que boscamos honrar o Soberano por obrigação de súbditos, e para nos honrarmos a nós, por tanto a raiva he só a essas facciozas Cortes, e não ao systema de Cortes deliberativas, que esse systema nasce com o homem, que não tem alma de servil, e que aborrece o Dispotismo". In: *Cartas e mais peças officiaes dirigidas a sua Magestade*, p. 89.

capazes de efetivamente representar o Brasil. Mas, em termos jurídicos do Reino Unido, a soberania portuguesa, independentemente de sua origem, estava consumada no chefe de Estado.

Exatamente este foi o teor, por exemplo, das instruções de José Bonifácio aos que designou como "representantes diplomáticos" brasileiros em Londres, Paris e Viena,[306] em agosto de 1822, após a publicação do decreto de D. Pedro "às nações amigas". Bonifácio os instruía a expressar que o Rio de Janeiro não mais reconhecia a autoridade das Cortes e procurava, assim, o reconhecimento da "Independência política", insistindo em que não se buscava uma "Independência absoluta" do Reino.

O chanceler brasileiro aludia, nos despachos a Londres e a Paris, à importância de se "obter desse governo o reconhecimento da independência política deste Reino do Brasil e da absoluta regência de S.A.R.,[307] "enquanto Sua Majestade *se achar no afrontoso estado de cativeiro*[308] a que o reduziu o partido faccioso das cortes de Lisboa". É de se perguntar se a reversão desse estado de cativeiro seria também capaz de reverter a decisão do Rio de Janeiro, o que parecia ser o caso. A questão se colocou diretamente após a Vilafrancada, em 1823, golpe contra as Cortes que reintegrou D. João VI ao poder total. Nesse avançado de 1823, porém, o Brasil já era totalmente independente.

A Constituinte brasileira não era, ademais, uma ideia nova. Em seu manifesto de 5 de agosto de 1822, D. Pedro recordou que o próprio D. João VI, em 18 de fevereiro de 1821, havia convocado uma Constituinte brasileira. D. Pedro tentava mostrar que apenas retomava o projeto de seu pai.

O momento da efetiva ruptura com Lisboa, por sua vez, não foi necessariamente planejado. O passo da Independência moderada para a emancipação completa do Brasil ocorreu entre maio e agosto de 1822, com a agudização do conflito com as Cortes a tal ponto que, mesmo não desejando a separação, esta se tornou inevitável. Um conflito cristalizado, particularmente, nas ações relacionadas à Bahia e à resistência do general Madeira ao Rio de Janeiro.

---

[306] In: *Cadernos do CHDD*, 2008, p. 16 a 28.
[307] A referência monárquica, como visto no capítulo III, era importante argumento do lado brasileiro, como o próprio Palmella reconheceu, em 1823, nas citadas instruções aos representantes diplomáticos portugueses na Europa.
[308] Grifo nosso.

Os acontecimentos na Bahia muito influenciaram as atitudes no Rio de Janeiro ao longo de abril-junho de 1822, inclusive o próprio 7 de setembro. Armitage[309] indica que, em junho, D. Pedro havia expedido ordens para que Madeira embarcasse com a tropa para Lisboa, louvando a atitude daqueles que haviam resistido ao governador de armas português (já estava constituída, nesse momento, a Junta de Cachoeira, pró-D. Pedro, como se verá no capítulo VI). A recusa do general foi tomada pelo regente como afronta direta e desafio à consolidação de seu poder.

O representante diplomático francês no Rio de Janeiro sugeriu que D. Pedro foi muito influenciado pelos brasileiros no Rio de Janeiro e por José Bonifácio, no caso da Bahia. Em despacho de 1º de junho de 1822, afirmava que "fizeram o Príncipe a adotar o projeto de enviar forças à Bahia para atacar as tropas europeias que estão lá aquarteladas; se faz em segredo alguns preparativos". É interessante notar a avaliação do diplomata francês que, além de se mostrar temeroso da violência que essa ação poderia provocar, era crítico do que estimava ser uma falta de moderação do lado do Rio de Janeiro. Afirmava que seria mais recomendável esperar o efeito das medidas conciliadoras que vinham de Lisboa (correios recebidos no Rio de Janeiro, datados de 1º de abril), mas esta não seria a maneira de ver do príncipe nem de Bonifácio, que não ajudaria nem a "conter nem a acalmar" D. Pedro.[310]

A relação do diplomata francês com D. Pedro não era boa. De todo modo, a referência feita pelo representante da França poderia ser interpretada como mais um indício de que, nos meados de 1822, a disputa entre as Cortes e o Rio de Janeiro já estava tão adiantada que era difícil reverter o processo, mesmo com alguns sinais de conciliação. Essa era a opinião, crítica ao Rio de Janeiro, de Antônio Luis Pereyra, representante diplomático espanhol.[311] Em despacho em data posterior, de 29 de

---

[309] 1837, p. 56.
[310] *On a fait adopter a ce prince le projet d'envoyer quelques forces à Bahia pour attaquer les troupes europeenes qui y sont em garison; on fais en secrét quelques préparatifs. Je suis tr'es affecté: on va très certainement ruiner cette ville florissante en y réprendre beaucoup de sang et je pense que d'après les dernières nouvelles de Lisbonne que nous avons reçu em date du 1er avril, il serait plus concevable de patienter em l'attente de l'effet des mesures conciliantes qu'on été adoptée par la très grande majorité des Cortes à l'egard du Brésil; malheureusement ma manière de voir n'est pas cette de ce jeune Prince et M. de Andrada en plus porte a entrainer S.A.R vers ces mesures qu'a contenir et à le calmer.* In: Arquivo Diplomático do Quai d'Orsay.
[311] Os comentários do diplomata mostram claramente uma resistência às ações do

julho de 1822,[312] o diplomata comentou a saída das tropas de Labatut para a Bahia, estimando que

> esse simples fato (o envio da expedição) bastará a convencer que o Brasil não trabalha mais como parte da Monarquia Portuguesa, e que se há algum tipo de união, trata-se puramente de aparência de palavras equívocas e conceitos inteiramente contraditórios.

Os passos do confronto foram se seguindo. Em 1º de junho de 1822, D. Pedro publicou a Proclamação "recomendando vigilância sobre os que estão atraiçoando a causa da liberdade do Brasil".[313] O documento tratava da ameaça das facções contra o Brasil e reiterava o desejo de Independência moderada. A publicação ofereceu momento, principalmente, para que D. Pedro anunciasse e justificasse sua decisão de partir para a ofensiva contra os partidários das Cortes no Brasil. Sem menção explícita aos partidários das Cortes, o regente "aconselhava" os que não seguiam seu sistema a se retirarem do Brasil, frisando, porém, que não havia distinção entre brasileiros e portugueses.[314]

D. Pedro mostrava, nesse período, segurança em enfrentar os refratários ao Rio de Janeiro e emitia sinais mais claros de emancipação, ainda que, mais uma vez, seu problema fosse com as Cortes e não com o rei. Em carta a D. João VI,[315] em 17 de junho de 1822, afirmava que

> o Madeira na Bahia tem feito tirannias, mas eu vou já polo fóra ou por bem, ou á força de miseria, fome, e mortes feitas de todo o modo possivel, para salvar a innocente Bahia.

O regente ainda insistia na Independência moderada, buscando o apoio do pai.[316] D. Pedro modificou sua opinião em outra carta, de 19

Rio de Janeiro, que se chocavam com as Cortes portuguesas, naquele momento próximas a Madri, como se verá no próximo capítulo.
[312] *Este hecho solo bastará á convencer que el Brasil no obra ya como parte de la Monarquia Portuguesa, y que si hay, aun alguna classe de unión es puramente aparência de palavras equivocas, y conceptos enternamente contradictorios.* In: Documentos para a História da Independência, 1923, p. 426.
[313] In: Documentos para a História da Independência, 1923, p. 389.
[314] "Quem diz – Brasileiro – diz Portuguez – e prouvera a Deos q. quem dissesse – Portuguez – dissesse Brasileiro". Ibid., p. 389.
[315] Registrada na ata da sessão de 26/08/1822 das Cortes de Lisboa.
[316] "Os honrados Brazileiros preferem a morte á escravidão, vós não sois menos; tambem o devia fazer para comnosco entoardes vivas á independencia moderada

de junho de 1822, tornando-se mais direto ao afirmar que "uma vez que o Brazil todo está persuadido desta verdade eterna (a união é de Portugal com o Brasil e não o contrário), a separação do Brazil he inevitável, a Portugal não buscar todos os meios de se conciliar com ele por todas as fórmas". Era praticamente um ultimato às "facciosas, horrorosas e pestiferas" Cortes, um dos últimos ensaios de manter a união, mas que demorou para chegar a Lisboa e, nessa dissonância exercida pela distância, foi recebida[317] em um ambiente também tenso, que buscava reagir ao que via como a rebelião no Brasil.

O *Correio do Rio de Janeiro*, dentre outros periódicos, seguia uma reflexão próxima à de D. Pedro em seu artigo de 3 de julho de 1822.[318] Silva Lisboa defendia que o Brasil devia relacionar-se com Portugal com "estricta justiça" e, sendo

> parte integrante da Monarchia Portugueza, não devendo romper a sua união, senão quando visse que aquella parte da Nação, aonde existe o Governo Geral e Commum, não desejaria absolutamente atender ao que a outra parte exige com razão.

Para o *Correio do Rio de Janeiro*, a conclusão, em julho de 1822, era a de que nada mais se poderia esperar das Cortes de Lisboa e que os ajustes deveriam ser feitos no próprio Brasil. Apoiava, assim, a Constituinte brasileira.

No dia seguinte,[319] novo artigo atacava Madeira por ter desobedecido às ordens de D. Pedro. Sublinhava que o príncipe teria reagido a essa informação dizendo que Madeira "não me ha de fazer, mais do que fizeram os Avilezes e Carretis de quem sofri quanto se sabe". O articulista também criticava as Cortes por apoiarem a junta da Bahia "em sua rebelião contra o Príncipe". Isso seria um "desprezo" ao príncipe, voltando a inferir o caminho da Independência como uma proteção contra as Cortes.

Igualmente na Cisplatina houve medidas diretas de D. Pedro, no período. Em 20 de julho de 1822[320] foi publicado decreto mandando a

---

do Brazil, ao nosso bom e amavel Monarca ElRei o Senhor D. João VI, e á nossa assembléa geral e legislativa do reino do Brazil".
[317] Apenas em fins de agosto de 1822.
[318] In: *Correio do Rio de Janeiro*, nº 66, 03/07/1822, p. 278.
[319] In: *Correio do Rio de Janeiro*, nº 67, 04/07/1822, p. 281.
[320] In: www.camara.gov.br.

Divisão de Voluntários Reais, estacionada naquela província sulina, a regressar a Portugal. Duas semanas depois, em 9 de agosto, D. Pedro confirmou o barão da Laguna no comando das tropas brasileiras na "Província de Montevidéu". Assim como a Bahia, ainda que em menor escala, a Cisplatina era estratégica, por dominar a entrada do Prata, por ser a primeira linha de defesa contra a Províncias Unidas (Argentina) e pelos temores de que houvesse combinações para a junção das forças de Madeira e de D. Álvaro da Costa (comandante das tropas portuguesas na Cisplatina), as quais de fato existiram.

Nesse clima de ruptura com as Cortes, chegou ao Rio de Janeiro, 27 de julho de 1822, navio com correspondências, pelas quais se soube de decisão das Cortes de enviar reforço às tropas do general Madeira, estacionadas na Bahia. A medida fora tomada apesar de requerimento dos deputados brasileiros pela suspensão de envio de militares ao Brasil, que foi rejeitado.[321]

Com essa notícia e tendo como pano de fundo o confronto na Bahia,[322] D. Pedro emitiu, em 1º de agosto de 1822, decreto em que "declara inimigas as Tropas mandadas de Portugal". Em linguagem ainda cautelosa para não atacar a Monarquia portuguesa, o regente voltou-se contra as Cortes e sustentou que elas continuavam "no mesmo errado systema, e a todas as luzes injusto, de recolonizar o Brazil, ainda á força d'armas". Sublinhava já ter declarado a Independência Política do Brasil, com a convocação da Assembleia Geral e reiterava sua contrariedade com o estado de "prisioneiro" de D. João VI.

O regente estabeleceu que seriam reputadas "inimigas todas e quaisquer Tropas, que de Portugal, ou de outra qualquer parte forem mandadas ao Brazil, sem prévio consentimento Meu, debaixo de qualquer pretexto que seja". Mais forte ainda, determinava que não sendo respeitada sua ordem, fossem as tropas rechaçadas com as armas em mão, "por todas as Forças Militares da 1ª e 2ª Linha, e até pelo Povo em massa". Se, ainda assim, não se obtivesse o resultado desejado, estabe-

---

[321] In: Varnhagen, 1957, p. 127.
[322] Em decreto de 15/06/1822, D. Pedro determinou a saída de Madeira da Bahia, com toda a tropa de Portugal. Dois dias depois, em 17/06/1822, o príncipe emite Proclamação em que "convida os Povos da Bahia a reconhecerem a sua autoridade". Nesse documento, D. Pedro afirma que "os honrados Brazileiros preferem a morte á escravidão, vós não sois menos; também o deveis fazer para comnosco entoardes Vivas á Independencia moderada do Brazil". In: www.camara.gov.br.

lecia D. Pedro que todos os habitantes se retirassem para o centro (do Reino), "levando para as mattas e montanhas todos os mantimentos e boiadas, de que ellas possam utilizar-se; e as Tropaz do Paiz lhes façam crua guerra de postos e guerrilhas". Assim se deu, por exemplo, na própria Bahia e no teatro de operações Piauí–Maranhão–Ceará.

O decreto era acompanhado de parecer de Gonçalves Ledo,[323] que, como se sabe, atuava não apenas publicamente na construção do polo do Rio de Janeiro (apesar das diferenças com Bonifácio, que ficariam patentes mais tarde), mas também por meio da maçonaria. Ledo sustentava depender a segurança do Brasil de "sua defesa interna e externa". Sublinhava a importância da Marinha nacional e defendia a convocação de pardos e "pretos".

Antecipando o 7 de setembro, Gonçalves Ledo também advogava que a união das províncias viria da "franqueza e sinceridade do Ministério" e nasceria "sobretudo da Acclamação de V.A.R. Imperador do Brasil". Nesse contexto, a ideia de fazer D. Pedro imperador ganhava grande impulso em setores como aquele representado por Gonçalves Ledo. Segundo Hélio Vianna, já em 3 de junho 1822[324] esse grupo havia pedido a Independência total do Reino, proposta ainda recusada pelo grupo de Bonifácio e pelo próprio regente.[325]

O regente mandou publicar, então, justificativas de sua atitude de declarar guerra às Cortes. A primeira, no próprio 1º de agosto, era interna, o manifesto em que "Esclarece os Povos do Brazil das causas da guerra travada contra o Governo de Portugal". Nele, D. Pedro recordava o percurso da Revolução do Porto até aquele momento e acusava as Cortes de já terem dado sinais de guerra, "e um começo real de hostilidades", após terem ameaçado completamente a estabilidade do Reino. Nesse quadro, alertava o regente para o perigo da anarquia, das facções e lutas nas províncias. E afirmava, de maneira interessante, que os brasileiros, "já sois um Povo Soberano; já entrastes na grande sociedade das nações independentes". A expressão é interessante, pois vai além da "Independência moderada" até então defendida.

---

[323] In: *Documentos para a História da Independência*, 1923, p. 391.
[324] 1964, p. 176.
[325] D. Pedro ainda resistiu a essas pressões, como se pode ver no próprio decreto da Assembleia Geral Constituinte, em que expressa o desejo de "mantença da integridade da monarquia portuguêsa para qual se convocava essa 'assembleia luso-brasiliense'". In: Viana, 1964, p. 175.

No mesmo 1º de agosto, em manifesto "aos povos deste Reyno",[326] D. Pedro repetiu os argumentos sobre as atitudes das Cortes e o risco de anarquia. Neste documento, o regente deixou claro que o movimento era fundamentalmente das "Provincias Colligadas," ao que convidava, após prometer socorro à Bahia, as províncias vizinhas a auxiliarem militarmente os baianos, em mais uma indicação de que o conflito baiano não era regional, mas envolvia todo o Reino: "Valentes Mineiros, intrépidos Pernambucanos defensores da liberdade Brazilica, vôai em socorro dos vossos vizinhos irmaõs: naõ he a causa de uma provincia, he a causa do Brazil, que se defende na Promogenita de Cabral".

Ainda no manifesto, o regente apontava que sua decisão de ficar, além de contemplar as expectativas das províncias sulinas, permitia salvar "deste modo a Realeza, neste grande Continente Americano, e os reconhecidos direitos da Augusta Casa de Bragança". Ligava essa preservação a promessas de avanços na organização do Reino, inclusive com a emissão de regras para a agricultura, educação, dentre outros. Prometia, ainda, a proteção das províncias. No final, explicitava o projeto do Rio de Janeiro:

> Não se ouça pois entre vós outro grito que não seja – UNIÃO DO AMAZONAS AO PRATA – não retumbe outro écho que não seja – INDEPENDENCIA. – Formem todas as nossas Provincias o feixe mysterioso, que nenhuma força póde quebrar.

A publicação dos decretos foi discutida em sessão do Conselho dos Procuradores das Províncias, que leu os documentos e aprovou sua emissão. Também no Conselho foi aprovada a viagem de D. Pedro para São Paulo, pois deveria "pessoalmente acudir" a província, "que apresentava sintomas de insurreição.[327]

Segundo o representante diplomático francês,[328] em ofício de 6 de agosto, os dois decretos de 1º daquele mês "causaram grande sensação" no Rio de Janeiro. O diplomata diz ter se encontrado com D. Pedro naquele período, que lhe teria dito estar "muito satisfeito da forma

---

[326] Publicado no *Correio Braziliense* de outubro de 1822, vol. XXIX, nº 173, p. 417. In: Brasiliana USP.
[327] As atas do Conselho de Procuradores-Gerais das Províncias do Brasil (1822-1823), p. 48 e 51.
[328] Ofício de 06/08/1822. In: Arquivo Diplomático do Quai d'Orsay.

como vão os negócios do Brasil". O regente antecipou-lhe o Manifesto às Potências Estrangeiras. Bonifácio, de sua parte, lhe teria dito que a questão na Bahia iria bem.

O terceiro manifesto, este redigido por Bonifácio, apareceu em 6 de agosto de 1822, dirigido "às Nações estrangeiras". Era nova justificativa das atitudes do Rio de Janeiro, agora dirigida ao público externo. Procurava legitimar o Brasil dentro do concerto de nações, fazendo com que os outros Estados enviassem representantes diplomáticos, cuja presença era mais um símbolo do reconhecimento da "Independência política" brasileira.

Na avaliação de Varnhagen, tratava-se de um documento pouco diplomático, excessivo, o que facilitou seu combate pelo lado português.[329] À publicação do manifesto seguiu-se, em 12 de agosto de 1822, a emissão de uma série de instruções aos representantes diplomáticos brasileiros em Buenos Aires, Paris, Londres e Viena. José Bonifácio ainda insistia em impulsionar o reconhecimento apenas da "Independência política" do Brasil, o que não significava, escreveu, "separação absoluta de Portugal", desejando D. Pedro manter "toda a grande família portuguesa reunida politicamente debaixo de um só chefe, que ora é o sr. D. João VI, o qual, porém, se acha privado da sua autoridade e oprimido pela facção dominadora das Cortes".[330]

A causa esposada por Bonifácio pretendia que as potências reconhecessem o Brasil como independente politicamente, enviassem diplomatas e estabelecessem um comércio direto. A Gameiro Pessoa, em Paris, Bonifácio informava que o Brasil estava "resolvido a fechar os seus portos a qualquer potência que não quiser reconhecer nele o mesmo direito que têm todos os povos de se constituírem em Estados independentes".[331] O chanceler brasileiro também pedia gestões para a substituição do cônsul francês no Rio de Janeiro, coronel Malet, "por sua péssima conduta e sentimentos contrários ao sistema brasileiro".

Nas instruções a Buenos Aires, em meio a ordens para acompanhar as ações dos governos locais e influenciar os partidos em favor do Brasil, seguiu proposta de que se promovesse em Buenos Aires "uma

---

[329] 1957, p. 129.
[330] Instrução a Caldeira Brant. In: *Cadernos do CHDD*, 2008, p. 22.
[331] Ibid., p. 17.

confederação ou tratado ofensivo e defensivo com o Brasil",[332] para que ambos se opusessem aos "manejos" dos europeus. A iniciativa, que não prosperou, possivelmente se destinava a assegurar o flanco Sul brasileiro contra um ataque de Buenos Aires, em meio às operações para a unificação do Brasil, que incluíam instabilidades na Cisplatina. Bonifácio ao menos logrou manter a fronteira Sul relativamente estável entre 1822-1824, antes que se reiniciassem os tradicionais confrontos entre brasileiros e seus vizinhos no Prata, já em 1825.

Foi em meio a essa série de proclamações e decretos, na efervescência dos debates e do conflito contra as Cortes, que D. Pedro partiu para São Paulo, em 14 de agosto de 1822.[333] Tinha de lidar, como já exposto, com problema local no seio das "Provincias Colligadas," mas que poderia ameaçar a unidade destas. Pouco antes de deixar a capital, o regente havia recebido notícia de novos decretos das Cortes, elaborados em fins de maio e início de junho, que reagiam à notícia do rechaço, em março, da expedição de Francisco Maximiliano.[334] Nas Cortes, o regente foi tratado por Borges Carneiro como "rapazinho", expressão que atingiu particularmente D. Pedro. Segundo Varnhagen, a reação do príncipe foi a de quase declarar a Independência antes de partir.[335]

Enquanto D. Pedro estava em São Paulo, em 28 de agosto de 1822, chegaram novas ordens das Cortes. Se bem aceitavam a permanência de D. Pedro no Rio de Janeiro, até a publicação da Constituição, as novas medidas determinavam uma série de medidas de investigação contra São Paulo e Rio de Janeiro, e declaravam nulo o decreto do príncipe que convocara o Conselho de Procuradores. Também traziam registros das Cortes com acusações diretas contra o regente. As reações de cada lado se davam não entre o que se passava em Lisboa e no Rio de Janeiro no mesmo momento, ou mesmo no mesmo mês, mas, sim, atos adotados a partir de notícias defasadas e muitas vezes imprecisas.

---

[332] Ibid., p. 14.
[333] O tema foi novamente discutido no Conselho de Procuradores, em 12 de agosto de 1822. In: Atas do Conselho de Procuradores-Gerais das Províncias do Brasil (1822-1823), p. 51.
[334] Varnhagen, 1957, p. 132.
[335] O autor utiliza como base o Manifesto de Bonifácio de 14/08/1822, no qual se afirma que "tendo o Brasil, que se considera tão livre como o Reino de Portugal, sacudido o jugo da sujeição e inferioridade com que o reino irmão o pretendia escravizar, e passando a proclamar solenemente a sua Independência (...)". 1957, p. 133.

Além das medidas diretas contra o Rio de Janeiro, havia novas notícias sobre o reforço da Bahia como ponta de lança da causa portuguesa no Reino. Em despacho coincidentemente de 7 de setembro de 1822 (quando o Rio de Janeiro ainda não conhecia o Grito do Ipiranga), o coronel Malet[336] relatou à chancelaria francesa notícias de Lisboa recebidas na semana anterior, vindas por navio, de novos reforços para a Bahia. A informação que circulava era a de que o projeto era "transportar sucessivamente vários batalhões à Bahia e de expedir todas as forças disponíveis para a Costa do Brasil". As notícias davam conta de que o Governo português havia conseguido mobilizar soma considerável para a preparação da campanha, no cálculo do diplomata francês chegando a 250 mil francos.

Ainda de acordo com o diplomata francês, essas notícias circulavam nos dias anteriores provocando nova "efervescência" na capital carioca. Determinaram, segundo o conhecimento do agente diplomático, a decisão de enviar correspondências ao príncipe, para que ele voltasse rapidamente.

Na sessão de 2 de setembro, o Conselho de Procuradores registrou os temores de envio de novas tropas de Portugal e os "insultos dirigidos ao Nosso Augusto Defensor".[337] Foram tomadas as primeiras medidas de mobilização de tropas do Exército e da Marinha, e de embargo de fundos da Companhia de Vinhos do Douro, "a título de represália". Um dos conselheiros ficou encarregado de apresentar, em conjunto com os conselheiros militares, "projeto de campanha". Ao fim, no entanto, a decisão foi a de aguardar a decisão de D. Pedro,[338] antes de se iniciar qualquer operação militar.

Foram, então, despachadas ao regente cartas de Bonifácio, de Antônio Carlos (esta de Lisboa) e de Leopoldina.[339] D. Pedro foi alcançado pelo major Cordeiro, em 7 de setembro de 1822, às margens do rio Ipiranga e, em reação às notícias, declarou a completa Independência brasileira. Era uma declaração que atingiria, no máximo, as "Provincias Colligadas." O Brasil ainda não era todo independente.

---

[336] Despacho de 07-09/1822. In: Arquivos Diplomáticos do Quai d'Orsay.
[337] In: Atas do Conselho de Procuradores-Gerais das Províncias do Brasil (1822-1823), p. 52.
[338] *Je sais qu'on debate dans ce même conseil les mesures à prendre pour se mettre sur la défensive, mais qu'on a jugé convenable d'attendre le retours de S.A.R en cette ville a fin de les adopter.*
[339] In: Vianna, 1964, p. 172.

As palavras exatas da reação do regente continuam a ser motivo de controvérsia, assim como no caso do Fico. Francisco de Castro Canto e Mello, auxiliar de D. Pedro presente na viagem, sustentou que após ler os despachos do Rio de Janeiro, o regente gritou: "É tempo!... Independencia ou morte!... Estamos separados de Portugal!".[340]

Segundo Hélio Vianna,[341] há diferentes versões das palavras de D. Pedro, algumas menos solenes daquela relatada por Canto e Mello. É certo, porém, que o então regente declarou: "Estamos separados de Portugal!". Vianna frisa que a expressão já aparecia na Proclamação aos paulistanos de 8 de setembro de 1822, de modo que é certo que surgiu naquele contexto, mesmo não tendo sido proferida no exato momento do "grito do Ipiranga". Também ao longo daquele 7 de setembro, foi estabelecido o motivo "Independência ou Morte".

D. Pedro fez então meia-volta em direção a São Paulo, onde permaneceu por mais três dias e foi aclamado no teatro da cidade, tendo despachado emissários à capital carioca para informar sua decisão. Regressou ao Rio de Janeiro em 15 de setembro de 1822, onde também foi celebrada a emancipação brasileira.

Os efeitos do 7 de setembro se limitaram, inicialmente, à declaração da Independência.[342] D. Pedro continuou a se referir como regente do Reino do Brasil até 12 de outubro, quando foi oficialmente aclamado como imperador do Brasil. Foi nesse momento que formalizou, assim, a constituição de uma nova unidade soberana.[343] O Estado brasileiro efetivamente nascia.

---

[340] In: "Memoria sobre a declaração de independência, escripta pelo major Francisco de Castro Canto e Mello, gentil-homem da imperial câmara, comendador da ordem de Christo, oficial da do Cruzeiro e cavaleiro da de Aviz etc". Anexo à biografia do "Conselheiro Manoel Joaquim do Amaral Gurgel", Manoel Joaquim do Amaral Gurgel. In: *Revista do Instituto Histórico e Geográfico Brasileiro*. Tomo XLI, parte Segunda, 1878. In: http://www.ihgb.org.br/rihgb.php?s=20 (acesso em 23/10/2013), p. 340.
[341] 1964, p. 171.
[342] Segundo Hélio Vianna, a atitude de D. Pedro em reação às cartas que havia recebido foi a "declaração, apenas verbal, da independência do Brasil". 1964, p. 176.
[343] Segundo Hélio Vianna, "a aclamação de 12 de outubro marcou efetivamente o começo do Império, com a declaração então feita por D. Pedro I, de aceitar o titulo que lhe era oferecido, de imperador. Um decreto do dia seguinte determinou que do 'dia 12 começara a correr no calendário brasileiro a era da Independência e do Império, que se deveria sempre acrescentar nos diplomas publicados em seu imperial nome ou assinados pela mão imperial'." 1964, p. 174.

Ao receber as notícias que chegavam do Brasil, o chanceler britânico George Canning evitou, no primeiro momento, dar instruções claras a seu representante no Rio de Janeiro, pois se tratava de questão "muito extensa e complicada em sua natureza para ser resolvida e decidida em pouco espaço de tempo".[344] Canning dizia esperar, no entanto, que a Independência não "levasse a uma guerra entre os dois ramos da monarquia portuguesa", e que em nenhuma circunstância, D. Pedro deveria perceber qualquer ato hostil ou sentimentos não amigos de parte do governo britânico.[345] O Reino Unido tinha simpatia por D. Pedro, mas ainda estudava como se posicionar. Era mais espectador do que impulsionador do movimento.

Em 1º de dezembro de 1822, já em meio a operações militares de grande intensidade no Norte, foi realizada a coroação do novo imperador. É interessante apontar para a decisão de se declarar D. Pedro imperador e não rei do Brasil. Em instrução de 24 daquele mês,[346] o chanceler que provisoriamente substituíra José Bonifácio, Luís José de Carvalho Melo, explicava ao encarregado de negócios do Brasil na França que a escolha do título de imperador possuía três razões: "certa delicadeza com Portugal"; "por ser conforme às ideias dos brasileiros"; e "para anexar ao Brasil a categoria que lhe deverá competir, no futuro, na lista das outras potências do continente americano".

Vasconcellos de Drummond, conselheiro de Bonifácio, atribuiu exclusivamente ao Patriarca a ideia de criar o Império, que "foi adotada pelo príncipe com exclusão de outra qualquer".[347] Outros conselheiros de D. Pedro, segundo Drummond, teriam resistido ao título, por achar que poderia embaraçar o processo de reconhecimento do Brasil, o que de fato existiu, como se verá no capítulo VIII. Bonifácio teria se decidido sobre o título antes de setembro e teria dito a Drummond que "um título pomposo se acomodava mais com um nobre orgulho dos brasileiros do que outro qualquer".

---

[344] (...) *too extensive and complicated a nature to be solved and decided upon, in the short space of time which has elapsed since the receipt of those Despatches.* Ofício de 18 de novembro de 1822. F.O. 63/214. In: Webster, 1938, p. 213.
[345] (...) *may not lead to a protacted war between the two branches of the Portuguese monarchy, and that in any case the Prince Regent has not to aprehend any hostile act or unfriendly feelings on the part of His Majesty's Government.*
[346] In: *Cadernos do CHDD*, 2008, p. 32.
[347] 2012, p. 107.

O título, ao final, tinha uma dupla vantagem: representava a força do vasto território que D. Pedro governaria, e aglutinava a legitimidade monárquica com a popular. Sua inspiração era Napoleão, que sempre ressaltara o caráter "eletivo" de sua ascensão ao Império. D. Pedro, com isso, procurava significar que seu poder, mantendo a proeminência da Casa de Bragança, também vinha da escolha da população.

Três dias após a coroação de D. Pedro como imperador do Brasil, o Conselho de Procuradores reuniu-se para tratar da situação com Portugal e decidir se,

> (...) à vista da conduta posterior do Congresso, e Ministério de Lisboa convinha, ou não, antecipar hostilidades contra o Reino de Portugal apesar do prazo dos quatro meses assinados na Proclamação ordenada na Sessão de quinze de outubro.[348]

A decisão do Conselho de Procuradores foi afirmativa, "que a Guerra se fizesse de fato; procedendo-se desde já no sequestro de todas as propriedades, Direitos e Ações que os súditos daquele Reino têm nesse Império".

Ao representante britânico, Bonifácio havia indicado, em 22 de novembro, que a declaração formal de guerra não viria antes de findo o ultimo dos quatro meses, "mesmo que nos consideremos já em estado de hostilidades com as tropas (portuguesas)".[349] Também comentou com o diplomata britânico que "há algum tempo" havia sido enviado convite ao almirante Cochrane, para chefiar a Marinha brasileira. Para o chanceler brasileiro, o Rio de Janeiro passaria, em breve, de ser "bloqueado", para "bloqueador".

"De fato", portanto, a guerra estava declarada, como já havia sido prometida, desde 1º de agosto de 1822, com a medida de D. Pedro contra as tropas portuguesas. As ações no terreno já confirmavam a situação. A guerra estava em curso e se tornaria, de fato e formalmente, uma realidade, a ponto de o *Correio Braziliense* de outubro de 1822[350]

---

[348] In: Atas do Conselho de Procuradores-Gerais das Províncias do Brasil (1822-1823), p. 56.
[349] (...) *we shall not declare war against her until the end of the four months, but we already consider ourselves in a state of hostilities with her troops and with her ships of war, and we will not lay down our arms until she has acknkowledged our Independence.* Chamberlain to Earl of Bathurst. Em 22 de novembro de 1822. F.O. 63/247. In: Webster, 1938, p. 215.
[350] Vol. XXIX, nº 173, p. 488. In: Brasiliana USP.

dedicar uma de suas sessões ao tema da "Guerra de Portugal ao Brazil", na qual registrava as ações na Bahia e o fato de que Maranhão e Pará se mantinham fortemente a favor de Lisboa, enquanto em Montevidéu tropas resistiam à causa do Rio de Janeiro.

O processo político que se intensificou em 1822 terminou, portanto, com a declaração de Independência e o estabelecimento do Império. Na prática, porém, o Brasil daquele momento permanecia dividido. O Império alcançava efetivamente uma porção ainda pequena do território do antigo Reino. Na maior parte das províncias, permanecia a indecisão, em diferentes graus. Em outras localidades, desenvolviam-se os combates. A unificação ainda exigia ação, que passava da política para a militar.

O Império ainda era uma entidade em construção. Em 14 de janeiro de 1823, decreto de D. Pedro estabeleceu limitações à entrada de portugueses para residir no Reino, exigindo juramento prévio ao Império. Na justificativa do ato, o imperador sustentava que:

> Por quanto, depois dos opressivos e injustos procedimentos de Portugal contra o Brasil, que motivarão a sua Independencia Politica, e absoluta separação, seria contradictoria com os princípios proclamados, indecorosa, e até arriscada a admissão franca dos Subditos de Portugal em hum Paiz, com o qual aquelle Reino se acha em guerra.

A Guerra da Independência do Brasil estava em curso.

IV
A MOBILIZAÇÃO MILITAR

A MOBILIZAÇÃO MILITAR DO LADO PRÓ-RIO DE JANEIRO

Os preparativos de guerra saõ essenciaes por mais fraco que se suponha o inimigo; e se a força armada he necessária a qualquer Governo, que deseja fazer-se respeitar, muito mais he precisa a um Governo novo, a quem até falta o respeito habitual, que resulta do costume. Por isso louvamos muito, que o Ministerio do Rio de Janeiro se tenha já aplicado á formaçaõ de uma força naval, naõ menos do que á de um exército de terra.[1]

Cada uma das etapas do processo que levou à emancipação do Brasil foi acompanhada de ações diplomáticas e militares. Além disso, o processo político que resultou na Independência não terminou no 7 de setembro ou mesmo no 12 de outubro de 1822. Nessas datas, ainda eram poucas as províncias que estavam seguramente ao lado de D. Pedro. Muitas adesões ocorreram meses depois. Ao longo de todo esse período, restou clara a resistência de algumas províncias estratégicas. Nesses casos, foi utilizada a força, fosse pelas tropas portuguesas, fosse pelos grupos que se alinharam com o Rio de Janeiro.

Em outras palavras, consumada a separação por meio de declarações, ainda restava fazer a união do novo Estado. Não era uma tarefa fácil, inexistia uma "consciência nacional" preexistente que facilitasse a tarefa. Havia apenas movimentos iniciais, primeiros ensaios de se falar em "brasileiros", em reação às posições das Cortes, que, ainda assim, tinham mais adesão no Centro-Sul do que no Norte-Nordeste. D. Pedro logrou fazer-se representante de um grupo que capturou o imaginário

---
[1] *Correio Braziliense*, edição de dezembro de 1822, p. 597.

popular, transformando uma ainda disforme noção de diferença, feita por portugueses de além-mar, em identificação de uma causa, a brasileira. Na luta que se seguiu, era previsível que uma imagem embrionária de nação "brasileira" começasse a se fazer presente. Um processo que seria ainda longo e não automático.

Assim, se no longo prazo havia de se construir uma nova identidade brasileira, D. Pedro tinha em 1822-1823 uma tarefa mais imediata: estabelecer seu Império em todo o território do antigo Reino. A guerra foi elemento fundamental para a garantia da unidade.

Foi preciso mobilizar, em primeiro lugar, uma diplomacia nascente para obter o apoio, ou ao menos a neutralidade, das potências do período.[2] A atividade foi essencial tanto para evitar o favorecimento a Lisboa, quanto para obter os insumos militares. Foi necessário comprar navios, armas, pólvora e, em dado momento, recrutar tropas estrangeiras.

As Cortes se opuseram ativamente a essa ação diplomática. Encaminharam instruções para que os consulados portugueses impedissem a exportação ao Brasil de armamentos e munições, com o risco de confisco e prisão.[3] As gestões portuguesas ao longo de 1822 lograram reter parte da venda de petrechos de guerra do Reino Unido para o Brasil, mas a medida acabou sendo contornada pelo trabalho de Felisberto Caldeira Brant, em Londres,[4] ou pelo contrabando. E por suprimentos adquiridos nos EUA, onde a influência portuguesa era restrita.[5] D. Pedro precisou desses insumos para organizar Forças Armadas capazes de dar o apoio necessário à unificação brasileira.

Ao longo de todo 1822, o regente liderou um esforço de preparação da tropa. Já no contexto da expulsão da Divisão Auxiliadora, se iniciaram os trabalhos de organização de uma força armada capaz de defender o Rio de Janeiro. D. Pedro sofria, nesse primeiro momento, com o fato de que as Forças Armadas presentes no Reino do Brasil ainda estavam no processo de opção entre o Rio de Janeiro e Lisboa. Muitos

---

[2] Sobre a gestão de José Bonifácio à frente do Ministério de Negócios Estrangeiros do Brasil, vide ANJOS, João Alfredo dos. *José Bonifácio: primeiro chanceler do Brasil*. Brasília: Fundação Alexandre de Gusmão, 2007.
[3] Armitage, 1837, p. 55.
[4] Caldeira Brant tinha instruções de Bonifácio para arregimentar mercenários e para adquirir embarcações. In: Despacho de 12/08/1822, AHI 268/01/14. In: *Cadernos do CHDD*, 2008, p. 19.
[5] Rodrigues, 2002, p. 30.

nascidos em Portugal aderiram a D. Pedro, ao passo que as fileiras dos partidários das Cortes foram compostas por muitos brasileiros, como no caso da tropa do major Fidié, no Piauí e Maranhão, em sua maioria de praças brasileiros.[6] A balança inicialmente pendia para o lado português, em termos da qualidade das forças de primeira linha que permaneceram com Lisboa.

A mobilização teve como base a estrutura preexistente no Reino do Brasil. A força militar do Império Português, especialmente no Brasil, era naquela época complexa, descoordenada e sofria com as distâncias.[7] Em fins do século XVIII e início do XIX, o Exército português foi reformado sob a orientação do conde de Shaumburg-Lippe.[8] Esse impulso reformista se iniciara com o Governo do Marquês de Pombal, durante o qual teriam se evidenciado "certos objetivos geopolíticos e princípios estratégicos" que requereram uma reorganização da estrutura militar.[9]

Em Portugal, as relações com a Espanha e com a França eram as mais sensíveis, tendo consequências diretas no território americano e nas disputas incessantes por áreas do continente. Muito influenciado por esses riscos, o governo realizou nova reforma em 1806, na tentativa de reforçar a qualidade das tropas portuguesas.[10] Não houve tempo, porém, de terminar o trabalho. A invasão napoleônica, em 1808, e a retirada da Corte ocorreram em meio aos esforços de recrutamento e organização militar.

As Forças Armadas portuguesa adquiriram, por outro lado, grande experiência e capacidade ao longo de seis anos de guerra peninsular, na qual contou com o auxílio de forças britânicas. Vencido o conflito, o Exército português foi reduzido aos números de tempo de paz, com aproximadamente 40 mil homens, conforme portaria de 29 de outubro de 1814.[11] Nova alteração foi realizada pelo alvará de 21 de fevereiro

---

[6] In: Daróz, 2011, p. 14.
[7] Vide Magalhães, 2001, p. 239.
[8] WEHLING, Arno & WEHLING, Maria José. "Exército, Milícias e Ordenanças na Corte Joanina: permanências e modificações". In: *Revista da Cultura*, ano VIII, nº 14, 2008. In: www.funab.org.br (acesso em 21/05/2013), p. 28.
[9] Ibid., p. 26.
[10] In: SELVAGEM, Carlos. *Portugal militar. Compêndio de história militar e naval de Portugal.* Coleção Temas Portugueses. Lisboa: Imprensa Nacional – Casa da Moeda, 1999, p. 497.
[11] Segundo Carlos Selvagem, eram 40.840 soldados e 5.640 cavalos, afora a guarda real e polícia de Lisboa e do Porto. 1999, p. 530.

de 1816, que reorganizou o Exército de Portugal,[12] elevando-o a 57 mil homens.[13] Parte da força de primeira linha foi enviada ao Reino do Brasil, a partir de 1815.

A reforma militar ocorrida nessas décadas também se deu na Colônia americana de Portugal, em reação às ameaças igualmente provenientes da Espanha, na fronteira sul da colônia brasileira, e da França.[14] Ocorrendo paralelamente ao ciclo do ouro em Minas Gerais, as ameaças externas levaram à mudança da capital colonial para o Rio de Janeiro e, dentre outros, ao restabelecimento da capitania de São Paulo.[15] As autoridades coloniais receberam instruções para o desenvolvimento da defesa meridional da América Portuguesa.

As primeiras reformas nas forças militares foram realizadas, em 1767, sob orientação do tenente-general João Henrique Böhm, auxiliar do conde Lippe,[16] e por Jacques Funck, este perito em fortalezas.[17] A base da força militar portuguesa no Brasil era composta, essencialmente, por nascidos no território americano, à exceção dos oficiais superiores. Contingente de aproximadamente 2 mil homens chegou com o general Böhm ao Rio de Janeiro, em 1767, como parte dos esforços de reforma. Adriana Barreto de Souza[18] sublinha como as mudanças alteravam perspectivas, tanto na Colônia, com novos postos de trabalho, quanto para oficiais europeus, que vinham ao Brasil buscar melhorias em suas carreiras.

Na parte organizacional, em Portugal e na Colônia do Brasil, foram adotados com as reformas princípios de organização militar prussia-

---

[12] In: *Coleção de Leis do Império do Brasil* – 1816, p. 9, vol. 1. In: www.camara.gov.br.
[13] 57.227 homens e 6.772 cavalos, ademais da reorganização das estruturas militares, com ampliação dos efetivos em cada regimento de infantaria, artilharia e cavalaria. In: Carlos Selvagem, op. cit., p. 531.
[14] WEHLING, Arno & WEHLING, Maria José, 2008, p. 28.
[15] DE LUCENA, Ana Priscilla Barbosa. Os Corpos Militares na Capitania de São Paulo: um esboço acerca da organização e situação das Tropas de 1ª Linha (1760 -1820). In: *Anais do XIX Encontro Regional de História: Poder, Violência e Exclusão*. ANPUH/SP-USP. São Paulo, 08 a 12 de setembro de 2008. In: http://www.anpuhsp.org.br/sp/downloads/CD%20XIX/PDF/Paineis/Ana%20Priscilla%20Barbosa%20de%20Lucena.pdf (acesso 28/05/2014), p. 2.
[16] Daróz, 2011, p. 4.
[17] Ana Priscilla de Lucena, 2008, p. 2.
[18] DE SOUZA, Adriana Barreto. "A metamorfose de um militar em nobre: trajetória, estratégia e ascensão social no Rio de Janeiro joanino". In: *Revista Tempo*, n° 24, 2007. In: http://www.scielo.br/pdf/tem/v12n24/a04v1224.pdf (acesso em 25/08/2015).

na, substituindo a antiga estrutura de "terços" pelos "regimentos", estes compostos por batalhões e organizados de acordo com as armas de cavalaria, infantaria e artilharia. A tropa foi então organizada em três linhas. A 1ª linha era profissional e melhor treinada. A 2ª linha era composta pelas tropas de milícia, numerosas e recrutadas amplamente nas freguesias de onde se baseava a unidade, composta por brancos, negros, libertos e outros. Eram pouco treinadas, mas ainda assim mantinham formação permanente, organizada em batalhões (cavalaria, infantaria e artilharia) e sujeita à disciplina militar. Na 3ª linha estavam as ordenanças, todos os homens livres entre 18 e 60 anos de idade, mobilizados temporariamente, normalmente para ações de segurança pública.[19]

Tecnicamente, a 1ª linha defendia o território contra ataques externos, a 2ª linha cuidava da segurança interna e servia de reserva da 1ª linha. As ordenanças ficavam responsáveis pela segurança local.[20]

A chegada da Corte, em 1808, alterou significativamente a situação das Forças Armadas no Brasil. Mudou a estrutura, mudaram as exigências e necessidades. Ao longo do período brasileiro da Corte, as ações militares continuaram a se concentrar em ameaças externas provenientes da Espanha e da França napoleônica. As operações foram intensas na bacia do Prata, culminando com a incorporação da Banda Oriental, depois Cisplatina, após a guerra contra Artigas, em 1816 (vide capítulo VII). Os militares também agiram em casos de conflitos internos, especialmente a Revolução Pernambucana de 1817, que mobilizou mais de 8 mil soldados.

No Norte, foi organizada uma expedição punitiva – com apoio inglês – contra a Guiana Francesa, em dezembro de 1808. A força terrestre era composta essencialmente por tropas do Pará, Rio de Janeiro, São Paulo e Minas Gerais (duas companhias de granadeiros e duas de caçadores), apoiadas por corveta inglesa e 8 navios brasileiros.[21] Vencida a resistência francesa, Caiena foi ocupada e a Guiana Francesa entregue

---

[19] Daróz, 2011, p. 4. Vide também SANTOS, Francisco Ruas. "A Independência do Brasil do ponto-de-vista militar terrestre. In: *Revista do Instituto Histórico e Geográfico Brasileiro*. Volume 298, janeiro-março, 1973. In: http://www.ihgb.org.br/rihgb.php?s=20 (acesso em 23/09/2013), p. 149.
[20] Daróz, 2011, p. 4.
[21] In: "O Exército na História do Brasil", volume 2. Rio de Janeiro, Biblioteca do Exército Editora; Salvador: Odebrecht, 1998, p. 18.

aos portugueses, em 12 de janeiro de 1809, permanecendo sob a bandeira de Portugal até 1818.[22]

A realização dessas operações fundamentou-se na transformação que D. João empreendeu para tornar a Colônia, depois Reino, em centro militar do Império português. Em 1810 foi criada a Academia Real Militar, destinada a formar oficiais. Nos anos subsequentes, entre 1811 e 1815, foram construídos hospitais militares, fábricas de suprimentos militares e arsenais.[23]

A criação, em 1815, do Ministério da Guerra no Brasil foi importante etapa de consolidação de uma estrutura governamental a autônoma para aquele território que logo depois seria transformado em Reino. A existência de órgão dessa natureza no Rio de Janeiro "representava a subordinação de todas as Forças Terrestres, antes dispersas, com os vice-reis e capitães-generais das capitanias, a um centro comum".[24] Os arsenais e, principalmente, a inspetoria militar – responsável pelo estabelecimento dos procedimentos – também fortaleceram a unidade do comando. Este continuou a sofrer, entretanto, com dificuldades de eficácia operacional. A evolução, ainda assim, foi perceptível.

Ademais da Corte, havia estrutura de arsenais e estabelecimentos militares em algumas capitanias, mas limitados e de pouca eficiência. Neuma Rodrigues relata[25] que o general Cunha Mattos, posteriormente governador de armas de Goiás, ao ser enviado a Pernambuco em 1817, foi nomeado "Inspetor do Trem" da então capitania, responsável pelos arsenais, depósitos e fábricas. Cunha Mattos tentou criar um laboratório pirotécnico para a produção de pólvora, até então fornecida pelo Rio de Janeiro, e realizou grande esforço de racionalização e reorganização logística. A escassez dos recursos disponíveis e rusgas com o aparato civil do governo local limitaram a iniciativa de Cunha Mattos.

---

[22] Ibid., p. 19.
[23] Tal como a inauguração de novas oficinas na fábrica de armas da Fortaleza de Santa Cruz, estabelecida pelo conde da Cunha, em 1765. In: BARROSO, Gustavo. *História militar do Brasil*. Rio de Janeiro: Bibliex, 2000, p. 32.
[24] Arno e Maria José Wehling, 2008, p. 30.
[25] RODRIGUES, Neuma Brilhante. *Nos caminhos do Império: a trajetória de Raimundo José da Cunha Mattos*. Tese de Doutorado. Universidade de Brasília, 2008. In: http://repositorio.unb.br/bitstream/10482/5134/1/2008_NeumaBRodrigues.pdf?origin=publication_detail (acesso em 06/05/2014), p. 125.

No que diz respeito à tropa, houve reorganização e tentativa de maior integração entre portugueses e "brasileiros", com a admissão dos segundos na 1ª linha. Foram criadas diversas unidades. O Rio de Janeiro, em fins da década de 1810, contava com o Estado-Maior do Exército, um Conselho Supremo Militar, Secretaria de Governo, Inspetorias de Tropas, Milícias e Arsenal, Real Corpo de Engenheiros e fortalezas. A 1ª linha que guarnecia a capital era composta por três regimentos de infantaria, o 1º regimento de cavalaria do Exército e o regimento de artilharia da Corte. A 2ª linha tinha 15 regimentos de infantaria e duas brigadas ligeiras, distribuídas na capital e no entorno.[26] Com o retorno, em 1818, da força que lutara em Pernambuco contra a Revolução de 1817,[27] esta tropa foi reorganizada no 1º de Granadeiros, 2º de Caçadores, 1º, 2º e 3º de Fuzileiros, ademais de uma Legião de Mato Grosso e o 9º de artilharia.[28] Foi criado também o 1º regimento de cavalaria (posteriormente o regimento de Dragões da Independência) e organizados corpos que prestavam apoio ao Paço (guardas reais e arqueiros da guarda real).[29]

Ao longo do período, novas unidades foram também estabelecidas no Piauí, Rio Grande do Norte, Rio Negro, Maranhão, Sergipe e no Espírito Santo, ademais da Divisão do Rio Doce, em Minas, e um novo esquadrão de cavalaria, em São Paulo.[30] Nas tropas de milícias, Gustavo Barroso menciona a criação de batalhões de "pedestres", de dragões, de pretos e pardos, e de policiais na Bahia, Rio Grande do Norte, Ceará, Goiás, Mariana, Rio Pardo e Ouro Preto, além de um interessante regimento de "lanceiros guaranis", integrado por índios, na área das Missões.[31] Em Pernambuco, após a Revolução de 1817, iniciada por militares, foram reestruturados os quadros da tropa de linha e da milícia.[32]

A partir de 1815 houve, como já mencionado, o início da chegada de importantes unidades de 1ª linha de Portugal, muitas delas tropas experientes das guerras napoleônicas. Vinham ao Brasil para reforçar a segurança da Corte ou para lidar com questões de defesa mais premen-

---

[26] Dároz, 2011, p. 6.
[27] Segundo Armitage, composta por quatro batalhões de infantaria, um de caçadores e uma brigada de artilharia. 1837, p. 13.
[28] Barroso, 2000, p. 36.
[29] Ana Priscilla de Lucena, 2008, p. 6.
[30] Barroso, 2000, p. 36.
[31] Barroso, 2000, p. 33.
[32] In: Neuma Rodrigues, 2008, p. 127.

tes do Reino. Para o Rio de Janeiro, chegou, em 1817, a Divisão Auxiliadora, comandada por Avilez. Batalhões importantes também foram enviados para Pernambuco, Bahia[33] e Piauí.[34] Essas tropas comporiam a base da resistência militar das Cortes contra o Rio de Janeiro. A Divisão de Voluntários d'El Rei, comandada pelo general Lecor, foi enviada, em 1815, à Cisplatina, para reforçar as 5 mil tropas brasileiras,[35] então comandadas pelo general Curado (que em seguida volta para o Rio de Janeiro).

A organização militar do Reino do Brasil no início da década de 1820 contava, portanto, com um número importante de homens engajados na 1ª (tropa profissional), 2ª (milícias) e 3ª (ordenanças), entre nascidos no Brasil e em Portugal. Permaneciam diferenças de tratamento entre brasileiros e portugueses, a ponto de o comandante militar português, Vicente Antônio de Oliveira, ter representado ao rei pedindo que aos brasileiros não se concedesse posto mais alto do que o de capitão.[36] A solicitação foi realizada em 1817 e se relacionava com a Revolução Pernambucana, na qual participaram muitos soldados e oficiais brasileiros.[37]

O pedido não prosperou oficialmente, até porque muitos oficiais superiores eram portugueses nascidos no Brasil. D. João o teria aplicado informalmente, com o alto comando permanecendo, nos anos seguintes, em mãos de nascidos em Portugal. As desconfianças entre os originários dos dois lados do Atlântico apenas cresceram nos anos seguintes. Subsistiam, também, diferenças salariais, que só foram eliminadas por D. João VI pouco antes de sua partida de volta a Portugal, num intento de aproximar as forças e unificá-las. A iniciativa não era suficiente, contudo, para eliminar as percepções de diferença. A integração das forças era, assim, precária e heterogênea.

Segundo publicação do Exército Brasileiro,[38] a 1ª linha no Brasil de 1820 contava com 7 regimentos, 17 batalhões, 8 corpos e 3 companhias

---

[33] O 12º Batalhão, comandado por Madeira, era parte da Divisão Auxiliadora. In: Rodrigues, 2002, p. 50.
[34] Daróz, 2011, p. 5.
[35] Rodrigues, 2002, p. 51.
[36] Armitage, p. 13.
[37] LEMOS, Juvêncio Saldanha. *Os mercenários do imperador*. Rio de Janeiro: Biblioteca do Exército, 1996, p. 160.
[38] In: "O Exército na História do Brasil". Volume 2. Rio de Janeiro, Biblioteca do Exército Editora; Salvador: Odebrecht, 1998, p. 34.

de infantaria; 5 regimentos, 8 esquadrões e 1 companhia, na cavalaria; e 2 brigadas, 2 baterias e 1 companhia de artilharia, ademais de 2 batalhões, 4 corpos e 2 companhias de artilharia de costa. Eram 150 fortalezas para a defesa do Reino, especialmente ao longo da costa.[39] Tomando-se como base um batalhão médio de 800 oficiais e soldados, chega-se à conta preliminar de pelo menos 30 mil soldados de 1ª linha presentes no Reino do Brasil no ano de 1822, os quais ainda seriam reforçados, com o desenrolar da Guerra de Independência.

Esse valor, sem contar os efetivos que lutaram do lado de Portugal, se aproxima do número estabelecido em 1824 pela reorganização militar empreendida por D. Pedro, o primeiro esforço de estruturar e racionalizar as Forças imperiais. Esta reforma estabeleceu, para todo o Império, a 1ª linha com 27 batalhões de infantaria (incluindo 2 de caçadores estrangeiros), 7 regimentos de cavalaria e 17 corpos de artilharia (12 de "posição" e 5 "montados"), num total de 30 mil efetivos.[40] As unidades de 2ª e 3ª linhas eram muito mais numerosas e heterogêneas.[41] Essas tropas tinham como armamento base a espingarda de pederneira 19mm Tower & Brown Bess, com baioneta triangular, além de clavinas da mesma marca, calibres 17mm e 19mm. Os sabres e espada variavam entre oficiais e sargentos, que também utilizavam pistolas, além das lanças para a cavalaria. Na artilharia, a base eram os canhões de bronze de calibre entre 85mm e 14mm, de alma lisa e carregamento pela boca.[42]

Com fundamento nas reformas militares de 1810 e 1816, José Honório Rodrigues[43] oferece número um pouco distinto do total das tropas. Menciona uma 1ª linha constituída por um Estado-Maior General, um Corpo de Engenheiros, 24 regimentos de infantaria, 12 batalhões de caçadores, 12 regimentos de cavalaria, 4 regimentos de artilharia, 4 companhias de artilheiros condutores, um Batalhão de Artífices Engenheiros, uma Companhia de Guias e o Estado-Maior dos Praças. Nas milícias, haveria 48 regimentos, ao passo que as ordenanças seriam

---

[39] Ibid., p. 35.
[40] In: Daróz, 2011, p. 17.
[41] Segundo Nelson Werneck Sodré (2010, p. 116), foram previstos na lei, para a 2ª linha, 4 regimentos de infantaria, 52 batalhões de caçadores e 26 regimentos de cavalaria ligeira.
[42] Barroso, 2000, p. 101.
[43] 2002, p. 50.

distribuídas em 24 distritos. No total, contando a 1ª e 2ª linhas, 54 a 57 mil homens estariam engajados nas forças terrestres. Em qualquer um dos cálculos, mais de 50 mil soldados e milicianos se encontravam no Brasil no período. De acordo com Rodrigues, aproximadamente 8 mil eram portugueses europeus.[44]

As discrepâncias nos valores totais entre a publicação oficial e o quadro de Rodrigues são relacionadas principalmente a diferenças no agrupamento das tropas em regimentos e batalhões. As unidades militares das três linhas no Brasil eram numeradas dentro de suas guarnições, resultando em uma heterogeneidade marcante: "as organizações de cada um desses corpos eram dissimilantes, nenhum laço unia essas diversas unidades, que não pareciam pertencer ao mesmo exército e antes constituírem exércitos diversos".[45]

Essa dificuldade não impactou apenas os aspectos organizacionais das Forças Armadas da época, mas foi uma das causas das incertezas e confusões suscitadas na guerra, demandando tempo para se saber, em cada província, de qual lado estavam as unidades. Sem o comando central que aos poucos foi se formando no Rio de Janeiro, na época da Independência, é possível que a instabilidade do período tivesse agravado essa heterogeneidade militar, contribuindo para o esfacelamento do Reino, de modo semelhante ao que ocorreu na América Espanhola.

Para além dos números, os relatos de época coletados no trabalho de Juvêncio Saldanha Lemos[46] dão conta de um Exército de baixa qualidade e pouco treinamento, com importância secundária na política de então.

Essa avaliação, transmitida por observadores estrangeiros, deve ser relativizada. Em primeiro lugar, havia diferenças significativas entre as tropas presentes no Brasil. Os corpos que haviam chegado de Portugal possuíam experiência das guerras napoleônicas. Mesmo no lado brasileiro, a heterogeneidade da organização também repercutia na qualidade da tropa. Organizados ou não, muitos oficiais e soldados tinham experiência de combate, principalmente no Sul do país.[47] E, mais

---

[44] Rodriguez, 2002, p. 50.
[45] Juvêncio Saldanha Lemos, 1996, p. 168.
[46] 1996, p. 170 e seguintes.
[47] Magalhães transcreve citação do *Almanack* da Vila de Porto Alegre, de 20/07/1808, o qual afirma que "a tropa miliciana desta capitania é seguramente a melhor do mundo, para o país em que estamos, muito valente e desembaraçada; S.A.R dela

importante, apesar de todos os problemas organizacionais, as forças de D. Pedro entraram em combate contra os portugueses e lograram obter vitórias importantes, como se verá nos próximos capítulos.

A 1ª linha das forças terrestres ficou em sua maioria ao lado das Cortes. Essa foi a grande dificuldade enfrentada pelo polo do Rio de Janeiro. Ainda assim, muitos portugueses europeus optaram pelo Rio de Janeiro, como aproximadamente 460 soldados da Divisão Auxiliadora,[48] que pediram baixa ainda quando a unidade se encontrava no Rio de Janeiro. Numa segunda leva, quase 400 soldados das forças do brigadeiro Maximiliano, em março de 1822, desembarcaram na capital carioca para engajar-se ao lado de D. Pedro.

Uma terceira incorporação de efetivos de origem europeia ocorreu já com a guerra quase no seu final, após a rendição na Bahia. Eram prisioneiros militares das tropas que haviam resistido com Madeira em Salvador, que permaneciam em território brasileiro e a quem foi oferecida incorporação nos corpos do Rio de Janeiro.

A medida suscitou forte controvérsia na imprensa e, especialmente, na Assembleia Geral e Constituinte. Ao longo de julho de 1823, os deputados brasileiros debateram longamente o status a ser conferido aos detidos. Para alguns, eram prisioneiros de guerra. O deputado Alencar não os considerava como tal, nem como espiões, mas apenas como "indivíduos que não aderiram à causa do Brasil".[49] Já o sr. Andrada Machado, no mesmo dia, defendia aplicar as leis da guerra,[50] e considerava os militares portugueses, desse modo, prisioneiros de guerra. Na votação do dia, venceu a ideia de que os soldados seriam considerados prisioneiros, aplicando-se a "lei da guerra", estendendo-se a discussão, na sequência, a como retirá-los do país.

D. Pedro, entretanto, resolveu pela incorporação dessas mesmas tropas ao Exército brasileiro, medida resistida pela Assembleia Constituin-

---

pode confiar tudo; a maior parte dos soldados são pobres e casados, e no seio das suas famílias tratam das suas ariculturas, ou daqueles modos de vida que cada um tem; se há guerra, elles prontamente e com gosto marcham às fronteiras". 2001, p. 243.

[48] Daróz, 2011, p. 14.

[49] Ata da Assembleia Geral, em 02/07/1823, p. 372.

[50] "Quando uma parte da Nação entra em guerra com a outra, ainda que estas duas partes não estejam separadas em Nações diferentes, he de absoluta necessidade considerarem-se como taes ou dous Partidos contrários e observarem-se as Leis da Guerra".

te. O caso se tornou exemplo dos atritos crescentes que havia entre o imperador e esse corpo legislativo, ao longo de 1823, como se verá no último capítulo. As tropas foram, ao final, incorporadas, mas só foram utilizadas posteriormente à Guerra de Independência.

As forças pró-Rio de Janeiro tiveram, no processo que levou à Independência, o apoio decisivo da Marinha, cuja transformação de Marinha portuguesa em Marinha imperial também exigiu considerável esforço do Rio de Janeiro. O almirante Armando de Senna Bittencourt[51] aponta que a força naval portuguesa não era força desprezível naquele início de século XIX. Segundo Bittencourt,[52] no fim do século anterior, a Marinha de Portugal era de tamanho relevante mesmo na Europa e possuía alto grau de operacionalidade. As instabilidades políticas do início do século XIX afetaram a força, mas, em 1807, a Marinha portuguesa "ainda representava um poder notável, e sua captura foi um dos propósitos frustrados da invasão de Portugal pelas forças comandadas por Junot".

Tampouco era desprezível a frota portuguesa que deixou Portugal, em 29 de novembro de 1807, transportando a Corte para o Brasil.[53] Entre os navios que partiram no próprio dia 29 e aqueles que se seguiram nos dias seguintes, a esquadra totalizava 23 navios de guerra e 31 mercantes. Eram naus,[54] 4 fragatas,[55] 5 brigues[56] e vários navios menores,[57] mas publicação da Marinha do Brasil dá conta de um número menor de fragatas e alguns bergantins.[58] Na nau *D. Henrique* foi

---

[51] BITTENCOURT, Armando de Senna. "Da Marinha de Portugal forma-se uma Marinha para o Brasil, 1807 a 1823". In: http://www.casadatorre.org.br/FORMA-SE_A_MARINHA_DO_BRASIL.pdf (acesso em 02/05/2014).
[52] Ibid., p. 2.
[53] Os pormenores da organização e da partida da Corte de Lisboa, em 1807. SCHWARCZ, Lilia Moritz. *A longa viagem da biblioteca dos reis: do terremoto de Lisboa à Independência do Brasil*. Lilia Moritz Schwarcz, Paulo Cesar de Azevedo e Angela Marques da Costa. São Paulo: Companhia das Letras, 2002.
[54] Navio de primeira linha, fortemente armado, com em média 70-90 canhões.
[55] Navios de três mastros, com em média 40-50 peças de artilharia, mas com excelente manobrabilidade e velocidade. Era um dos tipos de embarcação mais utilizados no início do século XIX.
[56] Navios de dois ou três mastros, rápidos e armados com em média 20 peças.
[57] Bittencourt, p. 2.
[58] Dentre os principais navios: nau *Príncipe Real* (90 peças), nau *Conde D. Henrique* (74 peças), nau *Rainha de Portugal* (74 peças), nau *Medusa* (74 peças), nau *Príncipe do Brasil* (74 peças), nau *D. João de Castro* (64 peças), nau *Afonso de Albuquerque* (64 peças), nau *Martim de Freitas* (64 peças), fragatas *Minerva, Golfinho, Urânia*, os brigues *Voador, Lebre*,

embarcada a Academia Real de Guardas-Marinha, com alunos, mestres e sua biblioteca.

Como no caso do Exército, a presença da Corte implicou a criação de toda uma estrutura de comando, logística e formação da Marinha no Rio de Janeiro. A capital carioca transformou-se no centro do comando terrestre e naval português. Estabeleceram-se um Conselho do Almirantado, uma intendência, contadoria, quartel-general, Academia de Guardas-Marinha, uma Brigada Real (Fuzileiros Navais) e uma biblioteca.[59]

Ao contrário do Exército, a Marinha contava com menor participação dos nascidos no Brasil. Rio de Janeiro, Salvador e Belém possuíam estaleiros capazes de construir embarcações militares, tendo existido um também em Alagoas, em 1818, cuja vida foi efêmera. Outros portos do Nordeste conservavam capacidades de armação, ainda que limitadas. A Bahia,[60] na época, era centro importante por causa de suas madeiras. Entre 1810 e 1822, foi reduzido o número de embarcações militares construídas no Brasil: sete navios, as fragatas *Dom Pedro I*, *Real Leopoldina*, *Diana*, *União*, a corveta *Dez de Fevereiro* e o lugre *Maria Teresa*.[61] A maior parte dessas unidades foi posteriormente incorporada à esquadra brasileira.

A esquadra que voltou com D. João VI a Portugal contava com uma nau, uma fragata, três charruas, uma corveta, um brigue, um iate e quatro transportes. Permaneceu no Brasil, ao longo de toda a costa, uma força relevante, capitaneada por seis naus, quatro fragatas e um brigue.[62] Outros elementos navais chegaram depois, para missões e

---

Vingança, *Condessa de Resende* e *São Boaventura* (este um bergantin-correio), escunas *Curiosa*, *Furão* e *Ninfa*, e charruas *Thétis* e *Princesa da Beira*. Posteriormente, partiram a fragata *Princesa Carlota* e a charrua *São João Magnânimo*. Alguns navios permaneceram em Portugal e acabaram utilizados pela ocupação de Junot. In: *História naval brasileira*. Segundo Volume, tomo II, Rio de Janeiro: Ministério da Marinha, 1979, p. 326-330. A relação também é encontrada em MADALENO GERALDO, José Custódio. "A Transferência da família real para o Brasil: suas consequências". In: *Revista Militar*, nº 2472, Lisboa, janeiro de 2008. In: http://www.revistamilitar.pt/artigo.php?art_id=257 (acesso em 12/05/2014).
[59] Magalhães, 2001, p. 238.
[60] Mendonça, 2010, p. 238.
[61] Ibid., p. 238.
[62] Rodrigues, 2002, p. 65. Embarcações que partiram para o Brasil com a Corte realizavam também missões individuais, daí a diferença entre os números apresentados na chegada do rei, em 1807, e na sua saída, em 1821.

para a rotação rotineira que se fazia na Marinha, a maior parte dos quais permaneceram fiéis a Lisboa.

A partir dessa realidade militar heterogênea do Reino do Brasil, D. Pedro teve de organizar as forças terrestres e navais que sustentaram a construção de sua base no Rio de Janeiro, que combateu na guerra de Independência e que assegurou a unidade territorial do Império brasileiro no mesmo traçado do Reino do Brasil.

Naquele período de 1822-1823, um dos maiores desafios do regente, depois imperador, foi exatamente organizar Forças Armadas eficientes. No caso do Exército, foi fundamental "mobiliar os novos batalhões, necessários para combater os portugueses".[63] A tropa à disposição do Rio de Janeiro era fundamentalmente a 2ª linha, a milícia, que fora convertida em 1ª linha.

Na aclamação de D. Pedro como imperador do Brasil, em 12 de outubro de 1822, o Exército brasileiro regular (1ª linha), unificado e ainda comandado pelo general Curado, contava, no Rio de Janeiro, com aproximadamente 4.500 homens, provenientes do Rio de Janeiro, Minas Gerais e São Paulo.[64] Outros efetivos lutaram nas províncias ainda sem estarem incorporados oficialmente ao comando central, tornando parte da guerra um combate "sem quartel-general", como se deu no Piauí e no Maranhão.

Na Bahia, principal ponto estratégico do território brasileiro, a guerra iniciou-se igualmente na improvisação e na organização local, mas em poucos meses passou a ser conduzida sob o comando unificado do Rio de Janeiro, de onde também seguiu, após o 2 de julho baiano, a orientação sobre o Maranhão e o Pará. Aquelas tropas "semirregulares" são recordatório de que, paralela e simultaneamente a todo o processo no Rio de Janeiro, desenrolavam-se de forma autônoma quase todas as disputas nas províncias brasileiras, influenciadas pela polarização entre Lisboa e Rio de Janeiro. Também representavam forças que não eram "naturalmente" ligadas ao Rio de Janeiro e que, de fato, se voltaram contra ele nos anos seguintes, por exemplo, na Confederação do Equador, em 1824.

As necessidades militares de D. Pedro eram muito maiores do que os efetivos disponíveis no início de 1822. Para realizar a construção de

---

[63] Daróz, 2011, p. 10.
[64] Daróz, 2011, p. 23.

força militar efetiva, o regente adotou, ao longo de todo o período de 1822-1823, medidas de organização militar que são parte indissociável do processo de emancipação. O príncipe envolveu-se pessoalmente nesse esforço, trabalhando sobre a organização das unidades, na administração, finanças e planejamento. Na preparação da esquadra que combateria Madeira, em 1823, Cochrane[65] relatou ter acompanhado D. Pedro na inspeção dos navios, mostrando-se atento a cada detalhe. No decurso dessa visita,

> serviu-se o Imperador várias vezes da expressão "atacar a força parlamentar portuguesa", e não era cousa menos singular, por dar a entender que o Governo brasileiro não fazia guerra ao Rei de Portugal ou à nação portuguesa, mas às Cortes somente; o que era distinção sem diferença, pelo que tocava à conduta das hostilidades.

Em outro exemplo da atuação direta de D. Pedro, o *Correio do Rio de Janeiro*[66] noticiou, em 4 de julho de 1822, a demissão do ministro da Guerra, por suposta ineficiência. Segundo o relato, D. Pedro teria ordenado que o ministro instruísse o arsenal do Exército a embarcar caixões, possivelmente para a primeira expedição à Bahia. Tendo o regente ido conferir o trabalho no dia seguinte, "achou tudo no primitivo estado, e perguntando a cauza de se náo ter cumprido o que Mandara fazer, lhe responderão que náo tinhão recebido ordem alguma". A D. Pedro, o ministro desculpou-se "dizendo que se tinha esquecido". O regente administrava, assim, com muita proximidade as medidas militares em curso. Não estava desatento à guerra que se projetava.

Analisando-se a lista de decretos, proclamações e editais publicados ao longo de 1822 e do primeiro semestre de 1823,[67] constata-se que número significativo das medidas publicadas no período teve relação com as Forças Armadas ou com as operações militares contra os partidários de Lisboa. Muitas medidas eram puramente operacionais, sobre pessoal, logística, organização da força, aquisição de equipamentos, de incorporação de soldados ou ultimatos às forças portuguesas. Em 2 de maio

---

[65] 2003, p. 43.
[66] Edição nº 67, de 04/07/1822, p. 281.
[67] A lista está disponível eletronicamente na página da Câmara dos Deputados do Brasil. Também pode ser observada na obra *Coleção das leis e decretos do Império do Brasil*.

de 1822, a Secretaria da Guerra foi separada dos Negócios Estrangeiros, por decreto, conferindo maior autonomia à administração dos assuntos militares. Poucos dias depois, em 8 de maio de 1822, decreto de D. Pedro elevou o número de praças nas companhias dos Batalhões da Corte.

Foram modificados, após a Independência, as golas, canhões e penachos, de modo a conferir realce às cores nacionais.[68] Em 10 de novembro de 1822, D. Pedro entregou à tropa suas novas bandeiras e declarou-se, na oportunidade, "generalíssimo do Exército".[69] A medida teve impacto nos políticos da época e suscitou desconfianças posteriormente expressadas, em 1823, nos debates constituintes sobre a organização das Forças Armadas. A relação entre o imperador e seus grupos apoiadores já não se mostrava fácil, agravando-se em 1823 e resultando no fechamento da Assembleia Constituinte do Rio de Janeiro.

Foi reformado o sistema de voluntariado, com a diminuição do engajamento de 8 para 3 anos, conforme o decreto de 30 de janeiro de 1822,[70] que se justificava pela "urgente necessidade que há, nas actuaes circumstancias", em preencher a 1ª linha da guarnição da Corte. Outros decretos sobre o serviço militar brasileiro foram publicados em 8 (sobre o Batalhão da Brigada da Marinha) e 20 de maio (sobre os corpos de milícia de Minas Gerais), e em 10 de julho de 1822. O fluxo de voluntários foi importante, mas não suficiente, de modo que foi necessário instituir o recrutamento, normalmente de indivíduos de má conduta.[71] Recorreu-se aos veteranos: em 5 de outubro de 1822, um edital da Secretaria de Negócios da Guerra[72] se dirigiu aos soldados da 1ª e 2ª linhas que haviam participado da expedição em Pernambuco, em 1817, e já haviam dado baixa. O governo conclamava essas forças a se incorporarem como voluntários ao Batalhão de Granadeiros da Corte, uma vez que o corpo de guerrilha não era compatível com as medidas de defesa. Vê-se, nesse edital, como a guerra mobilizava diversos setores da sociedade do novo Império, não se limitando às elites. Situações equivalentes se passaram em todo o Brasil.

---

[68] Barroso, 2000, p. 39. Vide, por exemplo, os decretos de 18/09/1822 (determina o tope nacional, um escudo de armas).
[69] Magalhães, 2001, p. 249.
[70] In: *Coleção de Leis do Império do Brasil* – 1822, p. 4, vol. 1 pt II (Publicação Original). In: www.camara.gov.br (acesso em 19/05/2014).
[71] Daróz, 2011, p. 11.
[72] In: *Coleção das leis e decretos*, p. 11.

O mesmo documento revela também o esforço do Rio de Janeiro em centralizar o comando, em organizar uma força regular, mais treinada e disciplinada. A guerra no Nordeste mostraria a importância dessa sistematização, quando comparado o caso do Piauí, pouco organizado, com o da Bahia. Nas medidas de 4 de janeiro e de 5 de fevereiro de 1823, vê-se outro sinal claro dos impactos da guerra: foram publicados dois decretos sobre a extensão do soldo, respectivamente, dos oficiais e inferiores do Exército, e dos marinheiros, às viúvas e órfãos daqueles que haviam morrido ou se ferido em ação, durante a "luta da Independência".[73]

Foram criadas, nesse processo, novas unidades militares. Em 25 de julho de 1822, decreto do (ainda) príncipe regente estabeleceu uma Guarda Cívica. Em outubro, foram reforçados os quadros dos três batalhões de fuzileiros da Corte e organizado um Batalhão de Caçadores dos Henriques. Foram igualmente criadas três baterias a cavalo e novo Batalhão de Artilharia de Posição, "composto de Pretos Libertos, pagos e regulado segundo o Plano".[74] Em 18 de novembro foi criado novo Batalhão de Caçadores da Corte.

A mais conhecida unidade militar da época foi o Batalhão do Imperador. D. Pedro reuniu voluntários no campo de Sant'Ana, em outubro de 1822, a fim de selecionar pessoalmente a tropa para integrar a nova unidade. Para atrair candidatos, estabeleceu regalias para a nova unidade.[75] Pronta, a tropa foi oficialmente criada em 18 de janeiro de 1823,[76] por decreto, composta por um Estado-Maior e seis companhias, totalizando 735 homens.

O principal objetivo da unidade, comandada por Joaquim de Lima e Silva (tio do futuro Duque de Caxias) foi o de combater na Bahia,[77] para onde foi enviada no início de 1823. O Batalhão do Imperador foi

---

[73] In: *Coleção de Provisões do Conselho Supremo Militar e de Justiça do Imperio do Brasil, de 1823 a 1856*. Publicadas por ordem do Exmo. Sr. Ministro da Guerra, Sebastião do Rego Barros. Rio de Janeiro: Typographia Universal de E. & H. Laemmert, 1861. Senado do Brasil. Coleção de Obras Raras. In: www.2senado.gov.br (acesso em 10/05/2014), p. 8.
[74] In: Magalhães, 2001, p. 247. Vide também *Coleção de decretos e leis*, p. 19.
[75] In: Barroso, 2000, p. 42.
[76] Gustavo Barroso menciona a data de 13/01/1823, mas o dia correto é 18/01/1823, como se vê na *Coleção de Leis do Império do Brasil* – 1823, p. 8, vol. 1. In: www.camara.gov.br.
[77] Conforme determina o próprio decreto de criação do Batalhão.

um dos primeiros a entrar em Salvador, em 2 de julho de 1823, tendo lá permanecido até novembro do mesmo ano.[78] Sua criação mostra, fundamentalmente, como a batalha pela Bahia não se limitou a uma guerra regional.[79]

Um Regimento de Estrangeiros foi, por sua vez, criado em 8 de janeiro de 1823. Era composto por três batalhões, dos quais apenas um foi efetivamente estabelecido no período. O processo de recrutamento desses militares foi complexo e demandou todo um jogo diplomático de José Bonifácio, para contornar as restrições impostas por muitos países europeus contra o recrutamento de seus soldados no estrangeiro.

Desde meados de 1822, o governo do Rio de Janeiro tinha tomado a decisão de buscar tropas estrangeiras para reforçar as linhas brasileiras e compensar as dificuldades decorrentes tanto do alistamento insuficiente quanto da falta de confiabilidade de parte das tropas. Na Marinha os incidentes foram mais claros, de resistência de praças e oficiais a entrar em combate contra seus companheiros que haviam ficado ao lado de Lisboa. Os mercenários estrangeiros eram solução interessante e poderiam, no plano de Bonifácio, ser utilizados posteriormente para a colonização do interior do país.

Foi nessa circunstância que o chanceler brasileiro emitiu, em 12 de agosto de 1822, instruções a Londres, para Caldeira Brant "ajustar alguns regimentos irlandeses, ou de qualquer outra nação onde for mais fácil este recrutamento". Reconhecendo as dificuldades impostas por alguns países europeus a esse tipo de iniciativa, Bonifácio indicava que o recrutamento deveria ser feito sob o "disfarce de colonos e (em) condições favoráveis ao Tesouro Público deste reino, devendo estes soldados vir logo armados e equipados".[80]

Foram igualmente enviadas, na mesma data, ordens similares ao representante do Brasil em Viena, Jorge Antônio Schaeffer, para que ajustasse uma "colônia rural–militar que tenha pouco mais ou menos

---

[78] Conforme informação do próprio Exército Brasileiro. In: http://www.1bg.eb.mil.br/historico/historico.html.

[79] No capítulo IV, na seção sobre a situação das províncias, menciona-se a participação de soldados de várias localidades brasileiras na batalha contra Madeira. Na Assembleia Constituinte do Rio de Janeiro, em 04/06/1823, o deputado Cruz Gouveia recordava em discurso, por exemplo, que a Paraíba havia, por requisição da Junta de Pernambuco, enviado aproximadamente 200 soldados para reforçar as tropas brasileiras na Bahia. In: Atas da Assembleia Geral Constituinte.

[80] In: *Cadernos do CHDD*, 2008, p. 23.

a mesma organização dos cossacos do Don e do Ural".[81] Essa colônia seria composta tanto por atiradores, "sob o disfarce de colonos", que serviriam por seis anos, quanto por puros agricultores, que em tempos de guerra poderão servir "à maneira de cossacos, ou milícia armada". Às duas classes foram prometidas terras no norte de Minas Gerais. O número máximo de voluntários deveria ser de 4 mil, e os militares viriam com uniforme de cossacos, "havendo as alterações que este clima exige; conservando, porém, sempre o sabre, pistola, espingarda e lança".

A organização do primeiro batalhão estrangeiro foi iniciada em 1823, primeiramente integrado por suíços de Nova Friburgo, além de irlandeses, prussianos e outras variadas nacionalidades. Em estudo sobre os estrangeiros no Primeiro Reinado, Juvêncio Saldanha Lemos aponta que pouco de notável se passou com a unidade em 1823. Os quadros ainda eram restritos, e desfrutavam de pouco prestígio: "ridicularizado pelos militares brasileiros, cumpria desapercebidamente suas guardas e dava trabalho às patrulhas disciplinares noturnas, na zona do porto". A situação se inverteu, segundo Saldanha Lemos, a partir de 1824, com a chegada dos prussianos. Mas eram já outras as guerras, como na Cisplatina.

A principal ação de recrutamento para a Marinha ocorreu nos portos de Londres e Liverpool, no inverno europeu de 1822-1823, por ação de Felisberto Caldeira Brant e de seu vice-cônsul, Antônio Meirelles Sobrinho.[82] Em janeiro de 1823, a primeira leva de 125 marinheiros e 6 oficiais partiu de Liverpool, seguida por outro grupo de 45 homens. Ao longo do processo, José Honório Rodrigues[83] menciona aproximadamente 500[84] oficiais e marinheiros ingleses contratados para a Marinha do Brasil, em 1823, dentre os quais estavam Cochrane, Taylor e Greenfell, os nomes mais conhecidos.

O americano David Jewett foi o primeiro estrangeiro a entrar no serviço brasileiro, em 6 de outubro de 1822. Taylor encontrava-se no Rio

---

[81] Ibid., p. 25-26.
[82] In: VALE, Brian "English and Irish Naval Officers in the War for Brazilian Independence". *Irish Migration Studies in Latin America*, vol. 4, n° 3, July 2006. In: http://irlandeses.org/0607_102to114.pdf (acesso em 28/05/2014), p. 104-105.
[83] 2002, p. 148.
[84] Rodrigues (2002, p. 150) menciona 450 oficiais. O número de 500 vem do trabalho de Guilherme de Andrea Frota. In: FROTA, Guilherme de Andrea. "Organização Militar do Império do Brasil em decorrência da Emancipação Política (07/09/1822)". Escola de Comando e Estado-Maior do Exército Brasileiro. In: http://www.eceme.ensino.eb.br/cihm/Arquivos/PDF%20Files/36.pdf (acesso em 22/05/2014), p. 2.

de Janeiro naquela época, com navio de sua propriedade, o *Maypu*. Foi contratado por D. Pedro e sua embarcação renomeada *Caboclo*. No comando da fragata *Ipiranga*, o norte-americano atuou na Cisplatina e na Bahia, para onde levou o Batalhão do Imperador.[85] Oficiais franceses, como o conde Jacques de Beaupaire ou Delamare, nacionais irlandeses e alemães também estiveram presentes na Marinha nacional.

O Exército contou igualmente com a participação de estrangeiros afora o Batalhão de Estrangeiros, principalmente oficiais franceses e alemães participaram do esforço de batalha contra as tropas de Lisboa, por todo o Brasil.[86] Pierre Labatut já vivia no Rio de Janeiro antes de 1822, após lutar na Independência da América Espanhola. Foi recrutado para a causa brasileira e recebeu o comando das tropas brasileiras na Bahia, até maio de 1823, quando uma revolta dentro do comando de suas forças levou-o à prisão (como se verá no próximo capítulo). José Honório Rodrigues atribuiu a Labatut o sucesso – organizacional e operacional – do Exército nacional que lutou na Bahia, o qual, apesar de todas as dificuldades, logrou vencer o general Madeira. O autor é particularmente crítico do adversário de Labatut, Felisberto Caldeira.[87]

Apesar das injustiças cometidas contra o oficial, especialmente uma segunda destituição, em 1829, Labatut foi reincorporado ao Exército e morreu, aclamado, na Bahia, em 1849. Esse padrão de conduta com os estrangeiros se repetiu em muitos casos durante a década de 1820 (inclusive com Cochrane), quando os portugueses voltaram a ter força junto a D. Pedro. Os oficiais eram acusados de traição, não viam as promessas do governo brasileiro cumpridas, mas antes de partirem, terminaram reincorporados para atuar em situações como a Confederação do Equador ou a Guerra da Cisplatina. Os registros históricos, por outro lado, são raros sobre a vida dessas personagens, a maior parte das quais permanece praticamente desconhecida dos brasileiros, como no caso do francês Jacinto Hipólito Guion, o alemão John Bloem ou mais um francês, Theodoro Beaupaire, que era membro da Marinha portuguesa e aderiu ao Rio de Janeiro ainda no início dos confrontos de 1822.

Com esse conjunto de decisões e incorporações, foram aos poucos sendo preenchidos, entre 1822 e 1823, os claros na 1ª e 2ª linhas.

---

[85] Rodrigues, 2002, p. 153.
[86] Ibid., p. 170.
[87] 2002, p. 261.

No esforço de guerra, esse processo contou, também, com participação popular importante. Se é historicamente controversa a influência ou não da população que vivia no Reino sobre as decisões políticas da emancipação brasileira, resta claro que o povo em geral, especialmente no Norte-Nordeste, atuou intensamente nas operações militares. Em alguns casos, contra o Rio de Janeiro, ainda que, ao longo de 1822, D. Pedro tenha logrado colocar-se como líder da causa "brasileira" e com isso arregimentar a maioria dos nascidos no Brasil.

Além dos soldados, o oficialato de D. Pedro contou com muitos brasileiros e portugueses. Rodrigues[88] relata que na transição entre D. João e D. Pedro havia no Reino aproximadamente 200 brigadeiros e generais, dos quais 91 portugueses e algo como 44 cuja nacionalidade não era conhecida. Havia 10 estrangeiros confirmados, 3 ingleses, 3 uruguaios, 2 franceses, 1 escocês e 1 suíço. A maioria desses oficiais aderiu a D. Pedro. O general baiano Luís Paulino de Oliveira Pinto da França é tido como o único oficial-general "brasileiro" que optou pelo lado português, mas, com a fluidez das posições na época, o quadro foi mais complexo, com muitos nascidos no Brasil lutando do lado dos constitucionalistas lisboetas, como se passou no Piauí e no Maranhão.

Além de unidades regulares criadas por D. Pedro, houve casos de corpos organizados localmente e improvisados, como no caso do Corpo de Guerrilha de veteranos da expedição a Pernambuco ou da Flotilha de Itaparica, navios adaptados para receberem armas, que lutaram na Bahia sob o comando do conhecido "João das Botas".

Além dos Batalhões dos Henriques, muitas milícias de "pretos e pardos" se formaram em todo o Brasil.[89] Escravos foram também admitidos na Marinha Imperial, a partir de 25 de fevereiro de 1823.[90] No acampamento de Pirajá, na Bahia, Joaquim Pires de Carvalho e Albuquerque havia arregimentado tropas de índios armados com flechas, "provavelmente motivados pela alimentação que poderiam obter junto às tropas". Corpos de jagunços e de couraças lutaram em vários pontos do Nordeste. Houve, por fim, uma mobilização de simples camponeses, agricultores e outros homens ligados às elites locais, no Nordeste, que

---

[88] 2002, p. 59.
[89] Daróz, 2011, p. 12.
[90] BROTHERHOOD, Karina. "Trabalho e organização do Arsenal de Marinha do Rio de Janeiro na década de 1820. In: *Revista Navigator*, nº 3, 2006. In: http://www.revistanavigator.com.br/navig3/art/N3_art1.pdf, (acesso em 05/04/2014), p. 7.

lutaram sem treinamento e sem equipamento, e morreram anonimamente em batalhas como a do Jenipapo, no Piauí.

Relativamente à Marinha, havia permanecido no Brasil, além de embarcações, uma estrutura de comando, herdada dos tempos da Corte.[91] Havia um Conselho do Almirantado, independência, contadoria, quartel-general, Academia de Guardas-Marinha[92] e uma Brigada Real.[93] Uma intendência também fora criada em Santa Catarina, em 1817, para apoiar as operações no Sul.[94] Segundo Brian Vale, observadores estrangeiros eram críticos do funcionamento desse aparato burocrático, tido como lento e ineficaz, mas o exame dos arquivos mostra "uma maquinaria eficiente e bem administrada".[95] Essa estrutura de comando foi importante para a organização de uma força naval para o Rio de Janeiro, principalmente a partir da nomeação do capitão de mar e guerra Luis da Cunha Moreira como ministro da Marinha, em 28 de outubro 1822. Nascido no Brasil, o futuro visconde do Cabo Frio precisou trabalhar em várias frentes para adquirir financiamento, embarcações e principalmente, praças e oficiais para se incorporarem à nova força.

Viu-se que D. Pedro, no episódio da Divisão Auxiliadora, teve a sua disposição a fragata *União* (posteriormente renomeada *Ypiranga*) e as corvetas *Liberal* e *Maria da Glória*. Na verdade, a *Maria da Glória*, segundo manuscrito do Arquivo Público Brasileiro,[96] partiu em 1º de janeiro de 1822 para missão na costa brasileira. A corveta regressou ao Rio de Janeiro em 9 de fevereiro, encontrando a *União* e a *Liberal* bloqueando a Praia Grande, onde estavam as tropas de Avilez. Cinco dias depois, as duas corvetas acompanharam o comboio dos sete navios que levavam a Divisão Auxiliadora de volta a Portugal. Dois transportes que as acompanhavam, levando tropas portuguesas, escaparam da escolta e

---

[91] In: Magalhães, 2001, p. 238.
[92] Que formava os oficiais navais.
[93] Hoje Fuzileiros Navais.
[94] Ibid., p. 238.
[95] VALE, Brian. *Una guerra entre ingleses*. 1ª edição, Buenos Aires: Instituto de Publicaciones Navales, 2005, p. 32.
[96] "Descripção dos factos de Marinha, que se deram desde que se projectou a Independencia do Imperio do Brasil, até o final da luta (Manuscripto copiado do Archivo Publico)" In: *Revista do Instituto Histórico e Geográfico Brasileiro*. Tomo XXXVII, parte Primeira, 1874. http://www.ihgb.org.br/rihgb.php?s=20 (acesso em 05/12/2013), p. 195.

rumaram para Salvador, reforçando as tropas de Madeira.⁹⁷ Mais um exemplo das dificuldades que o Rio de Janeiro enfrentava quanto à lealdade dos marinheiros portugueses.

O Rio de Janeiro tinha também à disposição a barca a vapor *Bragança* e três pequenas canhoneiras.⁹⁸ Havia, ainda, o brigue *Real Pedro*, o brigue-escuna *Real*, 13 escunas – das quais 7 estavam no Prata – e, aproximadamente 20 navios-transporte e canhoneiras.⁹⁹ Na passagem da esquadra transportando as tropas do general Francisco Maximiliano de Sousa, em fevereiro de 1822, viu-se que a fragata *Real Carolina* foi conquistada pelo Rio de Janeiro e mais tarde renomeada *Paraguaçu*. Essa embarcação, junto com uma charrua, fez importante serviço de buscar os soldados pernambucanos em Montevidéu e levá-los ao Recife, reforçando os quadros que lutavam contra Madeira. Esse trânsito entre Montevidéu e as outras províncias não foi planejado apenas do lado brasileiro. Madeira manteve permanente correspondência com o general Álvaro da Costa, com quem planejou ações contra o Rio de Janeiro e uma eventual transferência das forças portuguesas em Montevidéu para a Bahia.¹⁰⁰

O núcleo inicial da Marinha do Brasil contava, assim, com duas fragatas, a *União* e a *Real Carolina*, as corvetas *Maria da Glória* e *Liberal*, além de alguns brigues, escunas, navios-transporte e canhoneiras.

A nau *Martim de Freitas*, que se encontrava em reparos no arsenal do Rio de Janeiro, foi incorporada posteriormente, em 10 de novembro de 1822. A data é registro importante para a Marinha do Brasil, pois foi na nau, rebatizada *Pedro I*, que se hasteou pela primeira vez a bandeira do Império. Em termos formais, foi nesse momento que nasceu a Marinha brasileira.

Havia também um Batalhão da Brigada Real da Marinha, antecessor dos atuais Fuzileiros Navais. Em 24 de outubro de 1822, decreto de D. Pedro reorganizou a unidade, que passou a se denominar Batalhão de Artilharia da Marinha. Contava com 54 oficiais, 74 sargentos, 71 cabos e 3.759 soldados artilheiros, além de músicos.¹⁰¹ Aproximadamente mil

---

⁹⁷ Bittencourt, p. 4.
⁹⁸ Rodrigues, 2002, p. 65.
⁹⁹ In: MARINHA DO BRASIL. *"A Marinha Imperial e a Independência do Brasil"*. In: www.mar.mil.br (acesso em 12/01/2012).
¹⁰⁰ In: *História naval brasileira*, 1975, p. 17.
¹⁰¹ In: Alba Carneiro Bielinski, *Os Fuzileiros Navais na História do Brasil*, op. cit., p. 29.

homens operaram nos navios da esquadra, outros em fortalezas e em outros estabelecimentos.

Com essa Marinha ainda em processo de formação, D. Pedro foi capaz de enviar Labatut à Bahia, em julho de 1822, com uma força naval comandada pelo almirante Rodrigo de Lamare. Eram apenas quatro navios, a fragata *União*, as corvetas *Maria da Glória* e *Liberal* e o brigue *Reino Unido*. A maior parte da tripulação se recusou, porém, a combater, ameaçando uma rebelião. Em registro do *Diário do Governo de Lisboa*,[102] em 24 de janeiro de 1823, o Ministério português da Marinha informava a criação de Conselho de Guerra para o capitão-tenente Augusto José de Carvalho, que servira a bordo da corveta *Maria da Glória*, navio da esquadra que levou Labatut à Bahia. O oficial recusou-se a continuar na Marinha brasileira, regressando a Lisboa, onde foi julgado pela participação ao lado dos "facciosos", ou seja, dos brasileiros. A insegurança com relação ao corpo naval disponível foi, assim, questão de alta sensibilidade.

A composição inicial da Marinha brasileira tinha 10 almirantes, 13 capitães de mar e guerra, 22 capitães de fragata, 27 capitães-tenentes, 18 primeiros-tenentes, 42 segundos-tenentes, 14 guardas-marinhas.[103] Era número insuficiente, mesmo não se tendo em conta as desconfianças que poderiam surgir sobre a confiabilidade desses oficiais no combate contra seus camaradas que haviam optado por Lisboa.

Ademais da proteção do Rio de Janeiro e das operações relacionadas à Bahia, a nascente Marinha brasileira desempenhou funções em praticamente todo o Brasil. As embarcações saíram para levar emissários a diversas províncias, na busca pela adesão ao Rio de Janeiro. Realizaram importantes operações, ao longo de todo o ano de 1822, na Cisplatina. Esquadras foram enviadas a essa província para pressionar as tropas portuguesas a se retirarem,[104] ou para enviar reforços ao barão da Laguna, que comandava o cerco brasileiro a Montevidéu. A Marinha esteve ativa ao longo de todo o ano de 1822, e tornou-se decisiva em 1823, para finalizar a guerra e garantir a adesão de todas as províncias ao Império.

O impulso maior para a formação de uma Marinha brasileira mais organizada e bem equipada foi dado em fins de 1822 e início de 1823,

---

[102] *Diário do Governo de Lisboa*, nº 21, em 24/01/1823. Op. cit., p. 143.
[103] Guilherme de Andrea Frota, 1986, p. 8.
[104] Vide, por exemplo, menção ao tema no supracitado manuscrito publicado pela *RIHGB*, sobre a Marinha brasileira. 1874, p. 198.

com a compra de novos meios, com a chegada de Cochrane e com o recrutamento de estrangeiros. Entre a adesão de navios da Marinha portuguesa, a construção de embarcações nos estaleiros brasileiros e os esforços de compra de meios e de equipamentos no exterior, especialmente no Reino Unido e nos EUA, D. Pedro logrou, em 1823, organizar uma Marinha forte.

Em 2 de abril de 1823, partiu para a Bahia uma esquadra comandada pelo almirante Cochrane, composta pelos principais navios à disposição do Império. Cochrane menciona, em sua *Narrativa de Serviços*,[105] o decreto de 19 de março de 1823, pelo qual ficavam assinadas a seu serviço a nau *Pedro I*, as fragatas *União* (*Ypiranga*), *Niterói* e *Real Carolina* (depois *Paraguassu*), as corvetas *Maria da Glória* e *Liberal*, o brigue *Guarani*, e as escunas *Real* e *Leopoldina*. O almirante registra em página posterior, entretanto, ter partido em 3 de abril, com apenas quatro embarcações, a *Pedro I*, a *Ypiranga*, a *Maria da Glória* e a *Liberal*,[106] ademais do apoio logístico do *Guarani* e do *Real*.

Cochrane avaliava positivamente a situação daqueles quatro navios, especialmente a *Pedro I*, mas desconfiava da qualidade da marinhagem. Elogiava a situação da *Maria da Glória*, navio de origem norte-americana que não era necessariamente o mais apropriado para o serviço, mas que contava com parte da tripulação de origem francesa e era comandada por Beaupaire.[107] Posteriormente se uniram à esquadra na Bahia a fragata *Niterói*, os brigues *Cacique* e *Caboclo*, o brigue-escuna *Rio da Prata*, os quais ainda estavam em preparação, quando da partida de Cochrane. A relação apresentada por Cochrane coincide com aquela mencionada pelo manuscrito publicado, em 1874, pela *Revista do Instituto Histórico e Geográfico Brasileiro*.[108]

O capelão da esquadra de Cochrane[109] registra ter a esquadra partido em 1º de abril (e não no dia 3, como diz o almirante), relacionando diretamente 9 navios (*Pedro I, Ypiranga, Real Carolina, Niterói, Maria*

---

[105] 2003, p. 45.
[106] Ibid., p. 54.
[107] Ibid., p. 41. Cochrane ainda registra que a *Maria da Glória* foi originalmente construída nos EUA por encomenda chilena. Ainda em Buenos Aires, no caminho ao Chile, os donos da embarcação enviaram pedido de complementação de pagamento, que foi recusado. O capitão do navio decidiu, então, partir e, chegando ao Rio de Janeiro, vendeu-o a D. Pedro.
[108] Op. cit., p. 200.
[109] 1937.

da Glória, Liberal, Guarany, Leopoldina e um brigue-escuna não nomeado), ainda que três deles tivessem partido posteriormente. Totalizavam 278 canhões e aproximadamente 2 mil marinheiros.

A esquadra de Cochrane não incluía toda a armada. Outras embarcações foram sendo incorporadas ao longo de 1823 ou já estavam a serviço, em outras localidades. Excluídas as presas realizadas por Cochrane, e incorporadas já no fim das operações (como o brigue *Maranhão*, ex-*Infante Dom Miguel*), a Marinha brasileira esteve integrada, ao final do período de 1822-1823, pelas seguintes embarcações e marinheiros, que serviram em diferentes pontos do Brasil, especialmente na Bahia, Maranhão, Pará e Cisplatina:[110]

PRINCIPAIS NÚMEROS DA MARINHA DO BRASIL EM 1823

NAVIO	TRIPULAÇÃO (praças)	CANHÕES
Nau *Pedro I*	600 (800 depois das medidas de Cochrane na Bahia)	74 (de calibre 32, 24 e 18), tendo chegado a 82
Fragata *União* (depois *Ypiranga* ou *Piranga*)	360	50
Fragata *Real Carolina* (depois *Paraguassu*)	300	46
Fragata *Niterói* (ex-*Sucesso*, também chamada *Nitheroy* ou *Nichteroy*)	300	42

---

[110] A estimativa de praças e canhões é realizada com base em Paixão e Dores (1938, p. 190), Rodrigues (2002, p. 123), no manuscrito publicado na *RIHGB* de 1874 (p. 200), Bittencourt (p. 5), Dias Tavares (1977, p. 128) e Andrea Frota (1986, p. 2). Os dados técnicos sobre os navios provêm do sítio eletrônico Navios Brasileiros (www.naviosbrasileiros.com.br), do sítio eletrônico Three Decks (www.threedecks.org) e de MENDONÇA, Mário F. & VASCONCELOS, Alberto. *Repositório de nomes dos navios da esquadra brasileira*. 3ª edição. Rio de Janeiro: Serviço de Documentação Geral da Marinha, 1959. Vide também OFÍCIO do capitão de mar e guerra graduado, Rodrigo Martins da Luz ao [secretário de estado da Marinha e Ultramar], Inácio da Costa Quintela, remetendo informação sobre o estado dos navios que ficaram no Rio de Janeiro e no rio da Prata. Em 13 de maio de 1823. In: Arquivo Histórico Ultramarino – Projeto Resgate, AHU_ACL_CU_17, Cx. 291, D. 20584.

Fragata *Thetis* (ou *Tetis*)	300*	47
Corveta *Maria da Glória* (*ex-Horácio*[2])	200	28
Corveta *Liberal* (*ex-Gaivota*)	200	22
Brigue *Bahia*[3]	nd	20
Brigue *Caboclo* (ex–*Maipu*, comprado de David Jewett)	150*	18
Brigue *Leopoldina* (depois *Cacique*)	150	16
Brigue *Guarany* (ex– *Nightingale*, navio mercante britânico)	150	16
Brigue *Real João*	nd	16
Brigue *Diligente*	nd	16*
Brigue-Escuna *Atlante* (adquirido por Labatut em 1823, na Bahia)	nd	14
Brigue-Escuna *Real Pedro*	150	14
Brigue *Cacique* (antes *Reino Unido*)	150*	14*
Barca *Bragança* (primeira embarcação a vapor da Marinha do Brasil)	nd	nd
Brigue-Escuna *Rio da Prata* (antigo *Leopoldina*)	nd	10
Escuna *Real*	nd	10*
Escuna *Catarina*	nd	10*
Escuna *Cossaca*	nd	nd
Escuna *Carlota*	nd	10*
Brigue-Escuna *Independência ou Morte*	nd	18
Escuna *Atalante*	nd	10
Charrua *Luci*	nd	nd
Charrua *Lucônia*[4]		

Flotilha do Uruguai[5] – Escunas e barcos armados: *Seis de Fevereiro, D. Álvaro da Costa, D. João Mascarenhas, D. Pedro I, Dom Sebastião, Kalmuka, Manuelina* e *Velha de Diu*	nd	10+
Flotilha de Itaparica, liderada por João das Botas e composta pelos barcos armados *Pedro I, Dona Leopoldina, Maria da Glória, Dona Januaria, Paula Marianna, S. Francisco, Cachoeira* e *Vinte e Cinco de Junho*[6]	373[7]	19
Balandra *Ana de Jesus Maria*	nd	1
Corpo da Brigada Real (Fuzileiros Navais)	4.000 +	–

* Estimativa realizada com base nas embarcações de mesma categoria.

É preciso ressalvar, da lista apresentada, que nem todos os navios foram utilizados nas mesmas operações ou ao mesmo tempo. Como é corriqueiro em organizações militares, algumas embarcações se encontravam em manutenção ou incapacitadas de utilização. Outras estavam em missões distintas. Cochrane viu tão pouca utilidade em algumas unidades que decidiu transformá-las em "burlotes", ou seja, navios incendiários que eram jogados sobre os inimigos.

Ainda assim, a Marinha brasileira que saiu da Guerra de Independência era significativa, mesmo em comparação com algumas congêneres europeias (excluindo, logicamente, a esquadra britânica), variando entre 380 e 500 canhões. Ao longo de todo o período, persistiram problemas com o recrutamento de oficiais e marinheiros.

Mais importante para o período, a Marinha imperial não parou de se expandir a partir de 1823. Já em 1824, a armada brasileira tinha 48 navios e 620 canhões. Mais um ano e, em 1825, eram 65 navios, com 690 canhões, e outras 31 pequenas lanchas armadas. Estava essa força composta de 1 nau, 6 fragatas, 5 corvetas, 18 brigues, 19 escunas ("goletas") e 16 pequenas canhoneiras.[111] Dessas embarcações, as 6 fragatas

---

[111] Vale, 2006, p. 33.

tinham menos de 8 anos de idade, ao passo que as corvetas variavam bastante no período de construção. Algumas, como foi o caso da corveta *Carioca* e do brigue *Maranhão*, foram incorporadas, em 1823, a partir da captura de navios portugueses pela esquadra de Cochrane. Foram, ao todo, 62 embarcações apresadas, conforme relação da Comissão de Presas da Marinha brasileira, utilizada para o cálculo das indenizações correspondentes.[112]

Da Marinha portuguesa, portanto, veio a base da armada, mas, no período 1822-1825, a Marinha brasileira mais do que duplicou de tamanho, por meio das aquisições, apresamentos e contratação de novos corpos de Marinha, no Brasil e no exterior. Tornou-se, nessa época, segundo a avaliação de Brian Vale,[113] a força naval mais poderosa das Américas (mesmo em comparação aos EUA).

Todos esses esforços para a construção do Exército e da Marinha brasileiros não enfrentaram apenas o desafio organizacional e de recrutamento. Sofrendo com severas dificuldades financeiras, o Rio de Janeiro precisava encontrar recursos para financiar todos os soldos, as requisições de materiais, a aquisição dos equipamentos no exterior.

A conta da guerra que garantiu ao Império todo o território do antigo Reino do Brasil foi paga localmente, seja pelos partidários do Rio de Janeiro, seja pelos habitantes das outras províncias. Recorreu-se a impostos alfandegários e a contribuições das províncias que apoiavam D. Pedro. Para a força enviada contra Madeira, em julho de 1822, D. Pedro recorreu a empréstimo de quatrocentos contos.[114] Poucos meses depois, também fundamentado na mobilização financeira no Brasil,

---

[112] "Mappa dos navios apresados pela Esquadra Brasileira durante a guerra da independência do Brasil, desde 21 de Março de 1823 a 12 de Fevereiro de 1824, com designação de seus valores e mais circumstancias abaixo designadas que serviram de base para a partilha da quantia de 252:351$656, votada para indemnização das mesmas presas pelos reclamantes que foram julgados com direitos a ellas, de conformidade com a Lei nº 834 de 16 de Agosto de 1855 e Decreto nº 1708 de Dezembro do mesmo anno". Organizado por Garcez Palha, com base em original existente no Arquivo da Contadoria de Marinha. In: *Revista do Instituto Histórico e Geográfico Brasileiro*. Tomo L, 3º folheto de 1887, 1887. In: http://www.ihgb.org.br/rihgb.php?s=20 (acesso em 18/12/2013), p. 267. Outro documento relacionado ao tema é a RELAÇÃO dos navios da praça de Lisboa que foram tomados ou destruídos pela esquadra ou governo do Rio de Janeiro. Em 23 de abril de 1825. In: Arquivo Histórico Ultramarino – Projeto Resgate, AHU_ACL_CU_017, Cx. 293, D. 20787.
[113] 2005, p. 31.
[114] In: Varnhagen, 1957, p. 126.

José Bonifácio enviou ofício a Caldera Brant, em Londres, com autorização de recursos para acertar a compra de 2 fragatas armadas (oferecidas pelo capitão Thompon) e para o recrutamento de mercenários.[115] Grande parte da mobilização financeira feita no Rio de Janeiro resultou em significativa dívida interna, fundamentalmente recaída no Banco do Brasil.[116] Também em 30 de julho de 1822, por meio de decreto, foi ordenada a contratação de outro empréstimo "para fazer face ás mais urgentes despezas do Estado". Outras coletas foram realizadas posteriormente.

No caso da Marinha, foi lançado, por decreto de 28 de janeiro de 1823, programa de contribuições voluntárias para a organização e a aquisição de meios. Tratou-se de contribuição paga mensalmente pelos cidadãos da capital e de outras cidades do Império, que teve D. Pedro I e D. Leopoldina como primeiros investidores.[117] A subscrição tinha validade de três anos e foi muito exitosa, inclusive com a contribuição de entidades coletivas, permitindo a aquisição de navios de guerra, principalmente nos EUA e no Reino Unido. Mareschal comentou, em 10 de fevereiro de 1823,[118] essa mobilização de recursos para a Marinha, que estaria sendo realizada por "um preço módico e acessível a praticamente todo indivíduo".

O representante diplomático dos EUA, Condy Raguet,[119] avaliava que o maior peso do esforço de guerra coube ao Rio de Janeiro, apesar das sérias dificuldades de dinheiro enfrentadas ("este Governo está fortemente destituído de meios para levar uma guerra em Província distante, de onde está separado por estradas intransitáveis"). O diplomata tinha informações de que "nem um dólar foi ainda contribuído por qualquer das Províncias".

Essa informação, no entanto, era errônea. As províncias não contribuíram para os esforços de recrutamento e armamento feitos no Rio de Janeiro, mas participaram ativamente na mobilização em suas respectivas regiões. Em todas as províncias, dos dois lados da contenda, foram realizadas subscrições com o fim de levantar recursos. O Batalhão de

---

[115] Ofício de 4/10/1822. In: www.obrabonifacio.com.br.
[116] José Honório Rodrigues, 2002, p. 317.
[117] In: LEITÃO DE CARVALHO, General E.. "Forças Armadas". In: *Revista do Instituto Histórico e Geográfico Brasileiro*, volume 195, abril-junho de 1947. In: http://www.ihgb.org.br/rihgb.php?s=20 (acesso em 24/11/2013), p. 7.
[118] Ofício nº 3, de 10/02/1823. In: *RIHGB*, 1973.
[119] Despacho de 25 de novembro de 1822. In: Manning, 1925, p. 752.

Algarve partiu de Pernambuco, em fins de 1821, com três meses de soldo adiantado, pago pelos pernambucanos.

Por fim, ademais da organização das forças e da busca por seu financiamento, o príncipe regente, depois imperador, emitiu uma série de proclamações contra as forças portuguesas e seus partidários, deixando patente a guerra que se fazia. Após a proclamação de 1º de agosto de 1822, que declarava inimigas as tropas portuguesas no Brasil, D. Pedro emitiu, em 18 de setembro de 1822,[120] "uma amnistia geral para as passadas opiniões políticas". A medida vinha, entretanto, condicionada. Excluía aqueles que estivessem presos ou em processo judicial, e determinava que todos os aderentes passassem a utilizar braçadeira com o mote "Independência ou Morte". Todos aqueles que não aceitassem a causa brasileira tinham quatro meses para abandonar o país. Se resistissem, seriam "processados sumariamente".

Novo ultimato apareceu em 21 de outubro de 1822. D. Pedro afirmava em proclamação aos portugueses que "toda a força he insuficiente contra a vontade de hum povo", e reiterava o prazo de quatro meses para que os portugueses presentes no Brasil escolhessem entre a continuação de uma "amizade", que significava aderir ao Império, "ou a guerra mais violenta, que só poderá acabar com o reconhecimento da Independencia do Brasil, ou com a ruina de ambos os Estados".[121] D. Pedro também adotou medidas alfandegárias contra Portugal, pelo decreto de 30 de dezembro de 1822,[122] com a justificativa de que

> havendo Portugal pela cruenta e injusta guerra que faz ao Brazil rompido os antigos laços de amisade, que reciprocamente prendiam ambos os Estados, e por conseguinte perdido o direito a continuação de favores mais que graciosos.

Uma das medidas mais contundentes – e mais representativas do estado de guerra entre o novo Império e o Reino de Portugal – foi a emissão de regras para o corso contra os navios portugueses.[123] Nos

---

[120] Decreto de 18/09/1822. In: *Coleção de leis do Império do Brasil* – 1822, p. 46, vol. 1, pt II. www.camara.gov.br.
[121] In: *Coleção de decretos e leis*, p. 14.
[122] In: *Coleção de leis do Império do Brasil* – 1822, p. 106, vol. 1, pt II (Publicação original). In: www.camara.gov.br.
[123] Alvará de 30 de dezembro de 1822. In: *Coleção de leis do Império do Brasil* – 30/12/1822, p. 108, vol. 1, pt II. In: www.camara.gov.br.

vários artigos do alvará, foram estabelecidos os parâmetros para a atividade, inclusive no que diz respeito ao traje a ser utilizado pelos corsários. A medida causou sensação em Portugal, como se vê no *Diário do Governo* de 3 de fevereiro de 1823, na qual a Secretaria de Negócios da Marinha informava que "serão adotadas as medidas de segurança, que as circunstancias lhe permitirem".[124]

O imperador ainda expediu, em 14 de janeiro de 1823, decreto[125] com condições para admissão dos súditos de Portugal, pois

> depois dos oppressivos e injustos procedimentos de Portugal contra o Brazil, que motivaram a sua Independencia Politica, e absoluta separação, seria contradictoria com os principios proclamados, indecorosa, e até arriscada a admissão franca dos subditos de Portugal em um paiz, com o qual aquelle Reino se acha em guerra.

Pelo decreto, os portugueses deveriam comparecer perante um juiz, para "prestar fiança". No caso de pretender instalar-se definitivamente no Brasil, deveria a pessoa apresentar-se à Câmara do local e jurar fidelidade à causa do Brasil.

Inserida nesse contexto belicoso, também a Assembleia Constituinte do Rio de Janeiro procurou adotar medidas de apoio às forças brasileiras em guerra no Norte-Nordeste e de pressão sobre as províncias que ainda resistiam a aderir. Em 30 de junho de 1823,[126] foi debatido projeto de lei em que se declarava que todas

> as Povoações deste Imperio já declaradas pela sua Independência, que sem serem coactas por força militar, se desunirem, fazendo causa comum com Portugal, ficarão fora das leis ordinárias, para serem tratadas militarmente na forma declarada nos artigos seguintes.

O texto era duro, prevendo até a pena de morte para os brasileiros que se rebelassem. Votado em regime de urgência, o projeto dá conta do frágil estado no qual se encontravam até mesmo as adesões políticas já feitas ao Rio de Janeiro.

---

[124] In: *Diário do Governo*, nº 29, dia 03/02/1823, p. 216.
[125] In: *Coleção de leis do Império do Brasil* – 1823, p. 6, vol. 1 (Publicação original).
[126] Ata da Assembleia Geral Constituinte do Rio de Janeiro, p. 333.

O que prevaleceu na retórica e nos atos, portanto, foram os ultimatos e proclamações pela adesão ou pela partida do Brasil, com a exigência de juramentos à causa brasileira. E sempre com o imperador, e o governo deixando claro o estado de guerra em que se encontrava o Império, naquele momento, contra Portugal.

Com o processo emancipatório em marcha, entre mobilizações políticas e militares, havia, ao fim de 1822, um Brasil independente. Não era, porém, o Brasil que conhecemos hoje, nem havia garantias de que ele terminasse unido. As adesões, como já ressaltado, vieram em fins de 1822 e início de 1823, não sem atritos nas províncias. Mais grave ainda, nesse período, uma parte do antigo Reino resistia a aderir à Independência, levando o conflito aos pontos estratégicos do Brasil. Para solucionar esse conflito e unificar o Brasil, D. Pedro precisou utilizar a força.

DO OUTRO LADO DO ATLÂNTICO

(...) o despotismo desenvolvendo suas ruins manhas, cabalas e ardís: se a estendemos ao Brasil, que observamos ali? Huma facção rebelde seduzindo hum Principe inexperto, prevertendo seu animo, induzindo-o a commetter horrores, tanto na ordem da natureza, como na ordem social; e promovendo entre irmãos huma guerra exterminadora, e sanguinária (...)[127]

Ao título de "Provincias Colligadas", estabelecidas pelo Rio de Janeiro no primeiro semestre de 1822, Lisboa retrucou com a acusação contra as "Províncias Dissidentes" ou "Províncias Rebeldes". O primeiro termo foi utilizado frequentemente nas Cortes de Lisboa,[128] ao passo que o segundo se tornou oficial por lei do governo português. Aprovada em 14 de janeiro de 1823 e publicada dez dias depois,[129] a medida das Cortes declarava "rebeldes" as províncias que desobedeciam a Constituição portuguesa, "ou reconhecem o rebelde Governo do Rio de Janeiro".

As Cortes incluíram nesse grupo rebelde as províncias do Ceará, "Parahiba do Norte", Pernambuco, Alagoas, Rio de Janeiro e São Paulo, contra os quais era retirado o direito de representação no Parlamento português. Eram, principalmente, os dois impulsionadores do polo carioca, Rio de Janeiro e São Paulo, além das províncias próximas de

---

[127] *Jornal Idade d'Ouro*, Bahia, edição nº 89, de 6 de novembro de 1822. Mais referências sobre esse veículo serão apresentadas no próximo capítulo. In: Biblioteca Nacional – Hemeroteca Digital.
[128] Vide, por exemplo, ata da sessão das Cortes de 10/01/1823. In: *Diário do Governo*, p. 55.
[129] In: *Diário do Governo*, nº 24, 24/01/1823, p. 143.

Pernambuco, outro foco de fortes críticas dos deputados. Havia, especialmente, cuidado de limitar a estimativa de adesões ao Rio de Janeiro, a fim de mostrar que não havia maioria a favor de D. Pedro. Mas a preocupação maior dos parlamentares portugueses foi a situação do Nordeste brasileiro, considerado a zona central e estratégica do Reino.

A lei de 14 de janeiro de 1823 oficializava, do lado português, a guerra contra o Rio de Janeiro. A distinção semântica poderá ter obscurecido um pouco essa realidade, mas o fato é que a decretação da "rebeldia" estabelecia um curso claro de ação. Muitas vezes não se falava em guerra, pois consideravam que o Brasil ainda era parte de Portugal, como declarava a própria Constituição portuguesa. Não se deixou, porém, de tomar as medidas possíveis, na época, para conter a rebelião.

As Cortes portuguesas chegaram a cogitar, inclusive, o estabelecimento de uma regência para o Brasil, como se observa nos debates das Cortes portuguesas de janeiro e fevereiro de 1823. Alguns deputados estimavam mais conveniente o envio de um general com plenos poderes para subjugar os "facciosos".[130] Muitas vozes continuavam a propugnar o reforço das tropas e a continuidade da luta. A questão era determinar quais eram essas medidas possíveis para o governo de Lisboa.

Todas as decisões das Cortes e do governo eram aprovadas também por deputados brasileiros que ainda se encontravam em Lisboa. Alguns, como o bispo do Pará ou o deputado Pinto de França,[131] apoiaram as medidas de força. Não faltaram, é bem verdade, vozes de conciliação dos dois lados do Atlântico, algumas das quais escondiam, no entanto, o intento de adquirir preponderância política sobre o outro polo.

Medida nesse sentido foi a aceitação de permanência de D. Pedro no Brasil, publicada em 23 de julho de 1822. A decisão reconhecia o Fico e estabelecia que o príncipe ficaria provisoriamente no Rio de Janeiro, até a publicação da Constituição. O gesto, entretanto, vinha com elementos dificilmente aceitáveis para as Províncias Coligadas, a sujeição dessas não apenas ao rei, mas também às Cortes, sendo os secretários de Estado

---

[130] Conforme observado na sessão de 07/02/1823. In: *Diário do Governo*, nº 34, 08/02/1823, p. 249.
[131] "Nada mais posso dizer: em fim, algumas Provincias do Brazil romperão a união: com razão a magoa se manifesta; mas aonde deve, Senhores, conduzir-vos a magoa? Á segurança do nosso bem obrar, á justiça para com as outras Provincias, esta justiça está no Parecer da Commissão; approve-se este parecer". *Diário do Governo*, nº 36, em 11/02/1823, p. 269.

nomeados por Lisboa. Quando da aprovação da medida, a Constituinte brasileira já havia sido convocada, as notícias da Bahia eram de guerra, e a esquadra com Labatut já havia partido. As posturas de conciliação, ao longo de 1822 e início de 1823, eram vozes minoritárias.

Para todos os efeitos, em janeiro de 1823, no momento da oficialização da "rebeldia", as Cortes já estavam adiantadas nas medidas militares contra o Rio de Janeiro. A guerra estava em curso. Começara, na prática, em julho de 1822, com a partida da esquadra que levava Labatut para a Bahia. Como se viu acima, em 1º agosto de 1822, D. Pedro havia declarado as forças portuguesas "inimigas". Essas declarações tiveram consequências precisas.

Antes mesmo de julho, a tensão e o clima de confronto estavam no ar em Lisboa. Após fevereiro de 1822, como menciona Luís Henrique Dias Tavares,[132] Madeira passou a solicitar de Lisboa mais reforços às suas forças, "para conservar o Brasil". Em outra correspondência, em 10 de setembro de 1822, Madeira dizia que "o Brasil, Senhor, já não pode recuperar-se, e conservar-se senão pela força".[133] Os debates sobre o envio de tropas ao Brasil, ao longo de 1822-1823, foram em parte motivados por esses pedidos e informações.

Como no lado brasileiro, o Fico e a expulsão da Divisão Auxiliadora deram a largada à dinâmica confrontacionista. Com o lapso temporal das distâncias, que tanto influenciou o processo, Antônio Carlos descreveu a seu irmão, José Bonifácio, em 20 de março de 1822,[134] as negativas reações das Cortes. Comentou sobre um clima tenso, de mobilização contra D. Pedro, não se falando em outra coisa "senão em destituillos e polos em juízo". As Cortes tomaram o Fico como uma declaração de guerra, segundo Antônio Carlos, e "pareciam querer seguir a vereda da justiça". Foi formada uma Comissão Especial, mas a presença dos brasileiros ainda foi capaz de segurar as posições mais radicais, como informa Antônio Carlos, pois o relatório "he mto moderado, e no fim concede quase tudo q. o Brasil pode desejar".

A contenção dos radicais ou de outros partidários de um confronto com o Rio de Janeiro foi ficando, entretanto, cada vez mais difícil. O visconde de São Leopoldo relatou a expulsão da Divisão Auxiliadora

---

[132] 1977, pp. 53 e 58.
[133] In: *História Naval Brasileira*, primeiro volume, tomo I, 1975, p. 17.
[134] In: *Documentos para a História da Independência*, 1923, p. 44.

em suas memórias de deputado das Cortes Portuguesas por São Paulo, como um dos momentos mais tensos. Segundo o parlamentar,[135] na sessão de 15 de abril de 1822, após o recebimento de cartas de Avilez sobre o Fico e as medidas contra a Divisão Auxiliadora, "rompeu esse dia entre os deputados grande explosão de cólera". Borges Carneiro, segundo o visconde de São Leopoldo, sugeriu "se chamarem as tropas de Montevidéo sobre o Rio, para castigar e obrigar o príncipe a cumprir o decreto das côrtes, que ordenára sua retirada do Brasil". Outros parlamentares igualmente sustentaram a retirada das tropas da Cisplatina para apoiar os comandantes de outras regiões, mas houve oposição de brasileiros e de portugueses, pois isso significaria "deixar a praça para a Espanha".

Oliveira Lima[136] também conta a reação dos parlamentares portugueses na sessão das Cortes de 23 de maio de 1822, quando foi lida a "participação" do general Avilez. O documento foi exaltado e motivou protestos de apoio dos deputados mais radicais, que quiseram utilizar o caso para influenciar o envio de novos reforços à Bahia. Ainda presentes nas Cortes, os Deputados brasileiros lograram sustar a publicação do documento de Avilez com a "expressão de agrado" das Cortes.

Quando se avalia posteriormente a política da época, conclui-se que a presença nas Cortes dos deputados brasileiros que simpatizavam com o Rio de Janeiro, contrapondo-se aos vintistas unitários e exaltados, teve como consequência – certamente imprevista – dar tempo a que o Rio de Janeiro se organizasse e se formasse como polo político e militar.

Não impediu, por outro lado, a mobilização militar em Portugal, que ocorria em paralelo com os discursos. Na ata de 22 de maio de 1822, encontra-se registro do deputado Lino Coutinho criticando as medidas militares em curso em Lisboa. Mencionava, particularmente, a publicação de editais para o fretamento de navios para conduzir os soldados à Bahia.[137] Os ânimos estavam por demais exaltados e as ações portuguesas já indicavam a concentração de forças no Norte-Nordeste, principalmente na Bahia.

---

[135] 1874, p. 23.
[136] 1997, p. 318.
[137] Ata de 22/05/1822, das Cortes Gerais e Constitucionais da Nação Portuguesa, p. 240.

As ações militares das Cortes correram, assim, paralelamente e na mesma direção do confronto político. Como afirma o visconde de São Leopoldo,

> desde muito se verificava, que os debates relativos aos negócios do Brasil corriam, não com a frieza própria para descobrir a verdade, mas com acrimonia e rancor, filhos do choque de paixões"[138] (...) "por toda a parte circulam vozes de que o Brasil se achava então despedaçado pela desunião; e muitos factos, ao longe mal esclarecidos ou desfigurados, vinham dar consistência a esses boatos.[139]

Às notícias da guerra civil na Bahia, indica o visconde de São Leopoldo que, em maio de 1822, o movimento da maioria era em favor de enviar tropas adicionais para reforçar o general Madeira. Borges Carneiro falava em enviar uma expedição de 10 mil homens ao Brasil.[140] Alguns meses depois, o deputado Girão questionava a capacidade de se enviar um corpo de 10 mil homens ao Brasil,[141] mas o debate seguia. No momento do discurso de Girão e entre contínuos debates nas Cortes sobre a mobilização de forças e ameaças de guerra contra o Brasil, já corriam avançadas medidas para o reforço das tropas que defendiam as Cortes no Brasil.

Desde os primeiros debates, ficou claro que o governo vintista visava, ao longo de 1822, três objetivos:[142] conter os independentes, proteger as pessoas e os bens dos portugueses, e guardar os brancos da gente servil. A declaração do estado de "rebelião", em janeiro de 1823, oficializava, portanto, o fim do processo de consolidação da posição portuguesa em favor da guerra no Brasil, para eliminar os "rebeldes".

Para alcançar esses objetivos, foi mobilizado, ao longo de 1822, um número limitado, mas ainda assim não negligenciável, de meios e de soldados, enviados ao Brasil para reforçar as tropas que já lá estavam e que cumpriam o papel principal de resistir às ações do polo do Rio de Janeiro. Como visto na seção anterior, tropas no Maranhão, Pará, Piauí, Bahia e Cisplatina apoiaram Lisboa.

---

[138] 1874, p. 34.
[139] Ibid., p. 39.
[140] Ibid., p. 28.
[141] In: Ata das Cortes Gerais, em 10/08/1822.
[142] Conforme o relato de Rodrigues, 2002, p. 60.

Combateram do lado português aproximadamente 20 mil homens. Eram cerca de 3 mil soldados na Cisplatina. Fidié contava, na Batalha do Jenipapo, com uma unidade de 1.500–2.000 homens, e contou com contínuos reforços enviados pelo Maranhão e pelo Pará. Na Bahia, como será pormenorizado abaixo, a força variou, entre fins de 1822 e o início de 1823, entre 8–10 mil homens, sem contar a Marinha. Aquele número não inclui as forças do Maranhão e do Pará, além de outros corpos que estavam do lado de D. Pedro, mas se mostravam de confiança duvidosa[143] e que poderiam ter mudado de posição, de acordo com a tendência que se apresentasse mais vantajosa. Não se tratava, tendo em conta a realidade da época, de uma força desprezível ou secundária.

Além das tropas já presentes no Brasil, as forças portuguesas receberam reforços de Lisboa. O envio dessas tropas é demonstração do esforço das Cortes. Em sessão das Cortes Gerais de 5 de agosto de 1822, o deputado Bastos fez intervenção sobre a necessidade de se preparar para a guerra. Decidiu-se, no debate, pelo levantamento de empréstimo, "para fins mui diversos, sendo o principal o habilitar o Governo para a guerra do Brazil".[144] No mesmo sentido, como mencionado no capítulo anterior, o representante diplomático francês no Rio de Janeiro registrou, em 7 de setembro, notícias chegadas de Lisboa dando conta dos planos de mobilização portuguesa, para "transportar sucessivamente vários batalhões à Bahia e de expedir todas as forças disponíveis para a Costa do Brasil". Mais importante ainda, o despacho dava conta de que o governo português havia conseguido mobilizar soma importante para a preparação da campanha, no cálculo do diplomata francês chegando a 250 mil francos.

Um primeiro reforço para os portugueses na Bahia veio de tropas da Divisão Auxiliadora, expulsa do Rio de Janeiro, que cruzou com a esquadra do brigadeiro Maximiliano, na costa da Bahia. Dois navios que transportavam a Divisão Auxiliadora desgarraram-se da esquadra na altura de Abrolhos e lograram chegar, após perseguição dos brasileiros, a Salvador.[145] Transportavam o brigadeiro Carretti e parte do Batalhão nº 15, o mesmo que havia se revoltado no Rio de Janeiro, logo após o

---

[143] Vide os casos na Marinha Brasileira, de oficiais e praças que se recusaram a combater os portugueses.
[144] In: *Atas das Cortes Gerais e Extraordinárias da Nação Portuguesa*, sessão de 05/08/1822.
[145] In: "Descripção dos Factos de Marinha, que se deram desde que se projectou a Independência do Imperio do Brasil, até ao final da luta". In: *RIHGB*, 1874, p. 196.

Fico. Chegando à capital baiana, Carretti manteve conversas com Maximiliano e com Madeira. Em 27 de março de 1822, desembarcam em Salvador 166 soldados.[146]

Em 7 de agosto de 1822, Madeira recebeu 620 soldados do 2º Batalhão do 1º Regimento de Infantaria Portuguesa.[147] Esse reforço fora acompanhado da chegada de novos elementos navais, passando Madeira a contar com as corvetas *Dez de Fevereiro*, *Regeneração*, *Restauração* e *Conceição Oliveira* (depois *Constituição*), e os brigues *Audaz* e *Prontidão*.[148] A fragata *Constituição* estava sendo, na época, aparelhada e armada no arsenal da Bahia e entraria em serviço posteriormente.

Logo depois, em outubro de 1822, chegou à Bahia importante esquadra portuguesa, que passou a ser comandada pelo almirante João Félix Pereira de Campos. Eram dez navios de guerra que transportavam três batalhões de reforço para Madeira e comporiam a base da defesa naval portuguesa. Foi a essa esquadra que se dirigiram, em novembro, os 655 cidadãos da Bahia, solicitando medidas para o bloqueio dos portos de Alagoas, Pernambuco e Rio de Janeiro.

O mapa das embarcações informado pelo almirante João Félix a Lisboa, em 22 de dezembro de 1822,[149] incluía 12 navios[150] e 1.826 marinheiros, os quais se dividiam em atividades de proteção do porto de Salvador, bloqueio do Recôncavo e ações em áreas próximas, por exemplo, em Pernambuco. Esse número, porém, não incluía as pequenas lanchas e canhoneiras, nem tropas de fuzileiros. Segundo José Honório Rodrigues, a esquadra portuguesa fundeada na Bahia tinha os seguintes elementos:[151]

---

[146] In: Dias Tavares, *Independência do Brasil na Bahia*, 1977, p. 62.
[147] In: ARAÚJO PINHO, "A Guerra da Independência. Crônica de toda a campanha (Transcrição do poema "Paraguaçu" por Ladislau dos Santos Titara). In: *Revista do Instituto Histórico e Geográfico Brasileiro*, nº 278, janeiro–março de 1968. In: http://www.ihgb.org.br/rihgb.php?s=20 (acesso em 10/12/2013), p. 41.
[148] Anotação do barão do Rio Branco, que indica, também, que a sumaca *Conceição* juntou-se posteriormente à esquadra portuguesa. In: Varnhagen, 1957, p. 272.
[149] OFÍCIO do (chefe de divisão e comandante da esquadra) João Félix Pereira de Campos, ao (secretário de estado da Marinha e Ultramar), Inácio da Costa Quintela, sobre operações da esquadra sob o seu comando e enviando o mapa geral do estado dos navios. In: Projeto Resgate, AHU_ACL_CU_005, Cx 275 D. 19178. Arquivo da Biblioteca Nacional.
[150] Nau *D. João VI*; fragata *Constituição*; corveta *Dez de Fevereiro*; corveta *Regeneração*; corveta *Calipso*; corveta *Princeza Real*; bergantin (brigue) *Audaz*; bergantim *Prontidão*; charrua *Orestes*; charrua *Emília*; e sumaca *Conceição*.
[151] Rodrigues, 2002, p. 69.

NAVIO	TRIPULAÇÃO (praças)	CANHÕES
Nau *D. João VI*	750	88
Fragata *Constituição*	350	55
Fragata *Pérola*	300	44
Charrua *Grande*	220	28
Corveta *Dez de Fevereiro*	180	25
Corveta *Restauração*	160	24
Corveta *Princeza Real*	160	22
Corveta *Regeneração*	160	22
Corveta *Calipso*	160	22
Corveta *Leal Portuguesa*	150 (valor aproximado)	18
Brigue *Audaz*	150	18
Brigue *Prontidão*	100	16
Brigue *Duque da Vitória*	120	16
Brigue *Vinagre*	100	12
Brigue *S. Guálter*	180	26
Brigue *D. Afonso*	140	20
Brigue *Flor do Tejo*	140	20
Brigue *Conde da Palma*	140	20
Brigue *Bizarria*	130	18
Escuna *Príncipe do Brasil*	60	12
Escuna *Emília*	60	8
Sumaca *Conceição Oliveira*	50	6
Pequenas lanchas armadas e barcas-canhoneiras	1.000	
TOTAL:	4.960	540

A disparidade entre o informado pelo almirante português e por Rodrigues se explica pelo fato de a segunda lista incluir todas as embarcações que estiveram em operação na Bahia ao longo do período 1822-1823. Em documentos posteriores de João Félix e do general Madeira, são encontrados registros da operação de outras embarcações que aquelas 12 mencionadas no mapa de dezembro de 1822, dentre as quais a escuna *Kossaca* e bergantin *Infante D. Sebastião*,[152] a corveta *Seis de Fevereiro*[153] e a fragata *Pérola*.[154] Em 31 de março de 1823, 15 navios também levaram reforços a Madeira, como se verá no próximo capítulo, alguns dos quais se uniram à esquadra.

Esses dados não incluíam, tampouco, outros navios que lutaram ao lado das Cortes e que estavam a serviço em outras áreas do Brasil, como no Maranhão e no Pará. A relação das embarcações portuguesas na Bahia também variou um pouco ao longo do período. Da relação da Marinha brasileira apresentada por Brian Vale, na seção anterior, observa-se que alguns navios capturados não constam da lista apresentada por Rodrigues, como foi o caso da corveta *Carioca* (antiga charrua *Leal Portuguesa*), da escuna *Emília* (depois *Pará*), da charrua *Gentil Americana*[155] e do brigue *Maranhão*, antes *Infante D. Miguel*, apresados em 1823.

Essas diferenças não afetaram o núcleo base da esquadra portuguesa na Bahia e dizem respeito à chegada de novas embarcações ao longo do primeiro semestre de 1823, ou à rotação de navios. O *Diário do Governo de Lisboa*, por exemplo, traz relato do capitão-tenente Izidoro Fransisco Guimarães, de 26 de dezembro de 1822,[156] que comandava a corveta *Dez de Fevereiro*, a qual, segundo sua informação, havia substituído a corveta *Calipso* no bloqueio do porto de Pernambuco. Izidoro registrava, a propósito, que "os Brazileiros tem declarado guerra aberta a todos os Européos" e comenta as fortes movimentações dos dois lados, em meio a contínuos rumores de reforços de Portugal (falavam em

---

[152] OFÍCIO do chefe de divisão e comandante da esquadra, João Félix Pereira de Campos, ao (secretário de estado da Marinha e Ultramar), Inácio da Costa Quintela, sobre a Guerra da Independência na Baía. In: Projeto Resgate, AHU_ACL_CU_005, Cx 276 D. 19213. Arquivo da Biblioteca Nacional.

[153] CARTA do (governador das Armas da Província da Baía), Inácio Luís Madeira de Melo, ao rei (D. João VI), sobre as notícias vindas do Rio de Janeiro do reforço dos insurrectos e apelando para o reforço da Armada e ajuda de Lisboa, sem o qual considera que o Brasil se perderá. 23 de março de 1823. In: Projeto Resgate, AHU_ACL_CU_005, Cx 276 D. 19212. Arquivo da Biblioteca Nacional.

[154] OFÍCIO do chefe de divisão e comandante da esquadra, João Félix Pereira de Campos, ao (secretário de estado da Marinha e Ultramar), Inácio da Costa Quintela, sobre a evolução da Guerra de Independência, o reforço da esquadra da Baía e solicitando aumento da força marítima e mais meios de manutenção. Em 2 de fevereiro de 1823. In: Projeto Resgate, AHU_ACL_CU_005, Cx 276 D. 19246. Arquivo da Biblioteca Nacional.

[155] Construída e armada no Pará, com 10 canhões.

[156] Sessão das Cortes de 21/02/1823. In: *Diário do Governo*, n° 46, 22/02/1823, p. 361.

4 mil homens) e da mobilização brasileira. O bloqueio a Pernambuco teria, segundo o capitão, impedido a saída de reforço de 600 praças para Labatut.

Com o gradual incremento, as tropas portuguesas na Bahia atingiram entre 9 e 10 mil soldados, em abril de 1823. Madeira tinha 8.621 soldados em 14 de dezembro de 1822, 8.073, em 14 de fevereiro de 1823, e quase 10 mil em 1º de abril de 1823, após a chegada, nesta última data, de novo reforço português.[157] Esses números não incluíam, cabe registrar, os praças da esquadra do almirante José Félix Pereira de Campos. Somados, Marinha e Exército portugueses na Bahia possuíam, portanto, aproximadamente 15 mil soldados.

Nesse processo de concentração de tropas, houve várias discussões sobre mudanças no comando, por indicações de que o ministro da Guerra estaria insatisfeito com a atuação de Madeira. Em 1823, chegou-se a cogitar a substituição deste pelo general Luiz do Rego (ex-governador de armas de Pernambuco, que ainda estava ativo em Portugal) ou pelo brigadeiro João Carlos Saldanha de Oliveira e Daun, que não aceitou a tarefa.[158] Madeira permaneceu no posto até o final.

Marechal registrou,[159] em 8 de abril de 1823, a chegada do último reforço português, em 1º de abril. Relatou notícias não oficiais de novos reforços portugueses que teriam chegado à Bahia, uma força de 3 mil homens, aos quais se somaria uma segunda expedição. O número foi posteriormente corrigido, em 26 de abril, para 1.500 homens, que seriam comandados pelo "comodoro" Vasconcelos, "que dizem o melhor oficial da Marinha portuguesa". Carlos Selvagem[160] precisa esse número para 1,7 mil soldados, dos batalhões de infantaria n°s 3, 4, 5 e um batalhão misto de caçadores do 1º e 4º, ademais de alguns canhões. A expedição com essa tropa, composta por 11 navios comboiados pela fragata *Pérola*, chegou a Salvador em 29 de março de 1823.

Quando da chegada desse último reforço, a derrota portuguesa na Bahia já se mostrava provável, porém não era tão certa a derrota de Portugal em todo o Brasil. Madeira mantinha-se, apesar do estado crítico em que se encontrava a cidade, e ainda resistiu por três meses. Apenas com a chegada da esquadra de Cochrane, foi possível romper

---

[157] Anotação do barão do Rio Branco à obra de Varnhagen, 1957, p. 272.
[158] In: *Notícias de Lisboa*, 27/02/1823. In: *Diário do Governo*, nº 51, 28/02/1823, p. 404.
[159] *RIHGB*, 1976, p. 191.
[160] 1999, p. 541.

o impasse. A Marinha, como se verá no capítulo V, foi o elemento decisivo, após ter sido rompido o único ponto de saída português, o mar.

Com o desenrolar desfavorável da batalha na Bahia, foram cogitadas uma eventual retirada de Salvador a concentração de forças no Maranhão. Havia também planos alternativos para a retirada das forças portuguesas de Montevidéu para reforçar a Bahia, o que poderia alterar o equilíbrio alcançado. Essa ideia é encontrada, por exemplo, em debate sobre esse tópico nas Cortes portuguesas em janeiro de 1823, a partir de documentos recebidos da Bahia. Em um deles, os comerciantes portugueses de Salvador propunham combinar as forças navais da Cisplatina e da Bahia. O *Diário do Governo* português registrou[161] declaração de que, na impossibilidade de a esquadra portuguesa impedir a saída dos navios brasileiros (que iriam bloquear o porto de Montevidéu) do Rio de Janeiro, "deverá seguir imediatamente a fim de retribuir-lhes a guerra, que S.A.R. ordena por seu Decreto de 1º de Agosto se fassa aos Soldados Européos". Os portugueses tinham, como se vê, aquele decreto como uma declaração de guerra.

O que se percebe, especialmente, é que os reforços que estavam disponíveis em Portugal foram enviados para o Brasil, mas concentraram-se na Bahia. Nas outras províncias onde se passou a Guerra de Independência, as forças portuguesas compunham-se principalmente de tropas que já se encontravam no terreno antes de 1822. Muitas delas eram compostas por brasileiros, consequência da complexidade de um tempo em que duas legitimidades, a constitucional de Lisboa e a "brasileira" do Rio de Janeiro, lutavam e demandavam adesão de todas as províncias.

Essa constatação traz de volta a questão das razões dessa opção estratégica de concentrar as forças na Bahia, o que, ressalve-se, não diminui a importância dos combates que ocorreram no Piauí-Maranhão e na Cisplatina, nem a resistência no Pará. Ao avaliar as medidas portuguesas, José Honório Rodrigues estima que "não era possível fazer mais esforço para conservar a Bahia, que Portugal considerava uma praça indispensável à sustentação da guerra e ao impedimento da Independência".[162] Como apresentado no capítulo I do presente trabalho, a Bahia era, junto com Pernambuco, o centro comercial não apenas

---

[161] In: *Diário do Governo*, 15/01/1823, p. 82.
[162] 2002, p. 69.

do Nordeste, mas, em grande medida, de todo o Brasil. Concentrava também significativa população, além de estar em um ponto central do território brasileiro, recordando-se que o transporte naquela época era realizado fundamentalmente por via marítima.

A pergunta que se segue a essa consideração estratégica sobre a Bahia é a da existência ou não de uma estratégia militar portuguesa no Brasil. A declaração de "rebeldia" das províncias, como visto, trouxe em si uma metodologia de combate, como se passara em Pernambuco, em 1817.

Parecia tratar-se, inicialmente, de uma rebelião nos moldes conhecidos na história portuguesa. Com o Norte (Pará e Maranhão) a seu lado, os portugueses tinham efetiva possibilidade de manter em suas mãos as áreas mais importantes do Brasil da época, o Norte-Nordeste. Do Piauí e da Bahia era possível, em primeiro lugar, lidar com as províncias do Nordeste que haviam optado pelo Rio de Janeiro, ou se mostravam indecisas, incluindo-se igualmente nesse caso as áreas ao norte de Mato Grosso e Goiás.

As forças portuguesas no Piauí e na Bahia possibilitariam um cerco a essas províncias. Em teoria, reforçar a Bahia, portanto, significava tanto lidar com as forças que combatiam em território baiano, com o apoio das "Provincias Colligadas", quanto preparar o avanço sobre Pernambuco e as demais províncias nordestinas. No Piauí, as forças portuguesas recebiam reforços do Maranhão e do Pará. Cabe recordar aqui a já mencionada avaliação do coronel Simplício Dias, que lutou contra as tropas de Fidié, sobre a posição do Norte do Brasil em relação ao Sul:[163] "o Norte era então o Principal do Brasil, dous terços da atividade útil, o que os portuguezes mais guardavam e onde acumulariam seus elementos de resistencia".

As forças portuguesas reunidas na Bahia em tese não se limitariam, portanto, a defender apenas a província. Como mencionado anteriormente, nas instruções ao chefe da esquadra portuguesa,[164] que chegou à Bahia em outubro de 1822, o rei português determinava que o principal objetivo da expedição é

a conservação da Provincia da Bahia, como hum ponto essencial para a conservação da tranquilidade do Brazil e da sua adherencia ao Governo

---

[163] In: Fidié, 2006, p. 17.
[164] In: *Documentos para a História da Independência*, 1923, p. 45.

de Portugal, com tudo o Commandante em Chefe da Esquadra prestará apoio, e protecção aos Commandantes das outras Provincias q. assim lho requerem, ou que elle entender q. necessitão dela, pôsto que, por impossibilidade lhe não seja requerido, não exceptuando a Provincia d'Angola, em quanto esta proteção for combinavel com o fim principal da segurança da Bahia.

A província da Bahia era a ponta de lança de projeto global das operações militares portuguesas no Brasil. Já em junho de 1822, o *Correio Braziliense* frisava que o fim dessas expedições à Bahia não seria senão o de "formar ali um ponto de apoio, de onde saíam depois a atacar os lugares, que se supõem mais obnóxios à dominação de Lisboa".[165]

Centro da estratégica portuguesa, era previsível, assim, que a Bahia se tornasse também o centro das operações contrárias, promovidas pelo Rio de Janeiro. Daí a guerra ter-se concentrado na província, não significando, com isso, que tenha sido uma operação localizada ou uma guerra nacional vencida apenas pelos baianos. A guerra foi nacional, tendo se desenvolvido num território específico, como era comum às operações militares da época.

A estratégia portuguesa transformou-se ao longo de 1822-1823, à medida que o conflito avançou. Num primeiro momento, as ações militares portuguesas eram "generalistas", ou seja, mobilizavam todos os corpos disponíveis para lutarem contra os facciosos, de acordo com as táticas que cada comandante local houvesse por bem empregar. Assegurando o Norte-Nordeste, os portugueses poderiam voltar-se para o Sul, onde contavam, inclusive, com a guarnição da Cisplatina.

Com o avançar da guerra, parece ter-se desenvolvido um segundo objetivo, mais limitado, de conservar apenas parte do território. Essa estratégia melhor se adaptava à conjuntura interna de Portugal, que enfrentava também outros desafios estratégicos, principalmente com relação à Espanha. Essa ameaça europeia foi determinante para a derrota portuguesa, no primeiro semestre de 1823, mas é questão pouco explorada pela historiografia brasileira e que será tratada abaixo.

De todo modo, é principalmente nesse momento que as Cortes teriam concentrado seus esforços em garantir ao menos uma parte do Brasil, especialmente o Norte-Nordeste. A acusação de que as Cortes

---

[165] In: Diegues, 2004, p. 282.

pretendiam dividir o Brasil é encontrada na memória de Cochrane, que relaciona seus serviços, "primeiramente, em pôr fora do Brasil as forças navais e militares dos portugueses, frustrando-lhes assim a projetada ocupação das Províncias do Norte".[166]

Existiu efetivamente um plano português de dividir o Brasil? Na Assembleia Constituinte do Rio de Janeiro, o deputado Pereira da Cunha afirmava,[167] em 12 de julho de 1823, "que Portugal inquietou-se nas Provincias do Norte, e a necessidade instou que as Cortes empenhassem suas forças com maior vigor para evitar o progresso de uma reação". Oliveira Lima registra em nota de seu *O movimento da Independência*[168] carta de Felisberto Caldeira Brant a José Bonifácio, de 5 de julho de 1822, na qual mencionava um "desígnio do partido europeu", de estabelecer entre a Bahia e o Pará uma zona de união com Portugal. Brant também mencionava na carta o crescente ódio de algumas camadas da população dessa zona ao elemento português. José Honório Rodrigues cita, por sua vez, discurso do deputado Francisco Soares Franco nas Cortes portuguesas, em 21 de setembro de 1822, no qual defendia a guerra contra o Brasil, citando o caso da guerra na América do Norte, onde, apesar da vitória dos EUA, o Reino Unido havia "conservado a honra nacional" e guardado "seis provincias ao Norte, das quais se separaram e que tão uteis lhe são". Por essa razão, dizia Soares Franco que "combatendo com honra e com glória, conservaremos algumas províncias ao norte do Brasil".[169]

Rodrigues igualmente menciona[170] carta de Caldeira Brant a Bonifácio, de junho de 1822, na qual cita informações de negociantes portugueses, vindos do Maranhão e do Pará, e dirigidas a colegas em Londres. Uma delas falava que "uma vez assassinado Gervásio (Pires Ferreira), causa principal da desobediência de Pernambuco, desde a Bahia até o Pará todos se uniriam a Portugal".

As declarações de parlamentares e negociantes portugueses se traduziram em ordens aos comandantes militares no Brasil. Não se falava em um "grande desígnio" de construir um Reino no Norte. Eram, porém, claras as instruções no sentido de conservar aquelas terras nas

---

[166] 2003, p. 30.
[167] In: *Diário da Assembleia Geral, Constituinte e Legislativa do Império do Brasil*.
[168] 1997, p. 408.
[169] In: Rodrigues, 2006, p. 17.
[170] Ibid., p. 18.

mãos de Lisboa. Essas ordens são mencionadas, em primeiro lugar, por Fidié, comandante das forças no Piauí. Em seu *Vária Fortuna de um Soldado Português*, Fidié registra que, no momento de sua partida de Portugal para o Piauí, "sua Magestade me ordenou muito positivamente, que me mantivesse, dizendo-me – mantenha-se! Mantenha-se!".

Madeira igualmente recebeu ordens para conservar a Bahia e auxiliar as demais províncias do Norte, como mencionado nas instruções ao comandante da esquadra que chegou em outubro de 1822.[171] Em ofício de 14 de novembro de 1822, no qual relata encontro com representantes dos 655 cidadãos que haviam solicitado bloqueios navais contra portos brasileiros, Madeira justificava a Lisboa não poder atender ao pedido, pelo fato de que suas instruções tinham

> o fim primário de conservar a ocupação do porto desta cidade como um ponto de apoio a quaesquer expedições que se transportem no Brasil, a quem secundariamente devo dar todo auspício que das outras Provincias me sejam pedidas pelos seus respectivos comandantes ou que eu entender necessitem.[172]

Para cumprir essas ordens, dizia Madeira, não era possível deslocar a esquadra da Bahia.

Oficialmente, Portugal manteve o reclamo de todo o território até o final. Essa posição, no entanto, derivou muito do fato de a guerra ter sido, em 1823, favorável ao Rio de Janeiro. Se as negociações sobre o reconhecimento, em 1824-1825, tivessem ocorrido com regiões brasileiras ainda controladas por Lisboa, é de se cogitar que dificilmente os portugueses teriam aceitado ceder essas áreas no processo negociador. Havia, nessa hipótese, a chance de mais de um Estado no território que se tornou o Império do Brasil, até porque algumas forças que se reuniram ao lado de D. Pedro mostraram posteriormente, no Pará, Maranhão e no episódio da Confederação do Equador, que o apoio não era tão certo quanto a mitologia nacionalista da Independência buscou construir. Sem a expulsão das tropas portuguesas e a conquista dos territórios, pela combinação da política com as operações militares, a sorte do Brasil poderia ter sido distinta.

---

[171] Vide *Documentos para a História da Independência*, 1923, p. 45.
[172] In: Biblioteca Nacional, *Documentos diversos sobre a Bahia*, rolo MS 512 (67), n° 1330.

A análise da estrutura de tropas utilizadas pelo lado português nas províncias brasileiras, bem como de sua estratégia político-militar suscita outra questão importante para a imagem da "independência rosada": a efetiva capacidade das Cortes em conter a Independência pela força.

A imagem que subsiste é a de um Portugal sem recursos, incapaz de mobilizar meios. A visão da fragilidade portuguesa é efetivamente encontrada em alguns relatos da época. Descrição feita pelo secretário de Estado da Marinha às Cortes, em 10 de setembro de 1822,[173] sobre o estado da Marinha portuguesa, é rotineiramente utilizada nas avaliações que desestimam a existência da Guerra de Independência ou seu papel no processo de unificação brasileira. Naquela data, o secretário da Marinha de Portugal afirmou que "a vossa Marinha está reduzida a quase zero". Mencionava, então, a idade das embarcações, algumas com mais de 30 anos de serviço. Sua relação de unidades dava conta de 3 naus, 4 fragatas, 4 corvetas e 3 bergantins.

Esses números são, entretanto, incompatíveis com as informações da Marinha portuguesa no Brasil, que apenas na Bahia contava com uma força superior. O relato do secretário da Marinha portuguesa, em 10 de setembro de 1822, deve ser assim visto com cautela. Possivelmente se referia às forças disponíveis em Lisboa, ainda que ele faça menção ao bergantim (brigue) *Audaz*, que estava na Bahia. Tampouco se deve descartar uma utilização política dos números, diminuindo-os para sensibilizar as Cortes a aprovarem novos recursos. A avaliação da autoridade portuguesa sobre sua Marinha, a propósito, foi apresentada no debate das Cortes sobre a criação de um Conselho Naval, que orientaria as ações da Marinha portuguesa. O secretário de Estado era contra a medida.

Inegavelmente, os reforços enviados ao Brasil foram insuficientes. Havia, efetivamente, restrições, tornando ameaças no vazio muitas das declarações dos deputados portugueses sobre o Brasil e as "Provincias Colligadas". Os problemas, no entanto, não se resumiam à falta de meios.

Em contraposição à mencionada referência ao quadro negativo apresentado pelo chefe da Marinha portuguesa, os debates sobre o orçamento do Exército e da Marinha, entre janeiro e fevereiro de 1823, mostram importante esforço dos parlamentares portugueses em reforçar a estrutura militar do país, que enfrentava ameaças tanto no Brasil

---

[173] José Honório Rodrigues, 2002, p. 67.

quanto na Europa. O *Diário do Governo* de Lisboa registrou, em 3 de janeiro de 1823,[174] sustentação do deputado Borges Carneiro sobre a necessidade de se "acudir ao restabelecimento da Marinha com socorros extraordinários", para enfrentar os "adversários" no Brasil, aprontando uma esquadra e "armando corsários". A tese de Borges Carneiro sobre o orçamento militar para 1823 ganhou apoios.

As discussões de 1º de fevereiro de 1823[175] iniciaram-se com exposição do ministro da Guerra, pormenorização dos gastos[176] e avaliação geral do orçamento das Forças Armadas, que naquele ano consumiam boa parte da renda nacional portuguesa.[177] Defendia o ministro da Guerra o reforço da Marinha "que he a que há de conservar-nos a integridade do território nacional, e os grandes interesses commerciaes", e sustentava um retorno a uma força de 30 mil homens em território europeu. As proposições do Ministério da Guerra de reforço das FFAA foram apoiadas pelos parlamentares.[178] Muitos deputados estimavam, porém, que seria necessário permitir uma maior ampliação do Exército que a força proposta,[179] retornando seu tamanho àquele de 1814, ainda no contexto das guerras napoleônicas. Nos debates posteriores, o número a que se chegou foi o de elevar o Exército a 60 mil soldados,[180] ainda que alguns parlamentares mostrassem preocupação com os meios financeiros para tal mobilização. No debate sobre o orçamento da Marinha, na mesma época, os deputados foram perguntados se "deve a força da Marinha ser a maior possível, que as circunstâncias possão permittir?" A resposta foi positiva.

---

[174] Nº 26, de 03/01/1823, p. 189.
[175] *Diário do Governo*, nº 29, 03/02/1823, p. 211.
[176] O orçamento é dividido em parcelas, para batalhões, hospitais etc. e cada uma delas vai sendo aprovada individualmente (*Diário do Governo*, nº 31, 5/02/1823). O mesmo procedimento é feito com o orçamento da Marinha.
[177] "Se pois considerarmos a renda nacional, achamos no orçamento ser ella de 7.734:800$, e gastar-se com o Exercito 4.418:700$, isto he, quase duas terças daquela receita". Ibid., p. 212.
[178] Um dos deputados sustenta que os portugueses devem se defender, ampliando as FFAA. Ibid., p. 229.
[179] Como o deputado Pinto de França. Ibid., p. 212.
[180] Vide, por exemplo, debates na sessão de 24/02/1823. In: *Diário do Governo*, nº 48, 25/02/1823. Op. cit., p. 377. Nessa sessão, o deputado Bernardo da Silveira lembrou que o Exército português contava com ao menos 56 mil homens em 1810, número que tinha de ser alcançado, dentre outras, pela necessidade de se enviarem "expedições" ao Brasil.

Havia, entretanto, controvérsias sobre as prioridades operacionais para os militares portugueses. Alguns deputados, como Bernardo da Silveira, defendiam foco nos acontecimentos do Brasil. Outros, entretanto, concentravam-se nos problemas estratégicos europeus e, em particular, da Península Ibérica.

Aqui se encontra uma questão fundamental para o envio de tropas para combater no Brasil. Se havia meios, ainda que limitados, e uma estratégia (inicialmente apenas combater os rebeldes; depois, manter o Norte-Nordeste), a pergunta que se faz é: por que o governo português não mobilizou todos os recursos que possuía para garantir seu poder no Brasil?

Ademais da ausência de efetivo consenso sobre como lidar com o caso brasileiro, as sessões das Cortes portuguesas de fevereiro de 1823 mostram outra razão: a preocupação com a ameaça de que a guerra que se aproximava da Espanha, vinda da França, se alastrasse para Portugal e atingisse o sistema vintista. O *Correio Braziliense* de dezembro de 1822[181] fazia referência à ameaça francesa, à situação da Espanha, e ao tratado entre Lisboa e Madri de apoio militar conjunto, além de criticar a estratégia portuguesa para o Brasil, que permanecia na visão da reconquista.[182] A situação, na visão do *Correio Braziliense*, era grave para Portugal, pois,

> entrando Portugal na ruinosa guerra do Brazil, que forças são as que lhe restam para auxiliar a Hespanha; ou, por outras palavras, debelar o inimigo nos Pyrineos, em vez de se defender em Almeida ou Elvas?

Se em janeiro de 1823 os deputados portugueses ainda se mostravam decididos a enfrentar D. Pedro e os "facciosos", já em fevereiro, as ameaças vindas da Espanha ganharam proeminência. Mais do que o Brasil, os vintistas portugueses tiveram, no primeiro semestre de 1823, uma ameaça muito mais próxima e "existencial".

Toda a discussão do orçamento militar de 1823 é pautada nesse tema. O rei Luís XVIII anunciou, em 28 de janeiro de 1823, o envio de

---

[181] Vol XXIX, nº 175, p. 620. In: Brasiliana USP.
[182] Na visão do jornal, a força portuguesa se restringia à Bahia, em conflito, e à dominação do Maranhão e do Pará, os quais estariam submetidos à tropa, contra a vontade dos povos. Como se verá nos próximos capítulos, o conflito foi mais complexo, mais longo e caótico, mas as conexões entre o Norte e o Nordeste estavam claras.

força militar à Espanha. O Exército, que seria composto por 100 mil soldados, era comandado pelo duque de Angoulême. Buscava conter os liberais espanhóis, cujo "furor pelo Governo popular dominante na Península", como registra Armitage,[183] causava apreensão no monarca francês, temeroso de que o movimento se espalhasse pela França. A invasão francesa ocorreu em 6 de abril de 1823, com a justificativa de "salvar este paiz da anarchia a que o precipitavão os seus representantes".[184] Fernando VII foi deposto do trono espanhol em 23 de maio, fato que repercutiu imediatamente em Lisboa, onde quatro dias depois estourou a Vilafrancada, movimento que acabou com o vintismo em Portugal.

Nas Cortes portuguesas, a situação espanhola foi vista com apreensão a partir do início de fevereiro de 1823. O temor era de que o conflito atingisse Portugal. Na sessão de 3 de fevereiro de 1823, ao discutirem o aumento das forças disponíveis para o Exército português,[185] o deputado Borges Carneiro comentava as ameaças vindas da Espanha e sustentava que a

> verdade he que ao presente essa nação está intimamente ligada com a nossa pelo vinculo do interesse reciproco; e por isso nada temos a temer, e tudo a esperar dela (...) digo que a Nação Hespanhola está ameaçada (...) Devemos preparar-nos para a defesa, assim como os nossos inimigos se preparão para o ataque.

Borges Carneiro foi secundado por outros parlamentares, como no caso do deputado Moura que, "mostrando o quanto os inimigos da liberdade trabalhão para destruir o Systema, que actualmente rege a Peninsula", disse que o seu voto seria por que a força armada fosse a maior possível.[186] Moura pediria, em sessão posterior das Cortes,[187] que a Comissão de Diplomacia opinasse sobre a necessidade de formação de um corpo de reserva de 20-25 batalhões de tropas ligeiras e sobre o

---

[183] 1837, p. 75.
[184] Armitage, 1837, p. 75.
[185] *Diário do Governo*, n° 29, 03/02/1823, p. 213.
[186] Ibid., p. 214.
[187] "He por tanto necessário que os Portuguezes verdadeiros patriotas tenhão por inimigo das suas instituições, e por conseguinte da sua independência o primeiro soldado Francez que puzer o pé ao Sul dos Pirineos". *Diário do Governo*, n° 36, 11/2/1823, p. 272.

estado das negociações de tratado defensivo com a Espanha. Havendo a invasão da Espanha pela França, estimava necessário lutar contra as ameaças de desestabilização interna.

Na sessão de 14 de fevereiro de 1823,[188] o mesmo parlamentar insistiu em que o "objeto desta aggressão (da França) não he simplesmente a Hespanha, que he também Portugal, e que para se fazer oppozição a tal procedimento he necessário a união". O ministro da Guerra, na mesma sessão, concordou com o deputado Moura de que uma agressão contra a Espanha seria feita igualmente contra Portugal, insistindo na cooperação com a Espanha, mas também em conversações diplomáticas com a Inglaterra.[189] O ministro estimava que as forças portuguesas poderiam ser elevadas a 50 mil soldados, aos quais poderiam se juntar outros 7 mil de milícias, e recomendava que não se marchasse sobre os Pirineus com essa força.[190] A estratégia seria defensiva, sustentando o ministro confiança em seus soldados – "obedientes e aguerridos" – o que se comprovaria por diferentes situações, por exemplo, pelos que "acabavão de dar esses bravos da expedição que há poucos dias sahio para a Bahia".

Nos debates de 20 de fevereiro de 1823,[191] em meio a vários pedidos de mobilização e de referências aos franceses como "inimigos", o chanceler português mencionou tratativas com os espanhóis para uma aliança defensiva. Não seria o estabelecimento de defesa coletiva, mas, conforme informava a autoridade, "de fixar o minimum deste socorro (apoio militar mútuo), e o modo de o dar". As negociações não caminhavam bem, mas, na opinião do chanceler, quando o socorro se tornasse necessário, desapareceriam as dificuldades por parte do governo espanhol.

A crise e a ameaça de guerra na Península Ibérica estavam, assim, patentes. Ficava claro, nos debates, que a situação europeia exigia maior atenção naquele momento. O problema se dava no fato de que o período era também particularmente importante no Brasil, com a consolidação do cerco a Salvador, centro estratégico português, após a Batalha do Pirajá, em novembro de 1822.

O vintismo se viu, portanto, tendo de atuar em duas frentes, no Brasil e na sua própria fronteira com a Espanha, o que restringiu a possibi-

---

[188] In: *Diário do Governo*, n° 44, 20/02/1823, p. 339.
[189] Ibid., p. 341.
[190] Ibid., p. 341.
[191] Sessão de 20/02/1823. In: *Diário do Governo*, n° 45, 21/2/1823, p. 351.

lidade de concentrar seus já limitados recursos em apenas um teatro de operações. Tentou levar os dois ao mesmo tempo, falhando duplamente. Mas possuía, em teoria, capacidade de enviar reforços adicionais ao Brasil, devendo-se, assim, relativizar aquela imagem tradicional de um Portugal fraco e incapaz de agir contra o Rio de Janeiro e a consequente emancipação brasileira.

A situação espanhola continuou a demandar atenção das autoridades de Lisboa por longos meses, como se vê nas Instruções de Palmella (que voltara a ser ministro dos Negócios Estrangeiros) para o conde de Villa-Real, representante português em Londres[192]. Nas instruções, datadas de 25 de agosto de 1823, Palmella mencionava a resolução britânica de enviar uma esquadra ao Tejo para apoiar D. João VI (que retomava o poder) e determinava que Villa-Real buscasse garantir a medida.[193] O foco era a resolução da situação interna portuguesa, o combate aos vintistas e a solução da situação na Espanha. O Brasil, segundo Palmella, era "o segundo em importância".[194]

O novo chanceler português registrou, em outro documento a Villa-Real,[195] de 20 de outubro de 1823, a reviravolta na política portuguesa com relação à guerra no Brasil. No ofício, solicitava que o diplomata persuadisse o governo inglês a apoiar D. João VI

> em todo apoio possível, menos o da força armada; pois que El-Rei meu Senhor renuncia positivamente a esse meio de submeter o Brasil, e só mandaria para lá tropas portuguesas para auxiliar o Principe Real.

A renúncia ao uso da força ocorreu já com a guerra praticamente ganha pelo Rio de Janeiro, ainda que faltasse a evacuação das tropas portuguesas da Cisplatina. A menção à medida de D. João VI revela, porém, que, antes dessa decisão, havia a aplicação do uso da força contra o Rio de Janeiro, pelas Cortes.

A curiosa referência a um auxílio militar a D. Pedro e a própria assinatura de Palmella, figura distante do vintismo, nas instruções, chamam atenção ao segundo elemento que complementa a instável conjuntura da Península Ibérica e que provavelmente sustou o incremento das

---

[192] In: PALMELLA, 1851, p. 249.
[193] Ibid., p. 250.
[194] Ibid., p. 252.
[195] Ibid., p. 275.

forças portuguesas no Brasil: a Vilafrancada, o golpe promovido por D. Miguel contra as Cortes, que permitiu a D. João VI recuperar o poder absoluto em 27 de maio de 1823, ou seja, quatro dias após a queda de Fernando VII na Espanha.

Segundo Valentim Alexandre,[196] o regime vintista teria caído, em grande medida, por sua incapacidade de resolver a questão brasileira. O movimento reacionário foi precedido por guerra civil iniciada pela rebelião do conde do Amarante, no Norte de Portugal, que aos poucos foi se espalhando pelo país.[197] Notícia sobre o levantamento de Amarante foi registrada no segundo suplemento ao *Diário do Governo de Portugal*, de 28 de fevereiro de 1823. Nos dias seguintes, os debates parlamentares mostravam as reações e muitas proclamações de militares em favor das Cortes.[198] Cada passo do conflito era seguido de medidas ou declarações para preservar o sistema constitucional. Os planos de Amarante não funcionaram como previsto e ele encontrou resistências, especialmente por parte do general Luiz do Rego, antigo dirigente de Pernambuco. Chegou-se, então, a um impasse.

A guerra civil e as ameaças francesas monopolizaram a atenção dos vintistas e, concentrados nos problemas internos, os deputados portugueses pouco se voltam à questão brasileira. As vozes que surgiram sobre esse tema já eram menos belicosas e até mais resignadas. No *Diário do Governo*, de 3 de março de 1823,[199] um artigo tratava da suposta recusa do general Saldanha em assumir as tropas na Bahia. O texto assumia que o plano português – o qual, segundo o articulista, era das Cortes, não do governo – não era mais efetivo, nem se fossem mandados à Bahia 10 mil homens. Estimava o autor que a nova expedição que ia para a Bahia era "para salvar a face do ministério".

Entrementes, as Cortes, receosas da posição política de um regimento estacionado em Lisboa (o 23º de infantaria), determinaram seu

---

[196] ALEXANDRE, Valentim. "A desagregação do Império: Portugal e o reconhecimento do Estado brasileiro (1824-1826)". In: *Análise social*, vol. XXVIII (121), 1993 (2º), 309-341. In: http://analisesocial.ics.ul.pt/documentos/1223290651A0nXZ4uu3Yj-11RW5.pdf (acesso em 27/05/2014), p. 310.
[197] In: *Diário do Governo de Portugal*, nº 51, em 28/02/1823, p. 405.
[198] Vide, por exemplo, a sessão de 1º/03/1823. In: *Diário do Governo*, nº 53, 03/03/1823, p. 418.
[199] Ibid, p. 420.

deslocamento para a localidade de Almeida. No meio do caminho, em Vila Franca, ocorreu pronunciamento com vivas ao "rei absoluto", ao qual se juntou D. Miguel. Em meio à confusão política e à desconfianças contra D. Miguel, D. João VI acabou por dirigir-se também a Vila Franca e a assumir o movimento. De volta a Lisboa, dissolveu as Cortes e nomeou novo ministério. Era o fim do período vintista[200] e do impulso de enfrentar a "rebelião", ou seja, a guerra, no Brasil.

De regresso ao governo, os absolutistas viram uma chance de se reabrirem as vias de aproximação com o imperador D. Pedro I, herdeiro da Coroa. Em 16 de julho de 1823, Palmella registrou a decisão de D. João VI de enviar emissários ao Rio de Janeiro, "com ordem expressa para fazerem cessar o derramamento de sangue que desgraçadamente resulta de guerra civil entre dois povos". D. João VI falava em "guerra civil", mas, com a Independência, o que se passava já era uma guerra nos moldes mais clássicos.

A classificação utilizada pelo rei de Portugal, ao mesmo tempo que serve de mais uma prova da existência da guerra, é indicativa da fluidez do período, ao contrário do "determinismo" com que posteriormente se passou a ver o processo emancipatório brasileiro. Como aponta Alexandre Valentim,[201] sobre o lado português,

> na época tinha-se a questão do império como ponto em aberto: para uns a separação do Brasil não era ainda um dado adquirido; para outros conscientes da irreversibilidade do processo de emancipação do reino americano, havia em todo caso que negociar as condições do reconhecimento do novo Estado.

Apesar do tom conciliatório recuperado pela Vilafrancada, a relação com o Brasil não foi necessariamente melhor, ainda que tenha interrompido a dinâmica da violência. As autoridades portuguesas chegaram a debater sobre um novo recurso às armas, em 1824, como mostram respostas a pedido de parecer feito por Palmella, em 1º de janeiro de 1824, tópico que será desenvolvido no capítulo VIII.[202] Num dos pareceres, o conde Subserra concluía que "o Brasil de facto

---

[200] Carlos Selvagem, 1999, p. 543.
[201] Ibid., p. 309.
[202] *Documentos para a História da Independência*, 1923, p. 85.

está n'hum estado de guerra com Portugal".²⁰³ Na visão de Subserra, portanto, os combates haviam cessado – com vitória brasileira – mas a guerra não havia terminado.

No Brasil, as notícias da Vilafrancada foram acompanhadas atentamente pelas autoridades brasileiras, não se formando, necessariamente, uma opinião favorável a ela.²⁰⁴ Ainda assim, mesmo antes do 27 de maio de 1823, algumas facções brasileiras haviam começado a se mobilizar pela reunião das duas Coroas. Mareschal, em despachos de 26 de abril²⁰⁵ e 14 de maio de 1823,²⁰⁶ citava notícias chegadas de Lisboa sobre a insurreição do conde de Amarante e estimava, no segundo documento, que a dispersão das Cortes lisboetas poderiam suscitar complicação adicional à questão do Brasil, pois haveria propostas de restabelecimento da união.²⁰⁷

O segundo ofício de Mareschal foi elaborado poucos dias depois da publicação, em 6 de maio, por D. Pedro, de artigo no jornal *O Espelho*²⁰⁸ em que procurava exatamente desestimar a possibilidade da reunião dos dois Estados. Segundo o imperador,

> nós não vamos tirar utilidade alguma com a união a Portugal, porque apesar dele ser a cabeça da Europa, como lhe chama o nosso padre António Vieira, contudo não tem pernas, nem braços, nem tronco de corpo, e por isso cabeça sem corpo não governa.

As declarações de D. Pedro, no entanto, devem ser vistas com cautela, assim como no período de 1821, no vaivém de seu posicionamen-

---

²⁰³ Ibid., p. 96.
²⁰⁴ Vide, por exemplo, as intervenções dos deputados nos debates sobre o que fazer com as tropas portuguesas que estavam na Bahia, finda a guerra. A fala do deputado Henriques de Rezende, em 30/08/1823, é claramente contrária à volta do absolutismo provocado pela Vilafrancada.
²⁰⁵ In: *RIHGB*, 1976, p. 194.
²⁰⁶ Ibid., p. 206.
²⁰⁷ *Le même jour un bâtiment de Lisbonne apporta la nouvelle des progrés rapides du Comte d'Amarante de l'ajournement et de la dispersion des Cortes de Lisbonne et de la très grande probabilité d'une contre-révolution dans cette ville, pour le 25 Avril, jour de naissance de la Reine; cette nouvelle ne peut manquer de faires dans les premiers moments une impression favorable, tant sur le public que sur l'Assemblée, mais il me semble que si le fait à réllement lieu, il pourroit en naître une complication nouvelle pour la question du Brésil; beaucoup de personnes pensent ici que l'on acclamera de suite le Prince à Lisbone, pour avoir la chance de rétablir l'union.*
²⁰⁸ In: http://maltez.info/republica/portugalpolitico/acontecimentos/1823.htm.

to sobre as Cortes (vide capítulo III). Ainda assim, era forte o partido contra qualquer tipo de negociação com Portugal que não fosse pelo reconhecimento da Independência brasileira, como se verá no último capítulo.

O mais importante é observar como a Vilafrancada amainou o ímpeto português de lutar, apesar das pressões continuadas de alguns setores. Seus resultados demoraram a chegar ao Brasil, produzindo efeitos apenas meses depois. Fidié permaneceu ativo no Maranhão, no primeiro semestre de 1823, e apenas abandonou a luta após receber as notícias da retomada do poder absoluto por D. João VI e das tentativas de conciliação. Em São Luís, após notícias de capitulação de Itapicuru-Mirim para os independentistas, foram tomadas medidas de reforço da defesa, mas a informação da Vilafrancada diminuiu o ímpeto da resistência e abriu caminho para a chegada de Cochrane, que obrigou a adesão maranhense, após ultimato aos governantes da província. Pará e Maranhão foram de toda maneira conquistados, assim como Montevidéu, que permanecia cercada pelas tropas brasileiras.

Observando-se os meios mobilizados por brasileiros e portugueses entre 1822-1823, o que se observa é um movimento contraditório do lado português quanto à guerra. A decisão inicial foi a de combater a rebelião, como sempre havia ocorrido. Houve relativo equilíbrio das forças, mas a vantagem em número de tropas, ao longo do conflito, passou a pesar a favor do lado do Rio de Janeiro.

Portugal tinha recursos limitados, mas não tão limitados como se convencionou afirmar. Contava, porém, com a fraqueza política do polo do Rio de Janeiro, principalmente no Norte-Nordeste, avaliando possuir apoio mais amplo do que realmente possuía (o que não significava ausência de apoio). As forças disponíveis não foram suficientes e precisaram ser reforçadas. As capacidades portuguesas, no entanto, foram ainda mais restringidas, no início de 1823, por ameaça mais direta, na Espanha, que abriu o risco de uma segunda linha de frente. Vindo a Vilafrancada, retornam os princípios e os atores anteriores à Revolução do Porto, com uma concepção distinta do relacionamento entre Portugal e Brasil. Mas, neste momento, a separação estava por demais avançada.

Reconhecer as limitações de Portugal não significa, no entanto, diminuir o sucesso das operações militares em favor do Rio de Janeiro. O resultado da Guerra de Independência e a preservação da unidade do

Império deveram-se, principalmente, à condução das operações militares em si, da mobilização contra a Divisão Auxiliadora no Rio de Janeiro, da expulsão do Batalhão do Algarve, em Pernambuco, da rápida mobilização e envio das tropas comandadas por Labatut, em julho de 1822, da vitória em Pirajá e das operações até a vitória na Bahia, do erro tático de Fidié de atacar Parnaíba, da bem estabelecida estratégia naval de Cochrane, dentre outros atos militares. Mesmo com muitos problemas, faltas de recurso e disputas dentro do Exército brasileiro – o que será explorado nos próximos capítulos – a ação armada foi eficiente, contando com uma importante participação e sacrifícios da população, especialmente no Norte-Nordeste.

D. Pedro venceu, fundamentalmente, por ganhar a batalha política contra as Cortes, em grande parte do Brasil, logrando posicionar-se como o representante dos "brasileiros", noção que, naquele momento, ainda estava em desenvolvimento. Ganhou, com isso, o apoio da grande massa da população que se sentia distante de Portugal, mas que não necessariamente possuía uma identidade nacional ou simpatizava com o Rio de Janeiro. Beneficiou-se, também, das disputas internas em Portugal e da dinâmica europeia daquele momento.

D. Pedro venceu política e militarmente e unificou o país, pois conduziu forças capazes de impor-se no campo de batalha. Um dos efeitos ruins do mito da Independência pacífica do Brasil foi, portanto, o de menosprezar os atores da guerra, deixando-os ao largo de uma história que, em maior ou menor grau, eles contribuíram para criar.

V
GUERRA NO CENTRO ESTRATÉGICO: BAHIA

A Bahia, conforme antecipado nos capítulos anteriores, foi chave nas operações militares que definiriam quem controlaria cada uma das províncias do então Reino do Brasil. Dos momentos iniciais de adesão baiana às Cortes de Lisboa, em fevereiro de 1821, até o 2 de julho de 1823, não se interromperam os conflitos, que tiveram, em suas primeiras facetas, cores de disputa local pelo poder civil e militar, transformadas depois em rebelião interna. Um terceiro momento, já em reação aos confrontos de fevereiro de 1822, seria o processo de adesão ao Rio de Janeiro. Chega-se, então, à guerra, última etapa, que foi inicialmente local e, na sequência, nacional.

Naquela província, entre 1822-1823, Lisboa e o Rio de Janeiro se enfrentaram política e militarmente, cada uma apoiando-se nas forças de que dispunha na região e cada uma tentando conectar o conflito aos outros teatros do conflito. De Salvador, o general Madeira manteve estreito contato com D. Álvaro da Costa, na Cisplatina, e com Fidié, no Piauí, este último tendo cogitado, em um momento, ir em auxílio às tropas portuguesas na Bahia. Do lado do Rio de Janeiro, lutaram baianos, pernambucanos, cariocas, paraibanos e muitos outros, inclusive estrangeiros, personificados pelos dois chefes militares de terra e mar, respectivamente Labatut e Cochrane. A Bahia, por sua posição estratégica entre o Norte e o Sul, por seu peso econômico, social e político, foi, portanto, o teatro central do conflito pelo qual se desenrolaram a Guerra de Independência do Brasil e a construção da unidade do Brasil hoje existente.

A SITUAÇÃO POLÍTICA BAIANA E OS PRIMEIROS CONFRONTOS

Capital colonial até 1763, o porto e a cidade da Bahia (Salvador) eram, ao final do século XVIII, um ponto de comércio importante para toda a Colônia. Muitos comerciantes de relevo habitavam a cidade, de onde partiam suprimentos, produzidos localmente ou importados, para Portugal, para a África e para outras províncias brasileiras. Para estas últimas, como aponta Luís Henrique Dias Tavares,[1] iam escravos, tecidos europeus, armas, pólvora, chumbo, ferragens e aguardente. O recôncavo baiano também se beneficiava desse comércio intraprovincial, de modo que a Bahia, conforme observado no capítulo I, tinha importância próxima do Rio de Janeiro em termos de comércio.

A província também refletia as movimentações políticas daqueles fins de século XVIII e inícios do XIX, as quais ganhavam cores próprias em razão das particularidades locais, mostrando ter existido ali "uma constelação saturada de tensões com intensos desdobramentos na conturbada conjuntura que antecedeu e sucedeu a independência".[2] Fora palco da sedição de 1798, muito comentada na história do Brasil, e sentiu os impactos das guerras napoleônicas pela passagem de esquadras inglesas e francesas, em 1805 e 1806, que exigiram víveres e recursos financeiros dos habitantes de Salvador, sob a ameaça de bloqueio.[3] D. João VI decidiu pela abertura dos portos ao passar por Salvador, em 28 de janeiro de 1808.

---

[1] DIAS TAVARES, Luís Henrique. *História da Bahia*, 11ª edição. São Paulo: Editora da Unesp; Salvador: EDUFBA, 2008, p. 200.
[2] SOUZA FILHO, Agemiro Ribeiro de. "Projetos políticos na revolução constitucionalista na Bahia (1821-1822)". In: *Almanack Braziliense*, nº 07, maio de 2008, p. 104.
[3] DIAS TAVARES, 2008, p. 209.

A mudança da Corte de Lisboa para o Rio de Janeiro, como já mencionado, não significou alteração sensível do modo como se governava o Norte do Brasil. A centralização era mantida, agora a partir do Rio de Janeiro, com uma ampliação da coleta de impostos sobre todo o Nordeste. Em muitos casos, o incremento da presença inglesa prejudicou setores econômicos tradicionalmente ligados ao comércio com Lisboa. Essa queixa foi importante na mobilização anti-Rio de Janeiro e na aproximação com Lisboa, no início do vintismo.

A insatisfação de determinados grupos econômicos com o Rio de Janeiro, a circulação de ideias, inclusive sobre a autonomia provincial, e a influência dos acontencimentos na Europa, tudo contribuía para preparar o terreno da mudança. O impulso político veio de fora, e se adaptou na Bahia, como nas outras províncias.

A Revolução de 1817 teve ligações na Bahia, mas não houve uma adesão baiana. Ainda assim, muitos dos revoltosos pernambucanos foram presos na Bahia, tais como Frei Caneca e Antônio Carlos Ribeiro de Andrada Machado e Silva. Essa circunstância, segundo Luís Henrique Dias Tavares,[4] foi essencial para a adesão baiana à Revolução do Porto, uma vez que essa medida, tomada em 10 de fevereiro de 1821, teria sido gestada em contatos dos prisioneiros pernambucanos de 1817 com militares e civis de Salvador.[5]

Conforme apontado no capítulo II, já em novembro de 1820 começavam a circular notícias sobre riscos de manifestação de parte da tropa aquartelada em Salvador,[6] tendo em conta que as notícias do movimento do Porto haviam atingido a Bahia no mês anterior. Viu-se também como a Corte tinha o controle da Bahia como ponto central para conter o espraiamento da Revolução do Porto no Reino do Brasil. A decisão do envio do conde de Vila Flor a Salvador sofrera a resistência do conde dos Arcos e de Tomás Antônio, para quem a ida de Vila Flor deveria ser decidida em conjunto com outras ações de contenção da tropa e de reforço da economia local. Ponto estratégico do Brasil, os assessores do rei temiam que o triunfo do

---

[4] 2008, p. 224.
[5] Segundo Dias Tavares, esses entendimentos teriam sido consequência de medidas autorizadas pelo governador Francisco de Assis Mascarenhas, conde da Palma, em reação a relatório sobre as condições dos detentos. Visitas foram permitidas, sendo Frei Caneca um dos mais assíduos visitantes. Ibid.
[6] In: Varnhagen, 1957, p. 23.

movimento na Bahia redundasse em todo o Nordeste influenciado pelo vintismo.[7]

Esse debate, como visto, ocupou demasiado tempo e, na demora do envio do conde de Vila Flor, abriu-se a oportunidade de que os revolucionários precisavam. O movimento pró-Revolução do Porto planejou o levante para ocorrer antes da substituição do governador, conde da Palma, pelo novo designado pelo Rio de Janeiro, conde de Vila Flor.

Comandados por Manuel Pedro de Freitas Guimarães, Francisco José Pereira e Francisco de Paula de Oliveira, o movimento militar eclodiu em 10 de fevereiro de 1821. Naquele momento, estavam na Bahia aproximadamente 2,7 mil militares,[8] que se tornaram um dos principais grupos de apoio ao vintismo na capitania, depois província. A participação de Freitas Guimarães, que se tornou muito popular com o movimento, resultou em sua nomeação como governador de armas.[9] O jornal baiano *Idade d'Ouro*, de 13 de fevereiro de 1821,[10] ofereceu um relato do início da ação:

> Às 5 horas da madrugada sahio o Regimento d'Artilheria do Quartel do Forte de S. Pedro, Commandado pelo Tenente Coronel Manoel Pedro, e apoderando-se da Casa dos Fogos, tirou a pólvora necessaria, e marchou com o parque para a Praça do Governo, dixando guarnecido o Trem, e a rua das Mercês. A cavallaria commandada pelo Tenente Coronel Francisco de Paula de Oliveira, postou-se na Praça, e guarneceo as ruas para evitar motins populares.

---

[7] Segundo Tomás Antônio, em parecer ao rei: " (...) o que V.M. tem decidido, de ir o Conde de Vila Flor é muito justo e acertado; e, se o não fizer, expõe-se a perder a Bahia e principiar a revolução no Brasil". In: Varnhagen, 1957, p. 24.

[8] Número publicado no jornal baiano *Idade d'Ouro*, edição nº 18, de 20 de fevereiro de 1821. In: Hemeroteca Digital da Biblioteca Nacional. In: http://memoria.bn.br/DocReader/docreader.aspx?bib=749940&pasta=ano%20182&pesq= (acesso em 11/1/2016). A lista se relacionava com a distribuição de soldos extras para os militares, após o movimento de 10 de fevereiro. O *Idade d'Ouro* foi o primeiro jornal impresso na Bahia. Circulou a partir de 1811 e era dirigido por Manuel Antônio da Silva Serva. Defendeu a manutenção do Reino Unido e contrapôs-se à Independência. Após a derrota de Madeira, o diário fechou, em 24 de junho de 1823.

[9] Segundo Dias Tavares (2008, p. 225), partindo do Forte de São Pedro, os revoltosos ainda se mostraram indecisos nos seus primeiros momentos, até surgir a proclamação do tenente-coronel Freitas Guimarães, deixando clara a adesão ao constitucionalismo vintista.

[10] Edição nº 13. In: Biblioteca Nacional – Hemeroteca Digital.

Houve um breve ensaio de resistência do governador, conde da Palma. Segundo o *Idade d'Ouro*:[11]

> O Excellentissimo Senhor Conde de Palma sahio immediatamente do Palacio, e foi para o Quartel da Legião e do Primeiro Regimento, e marchou com aquella Tropa para o Campo da Piedade, aonde também se postou o Batalhão n° 12.

Ainda segundo o *Idade d'Ouro*, o conde da Palma teria mostrado "a mais decidida indisposição para ver derramar o sangue Nacional", o que facilitou o sucesso do processo.

Essa decisão, no entanto, foi adotada após um confronto. Para reagir ao movimento, o conde da Palma mobilizou o Batalhão 12º, a Legião Lusitana e o 1º Regimento. O *Idade d'Ouro*,[12] partidário das Cortes, relatou que as forças comandadas pelo conde da Palma tendiam ao constitucionalismo, "porém não estavão naquelle gráo de resolução, em que se achava a Artilheria".

Nas movimentações das forças, o coronel Felisberto Gomes Caldeira determinou que o major Hermógenes Francisco de Aguilar Pantoja se movimentasse, o que fez pela rua das Mercês. Segundo o *Idade d'Ouro*,[13] em tentativa de tomar o Trem de Artilharia, as forças legalistas avançaram sobre uma peça comandada pelo capitão Veloso, que respondeu com um tiro. Iniciou-se um confronto no qual morreram o próprio major Hermógenes e 2 soldados, com algo como 30 feridos. Ainda segundo o jornal, "também morrerão alguns pretos que por ali andavão". Em suas *Recordações*, Antônio Pereira Rebouças[14] registra, no entanto, notícias de que teria havido tentativas de negociação, na segunda das quais houve o confronto e a morte do major Hermógenes.

Logo em seguida, as forças pró-governo se recolheram. A situação se mostrava desfavorável ao conde da Palma e, após reunião da oficialidade, decidiu-se pela aclamação da Constituição, a fim de "evitar uma conflagração geral com perda de muitas vidas, como reporta Antônio

---

[11] Idem.
[12] Edição n° 16, de 17 de fevereiro de 1821. Vide também Dias Tavares, ibid., p. 225.
[13] Idem.
[14] REBOUÇAS, Antonio Pereira. *Recordações patrióticas* (1821-1838). Rio de Janeiro, Typ. G. Leuzinger & Filhos, 1879. Biblioteca do Senado – Obras raras. In: http://www2.senado.leg.br/bdsf/item/id/242446 (acesso em 01/10/2014), p. 8.

Rebouças.[15] O governador compareceu à Câmara Municipal, onde, presentes as principais autoridades da cidade, foi realizado auto de aceitação do sistema constitucional "que a metrópole propuzesse".

A proclamação de Freitas Guimarães, logo após a vitória do movimento,[16] mostra a fluidez dos conceitos relativos à identidade naquele momento. Em seu manifesto, o militar afirmava que "A Bahia he nossa Patria". Freitas Guimarães, por outro lado, tinha claro qual era seu adversário: "o Despotismo, e a traição do Rio de Janeiro machinam contra nós: não devemos consentir que o Brazil fique nos ferros da Escravidão!". Essa era a imagem que a capital carioca teria no contexto do vintismo, até a criação do polo do Rio de Janeiro como alternativa às Cortes de Lisboa.

Após a adesão ao vintismo, foi nomeada, imediatamente, uma Junta Governativa, tendo sido aclamado presidente o desembargador Luís Manuel da Moura Cabral. Havia também representantes da agricultura, do clero, das Forças Armadas e profissionais liberais, como o médico Lino Coutinho.[17] Assim como em Portugal, a Junta "jurou obediência a D. João VI", medida comunicada a Lisboa por carta enviada ao rei.[18] Outras vilas baianas, inclusive Cachoeira, aderiram posteriormente ao movimento.[19]

Em proclamação de 11 de fevereiro de 1821,[20] a Junta mostrava consciência dos efeitos da vitória do vintismo na Bahia:

> illustres Officiaes, e valorosos Soldados, não o duvideis, nosso exemplo será imitado e seguido por todas as Provincias do Brazil, as quaes para se decidirem havião os olhos fitos no procedimento desta.

A proclamação também dizia "não consentir que daqui avante a Tropa desta Provincia continue a viver em penúria com os diminutos

---

[15] 1879, p. 9.

[16] Publicado na supracitada edição do *Idade d'Ouro*, de 13 de fevereiro de 1821.

[17] José Honório Rodrigues, 2002, p. 222.

[18] A íntegra do documento pode ser encontrada em AMARAL, Braz do. *Ação da Bahia na Obra da Independência Nacional. Coletânea de Documentos*. Salvador: EDUFBA, 2005, p. 34.

[19] Proclamação de adesão de Cachoeira ao vintismo foi publicada no *Idade* d'Ouro, nº 27, de 2 de março de 1821.

[20] Publicada no *Idade d'Ouro* de 15 de fevereiro de 1821, edição nº 14. In: Biblioteca Nacional – Hemeroteca Digital.

soldos, que ora tem". Prometia, então, que seriam pagos soldos com nova tarifa, a qual foi publicada na imprensa. Foi realizada uma subscrição para o pagamento desses extras, da qual participaram dezenas de cidadãos baianos, cujos nomes e contribuições foram publicados pelo jornal *Idade d'Ouro*.[21]

Alguns dos presos pernambucanos, assim como Felisberto Caldeira, não concordaram com a postura da Junta, tendo o último proposto que "se fizesse logo a independência", no que foi apoiado por alguns militares nascidos no Reino. Caldeira teria, na sequência, desaparecido por alguns meses.[22] Sua atitude parecia, naquele momento, mais reativa ao vintismo do que a algum sentimento "brasileiro" já existente. Felisberto Caldeira foi acusado, pelo jornal pró-Lisboa *Idade d'Ouro*,[23] de suspirar "pela revolução; mas queria figurar nella como primeiro Agente, o que era incompatível com a sua má reputação nesta Cidade".

Uma das primeiras medidas do novo governo foi enviar, em 18 de fevereiro de 1821, comunicado a Lisboa, participando ao "governo supremo de Portugal" expressões da "mais sincera adesão" e de juramento à Constituição.[24] Encaminhou também ofício ao governador de Pernambuco, Luís do Rêgo, no dia 21 de fevereiro, exaltando suas proezas guerreiras e acrescentando estar certo de que ele, governador, "como brioso português, se achava animado dos mesmos sentimentos que todo Portugal, e contribuiria cooperando pela felicidade da Nação".[25]

A Junta também pediu o envio de tropas portuguesas que pudessem sustentar o novo regime. A solicitação estava pronta já no ofício de 18 de fevereiro de 1821, mas, segundo Varnhagen,[26] teria havido uma vacilação da Junta entre fevereiro e abril daquele ano. Após as notícias dos acontecimentos no Rio de Janeiro, em 21 de abril de 1821 (vide capítulo II), os constitucionalistas baianos reforçaram o pedido. Temia-se, desde o início, a reação do Rio de Janeiro, naquele momento o principal adversário do constitucionalismo. Apesar do juramento

---

[21] Vide edições de nº 16 a 26, de fevereiro de 1821.
[22] Dias Tavares, 2008, p. 227.
[23] Edição nº 17, de 19 de fevereiro de 1823. In: Biblioteca Nacional – Hemeroteca Digital.
[24] Varnhagen, 1957, p. 264.
[25] Ibid.
[26] 1957, p. 264.

a D. João VI, as desconfianças eram significativas contra o centro do Império.

Um dos resultados práticos da adesão baiana foi a ruptura política e financeira da Bahia com o Rio de Janeiro.[27] Uma ruptura mantida por vários meses, com a província distante do regente D. Pedro, até pelo menos o fim do primeiro semestre de 1822, apesar de movimentações de alguns atores, como Felisberto Caldeira, no sentido contrário.

O pedido do envio das tropas foi atendido por Lisboa, que, em 26 de maio de 1821, anunciou a partida da Legião Constitucional Lusitana, composta por dois batalhões de infantaria e uma companhia de artilharia, compreendendo 1.184 homens.[28] O transporte dessa tropa foi pago pelos comerciantes da Bahia, tendo a Legião Constitucional aportado em Salvador em agosto de 1821.[29]

Os impactos da chegada da nova tropa portuguesa a Salvador, em conjunto com a proximidade da Junta (apesar de composta por brasileiros) com Lisboa, foi chave para o conflito que se seguiu. Os soldados que chegavam tinham relação mais estreita com a Revolução do Porto e pouca ou nenhuma familiaridade com os habitantes da Bahia.[30] Não haviam passado tempo anterior no Brasil, como ocorrera com a Divisão Auxiliadora, no Rio de Janeiro, com os Voluntários Reais, estacionados na Cisplatina ou com o próprio Batalhão nº 12, estacionado em Salvador e comandado pelo então tenente-coronel Luiz Inácio Madeira de Mello. Essa distância das novas tropas influenciaria tanto a postura dos outros militares de origem europeia que ali estavam, quanto o relacionamento com as tropas "brasileiras" e com as elites locais.

Como apontado no capítulo anterior, havia na tropa ressentimentos com o favorecimento de oficiais de origem europeia, que D. João VI tentou mitigar, em 1821, com a promoção da isonomia de soldos. Ainda assim, ao longo de 1821-1822, enquanto grupos civis se distanciavam de Lisboa pelas razões que serão observadas abaixo, os soldados de origem americana – a maior parte composta de mulatos e pardos[31]

---

[27] Souza Filho, 2008, p. 103. Vide também Varnhagen, 1957, p. 264.
[28] José Honório Rodrigues, 2002, p. 223.
[29] Hendrik Kraay, 2006, p. 313.
[30] Dias Tavares, 1977, p. 18.
[31] "A desconsideração dos militares portugueses á gente de cor nos corpos constituídos de brasileiros era questão velha, desde tempos coloniais". PELEGRINO, Humberto. "História Militar da Independência (Circunstâncias e contradições)". In:

–"observavam consternados o fato de os seus pares europeus terem alcançado as melhores promoções em reconhecimento ao apoio decisivo que a tropa prestou ao sucesso da Revolução Constitucionalista".[32] Portugueses de origem americana ou europeia, cabe frisar, participaram igualmente do movimento liberal que aderiu à Revolução do Porto. O próprio sentido do serviço militar, segundo Henrik Kraay,[33] mudou: antes uma obrigação que advinha da própria "captura" de recrutas, tornava-se então um serviço patriótico, que atraiu voluntários em número importante,[34] cujos fins eram cada vez mais políticos. No mesmo período em que as Cortes iniciavam a adoção de medidas para reconcentrar a direção do Império português em Lisboa (as quais também gradativamente alienavam diversos setores da sociedade instalada no Reino do Brasil), cresceu o número de voluntários para o serviço militar na Bahia.

O ano de 1821 foi, ainda assim, bastante conturbado, com o agravante da presença crescente das tropas vindas da Europa.[35] Logo no início do processo revolucionário, Lisboa ordenara que Sergipe fosse incorporada à província da Bahia. O governador sergipano resistiu à ordem e teve sua prisão decretada. Um destacamento de 200 soldados foi enviado pela Junta baiana, logrando a adesão sergipana. Os soldados retornaram a Salvador em maio de 1821. A medida suscitou "grande indignação do Rio de Janeiro".[36]

Também nos meses posteriores à adesão baiana às Cortes, diferenças entre visões liberais presentes em Salvador começaram a surgir. Em maio de 1821 apareceram boatos, vindos de Lisboa, de que seriam adotadas medidas que poderiam afetar a liberdade comercial da capitania.[37] Esse ponto mobilizava grande parte das elites agrárias da província, gerando uma contraposição com o "partido da Praia", grupo

---

Revista do Instituto de Geografia e História Militar do Brasil, nº 326, janeiro–março, 1980. In: http://www.ihgb.org.br/rihgb.php?s=20www.ihgb.gov.br, (acesso em 19/03/2013), p. 287.
[32] Souza Filho, 2008, p. 108.
[33] 2006, p. 313.
[34] Essa onda de voluntários é confirmada nas primeiras edições do *Idade d'Ouro*, citadas nas páginas anteriores.
[35] Guerra Filho, 2004, p. 20.
[36] José Honório Rodrigues, 2002, p. 224.
[37] ARAÚJO, Ubiratan Castro de. "A guerra da Bahia". In: *2 de julho: A Bahia na Independência nacional*. Salvador: Fundação Pedro Calmon – Governo do Estado da Bahia, 2010. In: http://www.bv2dejulho.ba.gov.br/portal/ (acesso em 29/09/2014).

também importante, composto principalmente por comerciantes portugueses instalados em Salvador e que se sentiam prejudicados pela liberalização do comércio, a partir de 1808.

Economicamente se moldava uma incompatibilidade entre o interior baiano, com a cidade de Cachoeira como o principal ponto de convergência da produção agrícola, e o comércio de Salvador. Esse elemento se observou, por exemplo, ainda em 1821, no início do vintismo, quando a Junta Provisória estabeleceu, em 16 de fevereiro, uma "Comissão de Agricultura para as Vilas de S. Francisco e S. Amaro",[38] destinada a resolver o problema do abastecimento "mui incerto e escasso" de farinha de mandioca, principal gênero alimentício na província. A Junta apontava o "desleixo que alguns Senhores de Engenho hão tido de a mandar plantar em suas terras". Composta por civis e vários militares, à Comissão foi atribuída a tarefa de assinar "a cada Lavrador huma tarefa proporcionada ás forças e terrenos de cada hum". Era uma interferência direta sobre os produtores do Recôncavo.

Mas não era apenas o comércio ou as diferenças entre militares que sustentavam as disputas. Na verdade, várias questões se faziam presentes ao mesmo tempo. De uma perspectiva mais ampla, era a própria relação entre os modelos de como seriam o novo Estado e a relação de Lisboa com o Reino do Brasil que se colocavam. Hendrik Kraay[39] aponta que com a notícia da Revolução do Porto, em outubro de 1820, "surgiu uma dialética entre patriotas de classe baixa, mais radicais e exaltados, e os mais moderados da classe média e alta". Se as movimentações contra a Corte absolutista, em 1821, haviam causado tensão política importante, os desdobramentos da agitação influenciavam toda a sociedade baiana, cujos interesses e aspirações aos poucos foram se definindo de acordo com as ideias e opções em jogo.

Ao longo de 1821 e do início de 1822, as diferentes visões foram se afunilando não em partidos propriamente ditos, mas em tendências.[40] Francisco Sierra y Mariscal,[41] que presenciou o movimento constitucio-

---

[38] O ato de criação foi publicado no *Idade d'Ouro*, edição nº 21, de 23 de fevereiro de 1821. In: Biblioteca Nacional – Hemeroteca Digital.
[39] 2006, p. 312.
[40] "Não há partidos políticos definidos em programas e organizações". In: Luiz Henrique Dias Tavares, 1977, p. 19.
[41] In: CARVALHO, José Murilo de; BASTOS, Lúcia & BASILE, Marcello (orgs). *Às armas, cidadãos! – Panfletos manuscritos da Independência do Brasil (1820-1823)*, 2012, p. 13.

nal na Bahia e circulou pela cidade de Salvador, sublinhou a existência de três grupos principais: um "partido europeu", que defendia a estreita união com Portugal e seria o principal apoiador, no período subsequente, de Madeira; um "partido aristocrata", "de alguns senhores de engenho, alguns empregados públicos e de mui poucos eclesiásticos", que queriam um "governo independente de Portugal, com uma Constituição e duas Câmaras"; e, um "partido democrata", composto por grande parte do clero e empregados públicos, além da maioria dos senhores de engenho ("porque é o partido das revoluções e com elas se veem livres dos seus credores"), que almejava "governos provinciais independentes".

A mesma avaliação dos "três partidos" foi apresentada pelo próprio general Madeira:[42] havia, segundo ele, os "naturaes de Portugal", aos quais se vinculavam "alguns dos naturaes do Paiz" em partido "puramente constitucional". O segundo era o dos "poderosos", com posses e empregos de representação, "ligados aos togados do Rio de Janeiro, que querem a Constituição, em que como Lords figurem independentes do Governo de Portugal, e por isso trabalhão para a separação". Um terceiro partido, dos que "pelas suas posses, ou empregos, não hombrêão com aquelles (do segundo partido), querem uma independência republicana, em que figurem só os naturaes do Paiz".

Observa-se, nessas estimativas, que um partido de "independência" efetiva era apenas o terceiro, minoritário. O segundo partido, que agrupava especialmente as elites do interior da província, aproximava-se daquelas visões de setores, por exemplo, do Rio de Janeiro, que haviam proposto o Fico de D. Pedro e propugnavam pela "Independência parcial", ou seja, a autonomia (e a manutenção dos ganhos da presença da Corte no Rio de Janeiro, por treze anos) do Reino.[43] Essa proximidade, naquele primeiro momento, ainda não era suficiente para aproximar o segundo partido do regente instalado no Rio de Janeiro.

Apesar das desavenças e das divisões desde a origem do vintismo, os baianos lograram manter a Junta Governativa em funcionamento

---

[42] Ofício de 26 de fevereiro de 1822. In: "Offícios e Documentos dirigidos às cortes pelo Governador de Armas da Provincia da Bahia, em data de 7, e 17 de Março deste anno". In: *Cartas e mais Peças Officiaes dirigidas a Sua Magestade o Senhor D. João VI pelo Principe Real, o Senhor D. Pedro de Alcântara*, p. 199.

[43] Em anotação de 4 de novembro de 1821, Maria Graham também sublinha que a concentração de poderes em Lisboa era problemática para muitos brasileiros. In: *Diary of a Voyage to Brazil*, 1824, p. 150.

ao longo de 1821. Antônio Pereira Rebouças[44] diz que a Junta foi por algum tempo "aceita com geral satisfação" e não "deixára de corresponder ao enthusiasmo que em principio se lhe manifestara". Foram realizadas, em 3 de setembro de 1821, as eleições para os representantes da Bahia às Cortes. Foram eleitos 8 deputados, dentre os quais Lino Coutinho e Cipriano Barata.

Essa boa disposição com a Junta Governativa teria permanecido, sustenta Rebouças, se "não fosse a dependência em que se pusera para com os partidários da Revolução Portugueza". Essa acusação da submissão da Junta é recorrente do lado brasileiro. Varnhagen avalia que a Junta era "composta por homens de bem e com boas intenções, mas quis tomar sobre si demasiadas responsabilidades, as quais foram aumentando o número de seus inimigos".[45] No mesmo sentido, reporta Maria Graham[46] sentimento crítico à Junta, especialmente em razão de atos considerados "arbitrários". Os opositores falavam "abertamente em independência". Essa agitação, segundo Graham, "sempre excita a indignação popular", tornando o clima político tenso. A crítica da dependência da Junta com relação a Lisboa deve ser observada com cautela, pois acaba por eclipsar a trama que se passava no momento, relacionada muito mais com as disputas pelos espaços de poder entre os grupos locais do que entre partidários de Lisboa ou do Rio de Janeiro.

Foi no plano militar que ficaram mais evidentes as desavenças entre os projetos de cada um dos grupos políticos que circulavam por Salvador entre 1821 e 1822. Como já mencionado, todo o debate político era agravado pela presença das tropas portuguesas, pouco relacionadas com a sociedade local e em crescente rivalidade com os soldados de origem brasileira.

Duas movimentações importantes ocorreram no segundo semestre de 1821 e trouxeram à tona o conflito político que se gestava na província. A primeira se relacionou exatamente com o envio de novas tropas portuguesas para reforçar as guarnições da Bahia. Em junho de 1821, no mesmo período em que foi impedido o desembarque em Salvador do conde dos Arcos (ministro da Regência de D. Pedro que havia sido obrigado a partir do Rio de Janeiro após pronunciamento militar),

---

[44] 1879, p. 16.
[45] 1957, p. 265.
[46] Em anotação de 3 de novembro de 1821. 1824, p. 149.

as tropas de origem local se movimentaram com a notícia da partida de Portugal da Legião Constitucional. Aconteceram, nesse momento, os primeiros enfrentamentos entre locais e europeus, avaliando o cônsul francês que, não fosse a firmeza do comandante do 12º Batalhão (que era Luiz Inácio Madeira de Mello), "composto por 400 portugueses, uma nova revolução teria eclodido, o governo teria sido parcialmente renovado e a República proclamada pelos brasileiros".[47]

Esse era o sinal do descontentamento crescente de alguns setores, mantendo-se na tropa de origem local o intento de fazer mudanças, "mas lhe faltavam os recursos necessários para tornar tal anseio em efetiva realidade". Ao longo do período, "Salvador continuava a vivenciar toda sorte de insultos, desatinos e hostilidades".[48]

Uma nova tentativa de ação de alguns militares ocorreu em 3 de novembro de 1821 e mostrou o incremento das disputas. Mais uma vez a organização e os meios dos revoltosos eram limitados, até mesmo pelo fato de ainda faltar o apoio decisivo da maior parte das elites da província, mesmo aquelas insatisfeitas com a atuação da Junta. O barão de Mareschal,[49] ao relatar que também na Bahia as determinações das Cortes eram cada vez mais mal recebidas, aponta que o movimento foi levado a cabo por milícias e resistido pelas tropas portuguesas. Segundo o diplomata austríaco, a opinião dos intitulados "brasileiros" estaria de tal forma pronunciada, que os chefes dos corpos militares não mais esconderiam suas críticas à Junta.

O pronunciamento de 3 de novembro envolveu Felisberto Caldeira e outros oficiais de origem americana. Antônio Rebouças criticou o movimento, sustentando que os mais "prudentes" preferiam esperar que o descrédito da Junta aumentasse, predispondo a opinião pública a favor dos "brasileiros". Outros, segundo o advogado, "os que mais do que pelos sentimentos brasileiros, eram movidos por causas pessoaes de animadversão a alguns dos membros da Junta, propugnavam ás

---

[47] Apud Ubiratan Castro de Araújo, 2010, p. 15.
[48] SIQUARA SILVA, Marcelo Renato. *Independência ou morte em Salvador: O cotidiano da capital da Bahia no contexto do processo de independência brasileiro (1821-1823)*. Dissertação apresentada ao Programa de pós-graduação em história social do Departamento de História da Universidade Federal da Bahia. Salvador, 2012. In: http://www.ppgh. ufba.br/wp-content/uploads/2013/09/Independ%C3%AAncia-ou-morte-em-Salvador.pdf (acesso em 25/09/2014), p. 42.
[49] Ofício de 22/11/1821. In: Figueira Mello, 1914, p. 240.

cegas que fosse a mesma junta derribada tumultuariamente e á viva força militar".[50] Rebouças envolveu-se no caso e participou de reuniões em quartéis e outros locais. O *Idade d'Ouro*, jornal pró-Cortes, atribuiu o movimento a pessoas "nutridas das migalhas do antigo Despotismo".[51]

Maria Graham conta que na manhã de 3 de novembro chegou a notícia de que as tropas estavam se aquartelando.[52] Antes do meio-dia, os militares revoltosos, junto com civis que os apoiavam, ocuparam o prédio da Câmara, cujas portas estavam abertas por ser dia de sessão[53] e se dirigiram ao Palácio do Governo para exigir a dissolução da Junta Governativa.[54]

Era esperada, na operação, a atuação da Legião de Caçadores, "o mais numeroso e decidido corpo militar de guarnição da praça".[55] Esta, no entanto, permaneceu aquartelada, influenciando o desenrolar do movimento. A reação portuguesa foi rápida, com a mobilização das tropas, especialmente do Batalhão nº 12, comandado por Madeira. Muitas escaramuças ocorreram naquele dia, com registros de mortes dos dois lados.[56]

Em pouco, o Palácio do Governo foi cercado e os revoltosos presos.[57] Segundo o *Idade d'Ouro*, ao comandante da Legião Lusitana, tenente-coronel Victorino, teria sido solicitado proteger os capturados para "evitar o povo que gritava por morte". O coronel lhes teria respondido, com ironia: "como temem V.SS. o povo de quem são tão zelosos procuradores, e se não virão aqui senão para promover o seu bem?".[58]

Os presos foram posteriormente enviados a Lisboa e lograram serem liberados e enviados de volta ao Brasil, a partir de abril de 1822.[59]

---

[50] 1879, p. 17.
[51] Edição nº 115, de 6 de novembro de 1821. In: Biblioteca Nacional – Hemeroteca Digital.
[52] 1824, p. 150.
[53] Segundo relato do *Idade d'Ouro*, de 6 de novembro de 1821.
[54] Luiz Henrique Dias Tavares, 2008, p. 232.
[55] Rebouças, 1879, p. 18.
[56] Maria Graham sustenta que teriam sido 3 os mortos. In: *Diary of a Voyage to Brazil*, 1824, p. 150. Dias Tavares (2008, p. 233), por outro lado, menciona "vários soldados brasileiros".
[57] Rebouças, 1879, p. 22.
[58] Na edição já citada de 6 de novembro de 1821.
[59] Oliveira Lima, 1997, p. 274.

Muitos serviriam de ponte nos contatos com o Rio de Janeiro e a aproximação com D. Pedro.

O episódio de 3 de novembro de 1821 deve ser olhado com cautela. Havia insatisfação com as Cortes e com a Junta. Isso não significava propriamente o símbolo de uma causa "brasileira" preexistente e expressão de uma nacionalidade já consolidada. Como apontou Rebouças, alguns dos revoltosos se moviam por causas inclusive pessoais, contra alguns dos membros da Junta. O *Idade d'Ouro*, vintista, acusava os revoltosos de favorecerem o Rio de Janeiro, mas não aquele de D. Pedro, que ainda não existia (antes de 9 de janeiro de 1822); apoiariam, nessa interpretação, a ordem anterior das coisas, o Rio de Janeiro de D. João VI: "se havia uma conspiração no sentido do reconhecimento da autoridade do Príncipe D. Pedro, na sua condição de regente do Brasil – conspiração da qual é episódio o 3 de novembro de 1821 – não ia além disso".[60] Ou seja, existia essa conspiração, mas ainda não avançava para um apoio à separação do Brasil de Portugal como ocorreu em 7 de setembro de 1822. Mesmo no Rio de Janeiro, essa ideia estava muito distante.

Foi um terceiro e muito mais grave episódio militar que efetivamente deu início à ruptura entre grupos baianos. Um tema aparentemente burocrático – uma questão de precedência entre oficiais superiores, como sublinha Oliveira Lima[61] – serviu para que as disputas políticas se transformassem em um conflito aberto. Em 15 de fevereiro de 1822, chegou ao porto de Salvador o navio *Leopoldina*, trazendo correio com carta régia que promovia Madeira a brigadeiro e o nomeava governador de armas. Freitas Guimarães, o popular líder da revolta que levou à adesão baiana a Revolução do Porto seria, assim, substituído.

A medida trazia em sua essência um problema político grave. Correspondia às medidas das Cortes de ampliação de seu controle sobre as províncias do Brasil, em detrimento da regência presente no Rio de Janeiro, ou mesmo da autonomia regional buscada pelas províncias. Os governadores de armas, pelos decretos de setembro de 1821, passavam a responder diretamente a Lisboa.

A notícia agravava o quadro já inflamado pelos decretos das Cortes de setembro de 1821, que no Rio de Janeiro levaram ao Fico. Apesar

---

[60] Luiz Henrique Dias Tavares, 1977, p. 27.
[61] 1997, p. 274.

das desconfianças, a Junta baiana determinou a implementação dos decretos e procedeu, conforme determinado, a uma nova eleição. Em 1º de fevereiro de 1822, a nova Junta tomou posse, com Francisco Vicente Viana como presidente. Salvo um representante, todos os demais eram de origem local. A Junta protestou seu apoio ao rei e à Constituição e "reservou suas palavras mais carinhosas para o príncipe real".

A ambiguidade do comportamento da Junta seria colocada à prova poucos dias depois, com a notícia da nomeação do novo governador de armas. Varnhagen[62] culpa Madeira diretamente pelo que se passou a partir de 15 de fevereiro e pela guerra na Bahia, supostamente por "desejo e ambição". Madeira, de sua parte, sustenta que resistiu em cumprimento às instruções de Lisboa,[63] que transmitira ordens de reforço das medidas de manutenção da ordem em pontos do Norte-Nordeste brasileiro.

Em seu ofício às Cortes de 7 de março de 1822, o general afirmou que a notícia de sua nomeação já circulava desde o dia 11 de fevereiro, a partir do qual os "revolucionários" teriam começado a se agitar. Nesse momento, disse, ficou preocupado com a possibilidade de uma "guerra civil".[64] Na versão do general Madeira, foram seus opositores

---

[62] 1957, p. 406.
[63] Em ofício de 7 de julho de 1822, registra o general que "no dia vinte e seis do passado fundeou neste Porto o Bergantim Audaz, cujo Commandante me entregou as Ordens de Vossa Magestade sobre a minha conservação e das Tropas do meu Commando neste ponto até á ultima extremidade; o que eu executarei com o mesmo Patriotismo que até hoje, e empregarei todos os esforços para conservar esta importante parte do Brazil". In: *Officios e Cartas dirigidos ao Governo pelo Governador das Armas da Provincia da Bahia com as datas de 7 e 9 de julho deste anno e que forão presentes às Cortes Geraes Extraordinarias e Constituintes da Nação Portugueza*. Lisboa: Imprensa Nacional, 1822. Disponível eletronicamente em http://books.google.com (acesso em 15/03/2013), p. 5.
[64] "Senhor – Quando por algumas cartas, e folhas, que aqui chegárão, vindas por um navio estrangeiro, no dia 11 de Fevereiro pretérito, se espalho a noticia, que ElRei me tinha despachado para Governador das Armas desta Provincia, exaltárão-se os espíritos inimigos da ordem, e principiárão sem rebuço a convocar partido, a fim de se oporem á execução da minha posse: receei logo as tristes consequências de uma guerra civil; porque eu bem via como o geral dos naturaes do Paiz estava ufano, julgando-se com forças suficientes para fazerem, que a sua vontade fosse lei absoluta". Ofício de 7 de março de 1822. In: "Officios e Documentos dirigidos ás cortes pelo Governador das Armas da Província da Bahia, em data de 7, e 17 de Março deste anno". In: *Cartas e mais Peças Officiaes dirigidas a Sua Magestade o Senhor D. João VI pelo Principe Real, o Senhor D. Pedro de Alcântara*, p. 199.

que iniciaram o conflito, e isso já antes do dia 15 de fevereiro, quando "principou o partido revolucionário a buscar a maneira de a embaraçar, bem persuadido de que elle perderia muito para os seos intentos, uma vez que a força armada deixasse de estar debaixo do seu influxo". O brigadeiro acusou o suposto "partido revolucionário" ou "independente" de estar em ação havia algum tempo, influenciado também pelos atos do Rio de Janeiro e de Pernambuco, que agiam para obrigar as tropas portuguesas a partir.

Para Madeira, o líder de todas essas movimentações revolucionárias era o general Freitas Guimarães. Atribuiu-lhe, então, a culpa pelo imbróglio envolvendo sua nomeação ao governo das armas. Dias Tavares[65] aponta, no entanto, que os documentos da época divergem dessa versão, indicando que Freitas Guimarães teria aparecido em público apenas no dia 18 de fevereiro, não estando presente nos primeiros momentos do problema. Alguns o acusaram de estar doente ou mesmo "insano". José Bonifácio estimou que teria se portado "como um miserável sem juízo e sem coragem". Seja qual tenha sido a causa, é duvidoso que Manoel Pedro Freitas Guimarães estivesse na liderança da tropa brasileira entre 15 e 18 de fevereiro de 1822.

Consciente dos obstáculos a sua posse, Madeira tentou agir rápido.[66] Para alcançar o posto para o qual fora designado, deveria enfrentar o fato de que Freitas Guimarães era oficial popular, um dos líderes da revolução liberal de adesão às Cortes e, além disso, de origem no Reino do Brasil. Madeira se movimentou para obter o apoio dos demais altos oficiais portugueses,[67] o que obteve no dia 16 de fevereiro. Aproveitou-se, especialmente, do fato de que alguns comandantes das tropas portuguesas mantinham "notória insatisfação" em relação a Manoel Pedro.[68]

Na versão da Câmara de Salvador,[69] em documento de 16 de março de 1822, foi essa articulação militar de Madeira e a apresentação de sua carta régia ao Senado da Câmara, para que fosse registrada e aceita,

---

[65] 1977, p. 30.
[66] Versão dos acontecimentos pode ser encontrada em "Narração dos acontecimentos da Bahia dos dias 16 e 24 de Fevereiro de 1822, extrahido do Semanario Civico Extraordinário de '28". In: Carvalho et al., 2014, vol. 4, p. 464.
[67] Dias Tavares, 1977, p. 29.
[68] Marcelo Siquara, 2012, p. 57.
[69] Representação da Câmara da Bahia, transcrita em Dias Tavares, 1977, p. 164.

que deslancharam o movimento de resistência. Nessa visão, também sustentada por Antônio Rebouças,[70] os opositores de Madeira teriam sido pegos de surpresa pela medida, não havendo preparações anteriores para resistir à nomeação. A agitação em que se encontrava Salvador, naquele início de 1822, torna as duas versões possíveis ou mesmo não contraditórias.

Os conflitos políticos na Bahia cresciam e tomavam forma de disputas abertas, ainda que a oposição a Madeira não levasse, necessariamente, a um apoio "natural" a D. Pedro. Havia partidários de todas as tendências, mas naquele fevereiro de 1822, o problema principal estava no processo de reforço do unitarismo das Cortes, que aos poucos foram aproximando as tendências contrárias.

Pegos de surpresa (como sugerem os brasileiros) ou não (como defende Madeira) pela chegada do correio de 15 de fevereiro, grupos militares e civis reagiram à medida e se colocaram em oposição à nomeação de Madeira. Esses oficiais[71] mobilizaram-se principalmente no Forte de São Pedro e nos quartéis de Palma e Mouraria. Circulavam também pelas ruas, colhendo assinaturas contra o reconhecimento da carta régia que nomeava Madeira.[72]

O principal argumento para a resistência voltava-se à legalidade da nomeação. Os opositores diziam que a carta régia não estava em conformidade com as leis portuguesas,[73] faltando sua passagem pela "chancelaria" e os selos necessários. A deficiência é atribuída por Madeira a mero estratagema de seus opositores. O general tentou, no dia 16 de fevereiro, agilizar o reconhecimento de sua autoridade pelo Senado da Câmara, mas a ausência de vereadores atrasou uma decisão.[74]

Mesmo quando o Parlamento local conseguiu se reunir, houve hesitação. Pressionada pelos dois lados, a Câmara tinha dificuldades para

---

[70] 1879, p. 27.
[71] Segundo Dias Tavares, os capitães Joaquim Jozé Rodrigues e Joaquim Satyro da Cunha, o 1º tenente Jozé Pedro de Alcântara, o tenente Jozé Joaquim Leite, o alferes Pedro Jacome, o cadete João Primo, o major miliciano Jozé Antônio da Silva Castro, o cirurgião do 2º regimento Sabino Vieira, o bacharel em direito Francisco Gomes Brandão, o padre Lourenço da Silva Magalhães (vigário de São Pedro) e o escrivão do Senado da Câmara Francisco de Paula de Athayde, 1977, p, 31.
[72] Ibid., p. 32.
[73] Vide Rebouças (1879, p. 27), e a Carta da Junta Governativa da Bahia, de 8 de março de 1822 (In: Dias Tavares, 1977, p. 150).
[74] Dias Tavares, 1977, p. 32.

tomar uma decisão. Crescia, ademais, a discussão sobre a legalidade da nomeação. A Junta Governativa chegou a entrevistar-se com Freitas Guimarães, em 17 de fevereiro, quando este afirmou que entregaria o poder assim que Madeira se achasse com seus documentos em ordem e já empossado pelas autoridades governamentais.[75] A mesma posição foi apresentada à Junta Provisória, que, em relato às Cortes sobre os acontecimentos daquele fevereiro de 1822,[76] se dizia "comprimida entre os vaivéns de partidos violentamente declarados". A Junta tinha recebido notícia de que Freitas Guimarães estaria disposto a ceder "logo que o seo sucessor apresentasse o seo competente título e fosse legalmente empoçado".

Com as movimentações militares ampliando-se e o perigo de um conflito iminente, a solução foi a arbitragem, realizada em 18 de fevereiro, no Palácio de Governo. Madeira reclamou "amargamente das intrigas que se armavão contra ele".[77] O general também teria sugerido que "nenhum perigo de effusão de sangue" existia no caso de sua nomeação, e colocou restrições às opções apresentadas no encontro. Mas havia, segundo a própria Junta, dúvidas sobre as consequências dessa medida. Entre as posições extremadas, optou-se por uma solução na qual Madeira seria reconhecido governador de armas, mas ficaria ligado a uma Junta Militar, presidida por ele e composta por 7 membros, dentre os quais estaria Freitas Guimarães. A medida foi aprovada por todos e aceita por Madeira, "que a tudo cedia, a bem da salvação da Província". Foi lavrada ata na madrugada de 19 de fevereiro.

Enquanto a articulação política se movia para a intermediação no Palácio de Governo, a situação no campo beirava a explosão. Já desde 16 de fevereiro estava claro o quadro que opunha as tropas a favor ou contra Madeira:

> Estão pela posse de Madeira de Melo a Legião Constitucional Luzitana, aquartelada nas fortalezas do Barbalho e de Santo Antônio Além do Carmo; (o 12º Batalhão fora deslocado para a Piedade) e a Cavalaria, aquartelada em São Bento. Estão igualmente com Madeira de Mello os marujos portugueses dos navios surtos no porto.

---

[75] Carta da Junta Governativa da Bahia, de 8 de março de 1822.
[76] Documento transcrito em Dias Tavares, 1977, p. 152.
[77] "Ata Lavrada no Palácio de Governo Constituindo uma Junta Militar". In: Dias Tavares, 1977, p. 145.

Estão pela manutenção de Freitas Guimarães os oficiais e soldados do regimento de Artilharia, aquartelados no forte de São Pedro, do 1º e do 2º de infantaria, aquartelados na Palma e na Mouraria.[78]

Também apoiavam Madeira comerciantes, caixeiros e navios mercantes. Muitos navios desembarcaram sua tripulação para reforçar as tropas pró-Madeira, as quais também contaram, segundo o general,[79] com "muitos indivíduos dos Regimentos de Milícias", que "se portárão com muito zelo". Ou seja, não apenas as tropas de 1ª linha, mas parte da milícia e de outros corpos ficou com Madeira. Esses elementos circulavam nas ruas de Salvador já em 17 de fevereiro, e "passaram a afrontar com expressões grosseiras e sarcásticas todos aqueles que fossem identificados como partidários do brigadeiro Manuel Pedro".[80]

O Forte de São Pedro tornou-se o principal ponto dos opositores de Madeira, para onde se dirigiram muitos civis e, no dia 18, o próprio general Freitas Guimarães. Antônio Rebouças[81] relata ter passado na unidade militar, em 18 de fevereiro, que estava em "uma quase absoluta inacção, não vendo pelo estado em que se achavam os parques de artilharia, que houvesse a menor disposição, mesmo para defesa no caso de ser necessário repellir qualquer aggressão hostil". Dias Tavares,[82] no entanto, coloca em dúvida essa versão, e aponta para a presença de mais de 500 civis no forte, muitos dos quais estariam armados. Ainda assim, as medidas dos partidários de Freitas Guimarães, segundo seus apoiadores, eram defensivas.

Ainda em 17 de fevereiro houve outras movimentações. O Trem da Artilharia (a logística de armas e munições), com dois canhões, se posicionou junto com os opositores de Madeira, instalando-se no Quartel dos Aflitos. Madeira acusou essas movimentações de serem preparativos para ataques ao 12º Batalhão ou à cavalaria portuguesa. Em seu ofício de 7 de março, indicava que na noite do 17 de fevereiro, "os Corpos desta Cidade destacarão dos seus Quarteis piquetes com sentine-

---

[78] Humberto Pelegrino, 1980, p. 292.
[79] Ordem do dia de 25 de fevereiro de 1822. In: "Officios e Documentos dirigidos ás cortes pelo Governador das Armas da Província da Bahia, em data de 7, e 17 de Março deste anno". In: *Cartas e mais Peças Officiaes dirigidas a Sua Magestade o Senhor D. João VI pelo Principe Real, o Senhor D. Pedro de Alcântara*, p. 199.
[80] Marcelo Renato Siquara Silva, 2012, p. 57.
[81] 1879, p. 28.
[82] 1977, p. 34.

las avançadas".[83] Ainda segundo Madeira, forças "brasileiras" saíram do Forte de São Pedro e do quartel da Legião de Caçadores e se postaram nas imediações do 12º Batalhão, impedindo, inclusive a passagem de oficiais desta unidade.

A Representação da Câmara de Salvador, no entanto, sugere que foram os aderentes a Madeira os primeiros a se mobilizar:

> a noite do dia 16 para o dia 17 não só dormirão abarcados, mas com armas e municiados os corpos que obedecião a este ultimo Brigadeiro (Madeira), principiando os outros a fazer o mesmo no dia 17 para o dia 18. Isto bastou para encher a cidade de mui justificado terror, os pais de família começarão desde logo a abandonar as moradas, procurando uns a solidão dos campos, outros as vilas e Reconcavo e a cidade ficou quase despovoada.[84]

A reunião no Palácio de Governo, para dar início às negociações, se desenrolava, portanto, em perigoso quadro militar (um "arraial de campanha"[85]), que dividia os militares presentes em Salvador. Todos os lados se movimentavam em pontos da cidade para fortalecer suas defesas.

Não foram necessárias mais de duas horas após o acerto no Palácio de Governo, para que o confronto estourasse e se tornasse incontrolável. Segundo os relatos dos partidários de Freitas Guimarães, na noite do dia 18 de fevereiro, soldados do 12º, aparentando agressividade, foram vistos próximos ao quartel onde estava o Trem, tendo as sentinelas da defesa disparado para o alto.[86] Os soldados do 12º marchavam para a rua do Rosário de João Pereira, onde residia Freitas Guimarães. A confusão teria precipitado ordens para que se mobilizassem para o combate.

Pouco depois, na manhã de 19 de fevereiro, o tenente-coronel Francisco Jozé Pereira, que comandava as forças do 12º, avançou sobre o Quartel dos Aflitos, onde estava o Trem da Artilharia.[87] Ao atacar o

---

[83] In: *Cartas e mais Peças Officiaes dirigidas a Sua Magestade o Senhor D. João VI pelo Principe Real, o Senhor D. Pedro de Alcântara*, p. 208
[84] Representação da Câmara de Salvador, de 16 de março de 1822. In: Dias Tavares, 1977, p. 165.
[85] Dias Tavares, 1977, p. 36.
[86] Dias Tavares, 1977, p. 35.
[87] A ação também é revelada em "Narração dos acontecimentos da Bahia dos dias 16 e 24 de Fevereiro de 1822, extrahido do Semanario Civico Extraordinário de '28". In: Carvalho et al., 2014, vol. 4, p. 468.

quartel da Legião de Caçadores, segundo Madeira, o capitão Pereira foi ferido pelo "fogo mui vivo sobre ele". Segundo Madeira,[88] os Caçadores tentaram matar um segundo emissário, o tenente Silva, razão pela qual o tenente-coronel do 12º ordenou o ataque, ação que teria sido "executada com muito valor", tendo sido feridos, dentre outros, os capitães Caldas e Aragão. As tropas do Trem resistiram, mas terminaram se rendendo.

Ao mesmo tempo, iniciaram-se ataques contra os quartéis da Palma e da Mouraria. Ocorreram combates em todas as proximidades dessas unidades. Foram intensos nas proximidades da rua da Palma, onde se aquartelava o 1º Regimento, pró-Freitas Guimarães. As forças portuguesas lograram avançar, cercando os revoltosos em seu quartel, que foi em seguida atacado. Uma parte das tropas que ocupavam a base fugiu para o Forte de São Pedro, oferecendo resistência também no Campo da Pólvora. Outra parte foi capturada.

Paralelamente, as tropas portuguesas agiram sobre o quartel da Mouraria, marchando pela rua João Pereira e enfrentando os adversários com a baioneta. Capturaram duas peças de artilharia postadas próximo à igreja do Rosário e o convento das Mercês.[89] O ataque continuou sobre o quartel, conduzido por parte da Legião Constitucional. Os comandantes da unidade, capitão Vieira e o tenente-coronel Balthazar da Silva, ordenaram aos soldados que permanecessem imóveis, mas, ante a situação que se apresentava, o alferes Pedro Jacome e o tenente Jozé Joaquim Leite realizaram disparos contra a Legião, numa tentativa de resistência.[90] Não tendo muito sucesso, os aquartelados saíram pelas janelas do quartel, e se dirigiram para as roças do Tororó e para o Forte de São Pedro.

Foi no contexto dos combates próximos à Mouraria que houve a invasão do convento da Lapa. Alguns soldados foram impedidos na entrada da clausura pela sóror Joana Angélica, abadessa do convento, cujo regulamento impedia o contato das freiras concepcionistas com homens. Ao forçar a entrada, os soldados atingiram Joana Angélica e o capelão, padre Daniel da Silva Lisboa.

---

[88] 1822, p. 211. Ordem do dia de 25 de fevereiro de 1822.
[89] Conforme o relato de Madeira (1822, p. 211), na ordem do dia de 25 de março de 1822.
[90] Dias Tavares, 1977, p. 43.

Há diferentes versões sobre a hora em que ocorreu essa invasão, se no início ou no final da manhã de 19 de fevereiro.[91] Independentemente do momento exato do combate, Joana Angélica morreu no dia seguinte, 20 de fevereiro, em razão dos ferimentos. Seria transformada em "mártir" no imaginário baiano sobre a Guerra da Independência. Segundo a versão de autores brasileiros, os soldados portugueses encontravam-se muito embriagados, e "davam-se a excessos: casas particulares atacadas, insultos a brasileiros e seus familiares".[92] Madeira é mais comedido, mas ainda assim, reconheceu que houve excessos contra particulares e contra o convento da Lapa, "de que se seguirão alguns desastres".[93] É interessante registrar que, em nota à sua obra,[94] José Honório Rodrigues menciona que a tropa pró-Madeira, que invadiu o convento, seria composta, em sua maior parte, por soldados de origem "brasileira".

Observando-se o movimento sobre os quartéis da Palma e da Mouraria e sobre o Forte de São Pedro, é de se perguntar se houve coordenação militar prévia, do lado de Madeira, para os ataques. O general sustenta ter se mobilizado apenas após ter recebido a notícia dos confrontos próximos ao Quartel dos Aflitos, supostamente iniciados pelos partidários de Freitas Guimarães. Dias Tavares,[95] no entanto, aponta a convergência dos batalhões portugueses, "de São Bento à praça da Piedade, de São Bento à praça do Palácio, do Barbalho e de Santo Antônio Além do Carmo ao Campo da Pólvora, à Palma e à Mouraria", dando indícios de plano militar bem planejado e executado. É difícil supor que Madeira, oficial experimentado das guerras peninsulares, não tivesse diferentes planos de ação, mapeando os pontos dos revoltosos e com a definição de táticas para a operação.

Após as vitórias sobre os quartéis da Palma e da Mouraria, a ofensiva voltou-se ao Forte de São Pedro. A operação iniciou-se paralelamente às demais e também foi rápida. Já na manhã do dia 19 de fevei-

---

[91] Há diferentes testemunhos, como aponta Dias Tavares, 1977, p. 43.
[92] Humberto Pelegrino, 1980, p. 288.
[93] "No furor dos ataques se não podem evitar alguns acontecimentos: não há ouvidos para a moderação (...)". Ordem do dia de 25 de fevereiro de 1822. In: "Offícios e Documentos dirigidos ás cortes pelo Governador das Armas da Província da Bahia, em data de 7 e 17 de Março deste anno". In: *Cartas e mais Peças Officiaes dirigidas a Sua Magestade o Senhor D. João VI pelo Principe Real, o Senhor D. Pedro de Alcântara*, p. 199.
[94] 2002, p. 232.
[95] 1977, p. 39.

ro, a unidade estava cercada. Segundo Madeira,[96] depois de conduzir os feridos dos combates no centro de Salvador, "não tive mais a recear dentro da Cidade, reuni as forças na Piedade, e mandei de tarde intimar ao Forte". O general preparou, também, o bombardeio e ataque ao Forte, procurando reforçar o cerco.

Dentro do forte, a situação não era favorável, "um ambiente de confusão, sobre o qual se destacavam milicianos e civis armados".[97] Com limitações logísticas e de homens, os líderes do movimento passaram a discutir o que fazer. No processo, Freitas Guimarães, que estava no forte, solicitou aos emisários de Madeira mais tempo, medida que permitiu (mesmo que não tivesse sido essa a intenção) a organização da retirada. Alguns oficiais ainda defenderam a resistência, ao passo que outros voltavam-se para a fuga, opção que foi ganhando vulto. Ainda no dia 19 de fevereiro, alguns elementos pularam a muralha e "tomaram a estrada para o Rio Vermelho, de onde prosseguiram para Itapuã".[98]

A retirada ampliou-se no dia 20 de fevereiro, sendo percebida pelas tropas lusitanas. Madeira conta que, ao perceber o movimento,

> vi que a minha moderação, e a suspensão de hostilidade, que eu tinha praticado durante a manhã, e na tarde, e noite antecedente, não era bastante para obrigar a guarnição a obrar como eu lhe intimei; e mandei ao segundo Batalhão da Legião Constitucional Lusitana, que marchasse pela estrada das Brotas em direção ao sitio do Bom Gosto, para evitar que continuasse a fugir a guarnição, e para evitar, que alguma grande porção dela podesse manobrar sobre as nossas posições.[99]

Madeira ordenou, na tarde do dia 20 de fevereiro, que se apertasse o cerco e que se avançasse sobre os revoltosos. Nessa ação, soldados que ainda estavam no forte tentaram auxiliar os companheiros que se retiravam e realizaram fuzilaria sobre os lusitanos, matando um soldado e ferindo outro.

A ação portuguesa, ao final, foi pouco efetiva, pois grande parte dos revoltosos conseguiu fugir. Na noite de 20 de fevereiro, chegou a Madeira comunicação da rendição do forte, que foi ocupado no dia

---

[96] Na mesma ordem do dia de 25 de fevereiro de 1822, p. 211.
[97] Dias Tavares, 1977, p. 46.
[98] Dias Tavares, 1977, p. 49.
[99] Conforme a já citada ordem do dia de 25 de fevereiro de 1822, p. 213.

seguinte. Restavam apenas alguns soldados e oficiais, além de Freitas Guimarães. Todos foram presos e, um mês depois, Freitas Guimarães foi enviado para Lisboa. Madeira tinha, finalmente, o controle militar da cidade.

Estima-se que foram mais de 100 os mortos naqueles acontecimentos. Segundo informação de Varnhagen, teriam sido em torno de 60 do lado das tropas opositoras, e aproximadamente 40, do lado dos partidários de Madeira.[100] O relato, publicado no *Semanário Cívico*,[101] menciona 7 mortos e 14 feridos na Legião Lusitana e 3 mortos e 9 feridos pelo Batalhão 12. Tomando-se a estimativa de 100 mortos, teríamos o equivalente, apenas para se ter uma dimensão, ao número de mortos dos combates no dia da queda da Bastilha, na França, em 14 de julho de 1789.[102] José Honório Rodrigues eleva essa conta para 200 mortos e feridos, além de todos os prejuízos materiais em casas e outros edifícios.[103] A fuga dos corpos militares "brasileiros" foi desordenada, com a exceção de um destacamento, que partiu para o norte, em direção ao Açu da Torre, área controlada pela família Pires de Carvalho e Albuquerque.[104]

Mais do que o número exato de mortos ou da retirada subsequente, a confrontação decorrente da nomeação de Madeira foi ponto de ruptura entre os grupos que lutavam pelo poder provincial na Bahia. Marcou o início do conflito num dos pontos mais estratégicos do Reino do Brasil, causando a divisão entre grupos e impulsionando o gradual afunilamento das opções entre Lisboa e Rio de Janeiro.

Não foi, por outro lado, um ponto de ruptura a partir do qual a separação entre "brasileiros" e "portugueses" estava clara e definida. O que se passava na Bahia se passava também em todo o Reino, concomitantemente, o que tornava a situação ainda mais incerta. A separação ainda seguiria um caminho mais lento, confuso e incerto, como mostra o próprio fato de que a Junta Governativa baiana, pró-Lisboa,

---

[100] Varnhagen, 1957, p. 268.
[101] "Narração dos acontecimentos da Bahia dos dias 16 e 24 de Fevereiro de 1822, extrahido do Semanario Civico Extraordinário de '28". In: In: Carvalho et al., 2014, vol. 4, p. 473.
[102] Conforme a versão oficial, da Presidência da República da França. In: http://www.elysee.fr/la-presidence/la-fete-nationale-du-14-juillet/.
[103] 2002, p. 235.
[104] Ubiratan Castro de Araújo, 2010, p. 18.

continuava a ser composta por nascidos no Brasil. Eram interesses, políticos e econômicos, e mesmo diferenças culturais e sociais que serviam de ingredientes para o clima de conflito, separando partes de uma mesma sociedade em tendências políticas. A confrontação entre tropas tampouco constituiu uma exclusividade da Bahia. Ocorrera em Pernambuco, em período quase concomitante no Rio de Janeiro, com a mesma seriedade, e ocorreria depois em províncias como a Cisplatina, o Piauí e outras.

Os confrontos em Salvador de fevereiro de 1822 não constituem, desse modo, o momento da opção de parte das elites baianas pelo Rio de Janeiro, mas o início do movimento de aproximação de parte delas com D. Pedro. Foram motivados por uma disputa local, entre grupos da província que reagiam de formas distintas às medidas das Cortes. Os desentendimentos no seio do liberalismo baiano opunham, em alguns casos, tendências "brasileiras" (ou seja, de cores locais, autonomistas) e "portuguesas" (mais ligadas a Lisboa), sem que isso significasse um movimento natural de apoio ao Rio de Janeiro. Não havia partidos definidos e não havia,[105] principalmente, a imagem da "causa brasileira", que ainda se gestava nesse mesmo período. Naquele mesmo momento, D. Pedro apenas oficializara sua opção de "ficar" no mês anterior, em janeiro de 1822, e ainda se via às voltas com a ameaça das tropas portuguesas na própria capital do Reino.

Os grupos que se reuniram em Cachoeira, a partir de fevereiro de 1822, passaram a ter com o Rio de Janeiro um inimigo comum, as Cortes e Madeira, o que facilitava a negociação com D. Pedro. As desconfianças sobre o Rio de Janeiro e a postura de D. Pedro, especialmente as suspeitas sobre seu "absolutismo", estavam ainda presentes no seio dos grupos na Bahia, elemento que não pode ser esquecido. Aos poucos, a aliança foi construída, até que, num período de quatro-cinco meses, as movimentações se afunilaram na necessidade de optar entre o Rio de Janeiro ou Lisboa, dando início à Guerra de Independência. Um conflito que não se limitou às elites, mas mobilizou todo o conjunto da população baiana e de outros pontos do Norte-Nordeste.

---

[105] Como frisou Dias Tavares (1977, p. 19): "não há partidos políticos definidos em programas e organizações".

DA INDECISÃO À ADESÃO

O período de consolidação do "polo do Rio de Janeiro", que culminou na convocação da Assembleia Constituinte do Rio de Janeiro, em 3 de junho de 1822, correspondeu também à fase de definição dos lados no conflito na Bahia.[106] As movimentações políticas de todos os lados foram múltiplas. Os grupos que se concentraram em Cachoeira ainda estavam indecisos, observando o que se passava em Salvador, ao passo que o Rio de Janeiro dialogava com os dois lados. Paralelamente, surgiam declarações de D. Pedro demandando a partida das tropas portuguesas.

Em Salvador, após os embates de 19-21 de fevereiro de 1822, o clima continuou tenso e houve dificuldades para se retornar à normalidade. Em ofício de 1º de março,[107] a Junta dizia que a cidade estava "em perfeito socego", sendo desnecessários reforços da unidade militar da Torre, distrito próximo. Ao mesmo tempo, a Junta ordenava a essas unidades que "pelos meios mais brandos" fossem os revoltosos "persuadidos" a se recolherem aos quartéis e domicílios; após essa ação, poderiam ser adotadas "as mais enérgicas providencias para evitar alguma desordem" no distrito. Poucos dias depois, a Junta reportou, em 13 de março de 1822, uma "aparente tranquilidade", que suscitava ansiedade e sobressaltos na própria Junta e na população.[108]

---

[106] 1977, p. 19.
[107] Publicado no *Idade d'Ouro*, nº 21, de 12 de março de 1822. In: Biblioteca Nacional – Hemeroteca Digital.
[108] In: *"Offícios e Documentos Dirigidos ao Governo, para serem presentes ás Cortes Geraes, e Constituintes da Nação Portugueza"*. Ofícios de 8 e 13 de março, p. 42.

Madeira esforçou-se, de sua parte, em recuperar a segurança e a tranquilidade na cidade. O conflito político estava aberto e se traduzia em explosões localizadas, causadas pelos dois lados, mas geralmente com violência maior por parte dos partidários das Cortes. O recurso às pedras ou a assassinatos tornou-se comum.[109] Em procissão da irmandade de São José, um grupo de meninos atirou pedras no cortejo, composto em sua maior parte por militares, comerciantes e caixeiros.[110] Os primeiros consideraram o caso uma ofensa, estimando que os meninos teriam sido pagos por seus adversários. Reagiram, então, com brutalidade. O caso foi, inclusive, informado às Cortes.

Para diversas famílias, essa situação tornou-se, ao fim, insuportável. Muitos habitantes (que podiam) optaram por deixar a cidade, abandonando suas casas para "irem vagar pelos campos".[111] Iam, em sua grande maioria, para as vilas do Recôncavo, apesar dos apelos do governador de armas, da Junta Governativa e da Câmara Municipal para que os habitantes voltassem às suas casas, acusando algumas famílias de fingirem a fuga, para incentivar outros a seguirem o exemplo, quando na verdade iam se juntar aos revoltosos (associados aos "corcundas", ou seja, absolutistas).[112]

Seguiam o mesmo caminho dos militares que haviam se retirado, em fevereiro. Madeira havia tentado, inclusive, perseguir esses elementos, enviando expedições de cavalaria para os arredores da cidade de Salvador. Ocorreram vários pequenos combates, "com perdas significativas, sem qualquer sucesso real em razão da extrema mobilidade desses grupos armados".[113]

O confronto foi se espraiando pelo interior, inclusive pelo fato de que unidades militares e parte das sociedades também do Recôncavo ainda se mostravam favoráveis às Cortes. Madeira manteve contato com comandantes militares do interior da Bahia. Em 21 de abril, no entanto, o general fora informado da carência de tropas em Cachoeira para manter a lealdade às Cortes.[114] A ação violenta desses elementos

---

[109] Siquara, 2012, p. 64.
[110] Ubiratan Castro de Araújo, 2010, p. 19.
[111] Siquara, 2012, p. 61. Vide também Calmon, 1923, p. 197.
[112] Conforme proclamação de 23 de março de 1822, publicada no *Idade d'Ouro*, nº 27, de 2 de abril de 1822. In: Biblioteca Nacional – Hemeroteca Digital.
[113] Ubiratan Castro de Araújo, 2010, p. 19.
[114] Ubiratan Castro de Araújo, 2010, p. 38.

pró-Cortes no interior da Bahia tinha efeitos colaterais, reforçando a oposição a Salvador, inclusive da população em geral, e ampliava a possibilidade de um entendimento dos grupos presentes no Recôncavo com o Rio de Janeiro.[115]

Cioso da potencial fraqueza da causa das Cortes, Madeira despachou, após os ocorridos de fevereiro, solicitações de novas tropas a Lisboa. Era necessário o reforço dos batalhões, inclusive 50 artilheiros e 24 praças artífices engenheiros, como relatou em 17 de março de 1822.[116] Enquanto não chegavam essas forças, caixeiros e outros grupos da cidade ofereceram homens e recursos, mostrando que parte dos habitantes da cidade estavam ao lado das Cortes.[117] Esses mesmos atores, inclusive, financiariam boa parte do esforço de guerra.

Foi nessa circunstância que o governador de armas da Bahia expôs em documento sua visão sobre a posição estratégica da província e da cidade de Salvador. A Bahia, e particularmente sua capital, na concepção do general, era a ponta de lança portuguesa para todo o Nordeste:[118]

> (...) cumpre-me informar a vossa Magestade que a Cidade da Bahia, pela sua situação geographica, pelo seo commercio, população e outras particularidades, é um daqueles portos do Brasil que muito convem conservar para assegurar a estabilidade do Reino. (...) A importância do seo recôncavo torna ainda mais interessante a cidade e a Provincia; porém de conservação dele está dependendo a cidade.

Com instruções para conservar-se em Salvador, Madeira tinha também a possibilidade de contemplar a ofensiva contra o Recôncavo. As Cortes, como se viu, reagiram positivamente às solicitações do governador de armas da Bahia e passaram a enviar, na medida das possibilidades, soldados, equipamentos e elementos da Marinha.

Madeira procurou, inicialmente, transformar seu poder de fato em poder legítimo. Uma anistia foi proposta para os soldados e oficiais de patente inferior, assim como oferecidos "pão e etapa para os solda-

---

[115] Antônio Pereira Rebouças, 1879, p. 38.
[116] Documento transcrito in Dias Tavares, 1977, p. 142.
[117] Siquara, 2012, p. 65.
[118] Apud Dias Tavares, 1977, p. 141.

dos do esquadrão de Cavalaria.[119] Procurava, também, colher apoios, na forma de manifestos de lealdade às Cortes. Quanto aos "facciosos", estimava que apenas a força os venceria.[120] O general teve menos sucesso, como visto, em segurar as grandes famílias em Salvador, muitas das quais ainda indecisas politicamente, mas decididas a recolher-se para o interior.

Madeira precisava, principalmente, reforçar a legalidade de seu poder, para o que era necessário à realização de seu juramento perante a Câmara Municipal. O governador de armas oficiou o órgão em 27 de fevereiro, mas as dúvidas sobre a legalidade de sua carta régia continuavam.

No dia 2 de março, no entanto, o Legislativo de Salvador acabou cedendo, oferecendo a ratificação da carta e permitindo o juramento. Os parlamentares baianos, no entanto, enviaram a Lisboa documento de tom crítico, que concluía com a avaliação de que a retirada das tropas europeias "é de absoluta necessidade para conseguirmos tranquilidade e prosperidade".[121] Também a Junta Governativa, acusada de "fazer o jogo dos portugueses", deu sinais de atritos com o governador de armas em seu relato sobre os acontecimentos de fevereiro de 1822, ao refererir-se que a "funesta experiência" do 19-20 de fevereiro de 1822, "depõe contra a inteira experiência do poder militar nestas remotas Províncias".[122]

Os desentendimentos entre as autoridades civis e militares em Salvador continuam naquele primeiro semestre de 1822, sem que isso redundasse em apoio ao Rio de Janeiro. A Junta Governativa continuava leal a Lisboa, mas registrava seu descontentamento com algumas medidas, principalmente aquelas vindas de Madeira. Disputas entre o poder civil e o militar ocorreram também em outras províncias do Norte, como se verá no próximo capítulo. A Junta baiana não desobedeceu às ordens de Lisboa, apesar de ventilar, em maio-junho de 1822, ideias não contra as Cortes, mas simpáticas a D. Pedro, especialmente após a aclamação deste como Defensor Perpétuo do Reino do Brasil.

Mais um episódio de fricção ocorreu quando parte das tropas da Divisão Auxiliadora, expulsa por D. Pedro, chegou a Salvador. Elas ha-

---

[119] Dias Tavares, 1977, p. 55.
[120] Conforme o já citado ofício de 17 de março de 1822.
[121] Transcrito em Dias Tavares, 1977, p. 173.
[122] Carta da Junta Governativa da Bahia. In: Dias Tavares, 1977, p. 161.

viam partido do Rio de Janeiro em fevereiro e chegaram à costa baiana em 18 de março de 1822, lideradas pelo brigadeiro Carretti (vide capítulo IV). Como se recorda, à altura de Abrolhos, Carretti encontrara-se com a esquadra do general Maximiliano, que se dirigia ao Rio de Janeiro para substituir a Divisão Auxiliadora. Depois desse encontro, Carretti desviou sua rota, no navio *São José Americano*, e foi para a capital baiana.[123] O clima em Salvador era delicado, pois três dias antes ocorrera o mencionado episódio do apedrejamento durante a procissão de São José.[124]

A primeira comunicação de Carretti foi dirigida à Junta Governativa, que evitou adotar decisão e transferiu-a para o governador de armas. Este replicou à Junta, em tom forte, desestimando as preocupações legais do órgão e apontando para a necessidade de reforço.[125] Pressionada, a Junta autorizou, em 26 de março de 1822, o desembarque de 166 soldados. A medida provocou novas movimentações nas ruas de Salvador, agudizando o conflito e reforçando a decisão de muitas famílias de deixarem a cidade.

Poucas semanas depois, não foi no plano da segurança, mas na esfera política que ocorreu o momento político-chave do processo de construção da aliança de grupos políticos baianos com o Rio de Janeiro: no início de maio, chegou das Cortes de Lisboa uma consulta sobre a manutenção de uma ou mais representações do Executivo no Reino do Brasil. A questão trazia em si o elemento central da disputa política que perpassava todo o Reino, pois abria espaço a que cada província mostrasse sua visão da organização política do Império português, ao passo que, no Rio de Janeiro, D. Pedro reclamava a concentração do poder na regência.

Indiretamente, a consulta das Cortes chamava a atenção para a causa que a capital carioca esposava e permitia aos baianos refletir sobre suas opções. A primeira medida da Junta Governativa da Bahia, em 8 daquele mês, foi a de transmitir a consulta às diferentes Câmaras Municipais. Ou seja, lançava-se a todos os pontos da província questionamento político que abria o debate sobre como efetivamente se posicionar com relação ao Rio de Janeiro.

---

[123] Humberto Pelegrino, 1980, p. 289.
[124] Dias Tavares, 1977, p. 62.
[125] Dias Tavares, 1977, p. 62.

Foram convocadas reuniões em várias vilas do interior. Pouco tempo depois, chegou a notícia da aclamação de D. Pedro como "Defensor Perpétuo". Em mais alguns dias, foi recebida, paralelamente, a convocação da Constituinte brasileira. Eram medidas que poderiam mobilizar os simpáticos ao Rio de Janeiro ou orientar os opositores das Cortes em direção à capital carioca, como de fato ocorreu por toda a província.[126]

Na imprensa, o *Constitucional*, dirigido por Montezuma, apoiava essa opção pelo Rio de Janeiro,[127] mas era atacado por diários de tendência contrária. O *Constitucional* funcionaria até agosto de 1822, quando foi destruído, já no contexto da guerra aberta. Até então, o periódico logrou funcionar, mesmo com o processo de reforço da autoridade das Cortes via governador de armas, o que de certa forma mostra uma continuidade, naquele momento, da fluidez das opiniões e opções. Posteriormente, não havia mais espaço para dissenso.

Enquanto as Cortes consultavam as províncias, o Rio de Janeiro havia lançado proclamações aos mesmos destinatários, pedindo apoio a D. Pedro. Essas medidas começavam a chegar à Bahia e ganharam maior força em junho, quando chegaram cartas de D. Pedro à Junta e a Madeira, determinando a este que partisse com a tropa portuguesa. Esse ponto das ordens do regente coincidia com o desejo daquele grupo que havia se retirado ao Recôncavo. As movimentações já estavam agitadas quando chegaram esses documentos.

Houve rumores em Salvador, no início de junho, de que o Senado da Câmara poderia pronunciar-se a favor de D. Pedro. Em primeiro daquele mês, a Câmara havia determinado "cumprir e registrar" portaria de Bonifácio para empregar os meios necessários para a aclamação de D. Pedro.[128] Pouco depois, passou-se a registrar uma presença ostensiva de tropas de Madeira no entorno do Parlamento. Uma reunião, convocada para 12 de junho, trataria da questão, mas não pôde ser realizada.

Madeira, de sua parte, reconheceu que havia uma tendência à adesão de D. Pedro, ainda que ela não fosse unânime e não se colocasse, ainda, como contrária às Cortes. O conflito estava apenas começando e a ruptura não se consumara. Ao informar as Cortes da adesão de

---

[126] Vide Agemiro Ribeiro de Souza Filho, 2012, p. 36, e Dias Tavares, 1977, p. 81.
[127] Vide Varnhagen, 1957, p. 270, e Dias Tavares, 1977, p. 76.
[128] Agemiro Ribeiro de Souza Filho, 2012, p. 37.

Pernambuco a D. Pedro, em 1º de junho, o general afirmou[129] que "o mesmo se teria feito em toda esta Província se aqui não estivera a Tropa de Portugal". Madeira reiterou, nesse contexto, que sua tropa "he em pequeno numero, e não póde acudir a qualquer parte sem comprometer a segurança da Cidade, que he o que mais interessa conservar". Ou seja, Madeira revelava muito em poucas frases: a situação política se mostrava desfavorável, mas havia meios de garantir a situação de Salvador, objetivo principal até a chegada de reforços.

Registre-se, nesse particular, a importância do porto de Salvador para as exportações que vinham do interior da província. Se os grupos de Cachoeira tinham como limitar o acesso de produtos alimentícios da província a Salvador, Madeira teria como restringir o comércio para fora da Bahia, do qual toda a província dependia. Mas faltavam, como aponta o general, tropas para a ofensiva sobre os "facciosos". Elas chegariam em poucas semanas.

A agitação em Salvador foi, desse modo, controlada. Ainda assim, ao longo de todo o período de junho-agosto de 1822, houve expressões na cidade de favorecimento da causa do Rio de Janeiro. Em 18 de julho, o tenente-coronel Joaquim Pires de Carvalho e Albuquerque publicou proclamação em favor do Rio de Janeiro. Madeira oficiou a Junta para que preparasse uma resposta.[130]

O general não se limitou, no entanto, às reações políticas e durante esse período deu início às preparações militares para a guerra, como se verá na próxima sessão. Enquanto o governador de armas adotava suas providências, o clima em Salvador fazia com que mais habitantes deixassem a cidade.

No interior, as opções começavam a ser feitas. Em 14 de junho, dois dias depois de a Câmara de Salvador não ter logrado reunir-se, a Câmara de Santo Amaro respondeu à consulta das Cortes, defendendo a existência de apenas um centro do Poder Executivo no Brasil (lembrando que esse centro continuaria subordinado às Cortes), e que este fosse exercido por D. Pedro. Não se tratava de uma reação a Madeira, apenas a resposta ao ofício sobre a consulta das Cortes. Ainda assim, o posi-

---

[129] Ofício de 7 de julho de 1822. In: *Offícios e Cartas dirigidos ao Governo pelo Governador das Armas da Provincia da Bahia com as datas de 7 e 9 de julho deste anno e que forão presentes ás Cortes Geraes Extraordinarias e Constituintes da Nação Portugueza*, p. 4.
[130] Varnhagen, 1957, p. 271.

cionamento era claro e chegou a provocar, no dia 17 de junho, reação dos soldados portugueses da cidade, sem maiores consequências.[131] O episódio era, principalmente, o sinal para as demais vilas se posicionarem, o que ocorreria em menos de duas semanas.

Em Cachoeira e em outras vilas do Recôncavo Baiano, os fugitivos de fevereiro de 1822 e outros atores procuraram posicionar-se. Ou seja, a consulta das Cortes impulsionou a decisão, influenciada, principalmente, pela incapacidade do governador de armas e da própria Junta em dialogar com as lideranças rebeldes. Essa atitude reforçou ainda mais o distanciamento destas com as Cortes e facilitou a aproximação com D. Pedro, que se fundamentava em um inimigo (Madeira) comum.

O movimento em direção à proclamação das vilas do Recôncavo contou, desde o início, com contatos com o Rio de Janeiro, essenciais para construir uma aliança que não era simples nem automática. As desconfianças de muitos grupos políticos e econômicos do Norte e do Nordeste ainda eram grandes com relação ao Rio de Janeiro, mas também cresciam, paralelamente, com relação a Lisboa. Para alguns, a opção seria algo alternativo, a República, ou algum arranjo de descentralização de poder. Esse partido era forte, como se viu, em Pernambuco.

Parte dessas aspirações autonomistas foram sendo aos poucos contempladas ou pelo menos prometidas pelo Rio de Janeiro, principalmente com a convocação da Constituinte, facilitando a aproximação. A exacerbação das diferenças entre os diversos expoentes do constitucionalismo baiano fez, assim, com que "membros das classes senhoriais na Bahia renovassem as suas expectativas objetivando não apenas a consecução dos princípios constitucionais, como também a conquista do poder dirigente",[132] por meio da aproximação com D. Pedro. Não havia identidade nacional, mas, sim, conveniência política.

Desde o início, o grupo em torno de D. Pedro tinha a consciência da importância da Bahia para seus projetos. Herdaram essa concepção dos conselheiros de D. João VI, que acompanharam o início do processo de espraiamento da Revolução do Porto no Brasil (vide capítulo II).

---

[131] Dias Tavares, 1977, p. 83.
[132] SOUZA FILHO, Agemiro Ribeiro. "Entre a Bahia e o Rio de Janeiro: articulações políticas e o reordenamento do poder no tempo da Independência (1821-1823)". In: *Revista Binacional Brasil-Argentina*, vol. 1, n° 2, p. 33 a 53. Vitória da Conquista, dezembro de 2012. In: http://periodicos.uesb.br/index.php/rbba/article/view/1962 (acesso em 30/09/2014), p. 35.

A convocação do Conselho de Procuradores e outras medidas de reforço da autoridade do príncipe circulavam desde o Fico, encontraram algumas simpatias na Bahia, mas também a resistência dos partidos pró-Lisboa, que, como visto, pressionavam e influenciavam a Junta Governativa e a Câmara.

As notícias dos acontecimentos de fevereiro de 1822 chegaram a D. Pedro no início de março. As informações chegavam aos poucos, no momento em que o regente se aprontava para partir para sua viagem a Minas Gerais. O caso da Bahia teve de esperar a volta do regente ao Rio de Janeiro, mas a partir desse momento, se tornou um dos tópicos centrais da política do regente e passou a simbolizar a ação das Cortes no Brasil.[133]

A primeira manifestação pública sobre a Bahia foi uma missa no Rio de Janeiro, em 21 de maio de 1822, em homenagem aos mortos em 19-20 de fevereiro. Os baianos presentes nas Cortes organizaram duplo movimento político em torno do Rio de Janeiro, primeiro enviando uma comissão ao Paço, para reconhecimento do regente. Também se movimentaram por uma demonstração pública de apoio, que ocorreu na missa na igreja de São Francisco de Paula, à qual compareceram o príncipe e D. Leopoldina.[134] Articulações, envio de cartas, proclamações e outros documentos, públicos ou secretos, continuaram pelo período. Os contatos seriam reforçados, posteriormente, com a chegada à capital carioca dos prisioneiros do movimento baiano de 3 de novembro de 1821, que haviam sido libertados em Lisboa. Muitos deles, inicialmente constitucionais, voltavam ao Brasil com forte sentimento contrário às Cortes, e seriam peça importante na consolidação dos laços com D. Pedro.[135]

É de se supor que, já a partir dessas primeiras articulações, e tendo presentes os acontecimentos de fevereiro de 1822, em Salvador, o Rio de Janeiro tenha decidido iniciar os preparativos para o envio de missão militar. Registros da situação na Bahia e a necessidade de reagir aparecem já nas primeiras sessões do Conselho de Procuradores. Na sessão de

---

[133] BITTENCOURT, Pedro Calmon Moniz de. "A evolução para a Independência". In: *Revista do Instituto Histórico e Geográfico Brasileiro*. Tomo 94, vol. 148, 1923. In: http://www.ihgb.org.br/rihgb.php?s=20 (acesso em 05/10/2014), p. 198.
[134] Dias Tavares, 1977, p. 73.
[135] Vide Agemiro Ribeiro Souza Filho, 2008, p. 44.

15 de junho de 1822,[136] foi apresentada carta dirigida ao Conselho, pelo brigadeiro Domingos Alves Branco, solicitando "socorros" à Bahia. A decisão foi a de que D. Pedro enviasse carta régia ao general Madeira, para que deixasse o cargo e partisse para Portugal com suas tropas. Outra carta régia seguiria para a Junta de Governo, para, em caso de desobediência de Madeira, "retirar para o interior todo o Povo".

Na mesma sessão, foi entregue a Gonçalves Ledo a tarefa de redigir manifesto aos povos do Brasil. A José Bonifácio coube escrever outro, para as nações estrangeiras. Ambos foram publicados tempos depois, como visto no capítulo II, no início de agosto de 1822. Três dias depois, em 18 de junho, nova sessão aprovou o envio de forças e munições para apoio às forças que resistiam ao general Madeira. Também foi instruído ao ministro da Guerra elaborar plano de operações. Foram essas medidas que impulsionaram, em 14 de julho, a partida da esquadra com Labatut, forças e insumos. O plano dizia respeito apenas à retirada das tropas de origem europeia, como ocorrera no Rio de Janeiro. Não havia, ainda, medida para apoiar a ideia de Independência total.

Apesar dos contatos permanentes da regência com o Recôncavo, para obter sua adesão, e a preparação militar, D. Pedro fez também sinalizações a Madeira, na esperança de convencê-lo a aderir ou a partir. O caso mais interessante ocorreu já no contexto da exacerbação do conflito, em julho de 1822, com a visita de Vasconcelos de Drummond a Salvador.[137] Drummond era próximo a José Bonifácio e chegou a Salvador após passagem em Pernambuco. Já era de seu conhecimento, nesse momento, o objetivo central de Bonifácio de "apertar a Bahia" entre o Rio de Janeiro e Pernambuco.[138]

O contato com Madeira, porém, não foi intencional. Ao aportar na capital baiana, no início de julho de 1822, Drummond foi apreendido por soldados portugueses, acusado de "agente" do inimigo, e levado a Madeira. O enviado de Bonifácio, no entanto, era conhecido do governador de armas, por experiência comum anterior, em Santa Catarina.[139] Por essa razão, permaneceu, em sua estada em Salvador, na própria residência de Madeira, com quem circulou e pôde colher

---

[136] *Atas do Conselho de Procuradores-Gerais das Províncias do Brasil (1822-1823)*, p. 48.
[137] O relato da missão encontra-se em Vasconcelos de Drummond, 2012, p. 88.
[138] 2012, p. 70.
[139] 2012, p. 88.

quantidade importante de inteligência sobre as capacidades militares dos portugueses.

Drummond afirmou que a Junta de Governo da Bahia era composta por "bons brasileiros que só tinham como já disse o defeito da fraqueza". Apontou que ela tinha pouca liberdade de ação, apenas repetindo as decisões de Madeira. O interlocutor tentou convencê-la a posicionar-se contra Lisboa, ou ao menos emigrar para o Recôncavo, onde já ocorrera a adesão das vilas a D. Pedro. "Esta proposta transpassou de medo os membros da Junta", diz Vanconcelos Drummond, segundo o qual, apenas o padre José Cardoso concordou com a ideia.[140]

O emissário chegou a publicar artigo nesse sentido no *Constitucional*, o que, segundo registrou, teria acelerado a partida do novo diretor do *Diário*, Corte Real (Montezuma já havia deixado Salvador), para o Recôncavo, e a de Drummond para o Rio de Janeiro. Ainda no campo brasileiro, Vasconcelos de Drummond registrou ter mantido constante correspondência com o Recôncavo, recebendo "importantes informações, que deviam ser levadas confidencialmente ao conhecimento de José Bonifácio e das quais muito dependia o bom êxito da causa":[141]

> às 8 horas (de 15 de agosto de 1822) eu já estava com ele (José Bonifácio), entreguei os papéis, e eram tais e tão minuciosos que nada faltava para que se pudesse conhecer por eles o verdadeiro estado da Bahia. Do Recôncavo, as informações e os ofícios secretos e confidenciais do benemérito desembargador Gondim. Da cidade da Bahia, os mapas e o estado completo da força armada de mar e terra e dos hospitais. A força de cada navio, seu armamento, artilharia, munições de boca e de guerra, etc. Enfim, o estado moral e as desavenças que reinavam entre os adversários.

Presente na casa de Madeira, ainda que sem instruções específicas, Vasconcelos de Drummond tentou negociar com o general. Iniciou as sondagens com a esposa de Madeira, dona Joana, que, segundo ele, "temia pela sorte de seu marido". Foi-lhe oferecido, em troca da entrega da cidade e o envio da tropa de volta a Portugal, um posto de

---

[140] 2012, p. 92.
[141] 2012, p. 93. Vide também, p. 101.

tenente-general e uma soma "avultada para poder contentar a todos, e aos oficiais que ficassem com ele em um posto de acesso".[142] A reação de d. Joana à proposta, segundo o autor, teria sido favorável. Mas foi rejeitada por Madeira.

Vasconcelos de Drummond tentou mais uma gestão, diretamente com o general,[143] que novamente a rejeitou, mesmo sabendo da situação que deveria enfrentar:

> Agradeceu-me pela confiança que tinha nele, pois que era necessário que fosse ilimitada para lhe fazer semelhante proposta. Que não se iludia, que conhecia perfeitamente a posição em que se achava, que era a de uma vítima; que a contenda era entre o pai e o filho, que todavia não queriam essa contenda, e que ele, Madeira, como instrumento forçado, qualquer que fosse o resultado, havia de forçosamente sucumbir; que era militar, estava no seu posto e nele aguardava o seu fim desastroso, mas que jamais fugiria da sua sorte à custa de sua honra.

O autor mencionou que um segundo emissário foi posteriormente enviado por Bonifácio para falar com Madeira, com a mesma proposta de promoção e recursos financeiros.[144] Mais uma vez a proposta foi recusada. Vasconcelos de Drummond sugere que Madeira tinha uma rivalidade com o coronel Pereira, que havia, no início de 1821, sublevado o 12º Batalhão a favor das Cortes, enquanto Madeira permanecera, inicialmente, a favor do governador, conde da Palma. Essa rivalidade se traduzia em conspirações para depor o governador de armas, o que não ocorreu pelo número de "pretendentes" ao posto, que não se entenderam. Nessa conjuntura, avaliava Vasconcelos de Drummond que Madeira tinha pouca margem de negociação.[145]

A falta de ressonância da voz do Rio de Janeiro em Salvador contrastou com a adesão do Recôncavo. Com a consulta das Cortes, já havia, em primeiro lugar, a proclamação de Santo Amaro em favor de D. Pedro, de 14 de junho. Poucos dias depois, em 21 de junho, ocorreu próximo a Cachoeira uma reunião secreta entre proprietários, lavradores e militares, para discutir a proclamação de D. Pedro como "Defensor

---

[142] 2012, p. 95.
[143] 2012, p. 96.
[144] 2012, p. 97.
[145] 2012, p. 98.

Perpétuo".[146] Neste encontro, a data para a aclamação do regente havia sido escolhida para 27 de junho, conforme informação do próprio Conselho Interino de Governo da Bahia, em relato redigido por Miguel Calmon du Pin e Almeida, em 18 de junho de 1823.[147] Foram também adotadas providências para a avaliação das forças disponíveis e de seus equipamentos, arrecadação de pólvora e de chumbo. Segundo o Conselho Interino, somente "em presença d'estes dados", seria adotada "uma resolução definitiva acerca do Rompimento".

O relatório menciona que uma "grosseira mentira", na qual acreditaram dois partidários, que a transmitiram por um terceiro, precipitou a proclamação. Segundo Pedro Calmon,[148] foi uma carta de Montezuma, proprietário do *Constitucional* de Salvador, que impulsionou o movimento em Cachoeira. A comunicação chegou à cidade em 24 de junho e aconselhava que se acelerasse a proclamação de D. Pedro, antes que os "portugueses" de Salvador o tentassem. Dias Tavares[149] estima ser essa versão improvável, pois os portugueses da capital baiana não eram favoráveis à medida. Para o autor, "é todavia possível que essa versão tenha aparecido para ocultar motivos outros ainda desconhecidos". Antônio Rebouças,[150] em opinião próxima ao relato do Conselho Interino, testemunhou ter dado pouco crédito à informação constante na carta. Estimou, de todo modo, que ela servira de importante estímulo para a decisão.

Também em 24 de junho, estava concentrada no sítio de Belém, próximo a Cachoeira, tropa comandada pelos grandes proprietários e coronéis José Garcia Pacheco de Moura Pimentel e Aragão, e Rodrigo Antônio Falcão Brandão.[151] No dia seguinte, esses dois oficiais enviaram documento à Câmara de Cachoeira pedindo uma reunião urgente.[152] Os coronéis mobilizaram aproximadamente 100 homens, que se insta-

---

[146] In: Dias Tavares, 2008, p. 236.
[147] CALMON DU PIN E ALMEIRA, Miguel. "Relatório dos Trabalhos do Conselho Interino de Governo da Provincia da Bahia em Prol da Regência e do Imperio de Sua Magestade Imperial o Senhor D. Pedro I e da Independência Politica do Brazil". Bahia, Typographia Nacional, 1823. In: Biblioteca Nacional – Hermeroteca Digital Brasileira. In: http://memoria.bn.br/DocReader/docreader.aspx?bib=130605&pasta=ano%20182&pesq= (acesso em 19/10/2014).
[148] 1923, p. 215.
[149] 1977, p. 85.
[150] 1879, p. 40.
[151] Dias Tavares, 2008, p. 236.
[152] Ibid.

laram na praça Municipal. A eles se juntaram outros elementos civis e militares.

Às nove horas da manhã do dia 25 de junho, após missa na igreja de Nossa Senhora do Rosário, a reunião da Câmara aclamou D. Pedro "Defensor Perpétuo e Protetor do Reino do Brazil". Foram imediatamente expedidas mensagens a Salvador[153] e às vilas da província,[154] comunicando a decisão.

Nesse momento, não houve, em Cachoeira, referência à Independência do Brasil.[155] Este ainda não era o projeto, como confirma Antônio Rebouças,[156] para quem o plano era que a aclamação "se procedesse sem nenhum aparente symptoma de rompimento revolucionário". À proclamação de Cachoeira, em 25 de junho, seguiram-se medidas semelhantes em Maragogipe, Santo Amaro e São Francisco. Iniciava-se o processo de adesão do Recôncavo ao Rio de Janeiro.

A reação de Salvador foi a de tratar Cachoeira como revoltosa. No próprio dia 25 de junho, houve confronto militar com canhoneira portuguesa que estava próxima à cidade, como se verá na próxima seção. As notícias dos acontecimentos na cidade chegaram rapidamente a Salvador, por meio de comunicações dos próprios "revoltosos".

Foi emitida, em 17 de julho, proclamação da Junta contra a decisão de Cachoeira, a qual conclamava os "patriotas a tomarem para o caminho da ordem".[157] De sua parte, Madeira acusou Cachoeira de cometer "toda a sorte de insultos contra os Europeos"[158] e justificou a ação da canhoneira, "que se achava ali para socorrer quem quisesse retirar-se". Uma das principais acusações era de que os "facciosos" armavam "pretos e mulatos". Registrava também as proclamações em S. Francisco, Santo Amaro, Maragogipe e avaliava ser "provável que aconteça o mesmo em outras partes". O governador de armas mencionou, por outro lado, ter recebido apoios, elogiando a posição de

---

[153] Antônio Rebouças, 1879, p. 53.
[154] Agemiro Ribeiro de Souza Filho, 2008, p. 39.
[155] 1977, p. 87.
[156] 1879, p. 46.
[157] Pedro Calmon, 1923, p. 286.
[158] Ofício a Lisboa, em 7 de julho de 1822. In: *Officios e Cartas dirigidos ao Governo pelo Governador das Armas da Provincia da Bahia com as datas de 7 e 9 de julho deste anno e que forão presentes ás Cortes Geraes Extraordinarias e Constituintes da Nação Portugueza*. Lisboa: Imprensa Nacional, 1822. Disponível eletronicamente em http://books.google.com (acesso em 15/03/2013), p. 4.

Jaguaripe, "donde se conclue que se as Auctoridades fossem em toda a parte virtuosas, o Povo não se teria revoltado".[159]

Em outro ofício enviado dois dias depois,[160] o governador de armas da Bahia informou a Junta do recebimento dos ofícios do Rio de Janeiro, inclusive da ordem de D. Pedro de retirada das tropas portuguesas. Diz que não cumpriria nenhuma das instruções, com a justificativa de que só reconhecia o Congresso em Lisboa e D. João VI. O documento ainda dava conta do envio de importante correspondência com outros governadores de armas, com Pernambuco, com Lecor e com Carlos Saldanha, além de Francisco Maximiliano e Avilez (que não as recebeu, por já ter partido). Madeira buscava articular-se, por todo o Reino, para resistir ao Rio de Janeiro. O tom de suas comunicações não deixava dúvidas de que o conflito agora era inevitável e que ele partiria para a guerra. Ao se iniciar o mês de julho, com grande parte do Recôncavo a favor do Rio de Janeiro e com escaramuças já em curso, a guerra se delineava.

O incidente da canhoneira em Cachoeira, por outro lado, despertou nas autoridades da vila a consciência de que eram necessárias medidas práticas para a organização de uma estrutura administrativa. Temia-se, fundamentalmente, a "anarquia" na província.[161]

Era preciso organizar um poder civil e militar. A primeira medida ocorreu no dia 26 de junho de 1822, com a instalação de uma Junta Interina, Conciliatória e de Defesa,[162] "destinada a conciliar entre si e defender de qualquer agressão os habitantes desta Villa".[163] A importância da organização do poder civil e militar cresceu ainda mais com a consequente adesão das vilas do Recôncavo ao Rio de Janeiro e a caótica mobilização militar que se seguiu.

Como reconheceu o próprio Governo Interino, em seu relatório de junho de 1823, houve confusão ampla na região, em decorrência da revolta política e da mobilização militar, ameaçando com o "horror da verdadeira, e já existente anarchia militar".[164] Esse temor incluía,

---

[159] P. 5.
[160] 1822, p. 9.
[161] Vide Agemiro Ribeiro de Souza Filho, 2008, p. 40.
[162] Rebouças, 1879, p. 53.
[163] Dias Tavares, 1977, p. 88.
[164] "(...) sim, cada Villa cuidava em si, e a consideração de si sómente fez aparecer o egoísmo entre ellas. Os Commandantes Militares eram independentes entre si; e a

naturalmente, as preocupações dos proprietários com as tensões existentes em uma sociedade escravista. Ainda assim, é preciso salientar que o temor da anarquia incluía de fato as preocupações com a reação dos escravos, mas era mais amplo, relacionado ao processo de ruptura política, que trazia em si o risco da desorganização geral da sociedade.

A Junta transformou-se, em julho seguinte, em "Comissão de Administração da Caixa Militar", que "passou a exercer as atribuições de um Governo civil e militar para todas as vilas que defendiam".[165] Segundo o relato de Antônio Rebouças,[166] a mudança foi demandada por Caldeira Brant, Miguel Calmon du Pin e Almeida e pelo major Antonio Maria da Silva Torres, que formavam deputação das vilas de Santo Amaro e São Francisco. Rebouças diz que a medida não trazia grandes alterações, pelo qual foi aceita.[167]

Em agosto, a fim de consolidar a organização política das vilas pró-Rio de Janeiro, foi formado um Conselho Interino do Governo da Bahia, integrando 17 vilas, que entrou em funcionamento em 6 de setembro de 1822, quando continuavam tratativas da adesão ao Rio de Janeiro, ainda não relacionada à Independência, que se proclamaria em 7 de setembro.[168] Um Conselho de Representantes inaugurou seus trabalhos em 22 do mesmo mês, seguidos da criação de uma Junta de Fazenda. Em 19 de outubro, criou-se uma Casa da Moeda, em Cachoeira.[169] Para Marcelo Siquara, mesmo em reduzido espaço de tempo as vilas lograram uma articulação política capaz de dar corpo a um governo unificado e "uma maior racionalização de medidas que permitissem o emprego de ações mais concretas no teatro de operações".[170]

---

idéa de independência passando d'estes para os Chefes de pequenos Corpos, as Companhias denovo creadas, produzio a geral insubordinação, que aguardava o horror da verdadeira, e já existente anarchia militar". In: *Relatório dos Trabalhos do Conselho Interino de Governo da Província da Bahia*. In: Miguel Calmon du Pin de Almeida, 1823, p. 3.
[165] Marcelo Siquara, 2012, p. 75.
[166] 1879, p. 67–68.
[167] "Effectivamente, a Junta Interina Conciliatoria e de defesa, com a denominação de Commissão de Administração da Caixa Militar, continuou a governar no termo da Cachoeira, como se não tivesse mudado de nome". 1879, p. 71.
[168] "Consistia o plano em ser o conselho governativo composto de tantos membros quanto em numero fossem as villas, que tivessem aclamado a Regencia do Principe D. Pedro d'Alcantara". Antônio Rebouças, 1879, p. 81.
[169] Pedro Calmon, 1923, p. 280.
[170] 2012, p. 75.

A criação da Junta de Defesa e do posterior Conselho Interino do Governo da Bahia, em agosto de 1822, foi também relevante como posicionamento político com relação ao próprio Rio de Janeiro. Havia uma consciência, como aponta Vasconcelos de Drummond,[171] de que a Junta de Cachoeira "tinha forças para se defender dos ataques que porventura os portugueses tentassem contra ela". Mas "só do Rio de Janeiro podia a Junta tirar os recursos que precisava para ganhar a vitória".

A constituição de uma organização de poder civil era vista como movimento necessário para compensar a proeminência que o Rio de Janeiro tenderia a adquirir do ponto de vista militar, mesmo que as autoridades baianas tivessem também um papel importante na organização e suprimento das tropas que combateriam Madeira. Desse modo,

> a efetivação do Conselho Interino de Governo em Cachoeira pode ser compreendida como a construção de um espaço de experiência que não apenas cumpriria função proeminente na expulsão das tropas lusitanas estacionadas na capital da província, como auxiliaria os representantes da classe senhorial no aprofundamento dos laços políticos com o projeto de monarquia constitucional para o Império do Brasil orquestrado a partir do Centro-Sul.[172]

A proclamação em Cachoeira e nas outras vilas terminou, assim, com a indecisão que prevaleceu entre fevereiro e julho de 1822. A opção por D. Pedro não era natural, como mostrara o próprio início da Revolução do Porto na Bahia. O Rio de Janeiro, com suas medidas conciliatórias e promessas de descentralização do poder (como a convocação da Constituinte), tornou-se aos poucos atrativo para grupos da elite baiana, "sedentas por ocuparem política e militarmente os espaços de poder existentes".[173] Enquanto o Rio de Janeiro sinalizava com essas vantagens, as Cortes de Lisboa e Madeira adotavam atitudes de afastamento e indisposição ao diálogo com essas mesmas lideranças. Esse fator, cabe sempre recordar, contribuiu para as instabilidades posteriores, ainda no Primeiro Reinado ou na regência.

---

[171] 2012, p. 91.
[172] Agemiro Ribeiro de Souza Filho 2008, p. 46.
[173] Idem, 2008, p. 46.

À diferença das "Provincias Colligadas", no entanto, esse processo de opção por D. Pedro na Bahia enfrentou resistência importante, como se passaria em outros pontos do Norte-Nordeste. Na forma como se desenrolaram os eventos na Bahia, as declarações do Recôncavo a favor de D. Pedro, em fins de junho, foram uma declaração de guerra: "dali por diante, os lados favoráveis à prevalência das Cortes de Lisboa e os que defendiam a autoridade do príncipe regente encontraram-se dispostos a se enfrentar belicamente antes de uma possível reconciliação".[174]

---
[174] Idem, 2008, p. 46.

A FASE REGIONAL DA GUERRA

O início dos combates entre os grupos do Recôncavo e o general Madeira foi imediato à proclamação de Cachoeira. Na própria tarde do dia 25 de junho de 1822 estouraram naquela vila combates entre os partidários do Rio de Janeiro e elementos portugueses que ainda se encontravam na cidade. Foi uma fuzilaria rápida, mas que se tornou mais grave com o ataque da canhoneira portuguesa postada frente a Cachoeira.

Antônio Rebouças[175] relata que logo após o ato religioso de aclamação de D. Pedro, as tropas que estavam na frente da igreja Matriz foram alvos dos tiros da canhoneira. As primeiras descargas fizeram apenas um ferido, um soldado de cavalaria. Houve uma reação desorganizada, de alguns militares e civis treinados, que passaram ao cais e tentaram usar seus fuzis contra a embarcação. As ações da canhoneira, ainda que de impacto limitado,[176] continuaram nas horas e dias seguintes, trazendo confusão e apreensão dentre os apoiadores do Rio de Janeiro. Algumas defecções foram registradas dentre as ordenanças,[177] o que mostra o quão eram ainda frágeis as bases da proclamação em favor de D. Pedro. O alvo principal dos tiros foram as casas do juiz de fora e do presidente da Câmara. Tal era a falta de organização do lado brasileiro que parte da tripulação da canhoneira chegou a desembarcar e cercar a casa do juiz de fora, para que apagasse as luminárias acendidas em

---
[175] 1879, p. 49.
[176] Rebouças, 1879, p. 50.
[177] Ibid.

homenagem à proclamação daquele dia.[178] Do dia 26 ao dia 28 de junho a ação da canhoneira continuou.

Do lado pró–D. Pedro, o comando das tropas em Cachoeira foi dado ao coronel José Garcia Pacheco de Moura Pimentel e Aragão. Foram organizados corpos de emergência e um velho canhão foi desenferrujado para enfrentar a canhoneira.[179] Mas a ação continuou vacilante até o dia 28 de junho, quando surgiram notícias de que nova embarcação portuguesa ia em direção à cidade. O rumor de sua chegada mobilizou os defensores da cidade, que posicionaram a peça de artilharia disponível e, com outras armas, passaram a atacar sistematicamente a canhoneira. Não havia mais tempo a perder.

Enquanto os tiros eram trocados dos dois lados, as autoridades civis da Junta de Defesa mantinham reuniões sobre as próximas medidas de defesa. Pouco depois das 11 horas daquela noite de 28 de junho, chegou à Câmara a notícia de que a bandeira branca havia sido arvorada na embarcação portuguesa.[180] Dois tiros da velha peça em posse dos cachoeirenses haviam atingido a canhoneira, afetando sua navegação.[181] Os partidários do Rio de Janeiro abordaram o navio e prenderam 27 pessoas. A barca foi desarmada, sendo as peças de artilharia posteriormente distribuídas para as defesas na própria Cachoeira, nas Fortalezas na Ponta da Saubara, Paraguaçu (esta construída pelos holandeses),[182] São Francisco e Santo Amaro.

Episódios como o da canhoneira de Cachoeira se repetiram, nas semanas seguintes, de forma esporádica e desorganizada. Eram as primeiras expressões do conflito que se iniciava, as quais poderiam ser classificadas como momentos de arranjo, de separação das forças. O temor das ações de Madeira por mar, no Recôncavo, estaria presente em todo o conflito.

A batalha pela Bahia caracterizou-se, em toda a sua fase regional e nas primeiras etapas da fase nacional, por uma guerra de movimento.

---

[178] Rebouças, 1879, p. 49.
[179] Rebouças, 1879, p. 60.
[180] Rebouças, 1879, p. 63.
[181] In: RABELO, Alberto. "O Papel de Chachoeira nas Lutas de Independência". In: *2 de julho: A Bahia na Independência Nacional*. Salvador: Fundação Pedro Calmon – Governo do Estado da Bahia, 2010. In: http://www.bv2dejulho.ba.gov.br/portal/ (acesso em 29/09/2014), p. 58.
[182] Alberto Rabelo, 2010, p. 58.

Os partidários do Rio de Janeiro organizaram a resistência nas vilas do Recôncavo e procuraram cortar as vias de comunicação com Salvador, especialmente o fornecimento de víveres. O objetivo era duplo, ofensivo e defensivo, de "impor o bloqueio de gêneros alimentícios e, ao mesmo tempo, impedir as ações dos bandos de desertores e quilombolas, espremidos nas matas do entorno da cidade, contra as vilas e propriedades do Recôncavo".[183]

Essa estratégia era a mesma que fora adotada, no século XVII, contra os holandeses, fundamentada na guerrilha.[184] A Junta de Salvador, ainda no início do confronto, chegou a questionar os moradores do Recôncavo sobre sua tentativa de "esfomear" a capital. Rotas de tráfico de alimentos e de mercado negro foram mantidas entre as duas regiões, ainda que não de maneira suficiente para abastecer a cidade,[185] que terminou recebendo a maior parte dos suprimentos pelo mar.

Na avaliação de Pedro Calmon,[186] um dos pontos positivos para os apoiadores de D. Pedro, nesse primeiro momento de ajuste, foi ter logrado a unidade de comando, entregue ao tenente-coronel Joaquim Pires de Carvalho e Albuquerque,[187] o que permitiu a distribuição de forças em alguns pontos estratégicos da região. Os números eram limitados, tendo a Junta de Cachoeira reunido não mais de 1.500 homens,[188] em sua maior parte milicianos do Recôncavo, e corpos que haviam fugido de Salvador após os combates de fevereiro anterior. Eram, inicialmente, dois batalhões de milícias, aos quais se juntaram, gradualmente, uma Companhia de Cavalaria de São Francisco, cerca de 30 soldados do

---

[183] Ubiratan Castro de Araújo, 2010, p. 22.
[184] Humberto Pelegrino, 1980, p. 293.
[185] "Os produtos consumidos na Capital tinham a sua origem no Recôncavo e em outras regiões do Brasil. Ou seja, Salvador não produzia os alimentos necessários a sua subsistência. (...) Qualquer tipo de alteração no seu abastecimento logo se constituía em um problema de primeira ordem. (...) A escassez de alimentos vivenciada em Salvador (em razão do cerco) fez com que alguns comerciantes do Recôncavo se sentissem atraídos pelos altos preços então praticados na Capital. Apesar da existência de proibições e de uma série de exigências para a realização do comércio entre o Recôncavo e a Capital, a possibilidade de obtenção de elevados lucros impulsionou a realização desse tipo de transação. No entanto, vale salientar que o comércio realizado entre esses espaços ocorreu em pequenas proporções". In: Siquara, 2012, p. 81.
[186] 1923, p. 218.
[187] Vide também José Honório Rodrigues, 2002, p. 239.
[188] Ubiratan Castro de Araújo, 2010, p. 22.

1º Regimento de Linha (fugidos de Salvador), 50 praças da Vila de São Francisco e algo como 100 elementos de Cachoeira.[189]

Segundo o relato do Conselho Interino de Governo da Bahia, "organizáram-se diversos Corpos armados ás expensas d'alguns Cidadãos".[190] Foram estabelecidos novos batalhões[191] e outros tipos de unidades, como os de "Mavorte" e "Belona".[192] O Batalhão dos Periquitos foi organizado no mesmo contexto, por José Antonio da Silva Castro. O nome veio de parte de seu uniforme, que era verde.[193] Os Periquitos tornaram-se uma das unidades mais conhecidas da guerra e contaram com a presença de Maria Quitéria – voluntária que se vestiu com roupas masculinas para lutar na Guerra de Independência – em suas linhas. No lado da Marinha, o português João das Botas, mestre de reparos em embarcações de Salvador, tentou, inicialmente, sabotar os navios portugueses. Descoberto, fugiu para o Recôncavo e artilhou barcos com peças improvisadas, transformando-os em uma pequena esquadra que fortificou a ponta de Nossa Senhora, tentando, com isso, fechar o caminho para o interior da baía de Todos os Santos.[194]

Apesar dos intensos esforços, as tropas eram, na estimativa de José Honório Rodrigues,[195] "bisonhas, mal-armadas e mal-abastecidas, sem treinamento". A participação popular, ainda assim, não pode ser diminuída em todo o processo da Independência do Brasil e menos ainda na guerra, particularmente no caso da Bahia. Os interesses entre diferentes grupos sociais divergiam, mas a mobilização contra Madeira os uniu, ainda que temporariamente, contribuindo também para um primeiro impulso de formação de uma identidade nacional. Do ponto de vista logístico, desde os meses anteriores, havia no Recôncavo ações improvisadas para a organização das tropas, tal como a construção de oficina de munições por parte de José Antonio da Silva Castro, dentro de sua própria casa, em São Félix. Essas movimentações foram a base das tentativas seguintes de organização, que incluíram o levantamento de empréstimo na região, pelo coronel Pimentel, em 3 de agosto.

---

[189] José Honório Rodrigues, 2002, p. 239.
[190] In: *Relatório dos Trabalhos do Conselho Interino de Governo da Província da Bahia*. In: Miguel Calmon du Pin de Almeida, 1823, p. 3.
[191] Rebouças fala em "companhias". 1879, p. 73.
[192] Alberto Rabelo, 2010, p. 58.
[193] Antônio Rebouças, 1879, p. 72.
[194] Alberto Rabelo, 2010, p. 58.
[195] 2002, p. 239.

Finalmente, em 21 de agosto de 1822, foram fundados em Cachoeira um Trem militar, um serviço de inspeção de comissariados e unidades médicas.[196] Rotas de comunicação aos poucos foram instaladas entre as vilas do Recôncavo. Todo o chumbo de igrejas e dos engenhos foi confiscado para a preparação de munições. Quando o Conselho de Representantes das vilas do Recôncavo se reuniu, em 22 de setembro de 1822, já havia marcha para a preparação militar das tropas pró-Rio de Janeiro. Todas essas medidas logísticas foram pormenorizadas a D. Pedro no Relatório da Junta Interina de Governo, elaborado por Miguel Calmon du Pin e Almeida, em 18 de junho de 1823.[197]

Mesmo com o número limitado de homens e suprimentos, as primeiras movimentações dos partidários do Rio de Janeiro foram relativamente bem-sucedidas. Foram enviadas tropas para as colinas do Cabrito e de Pirajá, próximas a Salvador, além de Nazareth, Funil, Barra do Paraguaçu e outros pontos do Recôncavo Baiano. Esse conjunto de atos transcorreu, principalmente, ao longo de julho e agosto de 1822, antes, portanto, da chegada dos reforços do Rio de Janeiro e da passagem do comando ao general Labatut.

O quadro geral das forças naquele início de confronto, no entanto, tendia a favorecer o lado português. Madeira tinha em Salvador e em pontos nos arredores, tropas como o Batalhão Lusitano e o 12º, experientes, aguerridas e fortemente partidárias das Cortes. Contava também com o apoio de parte importante da população de Salvador, não apenas de um grupo restrito de comerciantes, como na imagem criada pela literatura nacionalista brasileira, ademais de muitos dos barcos e marinheiros presentes no porto. Vasconcelos de Drummond,[198] que es-

---

[196] Pedro Calmon, 1923, p. 279.
[197] A relação de medidas logísticas é bem detalhada. Sobre o Trem de Cachoeira, o relatório menciona que, em seus primeiros oito meses de funcionamento, foram fornecidos 250 mil cartuchos de espingarda; "193 quintaes e 18 libras de Polvora; 80 quintaes 2 arrobas e 26 libras de ferro; 35 quintaes de chumbo; 579 ballas de artilharia; 536 espingardas; 201 espadas; 19.377 Pederneiras; 2.040 espoletas; 676 lanternetas, além de mil outros objetos" (p. 8). Registra, ainda, a entrega de "4.579 calças; 1.605 fardas prontas; 2.002 pares de sapato; 1.548 camisas; 1.907 mantas; 5.591 saccos; 1.271 covados de panos de lã de differentes cores e espécies, para Fardas e cartuxame de peça; 5.671 varas de panno de algodão, e linho para camisas e calças (...). In: *Relatório dos Trabalhos do Conselho Interino de Governo da Província da Bahia*. In: Miguel Camon du Pin de Almeida, 1823, p. 8.
[198] 2012, p. 98.

pionou para José Bonifácio o estado das forças do governador de armas da Bahia, compartilhava a avaliação da vantagem militar de Madeira, mas apontou contradições e supostos equívocos nas manobras do general português, que

> estava concentrado na cidade da Bahia, onde os recursos de toda a espécie iam escasseando de dia em dia. Tinha o mar livre e uma esquadra à sua disposição, mas essa esquadra nunca soube tirar partido da liberdade do mar e limitou a sua ação em evitar as ocasiões de encontro ou de fugir em vista do inimigo.

Madeira, de sua parte, movimentou-se para fortalecer a ocupação e a administração da capital baiana.[199] A mobilização militar foi intensa, o que contribuiu ainda mais para o aumento da temperatura política. Como afirmava o diário *O Constitucional* em sua última edição, em 21 de agosto de 1822:[200]

> cá toda a cidade em armas, aparatos bélicos, amontoação de tropas, e mais tropas, armamento de vasos, Esquadra na Barra, destacamentos nos subúrbios, e que em vez de mitigarem as lagrimas dos infelizes habitantes da cidade, pelo contrario os exasperam (...)

Em 29 de outubro, após várias ações militares e um dia depois da chegada de Labatut à Bahia, Madeira enviou carta ao Recôncavo, propondo negociações, mas com pouca abertura a um efetivo entendimento. Em 5 de novembro, o governador de armas acusou as vilas do Recôncavo de sedição.[201]

O governador de armas da Bahia dispunha, nesse primeiro momento, em torno de 3 mil soldados (dos quais 300 voluntários locais), além dos elementos da Marinha, como informou em carta a D. João VI de 11 de novembro de 1822.[202] Era um número, segundo relatou Madeira

---

[199] Marcelo Siquara, 2012, p. 79.
[200] *O Constitucional*, nº 58, 21 de agosto de 1822. In: Biblioteca Nacional – Hemeroteca Digital Brasileira. In: http://memoria.bn.br/DocReader/docreader.aspx?bib=749630&pasta=ano%20182&pesq= (acesso em 20/10/2014), p. 3.
[201] Pedro Calmon, 1923, p. 282.
[202] CARTA do governador das Armas da Província da Baía, Inácio Luís Madeira de Melo, ao rei (D. João VI), relatando os acontecimentos na Baía e expondo os motivos por que não se conseguiu parar a insurreição. Projeto Resgate: AHU_ACL_

a Lisboa, suficiente para a defesa da cidade, mas não para ampliar as ações sobre o Recôncavo. Sustentava o general que, até meados do ano, teria sido relativamente fácil reprimir os "facciosos", que desenvolviam um "foco de revolução" na cidade.[203] Depois de 19 de fevereiro, o governador de armas passou a pedir insistentemente por mais forças, para agir sobre o Recôncavo, mas não foi atendido. Com o fortalecimento dos revoltosos e o apoio do Rio de Janeiro, sem a contrapartida de Lisboa, Madeira se justificava de por que não havia conseguido "parar a insurreição".

Com o avanço da revolta, novas medidas de recrutamento e treinamento foram adotadas em Salvador para o reforço dos corpos militares. Nos editais de solicitação de voluntários, o adestramento da tropa tornou-se atividade cotidiana:

> A partir do segundo semestre de 1822, o número de treinamentos semanais fora acrescido. Todos os dias – com duração entre 2 e 5 horas – os portugueses ocupavam as praças públicas para promoverem evoluções militares que os adestrassem no manejo das armas.[204]

Madeira também trabalhou, desde o início, na logística e na fortificação de Salvador e dos acessos à cidade.[205] A capital baiana, como sublinha Sergio Roberto Dentino Morgato,[206] está situada em ponto estratégico da baía de Todos os Santos. Naquela época, o lado ocidental era protegido pela ausência de locais de possível desembarque; do outro lado as "águas eram mansas", mas as características físicas do local "tanto facilitam como dificultam o acesso".

Bem protegida por mar, a cidade também era de defesa terrestre relativamente fácil, com uma estrada ligando-a ao interior, a estrada

---

CU_005, Cx 274 D. 19142 – 11 de novembro de 1822. Arquivo da Biblioteca Nacional do Rio de Janeiro.

[203] "Quando esta Provincia principou a dar mostras de querer a sua independência, bem como as demais d'este Reino, herá fácil opôr hum obstáculo ao seo dezenvolvimento, e a Nação conseguiria por meio de pequenos sacrifícios conservar esta porção de seu território, por em então existia na cidade o foco da revolução e hum grande partido suspirava pelo momento de poder desenvolver-se, trabalhou-se em separar as nossas tropas que chegarão apenas para guardar a Cidade; eu conheci o risco que nós corríamos de dividir a nossa pequena força".

[204] Marcelo Siquara, 2012, p. 77.

[205] Dias Tavares, 1977, p. 100.

[206] 2010, p. 67.

das Boiadas, que passava por região alta. Salvador preparou-se efetivamente para eventual cerco com todo tipo de defesa, trincheiras e fortificações. Dentro da cidade, algumas residências foram transformadas em pontos de aquartelamento, ao passo que a igreja dos Aflitos transformou-se em parque de artilharia.[207] Árvores foram abatidas, particularmente nos subúrbios da cidade, para uma "melhor visualização de possíveis movimentações promovidas pelas forças brasileiras".

Madeira esperava, ainda, a chegada de reforços, os quais em pouco tempo efetivamente começaram a aportar. Em 7 de agosto de 1822, aportou em Salvador esquadra portuguesa trazendo 620 soldados de infantaria, 100 de cavalaria e 50 de artilharia. Também chegaram algumas unidades de Marinha. Era reforço importante, que, como se viu no capítulo III, não teria apenas consequências nas batalhas na Bahia, mas impulsionaria a decisão de D. Pedro para o 7 de setembro. Essas relações entre o que se passava nas províncias estratégicas e no Rio de Janeiro mostram como não havia guerras exclusivamente regionais, ou "Guerras de Independência". As confrontações locais aos poucos eram engolidas pela disputa entre o Rio de Janeiro e Lisboa.

Madeira receberia uma leva ainda mais importante de reforços em outubro de 1822, quando aportou em Salvador a esquadra do almirante José Félix Pereira de Campos, com 10 navios e 3 Batalhões. Em 14 de dezembro de 1822, segundo o relatório apresentado às Cortes em 7 de janeiro de 1823,[208] havia na guarnição de Salvador 8.621 soldados. A primeira linha possuía 3.540 homens do Exército de Portugal e 707 da própria Bahia (ou seja, nascidos na América); a milícia (em sua maioria "brasileira") era composta por 746 soldados do Regimento de Artilharia e 2.628 dos Batalhões de Infantaria. Em mapa de tropas de 23 de março de 1823,[209] Madeira registrava 4.014 soldados da primeira linha e 2.233 da segunda linha, totalizando 6.247 homens. O mapa não incluía baixas, forças auxiliares e unidades esparsas, de modo que o número era maior. Também chegariam, em março, novos reforços, como se verá abaixo. Os números do Exército português não incluem, vale dizer, os

---

[207] Marcelo Siquara, 2012, p. 78.
[208] Sessão das Cortes de 06/01/1823. In: *Diário do Governo*, nº 40, 07/01/1823, p. 41.
[209] CARTA do (governador das armas da Província da Baía), Inácio Luís Madeira de Melo, ao (secretário de estado da Marinha e Ultramar), Inácio da Costa Quintela, remetendo mapas das forças de 1ª e 2ª linha da Província da Baía. In: Projeto Resgate, AHU_ACL_CU_005, Cx 276 D. 19236. Arquivo da Biblioteca Nacional.

elementos de Marinha e tropas que ainda estavam posicionadas em outras localidades da província.

A "atitude hostil" entre as duas partes tornou-se rapidamente um conflito.[210] A primeira resposta de Madeira ao episódio da canhoneira em Cachoeira foi o fechamento do acesso marítimo ao rio Paraguaçu, o que "impedia, assim, o fluxo de comunicações e fornecimentos provenientes daquele estuário, tradicional caminho de saída de vasta porção do Recôncavo e do Sertão".[211] Era uma tentativa de golpe econômico, que não teve o sucesso esperado, pois os partidários do Rio de Janeiro passaram a utilizar o porto de São Domingos de Saubara, ao norte de Cachoeira. A Junta de Salvador chegou a registrar,[212] inclusive, que o cônsul e comerciantes britânicos teriam gestionado para continuar o comércio com o Recôncavo, o que lhes foi negado, pois se tratava de situação de "guerra".

O quadro das operações da guerra baiana[213] caminhou, na sequência, para a concentração em duas zonas principais de combate, ainda que lutas esporádicas e limitadas tenham sido registradas em toda a província. Esses dois eixos, se relacionavam com o controle da baía de Todos os Santos, dos acessos a Salvador e das rotas de suprimentos para os dois lados da contenda.

A primeira zona de confronto envolvia o próprio Recôncavo, onde "grande numero de Barcas armadas bloqueavam os portos do nosso mar interior, hostilizando as Ilhas".[214] Essa ação se deu especialmente do outro lado da baía, envolvendo a ilha de Itaparica, o Funil (um "braço de mar entre Itaparica e Encarnação")[215] e a entrada do rio Jaguaripe. Incluíam também as cidades de Jaguaripe e Nazareth, esta última, zona de abastecimento de farinha de mandioca para Salvador. Em agosto de

---

[210] *Relatório dos Trabalhos do Conselho Interino de Governo da Província da Bahia*. In: Miguel Calmon, 1823.
[211] Jorge Calmon, 2010, p. 43.
[212] OFÍCIO da Junta Provisória do Governo da Baía ao (secretário de estado dos Negócios do Reino), Filipe Ferreira de Araújo e Castro, sobre a redução da sua autoridade ao recinto da cidade e linhas de defesa, a deserção de soldados e empregados civis e falta de bens de primeira necessidade. In: Projeto Resgate, AHU_ACL_CU_005, Cx 273, D. 19128 – 26 de outubro de 1822. Arquivo da Biblioteca Nacional.
[213] Dias Tavares, 1977, p. 93.
[214] *Relatório dos Trabalhos do Conselho Interino de Governo da Província da Bahia*. In: Miguel Calmon du Pin de Almeida, 1823, p. 4.
[215] Pedro Calmon, 1923, p. 218.

1822, os comerciantes da cidade suspenderam o envio da farinha para Salvador.²¹⁶ A necessidade de garantir os suprimentos para a capital baiana desde o início obrigou Madeira a realizar expedições para o interior baiano.²¹⁷ Além das necessidades logísticas, o lado português estimava que o bloqueio do Recôncavo, "impedindo os insurretos a exportarem açúcar, sua principal fonte de recursos para pargar as despesas da guerra",²¹⁸ seria o melhor meio de sufocar os oponentes.

A ilha de Itaparica era particularmente importante para o controle de toda a parte sul do Recôncavo. Em 10 de julho de 1822, um grupo de 80 soldados da Legião Lusitana, comandados pelo capitão Joaquim José Ferreira, conhecido como "Trinta Diabos", invadiu a ilha a partir de canhoneira que estava estacionada perto da povoação do local.²¹⁹ O objetivo da missão era duplo: reagir às movimentações a favor do Rio de Janeiro, a partir de denúncia de português baseado na ilha e inutilizar os canhões da Fortaleza de São Lourenço. Após cumprida as tarefas, os portugueses se retiraram.

Na visão de historiadores da guerra na Bahia,²²⁰ a decisão de apenas incursionar na ilha, em vez de destruir a fortaleza ou guarnecê-la com tropa reforçada, foi um dos erros estratégicos mais importantes de Madeira. O governador de armas da Bahia não teria inicialmente compreendido a importância estratégica da ilha e, quando o compreendeu, "os portugueses pagaram caro a falta de visão do seu chefe militar",²²¹ pelas derrotas que se sucederam.

À incursão de 10 de julho seguiram-se, de fato, novos ataques à região. Um grupo de brasileiros comandados pelo capitão Antonio de Sousa Lima, ao contrário da tropa da Legião Lusitana, conseguiu passar para a ilha de Itaparica e se instalar. Eram inicialmente apenas 12 homens.

No dia 29 de julho, outra flotilha portuguesa tentou avançar sobre Nazareth, a partir do Funil, estreita passagem de mar entre Itaparica e o continente. Os poucos homens do capitão Souza Lima armaram uma emboscada, se postando nos "matos próximos, praias, atrás das

---

[216] Agemiro Ribeiro de Souza Filho, 2008, p. 46.
[217] Vasconcelos de Drummond, 2012, p. 90.
[218] Ubiratan Castro de Araújo, 2010, p. 23.
[219] CALMON, Jorge, 2010, p. 43.
[220] Vide, por exemplo, Braz do Amaral e Jorge Calmon.
[221] Miguel Calmon, 1823, p. 43.

árvores".²²² O combate se iniciou cedo naquele dia, tendo durado até a tarde. Aos poucos, habitantes da região foram se adicionando à resistência.

Vasconcelos de Drummond relata,²²³ sobre sua passagem em Salvador naquele período, ter conversado com um major que teria sido o responsável pela primeira expedição ao Funil. Este lhe contou que a expedição naval não tivera problemas até a chegada ao local, quando, na estreita passagem do Funil, "se vira de repente assaltado por todos os lados de uma fuzilada tão viva e tão certeira que era impossível tentar um desembarque ou continuar a viagem". A sua tropa, contou o major,²²⁴ "caía morta e ninguém via o inimigo". As forças portuguesas sofreram também pelo fato de suas canhoneiras terem encalhado na maré vazante e enfrentaram fogo intenso dos brasileiros, que tiveram poucas perdas em razão da boa cobertura e da chegada de reforços.

A vitória no Funil constituiu importante vitória dos partidários do Rio de Janeiro na manutenção da zona sul do Recôncavo Baiano e da ilha de Itaparica.²²⁵ Foram enviados novos elementos das forças de Cachoeira, que lograram, inclusive, a adesão de vilas da região.²²⁶ Madeira ainda tentou insistir, ao longo de todo o conflito, nos ataques à ilha. No dia 8 de setembro, o coronel Falcão Brandão repeliu uma tentativa de desembarque português na praia de Saubara, "fazendo ao inimigo damnos sérios".²²⁷ Mais ao sul, ainda em agosto, foi repelido um ataque português a Maraú.²²⁸

---

²²² MORGATO, Sérgio Roberto Dentino. "Os combates de Itaparica e Pirajá". In: *2 de julho: A Bahia na Independência Nacional*. Salvador: Fundação Pedro Calmon – Governo do Estado da Bahia, 2010. In: http://www.bv2dejulho.ba.gov.br/portal/(acesso em 29/09/2014), p. 67.
²²³ 2012, p. 90.
²²⁴ Segundo Braz Amaral, o comandante teria sido, na verdade, o capitão Taborda. In: BRAZ DO AMARAL, "A Bahia na Independência Nacional". In: *2 de julho: A Bahia na Independência Nacional*. Salvador: Fundação Pedro Calmon – Governo do Estado da Bahia, 2010. In: http://www.bv2dejulho.ba.gov.br/portal/ (acesso em 29/09/2014), p. 36. Sergio Roberto Dentino Morgato (op. cit., p. 67), por sua vez, sustenta que o comandante da expedição teria sido o capitão português "Trinta Diabos".
²²⁵ "Foi a victoria, havida no Funil, a de maior consequência, depois da tomada da barca lusitana no porto da Cachoeira". Antonio Rebouças, 1879, p. 75.
²²⁶ Antônio Rebouças, 1879, p. 76.
²²⁷ Pedro Calmon, 1923, p. 279.
²²⁸ ARAÚJO PINHO, José Wanderley de. "A Guerra da Independência. Crônica de toda a Campanha (transcrição do poema "Paraguaçu" por Ladislau dos Santos Titara)".

Itaparica não sairia, no entanto, dos planos de Madeira. Em 13 de outubro, o brigue *Audaz*, a barca *Constituição* e quinze canhoneiras atacaram a trincheira no porto de Dantos, na ilha. A resposta veio principalmente de duas peças em Manguinhos, resultando em um tiroteio de mais de cinco horas. "Sem nada conseguir, e temerosos da pontaria dos ilhéus, os comandados de Madeira retiraram-se".[229] Em 21 de outubro, a notícia da proclamação da Independência foi celebrada em Itaparica, com a aclamação de D. Pedro. Dois dias depois, uma esquadra portuguesa com 17 navios atacou a ilha.[230] Na madrugada de 23 de outubro de 1822, as fortificações de Itaparica romperam forte barragem de fogo, que durou algumas horas, com muitas baixas de lado a lado.[231] A nova ação portuguesa também foi repelida.[232]

Os episódios da fase regional da guerra no Recôncavo se caracterizaram, ao final, "por pequenos episódios, ocupações de pontos, assaltos, guerrilhas", entremeados por ações de maior vulto. Eram, ainda assim, ações com importantes consequências estratégicas e que registraram importante número de baixas dos dois lados. As estratégias de bloqueio tanto de Madeira quanto dos partidários do Rio de Janeiro tiveram, por outro lado, efeito limitado: os portugueses não sufocaram os produtores de açúcar do Recôncavo, nem o corte do abastecimento de Salvador atingiu, naquele momento, os soldados e portugueses, que se abasteciam por via marítima, "a partir da Colônia do Sacramento".[233] Era a população pobre da capital baiana quem sofria com a falta dos gêneros provenientes do interior.

A segunda zona de operações da fase regional, na qual os partidários do Rio de Janeiro tiveram sucesso, foi o posicionamento de forças no caminho para Salvador. Esse se transformaria, posteriormente, no eixo principal da batalha pela Bahia. Em 9 de julho, o comandante das forças do Recôncavo, Joaquim Pires de Carvalho e Albuquerque, tomou ponto na "estrada das boiadas", próximo a Salvador, posicio-

---

In: *Revista do Instituto Histórico e Geográfico Brasileiro*, volume 278, janeiro–março, 1968. In: http://www.ihgb.org.br/rihgb.php?s=20 (acesso em 10/09/2014).
[229] Pedro Calmon, 1923, p. 282.
[230] O brigue *Audaz*, a barca *Constituição* e outras 15 lanchas, segundo informação em "*A Marinha nas Luctas de Independencia*", 1880, p. 21.
[231] Ibid., p. 21.
[232] José Honório Rodrigues, 2002, p. 240.
[233] Ubiratan Castro de Araújo, 2010, p. 23.

nando suas fileiras a poucos quilômetros das primeiras trincheiras portuguesas.[234]

Poucos dias depois, em 18 do mesmo mês, Pires de Carvalho moveu-se para a localidade da Torre de Pirajá,[235] região que hoje é bairro de Salvador. Sua tropa era limitada, aos poucos chegando a 500 homens, com as contribuições de várias vilas do Recôncavo.[236] Ao chegar à localidade, Pires de Carvalho, posteriormente visconde do Pirajá, emitiu proclamação aos habitantes da Bahia em favor de D. Pedro (como regente e não como imperador). O militar conclamava os habitantes de Salvador a abandonarem a cidade, dizendo que "as provisões estão cortadas".[237]

Nesse mesmo período, partiu da Vila de São Francisco o alferes Francisco de Faria Daltro com contingente do 1º Regimento de Linha. O alferes ocupou um local chamado Coqueiro, também na região de Pirajá. Outros pontos ao longo de Pirajá foram sendo guarnecidos, incluindo a instalação de um trem em Capuame.[238] Com o passar das semanas, corpos do Batalhão de Periquitos, de Belona e de Mavorte, da milícia de Santo Amaro, e até mesmo uma "Companhia de Couraças", comandados pelo padre Sé Maria Brayner,[239] foram se incorporando às linhas em Pirajá. Paralelamente, em 18 de agosto, o coronel Falcão Brandão estabeleceu-se em ponto lateral próximo ao Cabrito com 70 soldados.[240] O tenente-coronel Alexandre Gomes de Argolo Ferrão levou na sequência reforço a essas tropas, acampando com um Batalhão de Caçadores.[241] As tropas no Cabrito também receberiam reforços.

O resultado geral dessas movimentações foi a concentração de tropas em duas posições-chave da rota Recôncavo-Salvador, principalmente nas imediações do Cabrito e de Pirajá. Ao final, "a linha de cerco ia do Cabrito até Itapuã".[242]

---

[234] Pedro Calmon, 1923, p. 279.
[235] Pedro Calmon, 1923, p. 279.
[236] In: José Wanderley de Araújo Pinho, 2010, p. 40.
[237] Ibid., p. 40.
[238] In: José Wanderley de Araújo Pinho, 2010, p. 40.
[239] Sergio Roberto Dentino Morgato, 2010, p. 68.
[240] Pedro Calmon, 1923, p. 279.
[241] Argolo Ferrão foi, posteriormente, general destacado do Exército Brasileiro. In: Sergio Roberto Dentino Morgato, 2010, p. 67.
[242] Sergio Roberto Dentino Morgato, 2010, p. 67.

No supramencionado ofício a Lisboa, de 26 de outubro de 1822, a própria Junta de Salvador indicou a situação do cerco. Informava que, além de Salvador, apenas Porto Seguro e Jacobina permaneciam fiéis. Seu poder estava, assim, restrito:

> ao recinto da Cidade e linhas de defesa, que se estendem dês de o Forte de São Pedro até á Soledade, não se podendo gozar bem d'aquelle espaço dos subúrbios, nos quaes acontecem quazi diariamente acidentes funestos e Ararações (?) de pequenos combates.

Madeira é mais uma vez criticado pelos historiadores brasileiros por não ter impedido a formação da linha Cabrito-Itapuã. Na avaliação de Pedro Calmon,[243] o governador de armas errou ao deixar

> que as tropas brasileiras se adensassem em Pirajá, quando o seu primitivo núcleo era um grupo de afoutos caçadores. Errou depois, permitindo que se formasse outro grande quartel em Itapoan. Uma vez, porém, os dous formados, ainda errou de os não separar ocupando com avançadas e trincheiras o centro, que posteriormente, foi tomado pelo Batalhão do Imperador, vindo do Rio.

Cabe dizer, é bem verdade, que no momento inicial, como havia indicado a D. João VI, na carta de 11 de novembro de 1822, o governador de armas considerara temeroso dividir a tropa entre Salvador e o Recôncavo, uma vez que ela ainda não era suficiente para todas as operações. A ação contra a linha dos revoltosos, estimava, ocorreria com a chegada de novas tropas, como de fato ocorreu a partir de novembro.

Adicionalmente, toda a movimentação brasileira sofreu com os atritos das forças de Madeira, "em lidas periódicas".[244] As forças portuguesas haviam aberto trincheiras em pontos próximos e de lá partiam para operações. Em 7 de setembro de 1822 (sem relação com o Grito do Ipiranga), por exemplo, ocorreu ataque ao engenho de São João, próximo ao Cabrito, que foi rechaçado.[245] Pouco depois foi o porto de Cabrito alvo de incursão, o que resultou na morte de mais de dez portugueses.[246]

---

[243] 1923, p. 287.
[244] In: José Wanderley de Araújo Pinho, 2010, p. 44.
[245] In: José Wanderley de Araújo Pinho, 2010, p. 41.
[246] Ibid., p. 42.

A resposta brasileira vinha também com ataques, como aqueles do índio Bartolomeu, em 19 de setembro, que assaltou os portugueses com a utilização de arcos e flechas.[247] Segundo Dias Tavares, a maior confrontação do período aconteceu em 27 de setembro, em Conceição-Jequitaia. Anna Bittencourt,[248] citando o poema "Paraguaçu", de Ladislau de Santos Titara, aponta que o embate ocorreu em 21 de setembro, quando as unidades do general Madeira atacaram o Engenho Conceição. O contra-ataque os fez recuar até a área do Forte de São Joaquim da Jequitaia, muito próximo do centro de Salvador.

O *Idade d'Ouro* comentou, em 27 de setembro de 1822,[249] o resultado de uma dessas escaramuças:

> (...) foi ferido de hum bacamarte o honrado Coronel da Legião Lusitana nas traições do Cabulla. Alli morreo de huma balla o valente voluntario da Cavallaria Domingos Braga; (...) e depois de morto foi crivado de facadas pelos beneméritos Tupinambás e Companhia (...) Alli foi ferido de huma flexa outro Soldado da Cavallaria; e hum paizano Brasileiro.

Anna Bittencourt reproduz também relatório do sargento-mor Pedro Ribeiro Araújo[250] sobre outra ação militar de grande envergadura, em outubro, na qual seis canhoneiras e duas outras lanchas de Madeira atacaram local denominado plataforma, uma praia próxima a Pirajá. Foi realizada grande movimentação de pessoal e de "emboscadas", além da utilização de apenas uma peça pelos partidários de D. Pedro, para fazerem frente às "ballas de calibre de 18 e 12". A forte artilharia os obrigou a recuarem "para detraz das grandes e fortes Cazas de Plataforma", continuando o combate:

> deixei-os gastarem a pólvora a seu gosto, e com muita dificuldade entrei com outra pessa de calibre 3 em riba de um carro por entre os chuveiros

---

[247] Ibid., p. 41.
[248] Ofício de Pedro Ribeiro Araújo ao coronel Joaquim Pires de Carvalho e Albuquerque. Pirajá, 24 de outubro de 1822. Reproduzido em: BITTENCOURT, Anna Ribeiro de Góes. "Um Héroe na Campanha da Libertação da Bahia: a vida do Sargento-Mór Pedro Ribeiro de Araujo". In: *Illustração Brasileira*, ano 4, nº 34, 1923. In: Hemeroteca Digital Brasileira da Biblioteca Nacional. In: http://memoria.bn.br/DocReader/docreader.aspx?bib=107468&pasta=ano%20192&pesq=jequitaia (acesso em 19/10/2014), p. 114.
[249] Edição nº 78. In: Biblioteca Nacional – Hemeroteca Digital.
[250] Ibid., p. 114.

de ballas, que felizmente eu, o carro e os Camaradas, não foram tocados dellas por levarmos toda atenção quando as pessoas davão fogo, entrei emfim com ella para resguardar a Caza, postei-a debaixo dos arcos e deixei que elles fizessem um vivo fogo na Caza, onde estaavamos abarracados com a gente toda em resguardo; atirarão elles até uma hora da tarde; jantamos ao som das ballas, umas nos cantavão por cima, outras que nos batiam na frente, assim estivemos até que cessou o fogo dessa Canalha, e quando a maré se poz baixa mar, uma Canhoneira quase em seco mandei-lhe fazer fogo por duas pessas de calibre de 3 e apezar de lhe dar muitos tiros só tive o gosto de ver empregar duas ballas, huma que furou o costado e huma que a vi quase a pique, porem os Ladrões entrarão a tocar a bomba e a botar agoa com os baldes para fora, e meterão os remos com tanta força que forão encalhar para a parte de lá da Penha (...).

A movimentação dos partidários do Rio de Janeiro continuou na Penha, onde as canhoneiras se reabasteciam e alguns soldados de Madeira foram mortos. O relato do sargento-mor destaca, na operação, a participação do tenente artilheiro Maxado, e conta terem sido buscados novos reforços no Cabrito, para continuar a atuação na Plataforma, de onde "fez vivo fogo ao clarear do dia e elles tão bem responderão com outros".

Ao fim de uma hora de combate, as posições dos grupos pró-Rio de Janeiro, perdidas no dia anterior, foram recuperadas. Na movimentação seguinte, os partidários das Cortes enfrentaram uma emboscada de soldados postados na ilha da Joana, comandados pelo alferes Farias, que "mataram-lhe quatro que huns imigrados da Penha os virão desembarcar". O sargento-mor Ribeiro Araújo posteriormente suspendeu o combate e retirou seus homens para as bases, levando feridos, inclusive um que teve arrebentado o osso da coxa por uma bala.

No seu relato ao visconde de Pirajá, em 24 de outubro de 1822, o sargento-mor Ribeiro Araújo reclama da falta de pólvora e de munições, além de cirurgiões e de botica, de modo que "quantos enfermos se entregarem ao Cirurgião, podemos contar com elles na sepultura". O relatório termina com a informação do envio de presos para o Engenho Novo e o enterro de três pessoas (dois homens e uma mulher), uma das quais "o Alferes Farias com razão lhe deu muitas bayonetadas".

Ainda em 26 de outubro, na véspera da chegada de Labatut ao Engenho Novo, onde fixaria seu quartel-general, uma ofensiva de "vulto agigantado" por parte de Madeira ocorreu sobre a linha brasileira próxima a Pirajá, tendo sido resistida.[251] Foi a última operação das forças pró-D. Pedro sob o comando do visconde do Pirajá. Esses atritos na linha Pirajá-Itapuã, ao fim, provocaram Madeira a pensar em um plano para romper a situação. Era o prelúdio para a Batalha do Pirajá.[252]

Mesmo com a formação de um cerco rústico, a incapacidade de avançar sobre Salvador e o temor de ataque organizado do governador de Armas (o qual teria grandes chances de destruir as forças brasileiras) deixavam claro que, naquela relação de forças, Madeira teria, no longo prazo, a vantagem da defesa. Também contribuíam para as limitações dos partidários do Rio de Janeiro o baixo número de tropas e a grande necessidade de sua utilização em diversos locais. A distribuição dessas forças se tornava uma questão de difícil solução. Os pedidos vinham de todos os lados, mas o comando não tinha como atendê-los.[253]

Boa parte dos corpos se dirigiu à linha que pretendia cercar Salvador, a partir de Pirajá. Permanecia, no entanto, o medo, com a atuação de canhoneiras enviadas por Madeira ao Recôncavo, que agiam como no episódio de Cachoeira, em 25-28 de junho.

Para conter essa ameaça foi criada, em novembro de 1822, a flotilha de canhoneiras e lanchas destinadas a proteger a região. A força, como mencionado anteriormente, foi impulsionada por João das Botas, barqueiro português que aderiu ao Rio de Janeiro e armou o *Pedro Primeiro*. A ele se somaram outras 7 embarcações (*Leopoldina, Maria da Glória, Januaria, Paula Marianna, S. Francisco, Cachoeira e Vinte e Cinco de Junho*), que somaram 19 peças de diferentes calibres e 373 praças, entre soldados e marinheiros.[254] Outras embarcações teriam se juntado a essa esquadra, atingindo 710 marinheiros, ainda que essa versão seja de mais difícil confirmação.[255] A flotilha de João das Botas desempenharia importante função na segurança do Recôncavo e auxiliaria os esforços de negar a Madeira uma de suas principais táticas, a atuação das canhoneiras diretamente sobre as vilas do Recôncavo.

---

[251] In: José Wanderley de Araújo Pinho, 2010, p. 44.
[252] Vide Pedro Calmon, 1923, p. 287.
[253] Pedro Calmon, 1923, p. 280.
[254] In: Relatório dos Trabalhos do Conselho Interino de Governo da Província da Bahia. In: Miguel Calmon du Pin de Almeida, 1823, p. 12.
[255] A obra *A Marinha de Guerra do Brasil na luta da Independência* (1880, p. 21) amplia esse número, colocando-o em 18 embarcações, com a inclusão de 9 "baleeiras", chegando os marinheiros a 710.

Mesmo com avanços como a criação da flotilha, era essencial contar com o apoio do Rio de Janeiro. Já no início dos combates da fase regional da luta pela Bahia, a Junta de Cachoeira escreveu a D. Pedro, em 5 de julho de 1822: "ajudai-nos senhor que somos súditos devotados de Vossa Alteza".[256]

O Rio de Janeiro, porém, não havia esperado o pedido de Cachoeira para enviar auxílios. Os preparativos para a escolha de tropas, concentração de material e organização de uma esquadra já estavam avançados naquele início de julho de 1822.

Segundo Humberto Pelegrino,[257] o primeiro militar aventado para comandar as forças nacionais na Bahia, o denominado "Exército Pacificador", foi o brigadeiro Domingos Alves Branco Moniz Barreto. Alves Branco era próximo a alguns dos chefes da luta na Bahia e reclamou, na Assembleia Constituinte, em 1823, de ter sido "preterido no seu desejo de ser o escolhido para comandar a tropa".[258]

Centrado na consolidação do poder de D. Pedro, José Bonifácio teria repelido a nomeação de comandante que pudesse estar em acordo com os dirigentes locais, em vez de reconhecer exclusivamente a autoridade do regente. Vê-se, nessa ação, como os interesses de grupos dirigentes das províncias, de ampliar seu poder, não necessariamente coincidiam com a visão do Rio de Janeiro.

A escolha recaiu, ao final, em Pierre Labatut, que havia lutado nas guerras de libertação da América Espanhola, tinha fama por seus feitos militares, e vivia no Brasil anteriormente aos eventos de 1822. A mudança para Pierre Labatut teria sido defendida pelo padre Francisco Sampaio, próximo a José Bonifácio. Um general estrangeiro convinha à tática elaborada pelo Rio de Janeiro, mas se mostraria custosa no processo de consolidação da Independência e relacionamento com as elites baianas. Labatut partia à Bahia sofrendo com fricções políticas nos bastidores. E não demoraria muito para que esse peso se fizesse excessivo para a continuidade de seu comando.

Em 14 de julho de 1822, quase dois meses antes da Declaração de Independência do Brasil, Labatut partiu à Bahia em esquadra comandada pelo chefe de divisão Rodrigo Antonio de Lamare. Compunham

---

[256] Humberto Pelegrino, 1980, p. 292.
[257] 1980, p. 292.
[258] Dias Tavares, 1977, p. 115.

a força a fragata *União*, as corvetas *Maria da Glória* e *Liberal*, e o brigue *Reino Unido* (depois *Cacique*),[259] conforme mencionado nos capítulos anteriores. Levavam cerca de 200 homens do 4º Regimento de Milícias da Corte (em sua maioria soldados negros, os "Libertos do Imperador"),[260] uma companhia do 1º Batalhão de Caçadores, e vários oficiais, todos sob o comando de Labatut, num total de 298 homens.[261] Mais importante ainda, conduziam carga militar significativa, composta por 5 mil carabinas, 500 clavinas, centenas de sabres e pistolas, além de 2 mil lanças para a cavalaria.[262] Era material de que os partidários do Rio de Janeiro, como o sargento-mor Ribeiro Araújo, precisavam.

A viagem da esquadra foi tranquila até as proximidades da baía de Todos os Santos. Não houve contato com a esquadra portuguesa, porém a situação na própria tropa brasileira revelava a continuidade das desconfianças entre o comandante e alguns oficiais, particularmente aqueles provenientes da própria Bahia. Um deles chegou a ser preso pelo general, escrevendo relato crítico posteriormente,[263] no qual atacou, inclusive, a decisão de não desembarcar na Bahia, mas em Alagoas.

O fato, porém, é que ao chegar à baía de Todos os Santos, nos dias 5 a 8 de agosto, De Lamare encontrou-se com frota portuguesa que cruzava na entrada da barra.[264] Madeira tivera conhecimento, por seus informantes no Sul,[265] da chegada da esquadra e havia destacado 10-12 navios para tentar obstar a passagem de De Lamare e Labatut, os quais incluíam as corvetas *Dez de Fevereiro, Regeneração e Restauração*, os brigues *Audaz e Promptidão*, e a escuna *Conceição*.[266]

---

[259] Vide capítulo V. A referência à partida da esquadra de De Lamare encontra-se também em "Independencia do Imperio do Brasil: descripção dos factos de Marinha, que se deram desde que se projectou a Independencia do Imperio do Brasil até o final da luta". Manuscrito copiado do Arquivo Público. In: *Revista do Instituto Histórico e Geográfico Brasileiro*, volume XXXVII, primeira parte, 1874. In: http://www.ihgb.org.br/rihgb.php?s=20 (acesso em 10/09/2014), p. 197.
[260] Ubiratan Castro de Araújo, 2010, p. 23.
[261] Pedro Calmon fala em 260 soldados e 34 oficiais. 1923, p. 277.
[262] Pedro Calmon, 1923, p. 278.
[263] "Exposição dos Fatos acontecidos na Expedição, que desta Corte partiu em 14 de julho do ano próximo passado, em socorro da Provincia da Bahia, e do procedimento do Brigadeiro Labatut etc. etc.". In: Carvalho et al., 2014, vol. 4, p. 490.
[264] Pedro Calmon, 1923, p. 278.
[265] *A Marinha de Guerra do Brasil na luta da Independência*, 1880, p. 9.
[266] *Independencia do Imperio do Brasil: descripção dos factos de Marinha, que se deram desde que se projectou a Independencia do Imperio do Brasil até o final da luta*". In: RIHGB, 1874, p. 298.

A esquadra brasileira foi avistada em 4 de agosto, a 15 milhas da ponta de Santo Antônio. Uma tempestade impediu o confronto direto, auxiliando De Lamare, que tinha instruções para evitar o combate:[267]

> Durante os dias 5, 6, 7 e 8 continuarão á vista as duas forças; a da Bahia anciosa por um combate em que a superioridade numérica assegurava fácil triumpho e o chefe Lamare peado pela rigorosa obrigação de antes de tudo pôr a salvo os soldados de Labatut, único socorro com que contavão os patriotas do Reconcavo, e impossibilitado de aceitar a lucta com um inimigo muito mais numeroso, e tendo seus navios tripolados por marinheiros do mesmo paiz que seu adversário e no mais deplorável estado de disciplina.[268]

Os relatos da viagem da esquadra de De Lamare são envoltos em ameaças de revolta de parte da tripulação, que era de origem europeia e tinha dificuldades de manter-se na disciplina necessária. Também havia oficiais do Exército que já confabulavam contra Labatut, continuando os problemas que haviam se apresentado quando da escolha do general para comandar o Exército Pacificador.[269]

As dificuldades foram tais que De Lamare não pôde cumprir as instruções de tentar bloquear a Bahia com sua esquadra após o desembarque das tropas de Labatut. Em reunião com seus oficiais, em 7 de setembro de 1822, o chefe da divisão optou por voltar ao Rio de Janeiro.[270] Uma sublevação chegou a ocorrer nessa viagem de retorno, na altura de Alagoas. A revolta se deu na *União* e na *Liberal*, mas foi logo abafada. Os chefes do movimento ficaram presos na *Maria da Glória*, até a chegada ao Rio de Janeiro, onde foram processados.[271]

Com as dificuldades com relação à tripulação e com um objetivo que não era o de enfrentar a esquadra portuguesa, Labatut acordou

---

[267] *A Marinha de Guerra do Brasil na luta da Independência*, 1880, p. 12.
[268] *A Marinha de Guerra do Brasil na luta da Independência*, 1880, p. 9.
[269] *A Marinha de Guerra do Brasil na luta da Independência*, 1880, p. 11.
[270] O registro da reunião, realizada a bordo da *União*, em Pernambuco, em 7 de setembro de 1822, encontra-se transcrito em: *A Marinha de Guerra do Brasil na luta da Independência*, 1880, p. 13.
[271] *Independencia do Imperio do Brasil: descripção dos factos de Marinha, que se deram desde que se projectou a Independencia do Imperio do Brasil até o final da luta".* 1874, p. 298.

com os oficiais a bordo seguir para o Norte, acima da Bahia.[272] Desembarcou em Maceió, em 21 de agosto de 1822.[273] As forças nacionais seguiram para o Recife, onde encontraram dificuldades nas negociações com a Junta liderada por Gervársio Pires (vide capítulo III, segunda parte). Labatut relatou a José Bonifácio[274] ter sido "mal recebido" por Gervásio e acusou este de ser "republicano". Ao fim, como se viu, a pressão pela adesão ao Rio de Janeiro terminou com a concordância de Gervásio em apoiar o Exército Pacificador. As forças de Labatut também passaram, nesse contexto, por Sergipe, garantindo a incorporação da província ao Rio de Janeiro.

O elemento mais importante na passagem por Pernambuco e Alagoas foi, apesar das resistências, a contribuição em tropas. Cerca de 700 soldados comandados pelo major José de Barros Falcão Lacerda[275] se incorporaram ao Exército Libertador, aos quais se juntaram, também, 200 soldados da Paraíba.[276] A guerra na Bahia exigiria um esforço de recrutamento ainda maior, e incluiria forças de várias províncias do Brasil, incluindo Minas Gerais, Rio de Janeiro, Pernambuco e Alagoas.

Com o fortalecimento das tropas, Labatut partiu para a Bahia. O interesse e a necessidade em instalar-se no comando das forças anti-Madeira eram tamanhos que Labatut adiantou-se à marcha das tropas pernambucanas e atravessou o território entre Pernambuco e Bahia com apenas um ajudante. Atingiu o Engenho Novo, na estrada das Boiadas, em 28 de outubro de 1822, assumindo o comando do Exército Pacificador, em substituição a Joaquim Pires de Carvalho e Albuquerque. Proclamou, no dia seguinte, em 29 de outubro, manifesto conclamando os "bons e leais portugueses" à obediência.[277] Uma intimação também foi enviada a Madeira, para que se retirasse com suas forças.

---

[272] As instruções eram de descer na Bahia. Labatut enviou ofício para De Lamare solicitando a mudança no trajeto. Este consultou, então, os oficiais, que concordaram. In: *A Marinha de Guerra do Brasil na luta da Independência*, 1880, p. 11.
[273] Pedro Calmon, 1923, p. 278.
[274] Ofício de 26/12/1822. In: Biblioteca Nacional. *Documentos Relativos aos Acontecimentos da Província da Bahia, de 1822*. Referência I-31, 6, 7. Rolo MS 512 (67) – nº 1330.
[275] Segundo Evaldo Cabral de Mello (2014, p. 100), Barros Falcão era também conhecido como "Barros Vulcão", "devido a seu caráter estouvado". Ainda assim, o militar comandou as tropas pernambucanas na Bahia e foi condecorado por D. Pedro por seu desempenho.
[276] Ubiratan Castro de Araújo, 2010, p. 23.
[277] In: Sérgio Roberto Dentino Morgato, 2010, p. 70.

As forças político-militares que apoiavam D. Pedro na Bahia tinham agora dois "focos centralizadores": um, "civil–administrativo", em Cachoeira; outro, militar, no Engenho Novo.[278] O primeiro era composto por forças locais; o segundo, encabeçado por um representante direto do Rio de Janeiro, com instruções específicas do imperador, mas circundado por elementos militares locais. A combinação era, no mínimo, sensível e perigosa.

Labatut relatou ao Rio de Janeiro uma série de providências desde a sua chegada, para o aprimoramento das forças que encontrara. Avaliava haver elementos positivos na organização das forças baianas, como os pontos de defesa já estabelecidos na linha Pirajá–Itapuã, que foram rapidamente aproveitados pelo general: "lancei mão dos mesmos pontos de defesa, e acampamento, tomados antes da minha chegada, por serem próprios, e pelo conhecimento que do terreno deles tinham os seus defensores".[279] Com a chegada das tropas do Recife e de Maceió, em 2 de novembro seguinte,[280] foram destacados 300 soldados para Itapuã. As forças no Cabrito e em Pirajá ultrapassaram mil soldados. Era um número, ainda assim, baixo para a estimativa de Labatut: "nem mais de dous mil eram os enfileirados em todas as primeiras linhas".

O chefe das forças brasileiras reorganizou as tropas em duas "divisões": uma à direita, sobre a estrada das Boiadas, composta fundamentalmente pelas tropas baianas que estavam em Pirajá. Foi entregue, em 3 de novembro de 1822, a Barros Falcão de Lacerda, promovido por Labatut a coronel.[281] Lacerda assumiria a divisão três dias antes da Batalha do Pirajá. A divisão da esquerda, na área de Itapuã, foi entregue ao "pessoal da Torre", sob o comando de Felisberto Caldeira. Uma terceira força seria posteriormente utilizada para fechar o centro, composta essencialmente pelas tropas do Batalhão do imperador, que chegaria ao teatro de operações em 1823.

---

[278] Pedro Calmon, 1923, p. 278.
[279] Apud Pedro Calmon, 1923, p. 281.
[280] A movimentação das tropas é relatada em Anonimo, *Exposição dos Serviços Prestados pelo Coronel José de Barros Falcão de Lacerda, em differentes épocas e provincias do Imperio, desde 1788 até 1848, com especialidade nos anos de 1817, 1821, 1822, 1823 e 1824. Por um Contemporâneo*. Pernambuco: Typographia M. F. de Faria, 1849. In: http://www.brasiliana.usp.br/bbd/search?&fq=dc.subject%3ALacerda%2C%5C+Jos%C3%A9%5C+de%-5C+Barros%5C+Falc%C3%A3o%5C+de (acesso em 22/10/2014).
[281] *Exposição dos Serviços Prestados*, 1849, p. 9. Vide também Sérgio Roberto Dentino Morgato, 2010, p. 70.

A nova disposição do Exército Pacificador melhorava a organização das forças pró-Rio de Janeiro, mas não resolvia as deficiências e carências imediatas. Faltava praticamente todo tipo de recurso financeiro, material e homens treinados; "as tropas eram ralas e bisonhas", sendo visível a desproporção de forças com as do general português.[282] Era preciso ampliar o recrutamento, encontrar recursos, armar e treinar novas forças.

---

[282] Pedro Calmon, 1923, p. 282.

DO PIRAJÁ A ITAPARICA

Mal iniciando as medidas de organização do Exército Pacificador, Labatut enfrentou o ataque de Madeira. Este, sofrendo com o fechamento do acesso ao interior pelos brasileiros e com o atrito causado pelo encontro constante das forças opostas, "procurou uma decisão em força na ação que se chamou combate do Pirajá".[283] O relato que chegou às Cortes, em Portugal, foi efetivamente o de que Madeira "já sofria com alguma impaciência a constrangida inacção de suas tropas",[284] motivo pelo qual planejou o ataque a Pirajá, onde se concentrava grande parte das forças brasileiras. A localidade, ademais, era muito próxima ao Engenho Novo, onde estava instalado o quartel-general de Labatut. Com os reforços que haviam chegado de Portugal, em outubro, o governador de armas planejou um grande ataque.

O plano de Madeira envolvia ataque combinado de centro e flanco. No centro, duas colunas realizariam a ofensiva: uma força de 1.500 homens do 12º Batalhão, comandados pelo coronel Victorino José de Almeira Serrão, atacaria Pirajá e o Cabrito pela estrada das Boiadas, enquanto 400 soldados do tenente-coronel Joaquim Antonio d'Almeida iriam pelo caminho de São Braz.[285] O relato a Lisboa levado pelo navio *Conceição* informa, por outro lado, que teria sido o coronel Gouveia Ozório o destacado para atacar o Engenho do Cabrito. Osório seria, na verdade, o comandante de toda a operação.[286] Paralelamente, uma

---

[283] Humberto Pelegrino, 1980, p. 293.
[284] In: *Diário do Governo*, nº 8, 9 de janeiro de 1823, p. 48.
[285] Pedro Calmon, 1923, p. 284.
[286] In: Araújo Pinho, 1968, p. 47.

força de 300 soldados e marinheiros,[287] comandados pelo próprio chefe da divisão naval portuguesa, João Felix Pereira, atacaria no flanco, pelo mar, por Itacaranha e Plataforma, com vistas a atingir a retaguarda do inimigo. Reforços estavam previstos para a segunda parte da luta.

As forças brasileiras que resistiriam ao ataque de Madeira eram de aproximadamente dois mil homens,[288] que compunham forças baianas, pernambucanas e cariocas. Labatut havia recebido, em 5 de novembro, reforços do capitão Manuel Francisco da Costa, com armas e pólvora. Ainda assim, as forças brasileiras eram limitadas e o comandante-geral do Exército Pacificador não estava no Engenho Novo no momento da ação, não tendo participado da batalha.[289]

Foram cerca de oito horas de combate, durante os quais "operou-se em ambas as frentes um movimento decisivo e geral de ofensiva".[290]

Na manhã de 8 de novembro de 1822, o Batalhão 12º de José Pereira avançou sobre o caminho de Itapuã, onde enfrentou os 400 homens de Felisberto Caldeira.[291] Os portugueses, no entanto, retrocederam. No Cabrito, Almeida Serrão avançou sobre o território, aproveitando-se do desembarque da divisão naval, e colocou os brasileiros em situação difícil. Cerca de 400 portugueses se dirigiram aos acampamentos de Pirajá.

A resistência brasileira foi intensa, mas, com os ataques de flanco, os portugueses chegaram a ocupar Pirajá, colocando-se como ameaça sobre o Engenho Novo. Uma contraofensiva brasileira permitiu a retomada do arraial, mas a situação foi agravada com a chegada de importante reforço português:

> Os portugueses, que lançavam na conquista e desbarato do arraial baiano-brasileiro todas as suas forças, salvo aquelas que mandaram para Rio Vermelho no Itapuã, para entreter, impedindo vir em socorro de Pi-

---

[287] Segundo o próprio almirante João Felix Pereira, em ofício às Cortes de 9 de novembro de 1822, publicado no *Diário do Governo*, nº 9, de 10 de janeiro de 1823, p. 50. Hendrik Kraay cita o número de 550 marinheiros na ação. In: KRAAY, Hendrik, "Erro Vitorioso". In: *Revista de História*, 2011. In: http://www.revistadehistoria.com.br/secao/capa/erro-vitorioso (acesso em 15/10/2014).
[288] Vide Pedro Calmon, 1923, p. 284. José Wanderley de Araújo Pinho, 1968, p. 46 e Varnhagen, 1957, p. 274.
[289] Dias Tavares, 1977, p. 124.
[290] Pedro Calmon, 1923, p. 284.
[291] José Wanderley de Araújo Pinho, 1968, p. 47.

rajá, as forças da ala das Armações, reforçaram as colunas e à direita e à esquerda atacaram – em Dendezeiras, em Cabrito; e ainda a Itacaranha enviam forças que surpreenderam os baianos".[292]

Na esquerda e no próprio centro, a situação das forças do Exército Pacificador se tornava cada vez mais precária. Segundo José Wanderley de Araújo Pinho,[293] Labatut, que não estava no Engenho Novo, chegou a expedir ordem para que se escondesse o tesouro das forças brasileiras. Buscou, também, meios de mobilizar forças de reserva, que não estavam na luta, para reforçar as linhas brasileiras. Com os atrasos na mobilização das reservas, com as munições limitadas, as forças do Exército Pacificador estiveram a ponto de ceder aos soldados de Madeira.

Segundo o relato tradicional da história da Batalha do Pirajá, foi nesse momento que ocorreu o episódio do cabo Luiz Lopes. Com o avanço das tropas portuguesas, Lopes, que era corneteiro, teria recebido a ordem, dar o toque de retirada, mas equivocou-se e tocou "avançar cavalaria e degolar". O efeito desse erro teria sido duplo: os brasileiros recobraram a força e o inimigo, "crendo que atraz das nossas linhas galopasse todo um esquadrão, parou na carga, titubeante".[294] Forças do Batalhão pernambucano investiram sobre as tropas de Madeira e os fez retroceder, "por um lado até á Lapinha e pelo outro até á praia de Escada".

O episódio pitoresco do cabo Lopes e do erro da corneta é, na avaliação de Dias Tavares, "uma injustiça à memória dos oficiais e soldados brasileiros que em Pirajá sustentaram suas posições e defenderam o Exército ainda em formação".[295] De fato, nem o relato de Labatut ao Conselho Interino, em 9 de novembro de 1822,[296] nem as notícias publicadas no *Diário do Governo de Lisboa* mencionam o que teria sido o golpe de sorte das forças brasileiras. Labatut refere-se aos esforços das tropas pernambucanas, cariocas e baianas na resistência.

O próprio comandante do Exército Pacificador destaca a importância do comando do coronel Barros Falcão[297] e do fato de que, apesar

---

[292] José Wanderley de Araújo Pinho, 1968, p. 48.
[293] P. 49.
[294] Pedro Calmon, 1968, p. 285.
[295] 1977, p. 123.
[296] Ibid., p. 123.
[297] Ofício no qual Labatut elogia a atuação de Barros Falcão na Batalha do Pirajá pode ser encontrado em *Exposição dos Serviços Prestados pelo Coronel José de Barros Falcão*

dos ataques portugueses e recuos brasileiros, as forças pró-Rio de Janeiro souberam resistir a ataque de mais de oito horas a posições fixas: "quando tiveram de recuar, recuaram em ordem, concentraram as forças, enfrentaram o inimigo, bateram-no".[298] Barros Falcão posteriormente distanciou-se do Rio de Janeiro, nos tumultos em Pernambuco, em 1824. Isso, mais o fato de que suas tropas eram originárias de vários pontos do país (e não apenas baianas),[299] poderá ter contribuído para a criação de uma lenda alternativa, na figura do corneteiro.

O ataque pela esquerda do 12º Batalhão de Madeira também teria sido, segundo Dias Tavares, um erro tático, por ter enfraquecido o avanço sobre o centro (Pirajá) e permitido um espaço para que Barros Falcão contra-atacasse e abrisse uma fissura na ofensiva portuguesa. Hendrik Kraay[300] menciona que nesse momento do ataque à esquerda, chegou ao campo de batalha uma formação de cavalaria brasileira, comandada pelo major Pedro Ribeiro de Araújo, a qual teria sido a responsável por aproveitar a brecha na linha portuguesa e permitir a virada do jogo.

Um dos relatos que chegou a Lisboa, por outro lado, culpou o chefe da Divisão Naval, Felix Pereira, "a julgar-se pelo resultado", por não ter logrado um desembarque eficiente de suas forças, por volta das 4 horas da manhã de 8 de novembro. Segundo essa versão, o almirante demorou excessivamente em desembarcar a tropa, enfentando resistência do inimigo, em vez de desembarcar "livremente" na praia da "Tacarenha".[301]

João Félix Pereira relatou a Lisboa, em 9 de novembro,[302] que seu objetivo era desembarcar os homens para atacar o Cabrito, "a fim de cortar o caminho do inimigo". Antes de chegar à praia, no entanto, ao passar por "Tacarenha", sofreu ataque de duas peças de artilharia e forte fuzilaria. O fogo foi respondido por duas barcas. As embarcações portuguesas, segundo o almirante, de fato sofreram com a maré, mas, após a troca de tiros, foi feito o desembarque: "vendo os inimigos esta

---

de Lacerda, em diferentes épocas e provincias do Imperio, desde 1788 até 1848, com especialidade nos anos de 1817, 1821, 1822, 1823 e 1824. Por um Contemporâneo, p. 23.
[298] Dias Tavares, 1977, p. 124.
[299] José Honório Rodrigues, 2002, p. 249.
[300] Hendrik Kraay, 2011.
[301] In: *Diário do Governo*, nº 8, de 9 de janeiro de 1823, p. 48.
[302] *Diário do Governo*, nº 9, de 10 de janeiro de 1823, p. 50.

resolução, todos fugirão, e se concentrarão pelo mato, donde continuárao a fazer alguns tiros, abandonando as ditas peças de que ficámos senhores". A marcha continuou até o Cabrito, "sem encontrar oposição alguma", onde foram capturadas duas outras peças. Surgiram, no entanto, as emboscadas, tendo as forças portuguesas realizado ações de busca dos inimigos e "ahi matarão algúns destes que encontrarão armados". Três soldados brasileiros foram presos. Segundo Felix Pereira, por volta das 3 horas, ele recebeu anúncio de retirada, o que fez, sem ter sofrido, segundo ele, baixas nas suas forças.

Entre falhas na ala esquerda ou no avanço da Divisão Naval, jornais ligados ao Exército português estimaram que, na verdade, o ataque deveria ter ocorrido mais cedo, antes da consolidação das forças pró-Rio de Janeiro.

Dentre muitas teorias sobre o resultado da Batalha do Pirajá, uma que não pode ser deixada de lado é a de que, como em toda batalha, houve erros e acertos dos dois lados. Muitos elementos de sorte e acaso influenciaram o desfecho, mas, no fim, foi – como normalmente é – a eficiência das tropas de um dos lados que ultrapassou em parte a eficiência da outra e conseguiu desequilibrar a conflagração em seu favor e mudar o ritmo do confronto.

A Batalha do Pirajá resultou, enfim, no reforço do cerco sobre Salvador e limitou as capacidades de manobra do governador de armas. Como aponta Humberto Pelegrino,[303] Pirajá não esgotou, militarmente, "nenhum dos dois partidos", mas "demonstrou que as cristas de uma série de colinas pelas quais passava a única estrada de serventia para a península onde ficava a cidade, dominadas pelo Exército Pacificador, representavam posição forte de fácil defesa".

Os brasileiros consideraram o episódio vitória importante. Menos conhecidos, os relatos[304] do lado português também falavam em vitória, com importantes perdas brasileiras em vidas e equipamentos. De todo modo, do lado das forças pró-Rio de Janeiro, o resultado do Pirajá foi um grande fortalecimento do moral da tropa. O "número de adesões à causa patriota, por ter o Exército brasileiro improvisado derrotado os soldados treinados da metrópole, aumentou consideravelmente".[305]

---

[303] 1980, p. 301.
[304] *Diário do Governo*, números 7, de 8 de janeiro de 1822, e 9, de 10 de janeiro de 1823, p. 39 e 50.
[305] Hendrik Kraay, 2011.

As estimativas são muito variáveis sobre o número de mortos e feridos. Labatut mencionou "mais de 200 inimigos" mortos e dezenas de feridos.[306] No poema "Paraguaçu", numa das referências do episódio, mencionam-se 53 mortos encontrados na estrada do Pirajá ao Bate-Folha, sendo que o total dos mortos excedera 130, com mais de 200 feridos.[307] Do lado brasileiro, segundo esta fonte, os mortos teriam sido 1 carioca, 9 baianos, 2 pernambucanos, além de 13 feridos na primeira linha; entre milicianos, teriam sido 15 feridos e "alguns mortos". Do lado português, pelas notícias publicadas em Lisboa[308] relatou-se a perda de "70 e tantos homens" mortos e feridos, "tendo porém os contrários sofrido grande derrota, perdendo muita gente". Outro relato no *Diário do Governo de Lisboa* fala em 64 mortos e feridos, além de muitos mortos do lado brasileiro, e a apreensão de artilharia. No conjunto, as estimativas das baixas poderiam ficar entre 100-200 mortos, além de número próximo a esse de feridos e capturados. Foi uma batalha proporcionalmente intensa.

Pirajá não foi, ao final, o término da ofensiva de Madeira sobre as forças pró-Rio de Janeiro. Na linha Pirajá-Itapuã, continuaram ataques e contra-ataques ao longo de todo o mês de novembro. A tensão permaneceu constante no período e espalhou-se para toda a província.

Os ofícios dos comandantes brasileiros a Labatut e à Junta Interina dão conta de um clima de apreensão sobre potenciais novos ataques portugueses. Logo no dia seguinte a Pirajá, em 9 de novembro, colunas das tropas de Madeira atacaram as linhas brasileiras, passando por Brotas até Pituba.[309] O Batalhão dos Periquitos resistiu ao avanço, expulsando os portugueses. Pouco depois, em ofício de 16 de novembro de 1822 ao Governo Interino, Labatut relatou[310] ter visitado as defesas no Forte, no reduto da ponta da Barra, Sanbará e Jaguaripe. Indicou que o plano de defesa era cobrir toda a linha de cerco com pequenos destacamentos. No caso de ataques, estas se deslocariam para pontos mais fortes, e forças "flanqueadoras" se movimentariam de acordo com o ataque inimigo.

---

[306] Dias Tavares, 1977, p. 124. Vide também *Exposição dos Serviços Prestados pelo Coronel José de Barros Falcão de Lacerda, em diferentes épocas e provincias do Imperio, desde 1788 até 1848, com especialidade nos anos de 1817, 1821, 1822, 1823 e 1824. Por um Contemporâneo*, p. 24.
[307] José Wanderley de Araújo Pinho, 1968, p. 51.
[308] *Diário do Governo*, nº 7, de 8 de janeiro de 1823, p. 39.
[309] José Wanderley de Araújo Pinho, 1968, p. 52.
[310] In: Biblioteca Nacional. *Documentos Diversos sobre a Bahia*. Referência I-31, 6, 7. Rolo MS 512 (65) nº 1318-1323.

No Recôncavo, as informações eram de barcos inimigos cruzando constantemente a baía de Todos os Santos. Comunicação da vila de Nazareth, de 16 de novembro de 1822, fala em 300 homens e duas peças prontas para a defesa, "achando-se agora mais exaltado o ódio, e desconfiança contra os Europeus, nesta Povoação (...)".[311]

Em 20 e 26 de novembro de 1822, Miguel Calmon du Pin de Almeida escreveu a Labatut informando de "indícios" de que Madeira atacaria a costa. Registrou também os preparativos para a defesa de Cachoeira. Calmon du Pin pedia pólvora a Labatut, "visto que daqui tem sahido, e continua a sair frequentemente para fornecimento dos Pontos avançados". Em 24 de novembro, Cachoeira resistiu a um ataque de barcas portuguesas.[312]

O reforço do Exército Pacificador para enfrentar Madeira precisou incluir, como se observa no pedido de Miguel Calmon du Pin e Almeida, desenvolvimento importante na qualidade e organização das tropas e da logística. Labatut, desde o início, reclamou do treinamento das tropas que encontrou na Bahia, ainda que reconhecesse o valor com que baianos e pernambucanos lutaram no Pirajá. Desde o primeiro momento, foram empreendidas novas ações de recrutamento e organização de novos batalhões.

A Batalha de Pirajá, como visto, ofereceu bom momento para a ampliação do recrutamento, e Pedro Calmon aponta que "voluntários accorriam do sertão do São Francisco, de Jacobina ou Lavras, da fronteira mineira, do Sul, de todos os pontos, enquanto a deserção, nas fileiras portuguesas, crescia dia a dia". De fato, por diversos mecanismos de recrutamento, voluntário ou forçado, as tropas do Exército Pacificador foram crescendo com elementos da Bahia, Pernambuco,[313] Minas Gerais, Alagoas,[314] Ceará, Sergipe e do Rio de Janeiro. Um comunicado do Ministério da Marinha informou Labatut, em 6 de dezembro de 1822, de novos "socorros" à Bahia, com a inclusão de novas tropas

---

[311] Ibid.
[312] Pedro Calmon, 1923, p. 289.
[313] No *Diário do Governo de Pernambuco* (nº 7, de 8 de abril de 1823) foi reproduzido Ofício de Labatut, de 30/01/1823, agradecendo aos préstimos de Pernambuco, onde o capitão Ignacio Gabriel Monteiro de Barros, em treze dias, requisitou e obteve do governo provisório 600 soldados e armamento. Registrava a chegada do reforço.
[314] Conforme informação do deputado Cruz Gouveia. In: Ata da Assembleia Geral Constituinte de 4 de junho de 1823.

de Minas Gerais e do Espírito Santo.[315] Um terceiro contingente de pernambucanos ainda chegaria em maio de 1823, um mês depois de ter aportado o Batalhão do Imperador.

Com novos soldados, o comandante do Exército Pacificador organizou batalhões e aprimorou o treinamento. Foi formado um "Batalhão da Pitanga" (4º Batalhão do Exército Pacificador), comandado por um pernambucano. A Vila de Inhambupe organizou o "Batalhão de Voluntários da Princesa D. Maria da Glória.[316] Unidades foram estabelecidas no Recôncavo, como em Jequeriçá, Vila de São Francisco, Itapicuru, Santo Amaro e em Cachoeira. Muitas dessas forças se dedicaram à defesa local, contra as incursões de Madeira sobre a baía de Todos os Santos.[317] Outra parte foi colocada na linha de cerco sobre Salvador. Labatut fortificou o Cabrito, a Plafatorma e outros pontos com novos batalhões e artilharia. Na ilha da Maré, "chave dos pequenos archipelagos interiores", foi postada tropa de 400 soldados de artilharia. O major José Leite Pacheco levou um batalhão de 500 praças para fixar-se na área de Itapuã.

Ao final, conforme a distribuição realizada por Labatut em duas divisões (a da direita comandada pelo coronel Barros Falcão Lacerda, a da esquerda, pelo coronel Felisberto Gomes Caldeira), o Exército Pacificador contava com 12 Batalhões de infantaria, 3 Batalhões e duas companhias de Artilharia, e dois Esquadrões de Cavalaria.[318] Dentre as unidades mais conhecidas, estavam o Batalhão do Imperador, vindo do Rio de Janeiro, o Batalhão nº 3 (Periquitos) e o Batalhão nº 5 (dos Henriques). A 5ª Brigada de Artilharia tinha batalhões com nomes de cidades ou províncias, como os da "Bahia", "de Pernambuco", "de Maceió", além da Cia. de Artilharia de Nazaré e Cachoeiras, e a Cia. de Montebrechas de Pernambuco. Esse é mais um dado demonstrativo da amplitude das tropas que participaram da guerra nacional na Bahia.

São variáveis as informações sobre o número total de soldados mobilizados nesse processo. Em novembro de 1822, as forças estariam equilibradas em 8 mil soldados de cada lado, mais forças de Marinha.[319] Humberto Pelegrino[320] fala em 14.317 homens, 8 navios e 242

---

[315] José Honório Rodrigues, 2002, p. 251.
[316] José Wanderley de Araújo Pinho, 1968, p. 54.
[317] Pedro Calmon, 1923, p. 288.
[318] In: Dias Tavares,1977, p. 126.
[319] Rio Branco, nota à obra de Varnhagen, 1957, p. 272.
[320] 1980, p. 302.

bocas de fogo para os brasileiros. Rio Branco,[321] em comentário à obra de Varnhagen, menciona "7.039 homens fazendo o assédio da cidade (Salvador), 739 no Engenho Novo; 1.034 em São Tomé e Costa; 966 em Passé, Marré e Bôca do Rio; 2.547 em Itaparica e 710 na flotilha de Itaparica, num total de 14.405, dos quais 11.000 seriam efetivamente combatentes".

Todas as estimativas ultrapassam, de todo modo, 10 mil soldados no Exército Pacificador em fins de 1822 e início de 1823. Do lado português, com os reforços que ainda chegaram em 1º de abril de 1823, os números variaram entre 8 e 15 mil homens,[322] incluindo a Marinha, como visto no capítulo V. Somadas, portanto, as forças dos dois lados chegavam a 30 mil homens.

Parte dos esforços de Labatut de recrutamento local incluíram, em dado momento, a formação de companhias de libertos ou de escravos.[323] Foi criado um batalhão de libertos dos engenhos dos Teixeiras Barbosas, e duas outras unidades teriam sido formadas com libertos de Santo Amaro. José Honório Rodrigues[324] levanta a dúvida se o Batalhão dos Libertos se distinguia do Batalhão dos Henriques, composto também por libertos e mais conhecido historicamente. O mapa das unidades[325] mostra, no entanto, que o Batalhão dos Libertos era o de nº 9, da 3ª Brigada da 2ª Divisão (a da esquerda), ao passo que o dos Henriques era o de nº 5, da 4ª Brigada da 2ª Divisão.

A incorporação de escravos suscitou forte controvérsia e fricção entre Labatut e os proprietários de engenho. Além de requisitar recursos e víveres, o Exército Pacificador, com a libertação de escravos para o serviço do Exército, provocou um "fato político novo e revolucionário na Bahia".[326] A guerra e a mobilização militar acabaram sendo uma força desorganizadora da economia açucareira da região,[327] o que igualmente alimentou as diferenças entre Labatut e o Governo Provisório.

---

[321] In: Varnhagen, 1957, p. 272.
[322] 10.500 segundo Humberto Pelegrino, 12 mil, segundo Ubiratan Castro de Araújo (2010, p. 25).
[323] Ubiratan Castro de Araújo, 2010, p. 23.
[324] 2002, p. 251.
[325] Dias Tavares, 1977, p. 126.
[326] Ubiratan Castro de Araújo, 2010, p. 24.
[327] Ibid.

A participação de libertos e escravos é tema importante na história da Independência do Brasil, não apenas pelos impactos que tinha sobre vários aspectos políticos e sociais, mas também para realçar a contribuição dessa população aos esforços da guerra. Não foi um confronto limitado a elites. Mesmo que tenha se originado nos confrontos políticos entre grupos de elite em todo o Império português, a agitação de 1821-1823 e a guerra terminaram por mobilizar amplos setores do Reino do Brasil, particularmente no Norte-Nordeste.

A logística dessas tropas foi outro problema. Em vários ofícios de Labatut ou de outros oficiais,[328] observam-se constantes pedidos de peças de artilharia, de pólvora,[329] fardamento[330] e mantimentos. Em 14 de dezembro de 1822, Antonio de Souza e Lima escreveu um relato[331] severo das dificuldades logísticas enfrentadas:

> eu me vejo sacrificado no meio de huma guarnição de mil homens, passando, como agora 6 dias sem ter o que lhes dar á comer, e sendo eles precizos para o serviço da defeza da Patria, são privados de todos os meios de buscarem a sua subsistência (...) como é possível impor leis militares a homens á quem falta todo armamento?

Muitas dessas deficiências foram superadas, ao menos em parte.[332] Para esse desenvolvimento da força de combate, eram necessários, antes de mais nada, recursos financeiros. A guerra custava caro e a mobilização dos grupos apoiadores do Rio de Janeiro não se mostrava suficiente para atender às necessidades do Exército Pacificador. Um golpe de sorte, ou uma boa ação de inteligência, favoreceu Labatut: foram descobertos recursos enterrados nos engenhos da Cachoeirinha e Passagem, de propriedade de portugueses que haviam deixado o local.

---

[328] Biblioteca Nacional. *Documentos Diversos sobre a Bahia*. Referência I-31, 6, 7. Rolo MS 512 (65) nº 1318-1323.

[329] Além do ofício de Miguel Calmon du Pin e Almeida, documento de José Marcelino dos Santos, postado na Barra do Garcez, ao Conselho Interino, pedia urgentemente munição.

[330] Ofício da Villa de São Francisco, em 15 de outubro de 1822, segundo o qual a tropa na vila estava "a quasi inteira nudez". Ibid.

[331] In: Biblioteca Nacional. *Documentos Relativos aos Acontecimentos da Província da Bahia, de 1822*. Referência I-31, 6, 7. Rolo MS 512 (67) – nº 1330.

[332] O ofício de Miguel Calmon du Pin e Almeida, de 26 de novembro de 1822, indica que Cachoeira estava recebendo mantimentos, salvo farinha.

O ouro e outros recursos seriam "o suficiente para contornar todas as despesas de maior urgência até o fim da guerra".[333]

Com os ganhos do Exército Pacificador em força e capacidade de operação, aos poucos as ofensivas de Madeira foram perdendo efeito e houve uma inversão na tendência dos ataques. À parte as escaramuças quase diárias ao longo da linha e no Recôncavo, ainda em novembro e início de dezembro a iniciativa foi de Madeira.

Em 19 de novembro, mais de 300 escravos foram usados em uma ofensiva dos partidários das Cortes. Como aponta José Wanderley de Araújo Pinho, "era a segunda vez que Madeira usava de escravos como combatentes naquela campanha", pois, com o aperto do sítio, "parecia útil aos lusos usar dos negros como cunhas para debilitar o assédio baiano.[334] Após os ataques, os presos, 51 homens, foram fuzilados a mando de Labatut, para "atalhar pelo terror o grande perigo dêsse estratagema dos portuguêses".[335] O caso seria mais um elemento da sensibilidade política que representava a questão escravista no meio da guerra, tendo Labatut ampliado suas fricções com líderes locais pela forma como lidava com a questão. Os escravos não seriam os únicos a serem utilizados, pelos dois lados, no esforço de guerra: ofício de Porto Seguro ao Governo Provisório de Cachoeira, de 10 de dezembro de 1822, falava em índios rebelados em Trancoso, "cujo movimento consta-nos ser producção de alguns Europeos".

Nova ação portuguesa sobre Pituba, a partir da estrada das Brotas, ocorreu alguns dias depois, em 24 de novembro, também sem efeito. Mais seis dias e, em 30 de novembro, uma ofensiva com aproximadamente 200 brasileiros caiu sobre o Engenho da Conceição e a trincheira portuguesa da Mangueira.[336] Os choques duraram mais de quatro horas. Os portugueses receberam auxílio e, reforçados, forçaram a retirada brasileira. As tropas de Madeira resistiram a outro choque poucos dias depois, em combate de mais de duas horas.[337] No início de dezembro de 1822, Joaquim Pinto C. da Gama[338] relatava que "continuadas e

---

[333] Pedro Calmon, 1923, p. 282. Vide também Dias Tavares, 2008, p. 241.
[334] José Wanderley de Araújo Pinho, 1968, p. 53.
[335] Cerca de 20 mulheres também foram presas, mas não teriam sido fuziladas. Ibid. Vide também Pedro Calmon, 1923, p. 290.
[336] José Wanderley de Araújo Pinho, 1968, p. 55.
[337] Ibid.
[338] Biblioteca Nacional. *Documentos Diversos sobre a Bahia*. Referência I-31, 6, 7. Rolo MS 512 (65) nº 1318-1323.

fortes guerrilhas nos fazem muito ao caso, mas dias se passam que não as temos, o que nos causa grande desprazer".

Enquanto o cerco a Salvador aos poucos se tornava um conflito estático (mas nem por isso menos intenso), no Recôncavo, confirmando os temores brasileiros, Madeira ordenou uma série de ataques, especialmente sobre Itaparica e na barra do Paraguaçu. Para tanto, além dos 400 marinheiros envolvidos no bloqueio do Recôncavo, Madeira destacou 100 soldados do Exército.[339] Os registros mostram intensa atividade das forças pró-Lisboa no Recôncavo, com manobras regulares e preparativos para diferentes assaltos na região, em dezembro de 1822 e janeiro de 1823. A necessidade de gêneros alimentícios era a principal motivação para o governador de armas investir sobre o Recôncavo, ademais dos aspectos estratégicos de controle da baía e de Itaparica.[340] João Félix registra que, paralelamente, embarcações portuguesas teriam partido para Pernambuco, em busca de navios de suprimento.

Sobre Itaparica, foram realizadas três grandes incursões. As defesas brasileiras na ilha haviam sido reforçadas a ponto de atingirem mais de 3 mil homens, a maior parte dos quais ilhéus,[341] comandados pelo português Antônio de Souza Lima. Foram cavadas trincheiras e colocada artilharia no morro de São Paulo e no forte de São Lourenço. A flotilha de João das Botas também já estava em operação, oferecendo importante meio de defesa marítima.

As novas medidas surpreenderam os portugueses, que não esperavam tal resistência, como reconheceu o almirante João Félix, em relatório sobre a operação de 8 de janeiro de 1823,[342] no qual disse ter assaltado "a Ilha de Itaparica no logar de Amoreira" por três vezes, mas encontrou uma "defeza não esperada muito diferente do que tinhão informado á V. Exa e ao Sr. General".

---

[339] Conforme registrou o almirante João Félix em 2 de fevereiro de 1823. OFÍCIO do chefe de divisão e comandante da esquadra, João Félix Pereira de Campos, ao (secretário de estado da Marinha e Ultramar), Inácio da Costa Quintela, sobre a adesão dos povos da Baía à insurreição, a falta de viveres para as tropas, o bloqueio da Baía e os insucessos dos assaltos à Ilha de Itaparica. In: Projeto Resgate, AHU_ACL_CU_005, Cx 275 D. 19178. Arquivo da Biblioteca Nacional.
[340] Sérgio Roberto Dentino Morgado, 2010, p. 74.
[341] Sérgio Roberto Dentino Morgado, 2010, p. 74. Vide também Pedro Calmon, 1923, p. 292.
[342] Anexo ao Ofício do almirante de 2 de fevereiro de 1823, supracitado.

A principal ação de Madeira sobre Itaparica ocorreu em 7 de janeiro de 1823. Foram mobilizados 1,2 mil homens, mais os brigues *Audaz* e *Prontidão*, a escuna *Emília*, a barca *Constituição*, além de várias canhoneiras e navios armados, ultrapassando 40 embarcações.[343] Os brasileiros haviam sido alertados da possibilidade do ataque e se prepararam para a defesa.

Na manhã do dia 7 de janeiro, um barco e um lanchão portugueses aproximaram-se para um reconhecimento e foram atingidos por tiros do forte de São Lourenço. Uma hora e meia depois, toda a esquadra de João Félix avançou, fazendo e sofrendo forte barragem.[344] A fuzilaria impediu a manobra das barcas canhoneiras. Na terceira tentativa, diz João Félix que seu escaler foi furado com bala de fuzil e seu patrão ferido. O almirante relata ter chegado a desembarcar em Itaparica, sofrendo, ao mesmo tempo, o acossamento da flotilha de João das Botas, que teria apreendido dez barcas portuguesas.[345] Dois outros navios foram afundados e seus comandantes mortos. À uma da tarde, a esquadra retirou-se. As forças de Madeira tentaram, às três horas da tarde, desembarque alternativo sobre Mocambo e Amoreiras. Foram novamente repelidos, com perdas tão significativas que uma das embarcações não teria podido escapar, por falta de tripulantes. Alguns ataques ainda ocorreram ao longo de 8 de janeiro, mas, no dia seguinte, a esquadra de João Felix tinha se retirado definitivamente.

No ataque de 7 de janeiro, o almirante João Félix registra[346] 5 mortos, 6 marinheiros feridos gravemente e 6 não gravemente, num total de 17 baixas do lado português. Esse número foi maior, consequência das ações anteriores e do atrito entre as duas forças, mas dificilmente se chega ao número de Pedro Calmon,[347] que fala em 200 mortos do lado português. O total das baixas, dos dois lados, poderá ter chegado a esse valor.

O revés português em Itaparica, segundo Varnhagen,[348] desprestigiou Madeira, ampliando desavenças com João Félix. O insucesso sobre

---

[343] Varnhagen, 1957, p. 275.
[344] Pedro Calmon, 1923, p. 292.
[345] Ibid.
[346] Relato feito a bordo da nau *D. João VI*, em 8 de janeiro de 1823. Anexo ao ofício de 2 de fevereiro de 1823, supramencionado.
[347] 1923, p. 292.
[348] 1957, p. 275.

a ilha significava a perda quase definitiva da capacidade de controlar a baía de Todos os Santos e de fazer avançar sobre outras defesas os partidários do Rio de Janeiro, em ensaios de romper o cerco a Salvador. Madeira ainda insistiu em operações no Recôncavo, como a ação de 28 de janeiro, sobre a foz ("barra") do Paraguaçu. Nove embarcações portuguesas realizaram o ataque, e foram resistidas pela flotilha de João das Botas e por unidades de terra.[349] Foi no contexto de uma das operações no Paraguaçu, em abril de 1823, que atuou Maria Quitéria,[350] a qual também participou de outras ações na linha de Itapuã. Quitéria recebeu, por seus serviços, a promessa de soldo de alferes de linha e a condecoração do Cruzeiro.[351] Uma nova operação sobre Itaparica ainda teria ocorrido em 30 de janeiro, também sendo repelida.[352]

Após as malfadadas ofensivas de Madeira em janeiro de 1823, a situação naval na região inverteu-se a favor dos brasileiros.[353] Mesmo antes da chegada da esquadra de Cochrane, a flotilha de João das Botas realizou constantes operações de ataque sobre barcos portugueses na região. Muitos foram capturados e várias barcas portuguesas terminaram destruídas, ainda que as maiores unidades se mantivessem. João das Botas foi posteriormente promovido a capitão por Cochrane. Comandou um combate de fricção, que desgastava o inimigo, provocava perdas dos dois lados, mas não era decisivo. As principais embarcações portuguesas ainda eram fortes e poderiam, em teoria, representar uma ameaça estratégica para toda a força brasileira.

O insucesso das iniciativas de Madeira, no entanto, diminuíram a margem de manobra do governador de armas e exacerbaram o conflito político no interior da administração portuguesa da Bahia. A situação não era muito diferente do lado brasileiro, no que diz respeito às tensões internas. Nesse contexto, com o fim das principais ofensivas de Madeira sobre a linha Pirajá-Itapuã e sobre o Recôncavo, a guerra na Bahia concentrou-se ainda mais em batalha de cerco, perdendo a característica de guerra de movimento. O cerco efetivamente se fechava, mas ainda levaria todo o 1º semestre de 1823 para alcançar o objetivo da rendição de Madeira.

---

[349] Vide Sérgio Roberto Dentino Morgado, 2010, p. 50.
[350] Dias Tavares, 2008, p. 243.
[351] José Wanderley de Araújo Pinho, 1968, p. 69.
[352] José Wanderley de Araújo Pinho, 1968, p. 62.
[353] Vide Sérgio Roberto Dentino Morgado, 2010, p. 75.

A GUERRA DE POSIÇÃO

Engana-se quem estima que, após as batalhas de Pirajá ou de Itaparica, as forças de Madeira foram definitivamente derrotadas. Por falta de recursos ou por falta de decisão de seu chefe, houve de fato uma suspensão das grandes ofensivas portuguesas, mas não o fim das batalhas. Pelo contrário, no cerco a Salvador ou ao longo da baía de Todos os Santos, as operações militares continuaram intensas por todo o 1º semestre de 1823, ao mesmo tempo em que ocorriam as batalhas no Piauí-Maranhão e na Cisplatina. Em conjunto, essas operações envolviam, direta (como campo de batalha) ou indiretamente (com o envio de tropas e apoio logístico) praticamente todo o Norte-Nordeste e partes do Sul do Brasil. O quadro que o Rio de Janeiro observava, naquela época, era de conflagrações em pontos estratégicos de todo o novo Império.

Os portugueses continuaram, a partir de dezembro de 1822, em tentativas de romper a linha brasileira sobre Salvador. Além de novos reforços de tropas, Madeira contou com a mobilização de cidadãos da capital baiana que ainda o apoiavam. Foi nesse contexto que apareceu a já mencionada petição de 655 cidadãos que solicitaram o bloqueio dos portos do Rio de Janeiro e de Pernambuco.[354] A petição fora assinada ainda em novembro, após a Batalha do Pirajá, e trazia uma reflexão ampla dos partidários das Cortes sobre toda a situação do Brasil. O sítio aos portos dos "facciosos" não era apenas uma punição, mas parte da concepção de como tratar do problema político do Brasil. As respos-

---

[354] In: Biblioteca Nacional. *Documentos Relativos aos Acontecimentos da Província da Bahia, de 1822*. Referência I-31, 6, 7. Rolo MS 512 (67) – nº 1330.

tas de Madeira, em 14 e 19 de novembro de 1822,[355] foram negativas, mas não justificadas pelas derrotas sofridas. Suas instruções eram de conservar Salvador e seu porto, "como um ponto de apoio a quaisquer expedições que se enviem ao Brasil". A prioridade, desse modo, era a de proteger a ponta de lança consolidada em Salvador. A reconquista do Brasil caberia a outras tropas.

O avançar dos confrontos sobre a linha de cerco e os insucessos nos ataques ao Recôncavo, no entanto, degradaram o entendimento de Madeira com outros militares portugueses, com a própria Junta de Salvador e com parte de seus apoiadores, insatisfeitos com a não concretização do bloqueio do Rio de Janeiro e de Pernambuco. Como visto mais acima, o governador de armas possuía rivais dentro de suas forças, que se mobilizaram ao longo de 1823.

A situação com a Junta era também difícil, tendo o desprestígio de Madeira se ampliado com a fuga de dois dos seus membros. Um exemplo da dissonância entre o poder militar e civil em Salvador, naquele início de 1823, pode ser observado em ofício da Junta a Lisboa,[356] de 12 de fevereiro de 1823, que comentava a situação militar. Após a Batalha de Pirajá, a Junta registrava o ataque a Itaparica, de 7 de janeiro, e o avanço do cerco, sobre o qual "os dissidentes continuarão a atacar frequentemente nossas linhas de defesa". Mencionou "consideráveis" ataques em 24 e 29 de dezembro. É nesse momento que se mostra a exasperação do poder civil:

> (sobre os ataques "consideráveis" dos "facciosos") a junta não pode participar as circunstâncias destas operações militares que se fazem sem conhecimento seu nem os resultados de que tem apenas notícias vagas que correm sempre desencontradas e duvidosas.

Há também no relato reclamações de privação de meios, de novas fugas e temores com relação à autorização, concedida por D. Pedro, para o corso contra os navios portugueses.

A fragilidade da Junta pioraria ainda mais com a chegada de novas instruções de Lisboa, de 12 de fevereiro de 1823, que davam amplos poderes a Madeira. Com a piora do cerco a Salvador, o governador de

---
[355] Ibid.
[356] In: Biblioteca Nacional. *Documentos Relativos aos Acontecimentos da Província da Bahia, de 1822*. Referência I-31, 6, 7. Rolo MS 512 (67) – nº 1330.

armas declarou a cidade "praça de guerra bloqueada e sitiada",[357] em 9 de maio de 1823. Quase 10 mil civis foram evacuados e todo o poder se concentrou nas mãos de Madeira. O resultado, no entanto, foi ainda pior, com a perda de apoio político.

A Junta chegou a cogitar a substituição do governador de armas, medida que também foi debatida em Lisboa, com a tentativa de nomeação, em 7 de fevereiro de 1823, do ex-governador de armas do Rio Grande, João Carlos de Oliveira, que recusou o encargo. As Cortes manteriam a intenção de substituir o comandante da Bahia, mas não lograram encontrar um nome. Em 18 de maio, Madeira assumiu autoridade sobre João Félix, comandante da esquadra, concentrando todo o poder civil e militar.[358]

Em 2 de junho, o governador de armas nomeou nova Junta, que exigia ações agressivas, que não eram mais possíveis em razão do quadro militar desfavorável. Ao fim, coube a Madeira conduzir todo o processo que resultou na derrota. Mesmo com a situação militar, política e de víveres cada vez mais precária em Salvador, havia, ainda assim, forças terrestres e navais treinadas e capazes de resistir a um cerco, como o fizeram por mais de seis meses.[359]

Do lado brasileiro, o aprimoramento da situação logística e do recrutamento não resultou em ganhos imediatos nas trincheiras, deixando espaço para que a frustração e as rusgas também aflorassem (como do lado pró-Lisboa) e colocassem o esforço de guerra em risco. Não é de se descartar que, bem informado como era, Madeira contasse com as dissidências internas do Exército Pacificador para resistir e, eventualmente, reganhar terreno. Também se deve refletir, do ponto de vista da historiografia, se as visões que colocam a Batalha do Pirajá como praticamente o último evento de importância da guerra até o 2 de julho, não buscariam desviar a atenção do fato de que as operações posteriores foram mais intensas, mais mortíferas, porém sem sucesso e com a queda de Labatut.

Ao Exército Pacificador coube as principais ofensivas sobre o cerco a Salvador. Nos ataques de fins de novembro e início de dezembro de 1822, as forças pró-Rio de Janeiro avançaram sobre a linha portuguesa

---

[357] José Honório Rodrigues, 2002, p. 260.
[358] Pedro Calmon, 1923, p. 305.
[359] Vide Sérgio Roberto Dentino Morgado, 2010, p. 74.

e, no fim do ano, já estavam em Brotas, Graça, Cabula e no Engenho da Conceição, cada vez mais próximas do centro de Salvador. Sofreram contra-ataques, mas o grosso das movimentações foi dos brasileiros. Ofensivas ocorreram ao longo de dezembro, especialmente nos dias 3, 19, 21[360] e 24.[361] Foram movimentações que envolviam centenas de homens, duravam algumas horas e terminavam invariavelmente com ao menos uma dezena de baixas de cada lado.

O *Diário de Governo de Lisboa* registrou, com base em informações do bergantim *Portuguez*, combate de 3 de dezembro de 1822, segundo o qual 900 "insurgentes" atacaram "alguns postos (...) os quaes foram completamente batidos, deixando no campo 11 mortos, e mais de 40 feridos".[362] A ação é confirmada por Madeira,[363] que diz ter sido atacado na ala esquerda. As forças portuguesas, indica, repeliram a ofensiva e não teriam perdido ninguém. Ainda assim, o ataque, no contexto da situação crítica em Salvador, mostrava a necessidade de reforçar as tropas portugueses, o que foi mais uma vez pedido pelo governador de armas. Madeira registrava, em oposição, que as forças pró-Rio de Janeiro estavam sendo constantemente intensificadas.

Labatut foi criticado, ao longo desse período, pelo que era considerada uma "falta de iniciativa" sobre o cerco.[364] Os principais oficiais do Exército Pacificador e o próprio Governo Provisório escreveram ao Rio de Janeiro comunicações contra o general.[365] Mareschal registrou a disputa,[366] relatando o envio de uma missão ao Rio de Janeiro para solicitar a saída de Labatut. O diplomata informava desconhecer a decisão de D. Pedro sobre o caso e estimava que aquele tipo de conflito era "frequente em todo país", mas a distância dificultava um julgamento por parte do Rio de Janeiro.

---

[360] José Wanderley de Araújo Pinho, 1968, pp. 56 e 57.
[361] Este mencionado pela Junta de Salvador.
[362] *Diário do Governo* de 17 de fevereiro de 1823, nº 41, p. 313.
[363] CARTA do governador das Armas da Provincia da Baía, Inácio Luís Madeira de Melo, ao rei (D. João VI), relatando os confrontos ocorridos na Baía contra as tropas do general Labatut. Em 14 de dezembro de 1822. In: Projeto Resgate, AHU_ACL_CU_005, Cx 275 D. 19169. Arquivo da Biblioteca Nacional.
[364] Em ofício de 17 de dezembro de 1822, Miguel Calmon du Pin e Almeida, um dos conspiradores contra Labatut, o acusa de não explorar os pontos do beira-mar do Recôncavo, "essenciaes à defeza da Província". In: Biblioteca Nacional. *Documentos Relativos aos Acontecimentos da Província da Bahia, de 1822*. Referência I-31, 6, 7. Rolo MS 512 (67) – nº 1330.
[365] Em 16, 17 e 19 de dezembro de 1822. Ibid.
[366] Ofício de 4 de abril de 1823. In: *RIHGB*,, 1976, p. 184.

O Governo Provisório da Bahia (sediado em Cachoeira) enviou, em 16 de dezembro, um ofício ao Rio de Janeiro solicitando providências contra o chefe do Exército Pacificador, com a justificativa de que ele ultrapassaria o poder militar. Labatut foi acusado de "despótico e ligeiro", e não respeitoso das leis e dos costumes locais. O exemplo oferecido foi a suspensão, por ordem do comandante, da execução de um escravo que teria matado seu senhor. Em contrapartida, foi recordado o episódio no qual Labatut executou 51 escravos que lutavam do lado português. O moral da tropa, seguia o ofício, estaria baixo pela desonra e pelo fato de ocorrerem muitos castigos e fuzilamentos.

Em resposta, Labatut escreveu a Bonifácio, em 26 de dezembro de 1822, com informações sobre o cerco a Salvador, especificando as operações de 3 e 21 de dezembro, quando morreram "algumas dúzias de inimigos". Disse que seguia conduta própria, tentando satisfazer a todos. Reconhecia esforços severos de disciplina, mas justificou-os pela falta de organização e defesa frágil que encontrara. Naquele momento em que escrevia, afirma que "disciplinei a tropa e tenho conseguido em repetidos ataques vantagens contra o inimigo".

Segundo o comandante, o pior eram as ingerências de Cachoeira nos planos militares e, principalmente as intrigas políticas, inclusive entre alguns líderes baianos, inimigos de Bonifácio, que pretenderiam derrubar o Patriarca da Independência. Por essa razão, Labatut informava não estar seguindo as ordens do Governo Provisório.

Essa tensão era percebida, inclusive, pelos partidários das Cortes em Salvador: na edição de 17 de janeiro de 1823,[367] o *Idade d'Ouro* afirmava que a incapacidade dos independentistas de avançar sobre as linhas de Madeira eram reflexo da falta de firmeza de sua causa. Reconhecia a perda de oportunidade que fora não atacar as vilas do Recôncavo antes do cerco, mas estimava que as linhas defensivas não seriam rompidas (como de fato não foram). Apontava que era o momento de resistir, pois a "Regência" não tardaria. E deixava uma crítica à própria Junta de Salvador:

> Se a Bahia tivesse a fortuna de huma Junta Provisoria como a do Pará e Maranhão (que descobrião os conspiradores, e os enxotavão) não veríamos esta Provincia vitima de tantos estragos.

---

[367] Edição nº 5. In: Biblioteca Nacional – Hemeroteca Digital.

Do ponto de vista militar, porém, Labatut tinha razão para manter-se relativamente cauteloso nas operações sobre o cerco. Recebera ofício do Rio de Janeiro,[368] datado de 6 de dezembro, prometendo novos reforços de tropas cariocas, mineiras e capixabas, além de material. O ofício ordenava a continuidade da guerra, mas era claro na necessidade de cautela e cuidado na preparação da retirada dos portugueses e da entrada em Salvador. Outra instrução de D. Pedro, ainda mais expressa, ordenava que a ação se desse mais pela fome resultante do cerco do que de "encontros parciais, provocações e sortidas, numa guerra de extermínio".[369]

Segundo Evaldo Cabral de Mello,[370] ademais dos aspectos militares, D. Pedro tinha outro interesse em evitar o confronto rápido e decisivo na Bahia: a guerra era o único elemento que "conferia certo consenso nacional", mobilizando as províncias e o Rio de Janeiro no mesmo esforço. Eclipsados por ela, estavam todas as disputas políticas, dissensos e fricções com a capital do Império, os quais mostravam a falta de homogeneidade e as dificuldades de unificação que D. Pedro enfrentava.

Apesar da cautela ordenada e das disputas de Labatut com autoridades baianas, o fim de 1822 e início de 1823 foi de uma guerra de encontros ora parciais, ora gerais e muitos de extermínio. Dois dias após o ofício a Bonifácio, o comandante do Exército Pacificador lançou um ultimato aos habitantes de Salvador para que se rendessem e para que as tropas de Madeira partissem. Prometia apoio para essa retirada e garantia a partida de todos os portugueses. Caso contrário, seriam todos passados "à espada". No mesmo período, em 30 de novembro, Labatut propôs, por carta, que o 1º Batalhão da Legião Constitucional mudasse de lado ("deixe de ser cumplice nos crimes desse malvado Madeira"), oferecendo a incorporação ao Exército brasileiro e quantidade em dinheiro para os oficiais e soldados. O comandante do 1º Batalhão, no entanto, recusou a proposta, enviou a carta a Madeira, que a transmitiu a Lisboa. As Cortes publicaram a carta e a informação da recusa, dando esta como exemplo da "fidelidade dos verdadeiros Portugueses".[371]

---

[368] In: *Documentos para a História da Independência*, 1923, p. 421.
[369] José Wanderley de Araújo Pinho, 1968, p. 63.
[370] 2014, p. 139.
[371] A carta foi publicada no *Diário do Governo* de 29 de janeiro de 1823, nº 25, p. 175.

O ultimato de Labatut a Salvador tinha objetivo militar claro, de preparar uma ofensiva no dia 29 de dezembro de 1822. Estava previsto, nesse dia, o juramento da Constituição portuguesa pela sociedade e tropa de Salvador, o que conferia ao ataque simbologia ainda maior. Reunidos no centro da cidade, os militares pró-Lisboa estariam relativamente distraídos, o que facilitaria o ataque. Após o início da artilharia, duas brigadas brasileiras atacaram as trincheiras. Na estrada das Boiadas, tropas avançadas de Labatut chegaram próximas à Lapinha, onde foram contidas pela cavalaria de Madeira.[372] A divisão da esquerda atacou por Brotas.

A ampla mobilização não logrou, mais uma vez, romper as linhas portuguesas. Madeira fora alertado, pouco antes, do início do ataque, e conseguiu organizar sua defesa, que se beneficiava da experiência de suas tropas. Muitos marinheiros também desembarcaram, nesse momento, para reforçar as linhas de Madeira:[373]

(...) avisado em tempo por um fiel escravo dos Teixeiras Barbosas, Madeira dispoz rapidamente as suas forças. Todas as ruas e praças próximas á raia periclitante fôrmou atulhadas de infantaria, cavalaria, canhões, principalmente as linhas de Itapoan e Conceição engrossadas fortemente, copiosamente municiadas e prontas para fuzilarem ao primeiro sinal.[374]

Poucos dias depois da operação, em 3 de janeiro de 1823, o jornal *Idade d'Ouro*,[375] em Salvador, afirmava que:

Nem a brilhante Legião da Torre, nem a Cavallaria das Numidas de S. Francisco; nem a meia Lua do Reconcavo, nem o Exercito Auxiliador do Rio, e Pernambuco tem sido capazes de nos fazer embarcar como se pretendeo pelo Entrudo, e como se tem teimado até hoje.

Outro jornal de Salvador, o *Semanário Cívico*,[376] de 9 de janeiro de 1823, também publicou pormenores dos combates daquele 29 de dezembro. Dando a intensidade da guerra que se passava, registrava que

---
[372] Sergio Roberto Dentino Morgado, 2010, p. 74.
[373] José Wanderley de Araújo Pinho, 1968, p. 59.
[374] Pedro Calmon, 1923, p. 290.
[375] Edição nº 1, de 3 de janeiro de 1823. In: Biblioteca Nacional – Hemeroteca Digital.
[376] Nº 96. In: Biblioteca Nacional – Hemeroteca Digital.

na luta "morreo o Tenente Aguiar por ser muito afoito, que não faz 20 dias que ele trouxe a cabeça de hum maroto, e pela sua coragem prestou de Sargento a Tenente".

Dois relatos de Labatut, de 30 de dezembro de 1822[377] e de 9 de janeiro de 1823,[378] dão conta do ocorrido naquele dia. Ambos são boa descrição dos combates, sendo o primeiro mais pormenorizado, escrito para Cachoeira. O segundo inclui, também, relato de uma resposta militar de Madeira no Recôncavo, ocorrido no dia 8 de janeiro de 1823:

> Participo a V. Excias que os nossos inimigos foram atacados hontem pela Itapuã, e por mim na Conceição. Tive a satisfação de vêr morrer três officiaes e alguns soldados, e de duas vezes os ver fugir para as suas trincheiras, onde não sahirão mais por ouvirem trovejar a nossa artilharia e vendo a Cavalaria que lhes apresentei. Apenas tenho de lamentar a perda de hum Soldado Caçador do Rio de Janeiro, e hum do Major José Antônio, e três feridos. Na Itapuã, matarão hum official maroto e alguns soldados; mas por imprevidência do valente Tenente Aguiar que por duas vezes havia feito conhecer seu valor aos inimigos, foi morto um furriel, hum soldado e o mesmo Tenente.
> No dia 29 do passado mez, e anno, dia, em que o infame Madeira, e sua Tropa jurou sua Constituissam, mandei atacar a Cidade por todas as suas trincheiras, assistindo eu em pessoa; tiveram elles, duzentos e tantos entre mortos e feridos; e nossa perda constou de quatro mortos e cinco levemente feridos: o que bem prova que a Providencia nos auxilia. Hontem, e antes de hontem atacaram Itaparica com imensas barcas, dous Brigues, e duas Escunas; porem o resultado tem sido o elles hirem hindo para a Cidade com as barcas cheias de feridos, e mortos.

Na segunda comunicação, ao governo de Pernambuco, Labatut também menciona notícias de que vários "europeus", estariam fugindo de diversas partes do Nordeste em direção a Salvador, fugindo dos "brasileiros". Igualmente a Junta de Recife o comandante do Exército Pacificador alertava para o risco de ataques da esquadra portuguesa, recomendando aos pernambucanos "se acautelarem, e

---

[377] In: Biblioteca Nacional. *Documentos Relativos aos Acontecimentos da Província da Bahia, de 1822*. Referência I-31, 6, 7. Rolo MS 512 (64) – nº 1317.
[378] In: *Diario da Junta do Governo*. Pernambuco, nº 1, 8 de fevereiro de 1823. In: Brasiliana USP, http://www.brasiliana.usp.br/bbd/handle/1918/06003410 (acesso em 19/05/2014).

tomarem as medidas convenientes".³⁷⁹ O alerta era importante, pois, apesar das ofensivas, renovadas em janeiro, Madeira resistia e ainda mantinha capacidades de ação marítima, mesmo que sua relação com João Félix se deteriorasse e a flotilha de João das Botas ganhasse espaço.

A mobilização dos brasileiros era também dificultada por diversas limitações enfrentadas pelo Exército. Aproximadamente mil soldados estavam doentes,³⁸⁰ fora de combate. Muitos morreriam ao longo do cerco por motivos alheios aos combates. Essas mortes, cabe sublinhar, devem ser contadas como baixas de guerra e, como apresentado no Apêndice, por muitos séculos representaram uma das principais razões de óbito nos conflitos por todo o mundo. Não devem ser tratadas, portanto, como algo fora dos combates, como alguns historiadores já o fizeram, na busca por minimizar o impacto das operações militares na Bahia.

Sem precisar a data do ocorrido, por outro lado, Mareschal³⁸¹ registra informação possivelmente relacionada aos ataques de 29 de novembro, segundo a qual os brasileiros teriam perdido 150 homens. O insucesso teria, ainda, provocado deserções, inclusive de índios que integravam as tropas brasileiras. Para complicar um pouco mais a situação, havia notícias imprecisas sobre a chegada de reforços para Madeira. Alguns boatos falavam em 5 mil homens.

Labatut tentou realizar outro ataque geral, em 9 de fevereiro de 1823. Deslocou engenheiros para preparar novos abrigos e trincheiras, mas a falta de munições e outros materiais, além do número de doentes, o fizeram aditar a mobilização.³⁸²

Logo em seguida, a chegada do Batalhão do Imperador exigiu toda uma operação militar à parte.³⁸³ Os navios trazendo a tropa carioca passariam não muito distantes da área de operações, o que acarretava

---

³⁷⁹ Ofício de 16 de janeiro de 1823. *Diário do Governo de Pernambuco*, n° 3, 18 de fevereiro de 1823.
³⁸⁰ Sérgio Roberto Dentino Morgado, 2010, p. 74.
³⁸¹ Ofício de 17 de março de 1823.
³⁸² Sérgio Roberto Dentino Morgado, 2010, p. 76.
³⁸³ Mareschal registra, em 30 de janeiro de 1823, a partida da expedição, com duas fragatas, duas corvetas, dois *schooners* e um transporte. Correspondência. In: *RIHGB*, 1973, p. 163.

riscos para o transporte. Labatut, segundo seu próprio relato, simulou, entre 9 e 15 de fevereiro, uma grande ofensiva sobre a linha portuguesa, de modo a desviar a atenção do inimigo.[384]

Em 15 de fevereiro, o que era para ser uma simulação tornou-se um ataque efetivo, em Conceição e em Itapuã, onde morreram 50 portugueses. O plano, ao fim, funcionou e o comodoro Jewet realizou o desembarque em 22 de fevereiro. O Batalhão do Imperador seria colocado no centro da linha de cerco, com a criação da Brigada do Centro,[385] com quartel-general em Cangurungu, próximo a Pirajá.

Os meses de fevereiro e março de 1823 registraram combates diários e novas ações terrestres e navais, neste caso, antes da chegada de Cochrane, com a flotilha de João das Botas. Houve confrontos importantes nos dias 2 e 25 de fevereiro, promovidos pelos portugueses, sendo que, no segundo caso, uma grande coluna dos soldados de Madeira – três mil segundo um relato – atacou a linha brasileira.[386] Os brasileiros avançaram sobre as defesas portuguesas no dia 18.

Em ofício de 23 de março de 1823,[387] Madeira informou Lisboa da chegada do Batalhão do Imperador e das notícias de que "de toda parte do Brazil", tem se propagado o "systema da Independência". A situação descrita pelo governador de armas era crítica:

> O inimigo ocupa desde 26 de fevereiro a nossa frente e pode dizer-se que desde então existe hum perpetuo tiroteio. Isto nos tem incomodado muito, e não temos infelizmente tropas suficientes para nos bater e desalojar: já aconteceo que o resto (pode assim diserse) de hum dos nossos Batalhões chegou a ser comandado por hum Tenente.

Em documento anexo à carta de Madeira, de 3 de março de 1823, indicava-se que os brasileiros haviam conseguido se postar diretamente

---

[384] Pedro Calmon, 1923, p. 295.
[385] Sérgio Roberto Dentino Morgado, 2010, p. 76.
[386] CARTA do (governador das Armas da Província da Baía), Inácio Luís Madeira de Melo, ao rei (D. João VI), sobre as lutas pela independência do Brasil na Baía. Em 15 de fevereiro de 1823. In: Projeto Resgate, AHU_ACL_CU_005, Cx 276 D. 19212. Arquivo da Biblioteca Nacional. Vide também José Wanderley de Araújo Pinho, 1968, p. 66 e 67.
[387] CARTA do (governador das Armas da Província da Baía), Inácio Luís Madeira de Melo, ao rei (D. João VI), sobre as notícias vindas do Rio de Janeiro do reforço dos insurrectos e apelando para o reforço da Armada e ajuda de Lisboa, sem o qual considera que o Brasil se perderá. In: Projeto Resgate, AHU_ACL_CU_005, Cx 276 D. 19212. Arquivo da Biblioteca Nacional.

frente às alas do centro e da esquerda, e que suas avançadas estavam alcançando as tropas de Madeira com tiros de fuzil, o que as obrigava a se manterem "acantonadas ao longo da linha". "Tem um Serviço assaz violento" e "a multidão dos nossos doentes sustentão quase diariamente hum tiroteo com os inimigos". Muitas baixas ocorriam, efetivamente, por doenças. Mas grande parte dessas doenças, segundo Madeira, eram decorrentes da "fadiga" dos combates permanentes.

Ao longo de seu relato, Madeira reitera que teria sido possível resolver a situação no início de 1822, mas faltaram-lhe as tropas:

> Logo, torno a repetir o que muitas vezes tenho ditto, he precizo attacar fortemente a revolução, he precizo attacar o sistema em geral; he precizo fazer n'esta Provincia huma campanha rápida e deciziva, e bloquear estreitamente o Rio de Janeiro.

Para tanto, Madeira voltava a pedir tropas, para o que "não há hum instante a perder". A situação reportada era, assim, crítica. Sem reforços, as perspectivas eram negativas. Adicionalmente, avaliava Madeira que a nova esquadra (que havia transportado o Batalhão do Imperador) poderia ameaçar a força marítima portuguesa, fundamental para a manutenção da cidade. Nesse cenário, como de fato ocorreu, a perda da via marítima seria determinante para a derrota portuguesa.

As contínuas demandas de Madeira por reforços foram apenas em parte, e, minimamente, atendidas. Em 31 de março chegou reforço de tropas, mas seria o último. Eram 15 embarcações e 1.315 soldados,[388] reforço importante, que poderia trazer alguma esperança de sucesso para os portugueses. Significava, ao mesmo tempo, um problema logístico ao governador de armas, que teria que encontrar recursos para suprir as necessidades dessa tropa.

Na avaliação de Mareschal,[389] diplomata austríaco no Rio de Janeiro, o reforço não seria suficiente para reverter o quadro, mas poderia afetar o moral da tropa brasileira, ao alongar o conflito. Ao comentar o evento, Mareschal dizia temer, com os reforços, um efeito político de descrédito ao Rio de Janeiro, mesmo que não estimasse a força militar

---

[388] José Wanderley de Araújo Pinho, 1968, p. 69.
[389] Ofício de 26 de abril de 1823. 1973, p. 194.

portuguesa uma ameaça.[390] Também Selvagem[391] avalia que o reforço "desmoralizou o campo inimigo", mas sugere que o efeito político foi maior do que aquele apontado por Mareschal. Aponta principalmente que, naquele momento, havia discórdia nas tropas brasileiras, cujos ataques a Salvador haviam sido repelidos.

Em abril-maio de 1823, os combates em geral foram menos intensos,[392] mas havia tiroteios constantes entre as duas trincheiras,[393] além de enfrentamentos navais. Houve, entretanto, grande ofensiva promovida por Labatut em 3 de maio de 1823, precedida de forte combate de uma companhia de libertos brasileiros no dia anterior.[394] Forças brasileiras marcharam pelas estradas das Boiadas e da Cabula, no primeiro caso o batalhão pernambucano de Barros Falcão e, no segundo, os Periquitos, comandados pelo major Silva Castro. Outro contingente, que incluía o Batalhão do Imperador, iria para Conceição.[395] Em pouco tempo de ofensiva, os combates se ampliaram para toda a linha, incluindo a estrada das Brotas, onde o coronel Felisberto Caldeira conseguiu alguns avanços. Foi o batismo de fogo do futuro Duque de Caxias, que estava na ala central da linha brasileira.[396]

A ofensiva brasileira cobrou novas perdas à tropa de Madeira e deteriorou as condições da força que defendia Salvador, mas, ainda assim, não rompeu o cerco. Após ter resistido ao ataque das forças pró-Rio de Janeiro, Madeira tomou a já mencionada medida de declarar Salvador em estado de sítio e avançar sobre a Junta Governativa. Os suprimentos estavam limitados, ampliando-se a penúria dos que permaneciam na cidade.

Mas o cerco resistia, tendo os oficiais brasileiros consciência das dificuldades de tomar uma cidade em posição estratégica, de fácil defesa,

---

[390] *Quand aux opérations possibles des troupes portugaises je ne pense pas qu'elles puissent présenter le moindre danger, quelque soient les renforts, la garnison de Bahia sera confinée dans les murs de cette ville, ou au moins limitée à un circuit très circonscrit*. In: *RIHGB*, 1976, p. 192.
[391] 1999, p. 541.
[392] Mareschal registra, em 11 de março de 1823, que, na Bahia, *Madeira et Labatut sont toujours en présence, sans entreprendre rien d'essentiel et sans pouvoir le faire. Correspondência diplomática*. In: *RIHGB*, 1976, p. 178.
[393] José Wanderley de Araújo Pinho, 1968, p. 68.
[394] Pedro Calmon, 1923, p. 296.
[395] Pedro Calmon, 1923, p. 296.
[396] Pedro Calmon, 1923, p. 297.

"guarnecida por tropas experientes e habituadas à guerra".[397] O impasse se mantinha.

A situação do lado pró-Rio de Janeiro também se mostrava sensível politicamente, apesar de um avanço importante do ponto de vista militar: em 25 de abril, chegava ao teatro de operações a esquadra de Cochrane, que terminaria por ser o fator de ruptura. O importante a destacar é que, já a partir de sua chegada, Cochrane manteve contatos com os comandantes terrestres e procurou coordenar suas ações, a fim de ampliar o cerco e romper o impasse.[398] No dia seguinte à ofensiva de Labatut de 3 de maio, houve enfrentamento naval entre Cochrane e João Félix, abrindo o novo capítulo da guerra. As manobras navais serão tratadas na próxima seção.

A oportunidade militar representada pela nova esquadra chegava, no entanto, no momento de conflito político interno ao Exército Pacificador. A ação de 3 de maio foi a última grande operação comandada por Labatut. Poucos dias depois, iniciou-se convulsão interna no comando: em 17 de maio, o frei João Maria Brayner, que comandava o "Esquadrão dos Vaqueiros do Pedrão", encontrou-se com Labatut para alertá-lo sobre revolta planejada pelo coronel Felisberto Caldeira e pela oficialidade de parte da 2ª Divisão.[399] As desavenças haviam se iniciado ainda no Rio de Janeiro, em julho de 1822, e se exacerbado a partir de dezembro do mesmo ano, inclusive com os chefes das duas divisões. Agora ameaçavam se traduzir em ação.

Labatut ainda tinha a força do comando do Exército e era respeitado por suas qualidades militares. Não ignorava várias movimentações de militares e civis contra sua autoridade e estimou que era preciso agir. Convocou o coronel Gomes Caldeira para uma conferência no quartel de Barros Falcão, e lá prendeu-o e enviou-o a Itaparica.[400] Também ordenou a prisão do coronel Joaquim Pires de Carvalho e Albuquerque, que fora o líder das forças pró-Rio de Janeiro até sua chegada. Carvalho e Albuquerque, segundo José Honório Rodrigues, estava em trânsito pela região, nomeado para ser governador de armas no Ceará, e conspirava com outros oficiais contra Labatut.

---

[397] Sérgio Roberto Dentino Morgado, 2010, p. 77.
[398] Pedro Calmon, 1923, p. 296. Vide também José Honório Rodrigues, 2002, p. 260.
[399] José Honório Rodrigues, 2002, p. 260.
[400] José Honório Rodrigues, 2002, p. 261.

Para reforçar sua autoridade, Labatut oficiou o coronel José Joaquim Lima e Silva, que fazia parte do comando central, a apoiar o movimento e avançar sobre a 2ª Brigada da 2ª Divisão. Lima e Silva, que era próximo a Labatut, mas estaria junto com os revoltosos, decidiu reunir um conselho de oficiais para discutir a medida. Na visão do coronel Lima e Silva, o ataque à 2ª Brigada poderia significar uma guerra civil entre brasileiros e fortalecer a posição do inimigo.[401] Era o tipo de oportunidade com que Madeira contava para reverter sua degradada situação.

A reunião dos oficiais, realizada no acampamento de Pirajá, em 21 de maio de 1823, terminou com a decisão de não acatar as ordens de Labatut.[402] Segundo a própria ata elaborada naquele dia, apareceram no encontro oficiais da 2ª Divisão (a da esquerda), que informaram, de sua parte, a decisão de prender Labatut e seu secretário. O conselho dos oficiais decidiu notificar esses fatos ao Rio de Janeiro e ao Governo Provisório de Cachoeira, mas não resistiu à medida.

Labatut foi preso e, posteriormente, enviado a Maragojipe. Em setembro, seguiu para o Rio de Janeiro. Não seria o fim de seus serviços e o comandante francês seria reabilitado para combater a Confederação do Equador. Sofreu novo desprestígio após essa ação. Terminou, ainda assim, reconhecido e morreu no Brasil, em 1849. Felisberto Gomes Caldeira foi libertado em 22 de maio. No trajeto de Itaparica às linhas de cerco, os barcos que transportavam o coronel brasileiro, todos da flotilha de João das Botas, foram atacados por barcas portuguesas. Os brasileiros tiveram vantagem, capturando duas canhoneiras, dois canhões, 25 espingardas e 80 sacos de pólvora.[403]

A destituição de Labatut iniciou um movimento de disputa pelo comando, entre os coronéis Barros Falcão, Gomes Caldeira e Lima e Silva. O Governo Provisório de Cachoeira agiu rapidamente e, em 24 de maio, nomeou Lima e Silva comandante provisório.

Assumindo o cargo no dia 27 de maio de 1823, o novo comandante publicou ordem do dia noticiando o fato, conclamando as tropas à obediência e dando vivas à "Assembléia constituinte da nação brasileira".[404] Lima e Silva também escreveu a Cochrane, narrando os aconteci-

---

[401] Dias Tavares, 2008, p. 244.
[402] A íntegra da ata pode ser encontrada no documento de nº 30, anexo à *Exposição dos Serviços Prestados pelo Coronel José de Barros Falcão de Lacerda* (...), 1849, p. 41.
[403] Dias Tavares, 2008, p. 245.
[404] Dias Tavares, 2008, p. 245.

mentos e remetendo cópia de sua nomeação. Em seu relato da guerra, Cochrane não se refere ao episódio,[405] limitando-se à continuidade da narrativa de suas ações no mar, em coordenação com os brasileiros, até o 2 de julho. Uma proclamação aos portugueses de Salvador foi igualmente emitida pelo novo líder do Exército Pacificador, para que se rendessem, garantindo aos proprietários da província que permaneciam na cidade a manutenção de suas posses.

Para a retomada das ofensivas sobre Salvador, Lima e Silva empreendeu reorganização das forças,[406] criando um Estado-Maior, duas divisões e quatro Brigadas, além de duas Brigadas de Artilharia e Cavalaria.[407] Os coronéis Barros Falcão e Gomes Caldeira foram mantidos, respectivamente, nas 1ª e 2ª Divisões. Os Batalhões, inseridos nas Brigadas, foram reorganizados em 9 unidades, incluindo uma de "crioulos", formada em Nazaré, e uma de negros livres. Por essa época, os números do Exército Pacificador haviam se alterado, somando 10.139 homens, mais as unidades marítimas.[408] A intenção do novo comandante do Exército Pacificador era seguir o plano militar originalmente desenhado por Labatut.[409]

Já no imediato momento depois de assumir o comando, Lima e Silva empreendeu ofensiva geral sobre Salvador, em 3 de junho de 1823, com mais de 900 soldados. A 2ª Divisão atacou por Brotas e São Pedro:

> a primeira coluna vai flanqueada pela artilharia, com alas apoiadas em esquadrão de cavalaria à retaguarda adestrado pelo Tenente-Coronel França que o comanda. A segunda coluna tem também à retaguarda outros esquadrões, e assim a terceira.[410]

---

[405] *Narrativa de serviços no libertar-se o Brasil da dominação portuguesa*, 2003.
[406] "Em consequência desta nomeação tomei o dicto comando no dia 20 de Maio: no dia seguinte organizei o exercito, e nos subsequentes cuidei na ordem, no fornecimento, na disciplina e até na moral das tropas, reconhecendo em poucos dias um sensível melhoramento". Ofício de 6 de julho de 1823, transcrito em Pedro Calmon, 1923, p. 316.
[407] Dias Tavares, 2008, p. 246.
[408] Dias Tavares, 2008, p. 246.
[409] Pedro Calmon, 1923, p. 301.
[410] Relatório de 4 de junho de 1823, cuja íntegra se encontra transcrita em Pedro Calmon, 1923, p. 307.

As tropas brasileiras chegaram a avistar a cidade e estiveram muito próximas a romper a linha. Na manobra, também foi realizada a ocupação de pontos na Pituba e no Alto da Areia, avançando-se a linha brasileira. Felisberto Caldeira narra[411] que o encontro do inimigo na altura de Brotas foi severo. Segundo informou, seus oficiais

> bateram o inimigo de maneira tal, que deixou (o inimigo), em breve tempo, a povoação das Brotas, e ensanguentada a praça, carregando, quando menos, cinco corpos, que se viram morrer, entre os quaes foram alguns arrastados, o que se conheceram pelos signaes que deixaram sobre a terra, e precipitadamente se foi apadrinhar com as trincheiras até onde foi perseguido.

Os portugueses, segundo o coronel brasileiro, tentaram contra-ataque com aproximadamente 800–1.000 soldados sobre a retirada da coluna dos majores Argolo e Alcantara, na povoação do Rio Vermelho, mas foram resistidos.

O resultado sobre o inimigo dessa grande operação não foi possível de ser computado, "porém em proporção do que sofremos não póde deixar de ser grande, até mesmo porque muitos se viram cair sendo logo conduzidos, por notícias, que já tive hoje da cidade consta de haverem muitos feridos e mortos". Em seu relatório, o comandante do Exército Pacificador, coronel Lima e Silva, disse que o "resultado nos foi de reconhecida vantagem".[412] Na ordem do dia de 7 de junho de 1823, Lima e Silva destacou a "boa ordem e coragem com que foi executada a Avançada", a "firmeza sustentada na Acção" e a boa ordem da retirada.[413] Elogiou o soldado pernambucano Francisco Luiz, de 14 anos, que ficou "retido no campo entre nossos inimigos", mas reagiu e matou 4 portugueses, dentre os quais um oficial.

A ordem do dia de 7 de junho de 1823 informava, também, que as forças pró-Rio de Janeiro haviam perdido 4 mortos, e tiveram 19 feridos graves, 14 feridos leves e quatro "extraviados". Do lado inimigo, houve

---

[411] Idem.
[412] Ofício de 6 de julho de 1823, também transcrito por Pedro Calmon, 1923, p. 316.
[413] In: Brasil, *Diário do Governo*, nº 18, de 21 de julho de 1823. In: http://memoria.bn.br/DocReader/Hotpage/HotpageBN.aspx?bib=706752&pagfis=843&pesq=&url=http://memoria.bn.br/docreader# (acesso em 19/8/2015). Vide também José Honório Rodrigues, 2002, p. 263.

considerável perda: ficaram mortos no campo muitos; e as paiolas occuparam-se em grande numero e por largo espaço de tempo na condução dos feridos. De toda a sua Guarda avançada na Cruz do Cosme, que foi apprehendida pelo Batalhão nº 3, debaixo do comando do Sr. Sargento Mór José Antonio da Silva Castro, só escaparam com vida dous Soldados, que ficaram prisioneiros, um dos quaes morreo já no Hospital de suas feridas.

Nos dias seguintes, ainda haveria registro de pequenas escaramuças nas linhas do cerco, como ocorrera em 10 de maio, quando uma sentinela brasileira foi alvejada, precipitando um avanço de todo o batalhão, rompendo a "trincheira á arma branca, esvaziou-a de portugueses, matando a ferro 16, inclusive o chefe da posição".[414] Foi preciso que os oficiais tomassem providências para limitar esses avanços sem comando.

O cerco, enfim, não havia sido rompido, mas servira para desgastar até o limite das forças de Madeira. Naquele fim de maio e início de junho, a situação de Salvador já estava perdida, como reconheciam as próprias autoridades militares, por exemplo, no caso dos víveres: "Não há em toda a Cidade da Bahia farinha de trigo nem de mandioca de que se possa lançar mão: o gênero de que há ainda mais abundância he Carne Salgada".[415]

A esquadra de Cochrane era o último elemento para fechar a cidade. Em ofício de João Félix a Madeira, de 19 de maio de 1823, o chefe da esquadra portuguesa se dizia persuadido de que a esquadra inimiga teria vantagem e poderia entrar no porto e queimar os navios. A situação estratégica parecia, assim, perdida. Sem o mar, não havia esperança e Madeira passou a tratar da retirada, transmitindo essa solicitação a Lima e Silva em 30 de junho de 1823. Já estavam em andamento os preparativos para o embarque. A ruptura veio, assim, pelo mar.

---

[414] Relatório do Quartel de Pirajá. In: Pedro Calmon, 1923, p. 310.
[415] Ofício de Joaquim Epifanio de Vasconcellos, para João Félix e Madeira, em 17 de maio de 1823. Anexo ao OFÍCIO do chefe de divisão e comandante da esquadra, João Félix Pereira de Campos, ao (secretário de estado da Marinha e Ultramar), Inácio da Costa Quintela, relatando os combates havidos com o inimigo na Baía, enviando relação dos mortos e feridos e sobre a sua demissão de comandante. Em 26 de maio de 1823. In: Projeto Resgate, AHU_ACL_CU_005, Cx 276 D. 19263. Arquivo da Biblioteca Nacional.

A MARINHA ROMPE O CERCO

A entrada em cena da esquadra brasileira comandada por Thomas Cochrane, em 1º de maio de 1823, levou a que o bloqueio sobre Salvador se consolidasse e forçasse a rendição de Madeira. A Marinha rompeu, efetivamente, o cerco, e ofereceu às forças brasileiras vantagem estratégica determinante.

É preciso, ainda assim, inserir sua atuação dentro de contexto que não implique a diminuição do papel dos outros elementos que participaram da guerra, seja no apoio político, seja no logístico e, principalmente, no combate aos partidários das Cortes de Lisboa por via terrestre. Em sua *Narrativa de serviços*, Cochrane apresenta a estratégia militar brasileira de forma a realçar o papel de seus serviços. O "Primeiro Almirante do Brasil" argumenta que:

> Viu S. M. Imperial que, sem armada, o desmembramento do Império – pelo que respeitava às províncias do Norte – era inevitável; e a energia do Seu Ministro Bonifácio em preparar uma esquadra, foi tão louvável quanto o havia sido a sagacidade do Imperador em determinar que ela se criasse.[416]

De fato, como apresentado ao longo do presente trabalho, havia o temor de que as províncias, principalmente as do Norte-Nordeste, não aderissem ao Império e quebrassem o território do Reino do Brasil, sobre o qual D. Pedro pretendia soberania, em favor das Cortes de Lisboa. A esquadra era fundamental para o transporte de tropas e de suprimentos

---

[416] In: *Narrativa de serviços ao libertar-se o Brasil da dominação portuguesa*, 2003, p. 36.

e para agir sobre o principal ponto de apoio dos setores pró-Lisboa: o acesso ao mar, lembrando-se que, no Norte, era em muitos casos mais fácil chegar, pelo mar, a Lisboa do que ao Rio de Janeiro.

Não se deve colocar, porém, como fez Cochrane no caso da Bahia, Maranhão e Pará, a ação da esquadra como absoluta na vitória. Ela foi complementar. Rompeu um cerco sobre Salvador, que já era desfavorável às forças de Madeira, desgastadas por tempos de guerra terrestre. Foi também a pressão última para alcançar a conquista do Maranhão, que, no entanto, já estava igualmente ameaçado por terra, com o cerco sobre Caxias e o avanço das forças pró-Rio de Janeiro sobre São Luís. No caso do Pará, quando Grenfell apareceu no porto de Belém, já não havia governo português em Salvador ou em São Luís, nem vintismo em Lisboa, tornando a resistência inútil.

Cochrane, deve-se lembrar, escreveu seu relato para cobrar dívida que o Império tinha com ele. Era natural que buscasse engrandecer seu papel. As versões históricas sobre a Independência que se seguiram terminaram, no entanto, por diminuir os esforços terrestres, em favor da versão simples do rápido efeito da esquadra. Ela se adapta melhor à imagem da "Independência Pacífica" do Brasil. Mas não se presta à análise dos efetivos desenvolvimentos da construção do Brasil naquele processo que resultou na emancipação e que se apoia tanto no Exército quanto na Marinha.

Com a causa de Lisboa quase perdida em vários pontos do Norte-Nordeste em razão dos combates terrestres, Cochrane e a esquadra tiveram o papel de acelerar o fim dos impasses. Na Bahia, seu papel foi essencial, portanto, para completar o esforço que já vinha sendo realizado, com muitas perdas, pelo Exército Pacificador. Relativizar a atuação da força naval de Cochrane não deve ser visto como uma diminuição de sua importância. Significa, apenas, também valorizar o desempenho de outros atores.

A construção de uma esquadra forte era matéria conhecida no Rio de Janeiro, que se mobilizava para tanto, como visto no capítulo IV. Em dezembro de 1822, o *Correio Braziliense* defendia o esforço de se transformar a capacidade das forças navais da recém-criada Marinha de Guerra do Império (lembrando-se que a primeira vez em que a bandeira do Império foi arvorada deu-se em 10 de novembro de 1822, na nau *Pedro Primeiro*):[417]

---

[417] Vide capítulo IV.

(...) julgamos que as forças navaes do Brasil se naõ devem limitar aos pequenos esforços, que se precisam agóra, para contender com a mesquinha esquadra de Portugal: requer-se outrossim, que se preparem d'ante maõ vasos, muniçoens e gente, para constituir tal marinha de guerra, que sirva para proteger eficazmente o Brazil, nas futuras dificuldades, que se lhe suscitarem, e naõ poucas prevemos nós.[418]

O primeiro grande alvo, presente nos cálculos das autoridades do Rio de Janeiro, era a Bahia.[419] Havia, no entanto, o duplo desafio a ser enfrentado por D. Pedro e por Bonifácio: faltavam meios e faltava pessoal confiável. O episódio da esquadra de De Lamare, que levara Labatut à Bahia e regressara ao Rio de Janeiro por ter sido incapaz, pela indisciplina militar, de realizar o bloqueio a Salvador, estava muito presente nos cálculos militares do imperador.[420]

A mobilização em torno dos recursos incluiu subscrições, compras de navios e de material. Foi eficiente em construir o núcleo da esquadra brasileira, que se iniciou com a adesão de membros da Marinha portuguesa a D. Pedro, no início de 1822. Cresceram, posteriormente, os meios navais à disposição do Rio de Janeiro, por diferentes meios, da aquisição no Brasil ou no estrangeiro, à captura.

Paralelamente, era preciso encontrar oficiais e marinheiros que pudessem levar o combate às forças pró-Cortes. Aproveitaram-se oportunidades que haviam aparecido no próprio Rio de Janeiro, como no caso da *Maria da Glória*, embarcação encomendada pelo Chile e que, por diferenças financeiras, foi desviada para o Rio de Janeiro. Comandou-a o capitão francês Beaupaire. O bojo do recrutamento deu-se fundamentalmente em Londres, onde foram engajados muitos oficiais e marinheiros (vide capítulo IV), que aportaram no Rio de Janeiro no início de 1823.

Os próprios partidários de Lisboa em Salvador sabiam dessas ações, como registrou a Lisboa o almirante João Félix, em 4 de abril,[421] segun-

---

[418] *Correio Braziliense*, edição de dezembro de 1822, p. 597.
[419] "Ao assumir Cochrane, após algumas divergências de ordem hierárquica e financeira pronto contornadas, o comando da esquadra brasileira com o posto de primeiro-almirante (21 de março de 1823) era a Bahia, conforme sabemos o núcleo mais forte de resistência à Independência". In: Max Justo Guedes, 1973, p. 210.
[420] "Temos a impressão de que para esta decisão de José Bonifácio (de contratar Cochrane com vantagens não menores do que tivera em outras partes das Américas) contribuiu o fiasco de 4 de agosto de 1822". In: Max Justo Guedes, 1973, p. 207.
[421] OFÍCIO do chefe de divisão e comandante da esquadra, João Félix Pereira

do o qual "o inimigo tem obrado activamente". O almirante dava conta de notícias da chegada de nova esquadra do Rio de Janeiro, "para cujo fim tem mandado fazer hum recrutamento de Maruja em todos os portos que ficão para o Sul". Ainda estimava que a esquadra de Salvador seria superior, apesar de dificílimas condições logísticas. Ainda assim, segundo João Félix, era imprescindível ampliar a força disponível, com reforços de Lisboa.

Como narrado na seção anterior (referência também será feita no capítulo sobre Cisplatina), em fins de 1822 e início de 1823, havia um núcleo da Marinha brasileira um pouco mais coeso do que no episódio de De Lamare, em agosto de 1822. Em fevereiro de 1823, o comandante Jewett teve sucesso em desembarcar o Batalhão do Imperador, que lutaria na linha de cerco a Salvador, ainda que a esquadra[422] tivesse sido obrigada, pela ação naval inimiga, a modificar o local da chegada. Jewett já havia realizado ação naval para o Império sobre a Cisplatina, em fins de 1822 (vide capítulo VII).

Mesmo com a chegada de novos meios e de oficiais estrangeiros, faltava, ainda, um líder para as novas forças navais brasileiras. O primeiro contato com Thomas Cochrane, conhecido marinheiro das guerras napoleônicas e das independências na América Espanhola, foi realizado por meio do cônsul brasileiro em Buenos Aires, como relatado em correspondência de 4 de novembro de 1822.[423] Foram feitas promessas importantes de dinheiro e honrarias, as quais suscitariam, após sua chegada ao Brasil, longa querela com o governo brasileiro, que inicialmente não as cumpriu.

Em comunicado a Viena,[424] Mareschal afirmou ter escutado de José Bonifácio que Cochrane era o "homem que se precisava". Bonifácio es-

---

de Campos, ao (secretário de estado da Marinha e Ultramar), Inácio da Costa Quintela, sobre a evolução da guerra de independência, o reforço da esquadra da Baía e solicitando aumento da força marítima e mais meios de manutenção. In: Projeto Resgate, AHU_ACL_CU_005, Cx 276 D. 19246. Arquivo da Biblioteca Nacional.

[422] A esquadra de Jewett que levou o Batalhão do Imperador foi composta pelas fragatas *União* e *Real Carolina*, pelas corvetas *Maria da Glória* e *Liberal*, pelo transporte *Ânimo Grande*, pelo brigue-escuna *Real* e pela escuna *Leopoldina*. In: Nota introdutória ao *Diário do Frei Paixão e Dores*. In: *Frei Paixão e Dores*, 1938, p. 185.

[423] A íntegra do documento foi transcrita pelo próprio Cochrane em sua *Narrativa de serviços*, 2003, p. 37.

[424] Ofício de 4 de abril de 1823. In: *RIHGB*, 1976, p. 190.

perava tal sucesso do escocês a ponto de estimar que, em seis meses, Cochrane estaria em frente ao Tejo. Livrando-se do que via como um exagero da autoridade brasileira, Mareschal concordava que o cerco à Bahia não traria dificuldades, pois, a esquadra portuguesa poderia ter bons marinheiros (e em grande número), mas seus oficiais, em contrapartida, "são pouca coisa".

Conta Cochrane que, insatisfeito com sua situação no Chile, considerava partir para a Grécia, para lutar do lado dos independentistas daquele país. Terminou por aceitar a proposta brasileira, que lhe prometia, segundo as informações do cônsul em Buenos Aires, no mínimo as mesmas vantagens que os governos da América Espanhola lhe haviam oferecido.[425] Acompanhado de 11 oficiais ingleses e espanhóis[426] (incluindo Greenfell, Sheperd e Clewley), Cochrane chegou ao Rio de Janeiro em 13 de março de 1823. Por essa época, deve-se lembrar, operações terrestres importantes ocorriam ao longo de toda a linha de cerco sobre Salvador. Montevidéu também estava sitiada e o Piauí (no que envolvia Ceará, Maranhão e Pará), conflagrado.

O trabalho inicial do novo comandante dividiu-se na preparação da esquadra e na resolução de disputas burocráticas com o ministério brasileiro. Cochrane relata ter ficado satisfeito com a nau *Pedro Primeiro* e com a fragata *Piranga*.[427] A *Maria da Glória* não o satisfez tanto como navio, mas possuía, em sua avaliação, boa tripulação, ao contrário das outras embarcações, que eram de "mui questionável qualidade – compondo-se da pior classe de portugueses, com quem a porção brasileira da gente mostrava evidente repugnância a misturar-se".[428] A situação da marinhagem, sua confiabilidade e treinamento, seria problema permanente para a esquadra.

Entre as inspeções da esquadra que se aprontavam, Cochrane envolveu-se na primeira disputa com o governo. As promessas financeiras não foram imediatamente atendidas e a posição hierárquica oferecida tampouco correspondia ao acordado. Contra as promessas, ofereceu-se ao escocês apenas um posto de almirante português,[429] com baixo salário. Ameaçando deixar o serviço, em gestões junto a José Bonifácio,

---

[425] Max Justo Guedes, 1973, p. 207.
[426] *Diário do Frei Paixão e Dores*. Nota introdutória, 1938, p. 182.
[427] *Narrativa de serviços*, 2003, p. 40.
[428] *Narrativa de serviços*, 2003, p. 41.
[429] *Narrativa de serviços*, 2003, p. 45.

Cochrane logrou reverter a situação, receber o que pretendia. Para ele foi criado, em 26 de março de 1823, o cargo de "primeiro almirante",[430] que só por Cochrane seria usado. Era uma solução para evitar conflitos hierárquicos com outros almirantes brasileiros (que não aceitavam o escocês como maior autoridade da Marinha), mas que teve como resultado, reconhecido pelo próprio Cochrane, rusgas com o ministro da Marinha, Luís da Cunha Moreira.[431] Após a guerra e principalmente no julgamento das presas navais (principal fonte de renda dos marinheiros), Cochrane – transformado em marquês do Maranhão – se indisporia ainda mais com as autoridades brasileiras, vindo a escrever sua *Narrativa de serviços* como peça de justificativa da cobrança da dívida que estimava ter o Brasil para com ele.

Finalmente, em 21 de março de 1823, o primeiro almirante Thomas Cochrane arvorou sua bandeira no navio capitânia, a nau *Pedro Primeiro*. Um decreto do ministro da Marinha, de 19 de março de 1823, determinava que a nau, as fragatas *União* (posteriormente *Piranga*), *Niterói*, *Real Carolina* (depois *Paraguaçu*), as corvetas *Maria da Glória* e *Liberal*, o brigue *Guarani* e as escunas *Real* e *Leopoldina* ficassem sob as ordens do comandante em chefe da esquadra, que poderia escolher as embarcações que viajariam com ele na próxima expedição.

Em 29 de março de 1823, foi publicada proclamação de D. Pedro, determinando o bloqueio a Salvador, por terra e por mar. A esquadra tinha seu destino e suas ordens. Segundo Mareschal,[432] o projeto de Cochrane era chegar à Bahia, aproveitando-se do efeito surpresa de sua chegada para avançar sobre a esquadra portuguesa. Na mesma comunicação, Mareschal estimava improvável que os navios ingleses e franceses respeitassem o bloqueio.

As instruções de Cochrane eram, na verdade, mais amplas: determinavam que a esquadra realizasse "rigoroso bloqueio" ao porto de Salvador, "destruindo, ou tomando todas as forças portuguesas, que encontrar, e fazendo todos os danos possíveis aos inimigos deste Império".[433] O primeiro almirante terminou por não utilizar todos os meios

---

[430] Ofício do ministro da Marinha, Luís da Cunha Moreira, em 26 de março de 1823. Transcrito na *Narrativa de serviços*, 2003, p. 49.
[431] Ibid., p. 45.
[432] Ofício de 4 de abril de 1823. In: *RIHGB*, 1976, p. 184.
[433] Instruções do Ministro da Marinha, Luís da Cunha Moreira, de 30 de março de 1823. Transcrito na *Narrativa de serviços*, 2003, p. 50.

disponíveis. Temeroso com a qualidade de algumas embarcações e de suas tripulações, decidiu levar alguns navios para servirem apenas como "brulotes" (embarcações sem tripulação e cheias de combustível, para incendiar as embarcações inimigas), como foi o caso dos brigues *Real* e *Guarani*. Privilegiou, nas operações navais, a utilização da nau *Pedro Primeiro* e da *Maria da Glória*.

A esquadra contou, por fim, com 9 embarcações: a nau *Pedro Primeiro*, fragatas *Piranga* (comandada por Jewett), *Real Carolina* (Manoel Gonçalves Lima) e *Niterói* (John Taylor), corvetas *Maria da Glória* (Beaurepaire), brigues *Guarani* (Antonio Joaquim Couto) e *Real* (Justino Xavier), e a escuna *Leopoldina* (Francisco de Sá Lobão).[434]

Eram aproximadamente 2 mil marinheiros e 280 peças de artilharia. Segundo Cochrane, a *Piranga* (*Paraguaçu*) e a *Niterói* se juntaram depois à esquadra. O frei Paixão e Dores, capelão da esquadra,[435] registrou que também o brigue *Guarani* se atrasou em sua partida, porque dois oficiais ingleses ficaram em Santa Cruz, aguardando que o Ministério da Marinha lhes "passasse" suas patentes, para justificar o serviço ao Império.

Após solenidade de partida, que contou com a presença dos imperadores a bordo da *Pedro Primeiro*, a esquadra de Cochrane finalmente partiu para a Bahia em 3 de abril de 1823. A partir desse momento, inicia-se o relato do capelão da esquadra, frei Paixão e Dores, que manteve diário sobre a operação.[436] O capelão relata um trajeto calmo, mas com algumas dificuldades de ventos. Também menciona o esforço de aproximação entre oficiais ingleses e brasileiros.[437] Houve poucas novidades, salvo alguns feridos por acidentes.[438] Cochrane buscava trabalhar na coesão da esquadra, com ordens para que os navios navegassem mais aproximados. Também eram realizados diversos adestramentos. Dois marinheiros ingleses foram punidos por roubarem dinheiro de

---

[434] A listagem é baseada na *Narrativa de serviços* de Cochrane (2003, p. 53) e no *Diário do Frei Paixão e Dores* (1938, p. 189).

[435] 1938, p. 191.

[436] O frei Manoel Moreira da Paixão e Dores, conforme registra no início de seu diário, passou 17 anos em serviço na armada portuguesa, tendo participado das operações em Pernambuco, em 1817. Havia se retirado do serviço por questões de saúde, mas foi chamado de volta para integrar a nova esquadra brasileira. 1938, p. 189.

[437] Ibid., p. 192.

[438] Ibid., p. 195.

um português.[439] Um navio norte-americano, que se dirigia a Salvador, foi interceptado e obrigado a fazer meia-volta.[440]

A Bahia foi avistada em 1º de maio de 1823, dois dias antes da última grande operação terrestre comandada por Labatut e antes da crise que levou à sua prisão. Segundo Max Justo Guedes,[441] Cochrane desde o início passou a cruzar frente a Salvador com a esquadra brasileira, "como que desafiando João Félix". Um confronto entre as duas esquadras se tornou questão de tempo. Frei Paixão e Dores registra em seu diário, por esses dias, intensa preparação de munições e outros "preparativos bellicos", os quais, segundo sua informação, teriam se concluído em 3 de maio.[442]

Não foram, ao final, necessários mais de três dias após a chegada de Cochrane à Bahia e, em 4 de maio de 1823, encontraram-se as esquadras brasileira e portuguesa nas proximidades da costa baiana.

Às 6 horas da manhã daquele dia, Cochrane recebeu a informação de que três navios "grandes" haviam sido avistados. Eram, na verdade, 13 embarcações da esquadra portuguesa, que seguiam no sentido norte,[443] em direção a Salvador. Pouco depois, informou Cochrane, o almirante português "formou linha de batalha para nos receber".[444]

Segundo o relato do comandante das forças portuguesas, almirante João Félix, de 26 de maio de 1823,[445] a esquadra saiu completa de Salvador em 30 de abril. Nada aconteceu até o dia 4, quando foram avistadas as 7 embarcações de Cochrane:

> A nossa Esquadra estando formada em duas Columnas, assim como hera a ordem em que Navegava, mandei fazer sinal de encurtar as distancias, e a Columna de Sotavento para seguir para vante cingindo o Vento para depois virando no outro bordo (quando para isso se

---

[439] Ibid., p. 198.
[440] 25 de abril de 1823, 1938, p. 200.
[441] 1973, p. 212.
[442] 1938, p. 202-203.
[443] *A Marinha de Guerra do Brasil na luta da Independência*, 1874, p. 29.
[444] *Narrativa de serviços*, 2003, p. 54.
[445] OFÍCIO do chefe de divisão e comandante da esquadra, João Félix Pereira de Campos, ao (secretário de estado da Marinha e Ultramar), Inácio da Costa Quintela, relatando os combates havidos com o inimigo na Baía, enviando relação dos mortos e feridos e sobre a sua demissão de comandante. In: Projeto Resgate, AHU_ACL_CU_005, Cx 276 D. 19263. Arquivo da Biblioteca Nacional.

lhe fizesse sinal) ganhar barlavento do inimigo metendo-o entre dois fogos, em quanto a Columna de barlavento hia arribando incencivelmente para dar áquela a pozição vantajosa para esse fim.

Foram dadas as ordens e começaram as manobras, dos dois lados, em preparação para o combate. Os navios brasileiros vieram em diagonal e tentaram cortar a linha portuguesa, aproveitando-se de uma brecha para atacar os quatro navios da retaguarda. Cochrane repetiu, nessa ação, "a mesma manobra tantas vezes executada por Nelson com o mais feliz êxito, porem manobra que depende de circumstancias de disciplina e valor".[446] Segundo o frei Paixão e Dores,[447] a manobra deixou Cochrane satisfeito, a ponto de lhe dizer, pouco antes do encontro dos navios, "*Sr. Cura, metade de la Escuadra inimiga és nuestra, por que me voi cortar sua linea*". A situação da linha portuguesa prometia, de fato, uma vantagem importante a Cochrane.

Pouco depois das 11 horas, começaram os ataques. Depois do meio-dia, Cochrane atacou a *Princesa Real* (3º navio da coluna), dando uma descarga de artilharia. O frei Paixão e Dores[448] relatou ter visto um marinheiro português ser morto por um tiro de bacamarte. De sua parte, o comandante da *Princesa Real*, Francisco de Borja Pereira e Sá, registrou[449] a seus superiores em Lisboa que, vendo que a *Pedro Primeiro* intentava "passar impunemente pela minha popa", deu um grito de "Viva a Constituição" e mandou romper fogo, o que principiou "um terrível fogo de artilharia com bala e metralha e de mosquetaria".

Evitando um desembarque, a *Princesa Real* continuou o fogo de artilharia, que, após um tempo, passou a não ser respondida pelo *Pedro Primeiro*. Pereira e Sá informou ter tentado perseguir a nau inimiga, mas sofreu ataque da fragata *Ipiranga* (ou *Piranga*, ex–*União*), que lhe provocou sérios danos. Foram aproximadamente 10 minutos de combate, segundo Pereira e Sá, que resultaram em 5 mortos e 12 feridos dentre a tripulação da *Princesa Real*.[450]

---

[446] *A Marinha de Guerra do Brasil na luta da Independência*, 1874, p. 29.
[447] 1938, p. 204.
[448] 1938, p 206.
[449] "Parte oficial do capitão tenente comandante da charrua *Princeza Real*. Combate de 4 de Maio de 1823". Trancrito em *A Marinha de Guerra do Brasil na luta da Independência*, 1874, p. 72.
[450] Número confirmado pela "Relação dos Mortos e feridos que houverão a bordo da Charrua Princeza Real no Combate que teve no dia 4 de maio", em 22 de maio

A retirada mencionada pelo comandante da *Princesa Real* se deu em razão de Cochrane ter constatado, já no início do combate, estar acompanhado apenas pela fragata *Ipiranga*. O fogo lançado pela nau, segundo Cochrane, era de má qualidade. Para piorar a situação, parte da tripulação se revoltou: dois dos marinheiros responsáveis por transportar a pólvora interromperam o fornecimento e ainda impediram que os demais cumprissem a instrução.[451]

Já no meio de sua manobra, o almirante brasileiro ficou sem possibilidade de ação tanto em sua embarcação, quanto com relação às demais, perdendo-se o efeito de sua manobra tática. À parte a *Ipiranga*, as outras embarcações haviam perdido capacidade de combate pela recusa da marinhagem em manobrar contra a esquadra portuguesa. Segundo relatou o almirante João Félix, os outros navios da esquadra brasileira ficaram a distância e "por isso infelizmente tão bem escaparão". Apesar dos esforços dos oficiais, a tripulação chegou a ameaçar entregar os navios, se houvesse insistência. Sem o reforço, Cochrane suspendeu a ação e se retirou,[452] por volta das 16 horas, beneficiando-se de um temporal que impediu qualquer possibilidade de contra-ataque da esquadra portuguesa:

> (...) continuar a ação em circunstâncias tais não era cousa em que se pensasse; e como o inimigo tinha mais do dobro de força numérica, não me considerei justificado em prosseguir tentando, com perigo maior, o que futura oportunidade se poderia obter por menos.

Ao fim do encontro, a esquadra brasileira tinha 17 mortos e vários feridos, aos que se somaram os 5 mortos e 12 feridos da *Princesa Real*. As avarias não foram grandes do lado pró-Rio de Janeiro, mas atingiram fortemente a *Princesa Real*. A batalha não fora resolvida, mas suspensa, do lado brasileiro, pela recusa dos marinheiros em lutar, e, do lado português, pela desvantagem tática e pelas avarias sofridas. A esquadra portuguesa chegou a avistar os navios de Cochrane no dia seguinte, sem ter havido confronto. Contrariado, Cochrane enviou informações a vários interlocutores, inclusive a José Bonifácio, a fim de explicar o ocorrido.

---

de 1823. Documento anexo ao relato supramencionado do almirante João Félix.
[451] *Narrativa de serviços*, 2003, p. 54.
[452] *Narrativa de serviços*, 2003, p. 55.

O principal resultado da batalha naval de 4 de maio de 1823 foi, na verdade, uma mudança de estratégia por parte de Cochrane, visando, particularmente, evitar as dificuldades decorrentes da marinhagem que se recusou a lutar. O almirante procurou, em primeiro lugar, estabelecer uma base de operações, ao que foi escolhido o morro de São Paulo, ponto estratégico da ilha de Tinharé, ao sul da baía de Todos os Santos. Segundo o frei Paixão e Dores,[453] a decisão contou com consulta de Cochrane aos pescadores da região, sobre as qualidades do porto e a disponibilidade de práticos.

Em 8 de maio de 1823, a esquadra fundeou no morro de São Paulo. Foram realizadas visitas à vila e à unidade militar da região, que constava de aproximadamente 60 homens. Iniciaram-se as providências de organização da base, ao mesmo tempo em que continuaram operações de caça a navios militares e civis. Em 13 de maio, segundo o frei Paixão e Dores,[454] a *Pedro Primeiro* avistou a esquadra inimiga fundeada em Salvador. É preciso lembrar que, enquanto Cochrane e a força brasileira realizavam essa manobra, a esquadra de João das Botas continuava a fustigar as embarcações portuguesas na baía de Todos os Santos e as operações terrestres de cerco de Salvador continuavam.

Com o estabelecimento de sua base de operações no morro de São Paulo, Cochrane adquiriu ponto de lançamento importante, que contava não apenas com a facilidade de sair à caça de presas (que foram muitas) e de pressionar Madeira e João Félix, como também oferecia um ponto defensivo eficiente. Mais importante, o comandante da esquadra brasileira empreendeu importante reorganização de suas forças, a fim de evitar os mesmos problemas de 4 de maio de 1823. Nesse processo, a *Pedro Primeiro* recebeu boa artilharia, e passou a contar com 82 peças e 900 homens. Os reforços a Taylor e Jewett também foram eficazes, beneficiando-se igualmente da *Real Carolina* (depois apenas *Carolina*) ao teatro de operações.[455]

Mesmo sem confiar na maior parte da tripulação portuguesa ("tenho prova suficiente desde que saído do Rio de Janeiro, de que, não há que pôr mais confiança nos portugueses, quando empregados em combater

---

[453] 1938, p. 207.
[454] 1938, p. 208.
[455] Max Justo Guedes, 1973, p. 213.

contra os seus compatriotas"),[456] os navios disponíveis serviam de linha ofensiva e deixavam livre a atuação de Cochrane, que optou por utilizar dois ou três navios (especialmente o *Pedro Primeiro* e a *Maria da Glória*) confiáveis, em vez de toda a frota.[457] Os brulotes estacionados ao longo da área defensiva acarretavam séria ameaça a um eventual ataque português.

O resultado da combinação defesa (morro de São Paulo) e ação da *Pedro Primeiro-Maria da Glória* foi o efetivo fechamento do bloqueio de Salvador e a supressão da vital linha de abastecimento da cidade por mar.[458] Cochrane evitou uma confrontação aberta e direta com a esquadra portuguesa, adotando postura ofensiva e ativa, de procurar momentos vantajosos para o confronto. Como relatou o frei Paixão e Dores,[459] Cochrane lhe disse que

> mi Padre Capellan, usted se hai admirado que ió me volvo a salir del Puerto solamente con la Náo, Maria da Gloria y Brigue a encontrar-me con el Inimigo, dejando aqui todavia el resto de la Esquadra (...). Ahora pues me voi marchar a descobrir el Inimigo, sea en la mar, ó fondeado en su Puerto; encontrando-lo atender é un poco, si per la noche, acercando-me á sus Navios, me será posible facerle un vivo fuego, empesando a baterlos de un en un, metiendo-me per entre ellos hasta el ultimo; y poniendo-los a todos en esta confusion, los dejaré batendo-se unos a los otros, mirando todo su ruina, yá mui seguro dieste Inimigo.

As embarcações que tentaram furar ou evitar o bloqueio foram apresadas e posteriormente se transformaram em objeto de disputa entre Cochrane e o governo brasileiro, quando a volta da influência "portuguesa" sobre D. Pedro alterou as regras do apresamento, que era uma das fontes de rendimento dos marinheiros. Conforme reportou o primeiro almirante, nos dias após o confronto de 4 de maio:

> Estabeleceu-se, contudo, um bloqueio rigoroso, apesar de nossas deficiências ou dos esforços praticados para levantá-lo ou evadi-lo – ainda que o inimigo era atrevido em se fiar no seu número, e quiçá não menos também por considerar como derrota o termos nós falhado recentemente.[460]

---

[456] *Narrativa de serviços*, 2003, p. 60.
[457] *Narrativa de serviços*, 2003, p. 59.
[458] *Narrativa de serviços*, 2003, p. 59.
[459] 1938, p. 211.
[460] *Narrativa de serviços*, 2003, p. 58.

A esquadra portuguesa ainda se mantinha, de um lado, forte. Mostrou-se, de outro, pouco agressiva, ou não agressiva o suficiente no enfrentamento do bloqueio. Os navios pouco saíram do porto de Salvador, mesmo nos momentos em que as embarcações brasileiras passaram em sua frente, para reconhecimento (como ocorreu em 22 de maio). Em 26 de maio de 1823, toda a esquadra de João Félix aproximou-se do morro de São Paulo para um ataque, que não se realizou. À retirada da frota portuguesa não se seguiu contra-ataque brasileiro, segundo Cochrane, porque "nós não estávamos em condição de tomar a iniciativa".[461]

Segundo o almirante João Félix, em ofício de 26 de maio de 1823, a decisão de não sair do porto teria sido tomada em conferência com Madeira, que lhe apontou para as "tristes circunstancias da Cidade, provenientes da falta de mantimentos". Madeira lhe disse que não teria pão para a tropa para além de 40 dias. Nesse cenário, o governador de armas teria ordenado que a esquadra portuguesa não mais saísse do porto, e que se abastecessem os navios com mantimentos. Era indício de que a esquadra estava sendo preparada para a retirada, o que levou João Félix a deixar o comando. O almirante reassumiu no dia seguinte, por pressão da guarnição e, em 25 de maio, conseguiu sair do porto com a esquadra. As operações, no entanto, estavam muitíssimo limitadas.

A situação dos partidários de Madeira se tornou ainda mais precária no início de junho. Enquanto, no dia 3 daquele mês, o coronel Lima e Silva realizava sua última grande ofensiva sobre as linhas de defesa terrestres, Madeira e João Félix receberam a notícia de que os brulotes que Cochrane preparava para jogar sobre a esquadra portuguesa estavam quase prontos. Essa informação, segundo um brasileiro que estava em Salvador, teria provocado grande "consternação" nos portugueses.[462] A estratégia de Cochrane era repetir o que ocorrera nos portos de Espanha (nas guerras napoleônicas) ou de Callao (no Peru, último bastião espanhol).

---

[461] *Narrativa de serviços*, 2003, p. 61. O cônsul dos EUA no Rio de Janeiro avaliou, em ofício de 4 de junho de 1823, que *"Lord Cochrane's plan will probably be to avoid a battle, until his crew are better disciplined, and in the mean time to occupy himself in intercepting vessels bound into port with provisions, which have become so scarce and dear, that it is difficult to conceive, how Madeira can hold out much longer"*. In: Manning, 1925, p. 759.
[462] *Narrativa de serviços*, 2003, p. 65.

Enquanto Cochrane acelerava seu plano de destruição da esquadra portuguesa e mantinha as operações de cerco, Madeira e João Félix tomaram providências defensivas contra os brulotes e tentaram organizar uma ofensiva sobre o morro de São Paulo, a fim de destruí-los. Também esse plano de ataque foi abandonado, em meio às considerações sobre uma retirada portuguesa.

Cochrane, segundo seu próprio relato, decidiu aproveitar o momento de fraqueza e partir para a ofensiva, ainda que essa fosse mais psicológica do que militar. Em 12 de junho, realizou uma patrulha noturna dentro do porto de Salvador, com a *Pedro Primeiro*. Disfarçado de embarcação inglesa (como se apresentou no encontro com um navio português), passou por toda a frota militar portuguesa que, "apinhados como estavam no meio de um cardume de embarcações mercantes", não colocaria dificuldade em ser destruída.[463]

Segundo Max Justo Guedes,[464] a operação buscava repetir façanha de Cochrane em Callao, no Peru, quando tinha apresado a conhecida embarcação *Esmeralda*. A *Pedro Primeiro* foi acompanhada da *Carolina* e da *Maria da Glória*. A nau encontrou, no porto, a *D. João VI* e a *Gamboa*, que perguntaram de onde vinham. Cochrane tentou convencê-los de que eram navios ingleses, o que suscitou dúvidas do lado português e um início de reação. Após quase ficar imóvel pela ausência de vento, uma forte chuva ajudou *Pedro Primeiro* a se evadir.

Ao regressar a sua base, Cochrane procurou acelerar ainda mais a finalização dos brulotes. Recebeu, enfim, notícias de que sua visita noturna teria provocado grande terror no inimigo[465] e incentivado a decisão da retirada. Em 29 de junho, chegou-lhe a notícia de que os portugueses tencionariam deixar a Bahia, para dirigir-se a Santa Catarina ou Maranhão.

Até que se efetivasse essa decisão, continuou o primeiro almirante a operar, agora para impedir que as forças portuguesas se transferissem para outra localidade do Reino. Ordenou à esquadra que continuasse as capturas e os ataques, ainda que não sobre o porto de Salvador.[466] E que todos se mantivessem vigilantes, para impedir a saída dessa forma.

---

[463] *Narrativa de serviços*, 2003, p. 67.
[464] 1973, p. 213.
[465] *Narrativa de serviços*, 2003, p. 67.
[466] *Narrativa de serviços*, 2003, p. 69.

Cochrane também enviou um comunicado a Madeira, com a ameaça de que não tentasse nenhuma rota que não a partida a Portugal.

O cerco e a ação sobre navios portugueses foram, ao fim, mais efetivos do que um ataque direto e de grandes proporções, ainda que estivesse nos planos de Cochrane uma ofensiva sobre o porto de Salvador. Em 2 de julho de 1823, toda a força portuguesa fez vela. Eram, segundo Cochrane, 13 navios de guerra[467] e aproximadamente 70 navios mercantes. O frei Paixão e Dores,[468] por sua vez, menciona 87 navios, dos quais 17 de guerra.

Para a província da Bahia era o fim da guerra, mas no campo naval ainda não haviam terminado as operações. À saída do porto, a *Maria da Glória* passou a dar caça à esquadra portuguesa. A ordem era de atacar todos os navios com tropa, para que voltassem à Bahia como prisioneiros, impedindo-os de reforçar alguma outra tropa pró-Lisboa que ainda operava no Norte brasileiro. Juntaram-se à caça outros navios brasileiros, inclusive novas incorporações, como o brigue *Bahia* (ex-comodoro *Allen*, que havia transportado Cochrane para o Brasil).[469]

O que seria uma mera retirada, transformou-se, desse modo, em um derradeiro confronto aberto. As forças portuguesas tentaram um contra-ataque contra a *Pedro Primeiro*, em 4 de julho. Segundo Cochrane, a capitânia brasileira quase foi cercada, "mas o manejo e superiores qualidades veleiras da *Pedro Primeiro* fizeram com que lhes iludisse as manobras e saísse a salvo". Novo confronto ocorreu em 16 de julho.

Os embates se seguiram ao longo da primeira quinzena de julho, até se garantir que Madeira não se dirigiria ao Maranhão ou a outra província brasileira. A *Niterói* ainda seguiria a frota portuguesa por toda a travessia do Atlântico, até a embocadura do Tejo.[470] O principal resultado dos confrontos foi a captura de uma grande quantidade de navios de transporte, inclusive um de bandeira russa, que transportava militares pró-Lisboa.[471] Alguns navios foram destruídos, outros incorporados à Marinha brasileira, que com isso ganhava em tamanho e em força, como visto no capítulo IV. Cerca de 2 mil militares portugueses foram

---

[467] *Dom João VI, Constituição, Pérola, Princesa Real, Calipso, Regeneração, Ativa, Dez de Fevereiro, Audaz, Gualter, Príncipe do Brasil, Restauração* e *Conceição*.
[468] 1938, p. 230.
[469] Max Justo Guedes, 1973, p. 214
[470] Max Justo Guedes, 1973, p. 214.
[471] *Narrativa de serviços*, 2003, p. 75.

aprisionados e ficaram na Bahia, suscitando grandes debates sobre seu futuro na Assembleia Constituinte do Rio de Janeiro (como visto no capítulo IV). Nenhum marinheiro brasileiro pereceu nesse processo de capturas, após o 2 de julho. Cochrane, por fim, desviou-se da Bahia para o Maranhão, onde chegou em 26 de julho de 1823.

A ação da esquadra, portanto, não foi tão destruidora e mortífera quanto a guerra terrestre, mas teve o condão de romper o impasse. Seria difícil imaginar o resultado de 2 de julho, ao menos nesta data, sem o eficiente bloqueio marítimo realizado pela Marinha brasileira.

O 2 DE JULHO E A INCORPORAÇÃO DA BAHIA

Impossibilitado de se sustentar por terra e por mar na cidade da Bahia, Madeira começou a preparar a retirada, a qual, segundo sua pretensão, não seria uma rendição. O governador de armas esperava passar para outro ponto do Brasil, onde continuaria a cumprir suas instruções, principalmente de manter uma área segura para que um exército de Lisboa pudesse utilizar como ponta de lança sobre o Rio de Janeiro. Estava, no entanto, pressionado por todos os lados. O comandante do Exército Pacificador, Lima e Silva, respondeu a ofício de Madeira sobre a saída, informando que atacaria a cidade se se observassem movimentos de embarque. Este apenas seria feito tranquilamente se fosse proposta a capitulação.[472] Cochrane, pelo mar, fazia o mesmo.

Madeira evitou, no entanto, cumprir as determinações dos comandantes do cerco e não se rendeu. Entre 1º e 2 de julho, a tropa embarcou rapidamente nos 83-87 navios presentes no porto, após um tiro da fortaleza do mar. Segundo o relato de Pedro Calmon, o embarque foi tão apressado (não uma retirada, mas uma "fuga") que caixas e animais foram esquecidos no arsenal.[473] A esquadra, com toda a tropa portuguesa e outros apoiadores de Lisboa, partiu no próprio dia 2 e sofreu, como visto, com as ofensivas de Cochrane.

Outra parte dos partidários de Lisboa terminou ficando na cidade, assumindo posição discreta, muitas vezes escondendo seu apoio às Cortes de Lisboa. Muitos desses rapidamente se declarariam favoráveis ao Rio de Janeiro, a fim de evitar as perseguições que se seguiram. Essa

---
[472] In: Pedro Calmon, 1923, p. 313.
[473] 1923, p. 314.

tentativa de apagar a posição política anterior terminou por contribuir para a imagem de que as forças pró-Lisboa eram reduzidas, facilitando as interpretações da "Independência Pacífica", de que apenas tropas ou grupos minoritários haviam ficado do lado de Lisboa.

A partida de Madeira terminava com o conflito que naquele início de julho estava oficialmente suspenso do lado português: D. João VI, após a Vilafrancada, determinara a Madeira a interrupção das hostilidades, conforme carta de 7 de julho de 1823, em busca de "um esquecimento do passado".[474] O documento fora escrito, entretanto, tarde demais e não chegaria a seu destinatário a tempo.

Pouco antes de as forças de Madeira atingirem seus limites e partir, em Cachoeira, o Governo Provisório foi transformado, em 25 de junho, em Governo da Província da Bahia. A nomeação, pelo imperador, fora feita já em dezembro de 1822,[475] mas apenas em junho do ano seguinte houve condições para a posse.

Com o novo governo designado e as tropas de Madeira em retirada, moveu-se o Exército Pacificador sobre Salvador. Um primeiro agrupamento de exploração, comandado pelo coronel Antero José Ferreira de Brito, fez vistoria em pontos de defesa e trincheiras abandonadas.[476] Pela esquerda, a tropa avançou pelo Rio Vermelho, capitaneada por Felisberto Caldeira.

Com o caminho livre, armou-se a entrada triunfal das forças brasileiras. Primeiro entraram, em desfile, o comandante do Exército Pacificador, seu Estado-Maior e o comandante da Divisão da Direita, Barros Falcão.[477] Seguiram-se o Batalhão do Imperador, o Batalhão Pernambucano, e outros. A marcha foi encerrada pelo Batalhão dos Libertos do Imperador. Alguns relatos dão conta de parte da tropa em situação pre-

---

[474] Foi realizado registro na Assembleia Constituinte do Rio de Janeiro, em 10 de setembro de 1823, da carta régia do rei que diz: "E porque um dos mais funestos são (resultados dos "males da Facção" que havia em Portugal) as hostilidades e mutua agressão em que se acha a Provincia da Bahia, servindo de Theatro a uma guerra cruel e devastadora, que tão repugnante sempre foi ás Minhas Reas Intenções". D. João enviou ordens ao general Madeira para "uma suspensão d'armas".
[475] Dias Tavares, 2008, p. 248.
[476] Dias Tavares, 2008, p. 96. Vide também SOUZA, Antonio Moniz. "Entrada do Exército Pacificador na Bahia". In: *2 de julho: A Bahia na Independência Nacional*. Salvador: Fundação Pedro Calmon – Governo do Estado da Bahia, 2010. In: http://www.bv2dejulho.ba.gov.br/portal/(acesso em 29/09/2014), p. 96.
[477] Antonio Moniz de Souza, 2010, p. 97.

cária, descalça ou com fardas rasgadas pelos combates. A maior parte desses elementos foi, aos poucos, ocupando os pontos de defesa, os arsenais e outros locais militares. Eram, segundo Dias Tavares,[478] 8.783 soldados do Exército nacional.

A ocupação de Salvador concluiu a guerra na Bahia e garantiu a incorporação de um dos territórios mais estratégicos do antigo Reino para o novo Império do Brasil. A campanha durara mais de um ano (quase exato, se contado a partir do 25 de junho de 1822, ou um ano e cinco meses, se contado a partir da revolta de 19-20 de fevereiro de 1822). Segundo Sérgio Roberto Dentino Morgado,[479]

> sobre mortos, feridos e desaparecidos, os números são desencontrados, mas se contarmos os civis que foram envolvidos e considerarmos os sofrimentos e as perdas de toda a sorte, incluindo as destruições e o desmonte de fazendas, engenhos e lavouras, o capital humano, social e financeiro empenhado e perdido foi muito elevado.

De fato, é difícil – como ocorreu em todos os teatros de operações da Guerra de Independência – precisar as perdas humanas. Segundo um ofício do cônsul dos EUA no Rio de Janeiro, de 8 de dezembro de 1822,[480] sobre os combates na Bahia, não havia como estimar as baixas até então. Os hospitais, relatou, "têm um número muito considerável de feridos". Mas, pela própria quantidade de baixas, estimava, "qualquer afirmação será provavelmente errônea".

Com base nos números mencionados ao longo do presente texto, a soma poderia ultrapassar 2 mil mortos e feridos, além de 1 mil baixas por doenças. Pela intensidade dos combates, pelo número de soldados mobilizados e pela animosidade despertada no confronto, os números do teatro de operações da Bahia de fato estariam dentro da estimativa de algo em torno de 2-2,5 mil mortos. A fome e as doenças de fato representaram fator importante no número de baixas, mas não se pode tomar o resultado da guerra pela comparação entre mortos em combates e aquelas resultantes, por exemplo, da fome causada em Salvador pelo cerco, que em si era uma operação militar dedicada exatamente a forçar a rendição pela restrição de acesso à comida. A destruição ma-

---

[478] 2008, p. 247.
[479] 2010, p. 79.
[480] In: Manning, 1925.

terial foi igualmente importante e atingiu fortemente a economia e a organização social baiana.

Apesar da vitória militar, os meses subsequentes não foram de estabilidade na Bahia. Os problemas começaram com a própria tropa, que passou a sofrer com a indisciplina. Muitos soldados eram escravos ou ex-escravos e agora se viam na situação de terem sido armados e lutado, mas não aceitos ou mesmo libertados. A solução foi a mudança progressiva na composição da tropa e a utilização de mercenários estrangeiros.[481]

Antes disso, as tropas recusaram a substituição do coronel Lima e Silva pelo brigadeiro José Manuel de Morais, nomeado pelo imperador. Em 20 de agosto de 1823, houve confrontos entre soldados baianos e elementos do Batalhão do Imperador. O caso levou à demissão de Lima e Silva, que foi substituído pelo coronel Felisberto Caldeira, que também sofreu com os problemas da tropa e terminou assassinado por soldados em 24 de outubro de 1824.[482] Um ano depois, em 25 de outubro de 1825, ocorreria o levante do Batalhão dos Periquitos,[483] movimento de insatisfação que se relacionava ainda com a desmobilização da guerra.

Em meio aos esforços de restabelecimento da ordem e consolidação do poder imperial na Bahia, as tropas de vários pontos do Império começaram a deixar, gradualmente, a província. O Batalhão do Imperador partiu para o Rio de Janeiro em 15 de novembro de 1823 e as tropas pernambucanas seguiram viagem dias depois, em 27 do mesmo mês.[484] Aos poucos, a manutenção da ordem voltava a ser de responsabilidade local. Nas ruas de Salvador, os meses de cerco suscitaram ressentimentos, disputas. A participação popular ao longo da guerra também trazia a ameaça de alterações na ordem social, que provocaram reações das classes dirigentes.

As novas querelas se juntavam às antigas, as rivalidades regionais e locais, que continuaram a insuflar as contendas. Os proprietários baianos, segundo Dias Tavares,[485] se dividiram entre partidários da adesão total ao imperador e aqueles que defendiam a completa autonomia da

---

[481] Hendrik Kraay, 2006, p. 327.
[482] José Honório Rodrigues, 2002, p. 266.
[483] Dias Tavares, 2008, p. 258. Vide também Hendrik Kraay, 2006, p. 328.
[484] José Honório Rodrigues, 2002, p. 267.
[485] 2008, p. 256.

província, "que só deveria se unir ao império em defesa da segurança do Brasil".

Eram os velhos problemas relacionados a diferentes projetos políticos sobre o Brasil, que haviam sido colocados de lado pela disputa com as Cortes e pelas sinalizações do Rio de Janeiro sobre a autonomia provincial (vide capítulo III). Em breve, no entanto, chegariam também as notícias do fechamento da Constituinte do Rio de Janeiro. A Câmara de Salvador reuniu-se, em 17 de dezembro de 1823, e expressou a "profunda mágoa dos baianos pela dissolução da Assembleia Constituinte".

A Constituição brasileira foi, ainda assim, jurada em 3 de maio de 1824, mas em pouco tempo o Nordeste estaria envolto em uma nova conflagração, a Confederação do Equador. D. Pedro realizaria, em 1826, uma visita à Bahia, para reforçar seu poder. O processo de consolidação política da autoridade centralizada no Rio de Janeiro levaria tempo maior para se acimentar, como em grande parte do território nacional, e só se consolidaria efetivamente em fins da década de 1830. Na origem de todas essas movimentações e revoltas, estava o processo que levou à Independência e à guerra que se desenrolaram entre 1821-1823.

VI
O TEATRO DE OPERAÇÕES NORTE

Apesar da separação do presente trabalho em seções sobre províncias, cabe ressaltar que os combates no processo que resultou na Independência envolveram todo o Norte-Nordeste do Brasil, relacionando-se, inclusive, com o que se passava na Bahia. Foi uma efetiva ameaça de ruptura da unidade territorial. Sem a operação militar, parte do Reino poderia ter permanecido com Lisboa, ou mesmo se fragmentado, a exemplo do que ocorreu na América Espanhola.

O relato do teatro de operações Norte é mais uma evidência de que a forma concreta como se deu a Independência, com a justaposição do Império sobre todo o território do antigo Reino, dependeu da ação militar. A ordem selecionada, iniciando-se no Piauí, passando pelo Maranhão e pelo Pará, relaciona-se com a cronologia dos combates, e não com a instabilidade e as disputas políticas que se observavam no Norte brasileiro, entre 1821-1823. Foi, na verdade, um processo concomitante em todas as províncias, o que apenas adicionou complexidade e dificuldade para, do Rio de Janeiro, lidar com múltiplas frentes que ameaçavam a fragmentação do Reino.

O PIAUÍ E A GUERRA DO FIDIÉ

O episódio militar piauiense da Guerra de Independência do Brasil poderia ser resumido na longa marcha de Fidié, de Oeiras a Parnaíba, uma mudança de direção de volta a Oeiras, que não terminou, pois no meio do caminho, próximo à cidade de Campo Maior, houve a Batalha do Jenipapo, envolvendo elementos do Piauí, Ceará, Pernambuco, Maranhão e Pará. Após o confronto, vitorioso na batalha, mas sofrendo com deficiências estratégicas, Fidié redirecionou sua coluna para o Maranhão, chegando a Caxias, onde enfrentou cerco por quase quatro meses. Aproximadamente 700 soldados sob o comando de Fidié resistiram a piauienses, cearenses e pernambucanos,[1] culminando com a rendição no morro da Taboca, quando apenas 90 soldados permaneciam ao lado do major.

O percurso dessa marcha, no entanto, é muito mais complexo e politicamente relevante. Esconde as indas e vindas da política local, os laços de fidelidade de diferentes grupos piauienses com Lisboa e com o Rio de Janeiro, os interesses regionais e as disputas locais. Também minimiza o fato de que Fidié enfrentou rebeliões, incertezas e uma dubiedade constante de suas forças, em sua maioria de nascidos no Reino do Brasil. A dificuldade enfrentada foi exposta pelo próprio comandante português: "finalmente fazer guerra em duas Províncias tão extensas, sem meios, nem tropas de confiança, com indivíduos do mesmo País, Patrícios, amigos e muitos até parentes dos revoltosos."[2]

---

[1] In: *Vária Fortuna de um soldado português*, 2006, p. 124.
[2] Ibid., p. 120.

O apoio à causa do Rio de Janeiro não foi automático nem natural, como algumas obras sobre a província procuram apresentar. Na verdade, como se verá, a influência de fora da província, do Rio de Janeiro e do Ceará, somada a ambições particulares de famílias piauienses e, logicamente, à circulação de ideias de toda sorte, foram catalisadores fundamentais para levantar o apoio à Independência, mobilizar a população e enfrentar um conflito que cobrou muito em vida e recurso dos brasileiros.[3]

A PROVÍNCIA DO PIAUÍ, A REVOLUÇÃO DO PORTO E A ORDEM MILITAR

O Piauí, capitania e depois província, separada do Maranhão em 1811,[4] era uma zona de cruzamento entre o Norte e o Nordeste, e importante produtor de gado, que fornecia carne para todos os seus vizinhos. O altiplano piauiense tinha a função de estabelecer a unidade da região em torno da nação portuguesa. Como aponta Maria do Amparo Alves de Carvalho,[5] Oeiras, estabelecida no interior piauiense, havia sido transformada em capital para servir de ponto central das comunicações entre as colônias portuguesas, entre o Estado do Brasil e o estado do Maranhão.[6] O Piauí conformava, em resumo, zona de trânsito estratégica para toda a região Norte, principalmente para as comunicações entre o governo central português e as províncias do Norte.

A província tinha como principais vilas, além de Oeiras, São João da Parnaíba, Santo Antônio de Jurumenha, Campo Maior, Marvão, Valença e Paranaguá. Ao passar pela região, em 1810, Francisco Xavier Machado avaliou Oeiras como uma "pequena aldêa, sem fórma, sem ordem, e parece-me não ter, á excepção da câmara, uma única casa

---

[3] Fidié, *Vária fortuna de um soldado português*, Introdução, 2006, p. 15.
[4] In: D'ALENCASTRE, José Martins Pereira. "Memoria chronologica, histórica e corographica da Provincia do Piauhy". In: *Revista do Instituto Histórico e Geográfico Brasileiro*. Tomo XX, 1857. In: http://www.ihgb.org.br/rihgb.php?s=20 (acesso em 10/12/2013).
[5] ALVES DE CARVALHO, Maria do Amparo. "Batalha do Jenipapo: reminiscências da cultura material em uma abordagem arqueológica". Tese de doutorado. Programa de pós-graduação em história da Faculdade de Filosofia e Ciências Humanas da PUC-RS, 2014. In: http://repositorio.pucrs.br/dspace/handle/10923/6740 (acesso em 11/08/2014), p. 53.
[6] Mons. Joaquim Chaves, ibid., p. 29.

de sobrado (...) tem trezentos e cincoenta fogos, e pouco mais de dous mil habitantes". A situação no resto do Piauí não era muito distinta, contando com 60-70 mil habitantes, rendas anuais de 53-54 contos.[7] As forças militares eram compostas por milícias, com dois regimentos de cavalaria, um regimento de infantaria e quatro companhias de pedestres, atingindo 5.279 praças.[8]

Onze anos depois, em 1821, a situação evoluiu e as cidades cresceram. A situação econômica do Piauí era boa em 1821,[9] fundamentada especialmente no gado, que era fornecido ao Ceará, à Bahia, a Pernambuco e Maranhão. Em Oeiras e Campo Maior também se produziam algodão, couro e sola. O Governo da Província tinha finanças estáveis, os principais gastos em saúde, pão, estrutura pública e, especialmente, a tropa de primeira linha.

A vila de Parnaíba se distinguia, nesse contexto, por ser importante entreposto comercial, exportando gêneros produzidos na região e importando produtos de luxo.[10] Era a cidade onde se encontravam as principais fortunas da província, dentre eles Simplício Dias, senhor de mais de 1.200 escravos, uma sumaca e uma escuna. A cidade mantinha ligações com o Ceará, com um trânsito corrente entre a cidade e as vilas cearenses. Com o avançar da causa brasileira no Ceará, era natural que as tendências desta província se fizessem presentes em Parnaíba. A vila também desenvolveu, desde cedo, um sentido autonomista bem característico, advindo

> de sua localização geográfica, do tipo de empresa que primitivamente ali se formou (charqueada) e pelo fato de na sua instalação, o governo da capitania haver estipulado em Rs 14$000 (quatorze mil réis) o imposto que deveria ser pago à Câmara Municipal pelas embarcações que atracassem no Porto das Barcas, sendo desta forma, Parnaíba, a única entre as vilas criadas que teve, de imediato, uma fonte de renda efetiva.[11]

---

[7] MACHADO, Francisco Xavier. "Memoria Relativa ás Capitanias do Piauhy e Maranhão". In: *Revista do Instituto Histórico e Geográfico Brasileiro*. 3ª série, nº 13, 1º Trimestre de 1854. In: http://www.ihgb.org.br/rihgb.php?s=20 (acesso em 10/01/2014), p. 56.
[8] Ibid., p. 56.
[9] Mons. Joaquim Chaves, 2006, p. 26.
[10] Maria do Amparo Alves de Carvalho, 2014, p. 52.
[11] MENDES, Francisco Iweltman Vasconcelos. *Parnaíba: Educação e Sociedade na Primeira República*. Dissertação de mestrado. Teresina, Universidade Federal do Piauí, 2007. In:

Domingos Dias da Silva e seu filho, Simplício Dias da Silva, dominaram a política e a economia de Parnaíba por décadas.[12] Somou-se a essa relação já autônoma o fato de Simplício Dias da Silva ter viajado pela Europa, adquirido uma cultura sofisticada e de base liberal, que se refletia no modo pelo qual a família vivia. Membro da maçonaria, Simplício Dias tinha como um de seus próximos companheiros o juiz de fora João Cândido de Deus e Silva. "Ele e Simplício Dias eram os expoentes intelectuais da Província."[13]

Parnaíba possuía, portanto, recursos econômicos, ideias autonomistas e alguns senhores viajados, que poderiam mobilizar parte da província para qualquer dos lados que escolhessem, naqueles ventos de 1821-1823. A coleta de impostos e a dominação política de Oeiras, nas mãos de originários de Portugal, também suscitavam insatisfações da vila do Norte e indispunha os dois lados. Simplício Dias era, ademais, comandante da milícia, respondendo diretamente a Fidié. Foi nesse contexto, marcado por sensibilidades e interesses locais, que se implantou o vintismo promovido pela Revolução do Porto.

A situação política do Piauí entre 1821-1822 não era muito distinta das demais províncias do Norte-Nordeste, mas tinha algumas particularidades. A Revolução do Porto, assim como em Pernambuco, chegou ao Piauí sem movimento de derrubada do governador e instalação imediata de uma Junta Provisória. O juramento da Constituição, na verdade, foi ordenado pelo governo português e cumprido no Piauí.[14] O decreto de 24 de fevereiro de 1821, aprovando a Constituição portuguesa (que estava em elaboração), chegou à província em 4 de maio de 1821, com instruções para a publicação pelas Câmaras. Houve hesitação inicial do governador, Elias José Ribeiro de Carvalho, em apli-

---

http://www.ufpi.br/subsiteFiles/ppged/arquivos/files/Fco%20Iweltman%20Mendes(1).pdf (acesso em 15/02/2014), p. 36.

[12] Idem, 2007, p. 39.

[13] Hermínio de Brito Conde. In: Fidié, *Vária Fortuna de um Soldado Português*, Introdução, 2006, p. 20.

[14] "Em consequência das Ordens de Sua Alteza Real o Principe Regente deste Reino do Brasil, que me forão expedidas pelo respectivo Chanceler Mor em officio de 23 de Junho próximo passado, foi celebrado nesta Cidade em nove do corrente o Auto de juramento ás Bases da Constituição Portugueza para servirem provisoriamente". Ofício de 22 de setembro de 1821, do governador do Piauí. In: Arquivo Histórico Ultramarino, AHU_ACL_CU_016, Cx 31, D. 1609. In: Biblioteca Virtual do Projeto Resgate, http://www.cmd.unb.br/biblioteca.html (acesso em 18/01/2015).

car o decreto,[15] motivada por gestão do brigadeiro Manuel de Sousa Martins, futuro visconde de Parnaíba, que sustentou a ideia de que uma revolução estaria sendo preparada, sob o falso pretexto de jurar a Constituição.[16]

Na verdade, o principal conflito que surgiu no processo de incorporação da província no sistema constitucional português se relacionava com a manutenção em si do governador, e não com algum tipo de antecipação do movimento da Independência. Era uma disputa pelo poder local. Lideranças locais pretendiam seguir o exemplo de outras províncias e instalar um Governo Provisório, retirando Elias José Ribeiro de Carvalho (ligado ao regime anterior) do poder e instalando uma Junta Provisória. Era o caminho para o acesso ao governo. Iniciaram-se, então, conspirações políticas, as quais, aos poucos, foram se ampliando para outros temas e outros projetos.

Essa movimentação foi reconhecida pelo próprio governador, ao relatar, em 2 de agosto,[17] o processo de juramento da Constituição. Segundo Elias José, a capital da província "se conservou na mais perfeita tranquillidade até o dia quatro de Maio do corrente anno esperando da Magnanimidade de Sua Magestade o fausto Decreto de 24 de Fevereiro". Depois do juramento, no entanto, civis e parte da tropa, segundo o governador, "tem manifestado desprazer com a forma actual de seu Governo, e trabalhão de dia, e mais de noite para seduzir a Tropa". O principal objetivo das movimentações era a instalação de "hum Governo Provisório á semelhança da Bahia" e do Maranhão. Elias José registrava não querer fomentar nem proibir um Governo Provisório, "temendo as consequências de hú motim popular, para que estes Povos estão muito inclinados".

Havia, portanto, um conflito pelo poder entre os grupos próximos ao governador e os partidários da instalação de governo "mais liberal", liderado por uma Junta Provisória. Elias José Ribeiro foi acusado de des-

---

[15] Essa hesitação é relatada por Egydio da Costa Alvarenga, em 2 de outubro de 1821, na "Exposição de alguns actos violentos praticados pelo governador da capitania do Piauhy Elias José Ribeiro de Carvalho". In: Carvalho et al., 2014, vol. 4, p. 331.
[16] Abdias Neves, 2006, p. 53.
[17] OFÍCIO do [governador do Piauí], Elias José Ribeiro de Carvalho, ao [secretário de estado do Reino e Mercês], Inácio da Costa Quintela, sobre o juramento à constituição em que estão trabalhando as Cortes Gerais, e informando acerca do descontentamento da tropa devido ao soldo que recebem". In: Arquivo Histórico Ultramarino, AHU_ACL_CU_016, Cx 31, D. 1598. In: Biblioteca Virtual do Projeto Resgate, http://www.cmd.unb.br/biblioteca.html (acesso em 18/01/2015).

potismo[18] e passou, em agosto/setembro de 1821, a enfrentar problemas crescentes de gestão. Em 9 de setembro de 1821, estourou em Oeiras um movimento da tropa em favor de um Governo Provisório, que foi desbaratado. No dia seguinte, no entanto, outro movimento ocorreu em São José da Parnaíba, onde teve sucesso e, à revelia do governador, instalou um Governo Provisório que pretendia abranger toda a província.[19]

Após esses movimentos, Elias José Ribeiro não teve forças de continuar e finalmente cedeu o poder. Em 24 de outubro, foi eleita e tomou posse a Junta Provisória do Governo do Piauí. Era encabeçada por Francisco Zuzarte Mendes Barreto, tendo o brigadeiro Sousa Martins ficado com a vice-presidência.[20] Segundo informou a própria Junta a Lisboa,[21] a decisão foi adotada em imitação do que se passara na capitania de Alagoas. O exemplo de outras Juntas, especialmente da Bahia e do Maranhão, também era citado para justificar o procedimento.

O processo eleitoral para o Governo Provisório ampliou o conflito. Envolveu a apresentação de diferentes candidaturas das principais famílias da província, que entraram em choque, especialmente no caso de Sousa Martins, que pretendia assumir a presidência da Junta. Conforme aponta Abdias Neves, após a eleição, "estava rom-

---

[18] Vide, por exemplo, CARTA do tesoureiro do Cofre dos Defuntos e Ausentes do Piauí, José Félix Barbosa, ao rei [D. João VI], sobre os factos ocorridos com o juramento da Constituição Portuguesa, o anticonstitucionalismo do ex-governador do Piauí, Elias José Ribeiro de Carvalho, e as prisões efectuadas pelo governo da Província, devido ao entusiasmo e contentamento do povo com a Constituição liberal que foi aprovada e jurada. Em 2 de março de 1822. In: Arquivo Histórico Ultramarino, AHU_ACL_CU_016, Cx 31, D. 1621. In: Biblioteca Virtual do Projeto Resgate, http://www.cmd.unb.br/biblioteca.html (acesso em 18/01/2015).
[19] AVISO do [secretário de estado da Marinha e Ultramar], Joaquim José Monteiro Torres, ao [secretário de estado do Reino e Mercês, Inácio da Costa Quintela], ordenando remeter ao secretário de estado dos Negócios do Reino os ofícios do governador do Piauí, Elias José Ribeiro de Carvalho, sobre o juramento às bases da Constituição; o desvanecimento da instalação de um governo provisório no Piauí; remetendo relação dos compromissários de nove paróquias e participando ter se manifestado um desprazer com a forma actual de seu governo. In: Arquivo Histórico Ultramarino, AHU_ACL_CU_016, Cx 31, D. 1609. In: Biblioteca Virtual do Projeto Resgate, http://www.cmd.unb.br/biblioteca.html (acesso em 18/01/2015).
[20] Abdias Neves, 2006, p. 56. Vide também D'Alencastre, 1857, p. 11.
[21] CARTA da Junta Provisória do Governo do Piauí, ao rei [D. João VI], enviando o auto de instalação do referido governo em 24 de outubro daquele ano. In: Arquivo Histórico Ultramarino, AHU_ACL_CU_016, Cx 31, D. 1603. In: Biblioteca Virtual do Projeto Resgate, http://www.cmd.unb.br/biblioteca.html (acesso em 18/01/2015).

pida a solidariedade que deve existir entre governo e governados e seus esforços principiaram a produzir efeito negativo na administração".[22] Também na eleição dos deputados piauienses para as Cortes, ocorrida poucos dias antes, em 5 de outubro, foram observadas as disputas pelo poder.

Dois importantes aspectos se destacam, assim, dessa primeira controvérsia envolvendo a chegada da Revolução do Porto ao Piauí. Em primeiro lugar, conflitos já existiam entre grupos das elites do Piauí, anteriores ao vintismo. O vintismo apenas os exacerbaria e obrigaria os principais atores a buscarem projetos nos quais apoiar seus interesses. O segundo aspecto é a constante referência ao que se passava nas outras províncias, que foi reconhecido pela própria Junta de Governo e que continuaria a ocorrer de maneira importante, ao longo de todo o processo político. A influência externa é ponto que se deve ter em mente no caso do Piauí.

Uma relativa calma voltou à província, mas a coesão política piauiense continuou a se deteriorar nas eleições para a nova Junta Provisória de governo, determinada nos decretos das Cortes de setembro de 1821, os mesmos que provocaram, no Rio de Janeiro, o Fico. Os documentos chegaram a Oeiras em 4 de fevereiro de 1822. Não houve, entretanto, reação no Piauí semelhante àquela do Rio de Janeiro. Os decretos motivaram o conflito pelo poder, mas não uma reação contrária a seu espírito. Foram prontamente aceitos.[23]

As eleições foram realizadas em 7 de abril de 1822, mesma data em que a Junta tomou posse.[24] Reavivaram, na verdade, as disputas entre os candidatos, mais uma vez no caso do brigadeiro Manuel de Sousa

---

[22] Abdias Neves, 2006, p. 55.
[23] OFÍCIO do Junta Governativa do Piauí, ao secretário de estado da Marinha e Ultramar, Inácio da Costa Quintela, sobre ter recebido a portaria que remete os Diários do Governo e as Leis publicadas, comunicando que, de acordo com as ordens recebidas, avisou os eleitores de todas as paróquias para efectuarem a eleição da nova Junta Provisória de Governo do Piauí. 11 de fevereiro de 1822. In: Arquivo Histórico Ultramarino, AHU_ACL_CU_016, Cx 31, D. 1616. In: Biblioteca Virtual do Projeto Resgate, http://www.cmd.unb.br/biblioteca.html (acesso em 18/01/2015).
[24] OFÍCIO da Junta Governativa do Piauí, ao Presidente do Soberano e Augusto Congresso das Cortes, sobre as eleições feitas para a escolha dos membros da referida Junta e enviando os autos da nomeação. Em 19 de abril de 1822. In: Arquivo Histórico Ultramarino, AHU_ACL_CU_016, Cx 31, D. 1632. In: Biblioteca Virtual do Projeto Resgate, http://www.cmd.unb.br/biblioteca.html (acesso em 18/01/2015).

Martins, de família importante de Oeiras, que pretendia alcançar o poder. Não tendo sido eleito para a Junta de Governo, Sousa Martins se colocou em oposição ao novo governo, e passou a trabalhar contra este.[25]

Como em todas as outras províncias do Reino do Brasil, a situação política no Piauí se tornou tumultuada, mesmo que na tendência majoritária permanecesse o apoio às Cortes e a fidelidade a Lisboa. Houve assassinatos políticos, como no caso de Antônio de Barros Bezerra[26] e do escrivão Antônio Caú,[27] os quais adicionaram lenha ao conflito político. Pasquins e proclamações foram surgindo ao longo de todo o período, tendo Oeiras solicitado ao juiz de Parnaíba, dr. João Cândido, realizar devassa contra um pasquim de Campo Maior, que não foi feita.[28] Uma investigação se deu em Campo Maior, em fins de 1821, para verificar denúncia de que Lourenço de Araújo Barboza, que pregava a separação do Brasil de Portugal, mantinha uma fábrica de pólvora em sua residência. Barboza foi preso em Oeiras, em 2 de janeiro de 1822, após ser chamado para prestar esclarecimentos.[29]

A partir da chegada das notícias do movimento do Porto e, particularmente, da situação na Bahia e de outras províncias, surgiram tendências de toda ordem,[30] algumas atacando os portugueses europeus, especialmente aqueles responsáveis pela gestão da província.[31] Apenas tempos depois, com o aparecimento da causa do Rio de Janeiro, e a influência vinda das províncias que gradualmente passaram a apoiar D. Pedro, foram ganhando adesões ao regente no Piauí, até ter o volume suficiente para que um movimento abertamente pró-Rio de Janeiro estourasse. Em alguns casos, essa decisão era de conveniência, uma forma de alcançar o poder, como ocorreu na Bahia ou em outras províncias.

O impulso decisivo ocorreu em São João da Parnaíba, em 19 de outubro de 1822. Há controvérsias, é bem verdade, sobre as origens das ideias e do movimento que se tornou pró-Rio de Janeiro, espe-

---

[25] "Começou, daí, a sua desarmonia com o Governo e a ela se deve o ter ele abraçado, desde muito cedo, a causa do partido separatista e trabalhado com maior entusiasmo pela realização da Independência". In: Abdias Neves, op. cit., p. 58.
[26] Ibid., p. 32.
[27] Abdias Neves, 2006, p. 57.
[28] Mons. Joaquim Chaves, 2006, p. 31.
[29] Mons. Joaquim Chaves, 2006, p. 32.
[30] Mons. Joaquim Chaves, 2006, p. 31.
[31] Vide Fidié, *Vária fortuna de um soldado português*, 2006, p. 30.

cialmente entre os movimentos que ocorreram em Parnaíba, Oeiras e Campo Maior.[32] Reagindo aos defensores da Parnaíba como origem do movimento, Adrião Neto[33] sustenta que, já no início de 1822, o advogado Lourenço de Araújo Barbosa insuflava a vila de Campo Maior, transformando-a "em um enorme caldeirão de ideias revolucionárias em prol da Independência".

É preciso olhar com cautela essa afirmação, pois não havia, naquele momento, um movimento claro de Independência no Rio de Janeiro, ao menos da forma como ocorreu, liderado por D. Pedro. O próprio Adrião Neto relaciona as visões de Araújo Barbosa às ideias republicanas de 1817 e ao separatismo, vindos principalmente de Pernambuco, o que não necessariamente se relaciona com o movimento que se desenvolveu no Rio de Janeiro ao longo de 1822.

Até 19 de outubro de 1822, no entanto, os episódios, de diferentes tendências, não alteraram o fato de que, inclusive no segundo semestre de 1822, ocorreram poucas ações significativas na província com relação ao processo que se desenrolava paralelamente no Rio de Janeiro, ainda que existissem movimentações contrárias às Cortes de Lisboa ou ideias de separação de Portugal.[34] Ao longo desse processo, por um bom tempo, não houve oposição clara entre os partidários das Cortes lisboetas e do Rio de Janeiro.[35] Os conflitos na Bahia ou os desenvol-

---

[32] "Embora haja uma institucionalização em torno do dia 13 de março como a data mais significativa para se rememorar a 'Independência no Piauí', é preciso considerar que, em torno desse tema, existem muitas controvérsias entre os historiadores piauienses. Há em torno desse debate uma disputa de memórias entre as três cidades piauienses em que cada uma argumenta e reivindica para si a prioridade sobre a proclamação da independência.". Amparo, 2014, p. 191.

[33] "A Epopeia do Jenipapo e a polêmica criada por Renato Marques". Ensaio. In: http://www.usinadeletras.com.br/exibelotexto.php?cod=8682&cat=Ensaios (acesso em 21/07/2014), p. 1.

[34] Como aponta Abdias Neves, "com essa prisão (de Antônio Maria Caú) e providências que se lhe seguiram, ficou o Piauí em paz durante meses. As lutas que irrompiam fora de suas fronteiras, ensanguentando o país, chegavam aqui em descrições incompletas de cartas da Bahia e não acordavam eco". 2006, p. 55.

[35] Maria do Amparo Alves de Carvalho aponta, nesse sentido: "ressalta-se que, ao falarmos da luta entre portugueses e brasileiros, queremos evidenciar que as disputas estavam acirradas entre dois domínios; não necessariamente entre brasileiros e portugueses de nacionalidade, pois tanto de um quanto de outro lado lutaram brasileiros e portugueses a favor e contra a separação entre Brasil e Portugal. O que havia era o que se poderia caracterizar atualmente de forças políticas divergentes". In: ALVES DE CARVALHO, Maria do Amparo. "A cultura material da Batalha do

vimentos na capital carioca chegavam por notícias incompletas, sem atrair grande atenção. "A Regência do Príncipe D. Pedro não despertara, tampouco, o mínimo interesse".[36]

Observa-se, portanto, que a origem da divisão política no Piauí se relacionava, inicialmente, à disputa intraelites, agravada pelas incertezas e confusões do período revolucionário, que alimentou desavenças anteriores e resultou na ruptura de alguns setores com o governo português. Não se devem desprezar os sentimentos que poderia haver com relação ao Reino do Brasil, nem a eventual atração que a causa do Rio de Janeiro já poderia suscitar em alguns grupos, que nutriam rejeição contra portugueses de origem europeia.

Ainda assim, a junção do projeto de algumas elites de se vincular ao Rio de Janeiro, conjugada a uma reação da população contra o português que via dominar a administração pública, foi um processo lento. A sociedade piauiense tinha base rural, com a terra monopolizada por poucas famílias, que constituíam as oligarquias locais. Foram parte destas que, como visto, sofreram influências dos dois lados.[37] Alguns grupos de grandes agricultores gradualmente alternaram seu apoio de Lisboa ao Rio de Janeiro, na esperança de alcançar maiores vantagens econômicas.

Nesse quadro instável, o governo português indicou, desde o início do vintismo, interesse em reforçar militarmente a província do Piauí. Foram despachados, inicialmente, carregamentos de armas e munições ao Piauí, via São Luís.[38] Revelava Lisboa, com isso, uma consciência estratégica dos principais pontos sensíveis do Norte-Nordeste brasileiro:

> Há muito que a posição geográfica do Piauí havia despertado a atenção do Governo de Lisboa para o caso de uma emergência. (...) Estrategica-

---

Jenipapo". In: XXVII Simpósio Nacional de História. Natal, RN, 22-26/07/2013. In: http://www.snh2013.anpuh.org/resources/anais/27/1371320248_ARQUIVO_Artigo-C.M.BatalhadoJenipapo_revisaofinal_.pdf (acesso em 23/07/2014), p. 5.
[36] Abdias Neves, 2006, p. 55.
[37] CAVALCANTE, Juliana Rodrigues & DE MORAES, Maria Dione Carvalho. "Da tradição oral da Batalha do Jenipapo e dos diálogos com a política nacional de patrimônio imaterial". In: *Revista FSA*, Teresina, nº 8, 2011. In: http://www4.fsanet.com.br/revista/index.php/fsa/article/view/449 (acesso em 24/07/2014), p. 51.
[38] Listagem sobre parte desse material foi encontrada por Maria do Amparo Alves de Carvalho. Uma carga de armamento foi recebida em Oeiras, em 10/04/1821, pelo tenente Joaquim Themóteo de Brito. Dentre os múltiplos materiais, destacam-se alabardas, espingardas, sabres, espadas e machadinhas. In: Maria do Amparo Alves de Carvalho, 2014, p. 121.

mente falando, o Piauí teria muita importância (no plano português), pois que se comunicava por terra com o Ceará, com a Bahia e com Pernambuco, onde o movimento dos independentes era bem forte. Também o Piauí era fornecedor de carnes para essas Províncias. Firmar-se militarmente nele seria cortar o abastecimento de carnes para os rebeldes e ficar em posição de poder atacá-los por terra, numa contraofensiva, se o movimento independente ali enfraquecesse. (...) Se os portugueses pretendiam realmente ficar com o norte após a independência, a ocupação militar do Piauí seria então uma questão de vida ou morte para eles.[39]

A principal medida militar foi, na verdade, a escolha do sargento-mor João José da Cunha Fidié para assumir o governo de armas do Piauí. Militar com grande experiência nas guerras contra Napoleão, o sargento-mor lutara ao lado de Wellington nas guerras peninsulares e era considerado militar de grande qualidade. Nomeado em 9 de dezembro de 1821, foi despachado às pressas para o Piauí, "sem ter recebido o Posto, nem a Ajuda de custo, achando-me ainda por indemnizar de um e outra... (...) Parti imediatamente, por ser essa a vontade do mesmo Augusto Sr. (...)".[40]

O novo governador de armas do Piauí recebeu, nesse processo, instruções claras de D. João VI para manter-se no comando da província e protegê-la das movimentações políticas que se passavam no Reino. O relato de Fidié sobre sua entrevista com D. João VI é interessante, pois se é verdade que o conflito existente era entre o Rio de Janeiro de D. Pedro e a Lisboa das Cortes Gerais, provenientes da Revolução do Porto, a conversa do sargento-mor com o rei dá conta de um D. João interessado na preservação do Norte brasileiro para Portugal. Segundo Fidié,

> Sua Magestade me ordenou muito positivamente, que me mantivesse, dizendo-me – mantenha-se! Mantenha-se![41]

A instrução traduziu-se em declaração de Fidié ao governo do Maranhão, quando de sua chegada a São Luís, de que "em quanto tivesse quatro homens que me obedecessem, o terreno que elles pisassem seria constitucional, e pertenceria ao Reino".[42] À clareza das instruções de

---

[39] Mons. Joaquim Chaves, 2006, p. 29.
[40] *Vária fortuna de um soldado português*, 2006, p. 159.
[41] Ibid., p. 160.
[42] Ibid., p. 160.

Lisboa e do rei contrastava a interpretação de Fidié sobre a realidade no Rio de Janeiro. Em suas memórias, Fidié chancelou relato do inglês George Gardner F. L. S.[43] no sentido de que supunha "que as notícias (do Rio de Janeiro, sobre a proclamação da Independência) se referiam a um tumulto de curta duração". Não acreditava, desse modo, que o 7 de setembro fosse politicamente viável.

Mons. Joaquim Chaves sugere, ademais, que tantas providências por parte do governo português, com relação a Fidié, são indicativas de que sua missão era conservar não apenas o Piauí, mas também o Maranhão.[44] O sargento-mor confirma essa interpretação em comentário que faz em sua *Vária fortuna de um soldado português*.

E, interessantemente, vai além: aponta intenção de ir da proteção do Piauí e do Maranhão, passando à ofensiva na Bahia. Fidié, quando chegou a Parnaíba para sufocar a declaração de Independência, propôs duas ofensivas. A primeira era perseguir os "facciosos" no Ceará, enfrentando também o Governo Provisório dessa província, que apoiava a Parnaíba, como se verá abaixo. Como alternativa, planejou atacar Cachoeira, na Bahia, a fim de levantar o cerco contra Salvador.[45] Esse plano foi comunicado às autoridades do Maranhão e ao general Madeira. Tivesse sido levado a cabo, havia chances de que teria tornado a posição brasileira no Nordeste frágil, ameaçando o projeto de D. Pedro de unidade do Império com base no traçado do antigo Reino do Brasil.

O projeto de Fidié revela que o sargento-mor desenvolveu visão estratégica sobre a situação no Norte-Nordeste, provavelmente relacionando-se com as instruções de Lisboa. Reforça a tese de que o governo português procurou, no conflito com o Rio de Janeiro, adotar as medidas – políticas e militares – para conservar parte importante do Brasil

---

[43] Trecho desse relato é transcrito em *Vária fortuna de um soldado português*, 2006, p. 132.
[44] 2006, p. 30.
[45] "(...) também pedi ao Governador do Maranhão, e ao General Madeira, logo que cheguei á Parnaíba, e que vi a necessidade que d'isso (tropas adicionais) tinha, para pôr a cuberto, e em segurança, não só o Maranhão e o Piauhy, mas habilitar-me a fazer digressão até á Cachoeira, ou Santo Amaro, como comuniquei ao Governo do Maranhão, e se conhece do Documento nº 40, a fim de obrigar Labatout, General que sitiava a Bahia, a levantar o cerco, e concorrendo d'este modo para a manutenção da Cidade da Bahia, quando mais não podesse conseguir". In: *Vária fortuna de um soldado português*, 2006, p. 160.

a seu lado. Tropas chegaram a se mobilizar, mas houve hesitação em São Luís, que negou autorização a que Fidié passasse à ofensiva. Essa hesitação tornou-se vantagem para os partidários do Rio de Janeiro, que puderam se organizar, principalmente no Ceará.

Todo esse drama se desenrolou a partir da chegada do sargento-mor a Oeiras, em 8 de agosto de 1822. Fidié tomou posse no cargo de governador de armas do Piauí no dia seguinte. Ao chegar à capital piauiense, encontrou uma realidade paradoxal. A situação após a eleição da Junta de Governo, no início de 1822, havia voltado a aparentar calma, sem grandes acontecimentos. Como apontou o próprio Fidié, "tenho particular satisfação em communicar V. Exa. que esta Provincia se acha tranquila observando nos Corpos Militares, e mais habitantes firme adherencia ao Systema Constitucional, e obediência a S. Mag. E ao Soberano Congresso".[46] A Junta de Governo também atestava a tranquilidade na província e a "harmonia" entre os governos civil e militar.[47]

As tensões continuavam, porém, a crescer, aos poucos intensificando a disputa entre elites locais e portugueses, com a chegada de notícias do Rio de Janeiro e da Bahia. Em 25 de setembro de 1822, compareceram à Câmara de Parnaíba onze portugueses pedindo a remoção do comandante do destacamento militar. Temiam que o comandante, brasileiro, não os protegesse.[48] Não foram atendidos, após discussão acalorada, e em seguida lavraram protesto que deveria ser enviado para Oeiras.[49]

A cidade de Parnaíba, onde a família de Simplício Dias tinha muita influência, já se tornara um dos principais pontos de apoio a D. Pedro, caminhando proximamente ao Ceará. Simplício Dias e João Cândido de

---

[46] OFÍCIO do major João José da Cunha Fidié, ao [secretário de estado dos Negócios Estrangeiros e Guerra], Cândido José Xavier, sobre a sua tomada de posse do governo das Armas, da capitania do Piauí. Em 10 de agosto de 1822. In: Arquivo Histórico Ultramarino, AHU_ACL_CU_016, Cx 31, D. 1649. In: Biblioteca Virtual do Projeto Resgate, http://www.cmd.unb.br/biblioteca.html (acesso em 18/01/2015).
[47] OFÍCIO da Junta Governativa do Piauí, ao secretário de estado dos Negócios Estrangeiros e Guerra, Cândido José Xavier, sobre a chegada e tomada de posse no Governo das Armas do Piauí, major João José da Cunha Fidié. Em 5 de setembro de 1822. In: Arquivo Histórico Ultramarino, AHU_ACL_CU_016, Cx 31, D. 1659. In: Biblioteca Virtual do Projeto Resgate, http://www.cmd.unb.br/biblioteca.html (acesso em 18/01/2015).
[48] Abdias Neves, 2006, p. 63.
[49] Mons. Joaquim Chaves, 2006, p. 32.

Deus e Silva, juiz de fora da vila, se tornariam as principais figuras pró-Independência na cidade. Outros focos de apoio a D. Pedro foram surgindo e se intensificaram com o recebimento de mensagens do Rio de Janeiro, que davam conta das medidas do regente e das convocações feitas por ele. Foram especialmente essas medidas, em conjunto com a influência vinda do Ceará, que, recebidas em um ambiente já conflituoso, deram largada aos eventos em torno do apoio piauiense ao Rio de Janeiro.

A MUDANÇA DOS VENTOS: A REVOLTA EM PARNAÍBA

Os habitantes do Piauí receberam, em fins setembro, comunicações do Rio de Janeiro informando da convocação da Assembleia Constituinte do Rio de Janeiro e ordenando que o Piauí também procedesse à eleição de representantes.[50] As notícias vinham também com informações sobre o que se passava no Ceará, em reação aos ofícios do Rio de Janeiro. Na capital Oeiras, a Junta Governativa decidiu que o ofício de convocação da Constituinte seria "metido em silêncio mediante a decisão do Soberano Congresso e de El Rei, visto o juramento a que estamos ligados".[51] Tampouco houve reação nas outras localidades.

Em Parnaíba a reação foi distinta. Independentemente das movimentações que já existiam no Piauí a favor do Rio de Janeiro ou de alguma outra ideia relacionada ao separatismo, foi efetivamente esse elemento externo que precipitou os acontecimentos. Fidié não ignorava as tensões políticas do Piauí, mas, como se viu, interpretava os movimentos facciosos como influenciados de fora da província e contava com as forças militares para cortar essas influências.[52] Fidié é

---

[50] Mons. Joaquim Chaves, 2006, p. 34.
[51] Mons. Joaquim Chaves, 2006, p. 35.
[52] "Ofício do governador das armas do Piauí, major João José da Cunha Fidié, ao (secretário de estado dos Negócios Estrangeiros e Guerra), Cândido José Xavier, sobre a adesão dos corpos militares e da população ao sistema constitucional e a perfeita harmonia entre a sua Secretaria e a Junta Governativa do Piauí". Oeiras do Piauí, 5 de setembro de 1822. In: Catálogo de documentos manuscritos avulsos referentes à capitania do Piauí existentes no Arquivo Histórico Ultramarino. AHU-Piauí, cx. 24. Doc 47 (AHU_CU_016, Cx. 31, D. 1659". In: http://actd.iict.pt/eserv/actd:CUc016/CU-Piaui.pdf (acesso em 21/07/2014).

especialmente crítico da influência do Ceará sobre os "facciosos" do Piauí, atribuindo-lhes a "culpa" pelo movimento em Parnaíba e mesmo em Oeiras.[53]

Ao chegarem os ofícios do Rio de Janeiro a Parnaíba, o juiz de fora dr. João Cândido escreveu a Oeiras em 30 de setembro de 1822,[54] dando conta do recebimento dos documentos e relatando consultas que o governo do Ceará estaria fazendo sobre a eleição dos deputados, prática com que ele, João Cândido, concordava. O magistrado indicava, ainda, que a vila cearense da Granja proclamara D. Pedro Protetor e Defensor Perpétuo do Brasil. Concluía que,

> a melhor, a maior, a mais rica, a mais populosa parte do Brasil tem-se declarado a favor da causa da Independência; como persuadir-nos que o resto não siga a mesma causa? Ou quererão os povos olhar de sangue-frio o seu país dividido, seguindo o Sul um sistema e o Norte outro?

Foi nesse espírito que se apresentou requerimento à Câmara de Parnaíba, que resultou na proclamação de 19 de outubro de 1822, pelos eleitores da paróquia, da "Regência de Sua Alteza Real, a Independência do Brasil, e sua União com Portugal, e as futuras Cortes Constituintes do Brasil".[55] Dentre os signatários do requerimento estavam Simplício Dias e João Cândido. O movimento, segundo o Mons. Joaquim Chaves, era "popular", mas o próprio pesquisador admite que "tais movimentos são geralmente insuflados por uma minoria atuante",[56] que teve poucas dificuldades em levantar o povo.

Tanto Joaquim Chaves[57] quanto Abdias Neves[58] apontam que a declaração de Parnaíba de 19 de outubro de 1822 vinculou a vila à Independência do Brasil. Ocorre que a distância temporal entre o Grito do Ipiranga e a chegada das notícias do Rio de Janeiro é por demais curta em comparação ao tempo que normalmente levava para a chegada de notícias. Não resta dúvidas de que a proclamação de Parnaí-

---

[53] *Vária fortuna de um soldado português*, 2006, p. 118.
[54] In: Abdias Neves, 2006, p. 63.
[55] Mons. Joaquim Chaves, 2006, p. 35.
[56] Ibid., p. 35.
[57] 2006, p. 35.
[58] "Vê-se que a 30 de setembro já se conhecia no Piauí o movimento original das margens do Ipiranga, e que o Ceará aderira à Independência". 2006, p. 65.

ba procurava vincular a província à causa carioca e que se falava em "Independência".

As referências de Parnaíba à "Independência do Brasil e sua união com Portugal" não parecem se relacionar, contudo, necessariamente à Independência total, proclamada em 7 de setembro de 1822 e tornada efetiva em 12 de outubro de 1822. Antes, como se sabe, os ofícios do Rio de Janeiro já falavam de uma "Independência moderada" ou que o Brasil já era "na prática independente". A Assembleia Constituinte do Rio de Janeiro e a aclamação de D. Pedro como defensor perpétuo ainda eram compatíveis, recorde-se, com a estrutura do Reino Unido.

Parnaíba, na verdade, declarou-se pela "regência de D. Pedro", não rompendo necessariamente com Portugal. Foi apenas com a marcha de Fidié adiantada, que chegou, em 11 de janeiro de 1823, ofício de Labatut, demandando a adesão do Piauí à Independência do Brasil, nesse caso, sim, aquela do grito do Ipiranga.[59] A adesão à efetiva Independência foi realizada, por sua vez, em Oeiras, em 24 de janeiro de 1823.

A aparente confusão em Parnaíba sobre o apoio à regência de D. Pedro, à "Independência do Brasil e à União com Portugal", mostra que os partidários do Rio de Janeiro, apesar da importante decisão em 19 de outubro de 1822, não tinham uma clareza total do que pretendiam com a declaração. O Mons. Joaquim Chaves aponta exatamente essa inconsistência, tendo a impressão de que os independentes de Parnaíba "ainda não sabiam bem o que queriam".[60] Segundo o autor, Simplício Dias posteriormente referiu-se a subterfúgios que teria utilizado na declaração de 19 de outubro de 1822, destinados a ganhar tempo com relação à Junta em Oeiras, enquanto se organizava o apoio político-militar, em coordenação com o Ceará. Chaves estima que esse argumento foi criado posteriormente.

À indecisão somou-se a precipitação. O próprio barão de Parnaíba, que liderou o movimento pró-Rio de Janeiro em Oeiras, estimou que a decisão de Parnaíba provocou a marcha de Fidié e a guerra no Jenipapo, sendo que um momento mais oportuno teria salvado vidas. Haja vista os desejos que o barão tinha de assumir o governo, e do

---

[59] Referência a esse ofício foi encontrada em REIS, Amada de Cássia Campos. História e Memória da Educação em Oeiras – Piauí. Dissertação de mestrado. Teresina, Universidade Federal do Piauí, 2006. In: http://www.ufpi.br/subsiteFiles/ppged/arquivos/files/dissertacao/2006/historia_oeias-amada.pdf (acesso em 23/07/2014), p. 41.
[60] 2006, p. 37.

fato de que ele não foi destinatário de comunicações de Parnaíba sobre o movimento,[61] é necessário cautela com relação a sua avaliação ao movimento de Parnaíba. Mesmo assim, Joaquim Chaves é de parecer que a própria declaração de 19 de outubro revelava a complexidade e a confusão política do período:[62]

> (...) a meu ver, a verdade nua e crua é esta: os parnaibanos não sabiam bem o que queriam naquele 19/10/1822. E a gente tem que entender a situação deles de perplexidade e de incerteza, perdidos nesta Província central onde as notícias chegavam com grande atraso, em meio àquela confusão que ia por todo o país dividido entre partidários de D. João VI e do Príncipe Dom Pedro, ambos portugueses, e recebendo ordens contraditórias de Lisboa e do Rio de Janeiro.

O fato, porém, é que a declaração de Parnaíba trouxe o conflito entre Lisboa e o Rio de Janeiro diretamente para dentro da política piauiense, acelerando o confronto. Pouco tempo depois da proclamação, os ventos se voltaram contra os independentistas.

A primeira reação contrária se deu na própria cidade de Parnaíba, onde havia um número grande de portugueses. Estes se organizaram, enviaram cartas a São Luís, denunciando o movimento, e se armaram, convencendo, nesse processo, algumas figuras militares a os apoiarem. Os partidários do Rio de Janeiro se viram, já nesse momento, limitados em suas capacidades de reação.[63] Ficava claro que não resistiriam, sozinhos, a um aparato militar maior. Despacharam, por essa razão, pedido de ajuda à Granja do Crato, no Ceará. O apoio cearense tardaria, no entanto, a chegar.

Paralelamente, ofícios sobre a proclamação de Parnaíba foram enviados a Campo Maior, Oeiras e para o Crato, no Ceará. Não encontraram eco nesse intento. Ao longo do processo, algumas outras figuras foram se movimentando discretamente em prol do Rio de Janeiro, tal como o capitão Luiz Rodrigues Chaves, em Campo Maior.[64] Mas não

---

[61] In: Fidié, 2006, p. 134.
[62] 2006, p. 48.
[63] Simplício Dias escreveu sobre essa ação portuguesa: "Bem que Comandante do Destacamento e Coronel de um Regimento de Cavalaria, de defesa nenhuma pude fazer, porque nesta Vila o número de contrários era grande, e os soldados do meu comando se acharem dispersos pelo distrito, cuja extensão é de mais de quarenta léguas, todos indecisos e aterrados". In: Adrião Neto, 2014, p. 2.
[64] D'Alencastre, 1857, p. 45.

receberam os parnaibanos apoios imediatos no resto da província. Sua causa não parecia prosperar.

O pior resultado do 19 de outubro foi, na verdade, a reação de Oeiras e de Fidié.

FIDIÉ TOMA A OFENSIVA E OS REVOLTOSOS SE RETIRAM

As primeiras notícias do movimento de Parnaíba atingiram Oeiras ainda em fins de outubro, por informações incompletas, vagas. A Junta e o governador de armas não se mobilizaram ainda nesse primeiro momento, mas, com a confirmação do movimento, em 5 de novembro de 1822,[65] desencadeou-se rápida ação. A política, como em todo o Brasil de 1821-1823, não se distanciava do mundo militar.

Fidié decidiu passar rapidamente à ofensiva e sufocar quaisquer movimentos que pudessem ganhar vulto. Arriscou, com isso, deixar Oeiras vulnerável.[66] Não parecia o governador de armas contar com uma revolta na cidade e, se a rápida ação contra Parnaíba tivesse sucesso, asseguraria toda a província e até poderia, como se viu, ampliar a proteção da Coroa portuguesa sobre o Ceará e mesmo sobre a Bahia. A decisão, na verdade, era de estabelecer base de operações em Campo Maior, a partir da qual agiria sobre o Piauí e também sobre o Ceará, o que foi recusado pela Junta do Maranhão, de onde seriam necessários reforços. Essa resposta veio apenas em 18 de janeiro de 1823, quando Fidié havia chegado a Parnaíba e os cearenses já estavam em mobilização para atacá-lo. Antes disso, em novembro de 1822, a Junta Governativa de Oeiras reuniu-se e emitiu proclamação contra os "facciosos", autorizando Fidié a tomar todas as providências para conter a revolta e tirar do poder os civis envolvidos no episódio de 19 de outubro.

Enquanto a Junta deliberava, o governador de armas mobilizou tropas e milícias. Enviou ofícios a vários comandantes da região, para que convergissem para Campo Maior, buscou recursos e adquiriu insumos para a ofensiva. Um emissário foi enviado a Caxias para comprar 15

---
[65] Abdias Neves, 2006, p. 67.
[66] 2006, p. 71.

arrobas de pólvora. A construção do Hospital Militar foi interrompida para que os recursos fossem reorientados para a urgente mobilização.

Naquele momento, o Piauí contava com um Batalhão de 1ª linha, cinco regimentos de milícias (três de cavalaria, dois de infantaria) e quatro companhia de pedestres.[67] A maior parte dessa tropa acompanhou o governador de armas na marcha a Parnaíba. Das tropas que acabaram ficando em Oeiras, boa parte mudaria de lado, mas o número seria insuficiente para a defesa da vila. Deveriam contar com tropas de fora, especialmente do Ceará.

Fidié cita, em sua *Vária fortuna de um soldado português*, passagem do livro de George Gardner, segundo a qual, paralelamente às mobilizações em Oeiras, o barão de Parnaíba (brigadeiro Souza Martins), que já era favorável ao Rio de Janeiro, mas tinha influência muito pequena naquele momento, enviou cartas a várias localidades dizendo que ele e alguns amigos também estavam prontos a se mobilizar. Recebeu, naquele contexto, algumas respostas que o instavam a não perder tempo. Enquanto Fidié estava em Oeiras, a ação seria impossível. A segurança de Oeiras seria entregue ao capitão Agostinho Pires, pró-Lisboa. Mas Fidié não estaria lá.

A mobilização do governador de armas resolveu-se rapidamente. Nesse meio-tempo, em 12 de novembro de 1822, Fidié recebeu informação do major Higino Xavier Lopes sobre a situação em Campo Maior.[68] Até então, pouco se sabia o que ali se passara. Lopes enviava, também, dados sobre o episódio de Parnaíba. Foi com base nesses elementos que, no dia seguinte, Fidié reuniu-se com a Junta de Governo. Foi emitida proclamação aos parnaibanos,[69] autorizando a marcha do governador de armas.

Fidié partiu no dia seguinte, 14 de novembro de 1822, dando início a uma lenta marcha de 660 quilômetros. Reuniu uma tropa de aproximadamente 1.500 homens.[70] Ao longo do caminho, foram juntando-se outros elementos, ampliando-se igualmente as informações sobre os "facciosos". A Junta de Oeiras enviou, em 19 do mesmo mês, ofícios

---

[67] Abdias Neves, 2006, p. 104.
[68] Abdias Neves, 2006, p. 68.
[69] O texto da proclamação pode ser encontrado em Abdias Neves, 2006, p. 68.
[70] Hermínio Brito de Conde, in: Fidié, *Vária fortuna de um soldado português*, 2006, p. 20.

à Junta do Maranhão, para informar a decisão e pedir reforços.[71] Os maranhenses também responderam rapidamente, enviando o brigue *Infante Dom Miguel*, que chegou a Parnaíba antes mesmo de Fidié.[72]

O governador de armas atingiu Campo Maior em 24 de novembro de 1822, sendo recebido calorosamente por parte da população da vila.[73] Na presença de Fidié, a Câmara de Campo Maior reuniu-se, no dia seguinte, para reiterar o juramento a D. João VI e às Cortes de Lisboa.[74] Há controvérsia na interpretação sobre se essa medida foi "forçada" por Fidié ou se foi espontânea. De todo modo, Campo Maior estava, naquele momento, ao lado de Lisboa.

O governador de armas demorou-se alguns dias na vila, para terminar a mobilização e colher novas informações, inclusive de espiões que enviara a Parnaíba. Estes traziam notícias contraditórias, algumas indicando fuga dos facciosos, outras sugerindo que os parnaibanos se preparavam para resistir.[75] A informação fez com que Fidié reforçasse os pedidos de auxílio de Caxias. Ainda em Campo Maior, encontrou correios vindos de Parnaíba, que haviam ficado retidos na cidade e continham várias cartas sediciosas, que foram remetidas a Oeiras. Nestes havia também ofício de Simplício Dias, dizendo-lhe que em Parnaíba tudo estava em sossego.[76] O movimento parnaibano, na verdade, já perdia impulso, o povo estava "decepcionado" e "entre os chefes começaram a surgir as mútuas recriminações".[77]

Fidié enviou, na sequência, ofícios a Parnaíba, dando conhecimento da marcha e conclamando os parnaibanos a desfazerem seu ato. A notícia da ofensiva do governador de armas provocou forte agitação na cidade, pânico em alguns casos. Falava-se em 6 mil homens e várias

---

[71] José Honório Rodrigues, 2002, p. 284.
[72] Vide OFÍCIO do [comandante Militar do Maranhão], Agostinho Antônio de Faria, ao secretário de estado dos Negócios Estrangeiros e Guerra, Cândido José Xavier, sobre o controle da insurreição ocorrida na vila da Parnaíba, tendo os rebeldes fugido para o Ceará com a chegada dos reforços do governador de armas, a sua tropa e com o auxílio do brigue de Guerra Infante D. Miguel. Em 21 de dezembro de 1822. In: Arquivo Histórico Ultramarino, AHU_ACL_CU_016, Cx 31, D. 1666. In: Biblioteca Virtual do Projeto Resgate, http://www.cmd.unb.br/biblioteca.html (acesso em 18/01/2015).
[73] Mons. Joaquim Chaves, 2006, p. 41.
[74] Mons. Joaquim Chaves, 2006, p. 42.
[75] Mons. Joaquim Chaves, 2006, p. 42.
[76] Ibid., p. 42.
[77] Mons Joaquim Chaves, 2006, p. 45.

peças de campanha.⁷⁸ Também chegavam a Parnaíba notícias da vinda de reforços de São Luís. Em 10 de dezembro de 1822, aproximou-se da cidade o brigue *Infante Dom Miguel*, que, comandado pelo capitão Francisco de Salema Freire Garção, aportou em Santa Rosa, distante uma légua da vila.⁷⁹

Sem estrutura para resistir, sem receber o apoio pedido do Ceará, que se encontrava em meio a forte instabilidade política (como se verá abaixo), a situação dos parnaibanos se tornou insustentável. Houve sinais de arrependimento de alguns dos participantes do movimento parnaibano, ao passo que Simplício Dias se demitiu do comando militar de Parnaíba, por motivos de saúde.

Numa tentativa de solucionar o caso, a Câmara de Parnaíba enviou a Fidié um ofício, em 27 de novembro de 1822, no qual solicitava a suspensão da marcha.⁸⁰ Os signatários sustentavam não ter negado obediência às autoridades da província e diziam não ter planos para resistir. Segundo o documento, o movimento de 19 de outubro era explicado da seguinte forma:

> (...) se as autoridades da Vila foram obrigadas a ceder à vontade do povo, foi a fim de evitar maiores males que nos ameaçavam, visto o grande entusiasmo que se havia apoderado dos povos e para evitar as cenas de guerra civil em que arde a vizinha Província do Ceará, dividida em dois Governos Provisórios, sendo um na Vila de Fortaleza, e outro em Icó; nem se prestou, aqui, juramento algum.

O manifesto surtiu pouco efeito.⁸¹ No início de dezembro de 1822, Fidié recebeu notícias importantes de outras cidades do Piauí e do Maranhão, que reforçavam sua posição e lhe permitiam seguir a marcha. De Piracuruca, recebeu informações de fuga dos "facciosos", ao passo que Caxias e São Bernardo (MA) enviavam ofícios oferecendo auxílio. Caxias havia sofrido com movimentações políticas, e estava administrada por um Conselho Militar Extraordinário.⁸² O Governo Provisório

---

⁷⁸ Abdias Neves, 2006, p. 74.
⁷⁹ Abdias Neves, 2006, p. 77.
⁸⁰ In: Mons. Joaquim Chaves, 2006, p. 47.
⁸¹ "Acuados por meia dúzia de portugueses residentes na Vila e amedrontados com a aproximação de Fidié, não tiveram outra opção a não ser a fuga". Adrião Neto, 2014, p. 4.
⁸² Mons. Joaquim Chaves, 2006, p. 43.

do Maranhão, ao mesmo tempo, enviou informação a Fidié do deslocamento de tropa de linha para localidade próxima, em Carnaúbas. No início de dezembro, Fidié recebeu novas peças de artilharia.

Com todos os preparativos avançados, Fidié retomou a marcha em 7 de dezembro de 1822. Partiu ele próprio no dia seguinte, levando consigo os últimos 380 soldados. Para Abdias Neves, a movimentação em direção a Parnaíba foi um segundo erro tático de Fidié, que deixava, com isso, ponto estratégico de apoio tanto a Oeiras quanto a Parnaíba.[83] Joaquim Chaves, por outro lado, estima que chegar a Parnaíba era o plano inicial do governador de armas, a fim de sufocar de uma vez por todas a rebelião, e estabelecer um exemplo.[84] Como visto, Fidié pretendia até ir além, entrando no Ceará para sufocar a revolta.

No momento da partida de Fidié, boa parte dos líderes de Parnaíba já haviam se retirado da vila, entre 21 de novembro e 4 de dezembro de 1822.[85] Partiam para tentar reunir-se posteriormente, com maior apoio e força militar. Esse movimento incluía ações para fazer com que outras vilas também se movimentassem politicamente. Mesmo com as manobras militares, a efervescência política aumentava, ao contrário do que pretendia Fidié. Na prática, porém, nenhuma vila aderira ao movimento de Parnaíba até fins de 1822.

Nesse período, até a retirada dos líderes do 19 de outubro, houve movimentações contraditórias por parte dos parnaibanos. De um lado, o Senado da Câmara da vila escreveu às vilas cearenses, em 4 de dezembro, para informar da "ocupação da vila" pelo brigue *Infante Dom Miguel*.[86] A Câmara também escreveu ao capitão Felipe José Naves, comandante de tropa maranhense que se aquartelara em Carnaubeiras, para auxiliar Fidié, solicitando-lhe que não atacasse a vila. No dia 12 de dezembro, o mesmo Senado enviou outro ofício, desta feita ao comandante do *Infante Dom Miguel*, pedindo-lhe que se aproximasse ainda mais de Parnaíba, para uma defesa contra um eventual ataque cearense.[87]

---

[83] 2006, p. 77.
[84] 2006, p. 48.
[85] Abdias Neves, 2006, p. 77.
[86] O Ofício se encontra transcrito na obra do Mons. Joaquim Chaves, 2006, p. 48. Vide, também, Adrião Neto, 2014, p. 4.
[87] Ofício dos oficiais da Câmara da vila da Parnaíba, ao comandante do brigue Infante D. Miguel, Francisco de Salema Freire Garção. In: *Catálogo de Documentos Manuscritos avulsos referentes à Capitania do Piauí existentes no Arquivo Histórico Ultramarino*. AHU_Bahia, cx. 213, doc 10 (AHU_CU_016, Cx 31, D. 1664). Vide também Abdias Neves, 2006, p. 78.

Nenhum dos pedidos foi atendido e, ao fim, Fidié continuou a marcha, entrando em Parnaíba em 18 de dezembro de 1822. Com a fuga dos principais líderes do movimento pró-Rio de Janeiro, "ali não achou a quem castigar."[88] Já em seu caminho fora trocando correspondências com os parnaibanos, para a chegada das tropas. Parnaíba sofria, especialmente, com a falta de farinha, cujo envio à cidade fora proibido pelo Maranhão.[89]

Uma vez na cidade, foram tomadas as providências tradicionais de juramento a D. João VI, missas solenes, revista de tropas e outras demonstrações de apoio político. Foi também determinado que o comandante do *Dom Miguel* organizasse um reduto defensivo próximo a Parnaíba, na barra do Caju, utilizando para tanto peças e outros suprimentos do brigue. Paralelamente, Fidié despachou novos ofícios a São Luís, pedindo reforço de armas e munições.[90] Solicitou, também, apoio maranhense para invadir o Ceará, como se viu acima.

Enquanto isso se passava em Parnaíba, em 17 de janeiro de 1823, José de Sousa Coelho chegou ao Crato, no Ceará, para demandar socorros do Governo local contra Fidié.[91] Tanto o governador de armas quanto os revoltosos buscavam, assim, apoios externos para as próximas etapas da batalha, as quais se preparavam em vários pontos da região. O conflito passava de caso local para se tornar regional.

A SUSTENTAÇÃO DO CONFLITO PELAS OUTRAS PROVÍNCIAS: A PARTICIPAÇÃO DO MARANHÃO, PARÁ E CEARÁ

Fidié buscou se apoiar no governo maranhense, tendo em conta, dentre outros fatores, sua missão de se "manter" no Piauí, servindo de escudo contra os partidários do Rio de Janeiro. Em toda a sua ação, enviou ofícios à Junta Governativa de São Luís, e, também, aos principais comandantes próximos à região, em Caxias e em São Bernardo. Recebeu, em resposta, apoio rápido, seja em suprimentos de guerra e homens, seja em outras

---

[88] D'Alencastre, 1857, p. 45.
[89] Mons. Joaquim Chaves, 2006, p. 48.
[90] Abdias Neves, 2006, p. 79.
[91] José Honório Rodrigues, 2002, p. 285.

necessidades. Foi proibida a venda de farinha ao Piauí, tornando a situação em Parnaíba bem precária, como visto acima.

No plano militar, o "Maranhão prontificava-se ainda a prestar a Fidié todo e qualquer auxílio de tropas disponíveis naquela Província".[92] Ao receber as notícias de Parnaíba e os pedidos de apoio de Fidié, a Junta maranhense realizou mobilização militar para ampliar os Corpos de Milícias e enviou-os para vilas próximas à fronteira.[93] Caxias recebeu 300 soldados de 1ª linha, comandados pelo tenente-coronel Manoel de Sousa Pinto de Magalhães.[94] Foram também despachadas ordens para comandantes militares no interior, para que recrutassem novas tropas e organizassem suprimentos, o que ocorreu, por exemplo, em Carnaubeiras, vila que atuou no apoio a Fidié quando da entrada deste na Parnaíba.

Mais do que a mobilização interna, reforçando as fronteiras com o Piauí, o Maranhão partiu em auxílio a Fidié. As tropas de Carnaubeiras e de Caxias foram postas à disposição do governador de armas do Piauí. O governo de São Luís também despachou imediatamente, como visto, o brigue *Infante Dom Miguel*, que servia de apoio marítimo à província, para avançar sobre Parnaíba. De Caxias foram recebidos suprimentos, especialmente peças de artilharia e pólvora. Já em Parnaíba, Fidié liberou o brigue *Infante Dom Miguel* para retornar a São Luís e despachou novos pedidos, que foram atendidos, de armas e munições, que incluíam "23 cunhetes, 200 balas, 64 pirâmides, 136 lanternetas calibre 12, e 35 libras de morrões".

A posição do governo da Junta do Maranhão serviu, ainda do ponto de vista militar, para manter Oeiras sob pressão, após a revolta nessa cidade, em 24 de janeiro de 1823, a ser tratada na próxima seção. O projeto da nova Junta de Oeiras foi o de, em um primeiro momento, buscar a neutralidade maranhense. Isso se vê em proclamação dos independentistas de 30 de janeiro de 1823, na qual explicavam as ordens de proibição de saída de gado para o Maranhão.[95] No documento, a nova Junta de Oeiras dizia ter rogado às autoridades maranhenses que se mantivessem neutras, o que, em sua opinião, já seria suficiente, de modo que o transporte do gado seria retomado "logo que o Governo

---

[92] Mons. Joaquim Chaves, 2006, p. 44.
[93] Mons. Joaquim Chaves, 2006, p. 70.
[94] Ibid., p. 70.
[95] A proclamação se encontra integralmente transcrita em Abdias Neves, 2006, p. 102.

do Maranhão declarar que nos não incomodará com nosso sistema político". Oeiras, nessa proclamação, quase reconhecia uma situação de quebra do antigo Reino do Brasil em dois Estados.

Ao mesmo tempo em que tentava neutralizar politicamente o Maranhão, Oeiras buscava aprimorar seus meios de defesa contra um eventual ataque. A mobilização tinha sentido, pois, assim que soube da adesão de Oeiras à Independência, o comandante militar do Maranhão, Agostinho António de Faria, fortificou "todos os pontos na margem do rio Parnaíba do lado do Piauí" e enviou novas levas de soldados e suprimentos para Caxias, para sua defesa.[96] Agostinho António manteve, em todo esse tempo, comunicação direta com Fidié.

Com poucas tropas[97] e ainda sem os auxílios cearenses e de outras províncias, os independentistas de Oeiras temiam ação maranhense diretamente contra eles e procuravam mecanismos de proteger sua margem do rio Parnaíba e impedir ações inimigas.[98] Tropas pró-Rio de Janeiro foram preparadas para guarnecer o porto de São Gonçalo. Outras providências foram tomadas para guarnecer outras passagens do Parnaíba. Ainda em 20 de fevereiro de 1823, dias antes do combate no Jenipapo e com as movimentações militares dos dois lados convergindo para Campo Maior, as autoridades de Oeiras elaboraram plano para mobilizar os recursos da vila e homens que pudessem pegar em armas. Também tentaram organizar as tropas pernambucanas que vinham em seu auxílio em posições defensivas em diferentes localidades.[99] Enquanto Oeiras se preocupava com a ameaça maranhense, as tropas conjuntas de piauienses e cearenses em Campo Maior e Piracuruca tentavam se preparar para enfrentar Fidié.

---

[96] OFÍCIO do [comandante Militar do Maranhão], Agostinho Antônio de Faria, ao secretário de estado dos Negócios da Guerra, Cândido José Xavier, sobre a vila de Oeiras do Piauí ter aderido à independência; informando ter fortificado todos os pontos na margem do rio Parnaíba do lado do Piauí; enviando munições de guerra e armas; de soldados à vila de Caxias para defendê-la, e remetendo o ofício do governador das armas do Piauí que não está em boa situação depois da insurreição da capital de Oeiras. Em 11 de fevereiro de 1822. In: Arquivo Histórico Ultramarino, AHU_ACL_CU_016, Cx 32, D. 1681.In: Biblioteca Virtual do Projeto Resgate, http://www.cmd.unb.br/biblioteca.html (acesso em 18/01/2015).
[97] "Alguns milicianos dos regimentos de Cavalaria e alguns policiais". Mons. Joaquim Chaves, 2006, p. 68.
[98] Abdias Neves, 2006, p. 106.
[99] Abdias Neves, 2006, p. 111.

O Maranhão manteve-se, assim, como um perigo permanente sobre Oeiras, desviando em muito a atenção dessas autoridades ao que se passava no norte da província.

O apoio maranhense aos vintistas vinha, por fim, na arena política. A Junta de São Luís manteve Lisboa informada dos episódios no Piauí desde o início da marcha de Fidié, passando pela ocupação de Parnaíba e a saída desta vila. As notícias militares eram enviadas pelo comandante militar do Maranhão, Agostinho António de Faria, ao secretário de Estado dos Negócios Estrangeiros e Guerra.[100]

Paralelamente, em notícias públicas ou em informações enviadas às Cortes, a Junta do Maranhão emitia seus sinais de sustentação da causa portuguesa. Em 26 de fevereiro de 1823, o *Conciliador do Maranhão*, jornal de forte tendência pró-Cortes, como se verá na seção abaixo, relatou que Fidié estava fortificando Parnaíba. Na opinião do diário,

> se aquele benemérito oficial encontrar a devida fidelidade, e coragem na Tropa que o acompanha talvez possa bem cedo fazer arrepender os ambiciosos, que tentam sacrificar os seus concidadãos aos horrores da Guerra.[101]

O apoio a Fidié não se limitou, no entanto, ao Maranhão. Segundo o próprio governador de armas,[102] a Junta maranhense enviou também ofícios ao Pará, que respondeu positivamente. Foram enviados 200 soldados, que se juntaram ao governador de armas já com a batalha adiantada, atuando no cerco a Caxias.[103]

Para enfrentar a situação no Piauí, desse modo, o Maranhão e, em menor medida, o Pará, atenderam aos pedidos do governador de armas piauiense. Faltou, porém, apoio nas etapas posteriores, especialmente no cerco de Caxias, numa época em que a própria capital maranhense já se via ameaçada. Alguns meses após a Batalha do Jenipapo, Fidié mencionou, em nota à sua memória, as expectativas da chegada de reforços de Portugal, em cinco navios e tropa significativa.[104] Esses re-

---

[100] Há diferentes documentos sobre o tema no *Catálogo de Documentos Manuscritos avulsos referentes à Capitania do Piauí existentes no Arquivo Histórico*.
[101] *O Conciliador do Maranhão*, nº 170, em 26/02/1823. In: *Vária fortuna de um soldado português*, 2006, p. 141.
[102] In: *Vária fortuna de um soldado português*, 2006, p. 131.
[103] Ibid., nota nº 63, p. 160.
[104] In: *Vária fortuna de um soldado português*, 2006, nota nº 61, p. 159.

forços se relacionaram, na verdade, com as tropas que haviam deixado a Bahia, em 2 de julho de 1823, e que tentaram se dirigir ao Maranhão, para lá continuar a batalha. Perseguidos por Cochrane, cuja esquadra atuava exatamente para "impedir o inimigo de desembarcar tropas noutra parte",[105] os navios não conseguiram atingir esse objetivo.

O apoio do Maranhão e do Pará, se foram rápidos, não atingiram, portanto, o nível de sustentação de que Fidié necessitava para enfrentar os partidários do Rio de Janeiro.

Do lado destes, ao contrário, o auxílio tardou, principalmente em razão de instabilidades no interior do Ceará, mas quando chegou, veio em número maior. Foi com base nesse apoio das províncias vizinhas que se desenrolou a ação militar no Piauí e no Maranhão.

Em todo o período em tela, o Ceará enfrentou dissensões internas, resultantes do processo revolucionário vintista e o caminho, gradual e não previsível, de adesão ao Rio de Janeiro. Este se fez, como em várias localidades, de forma confusa e com conflitos internos. O governo no Ceará havia se dividido em duas Juntas, uma no Icó e outra em Fortaleza e em ambos os casos havia, nas cidades, elementos que continuavam a apoiar as Cortes lisboetas. Em seus registros sobre o período,[106] a Câmara do Crato indicava, em 28 de setembro de 1822, preocupações sobre as eleições em Icó para a Constituinte do Rio de Janeiro, uma vez que lá estava o comandante Manoel Antonio Diniz, "inimigo declarado da causa do Brasil". Dois meses depois, em 19 de novembro, a Câmara do Crato registrava a instalação do Governo Provisório em Icó e a necessidade de se avançar sobre Fortaleza, "visto o desorientado systema de governo provisório da capital, declarando-se contra a causa do Brasil e declarando-se inimigo de S.A.R.".[107] A oposição de elementos em Fortaleza continuava ainda em dezembro, tendo o Crato registrado os "males" dos opositores do Brasil.[108]

O caso cearense somente se resolveu em 15 de janeiro de 1823, quando o governo do Icó tomou posse em Fortaleza.[109] Mesmo após a

---

[105] Cochrane, *Narrativa de Serviços*, 2003, p. 74.
[106] "Actas da Camara do Crato, de 11 de maio de 1817, até 27 de janeiro de 1823". In: *Revista do Instituto Histórico e Geográfico Brasileiro*. Tomo XXV, 1862. In: http://www.ihgb.org.br/rihgb.php?s=19 (acesso em 29/07/2014), p. 52.
[107] Ibid., p. 55.
[108] Ibid., p. 57.
[109] Mons. Joaquim Chaves, 2006, p. 46.

unificação, entretanto, continuaram os problemas, a ponto de se falar em "guerra civil" no Ceará.[110] Essa desordem impactou, em alguns casos, diretamente a marcha da tropa contra Fidié. Isso se vê, por exemplo, na ordem ao tenente-coronel Jozé Ferreira de Azevedo, de 4 de abril de 1823, para que interrompesse a marcha e retrocedesse a Icó.[111] As razões não são explicitadas no ofício, ordenado por Jozé Pereira Filgueiras e Tristão Gonçalves Pereira de Alencar. A situação tinha relação, no entanto, com "o estado deplorável do Crato".[112] Havia suspeitas de que lá se "se organiza um grosso partido contra a nossa santa cauza".[113] Foi por essas razões internas que os cearenses não puderam, num primeiro momento, partir em auxílio em massa para Parnaíba.

Apenas em janeiro de 1823, as condições se tornaram mais propícias à preparação de uma operação militar. Em 24 de janeiro de 1823, mesma data em que, como se verá, Oeiras se declarou pela Independência liderada pelo Rio de Janeiro, foi aprovado o auxílio cearense às forças no Piauí.[114] Outras movimentações já estavam adiantadas, mas a grande mobilização do Ceará foi aprovada em sessão extraordinária da Câmara apenas naquele 24 de janeiro. Passando às providências militares, foi decidido que tropas do Cariri, de Inhamuns e de Villa-Nova se mobilizariam, algumas para tarefas defensivas, outras para se dirigirem a Caratiús, Marvão e Valença (no Piauî), para atuarem em favor da causa brasileira. Jozé Pereira Filgueiras, governador de armas do Ceará, foi nomeado comandante da expedição, e iria acompanhado de Tristão

---

[110] "A machina politica da nossa província está desorganizada. Não resta mais duvida, que a guerra civil entra a mover seus braços para dilacerar-nos". Ofício de Jozé Pereira Filgueiras, Quartel-General da villa do Icó, 21/04/1823. In: "Expedição do Ceará em Auxílio do Piauhi e Maranhão. Documentos relativos á expedição cearense ao Piauhi e Maranhão para proclamação da independência nacional". In: *Revista do Instituto Histórico e Geográfico Brasileiro*. Tomo XLVIII, Parte I, 1885. In: http://www.ihgb.org.br/rihgb.php?s=19 (acesso em 10/11/2013), p. 318.

[111] In: "Expedição do Ceará em Auxílio do Piauhi e Maranhão. Documentos relativos á expedição cearense ao Piauhi e Maranhão para proclamação da independência nacional". 1885, p. 251.

[112] Ofício de Jozé Pereira Filgueiras, Quartel-General da villa do Icó, 24/04/1823. "Expedição do Ceará em Auxílio do Piauhi e Maranhão. Documentos relativos á expedição cearense ao Piauhi e Maranhão para proclamação da independência nacional". 1885, p. 330.

[113] Ibid., p. 308.

[114] In: "Expedição do Ceará em Auxílio do Piauhi e Maranhão. Documentos relativos á expedição cearense ao Piauhi e Maranhão para proclamação da independência nacional", 1885, p. 237.

Gonçalves, delegado do governo.[115] A despesa da expedição ficaria por conta de Oeiras, "pelas circunstancias d'esta província".

Dois dias depois, o governo do Ceará enviou aviso à Junta Provisória do Piauí informando dos socorros. No documento, os cearenses referiram-se à fórmula utilizada por D. Pedro para marcar o projeto de extensão do novo Império a todo o território do Reino do Brasil, afirmando que "o grito da independência do Brazil tem retumbado desde o Prata até o Amazonas, mas ainda a desgraça persegue alguns dos seus habitantes".[116] O governo do Ceará solicitava, então, informações mais precisas sobre a marcha de Fidié e sobre "uma inteligência do seu modo de pensar sobre a cauza do Brazil".[117]

Mais importante ainda, os cearenses "certificavam" que "10.000 homens marchão na direção a Piauhi, e que igual numero se dispõe para o socorro no caso de urgência".[118] Para evitar confusões, insistiam que essas tropas retrocederiam assim que a causa da Independência triunfasse (esse tema será mencionado no fim da seção sobre o Maranhão).

Os cearenses, de fato, adotaram uma série de importantes medidas para mobilizar o maior número de tropas e de suprimentos para o auxílio ao Piauí. Mas a estratégia terminaria por avançar além do apoio aos piauienses, transformando-se em uma invasão do Piauí em três pontos (um pela vila de Piracuruca, outra em direção a Campo Maior e uma terceira, de cearenses e pernambucanos, que se dirigiu a Oeiras) que terminou no cerco a Caxias, já no Maranhão, pondo fim à guerra que, como já apresentado, não foi piauiense, mas, sim, regional.

Há diferentes números sobre o total de mobilizados na marcha contra Fidié e contra o Maranhão. O próprio governo cearense mencionava, como se viu, ter 20 mil homens disponíveis, 10 mil em marcha e outro tanto equivalente em reserva. José Honório Rodrigues coloca o número da força combinada em algo em torno de 8-10 mil soldados,[119] sendo que o próprio Fidié menciona, em sua memória, que no cerco de Caxias os inimigos chegaram a 9 mil homens.[120]

---

[115] Ibid., p. 238-239.
[116] Ibid., p. 241.
[117] Ibid., p. 241.
[118] Ibid., p. 242.
[119] 2002, p. 288.
[120] 2006, p. 124.

Tratava-se de tropa com baixo treinamento, improvisada, com pouca disciplina e sérias limitações de equipamento. Maria do Amparo Alves de Carvalho sublinha como as linhas pró-Rio de Janeiro utilizaram armas artesanais: muitos apenas adaptavam os instrumentos de trabalho do dia a dia agrícola em armas, "tamanha era a escassez de instrumentos bélicos adequados para tal batalha".[121]

Os partidários da Independência enfrentaram, do outro lado, entre 1500-2000 soldados de primeira e segunda linhas comandados por Fidié. Eram também nascidos nas Américas, em sua maior parte, disciplinados com cuidado pelo governador de armas e bem treinados. Haviam sido supridos com material do Maranhão e contavam, no momento da Batalha do Jenipapo, com 11 canhões, contra apenas 2 dos brasileiros,[122] estes que deram apenas dois tiros durante o confronto.

Os preparativos da força principal cearense tardaram semanas. A expedição não combateu no Jenipapo nem participou das primeiras etapas da invasão do Maranhão. Sua partida foi aprovada em 18 de março de 1823, em sessão extraordinária, no Palácio do Governo. Ainda sem ter as notícias do Jenipapo, o governo do Ceará classificou como um risco o intento de Fidié de se dirigir a Oeiras "para submergi-la no abismo da desesperação".[123] Em 21 de março de 1823, as autoridades reconheciam a perda no Jenipapo ("deliberou-se, sob participações do destroço de nossas tropas auxiliadoras, postadas no Piauhi, feito pelas tropas" de Fidié),[124] e ordenavam também o reforço das tropas na fronteira norte, que poderiam posteriormente convergir também sobre o Piauí. Apenas em 29 de março de 1823, Filgueiras e Gonçalves partiram de Fortaleza em direção ao Crato, onde se reuniria a maior parte das forças cearenses. A coluna cearense tinha como destino Oeiras.

Uma rivalidade entre piauienses e cearenses surgiu já naquele momento e, posteriormente, influenciou os relatos históricos sobre o período. Cada um dos aliados, em certa medida, procurou valorizar suas

---

[121] 2010, p. 5.
[122] José Honório Rodrigues, 2002, p. 288.
[123] "Deliberação sobre a marcha do governador de armas". In: "Expedição do Ceará em Auxílio do Piauhi e Maranhão. Documentos relativos á expedição cearense ao Piauhi e Maranhão para proclamação da independência nacional", 1885, p. 244.
[124] Ibid., p. 246.

ações e mostrar equívocos do outro lado.[125] Essas diferenças, se bem que existentes, pouco alteram a visão geral do período, que mostra, essencialmente, amplo movimento militar opondo, de um lado, "brasileiros" e "portugueses" favoráveis à causa de Lisboa, contra também "brasileiros" e "portugueses", de várias províncias, lutando a favor do Rio de Janeiro. E não haverá como fugir do fato de que o Jenipapo foi uma derrota das forças pró-Rio de Janeiro, ainda que a ação subsequente tenha mostrado a força das tropas conjuntas que cercaram Caxias.

Ademais do Ceará, a Junta de Oeiras recebeu, em 10 de fevereiro de 1823, informação de Exu, Pernambuco, de que o capitão Manuel Carlos da Silva Saldanha marchava para apoiar os piauienses, passando pela Ribeira do Itaim.[126] A notícia era importante para a Junta independentista de Oeiras, preocupada com a ameaça de invasão maranhense. Foi despachado um delegado de Oeiras, o tenente Alexandre Bartolomeu de Carvalho, para encontrar-se com a tropa, tendo ordens para levá-la para o porto de Santo Antônio, para onde já haviam sido despachados aproximadamente 100 soldados.[127] Outro contingente piauiense também partira no início de fevereiro para reforçar a povoação do Poti e sua passagem no rio Parnaíba.

Se a presença do grosso das tropas cearenses e pernambucanas apenas se faria presente já no avançar da batalha, concentrando-se na invasão do Piauí e no cerco a Caxias, desde janeiro de 1823, mobilizados por lideranças piauienses e oficiais cearenses, grupos esparsos de piauienses e cearenses pró-Independência entravam em ação e buscavam alcançar a adesão de vilas piauienses à causa brasileira.

A primeira ação ocorreu em Piracuruca, em 22 de janeiro de 1823. No Ceará, o piauiense Leonardo de Carvalho Castelo Branco, que havia fugido de Parnaíba junto com os líderes do movimento de 19 de outubro de 1822, organizou força dividida em duas "divisões". Eram tropas, como se sabe, adaptadas, sem grande adestramento ou disciplina. A primeira divisão, liderada pelo próprio Castelo Branco, rumou para Piracuruca, onde entrou em 22 de janeiro, aprisionando a pequena guarnição pró-Lisboa que lá estava. No mesmo dia foi proclamada a adesão à Independência do Brasil.

---

[125] Mons. Joaquim Chaves, 2006, p. 90.
[126] Abdias Neves, 2006, p. 109.
[127] Mons. Joaquim Chaves, 2006, p. 72.

A tropa independentista deixou Piracuruca pouco depois, para reunir-se com a segunda divisão, que havia adentrado o Piauí diretamente em direção a Campo Maior. Os soldados pró-Lisboa que guarneciam a vila, recebendo a notícia da chegada das forças independentistas, revoltaram-se em 26 de janeiro. Afirmavam não querer combater os "corcundas" e demandaram a evacuação de Campo Maior, que foi realizada em 1º de fevereiro de 1823.[128] No dia seguinte, foi proclamada a Independência na vila, enquanto os soldados do outro partido marchavam para Poti, às margens do rio Parnaíba.

Leonardo Castelo Branco não continuou por muito tempo no combate, pois seria preso em 1º de março de 1823. Havia planejado atravessar o Parnaíba e ocupar a vila de São Bernardo, do lado maranhense, que julgava indefesa. Ludibriado por um oficial supostamente independentista, Castelo Branco cruzou o rio para tentar mobilizar a vila maranhense, mas acabou preso.[129] Enviado para São Luís, foi lá julgado e remetido para Portugal, onde foi recolhido à cadeia do Limoeiro, em 2 de junho 1823. Não seria o único dos prisioneiros pró-Rio de Janeiro remetidos a Lisboa. Suas ações em Piracuruca e na convergência a Campo Maior foram importantes em mostrar um ânimo de enfrentar, se necessário com violência, as tropas pró-Lisboa.[130] Era uma mudança importante de tom com relação ao momento anterior, da entrada de Fidié em Parnaíba sem dar um só tiro. O combate se tornava inevitável, e os movimentos políticos que ocorriam simultaneamente, em Oeiras, reforçariam ainda mais o conflito.

---

[128] Abdias Neves, 2006, p. 108.
[129] Abdias Neves, 2006, p. 139.
[130] Vide AVELINO, Jarbas Gomes Machado. "Piracuruca e o curso do movimento de adesão do Piauí à Independência do Brasil". In: http://krudu.blogspot.fr/2012/04/batalha-do-jacare-em-piracuruca.html (acesso em 04/08/2014). Vide também BRITO, Anísio. O Município de Piracuruca (Separata do O Piauhy no Centenário de Sua Independencia). Piracuruca, reedição de Haroldo Barros, 2000. In: http://www.piracuruca.com/index.php/revistas-e-livros (acesso em 01/08/2014), p. 6.

REVOLTA EM OEIRAS E A BATALHA DO JENIPAPO

Permanecendo em uma Parnaíba pacificada, ainda no final de 1822, Fidié parecia ter tido sucesso em seus planos. Várias vilas o haviam apoiado e reforços do Maranhão o auxiliavam. Com a negativa da Junta maranhense à operação contra o Ceará, Fidié ficava, no entanto, no aguardo de outras ações.

A situação continuava, porém, tensa. As movimentações no Ceará e em localidades piauienses anunciavam o risco de invasão, que efetivamente se realizou, em janeiro de 1823. Em ofício de 27 de janeiro de 1823,[131] Fidié registrou os esforços dos "sediciozos" do Ceará em "perturbar os espíritos" e informou sobre a marcha sobre Piracuruca, que, segundo ele, levaria a "anarquia" e a "sedição" não apenas ao Piauí, mas também ao Maranhão.

Foi nesse contexto que estouraram novas proclamações de adesão ao Rio de Janeiro. A primeira delas se deu em Piracuruca, em 22 de janeiro de 1823. Dois dias depois, houve o levante em Oeiras.

O movimento na capital piauiense fora preparado discretamente, sob a liderança do brigadeiro Silva Martins. O próprio Fidié reconheceu que, se num primeiro momento, quando da proclamação de Parnaíba, o brigadeiro não tinha muita influência, suas ações e contatos renderam posteriormente frutos.[132] Silva Martins proclamou-se presidente provisório da província, ato que foi, posteriormente, confirmado pelo imperador.

Para o mons. Joaquim Chaves, Fidié foi imprudente em ter deixado Oeiras com poucas tropas, uma delas, um regimento de cavalaria que fora transferido de Parnaíba, por suspeitas de simpatia ao movimento do Rio de Janeiro. Tenha sido um equívoco ou não, não esperava o governador de armas que a Junta no poder se mostrasse vacilante, a

---

[131] OFÍCIO do governador das armas do Piauí, João José da Cunha Fidié, ao [secretário de estado dos Negócios Estrangeiros e Guerra], Cândido José Xavier, sobre as notícias acerca das tropas sediciosas que marcham do Ceará para o Piauí, e solicitando o auxílio das tropas do Maranhão para defender os locais mais distantes do Piauí. Em 27 de janeiro de 1823. In: Arquivo Histórico Ultramarino, AHU_ACL_CU_016, Cx 32, D. 1679. In: Biblioteca Virtual do Projeto Resgate, http://www.cmd.unb.br/biblioteca.html (acesso em 18/01/2015).
[132] *Vária fortuna de um soldado português*, 2006, p. 132.

ponto de quase nada fazer ante as movimentações políticas "facciosas", discretas, mas ainda assim, perceptíveis. Ainda em 13 de dezembro de 1822, um grupo de seis homens invadiram a Casa da Pólvora, surraram a guarda e roubaram as armas lá estocadas.[133] Foi aberta uma devassa, mas sem resultado. Também em dezembro, as autoridades de Oeiras recomendaram ao comandante da guarnição que mantivesse a tropa em prontidão, mas sem instruções adicionais.

Numa tentativa de lidar com a situação, a Junta convocou com a máxima urgência vários cidadãos da cidade para um encontro em 1º de janeiro de 1823, o que levou alguns conspiradores a temerem uma armadilha. A decisão fora impulsionada pelo vigário colado de N. S. da Vitória, José Joaquim Monteiro de Carvalho e Oliveira, que em 31 de dezembro 1822 representara à Junta denúncia contra a ação de "pessoas incendiárias e facciosas".[134] De fato, no desenvolvimento da sessão, foram denunciados suspeitos e aprovou-se sua prisão. Eram 12 nomes, apenas um dos quais foi efetivamente preso.[135]

Poucos dias depois, a situação voltou a se movimentar com a chegada, em 11 de janeiro de 1823, de duas notícias importantes. Um correio trouxe proclamações do Rio de Janeiro e um ofício do general Labatut, de 22 de dezembro de 1822, dando notícia da aclamação de D. Pedro e convidando o Piauí a aderir. Um dos ofícios de D. Pedro, de 3 de setembro de 1822 (que ainda não mencionava a Independência), ordenava ao Piauí que bloqueasse o envio de víveres a Lisboa. A outra notícia que chegou a Oeiras, no mesmo dia, foi a do levante do contingente militar em Marvão. Temendo uma invasão, algumas autoridades de Oeiras escreveram a comandantes militares de localidades próximas, pedindo-lhes que se mantivessem atentos à situação na fronteira das províncias.[136]

A Junta recusou a aplicar a proclamação de D. Pedro. Sobre a informação de Labatut, acusou-o de querer "acender (a anarquia) nesta Província, por meio de baionetas". Escrevendo a Lisboa, no entanto, a Junta de Oeiras sublinhava que a ameaça não vinha da Bahia, mas, sim, do Ceará, contra quem estavam tentando se defender.[137] Reconhecia,

---

[133] Mons. Joaquim Chaves, 2006, p. 52.
[134] Mons. Joaquim Chaves, 2006, p. 53.
[135] Abdias Neves, 2006, p. 87.
[136] Mons. Joaquim Chaves, 2006, p. 56.
[137] CARTA da Junta Governativa do Piauí, ao rei [D. João VI], remetendo a portaria que lhes foi expedida pelo Governo do Rio de Janeiro, em que proíbe e restringe

no entanto, a fragilidade nas defesas de uma província "aberta, plana, pouco povoada, e com pouca tropa". Por essa razão, Oeiras pediu, no mesmo 14 de janeiro, que Fidié regressasse à capital, pois estimava que a capital seria o primeiro ponto que o inimigo atacaria, com o objetivo de dissolver o governo e apoderar-se dos cofres públicos.

Poucos dias depois, em 22 de janeiro de 1823, a Junta voltou a declarar-se,[138] mostrando preocupação com sua situação, especialmente, após a chegada das informações do Rio de Janeiro e de Labatut, que muito estimulavam os "facciosos". Desta feita, a Junta optou por uma declaração pública dirigida a Cratéus e Marvão, na qual criticava a opção da Independência, avaliando que esta prejudicaria todos (pela falta de "agricultura, artes, ciências..."), jogando-os na ignorância e ameaçando as famílias dos resultados da luta. A proclamação era de fato um ultimato ("Não alegueis, depois, que o Governo vos não avisou, que ele bem claro vos fala"), que criticava os cearenses e recomendava aos piauienses "evita-los".

A medida da Junta, que não foi seguida por nenhuma outra decisão, era insuficiente para evitar o movimento que já estava em Oeiras e que se colocou em movimento dois dias depois, no dia 24. Também recebendo informações sobre ações nas proximidades do Ceará e em outras localidades, os independentistas reuniram-se na casa do brigadeiro Sousa Martins, onde havia um arsenal. Jagunços e agregados do brigadeiro foram recrutados, temendo-se, num primeiro momento, uma luta contra as tropas de alguns oficiais que se mantinham pró-Lisboa.[139] Outras unidades já estavam do lado dos independentistas.

Sem maiores resistências, porém, o movimento tomou as ruas na madrugada de 24 de janeiro de 1823 e em pouco tempo estava instalado no poder, com nova eleição para a Junta e a proclamação de D. Pedro como imperador do Brasil. Ofícios foram despachados para várias cidades piauienses, para que seguissem o mesmo caminho, e para

---

a comunicação comercial com a Bahia e as cópias do ofício e proclamação em que fazem o convite ao Governo do Piauí para aderir à causa da independência. Em 14 de janeiro de 1823. In: Arquivo Histórico Ultramarino, AHU_ACL_CU_016, Cx 32, D. 1673. In: Biblioteca Virtual do Projeto Resgate, http://www.cmd.unb.br/biblioteca.html (acesso em 18/01/2015).

[138] A íntegra da proclamação foi transcrita por Abdias Neves, 2006, p. 93.
[139] Mons. Joaquim Chaves, 2006, p. 59.

Lisboa. O novo governo informava a destituição de Fidié do governo de armas e do reconhecimento do "Governo do Imperador Constitucional, e Perpetuo Defensor deste vasto Reino o Senhor D. Pedro d'Alcantara, e as Cortes Brazilienses".[140] É interessante observar, dessa forma, que a proclamação fazia um duplo reconhecimento, a D. Pedro e à Assembleia Constituinte, colocando-os em igualdade. Essa visão teria consequências importantes, em fins de 1823, quando do fechamento da Assembleia Constituinte, provocando um distanciamento de grupos piauienses do Rio de Janeiro, após a guerra.

Comunicações foram igualmente enviadas ao Maranhão, neste caso buscando algum tipo de entendimento, que permitisse a continuidade do relacionamento ou a neutralidade maranhense, como visto na seção anterior. Se politicamente a nova Junta escrevia a São Luís de forma cordial, militarmente a reação foi outra, de agir defesivamente contra potencial ameaça cearense vinda do outro lado do rio Parnaíba, a ponto de as autoridades de Oeiras pouco terem se mobilizado contra a ameaça que vinha do Norte, representada por Fidié. O "complexo do Maranhão"[141] concentraria as atenções do novo governo piauiense. Mons. Joaquim Chaves estima que se a Junta de Oeiras tivesse abandonado sua "obsessão" com a margem do Parnaíba e marchado em peso para Campo Maior, assumindo o comando de todas as tropas, o resultado militar poderia ter sido melhor.

Os efeitos do levante de Oeiras foram, sem dúvida, mais intensos do que aqueles de Parnaíba.[142] Também é preciso ver que a conjuntura já era outra, a causa da Independência avançava, em janeiro de 1823,

---

[140] OFÍCIO da Junta Governativa do Piauí, aos oficiais da Câmara da Vila de Parnaíba, sobre o reconhecimento do governo de D. Pedro de Alcântara, e a instalação do novo Governo na Província do Piauí. In: Arquivo Histórico Ultramarino, AHU_ACL_CU_016, Cx 31, D. 1677. Em 25 de janeiro de 1823 In: Biblioteca Virtual do Projeto Resgate, http://www.cmd.unb.br/biblioteca.html (acesso em 18/01/2015). Vide também OFÍCIO do governador das Armas, tenente-coronel, Joaquim de Sousa Martins, ao capitão comandante da Primeira Companhia do Corpo de Pedestres, Roberto Vieira Passos, sobre a aclamação de D. Pedro I como imperador constitucional do Brasil e o juramento da independência pelo povo, Câmara, clero e tropas de Oeiras e as providências tomadas para se manter o juramento à independência na dita cidade e a resistência às tropas organizadas pelo ex-governador das Armas do Piauí, João José da Cunha Fidié. AHU_ACL_CU_016, Cx 31, D. 1676.
[141] Mons. Joaquim Chaves, 2006, p. 61.
[142] Hermínio de Brito Conde. In: Fidié, *Vária fortuna de um soldado português*, 2006, p. 21.

e a mobilização militar estava adiantada. Não havia mais dúvida no fato de que a opção, naquele momento, já estava clara entre as Cortes lisboetas ou o Império do Brasil, encabeçado por D. Pedro.

O maior efeito da proclamação foi impulsionar Fidié a recolocar-se em marcha, desta vez de volta para a capital piauiense. Numa tentativa posterior de reforçar seu patriotismo a Portugal, Fidié enfatizou, em carta de 1843, que, no momento em que Oeiras proclamou-se pela Independência e no qual as forças cearenses já entravam na província, poderia ter se retirado com o brigue *Infante Dom Miguel*, para o Maranhão ou para outra localidade. Teria preferido, no entanto, ficar e lutar.[143] As notícias do levante tardaram a chegar ao governador de armas, que tomou a decisão de partir diretamente a Oeiras.[144]

Foi realizado, nesse processo, um conselho militar em Parnaíba,[145] no qual Fidié e seus oficiais definiram como objetivo enfrentar os "facciosos" no interior da província e restituir Oeiras ao "Sistema Constitucional". O plano era passar por Campo Maior, em seguida para Conceição, a vinte léguas de Oeiras, onde a artilharia seria concentrada em preparação ao avanço sobre a capital piauiense. Fidié precisou de tempo para terminar de organizar sua tropa e iniciar a marcha. Reconhecendo empregar "meios não triviais" para manter a disciplina da tropa (na sua maioria brasileira), o governador de armas mobilizou-se para reconquistar Oeiras. Reuniu a tropa que tinha a sua disposição, segundo ele de "mil e tantos homens" (aproximadamente 1.500), e partiu em marcha que refaria o mesmo caminho que, poucos meses antes, o havia levado a percorrer os mais de 600 quilômetros de Oeiras a Parnaíba. A coluna de Fidié partiu de Parnaíba em 1º de março de 1823, contando com o apoio de 11 peças de artilharia.

Nesse ínterim de mais de um mês, a causa da Independência se espalhou pelo interior do Piauí, impulsionada também pela entrada

---

[143] In: *Vária fortuna de um soldado português*, 2006, p. 119.
[144] D'Alencastre, 1857, p. 45.
[145] OFÍCIO do governador das Armas do Piauí, João José da Cunha Fidié, ao [secretário de estado dos Negócios Estrangeiros e Guerra], Cândido José Xavier, sobre ter convocado um Conselho Militar que deliberou abandonar a vila de Parnaíba e marchar contra os insurrectos para recuperar a cidade de Oeiras, depois de ocupar Campo Maior, e outras diligências para restabelecer o antigo governo português. Em 5 de março de 1823. In: Arquivo Histórico Ultramarino, AHU_ACL_CU_016, Cx 32, D. 1683. In: Biblioteca Virtual do Projeto Resgate, http://www.cmd.unb.br/biblioteca.html (acesso em 18/01/2015).

das tropas pró-Rio de Janeiro, vindas do Ceará, em vários pontos da província. Enquanto o novo governo de Oeiras concentrava-se em medidas para defender-se de uma eventual invasão do Maranhão, outros grupos e líderes movimentavam-se por toda a província. Todas as descrições desse período, como já ressaltado, dão conta de uma ação instável e caótica, na qual muitas desordens ocorreram e todos os setores da sociedade se viram envoltos.

As manobras dos dois lados convergiram, então, para Campo Maior. De um lado, Fidié seguia linha reta, em direção a Oeiras, consciente de que haveria a possibilidade de se enfrentar com o inimigo antes de lá chegar. Do lado pró-Rio de Janeiro, já havia tropas em Campo Maior desde janeiro de 1823. No início de fevereiro, como se registrou, Leonardo Castelo Branco havia partido da vila para tentar negociações na vila de São Bernardo, onde foi preso. Em 12 de fevereiro de 1823, entrou em Campo Maior o capitão Luís Rodrigues Chaves, acompanhado de uma força de aproximadamente 180 cearenses.[146] Chaves assumiu a direção das forças no local e entrou em comunicação com Oeiras. Informou da aclamação em outras vilas próximas e das medidas para reforçar a tropa com novos soldados do Ceará. O projeto era fortificar portos no rio Parnaíba.

O mons. Joaquim Chaves avalia que a comunicação entre o capitão Chaves e a Junta de Oeiras foi algo confusa, o que teria levado a segunda a estimar que o "norte já estava devidamente guarnecido pelos cearenses".[147] Voltadas para a ameaça maranhense, as autoridades de Oeiras pouco se ocuparam com o que se passava no Norte, em meio às movimentações militares e às confusões da anarquia.

Fidié, enquanto isso, marchava lentamente. Dirigiu-se, inicialmente, para Piracuruca, onde supunha haver contingente cearense. Encontrou a cidade recém-esvaziada, mas, estimando que poderia atingir a retaguarda de tropas independentistas que haviam saído da vila, ordenou que um destacamento de 80 homens de cavalaria reconhecesse o terreno nas proximidades da vila.

Em 10 de março de 1823, esses soldados se depararam com um grupo de 45-50 independentistas. Deu-se, então a primeira escaramuça entre as forças opostas, à margem da lagoa Jacaré. Seu resultado é

---

[146] Mons. Joaquim Chaves, 2006, p. 65.
[147] 2006, p. 67.

incerto. Abdias Neves[148] fala apenas em um português morto, ao passo que o visconde Vieira da Silva[149] menciona perdas dos dois lados, sem precisá-las. O combate do Jacaré foi prelúdio para o combate maior, que terminaria por ocorrer em Campo Maior. A escaramuça próxima a Piracuruca, assim como a ocupação da vila reforçavam, principalmente, o ânimo das duas partes em partir diretamente para o combate.

Esse espírito culminou com a Batalha do Jenipapo, em 13 de março de 1823. Estimando que parte importante das tropas que haviam passado por Piracuruca haviam se juntado a outras que já estavam em Campo Maior, Fidié marchou em direção à vila, acampando a dez quilômetros dela, na fazenda Canto do Silva, em 12 de março.[150] Os independentistas em pouco tomaram conhecimento da marcha e procuraram se mobilizar como era possível. Não tendo notícias de reforços de Oeiras ou de Valença, o capitão Rodrigues Chaves despachou correio ao Estanhado, para que o capitão Alecrim e suas tropas se juntassem a ele. Também chegaram 80 homens do alferes Salvador Cardoso de Oliveira.[151] Algumas tropas do Ceará também chegaram a tempo, muitas delas conformadas por Índios vindos de Ibiapaba.[152]

Esses homens reforçariam as tropas mobilizadas por Rodrigues Chaves em Campo Maior, que vivia uma situação tensa pela proximidade da marcha de Fidié. A formação independentista era precária, não passando de locais sem experiência e sem equipamento.[153] Eram aproximadamente 1 mil,[154] incluindo agricultores e indígenas, aos quais se juntaram outros elementos, chegando a algo em torno de 2,5-3 mil homens do lado independentista.[155] Fidié fala em uma força "seis vezes"

---

[148] 2006, p. 128.
[149] Apud Anísio Brito, 2004, p. 8.
[150] In: Maria do Amparo Alves de Carvalho, 2014, p. 56.
[151] Mons. Joaquim Chaves, 2006, p. 85.
[152] Maria do Amparo Alves de Carvalho, 2014, p. 58.
[153] Cavalcante & De Moraes, p. 53. Vide também Maria do Amparo Alves de Carvalho, 2013, p. 11.
[154] Mons. Joaquim Chaves, 2006, p. 87.
[155] O número e outras informações da Batalha foram registrados por Fidié, baseado no porto do Estanhado, em ofício de 22 de março de 1823: OFÍCIO do governador de armas do Piauí, João José da Cunha Fidié, ao [secretário de estado dos Negócios Estrangeiros e Guerra], Cândido José Xavier, sobre as batalhas travadas com os revoltosos adeptos da independência do Brasil; a conquista da vila de Campo Maior e as baixas havidas. In: Arquivo Histórico Ultramarino, AHU_ACL_CU_016,

superior a sua em suas memórias,[156] mas em ofício de 22 de março de 1823, sobre o combate, que escreveu no Estanhado, confirma a estimativa de 2-3 mil homens do lado dos independentistas. O número total de combatentes ficou, desse modo, em torno de 4-5 mil.[157]

Esperavam os independentistas alcançar importante vitória contra as forças pró-Lisboa,[158] antes que potenciais reforços pudessem chegar do Maranhão. Assim que tomaram conhecimento de que Fidié estava próximo, os líderes militares de Campo Maior decidiram marchar até o rio Jenipapo, local de terreno plano e rodeado por apenas uma colina. O rio estava seco naquele momento, servindo de apoio para tropas brasileiras, que pretenderam se camuflar na vegetação local.[159] No despertar de 13 de março de 1823, reuniram-se as tropas independentistas no largo de Santo Antônio e partiram em marcha apressada.[160]

Ao chegar ao rio, os independentistas viram que a margem do outro lado se bifurcava em duas estradas, separadas por aproximadamente quatro quilômetros. Para evitar surpresas, os capitães Rodrigues Chaves e Alecrim despacharam tropas para as duas.

A coluna de Fidié vinha de fato dividida nas duas vias, com o grosso de suas tropas pela esquerda, e sua cavalaria, responsável pelo esclarecimento do caminho, avançava na direita. Foi na via da direita que os brasileiros se depararam com o grupo de cavalaria de Fidié. Após violenta escaramuça, a cavalaria de Fidié recuou:

> A cavalaria sempre marchava à frente para sondar os perigos e ataques pelos caminhos e fazer a comunicação com o Major Fidié e o restante da tropa. A cavalaria deveria atravessar o rio Jenipapo pela Passagem

---

Cx 31, D. 1684.In: Biblioteca Virtual do Projeto Resgate, http://www.cmd.unb.br/biblioteca.html (acesso em 18/01/2015).Vide também Abdias Neves, op. cit., p. 145.
[156] 2006, p. 119.
[157] Quanto ao número de combatentes, os dados citados nos documentos históricos por Bugija Britto (1976), Wilson Brandão (2006), Monsenhor Chaves (2005) e Abdias Neves (2006) não são precisos, entretanto eles estimam que cerca de aproximadamente 5.000 (BRITTO, 1976, p. 90) combatentes tenham participado dessa batalha. Os independentes somavam-se 3.000 mil combatentes (BRANDÃO, 2006, p. 179) e os portugueses 1.600 soldados treinados. In: Maria do Amparo Alves de Carvalho, 2014, p. 59.
[158] Abdias Neves, 2006, p. 130.
[159] Abdias Neves, 2006, p. 146.
[160] Mons. Joaquim Chaves, 2006, p. 88.

do Estreito, conhecida também como Passagem das Pedras. Entretanto, na referida passagem onde o rio era mais profundo e a cavalaria teria mais facilidade para atravessar, encontrava-se um grupo de vigias das tropas brasileiras armadas e comandado pelo cearense Capitão João da Costa Alecrim, que se chocou com a cavalaria e a mesma recuou e desapareceu rapidamente, indo ao encontro do restante da tropa que havia tomado a estrada da esquerda.[161]

A falta de disciplina militar do lado dos independentistas ficou evidente nesse momento, pois as tropas que estavam na estrada da esquerda romperam formação e tentaram acudir os companheiros que se batiam na outra via,[162] abrindo a Fidié a possibilidade de cruzar o leito do rio. Verificando essa vulnerabilidade, Fidié passou ao outro lado do Jenipapo e preparou o campo, instalando uma fortificação improvisada e organizando a linha de atiradores e sua artilharia.

O mons. Joaquim Chaves estima que o capitão Rodrigues Chaves, percebendo o risco da formação de Fidié, teria estimado que sua única alternativa tática era a de atacar "de todos os lados, fraccionar a tropa de Fidié num corpo a corpo violento e rápido".[163]

Assim, às 9 horas da manhã daquele 13 de março, Chaves passou a comandar sucessivas levas de ataques frontais às linhas de Fidié.[164] As ondas foram sendo repelidas uma a uma, com pesadas perdas causadas pela fuzilaria e pela artilharia. As duas peças à disposição dos independentistas foram de nenhuma utilidade. Tampouco se fez efetiva a tática do comandante das tropas brasileiras, que apenas enviava soldados mal preparados para enfrentarem diretamente uma linha bem municiada e bem artilhada.

Durante cinco horas seguiram-se as ondas de ataque, até as 14 horas, quando se iniciou a debandada das forças independentistas. Do lado de Fidié, a situação tampouco era confortável. Cinco horas de combate sob um sol ardente haviam esgotado os soldados do governador de armas, que não tiveram condições, segundo mons. Joaquim Chaves,[165] de perseguir os inimigos que se retiravam. Fidié sustenta, ao

---

[161] In: Maria do Amparo Alves de Carvalho, 2014, p. 211.
[162] Abdias Neves, 2006, p. 147.
[163] 2006, p. 89.
[164] Abdias Neves, 2006, p. 147.
[165] 2006, p. 89.

contrário, ter seguido o inimigo por duas léguas, até o anoitecer, quando então acampou em Campo Maior.[166]

Tendo perseguido ou não os independentistas, Fidié saía vitorioso de uma batalha que havia incluído todos os setores da sociedade local. A interpretação dos resultados da Batalha do Jenipapo segue uma linha tradicional de valorização do sacrifício dos patriotas brasileiros, com uma homenagem à sagacidade dos independentistas, que perderam o combate, mas ganharam ao impedir o inimigo de desfrutar a vitória, roubando todo o equipamento. Se o movimento político da Independência foi impulsionado e liderado por elites nacionais e regionais, vários de seus passos concretos para a emancipação contaram com a participação direta de outros setores da população, como se deu na Batalha do Jenipapo.

As informações dos preparativos da batalha mostram que, embora em número menor, a coluna de Fidié era significativamente melhor treinada e armada. Tinha canhões e capacidade de utilizá-los. As tropas do outro lado, no entanto, eram recém-mobilizadas, formadas por miutos agricultores e camponeses, que efetivamente careciam de equipamento mínimo. Um choque direto como este oferecerecia vantagem para o lado português, mesmo que os comandantes brasileiros tivessem adotado boas opções táticas.

Em documento de 1º de abril de 1823,[167] a Junta de Fortaleza registrou a opinião de João Cândido, juiz da Parnaíba, segundo o qual a derrota era resultado da

> incúria e a pouca habilidade de seu comandante (das tropas no Jenipapo) Luiz Rodrigues Chaves, que, conhecendo a força do inimigo maior que a nossa, e mais bem municiada e disciplinada, jamais devêra apresentar batalha campal em campo razo, e sim cansar o inimigo com continuadas guerrilhas, para que tinha bastante gente.

Pode ser que João Cândido exagerasse nas cores por repercutir a rivalidade que se desenvolvia entre piauienses e cearenses. É significativo, no entanto, o fato de a Junta de Fortaleza ter não apenas recebido a informação, como também a registrado em documento próprio.

---

[166] 2006, p. 160, nota nº 69.
[167] In: "Expedição do Ceará em Auxílio do Piauhi e Maranhão. Documentos relativos á expedição cearense ao Piauhi e Maranhão para proclamação da independência nacional", 1885, p. 247.

Essa derrota das forças pró-Rio de Janeiro teve, ademais, custo não desprezível em vidas. As informações são, é bem verdade, imprecisas sobre o número exato de mortos. Fidié menciona números distintos em diferentes passagens de sua obra. Na primeira, fala em 542 prisioneiros e "oitenta feridos, que não poderam salvar".[168] Em outra passagem,[169] menciona apenas que havia "derrotado completamente" as tropas inimigas, "ficando no campo muitos dos inimigos mortos e feridos". No já citado ofício a Lisboa, de 22 de março de 1823, Fidié registrou "200 homens mortos, grande numero de feridos, e 542 homens prisioneiros" (...) "da minha tropa morreram 16 soldados, 1 Sargento, 1 Alferes e 1 Capitão, além de 60 feridos".[170]

De outro lado, relato de informante do cel. Antônio José Castelo Branco teria visto a caminhada das tropas de Fidié, que ia "com grande destroço, levando vinte e tantas redes com enfermos".[171] A única fonte documental do lado brasileiro, como aponta José Honório Rodrigues,[172] é o supramencionado ofício da Junta Provisória do Ceará, de 1º de abril de 1823, no qual registra ofício recebido do capitão Luiz Rodrigues Chaves, no qual se fala em 400 mortos, "sendo a maior parte do inimigo".[173] D'Alencastre sustenta, de sua parte, que os portugueses perderam mais de 100 soldados na ação.[174]

Haja vista a precariedade da organização das tropas brasileiras e a forma como enfrentaram diretamente o centro da força de Fidié, não se pode descartar que o número de baixas tenha sido efetivamente aquele apontado por Luiz Rodrigues Chaves. Esse valor dificilmente será precisado, mas não diminui o fato de que, em 13 de março de 1823, mais de quatro mil homens se bateram por mais de cinco horas, e entre 5 e 10% deles sofreram baixa, em um evento estratégico da luta entre partidários de Lisboa e do Rio de Janeiro no Piauí. Outras mortes teriam

---

[168] 2006, p. 119.
[169] Ibid., p. 143.
[170] O ofício do governador de armas foi publicado em sua integralidade no diário *Conciliador* do Maranhão, na edição 179, de 29 de março de 1823. As edições do *Conciliador* estão disponíveis na Hemeroteca Digital da Biblioteca Nacional (vide informação na seção abaixo, sobre o Maranhão).
[171] Apud mons. Joaquim Chaves, 2006, p. 91.
[172] 2002, p. 288.
[173] "Documentos relativos á expedição cearense ao Piauhi e Maranhão para proclamação da independência nacional", 1885, p. 246.
[174] D'Alencastre, 1857, p. 47.

ocorrido posteriormente, pela falta de médicos e estrutura para tratar os feridos que restaram em Campo Maior.[175]

Com base nessas informações, tem-se, portanto, um quadro de 200-400 soldados mortos, dos dois lados, além de número significativo de feridos, que não terá sido muito distinto daquele primeiro. Em conjunto com os presos, o resultado do Jenipapo ultrapassaria 1 mil baixas. Aqueles 542 presos por Fidié, e essa é passagem interessante da fluidez do momento, foram incorporados à sua coluna, após fazer um novo juramento. O governador de armas ressaltou em suas memórias este ponto, dizendo ter armado e operado com todos os prisioneiros, "como se fossem da minha mais perfeita confiança!".[176]

Essa tropa, ainda que dividida em diversas companhias, continuou a causar problemas por todo o restante da marcha, muitos deles desertando ao longo do caminho até Caxias. Ao rever todo o período, em seus escritos às autoridades portuguesas, Fidié valoriza o difícil trabalho que foi o de "fazer guerra em duas Províncias tão extensas, sem meios, nem tropas de confiança, com indivíduos do mesmo País, Patrícios amigos, e muitos até parentes dos revoltosos".[177]

O último aspecto relacionado à Batalha do Jenipapo diz respeito às consequências do furto da bagagem das tropas do governador de armas. A interpretação tradicional dá conta de que um grupo de cearenses, atuando na retaguarda de Fidié ao longo do combate, roubou-lhe quase toda a bagagem, retirando a logística necessária para que o governador das armas continuasse a marcha para Oeiras. Essa "ingeniosidade" do perdedor, no entanto, não é, segundo o mons. Joaquim Chaves, comprovada. O autor aponta não existirem documentos sobre a tomada da bagagem, atribuindo o boato aos piauienses "para diminuir e ridicularizar o feito dos cearenses".[178]

O fato é que, mesmo vitorioso, Fidié viu restritas suas opções táticas em permanecer em Campo Maior.[179] Se parte de sua bagagem foi roubada ou não, o fato é que boa parte dos insumos havia sido consumida na batalha. Recebendo informações de várias fontes, observava, também, que a vantagem tática que havia adquirido era relativa, pela mobilização

---

[175] Mons. Joaquim Chaves, 2006, p. 105.
[176] 2006, p. 119.
[177] Ibid., p. 120.
[178] 2006, p. 90.
[179] Mons. Joaquim Chaves, 2006, p. 90.

que ocorria do outro lado. Também devem ter chegado notícias das medidas de Oeiras de fortalecimento dos pontos de passagem do Parnaíba. Com forças inimigas rodando por vários pontos de sua marcha e com a ameaça de ter sua via de abastecimento rompida, a situação de Fidié não era estrategicamente vantajosa em Campo Maior. Tampouco era viável um ataque direto a Oeiras, naquele momento pós-Jenipapo.

Em seu próprio relato de 22 de março de 1823, Fidié não menciona o roubo da bagagem, mas justifica sua decisão "por falta de farinha, assim como por outros aspectos, a necessidade de apoiar as Barcas que levo Rio assima, achei prudente vir a este lugar (Estanhado) para daqui seguir a Oeiras, conforme julgar mais conveniente". A coluna, assim, partiu rapidamente de Campo Maior, em 16 de março, e redirecionou sua marcha à vila Estanhado, hoje União, junto ao Parnaíba e próximo a Campo Maior. A instalação no Estanhado, observada de um ponto de vista tático, tinha sentido por estar próxima a Caxias, principal ponto de abastecimento de Fidié, e sem se distanciar muito do objetivo principal, a volta a Oeiras. Era um bom ponto de apoio para se recuperar e se reorientar.

Uma confluência de más notícias modificou o curso da marcha e distanciou Fidié de Oeiras, mesmo que, já em Caxias, ele mantivesse como objetivo final recuperar a capital do Piauí.[180] De um lado, a situação em Caxias não se mostrava boa, com a atuação de alguns elementos do Piauí em vilas próximas, em conjunto com grupos independentistas maranhenses. Em 3 de abril de 1823, Fidié recebeu no Estanhado ofício da Junta de Caxias[181] solicitando-lhe que revertesse sua marcha e fosse para aquela cidade. Parte da tropa que lá se encontrava havia dado mostras de insubordinação e estava sendo encaminhada para São Luís,[182] de onde se aguardavam reforços.[183]

---

[180] Vide, por exemplo, o ofício de 31 de maio: OFÍCIO do [governador das armas do Piauí], João José da Cunha Fidié, ao secretário de estado dos Negócios da Guerra, Manoel Gonçalves de Miranda, sobre os ofícios recebidos e as medidas tomadas para fortificar e defender a vila de Caxias, no Piauí, antes de seguir para a vila de Oeiras; e informando que no monte Taboca foram atacados pelos facciosos e os venceram, mas que estes querem atacar a vila e cortar as comunicações, pois esperam reforços do Ceará. In: Arquivo Histórico Ultramarino, AHU_ACL_CU_016, Cx 31, D. 1688.In: Biblioteca Virtual do Projeto Resgate, http://www.cmd.unb.br/biblioteca.html (acesso em 18/01/2015).
[181] In: *Vária fortuna de um soldado português*, 2006, p. 135.
[182] Mons. Joaquim Chaves, 2006, p. 112.
[183] Ofício da Junta de Caxias. In: *Vária fortuna de um soldado português*, 2006, p. 135.

Fidié, em suas memórias, reporta apenas que "seu projeto manifesto" era seguir para Oeiras, mas que as circunstâncias, especialmente a situação de Caxias, o haviam feito mudar de ideia. Com as tropas piauienses e cearenses se movimentando por toda a província do Piauí, já tendo ocupado Campo Maior e outras localidades, e com a situação no Maranhão também precária, a opção da retirada a Caxias, a fim de aguardar reforços, era pertinente.

Nesse meio-tempo, já tendo cruzado o Parnaíba, Fidié enviou duas expedições ao Piauí, para arregimentar gado.[184] Uma delas, composta por 75 homens, seguiu até a capela do Livramento onde, em 10 de abril de 1823, foi atacada por tropas comandadas pelo tenente Simplício Dias (não confundi-lo com o coronel Simplício Dias, de Parnaíba). As forças de Fidié tiveram 12 mortos e 7 prisioneiros, e perderam o gado capturado. Alguns desertaram e apenas 30 retornaram ao Estanhado.

Pouco após esse combate, Fidié deu início ao movimento de sua tropa em direção a Caxias, partindo ele próprio no dia 17 de abril de 1823. Em 23 de abril, força independentista bateu-se com destacamento que havia permanecido próximo ao Estanhado, do outro lado do rio, capturando grande quantidade de equipamento.[185] Em poucos dias, desse modo, também o Estanhado estava capturado pelos independentistas.

A província que Fidié abandonava ainda exigiria muito trabalho de estabilização, sofrendo com a mobilização militar e com a insegurança. Mas, após a marcha de Fidié para Caxias, o episódio piauiense da luta entre partidários de Lisboa e do Rio de Janeiro estava encerrado. Mais ainda, desde 16 de abril de 1823, ofício de D. Pedro dava plenos poderes ao coronel Simplício Dias e ao governador de armas do Ceará para marcharem contra o Maranhão, como se verá logo em seguida.

A guerra se tornara, assim, parte de um movimento nacional e não mais guerra sem quartel-general, sem comando unificado a partir do Rio de Janeiro. A ação no Maranhão também ocorreria paralelamente à atuação da esquadra brasileira, após a guerra na Bahia. As operações no Piauí e no Maranhão foram, por essa razão, parte de uma mesma guerra, que envolveu outras províncias e decidiu a posse de todo o Norte do Brasil.

---

[184] Mons. Joaquim Chaves, 2006, p. 115.
[185] Mons. Joaquim Chaves, 2006, p. 116.

MARANHÃO: A FIDELIDADE A TODA A PROVA

Enquanto Fidié cruzava o Parnaíba em direção a Caxias, a situação na província da Bahia ainda era incerta. Apenas no mês seguinte, em maio de 1823, Cochrane chegaria à costa baiana e daria início às operações navais que permitiriam a resolução do teatro de operações da Bahia. Na Cisplatina, o cerco também continuava. Principalmente em Pernambuco, mas também em várias outras províncias, a persistência de diferenças quanto à nova organização política do Império – e mesmo a presença de adesões não totalmente "firmes" – trazia instabilidade. No Rio de Janeiro, os trabalhos da Constituinte já apontavam o conflito entre esse Parlamento e o imperador, além das diferenças entre os diversos grupos que o cercavam. O teatro de operações do Norte, dessa forma, não estava isolado do que se passava no resto do Império, que ainda vivia dias de incerteza.

PREPARANDO OS NOVOS TEMPOS: O MARANHÃO NO INÍCIO DOS ANOS 1820

O processo de incorporação da província do Maranhão ao Império do Brasil é contraponto interessante entre a opção mais rápida (mas, ainda assim, tensa e dependente da mobilização militar) do Centro-Sul. O Maranhão e o Pará, na verdade, mantiveram-se fiéis a Lisboa. É essa postura e a noção de fidelidade à opção realizada em 1821, pelas Cortes, que devem guiar a compreensão das ações maranhenses:[186]

---

[186] Cheche Galves, 2010, p. 16. Vide também Aguiar de Sena, 2011, p. 5.

É importante frisar que o "separatismo" dentro do "Norte" derivou de motivações distintas. (...) Já no Maranhão e no Grão-Pará e Rio Negro, depois Grão-Pará, o "separatismo" tinha como base a fidelidade ao Império português. Nesse sentido, é curioso observar a recorrência com que o jornal *Conciliador*, que circulou no Maranhão entre 1821 e 1823, acusou as províncias do Centro-Sul de "separatistas", por terem rompido o "pacto" que as mantinha unidas ao Império português.

O Maranhão era, em 1822, uma província distante do Rio de Janeiro, que passava por um processo de transformação relacionado à ampliação das atividades econômicas e à realização de melhoramentos nas vilas, ainda que de forma lenta.[187] Como na maior parte do Norte-Nordeste da Colônia, depois Reino Unido, a sociedade maranhense mantinha proximidade geográfica, estratégica e econômica com Portugal. Essa proximidade havia se desdobrado, durante algum tempo, no fato de que o Grão-Pará e o Maranhão se correspondiam diretamente com Lisboa, sem passar por Salvador ou pelo Rio de Janeiro.

A necessidade de defesa daquele território, adicionalmente, levou a que a distância não fosse apenas física, mas também administrativa, política e econômica.[188] Essa realidade favorecia a proximidade com Lisboa, o que contribuiu para o posicionamento das elites maranhenses à causa constitucional portuguesa[189] e estava distante do projeto que se formou no Rio de Janeiro, em 1822. Nesse sentido, é preciso registrar que o bispo do Pará chegou a propor nas Cortes, em agosto de 1822, a criação de um centro administrativo próprio do Norte, que

---

[187] Cheche Galves cita as avaliações de estrangeiros que passaram pela província e de autoridades locais que realizaram memórias sobre a realidade local. 2010, p. 30 e seguintes.
[188] GALVES, Marcelo Cheche. "Sobre lutas contra a Independência na América Portuguesa: os "portugueses" da província do Maranhão". Universidade Estadual do Maranhão, 2013. In: http://fr.scribd.com/doc/151820775/Texto-Marcelo-Galves-1 (acesso em 04/12/2014), p. 4.
[189] "No Maranhão, a proximidade geográfica e estratégica com Portugal permitiu uma série de acontecimentos em favor da causa constitucional portuguesa (...)". In: LIMA, Edyene Moraes dos Santos. Honradas Famílias: poder e política no Maranhão do Século XIX (1821-1823). Dissertação de mestrado apresentada ao Programa de pós-graduação em história da Universidade Federal da Paraíba. João Pessoa, 2009. In: http://www.cchla.ufpb.br/ppgh/2009_mest_edyene_lima.pdf (acesso em 21/11/2014), p. 68.

englobaria Pará, Maranhão, Rio Grande do Norte e Goiás.[190] Na introdução à obra de Luiz Antonio Vieira da Silva, autor, no século XIX, de uma *História da Independência do Maranhão*,[191] Antonio Henriques Leal aponta que:

> Formado com o Pará por quase todo o tempo colonial um estado que não dependia do resto do Brasil, e ainda quando a monarchia veio estabelecer sua sede no Rio de Janeiro mais em contacto com Portugal do que com a corte, suas relações de commercio e de amizade, suas recordações e tradições, sua educação, tudo prendia o Maranhão á metropole.

São Luís tinha aproximadamente 30 mil habitantes em 1822, dos quais aproximadamente 4 mil eram brancos, ao passo que a maior parte da população era de diferentes origens, muitos libertos. Havia grande quantidade de escravos. Eram constantes as preocupações sobre os movimentos da população, que não ficava à parte das convulsões políticas que passavam pela província.

A capital do Maranhão não era, no entanto, a única vila de importância. Caxias, na estimativa de Fidié,[192] era a vila mais importante da província, ponto de comércio e de circulação no interior, ligando-se às rotas com o Piauí e demais províncias do Norte. Como afirmou o governador de armas do Maranhão, Agostinho Antonio de Faria, em fevereiro de 1823:[193]

> todos sabem, que a Villa de Caxias abunda em riquezas, sendo a maior parte delas pertencentes a Capitalistas desta Cidade, levadas áquelle ponto central por via do grande Commercio interior, a que serve de escala para fazer abundar os Certões da Província, em todos os gêneros, que elles não produzem.

---

[190] Ibid., p. 3.
[191] VIEIRA DA SILVA, Luiz Antonio. *História da Independência da Provincia do Maranhão (1822-1828)*. Maranhão: Typographia do Progresso, 1862. Acervo da Universidade da Califórnia. Digitalizado pelo Google Books. In: Hathi Trust, http://babel.hathitrust.org/cgi/pt?id=uc1.b3630975;view=1up;seq=8 (acesso em 28/11/2014).
[192] In: *Vária fortuna de um soldado português*, 2006.
[193] In: *O Conciliador Maranhense*, edição nº 165, de 5 de fevereiro de 1822. Disponível digitalmente na Hemeroteca Digital da Biblioteca Nacional. In: http://memoria.bn.br/DOCREADER/DocReader.aspx?bib=749524 (acesso em 26/11/2014).

As culturas de algodão e de arroz foram as que mais se destacaram na província e fizeram desenvolver novas relações com a metrópole, para além da gestão da soberania portuguesa sobre aquele território. Essas culturas, que contavam com a utilização intensiva de escravos, contribuíram para inserir "mais efetivamente a economia maranhense no mercado atlântico, situação não alterada com a extinção da Companhia, em 1778, e intensificada três décadas depois, com a 'abertura dos Portos'".[194] Também havia produção de gado, na qual se destacava a vila de Bons Pastos. Com a abertura dos portos, em 1808, houve uma expansão da circulação naval, que passou a ser realizada não apenas por embarcações portuguesas, mas também estrangeiras, essas que, em 1821, correspondiam a 56 das 104 que aportaram em São Luís.[195]

Se o fim das guerras napoleônicas permitiu a retomada dos vínculos econômicos com a metrópole, a permanência da família real no Rio de Janeiro e as consequências da abertura dos portos (com a chegada de novos comerciantes estrangeiros) suscitaram também problemas para os produtores locais. Entre novas oportunidades e desafios, a atividade econômica contribuiu, segundo Marcelo Cheche Galves,[196] de maneira importante para o desenvolvimento político da província:

> Temas como a crescente presença dos comerciantes no financiamento da lavoura; o alto preço da escravaria – decorrência do aumento da demanda somada às pressões inglesas pelo fim do comércio de escravos; a oscilação no preço do algodão – provocada pelas variações do mercado internacional e também pela ação dos compradores das safras; e o endividamento dos agricultores, ganharam, ainda que timidamente, um espaço público.

Esse espaço de debate em constituição não se limitava aos temas econômicos. Ainda que de forma restrita, alguns livros circulavam, inclusive sobre ideias e temas relacionados à Revolução Francesa e ideias liberais ou ao Iluminismo. Uma pequena produção cultural também se desenvolvia, normalmente relacionada à elaboração de informações sobre a geografia da província, as quais completavam as informações fornecidas por estrangeiros que por lá viajavam, como Spix e Martius.[197]

---

[194] Cheche Galves, 2013, p. 4.
[195] Vide Cheche Galves, 2010, p. 42.
[196] 2010, p. 54.
[197] Cheche Galves, 2010, p. 44.

Em contrapartida às mudanças econômicas e sociais decorrentes da chegada da família real, o Maranhão viu sua cota de impostos aumentada. As necessidades financeiras do Rio de Janeiro, traduzidas na coleta de impostos ampliada, repercutiam na estabilidade da província e em sua relação com o centro do poder português na capital carioca. Assim como em outras províncias ricas do Norte-Nordeste, a presença da Corte no Rio de Janeiro teve como impacto direto o incremento da carga de tributos a serem pagos pelo Maranhão, destinados principalmente à manutenção da Corte:[198]

> Com a transferência da família real, as capitanias do Brasil sofreram com a sobrecarga dos tributos (dízimos). Um destes impostos, a siza, foi criada pelo alvará de 3 de junho de 1809. No Maranhão, os cidadãos e a deputação nas Cortes lutam pela extinção deste tributo, que incidia sobre os bens de raiz-escravos, casas-prédios e testamentos, sendo recorrentes as reclamações nas documentações transcritas.

Os produtores maranhenses sofreram também com a atuação de comerciantes ingleses, "nas áreas de exportação, importação e créditos",[199] que regulavam os preços do algodão. Essa presença estrangeira suscitou insatisfação e movimentos favoráveis à retomada da "soberania" portuguesa sobre aquele comércio, o que terminou por mover setores maranhenses ainda mais perto de ideias próximas àquelas que seriam expressas na Revolução do Porto e nas Cortes. Em Lisboa, o movimento "soberanista" foi importante elemento do vintismo.

Esse conjunto de elementos, circulação de ideias (ainda que restrita), um espaço público incipiente (que incluía não apenas as camadas mais altas) e o crescimento da população e da atividade econômica criavam ambiente se não propício, ao menos favorável para a chegada de novos ventos. A conjuntura foi agravada, como visto, pela situação econômica frágil, causada pela queda do preço do algodão e pela presença de comerciantes ingleses na província, que amplia-

---

[198] AGUIAR DE SENA, Ana Lívia. "As Cortes Gerais e Extraordinárias da Nação Portuguesa: Espaço do Cidadão Maranhense na Resolução de suas Querelas". II Simpósio de História do Maranhão Oitocentista. São Luís, Universidade Estadual do Maranhão – Uema, 7 a 10 de junho de 2011. In: www.outrostempos.uema.br/anais/pdf/sena.pdf (acesso em 30/11/2014).
[199] Cheche Galves, 2013, p. 6.

ram o endividamento dos agricultores junto aos comerciantes locais e diminuíram a disponibilidade de renda, inclusive para o pagamento dos impostos.[200]

Esses elementos nutriram, segundo informou o próprio governador da província, Bernardo da Silveira Pinto da Fonseca, um "sentimento de incorporação" ao novo quadro político que se apresentou em 1821.[201] Havia, portanto, "uma ansiedade por mudanças políticas", segundo referência da própria autoridade portuguesa. Ou, como aponta Ana Lívia Aguiar de Sena:[202]

> O movimento revolucionário vintista foi recebido com esperança pelos cidadãos maranhenses, pois se a transferência da Corte para o Brasil dinamizou a economia provincial, as notícias da Revolução do Porto fizeram com que os comerciantes e agricultores maranhenses tivessem esperança na extinção dos impostos cobrados para a manutenção da Corte portuguesa no Brasil.

A própria permanência da Corte no Brasil era ponto dessa questão, pois "o regresso do rei a Portugal parece estar no cerne da 'adesão' das províncias do Norte – como Pará, Maranhão, Bahia e Pernambuco – à Revolução do Porto".[203]

Ao contrário, portanto, do que se passou no Centro-Sul, onde a permanência da Corte era de interesse de importantes grupos da região, no Maranhão havia o desejo de que a família real voltasse a Portugal, o que significaria tanto um alívio na carga de impostos quanto o reforço do centro de poder (Lisboa) que exatamente tinha maior proximidade de interesses com os grupos de poder maranhenses. A diferença entre os desejos sobre a permanência ou não da Corte no Rio de Janeiro é demonstrativa de como eram heterogêneos os

---

[200] "Em 31 de janeiro de 1821, Fonseca encaminhou ofício ao ministro Thomaz Antonio de Villanova Portugal relatando o 'estado miserável' da província, resultado de uma conjunção de fatores: safra ruim em 1820; queda abrupta do preço do algodão, provocada pelas inconstâncias do mercado internacional e pela ação dos mercadores 'ingleses' no Maranhão; endividamento crescente dos agricultores junto aos comerciantes locais, também em situação delicada por não disporem de renda suficiente para suprir tal situação de insolvência; consequente diminuição dos rendimentos da Alfândega e da Inspeção". Cheche Galves, 2010, p. 67.
[201] Vide Cheche Galves, 2010, p. 66.
[202] 2011, p. 5.
[203] Cheche Galves, 2011 (B), p. 4.

interesses entre as regiões do Reino do Brasil e mesmo dentro das próprias regiões. Enquanto as províncias próximas ao Rio de Janeiro lutavam pela permanência da Corte, ou de parte dela, na capital carioca, o Norte defendia a partida de D. João para Portugal. E, ressalte-se, nenhum dos dois lados era mais ou menos "brasileiro" por defenderem essas visões.

Não se deve atribuir, por outro lado, o desejo de mudança observado no Maranhão exclusivamente a razões econômicas. Como se viu acima, outros interesses e ideias também estavam presentes na província, inclusive sobre a organização política. Marcelo Cheche Galves destaca[204] que as expectativas suscitadas pela Revolução do Porto eram heterogêneas:

> o acesso a cargos eletivos, a nomeações ou simplesmente ao erário, aliado a disputas comerciais, conflitos internos das tropas e rusgas pessoais produziram um mosaico de insatisfações, revestidas naquele momento por apelos constitucionais, lidos e interpretados a partir dos interesses mais distintos.

Também circulavam ideias entre outras camadas da população, que não se concentrariam na grande lavoura. Como no resto do Reino do Brasil, várias imagens e aspirações convergiram para adesão à Revolução do Porto e para o liberalismo das Cortes, alguns deles influenciados por tópicos econômicos, outros não. Nessa grande mistura, entre diferentes projetos se moveu a política portuguesa, primeiro entre múltiplas direções, depois no afunilamento entre Lisboa e Rio de Janeiro.

A ADESÃO À REVOLUÇÃO DO PORTO E
A FIDELIDADE ÀS CORTES PORTUGUESAS

A novidade da Revolução do Porto chegou a São Luís no início de 1821, pelo navio *Paquete do Maranhão*, mas não resultou, inicialmente,

---

[204] GALVES, Marcelo Cheche. "Demandas provinciais nas Cortes constitucionais portuguesas: Izidoro Rodrigues Pereira, Maranhão, 1822". In: Anais do XXVI Simpósio Nacional de História – ANPUH. São Paulo, julho de 2011 (B). In: http://www.snh2011.anpuh.org/resources/anais/14/1312478607_ARQUIVO_ANPUH-SP.pdf (acesso em 24/11/2014), p. 4.

em mudanças políticas, como ocorrera no Pará, que aderiu à Revolução em 1º de janeiro de 1821.[205] Desde 1819, governava a província Bernardo da Silveira Pinto da Fonseca,[206] que manteve correspondência com o Rio de Janeiro sobre aquela conjuntura, tendo recebido de Tomás Antônio de Villanova Portugal recomendações de vigilância, "para que a província não se contaminasse pelas 'ideias perversas do tempo'."[207]

Foi com a chegada do navio *Jequiá*, em 4 de abril de 1821, que a situação se alterou. Vinda da Bahia e tendo parado em Pernambuco, a embarcação trazia novas notícias, principalmente a adesão baiana, em 10 de fevereiro de 1821 (lembrando-se, também, que o Rio de Janeiro aderiu em 26 de fevereiro daquele ano). Informava a queda das autoridades locais e a formação de Juntas eleitas, "ampliando, sobremaneira, as possibilidades de participação/mudança na vida política".[208] Como temiam as autoridades do Rio de Janeiro, a vitória do movimento na Bahia muito influenciava as outras províncias e assim se deu no Maranhão.

No dia seguinte à chegada da *Jequiá* ao porto de São Luís, o governador Bernardo Pinto da Fonseca tomou a dianteira do movimento e começou a se articular para permanecer no poder. Não havia, nesse momento, informações sobre a permanência de D. João VI no Reino, nem instruções claras sobre como organizar o governo na nova realidade revolucionária. Cada província se adaptava da maneira como conseguia.

Pinto da Fonseca enviou o major Rodrigo Pinto Pizarro para que, no dia 5 de abril, fosse a Constituição proclamada pela tropa no quartel do Campo de Ourique. Seguiu-se, no mesmo dia 5, reunião pública no Paço do Conselho, com as principais autoridades presentes, onde se realizou a escolha de um Governo Provisório, que recaiu sobre o

---

[205] Cheche Galves, 2010, p. 63.
[206] Sobre as relações anteriores à Revolução do Porto da política maranhense e a atuação de figuras da sociedade civil no processo revolucionário, vide também CUTRIM, Luísa Moraes. "João Rodrigues de Miranda: relações com as Cortes Portuguesas e disputas políticas na província do Maranhão (1821-1822)". II Simpósio de História do Maranhão Oitocentista. 07 a 11 de junho de 2011. Universidade Estadual do Maranhão – Uema. In: http://www.outrostempos.uema.br/oitocentista/cd/ARQ/37.pdf (acesso em 30/11/2014).
[207] Cheche Galves, 2010, p. 63.
[208] Cheche Galves, 2010, p. 64.

capitão-general. Varnhagen[209] comparou a situação maranhense com a de Pernambuco, onde Luiz do Rêgo, que administrava a província, permaneceu no poder aderindo à Revolução do Porto.

Pinto da Fonseca também estabeleceu, em 9 de abril de 1823, um Conselho de Governo, composto de nove membros. A partir desse momento, segundo Edyene Moraes dos Santos Lima:[210]

> Durante o governo de Bernardo da Silveira no Maranhão no ano de 1821, a obrigatoriedade do juramento à Constituição era necessidade expressa dos documentos expedidos à época e no jornal oficial da província. À sociedade civil e militar cabia empenhar-se na tarefa de fazer jurar e atribuir a importância a tal ritual político. Fidelidade, obediência, amor e acatamento às decisões do Rei, entendido aqui como representante máximo da vontade do povo e em conformidade com as determinações das Cortes, eram as prerrogativas fundamentais na divulgação da ordem liberal a ser instalada no Brasil.

O apoio a seu governo englobava parte considerável das elites maranhenses, mas havia contestações, como reconheceu o próprio governador em correspondências com o Rio de Janeiro, nas quais menciona um "espírito de facção" que atrapalhava o "sossego público".[211] Assim como no caso de Luiz do Rêgo, a adesão do governador da província e da maior parte das autoridades locais (motivadas pelo "desejo de mudança" mencionado na seção anterior) não significou unanimidade com os rumos escolhidos.

Não se tratava, no entanto, de expressões de "brasilidade" que surgiam contra a adesão às Cortes. Na verdade, como em outras províncias, a fidelidade a Lisboa não significava concordância com os procedimentos locais, nem diminuía o ímpeto das rivalidades regionais sobre o acesso ao poder. Sobre essa base, surgiram projetos diversos sobre como organizar a política portuguesa. Antes disso, porém:

> Já nos primeiros dias de abril de 1821 assistiram a uma intensa movimentação política nas ruas de São Luís. Para os opositores do governador Pinto da Fonseca, sua "adesão" ao constitucionalismo português fora

---

[209] 1957, p. 325.
[210] 2009, p. 67.
[211] Cheche Galves, 2010, p. 66.

uma estratégia cuja única intenção era a de permanecer no poder. Pesavam contra o governador as inimizades que acumulara em dois anos vivendo no Maranhão e a trajetória de serviços prestados ao *ancien régime*.[212]

Pinto da Fonseca enfrentava, desse modo, oposição na província antes da chegada do movimento liberal, exatamente por se vincular à ordem absolutista anterior. A oposição era, assim, liberal e vintista, tornando-se, ao fim, ainda mais constitucionalista (pró-Cortes), "bradando contra as prisões sem formação de culpa, por liberdade de imprensa e formas efetivamente representativas de governo".[213]

No momento da virada de Pinto da Fonseca, na reunião no Paço, as vozes contrárias defenderam a instalação de uma Junta Provisória, em vez da recondução do governador.[214] As vozes dividiram-se entre partidos pró e contra a permanência do governador.[215] Houve manifestações e mobilizações discretas ou secretas,[216] que terminaram, dentre outros, com devassas e na prisão de vários oposicionistas, como em 12 de abril de 1821. Dois dos mais destacados oposicionistas eram o brigadeiro Antonio Falcão e o brigadeiro-inspetor das tropas, Manuel José Xavier Palmeirim.

As figuras de Falcão e Palmeirim são exemplificativas de que uma parte da tropa não se posicionou favoravelmente à forma como se desenrolou o início da causa liberal no Maranhão, com o governador à frente do movimento. No início do século XIX, havia aproximadamente 1,3 mil soldados na província, agrupados em oito regimentos de infantaria e um de cavalaria.[217] Outras unidades auxiliares completavam o efetivo, que foi reforçado ao longo do processo político de 1821-1822, com tropas de Portugal e com a convocação de voluntários. Para administrar o aparato militar maranhense foi nomeado Agostinho Antonio de Faria, que era

---

[212] GALVES, Marcelo Cheche. "Comemorações vintistas no Maranhão (1821-1823)". In: *Revista Outros Tempos*. Volume 8, número 12, dezembro de 2011 (C) – Dossiê História Atlântica e da Diáspora Africana, p. 3.
[213] Cheche Galves, 2010, p. 69.
[214] Varnhagen, 1957, p. 326.
[215] Cheche Galves, 2010, p. 64.
[216] Cheche Galves, 2010, p. 74.
[217] OLIVEIRA, Mayra Cardoso Baêta de. "As Companhias Milicianas de Pedestres no Maranhão (Década de 1820). II Simpósio de História do Maranhão Oitocentista. São Luís, Universidade Estadual do Maranhão – Uema, 7 a 10 de junho de 2011. In: www.outrostempos.uema.br/anais/pdf/sena.pdf (acesso em 30/11/2014).

membro da Junta Consultiva nomeada por Pinto da Fonseca.[218] Os militares eram um grupo importante do processo revolucionário, em Portugal e no Brasil, e foram ativos nas disputas que se seguiram no Maranhão.

Como em outras regiões, houve medidas imediatas para tentar tranquilizar a tropa. Uma proposta de aumento dos soldos, no entanto, foi recusada por alguns.[219] Em reação aos movimentos militares, foi convocada uma reunião no Paço em 13 de abril, para que se deliberasse "acerca da forma do governo". Na véspera, no entanto, Palmeirim foi preso, como mencionado acima, junto com outras figuras. Com a prisão dos principais opositores e a conquista dos mais reticentes, o governador alcançou o apoio necessário para continuar no poder. O sufrágio foi realizado por agrupamentos (Regimento de Infantaria, Corpo de Comércio e Agricultura, Magistratura etc.), totalizando 270 votos favoráveis ao governador, 8 favoráveis à criação de uma Junta de Governo e 2 contrários à adesão.[220]

Pinto da Fonseca foi eleito em 13 de abril de 1821, permanecendo no cargo até fevereiro de 1822. Nesse ínterim, o governador atuou para reforçar sua legitimidade e a fidelidade da província a Lisboa. Um dos caminhos para tanto foi o controle de meios de expressão pública, principalmente pelo estabelecimento do jornal, o *Conciliador* do Maranhão.[221] Criado em 6 de abril de 1821, a folha circulou até julho de 1823, compreendendo 212 edições. Como aponta Marcelo Cheche Galves,[222] seus redatores, padre José Antonio da Cruz Tezo e Antonio Marques da Costa Soares, eram figuras ligadas a Pinto da Fonseca.

O *Conciliador* seria porta-voz da defesa das Cortes de Lisboa, atuando próximo a Pinto da Fonseca e, posteriormente, à Junta de São Luís. Tornou-se uma espécie de contraponto ao *Correio Braziliense* e aos diários

---

[218] Cheche Galves, 2011 (C), p. 10.
[219] Varnhagen, 1957, p. 326.
[220] Cheche Galves, 2013, p. 7.
[221] A íntegra das edições do jornal, como citado anteriormente, pode ser encontrada no acervo digital da Biblioteca Nacional. In: http://memoria.bn.br/DOCREADER/DocReader.aspx?bib=749524 (acesso em 26/11/2014). Adicionalmente, estudo sobre o *Conciliador* foi realizado por Marcelo Cheche Galves. In: GALVES, Marcelo Cheche. "Os impressos e as formas de lembrar: memórias produzidas sobre o jornal *Conciliador*, Maranhão, 1821-1823". In: Recôncavo: *Revista de História da UNIABEU*. Ano 1, nº 1, agosto-dezembro de 2011 (A). In: http://www.uniabeu.edu.br/publica/index.php/reconcavo/article/view/263 (acesso em 20/11/2014).
[222] 2011, p. 70.

pró-Rio de Janeiro (e posteriormente pró-Independência). Serviu também como veículo para a expressão de setores do comércio e da agricultura. Nos escritos do *Conciliador* se observa a postura de fidelidade ao constitucionalismo português, ao contrário de muitos outros veículos e autores, em outras regiões do Reino, que aos poucos passaram de posição semelhante de entusiasmo com a Revolução do Porto para a crítica fundada na imagem da "recolonização". Esses elementos, concentrados especialmente na gradual vinculação a D. Pedro (e transformação do Rio de Janeiro em "brasileiro"), foram atacados pelo *Conciliador* por serem "facciosos" e anticonstitucionais.

O próprio D. Pedro e o modelo de governo centralizado concebido por José Bonifácio foram criticados pelo diário. Em 22 de janeiro de 1823,[223] o *Conciliador* registrou que haveria pouca "probabilidade" de que Minas Gerais, São Paulo e Goiás reconhecessem o "Imperador de veto absoluto", contra o qual estariam se insurgindo muitos "constitucionais". Na edição de 8 de março de 1823, publicou-se artigo fortemente crítico contra o Rio de Janeiro, que era referido como "Império Despótico Oriental do Rio de Janeiro". Com a incorporação da província, o jornal maranhense terminou com uma imagem de "antinacional", mas é preciso entendê-la não como uma mera antítese de sentimento nacional que existiria no Brasil, mas como resiliência na manutenção da postura de fidelidade a Lisboa.[224]

Para além de São Luís, a adesão às Cortes também exigiu esforços para a coordenação entre as cidades da província. A maioria apoiava Lisboa, mas havia certa autonomia na condução dos trabalhos do dia a dia. Seguiam-se, ainda assim, instruções recebidas de São Luís, especialmente no campo militar, como mostra ofício publicado no *Conciliador*, de 5 de fevereiro de 1823,[225] proveniente de Caxias. O comandante Antonio Silverio Lopes relatou o cumprimento de instruções recebidas de São Luís para o alistamento de todos os indivíduos do distrito e as providências de adestramento dos mesmos, assim como diz ter feito "a fala que V.S. me ordenou". Após a adesão ao Rio de Janeiro, que se

---

[223] Edição nº 160, de 22 de janeiro de 1823.
[224] "Porta-voz de setores do comércio e da agricultura, o *Conciliador* manteve-se 'português' até o seu fechamento. Na última edição localizada (nº 210, 16/7/1823), o jornal anunciou com entusiasmo a chegada, dois dias antes, de navios portugueses a São Luís. Fugidas da Bahia". Cheche Galves, 2011, p. 70.
[225] Edição nº 164. In: Hemeroteca Digital da Biblioteca Nacional.

iniciou pelo interior maranhense, foram criadas Juntas de Governo em importantes regiões do interior da província, como Caxias e Itapecuru, que não reconheciam a autoridade constituída na capital, São Luís, razão pela qual dirigiam-se diretamente à Corte, em um processo de "dispersão horizontal da soberania".[226]

A oposição enfrentada por Pinto da Fonseca não significou, portanto, apoio gradativo a uma causa "brasileira". Esta ainda era inexistente em 1821 e pouco avançaria ao longo de 1822. Não houve, desse modo, movimento como em outras regiões brasileiras, de grupos de poder se movendo, após a adesão inicial às Cortes, para a causa "brasileira", quando a resistência inicial ao Rio de Janeiro foi substituída por uma reaproximação, em reação às medidas das Cortes.

Na verdade, na medida em que avançaram as notícias sobre a causa das "Provincias Colligadas" (Conselho de Procuradores, convocação da Constituinte etc.), as disputas internas foram sendo colocadas em segundo plano no Maranhão. A alternativa do Centro-Sul, "assustou produtores e comerciantes locais, cujos interesses vinculavam-se profundamente a Portugal".[227] Continuaram, logicamente, disputas internas no governo, por exemplo, entre a Junta e o governador das armas, sobre a administração da província.[228] Mas, quando chegou o momento de tomar um partido, a grande maioria dos atores principais do Maranhão cerrou-se em sua fidelidade a Portugal, ao menos nos primeiros momentos da guerra:

> se as divergências ganharam a praça pública e agitaram os meses que se seguiram, havia uma espécie de consenso quanto ao repúdio às novidades políticas do Centro-Sul (...) Ao longo de 1822, antes e após o 7 de setembro, e durante os primeiros meses de 1823, governo e opositores mantiveram-se distantes de qualquer proposta de Independência, mesmo aquela compreendida como governo autônomo dentro do Império luso-brasileiro.[229]

O período Pinto Fonseca encerrou-se com a chegada dos decretos de 29 de setembro de 1821 e a determinação de eleição de uma nova

---

[226] Cheche Galves, 2010, p. 14.
[227] Cheche Galves, 2011 (C), p. 10.
[228] Cheche Galves, 2011 (C), p. 10.
[229] Cheche Galves, 2013, p. 13.

Junta Governativa, realizada em 15 de fevereiro de 1822.[230] Não houve, naturalmente, reação no Maranhão aos referidos decretos, ao contrário do Centro-Sul, onde a contestação àquelas medidas terminou com o "Fico". Pelo contrário, a fidelidade a Lisboa continuou inabalada ao longo de 1822 e início de 1823. Em janeiro de 1823, foram realizadas eleições para a segunda legislatura das Cortes portuguesas.

Pinto da Fonseca partiu de volta a Portugal em 28 de fevereiro de 1822, sendo substituído pela Junta Provisória presidida pelo bispo frei Joaquim de Nossa Senhora de Nazaré (presidente). Também a compunham o brigadeiro Sebastião Gomes da Silva Belford, o chefe de esquadra Filipe de Barros e Vasconcelos, desembargador João Francisco Leal, Tomás Tavares da Silva, coronel de milícias Antônio Rodrigues dos Santos e tenente de milícias Caetano José de Sousa.[231] Eram portugueses de origem tanto europeia quanto americana.

De Lisboa vinham ordens e instruções do governo, mas também lá atuaram os representantes maranhenses nas Cortes Gerais. A eleição dos dois deputados foi realizada em julho e agosto de 1821, tendo sido eleitos deputados o desembargador Joaquim Antonio Vieira Belfort e o cônego José João Beckman Caldas. A atuação dos representantes do Maranhão nas Cortes, a partir de 8 de novembro de 1821, ficou marcada pela imagem de pura vinculação às posições dos parlamentares europeus. Marcelo Cheche Galves alerta,[232] no entanto, para o fato de que havia uma multiplicidade de interesses, que diziam respeito também aos temas concernentes à própria gestão da província e de suas atividades econômicas. As Cortes se tornaram o local privilegiado para a apresentação de demandas e reclamações de grupos maranhenses, que, com isso, se inseriram ainda mais no seio do constitucionalismo português.

A situação política permaneceu inalterada por boa parte de 1822, relativamente distante do movimento das "Provincias Colligadas", dos combates na Bahia e do movimento em províncias mais distantes. Eram recebidas, logicamente, notícias do que se passava no resto do

---

[230] Cheche Galves, 2011 (C), p. 8.
[231] Varnhagen, 1957, p. 327.
[232] "No caso do Maranhão, por exemplo, o negociante Izidoro Rodrigues Pereira publicou as 'Advertencias Interessantes à Provincia do Maranhão (1822),' síntese de uma série de demandas dos produtores e comerciantes da província endereçadas aos deputados maranhenses eleitos para as Cortes, em agosto de 1816". 2011 (B), p. 4.

Reino,[233] com especial interesse na guerra na Bahia ("os revolucionários estão afflictos com o bloqueio; e com o medo do ataque não podem dar auxilio á meia lua do Reconcavo da Bahia"),[234] assim como correspondências do Rio de Janeiro, que buscava a adesão das províncias à causa de D. Pedro.

Essas tentativas de aproximação eram rejeitadas. Os relatos que chegavam às Cortes pelos navios que passavam por São Luís davam conta, no início de 1823, de relativa estabilidade na província. Pelas notícias publicadas em Lisboa em 22 de janeiro[235] e 26 de fevereiro[236] de 1823, informava-se que, na província do Maranhão, "reinava o maior socego".

A principal preocupação relatada em fins de 1822 e início do ano seguinte foi a situação no Piauí. Após a chegada das notícias dos acontecimentos em Parnaíba, em 19 de outubro de 1822, a Junta maranhense lançou manifesto em 11 de novembro de 1822. Posteriormente, como visto na seção anterior, São Luís despachou homens e o brigue *Infante D. Miguel*, para bloquear o porto de Parnaíba, como visto na seção anterior. Informava-se que tropas contrárias também estavam sendo mobilizadas.

De fato, um dos pontos em que insistiu a Junta maranhense foi no combate aos "facciosos". Essa tarefa se deu já em fins de 1822 e início de 1823, continuando sob a direção da Junta Provisória. Aqui se observa um dos pontos interessantes do caso maranhense: não apenas manteve a fidelidade a Lisboa, como também partiu para a ofensiva, a fim de evitar que o movimento pró-Rio de Janeiro tivesse sucesso. Essa ação teve sua expressão jornalística no *Conciliador*, que cumpriu a tarefa de mobilizar o que existia de opinião pública no Maranhão. Teve também dimensão financeira interessante, pois foram os próprios cidadãos maranhenses que financiaram grande parte da mobilização militar.

As principais ações da província no combate aos "facciosos" se deram no apoio à luta de Fidié no Piauí. Foram descritas, na seção sobre o

---

[233] Por exemplo, o *Conciliador* de 4 de janeiro de 1823 (n° 155) registra informações fornecidas pelo brigue-escuna *Liberal*, sobre a situação de Pernambuco e a mobilização sobre a guerra da Bahia.
[234] O *Conciliador*, n° 160, de 22 de janeiro de 1823, reproduzindo extrato do *Idade d'Ouro*, de 24 de dezembro de 1822.
[235] *Diário do Governo de Lisboa*, n° 19, 22 de janeiro de 1823, p. 127.
[236] Relato da galera *Portugueza, Pombinha de Lisboa*. *Diário do Governo de Lisboa*, n° 49, 26 de fevereiro de 1823.

Piauí, as mobilizações na província do Maranhão em apoio a Fidié e no combate aos partidários do Rio de Janeiro no Piauí e no Ceará. O combate aos "facciosos" motivou, ainda, o envio de pedido a Lisboa para o reforço das tropas portuguesas presentes na província. Foram pedidos mil soldados, em 11 de fevereiro de 1823. Os custos de transporte e abastecimento dessa tropa seriam pagos pelos próprios maranhenses, que enviaram 1,5 mil sacas de arroz a Lisboa.[237]

Em meio à mobilização de tropas para combater no Piauí, foi realizado, em 12 de janeiro de 1823, o juramento da Constituição portuguesa. Participaram as principais autoridades civis, grande parte da tropa e dos principais comerciantes. Foram realizados um *Te Deum*, discursos, bandas de música e festejos para todas as classes, "tendo-se empregado todos os meios possíveis para fazer brilhante aquelle acto".[238]

Ao reportar o juramento a Lisboa, a Câmara de São Luís enviou manifesto para mostrar "nossa firmeza, e adhesão ao Systema Constitucional, e prosta por terra a calumnia com que se procurou denigrir perante Vossa Magestade, a conducta desta Provincia".[239] O manifesto era expressão, segundo a Câmara, do "enthusiasmo com que as Authoridades Civis, e Militares, o Clero, a Nobreza, e o Povo" mantinham com relação à causa constitucional. O ato de juramento em São Luís foi uma grande declaração de apoio a Lisboa, exatamente três meses após a aclamação de D. Pedro como imperador, em 12 de outubro de 1822, e pouco mais de um mês após a coroação, no Rio de Janeiro.

Seis dias depois do juramento da Constituição portuguesa, o *Conciliador* publicou, com destaque, comunicação de Fidié à Junta de São Luís, de 22 de dezembro de 1822, da vila de Parnaíba, na qual relatava a entrada na cidade, a fuga dos promotores do 19 de outubro para o Ceará e os atos de vivas ao rei e às Cortes. Fidié também mencionava a antecipação dos homens do brigue *Infante Dom Miguel* em entrar em Parnaíba, "em consequência de algumas desagradáveis notícias que corrião". O governador das armas do Piauí voltava a insistir na necessidade de envio de forças ao Ceará, para evitar o que avaliava ser uma minoria de "sedicciosos" que sufocava a população.[240]

---

[237] Varnhagen, 1957, p. 329.
[238] Cheche Galves, 2011 (C), p. 11.
[239] In: *Conciliador*, edição nº 159, de 18 de janeiro de 1823.
[240] *Conciliador*, edição nº 159, de 18 de janeiro de 1823.

A evolução dos combates no Piauí foi acompanhada pelas autoridades maranhenses e pela própria população por meio do *Conciliador*. Na edição de 1º de fevereiro de 1823, o jornal registrava ter chegado "finalmente a impostura, a seducção" dos facciosos em "perverter os habitantes da Província do Ceará", por meio das medidas militares das tropas portuguesas. Pouco tempo depois, em 5 de fevereiro de 1823,[241] o jornal reproduziu proclamação do governador das armas do Maranhão, sustentando que "he preciso ou destruir o mal na sua origem, ou obstar-lhe os progressos". Reconhecia a invasão do Piauí pelas tropas cearenses e a ocupação de Piracuruca.

Ao mesmo tempo, o *Conciliador* apontava para a necessidade de ser "indispensável pôr aquella grande, e interessante Villa (Caxias) a coberto de qualquer tentativa". O governador da armas do Maranhão, por sua vez, relatou, que 311 soldados de 1ª linha estavam sendo enviados para completar a força de 414 praças já presentes. Reclamava, no entanto, da falta de efetivos para guarnecer outros pontos, pelo qual emitia aquela proclamação, para que voluntários se incorporassem às tropas. Nessa conclamação, prometia que "cessarão os privilégios; pois a Patria quer braços, e os privilégios lhos roubão". O apelo resultou, dentre outros, na formação de uma "Companhia de Voluntários Constitucionais".[242] Antes mesmo da Batalha do Jenipapo, portanto, Agostinho Antonio de Faria reconhecia, indiretamente, riscos para o interior maranhense, antecipando a centralidade de Caxias no destino do Maranhão.

A Junta de São Luís igualmente publicou manifesto no *Conciliador*, no mesmo dia, com o mesmo tom de mobilização militar. Informava a mobilização da 1ª linha para os pontos estratégicos e indicava: "nada temamos de tão obscuros inimigos: a sua audácia he tão fragil qual a tosca estatua de barro (...) elles são lucífugos escravos das trevas do despotismo". Interessante verificar essa mobilização ao mesmo tempo que, em Oeiras, a Junta pró-Rio de Janeiro mantinha uma preocupação forte de invasão maranhense pelo Parnaíba.

---

[241] Edição nº 165.
[242] Oficializada no *Conciliador* de 22 de fevereiro de 1823, nº 169. Os nomes dos voluntários foram relacionados na mesma edição, ultrapassando o número de 60.

As edições seguintes do *Conciliador* continuaram a registrar[243] a situação no Piauí (e também da Bahia[244] e de Pernambuco[245]), a revolta em Oeiras e em Campo Maior, além da mobilização dos "dissidentes do Ceará". Também informavam da intensa mobilização das forças maranhenses. Em 19 de fevereiro de 1823,[246] saiu no *Conciliador* informação de que os

> Commandantes dos Districtos do Brejo, Iguará, Carnaubeiras, e Ribeira das Preguiças, desde que a revolução da Parnaiba exige providencias para a segurança daqueles distritos, os sobredictos Commandantes tem desenvolvido hum zelo Patriotico, e huma coragem própria de Portuguezes dignos deste nome.

A edição de 25 de fevereiro registra, novamente, a ameaça enfrentada pela vila de Caxias, próxima às ações dos "dissidentes". Aos poucos, a guerra ia se aproximando.

Em 8 de março de 1823, publicou-se a saída de Fidié de Parnaíba, à frente, segundo o *Conciliador*, de 900 a mil homens, dentre piauienses e maranhenses. No dia 26 do mesmo mês,[247] foi dada a notícia de que Leonardo de Carvalho Castelo Branco, "o faccioso chefe dos insurgentes do Pihauhy", apareceu no porto de Repartição, após ter-se instalado na fazenda das Melancias. Era o prelúdio da Batalha do Jenipapo, como visto anteriormente, que resultou na prisão de Leonardo de Carvalho e seu envio a Lisboa. A mobilização militar no Piauí alcançava, assim, o território maranhense, e provocava agitações e proclamações.

A Batalha do Jenipapo em si foi mencionada em 29 de março de 1823,[248] por meio de relato de Fidié sobre os acontecimentos, e sua decisão, por falta de suprimentos, de ir ao Estanhado. O resultado do Jenipapo foi celebrado pelo *Conciliador*,[249] mas a forte retórica contra os

---

[243] Vide edição nº 166, de 12 de fevereiro de 1823.
[244] Na edição de 12 de fevereiro de 1823, fala-se, por informação recebida de navio que aportou em São Luís, que Labatut "foi consecutivamente destroçado por as Tropas Portuguezas da Bahia".
[245] Menciona carta que relata a "completa anarchia" na província de Pernambuco, com a existência de três partidos, um pró-D. Pedro, outro republicano e um terceiro, pró-Cortes.
[246] Edição nº 168.
[247] Edição nº 178.
[248] Edição nº 179.
[249] Edição nº 179, de 29 de março de 1823.

"facciosos" dava a entender que a situação não se movia necessariamente a favor de Lisboa, haja vista a menção de muitas deserções em Caxias para o outro lado.

A reação pública da Junta aos insucessos no Piauí foi, desse modo, a de redobrar a mobilização "patriótica" e intensificar o confronto.[250] Ainda em julho de 1823, quando a situação da Junta estava quase perdida, o *Conciliador* anunciava com entusiasmo a chegada de tropas portuguesas, vindas da Bahia, como reforço para a "causa".[251] A partir de março de 1823, a guerra no Maranhão se ampliou e tornou-se aberta, com o *Conciliador* publicando rotineiramente proclamações de autoridades civis e, principalmente, de oficiais, reforçando sua fidelidade a Lisboa e clamando à luta.

Com a evolução desfavorável das operações militares de Fidié, começavam a aparecer movimentos de apoio ao Rio de Janeiro no próprio Maranhão, como em Pastos Bons, em março de 1823, como se verá abaixo. Também em março de 1823, surgiram denúncias em São Luís de mobilizações em prol da Independência. O brigadeiro Palmerim foi novamente preso, junto com outros indivíduos, todos posteriormente enviados para Lisboa.[252] Em abril, ocorreram novas denúncias e novas prisões e deportações, concomitantemente às comemorações do segundo aniversário da "adesão" à Revolução do Porto. Marcelo Cheche Galves aponta que um dos presos, em abril de 1822, o padre José Constantino Gomes de Castro sustentou ter sido acusado de "independentista" apenas por ter se recusado a participar das comemorações de 6 de abril.[253]

Há dúvidas se houve efetivamente forte movimento independentista em São Luís, e nas suas proximidades, sem a influência externa. Há indícios de que o movimento era frágil, na capital e em seu entorno. O *Conciliador* de 25 de janeiro de 1823, por exemplo, registrou manifesto da vila de Alcântara em prol da Constituição.

Em outras vilas do interior maranhense, no entanto, surgiram movimentos pró-Rio de Janeiro, como em São José dos Matões, Manga e Pastos Bons. Uma boa parte desse movimento veio da tropa, que, é

---

[250] Abdias Neves, 2006, p. 187.
[251] Cheche Galves, 2013, p. 19.
[252] Varnhagen, 1957, p. 330.
[253] 2011 (C), p. 13.

sempre bom lembrar, era constituída fundamentalmente de portugueses nascidos no Reino do Brasil, ou seja, "brasileiros". O baiano Salvador Cardoso de Almeida chegou a organizar uma tropa voluntária maranhense que se juntou às forças pró-Rio de Janeiro no Piauí, no dia 12 de março de 1823, na véspera da Batalha do Jenipapo. As regiões maranhenses próximas à fronteira com o Piauí sentiram os efeitos da evolução da causa da Independência mais rapidamente do que a capital.

Outro setor que registrou mudanças de posição foi o agrícola. Os principais produtores sentiram diretamente os efeitos da guerra e da invasão, especialmente na região da Ribeira do Itapecuru (rio que ia até Caxias). Como aponta Cheche Galves, os produtores de algodão contribuíram, inicialmente, para a resistência pró-Lisboa, mas os riscos sobre a lavoura e sobre os escravos os fizeram refletir sobre uma mudança de posição: a permanência do lado de Lisboa apenas oferecia a perspectiva de manter as coisas como estavam, sem compensação dos prejuízos. Do lado contrário, se "bem dirigida" (evitando problemas com os escravos), a adesão ao Rio de Janeiro "poderia redefinir o papel político e econômico destes produtores".[254]

É difícil, desse modo, saber se os movimentos pró-Independência foram preexistentes ou se surgem exatamente no contexto dos combates vindos do Piauí, com as influências e propagandas vindas de fora. Independentemente de ter existido ou não movimento anterior, o fato é que a onda em favor do Rio de Janeiro foi impulsionada principalmente pelos resultados dos combates no Piauí e o avanço das forças cearenses, piauienses e pernambucanas sobre o Maranhão.[255] As primeiras expressões em favor do Rio de Janeiro efetivamente surgiram no interior, já no contexto dos combates.

Observando-se o quadro político da província em 1821-1823, é, portanto, difícil imaginar o avanço da causa da Independência no Maranhão sem a marcha das tropas de outras províncias, mesmo que existissem grupos maranhenses que apoiassem o Rio de Janeiro, rompendo com a ideia de fidelidade à causa constitucional. A invasão militar pró-Rio de Janeiro ocorreu, a partir de março de 1823, e encaminhou a solução.

---

[254] Cheche Galves, 2013, p. 20.
[255] Cheche Galves, 2011, p. 106.

O CONTRA-ATAQUE: AS OPERAÇÕES NO INTERIOR, NAS MARGENS DO PARNAÍBA E O CAMINHO PARA CAXIAS

É importante notar que, além da Batalha do Jenipapo, ocorreram outras batalhas que duraram cerca de 4 a 5 horas de luta, como a do Itapecurumirim e a do morro das Tabocas, antes da prisão de Fidié. Outro aspecto relevante, neste contexto, diz respeito ao clima de violência, fome e penúria que se instalou na província do Piauí, situação que piorou depois da Batalha do Jenipapo e se estendeu ao período posterior à prisão do major Fidié.[256]

Como visto na seção sobre o Piauí, após a Batalha do Jenipapo, Fidié seguiu com sua tropa para o Estanhado e atravessou o Parnaíba. Recebeu, em seguida, o convite para se dirigir a Caxias, em 3 de abril de 1823.

O pedido ocorrera após episódio de insubordinação de tropas locais, que havia assustado as autoridades locais.[257] Relacionava-se com a proclamação da Independência em São José dos Matões, em fins de março de 1823. Situada ao sul de Caxias e próxima à fronteira com o Piauí, a vila sofreu influência direta do processo que se passava na outra margem do Parnaíba. Elementos vindos do outro lado piauiense do Parnaíba lograram entrar na vila e mobilizar a população a aclamar D. Pedro imperador.

Em reação, o coronel Manuel de Sousa Pinto de Magalhães, comandante de Caxias, organizou tropa sob o comando do capitão Picaluga, para avançar, em 31 de março, sobre São José dos Matões. Na véspera, no entanto, a tropa se revoltou ao receber a informação de que Magalhães partiria para São Luís, por motivo de doença. Além de exigir a presença do oficial, demandava pagamento de soldos e outras providências.[258] A calma apenas voltou quando o major José Demetrio d'Abreu reuniu a tropa, e conseguiu convencê-la (com a promessa de pagamento de soldos) da necessidade de cumprir as ordens e marchar

---

[256] Maria do Amparo Alves de Carvalho, 2014, p. 238.
[257] Ofício com descrição dos eventos foi transcrito em Abdias Neves, p. 190. Vide também Vieira da Silva, 1862, p. 83.
[258] "(...) dada a voz da marcha (a tropa) não obedeceu; levantando a voz alguns dos granadeiros da primeira linha disseram que não marchavam: primeiro, sem o Coronel; segundo, sem bandeiras; terceiro, sem que lhes pagassem o semestre; quarto, sem que se lhes adiantasse o soldo, além de outras requisições que de um e outro lado se faziam". Documento transcrito in Abdias Neves, p. 191.

contra São José dos Matões. A marcha, no entanto, durou pouco e a tropa se dispersou antes mesmo de deixar a cidade. Todo o processo deixou Caxias agitada, sendo que, em 2 de abril, muitos habitantes se mobilizavam para deixar a cidade.[259]

A decisão, em 3 de abril, foi de remeter toda a tropa revoltada para a capital. No longo caminho que fizeram posteriormente, passou essa tropa por Itapecuru-Mirim, onde provocou temores no seio da população, e o contingente chegou a São Luís, sendo posteriormente preso.[260] Permaneceram em Caxias apenas alguns oficiais, equipamento e recursos da caixa militar.

A Câmara de Caxias emitiu, em reação à agitação, o convite para que Fidié e sua tropa assumissem o controle da cidade. Após passar pelo Estanhado, Fidié dirigiu-se ao sul e chegou a Caxias, em 17 de abril de 1823, acompanhado de 700 soldados.[261] Escolheu, como informou a Lisboa,[262] estabelecer seu quartel-general no morro da Taboca, que foi fortificado com a contribuição dos moradores da vila. O plano do ex-governador das armas do Piauí, segundo expressou a Lisboa no ofício de 31 de maio de 1823, continuava sendo o de reorganizar suas tropas, recuperar as forças e avançar sobre Oeiras.

Fidié enfrentou, desde o início de sua presença em Caxias, dificuldades no reforço de seu contingente e com as movimentações de seus inimigos, cuja causa começava a se espalhar pelas redondezas e a transformar-se em ameaça. Reforços foram solicitados a São Luís, que chegou a remeter algum contingente e equipamentos, mas não em quantidade suficiente, como se verá mais abaixo.

---

[259] Veira da Silva, 1862, p. 85.
[260] Veira da Silva, 1861, p. 86.
[261] Veira da Silva, 1862, p. 97.
[262] "Ponderando sobre a defesa desta Villa axei procedente, que se fortificasse o monte da Taboca, que a domina, e de onde facilmente se pode obstar qualquer invasão que os Facciosos intentem sobre elle; podendo se fazer ás convenientes sortidas apoiadas pela artilheria". (OFÍCIO do [governador das Armas do Piauí], João José da Cunha Fidié, ao secretário de estado dos Negócios da Guerra, Manoel Gonçalves de Miranda, sobre os ofícios recebidos e as medidas tomadas para fortificar e defender a vila de Caxias, no Piauí, antes de seguir para a vila de Oeiras; e informando que no monte Taboca foram atacados pelos facciosos e os venceram, mas que estes querem atacar a vila e cortar as comunicações, pois esperam reforços do Ceará. Em 31 de maio de 1823. In: Arquivo Histórico Ultramarino, AHU_ACL_CU_16, Cx. 32, D. 1688. In: Biblioteca Virtual do Projeto Resgate, http://www.cmd.unb.br/biblioteca.html (acesso em 30/12/2014).

Ainda assim, o ex-governador das armas do Piauí decidiu inicialmente partir para ofensiva. Mobilizou-se, já em 21 de abril, para atacar São José dos Matões. O avanço das tropas de Fidié foi detectado, e o comandante de Matões, tenente Roberto José de Moura, solicitou reforços urgentes do lado dos independentistas, que se organizavam agora na Barra do Poti. Foram despachados, então, 400 soldados comandados pelo capitão Alecrim, e outros 150, sob as ordens do sargento-mor Francisco Xavier Torres. Ao saber que essas forças haviam atravessado o Parnaíba, as forças de Fidié entrincheiraram-se em uma casa próxima a São José dos Matões.[263]

Sem esperar a chegada desses reforços, o comandante do destacamento de São José dos Matões atacou as trincheiras das forças de Caxias, concentradas na sede de uma fazenda, em 29 de abril. A resistência foi dura e quase provocou a derrota brasileira. Segundo o relato do mons. Joaquim Chaves,[264] foi ação individual do tenente Roberto José, de esgueirar-se até a proximidade da casa e atear fogo nela, que definiu o combate, com grandes perdas do lado português. Quase no fim, chegaram ao local as forças do capitão Alecrim, que auxiliaram no combate, e resultou em 45 mortos e 13 feridos.[265] Os soldados de Fidié lograram recuar e acamparam, na sequência, em Pindoba, nas proximidades de Caxias.

Duas consequências derivaram do combate de São José dos Matões, de 29 de abril de 1823: após a derrota, Fidié optou por uma estratégia defensiva, concentrada no reforço das defesas de Caxias.[266] Continuariam as escaramuças em outras localidades, mas ficava claro que a iniciativa militar estava agora com as forças pró-Rio de Janeiro.

Um número importante de tropas pró-Rio de Janeiro – aproximadamente 650 homens – cruzou o Parnaíba e estabeleceu cabeça de ponte em São José dos Matões. Essa tropa em pouco tempo voltaria a se mobilizar. Ganharia destaque, nesse processo, a figura do capitão Alecrim, que na maior parte dos casos avançou contra as ordens do comando central, mas logrou conquistar pontos importantes para a construção do cerco sobre Caxias.

---

[263] Mons. Joaquim Chaves, 2006, p. 130.
[264] 2006, p. 130.
[265] Mons. Joaquim Chaves, 2006, p. 131.
[266] Vieira da Silva, 1862, p. 98.

O episódio de São José dos Matões ocorreu, principalmente, em um contexto mais amplo de invasão do Maranhão pelas tropas pró-Rio de Janeiro. A Junta de Oeiras, como se recorda, estivera desde o início de sua adesão ao Império preocupada com a segurança das fronteiras do Piauí com o Maranhão, razão pela qual havia despachado reforços ao longo de toda a margem do Parnaíba, ao invés de concentrar-se na marcha de Fidié, que saíra de Parnaíba em direção a Oeiras. Essas bases ao longo do rio tiveram o condão de servir, em primeiro lugar, de ponto de apoio para os contatos com civis e militares que se moveram em direção ao Império. Posteriormente, foram utilizadas como pontos de lançamento das forças combinadas.

A movimentação das tropas pró-Rio de Janeiro, em direção ao Maranhão, começou, assim, pelas localidades ao longo do rio Parnaíba e em vilas próximas, alongando-se em escaramuças regulares entre os dois lados, até que as ofensivas brasileiras tivessem sucesso sobre vilas estratégicas e permitissem o cerco. Não foi um processo rápido. Terminou com o cerco de Caxias. Fidié resistiu até não ter mais condições. Foram meses de longas marchas, dificuldades logísticas e de disciplina dos dois lados, além de constantes combates, que resultaram em significativas perdas.

Com forças de origens distintas atuando em prol do Rio de Janeiro, a invasão deu-se de forma desorganizada, encavalando-se operações em diferentes pontos. Observando as dificuldades de organização dos diferentes corpos piauienses, cearenses, pernambucanos (além de alguns maranhenses), a Junta de Oeiras decidiu, em fins de março, descentralizar o comando e criar a "Junta de Comissão Militar da Barra do Poti", que teria como competência as ações no norte da província, pelos pontos de Santo Antônio e Poti.[267] No sul, o comando continuaria sendo realizado diretamente por Oeiras.

A Junta militar teria um presidente e seis membros, mas demorou a se concretizar. Apenas em 26 de abril, foi instalada, liderada pelo tenente-coronel Raimundo de Sousa Martins, e integrada por Manoel Lopes Teixeira e pelos capitães Luís Rodrigues Chaves, Francisco Manoel de Araújo Costa e Claro Pereira de Abreu Bacelar. Em um primeiro balanço, a Junta observou contar com algo próximo a 800 soldados, que sofriam com a falta de pagamentos e de suprimentos e

---

[267] Mons. Joaquim Chaves, 2006, p. 127.

com a indisciplina.²⁶⁸ Era necessário reforço dessa tropa, que foi solicitado, mas que não impediu que as operações continuassem, como se verá abaixo.

A partir do Estanhado e, um pouco mais ao norte, de Repartição e do Brejo, as forças brasileiras ingressaram em território maranhense e se dividiram, uma parte seguindo pelo norte, como se verá abaixo, a outra descendo em direção a Caxias. Outras forças cruzaram o rio mais ao sul, seguindo diretamente para o cerco em Caxias.

Três ações ocorreram praticamente ao mesmo tempo e a partir delas se moveram as forças "brasileiras". A primeira foi o já mencionado confronto em São José dos Matões. A segunda ação ocorreu em Pastos Bons, vila localizada ao sul de Caxias e próxima à fronteira com o Piauí. Varnhagen²⁶⁹ conta que, "temendo que baixassem do sertão forças brasileiras" as autoridades pró-Lisboa despacharam o major Francisco de Paula Ribeiro, com 78 soldados, para defender o flanco maranhense na altura do Tocantins.

Já presente em Pastos Bons, elementos da tropa começaram a se revoltar. O capitão Inácio Xavier Câmara, que comandava uma companhia de milicianos, tentou promover a causa do Rio de Janeiro, mas foi reprimido e fugiu com companheiros em direção ao Piauí.²⁷⁰ Planejaram, na fuga, passar pela povoação da Manga, mas como esta estivesse ocupada militarmente, despacharam um emissário a Oeiras, a 23 de março, a fim de solicitar apoio. A resposta veio em 12 de abril, com ordem para que os comandantes das bases pró-Rio de Janeiro da região respondessem a pedidos de auxílio do outro lado da fronteira, caso fosse necessário.²⁷¹

Ante a ameaça de que o destacamento de Pastos Bons avançasse sobre Manga, o comandante Matias de Sousa Rebelo cruzou a fronteira e partiu para a cidade, despachando antes um pedido de reforços a Oeiras. Entrou em Manga com 60 soldados, proclamando a Independência e alterando o nome da povoação para Vila Nova Imperial de Nossa

---

[268] Mons. Joaquim Chaves, 2006, p. 129.
[269] 1957, p. 335.
[270] Mons. Joaquim Chaves, 2006, p. 117.
[271] "Ordena, portanto, a V. Mercê que logo que qualquer cidadão da dita Província do Maranhão pedir auxílio para proclamar a Independência no território daquela Província, V. Mercê o socorrerá com toda ou parte da tropa do seu comando". Ofício transcrito em Mons. Joaquim Chaves, 2006, p. 118.

Senhora da Conceição. O relato de Abdias Neves dá conta de que o movimento do comandante Matias teria sido motivado por "falso pretexto", mas o mons. Joaquim Chaves aponta que houve um pedido de socorro de alguns maranhenses.[272]

Após o sucesso em Manga, Matias de Sousa Rebelo mobilizou-se para atacar Pastos Bons, solicitando novo apoio a Oeiras. A capital piauiense foi cautelosa enquanto mobilizava as tropas e sugeriu que as operações se limitassem a "acossar o inimigo com guerrilhas".[273] A Junta de Oeiras recebeu, ao mesmo tempo, informações de que Matias de Sousa havia se desentendido com o líder civil maranhense pró-Rio de Janeiro, o fazendeiro José Dias de Matos, e de que o major Paula Ribeiro cogitava aderir aos independentistas. Preocupada com essa situação, a Junta ordenou ao capitão João Gomes Caminha, comandante de Jerumenha, que marchasse para Manga e assumisse as operações.[274] Caminha, já no comando, efetuou o pagamento dos soldos atrasados e preparou o avanço. Tinha instruções específicas para evitar que suas tropas não causassem "distúrbios ou violências aos habitantes dos territórios conquistados".

A informação da possível adesão do major Paula Ribeiro, no entanto, não se concretizou. O oficial português havia se retirado de Pastos Bons, o que permitiu a conquista da cidade sem lutas, em 10 de maio de 1823, e a aclamação da Independência, em 12 do mesmo mês. Em Cachoeira de Três Barros, no entanto, Paula Ribeiro sofreu ataques de aproximadamente 700 partidários do Rio de Janeiro (todos civis, dos quais 250 índios apinagés), liderados pelo fazendeiro José Dias.[275] Após resistir a um primeiro ataque, Paula Ribeiro foi obrigado a se render, na ilha da Botica, após perder um capitão e nove soldados. Paula Ribeiro e o capelão foram, posteriormente, assassinados, antes de chegarem, com os outros prisioneiros, a Pastos Bons. As tropas de Caminha, na sequência, receberam ordem de avançar sobre Caxias, para auxiliar no cerco.

A terceira ação concomitante se deu em Repartição e no Brejo, que estavam localizadas ao norte de Caxias, mais ou menos na altura de

---

[272] 2006, p. 119.
[273] Mons. Joaquim Chaves, 2006, p. 120.
[274] Ibid., p. 121.
[275] Varnhagen, 1957, p. 335.

Campo Maior, do outro lado da fronteira, no Piauí. A mobilização iniciou-se em 25 de abril, quando o alferes Morais Rego tentou avançar sobre Repartição, do outro lado do Parnaíba. Após um primeiro revés contra os 60 soldados comandados pelo tenente Francisco Gonçalves Meirelles, no qual resultaram em cerca de 10 soldados portugueses mortos e vários feridos, além de 9 brasileiros feridos, houve um recuo e o envio de pedido de auxílio às forças brasileiras no local e à Junta Militar do Poti.[276]

Foram despachados aproximadamente 100 soldados, comandados por Salvador Cardoso de Almeida, que assumiu o comando da tropa. Uma tentativa de diálogo entre as duas partes não prosperou.[277] As forças brasileiras se desdobraram, então, em um ataque coordenado, em 15 de maio. Moraes Rego avançou sobre Repartição, ao passo que Salvador cruzou o rio e atacou diretamente a vila de São Bernardo do Brejo.[278] Cercada a vila, não restou ao comandante local senão a alternativa de negociar sua rendição, a qual lhe permitiu deixar a vila com 2 oficiais, 80 soldados e armas. Essas tropas portuguesas se instalaram próximas a Caxias, na Pindoba, e continuariam a sofrer a pressão das forças pró-Rio de Janeiro. De sua parte, após a captura do Brejo, as tropas pró-Rio de Janeiro se moveram em direção a Caxias. Uma parte se destacou desse movimento e seguiu ao norte, no caminho a São Luís, em direção a Manga do Iguará, tomada pelo capitão João Isidoro Bezerra, em 23 de maio.

Uma vez que as forças brasileiras, ainda que desorganizadamente, já avançavam pelo interior do Maranhão, ao norte e ao sul de Caxias, a Junta Militar do Poti resolveu também se deslocar para a outra margem do Parnaíba, no início de maio de 1823.[279] Era, principalmente, uma resposta às movimentações indisciplinadas de alguns oficiais, especialmente Moraes Rego (que estava ao norte de Caxias) e Alecrim (que partira em direção ao norte, de Matões para Caxias).[280] Determi-

---

[276] Ofício do tenente Simplício José da Silva, do quartel no Estanhado à Junta Militar, de 3 de maio de 1823, e ofício da Junta Militar do Poti ao alferes Morais Rego, de 1º de maio de 1823, foram transcritos na obra do Mons. Joaquim Chaves, 2006, p. 150.
[277] Vieira da Silva, 1862, p. 101.
[278] Vieira da Silva, 1862, p. 103.
[279] Mons. Joaquim Chaves, 2006, p. 158.
[280] Abdias Neves, 2006, p. 209.

nou, para tanto, que as forças espalhadas pelas guarnições ao longo do Parnaíba se reunissem no Poti. Também ordenou ao tenente Simplício José da Silva, que comandava Campo Maior, que enviasse suprimento e montaria de burros.[281]

Após aguardar a chegada de reforços e suprimentos, a Junta da Barra do Poti iniciou as ordens para a completa travessia do Parnaíba. No dia 2 de maio, foi expedida instrução para que o coronel João de Araújo Chaves ocupasse a passagem de Santo Antônio. No dia seguinte, foi comunicado ao capitão Manoel Carlos Saldanha que ocupasse a fazenda São Miguel e dali "iniciasse hostilidades com o inimigo".[282] Movimentou-se igualmente o sargento-mor Xavier Torres, instruído a avançar sobre Buriti do Meio.

Foram, então, ordenadas a travessia,[283] em 9 de maio, e a reorganização das tropas em 3 divisões, comandadas pelo sargento-mor Luís Rodrigues Chaves e pelos capitães João da Costa Alecrim e Francisco Manoel de Araújo Costa. A ordem aos comandos era a de se postar "em lugares que fortifiquem as estradas que seguem de Caxias para a passagem de Santo Antônio e aquela que de Caxias segue para este lugar Barra do Poti". A primeira divisão ficaria destacada na estrada entre Caxias e Barra do Poti, a segunda na rota entre Caxias e Passagem de Santo Antônio. A terceira divisão ficaria entre as duas estradas, a fim de fechar caminhos por onde o inimigo poderia passar. Todos se manteriam a uma distância de 4 léguas de Caxias, com guarda avançada e prontidão para o combate, caso o inimigo se apresentasse.

Segundo o mons. Joaquim Chaves,[284] mesmo com a nova organização, o capitão Alecrim manteve-se na indisciplina. Contando com aproximadamente 400 soldados, Alecrim enviou patrulhas que fustigavam constantemente as tropas de Fidié e, em 6 de maio, avançou sem ordens sobre a localidade de Buriti Cortado, passando depois para Sucuriú e Pindoba. Em 23 de maio, após boato de que uma força independentista em Bonfim, próxima a Caxias, seria atacada, moveu-se com seus 400 homens para dar apoio aos aliados, mas caiu em uma

---

[281] Abdias Neves, 2006, p. 205.
[282] Mons. Joaquim Chaves, 2006, p. 158.
[283] Reproduzida em Mons. Joaquim Chaves, 2006, p. 161.
[284] 2006, p. 164.

emboscada que resultou em recuo, alguns mortos, 23 prisioneiros e a perda de quarenta armas. O inimigo perdeu 7 soldados mortos, todos paraenses.[285]

A derrota afetou o capitão Alecrim, que nem por isso se manteve inerte. Alecrim chegou a organizar uma tropa para atacar o próprio capitão Luís Chaves, aliado que também lutava contra as tropas de Fidié. Foi então demitido do comando da 2ª Divisão e recebeu instrução para apresentar-se em Oeiras.[286]

O capitão Alecrim ainda voltaria ao teatro de operações em Caxias, no comando de uma Divisão de Cavalaria, tendo assinado, como tenente-coronel, a capitulação de Fidié. Terminaria sendo homenageado com a renomeação do morro das Tabocas de "morro do Alecrim" e se tornaria uma das personagens interessantes da Guerra de Independência. Pouco tempo depois, participaria das revoltas contra o Rio de Janeiro, em 1824, como ocorreu com muitos outros atores importantes do Norte-Nordeste.

As escaramuças continuaram nos dias que se seguiram, por toda a região de Caxias. Em 3 de junho, o sargento-mor Luís Rodrigues Chaves informou a ocupação, com 500 soldados, de localidade nomeada Codó. Continuaram a aparecer, em diferentes pontos da operação, expressões de insubordinação e de antiportuguesismo por parte das tropas pró-Rio de Janeiro, como foi o caso do coronel João de Araújo Chaves e do capitão José do Vale.[287]

Finalmente em 4 de junho, a Junta da Barra do Poti instalou-se no quartel de Pindoba, bem próximo a Caxias, "onde assumiu diretamente a direção das operações" contra a cidade.[288] Ademais das tropas que já combatiam no Maranhão, preparava-se agora para a chegada de novos elementos, do Ceará e de Pernambuco. Neste último caso, eram 236 soldados, sob o comando do capitão João Nunes Magalhães.[289]

---

[285] Mons. Joaquim Chaves, 2006, p. 173. Vide também Abdias Neves, 2006, p. 223, e Vieira da Silva, 1862, p. 113.
[286] Segundo Abdias Neves, Alecrim foi a Oeiras pois lá estava o Exército Auxiliador do Ceará, no seio do qual poderia ser "bem acolhido, sob a proteção valiosa dos dois chefes seus patrícios". 2006, p. 233.
[287] Mons. Joaquim Chaves, 2006, p. 165.
[288] Mons. Joaquim Chaves, 2006, p. 167.
[289] Mons. Joaquim Chaves, 2006, p. 178.

Em 19 de junho de 1823, o cerco sobre Caxias estava completo. Surgiu nesse período, no entanto, um boato de que tropas brasileiras haviam sido derrotadas em Itapecuru-Mirim (mencionado mais abaixo) e que reforços portugueses se dirigiam a Caxias.[290] A notícia movimentou sitiantes e sitiados, fazendo com que a Junta Militar elaborasse um novo plano para o cerco. Aproveitou-se a medida, também, para apertar o sítio e impedir que Fidié se abastecesse de gado em áreas próximas de Caxias, ainda sob seu controle. Com a chegada de novos reforços, a Junta planejou mover-se para o Puraqué, pequena vila a 15 km de Caxias, enquanto suas divisões se movimentaram dos dois lados, para completar o novo sítio,[291] mas acabou desistindo da transferência.[292]

Fidié ainda conseguiu manter acesso a fazendas na zona entre suas defesas e as linhas brasileiras, que se encontravam espalhadas por uma distância ampla. A fim de explorar suas alternativas, enviou, em 27 de junho, um grupo de cavalaria para realizar uma operação de reconhecimento. Aproveitando-se da escuridão, a unidade passou pelas tropas brasileiras sem dificuldades. Na volta, no entanto, o corpo português foi descoberto e atacado, morrendo 10 portugueses e 1 brasileiro.[293]

Com o cerco a Caxias já em curso, uma nova força expedicionária passou a movimentar-se em direção à cidade. Era a força comandada pelo brigadeiro Jozé Pereira Filgueiras, mencionada na seção sobre o Piauí. Filgueiras, governador das armas do Ceará, havia partido para o Crato em 29 de março de 1823, após ordem emitida pela Junta Provisória da província dez dias antes.[294] O brigadeiro e seu vogal, Tristão Gonçalves, receberam da Junta "todos os poderes civis e militares (...) para que juntos, ou cada um de per si, si fôr necessário, possão dar todas as providencias adequadas a favor da cauza da pátria".[295]

Mais importante ainda, Filgueiras recebeu comissão de D. Pedro, por carta imperial datada de 16 de abril de 1823, para realizar a marcha para "pôr a salvo os habitantes da província do Maranhão dos gravíssimos males, que têem soffrido, e que continuaráõ a sofrer emquanto ali exis-

---

[290] Abdias Neves, 2006, p. 235.
[291] Mons. Joaquim Chaves, 2006, p. 182.
[292] Abdias Neves, 2006, p. 236.
[293] Mons. Joaquim Chaves, 2006, p. 182.
[294] Os documentos referentes à expedição de Filgueiras, conforme mencionado na seção sobre o Piauí, foram compilados na "Expedição do Ceará em Auxilio do Piauhi e Maranhão". *RIHGB*. Tomo XLVIII, parte I, 1885, p. 246.
[295] "Expedição do Ceará em Auxilio do Piauhi e Maranhão", 1885, p. 247.

tirem tropas lusitanas".²⁹⁶ A delegação imperial ressaltava o compartilhamento de poder com o coronel Simplício Dias da Silva, que também recebeu comissão da mesma natureza. Os dois deveriam realizar a tarefa "de commun acordo e inteligência". Filgueiras tornou-se, então, chefe do "Exercito Auxiliador do Ceará, Piauhi e Pernambuco".²⁹⁷

A marcha de suas tropas, no entanto, foi lenta e demandou muito tempo na arregimentação e organização de soldados,²⁹⁸ coleta de doações e suprimentos, além de devassas contra suspeitos de "lusitanismo"²⁹⁹ no Ceará e medidas contra a insubordinação. Os documentos sobre a expedição mostram, por exemplo, os meses de abril e maio, passados nos quartéis do Acati e do Crato, concentrados nestas tarefas de arregimentação de tropas, de suprimentos, com registros de insubordinações na tropa e dentre oficiais.³⁰⁰

Em 20 de maio, foi anunciado o início da marcha das forças do Crato, estabelecendo Filgueiras quartel-general em Rosário, em 30 daquele mês. A entrada em Oeiras ocorreu em 15 de junho. Segundo Abdias Neves,³⁰¹ os dois mil soldados de Filgueiras chegaram "maltratados" e desequipados na capital piauiense, o que exigiu tempo para a recuperação, partindo-se da vila apenas em 4 de julho. A marcha continuou no mesmo ritmo até que as tropas de Filgueiras finalmente se juntaram ao cerco de Caxias, em 21 julho de 1823. Nesse momento, como se verá abaixo, o ponto de ruptura das tropas de Fidié estava quase atingido.

Paralelamente às operações em Caxias, importante movimento militar pró-Rio de Janeiro ocorreu em Itapecuru-Mirim, cidade no caminho para São Luís e margeada pelo rio Itapecuru. Após a captura do Brejo, como visto, as tropas se dividiram. Salvador Cardoso de Almeida

---

²⁹⁶ "Expedição do Ceará em Auxilio do Piauhi e Maranhão", 1885, p. 546.
²⁹⁷ Mencionado, por exemplo, na "Expedição do Ceará em Auxilio do Piauhi e Maranhão", 1885, p. 489.
²⁹⁸ "(...) sabemos, que algumas das tropas de Sobral já não têm marchado por falta de armamento". Ofício de 30 de março de 1823. "Expedição do Ceará em Auxilio do Piauhi e Maranhão, 1885, p. 248.
²⁹⁹ "Agitação no Crato e Lavras", ofício de 6 de abril de 1823. Vide também devassa realizada em 12 de maio de 1823 e prisões realizadas na mesma época. In: "Expedição do Ceará em Auxilio do Piauhi e Maranhão, 1885, p. 261, 425 e 449.
³⁰⁰ Filgueiras envia uma advertência ao comandante do Icó, para manter a existência da "verdadeira disciplina militar". In: "Expedição do Ceará em Auxilio do Piauhi e Maranhão", 1885, p. 265.
³⁰¹ 2006, p. 251.

continuou sua marcha pelo norte e se dirigiu, em 25 de maio, com 200 soldados em direção a Itapecuru-Mirim. Seu objetivo era cortar as ligações entre Caxias e São Luís.

A Junta maranhense estava atenta às ameaças sobre Itapecuru-Mirim, após o recebimento das notícias do cerco a Caxias.[302] Havia decidido reforçar a guarnição daquela cidade e substituíra, em fins de maio, o coronel Antônio Sales Belford pelo tenente-coronel José Félix Pereira de Burgos. Sobre Belford recaíra a suspeita de "tramar contra o partido do Reino".[303] Foram enviados, também, 100 soldados, pólvora e munições, que posteriormente foram reforçados com mais 300 praças, além de 4 peças, tendo-se expedido ordem para que outros 500 milicianos fossem arregimentados.[304] Uma parte desse contingente, segundo o plano, partiria em reforço a Fidié, em Caxias. A Câmara de Itapecuru, no entanto, resistiu ao envio, "com maior terror a situação de Caxias e a aproximação das tropas de Salvador Cardoso de Almeida".[305]

A notícia da aproximação das tropas pró-Rio de Janeiro chegou a Itapecuru-Mirim em 10 de junho de 1823. Foi imediatamente enviada patrulha, que caiu em uma emboscada e sofreu algumas baixas. Esse evento motivou, então, uma ofensiva portuguesa no mesmo dia, que enviou toda a sua cavalaria sobre as tropas brasileiras, além de um reforço de infantaria.

Após mais de cinco horas de luta, as forças de Itapecuru-Mirim recuaram, mas não foram perseguidas pelos brasileiros, devido à falta de munições.[306] Pelo menos 30 portugueses teriam morrido na ação. Do lado independentista, foram 20 feridos, alguns dos quais faleceram posteriormente. Houve também algumas deserções nas forças pró-Rio de Janeiro, como relatou o alferes Joaquim Carvalho de Almeira.[307]

---

[302] Vieira da Silva, 1862, p. 117.
[303] Vieira da Silva, 1862, p. 109. Vide também Abdidas Neves, 2006, p. 239.
[304] Vieira da Silva, 1862, p. 112.
[305] Abdias Neves, 2006, p. 241.
[306] Abdias Neves, 2006, p. 242.
[307] "Houve sua mortandade de parte a parte, porém, não sabemos o cômputo de ambos, porque os inimigos puseram logo guardas nos corpos e nessa mesma noite desertou muita gente nossa. Esse o motivo por que, dirigidamente, se não sabe o prejuízo que houve (...) PS – da Batalha que houve no dia 10 saíram 20 e tantos feridos; destes já têm morrido alguns e outros já estão escapos". Ofício transcrito in: Abdias Neves, 2006, p. 245. Vieira da Silva registra (p. 117), no entanto, terem sido os mortos 23 (5 portugueses e 18 brasileiros) e mais de 20 feridos.

Haja vista a ineficácia do ataque direto, as forças independentistas optaram por cercar a vila.[308] Em pouco tempo, a falta de suprimentos surtiu o efeito desejado e começou a colocar os sitiados em dificuldades. Houve uma segunda tentativa portuguesa de ruptura, com o envio de tropas em duas barcas, pelo rio, para tentar desalojar os brasileiros. A ofensiva teve algum sucesso tático, com dois brasileiros mortos e um prisioneiro, mas pouco modificou a situação militar.[309] Influenciou, entretanto, uma mudança de postura dentre alguns dos sitiados, dentre eles o próprio coronel Pereira de Burgos, que foi substituído do comando em 17 de junho, mas se revoltou a favor do Rio de Janeiro.[310]

Vendo a situação se degradar, os portugueses chegaram a enviar um ultimato às tropas brasileiras, em vão. Para piorar a situação dos sitiados, 120 soldados brasileiros chegaram para reforçar o cerco, recebendo ordem para um ataque à vila em 21 de junho. Os portugueses decidiram, então, tentar uma fuga, com o embarque das tropas e dos suprimentos à noite. Descobertos, foram atacados enquanto tentavam embarcar e abandonaram o projeto. No retorno, descobriram a mudança de lado do coronel Burgos e de vários milicianos,[311] o que inviabilizava qualquer resistência.

Restou aos portugueses apenas negociar a rendição, que se deu em meio à adesão de grande parte das tropas, e de parte dos civis, à causa do Rio de Janeiro: "Os 400 soldados de linha que se achavam guarnecendo esta vila não quiseram mais embarcar para o Maranhão e reuniram-se a nós muito satisfeitos."[312]

Após a adesão ao Rio de Janeiro, o coronel Burgos foi eleito governador das armas da vila. Como apontado acima, sobre a existência de um partido independentista no Maranhão, é difícil precisar se a tropa já mantinha essa vontade antes dos combates, reprimida pela disciplina militar, ou se a mudança de lado veio posteriormente, devido à guerra. Resta claro, de todo modo, que sem a pressão dos combates, dificilmente a causa do Rio de Janeiro teria avançado no Maranhão.

Com a vitória em Itapecuru-Mirim foram definitivamente cortadas as ligações entre São Luís e Caxias, e a possibilidade do envio de re-

---

[308] Vieira da Silva, 1862, p. 117.
[309] Abdias Neves, 2006, p. 243.
[310] Vieira da Silva, 1862, p. 117.
[311] Vieira da Silva, 1862, p. 119.
[312] Ofício do alferes Joaquim Carvalho de Almeira. In: Abdias Neves, 2006, p. 245.

forços da capital. De todo modo, não restavam recursos à Junta maranhense para serem enviados, os últimos deles haviam sido remetidos a Itapecuru-Mirim.[313] A própria capital passava a ficar ameaçada, pela presença das tropas independentistas em Itapecuru-Mirim, que foram reforçadas com auxílios vindos de Manga do Iguará. Para completar a situação, Carnaubeiras, vila ao norte do Maranhão, próxima à cidade piauiense de Parnaíba, também caíra nas mãos dos independentistas em 4 de junho, comandados pelo tenente-coronel Simplício Dias da Silva. Os 300 soldados que ocupavam a vila não resistiram, e a adesão ao Império foi realizada.[314]

A LUTA EM CAXIAS: A RESISTÊNCIA DE FIDIÉ

Em sua *Vária fortuna de um soldado português*,[315] Fidié ressalta a gravidade do desafio enfrentado no Piauí e, na sequência, no cerco a Caxias:

> Resistir nesta posição por três meses e meio e até o último apuro, tirando do Campo do inimigo, à ponta da baioneta, os víveres preciosos para sustentar a minha Tropa, cheia de fadiga, e reduzida às circunstâncias mais penosas... capitulei com os meus em pleno conselho... o inimigo contava com 9 mil homens, não tendo eu já nessa ocasião os setecentos homens, maior parte de Milícias, com que defendi, e sustentei aquela posição por três meses e meio.

O militar português inclui como "cerco" quase todo o período de movimento das forças pró-Rio de Janeiro de entrar no Maranhão e manobrar para isolar Caxias. Sem reforços provenientes de São Luís, não restou alternativa aos "portugueses": tinham de tentar resistir.

Eram, conforme menciona o próprio Fidié, aproximadamente 700 soldados, que guarneciam uma vila que havia perdido muito de sua população, fugindo dos confrontos. No fim, não havia mais de 90 sol-

---
[313] Abdias Neves 2006, p. 241.
[314] Idem, 2006, p. 228.
[315] 2006, p. 120.

dados ao lado de Fidié, no morro da Taboca.[316] Do lado brasileiro, são muito variáveis as contas sobre as forças brasileiras, indo de 3 mil, segundo Pedro Calmon[317] e Varnhagen,[318] 6 mil, de acordo com Vieira da Silva,[319] até 18 mil, na versão de Tristão de Araripe.[320] Fidié fala em 9 mil soldados, número mais próximo de documento relativo à expedição cearense, no qual se mencionam 8 mil soldados,[321] valor também citado pelo frei Paixão e Dores em seu diário da esquadra de Cochrane[322]. Esse último número parece o mais confiável, por contar com versões próximas dos comandantes dos dois lados da contenda. Deve-se ressalvar, por outro lado, que esse número inclui as tropas cearenses de Filgueiras que se juntaram ao cerco apenas no fim da batalha.

Quando a tropa cearense chegou ao Maranhão, tendo em vista os problemas de coordenação que já haviam sido detectados quando das operações militares no Piauí, formou-se entre piauienses e cearenses uma Junta de Delegação Expedicionária, composta por Filgueiras e Tristão Gonçalves, pelo Ceará, e por Manoel de Souza Martins (visconde da Parnaíba) e Joaquim de Souza Martins, pelo Piauí, além de Luiz Pedro, que era pernambucano e serviu como secretário.[323] Essa organização militar procurou organizar as forças que já estavam em atuação no interior maranhense.

O período mais intenso do cerco a Caxias ocorreu no mês de julho de 1823. Assim como em todo o processo de invasão do Maranhão, o sítio foi realizado em meio a combates rotineiros, que custavam muito para os dois lados da contenda. Foram planejadas ações maiores sobre Caxias, que terminaram não ocorrendo,[324] ao passo que a situação das tropas de Fidié se tornava insuportável, especialmente em razão da escassez de comida, como haviam informado desertores portugueses, em 11 de julho.[325]

---

[316] *Vária fortuna de um soldado português*, 2006, p. 124.
[317] 1923, p. 322.
[318] Mons. Joaquim Chaves, 2006, p. 333. Vide também Abdias Neves, 2006, p. 268.
[319] 1862, p. 114.
[320] Seriam 6 mil, em maio, e 18 mil, em junho. 1885, p. 165.
[321] Documento "Estado das Providencias sobre a Independencia". In: "Documentos relativos ao assedio e rendição de Caxias" / "Expedição do Ceará em Auxilio do Piauhi e Maranhão", p. 505.
[322] 1938, p. 253.
[323] Tristão de Araripe, 1885, p. 165.
[324] Mons. Joaquim Chaves, 2006, p. 206.
[325] Abdias Neves, 2006, p. 273.

As limitações materiais não impediram que ocorressem períodos de combate intenso. O mais importante deles ocorreu entre 16 e 19 de julho. Fidié sofreu, no dia 16 de julho, ataque da artilharia brasileira, que foi respondido pelo fogo do morro da Taboca e por ataques, em 17 e 18 de julho, sobre os pontos menos guarnecidos das linhas brasileiras.[326]

Fidié decidiu, então, lançar pessoalmente um último ataque, em 19 de julho. Com apoio da artilharia, liderou 400 soldados sobre as linhas brasileiras, numa tentativa de ruptura do cerco. A luta durou mais de 5 horas,[327] mas o ataque foi repelido, causando 9 mortos e 67 feridos portugueses[328] e 4 mortos e 3 feridos do lado independentista.[329]

Foi a última tentativa de Fidié, que veria, dois dias depois, as tropas brasileiras reforçadas com a chegada do corpo expedicionário cearense. A entrada em cena desse elemento foi providencial para as forças pró-Rio de Janeiro, pois quase todas as munições haviam sido gastas nos combates.

O quadro militar fora, com o reforço cearense, finalmente definido e permitiu que, em fins de julho, fossem iniciadas negociações para uma rendição,[330] beneficiadas por armistício estabelecido entre os combatentes. Do quartel do Bomfim, em 23 de julho de 1823, Filgueiras enviou mensagem a Fidié, para que se rendesse. Prometia paz e a não perseguição dos partidários de Lisboa. Mas a mensagem era clara quanto à necessidade de rendição e, em ameaça de continuidade da guerra, Filgueiras recordava um importante traço das operações militares na Independência do Brasil, muitas vezes negligenciado:

> V.S. bem sabe como póde ganhar uma taboa para salvar-se; não espere ter a sorte do teimoso Madeira de Mello, *pois que si a sua tropa tem alguma disciplina, não deixa de ser brasileiro*,[331] e as continuadas deserções o devem convencer do seu constrangimento.[332]

Em 25 de julho, novo convite à rendição foi enviado, desta vez à Câmara de Caxias. Mais uma vez, as propostas de conciliação foram ofe-

---

[326] Abdias Neves, 2006, p. 277.
[327] Abdias Neves, 2006, p. 278.
[328] Mons. Joaquim Chaves, 2006, p. 208. Abdias Neves fala em 63 feridos.
[329] Abdias Neves, 2006, p. 279.
[330] Todas as proclamações e documentos da rendição foram compilados na "Expedição do Ceará em Auxilio do Piauhi e Maranhão", 1885, p. 485 e seguintes.
[331] Grifo nosso.
[332] "Expedição do Ceará em Auxilio do Piauhi e Maranhão", 1885, p. 475.

recidas sob a ameaça da ação militar: "este exercito pois espera só a voz de seus chefes para avançar, e reduzir-vos em cinzas".[333] A força independentista indicava, também, que a resistência seria inútil, já que "as nossas armas vencedoras já se acham estacionadas em todo o continente d'esta província até a Estiva". Não seria esta a última proclamação aos habitantes de Caxias, que se mobilizavam, nesses dias, para tratar de seu futuro.

Mesmo ante a situação militar desfavorável, Fidié insistiu na resistência e recusou-se a enviar resposta a Filgueiras. Após as ameaças vindas dos independentistas, a Câmara de Caxias reuniu-se em 27 de julho, e mostrou-se mais favorável a um entendimento.[334] Fidié, por essa razão, decidiu se demitir de suas funções, em 27 de julho de 1823. O comando foi passado para o tenente-coronel Luiz Manuel de Mesquita. Era a derrota militar do ex-governador das armas do Piauí, decisão que abria espaço para nova negociação, reiniciada nos dias seguintes.

A partir de 28 de julho foi enviado pedido para que fossem nomeados emissários, sendo apresentada, em 30 de julho, proposta de deputação.[335] Filgueiras ainda reclamou, no processo, não ter recebido a renúncia de Fidié,[336] mas esse fato não impediu o entendimento. As negociações não foram longas e em pouco tempo estavam os termos estabelecidos e acordados, em 31 de julho de 1823. A guarnição foi autorizada a partir, armada, assim como os habitantes de Caxias, sendo dados 8 dias para os preparativos e partida.

Em 1º de agosto de 1823, as forças independentistas finalmente entraram "na rica e opulenta vila de Caxias, onde o poder portuguez no Maranhão perdia o ultimo alento, porque na rezistencia de Caxias fundava a rezistencia da capital".[337] Em 3 de agosto, finalmente, foi realizada a cerimônia de adesão de Caxias ao Império, levando ao fim do cerco. Três dias depois, foi realizada nova eleição da Câmara de Caxias, que tomou posse no dia seguinte.[338]

---

[333] Ibid., p. 478.
[334] Abdias Neves, 2006, p. 284.
[335] "Acta do Conselho autorizando a convenção", assinada por Luiz Manoel de Mesquita. In: "Expedição do Ceará em Auxilio do Piauhi e Maranhão", 1885, p. 484 e 485.
[336] "Expedição do Ceará em Auxilio do Piauhi e Maranhão", 1885, p. 488.
[337] Tristão de Araripe, 1885, p. 166.
[338] "Expedição do Ceará em Auxilio do Piauhi e Maranhão", 1885. p. 513.

Caxias ainda permaneceria ocupada por tropas piauienses e cearenses por boa parte de 1823. Enfrentou forte instabilidade política e problemas com o comando militar ocupante, que buscou recursos no local para financiar-se.[339] Também houve muitos casos de indisciplina da tropa.[340] Um dos relatos dá conta de que a tropa de Pernambuco teria sido a que mais se excedeu nas violências contra a população local.[341] Todas as forças independentistas, no entanto, causaram prejuízos em sua estada e deslocamento,[342] o que não fugia do padrão tradicional das guerras da época, não apenas no mundo português. Houve dificuldades, também, com a retirada das forças que haviam sido enviadas do Pará,[343] em reforço da tropa de Fidié.

Ainda em outubro de 1823, discutia-se a situação das forças independentistas, que se encontravam sem recursos e em dificuldades. Planejou-se o envio de parte delas de volta a suas bases de origem[344] até que, em 24 de outubro de 1823, foi dissolvida a Junta de Delegação Expedicionária e as tropas partiram. Na passagem do contingente cearense pelo Piauí continuaram a ser registrados problemas com as populações locais.[345] Acompanharam as tropas aproximadamente 30 presos, dentre os quais Fidié. O caminho do ex-governador das armas do Piauí ainda seria longo, passando também pela Bahia, em 22 de fevereiro de 1824. De lá partiu pra o Rio de Janeiro e, depois, para Lisboa.[346]

Enquanto Caxias encerrava o capítulo do cerco, São Luís já se adiantara na adesão ao Império, em 28 de julho de 1823.

---

[339] Mons. Joaquim Chaves, 2006, p. 220.
[340] Vide documentos relacionados na "Expedição do Ceará em Auxilio do Piauhi e Maranhão", 1885, p. 530 e seguintes.
[341] Mons. Joaquim Chaves, 2006, p. 221.
[342] Maria do Amparo Alves de Carvalho, 2014, p. 238.
[343] "Expedição do Ceará em Auxilio do Piauhi e Maranhão", 1885, p. 564.
[344] "Expedição do Ceará em Auxilio do Piauhi e Maranhão", 1885, p. 566.
[345] Mons. Joaquim Chaves, 2006, p. 225.
[346] Vide OFÍCIO do governador das armas do Piauí, João José da Cunha Fidié, ao [secretário de estado dos Negócios de Guerra], Manuel Gonçalves de Miranda, sobre sua demissão e prisão, presumindo que será enviado para a Corte do Rio de Janeiro. Em 12 de agosto de 1823. In: Arquivo Histórico Ultramarino, AHU_ACL_CU_016, Cx 32, D. 1691. In: Biblioteca Virtual do Projeto Resgate, http://www.cmd.unb.br/biblioteca.html (acesso em 30/12/2014).

A HORA DA DECISÃO: A INCORPORAÇÃO DO MARANHÃO À INDEPENDÊNCIA

Chegou a esquadra e comboio da Bahia, faltando onze embarcações, que foram com vergonha da nossa marinha apresadas por Lord Cochrane. Ainda conservamos o Maranhão e o Pará (receio que por pouco tempo), e esperamos ansiosamente respostas do Rio de Janeiro.[347]

Caxias sofria os últimos dias de seu cerco e a conquista de Itapecuru-Mirim representava ameaça direta sobre a capital. A Junta de São Luís, porém, permanecia fiel em seu apoio a Lisboa. Também permaneciam pró-Lisboa os distritos de Alcântara e Guimarães, para onde se tentou organizar o envio de reforços, em 6 de julho. Em 4 de junho de 1823, reunião entre as autoridades maranhenses decidiu

> sustentar até á ultima extremidade a causa portuguesa, e providenciar sobre a defesa da cidade e da ilha, o que poucos dias depois se pôz em pratica, mandando-se levantar fortificações.[348]

Foram tomadas medidas de proteção de São Luís, que incluíram ordem para que os navios mercantes da região oferecessem pessoal para ajudar nas canhoneiras (19 de junho), as quais foram reorganizadas em comando centralizado (26 de junho).[349] Aguardava-se, também, a chegada de reforços de Lisboa, o que, acreditava a Junta, possibilitaria a reversão do quadro militar no interior maranhense, que era claramente desfavorável.

Em meados de julho de 1823, uma notícia veio a completar a situação desfavorável da Junta: chegavam informações da Vilafrancada e da queda das Cortes.[350] Como relatou o frei Paixão e Dores,[351] a notícia era a de que D. João VI teria "feito evaporar a Constituição e Côrtes,

---

[347] Marquez de Palmella. Carta a D. Antonio de Saldanha, em 5 de outubro de 1823. 1851, p. 265.
[348] In: Vieira da Silva, 1862, p. 116.
[349] Vieira da Silva, 1862, p. 145 e 147.
[350] Vieira da Silva, 1862, p. 48.
[351] 1938, p. 249.

achando-se ao mesmo tempo arbitro dos destinos da Nação Portugueza". Como consequência, registrou o frei: "permitam os Céos que isto se realize cedo, para se pôr termo a assoladora Guerra que mutuamente destróe duas Nações de Irmãos, que a não ser a sórdida ambição de alguns, ainda hoje formariam todas um Imperial respeitável". A Vilafrancada tirava o sentido da defesa que se realizara até o momento, em províncias brasileiras, em favor das instituições resultantes da Revolução do Porto.

Surgiram, então, disputas entre autoridades maranhenses favoráveis à manutenção do vínculo com Lisboa e outras que se viravam, agora, para uma aproximação com o Rio de Janeiro. Uma primeira tentativa de convocação da Câmara, aprovada pelo Conselho para 14 de julho, resultou em novos confrontos e em mortes. Esperava-se que a própria adesão ao Império poderia ocorrer nesse encontro, mas a aproximação de alguns oficiais favoráveis à adesão ao quartel onde estava reunida a tropa terminou em uma descarga de fuzilaria e em mortes e feridos, ademais de várias prisões.[352]

A força ainda parecia estar nas mãos dos partidários de Lisboa, confiantes, apesar de tudo, na perspectiva de novos reforços, vindos especialmente da Bahia.[353] Chegaram alguns elementos pela escuna *Emília* e em 7 outras embarcações.[354] Esperava-se, ademais, a chegada da fragata *Pérola* e de outros transportes, os quais ao menos garantiriam a continuidade do funcionamento da Junta de São Luís, até que chegassem instruções de Lisboa. Ainda em 24 de julho era forte o partido da resistência.[355]

Os ventos, no entanto, mudavam de direção. Pressionada pelas mudanças em Lisboa, pelo crescimento do partido independentista e pelo avanço das tropas favoráveis ao Rio de Janeiro, que se aproximavam pelo interior (recordando-se a proximidade de Itapecuru-Mirim), a Junta maranhense tentou o último recurso: negociar com o inimigo e ganhar tempo. Enviou o comerciante Antonio José Meireles e o cônego Francisco da Mai dos Omens a Itapecuru-Mirim, para

---

[352] Varnhagen, 1957, p. 334.
[353] Segundo Cochrane (2003, p. 82), esses reforços estavam registrados em documentos apreendidos nas operações sobre a esquadra que abandonara a Bahia e no brigue *Infante D. Miguel*.
[354] Vieira da Silva, 1862, p. 151.
[355] Vieira da Silva, 1862, p. 152.

tratar de um armistício.³⁵⁶ Na interpretação da Junta, era preciso dar um tempo para que D. João VI, que retomara seus poderes absolutos, conseguisse um acordo com seu filho, o imperador. Para Tristão de Araripe, "isto significava o reconhecimento da nossa vitória. Estas autoridades só buscavão meios de cessar a rezistencia sem parecer infiéis á metrópole".³⁵⁷

Não foi, no entanto, essa negociação que resultou na decisão da Junta maranhense e na conclusão do caso. Cochrane entrou finalmente em cena, nesse adiantado momento da luta no Maranhão. Provocou, ainda assim, a ruptura.

Já nos mares próximos de São Luís, Cochrane fez com que o *Pedro Primeiro* fingisse ser a *Pérola*, esperada pela Junta, o que lhe permitiu aproximar-se e apreender o brigue *Infante Dom Miguel*, que havia sido despachado para dar as boas-vindas à embarcação portuguesa e colocar-se às suas ordens. Segundo o relato do frei Paixão e Dores,³⁵⁸ o comandante do brigue, capitão Garção, chegou a descobrir o ardil e tentar fuga, mas não houve tempo e se viu obrigado a subir a bordo da nau. Cochrane capturou papéis que traziam informações sobre o estado da província, mas decidiu utilizar-se de artifício para pressionar a Junta ("por uma ficção que se tem por justificável na guerra").³⁵⁹ Liberou o comandante do brigue, informando-lhe que toda uma esquadra independentista estava a caminho.

O oficial levou a notícia a São Luís, que foi completada com cartas do almirante brasileiro ao governador e à Junta,³⁶⁰ datadas de 26 de julho de 1823.³⁶¹ Na correspondência ao governador, Cochrane escrevia que

---

³⁵⁶ Tristão de Araripe, 1885, p. 166.
³⁵⁷ Ibid.
³⁵⁸ 1938, p. 246.
³⁵⁹ *Narrativa de serviços*, 2003, p. 82.
³⁶⁰ *Narrativa de serviços*, 2003, p. 82.
³⁶¹ Segundo relato do frei Paixão e Dores, o *D. Miguel* aproximou-se, em 26 de julho, com bandeira parlamentar, colocando-se às ordens, pois estimava que a nau "vinha socorrer este ponto do Brasil no Maranhão". Cochrane teria escondido os marinheiros portugueses e intimou o comandante Garção que subisse a bordo do *Pedro Primeiro*, momento em que se descobriu o ardil. Garção tentou fugir, mas ante a reação de Cochrane, foram realizados o encontro e a entrega dos ofícios às autoridades maranhenses. À noite, chegou a resposta da Junta, que prometeu se encontrar com Cochrane no dia seguinte, para "adherir expontaneamente" à Independência. 1938, p. 246.

da fuga das forças navais e militares portuguesas da Bahia V.Exa. está informado. Tenho agora de noticiar-lhe a tomada de dous terços dos transportes e tropas, com todos seus petrechos e munições.

Ameaçando com a força, Cochrane demandou o fim da resistência e exigiu o juramento a D. Pedro. Utilizou, inclusive, argumentos de que seria moderado no respeito à bandeira portuguesa, que facilitaria a harmonia entre os súditos do "Real pai e do Imperial filho".

Logo no dia seguinte, segundo a informação de Cochrane[362] e do frei Paixão e Dores,[363] a Junta e o bispo da cidade foram a bordo do *Pedro Primeiro* e declararam sua "adesão" ao Império, com a entrega de todos os pontos militares da cidade. Foram publicadas, no mesmo dia, proclamações do almirante brasileiro. À população, foi anunciado que seriam realizados os juramentos "necessários" e eleito o governo civil, em 1º de agosto de 1823.

Em 28 de julho de 1823, foi realizada a declaração de Independência, que motivou, na sequência, a emissão de documento em que era declarada a "cessação de hostilidades na província".[364] Cochrane justificou a celeridade do ato para que os opositores remanescentes não descobrissem sua "astúcia" (de dizer que uma esquadra inteira se aproximava).

Após o juramento ao Rio de Janeiro, foram tomadas providências para a reorganização do governo civil. Em 8 de agosto, foi eleito um Governo Provisório.[365] Houve, pouco antes, medidas para o embarque da tropa portuguesa, que incluía aproximadamente 840 soldados.[366] Esta inicialmente tentou resistir à ordem, pois, segundo Cochrane, "os portugueses começaram a suspeitar que tinham sido enganados, e muitos – apoiados pela milícia – recusaram a embarcar."[367] Foi necessária uma intimação, que surtiu efeito e permitiu o embarque, em 1º de agosto. Em 2 de agosto, segundo o capelão da esquadra de Cochrane, a cidade estava "tranquila".[368]

---

[362] *Narrativa de serviços*, 2003, p. 84.
[363] 1938, p. 247.
[364] Conforme documento incorporado na "Expedição do Ceará em Auxilio do Piauhi e Maranhão", 1885, p. 567.
[365] *Narrativa de serviços*, 2003, p. 89.
[366] José Honório Rodrigues, 2002, p. 296.
[367] *Narrativa de serviços*, 2003, p. 88.
[368] 1938, p. 252.

Muitos civis portugueses acompanharam as tropas, pois já sentiam os efeitos do antiportuguesismo,[369] tema que se tornou importante, na verdade, por todo o Império (vide capítulo VIII, adiante). Todos os europeus que ocupavam cargos públicos, diz o frei Paixão e Dores,[370] foram demitidos bruscamente, com palavras como "é Europeo, morra de fome e sua família, ainda mesmo sendo aderente ao systema da Independencia!". Paixão e Dores[371] também registra terem sido apreendidas, nas operações no Maranhão, 17 embarcações, entre brigues, sumacas, escunas e canhoneiras, 6 das quais foram enviadas ao Rio de Janeiro (o brigue *Oriente* tinha 280 escravos, que foram vendidos), e 9 delas permaneceram no Maranhão. O brigue *Infante D. Miguel*, renomeado *Maranhão*, foi entregue a Grenfell e enviado ao Pará com ofícios sobre a Independência.

A chegada de Cochrane e sua atuação firme garantiram, portanto, resolução rápida ao processo político de adesão do Maranhão ao Império, a ponto de valer ao almirante o título de marquês do Maranhão, concedido por D. Pedro. Mas é algo muito distinto dizer, como fez o almirante em um relato que servia de base para cobrar uma alegada dívida, que apenas sua "astúcia" garantiu o Maranhão para o Império ou que não houve derramamento de sangue.

Como no caso da Bahia, Cochrane foi hábil em suas ações e rompeu o impasse político no qual havia submergido a Junta de São Luís. Não teria tido sucesso, no entanto, sem as forças brasileiras que cercavam Salvador, no caso da Bahia, ou daquelas que avançariam sobre São Luís, após o cerco a Caxias. Na verdade, no caso maranhense, apenas a capital e a vila de Alcântara ainda se encontravam nas mãos dos partidários das Cortes, naquele fim de julho de 1823.

Entre os combates em Caxias e em outros pontos do interior do Maranhão, além das escaramuças na própria capital, foi grande, desse modo, a violência nesse processo que culminou na incorporação do

---

[369] GALVES, Marcelo Cheche. "Entre os lustros e a lei: portugueses residentes na cidade de São Luís na época da Independência do Brasil". In: Usos do Passado – XII Encontro Regional de História. Anpuh-RJ, 2006. In: http://www.rj.anpuh.org/resources/rj/Anais/2006/conferencias/Marcelo%20Cheche%20Galves.pdf (acesso em 21/11/2014), p. 2.
[370] 1938, p. 254.
[371] 1938, p. 255.

Maranhão. Varnhagen[372] acusa Cochrane de, na sequência, ter saqueado a cidade, de ter exigido pagamentos e outras concessões, o que motivou protestos da Junta de Governo.[373] Também em Caxias foi necessário realizar coletas para o pagamento das tropas pró-Rio de Janeiro.[374] Esse tipo de atitude não foi incomum na época.

A estabilidade não se consolidou, entretanto, após a adesão.[375] Permaneciam muitos elementos favoráveis a Lisboa, outros contrários tanto à capital portuguesa quanto ao Rio de Janeiro, e outros que haviam aderido, mas que em poucos meses não veriam suas expectativas atingidas e se revoltariam. Como aponta Marcelo Cheche Galves:

> Após o 28 de julho, cidadãos identificados politicamente como "portugueses" foram presos, perseguidos ou deportados. Ao mesmo tempo, narrativas sobre o heroísmo dos "maranhenses" que lutaram pelo Brasil foram forjadas no calor da hora e encaminhadas ao imperador, sempre acompanhadas de alguma solicitação de cargo ou honraria. No plano geral, um tenso movimento de acomodação e expurgo ditou a dinâmica dos meses que se seguiram.[376]

Às disputas políticas somaram-se as desordens que se observaram em muitas das províncias do Norte e do Nordeste brasileiro, no processo que levou à Independência, resultantes do conflito. Cochrane retornaria ao Maranhão, em 1824, para conter nova revolta. Passou também pelo Ceará, igualmente convulsionado. Segundo o almirante, ao chegar, em 9 de novembro de 1824, havia encontrado a cidade em "completo estado de anarquia",[377] sendo que os chefes militares haviam se levantado contra o presidente da Junta.

Foram necessários nova mobilização militar e o desarmamento dos revoltosos, para que a estabilidade fosse retomada. Assim se passaria por toda a região, que, segundo o almirante,[378] não vira sua situação mudar com a adesão ao Império, nem as condições de seu povo se

---

[372] 1957, p. 336.
[373] Vide, também, Vieira da Silva, 1862, p. 174.
[374] Relação das contribuições dos habitantes de Caxias para as tropas encontra-se anexa à obra de Vieira da Silva, 1862, documento nº 7.
[375] Vieira da Silva, 1862, p. 181.
[376] 2013, p. 22.
[377] *Narrativa de serviços*, 2003, p. 170.
[378] Ibid., p. 175.

aprimorar, de modo que, "sem tal melhoramento era absurdo confiar nas profissões hiperbólicas de devoção ao Imperador".

A situação apenas se acalmou ao longo de 1825, "especialmente após a notícia da assinatura do Tratado de Reconhecimento da Independência, em agosto daquele ano".[379]

O caso do Maranhão foi, portanto, um dos mais emblemáticos de como o primeiro momento de incorporação das províncias do Norte-Nordeste deveu-se em grande medida à pressão política e à ação militar, que logrou a incorporação, mas não a fidelidade ou a homogeneidade de pensamento. Ainda seriam necessários muitas medidas, políticas e militares, e um longo espaço de tempo, para que fosse construída a unidade pretendida por D. Pedro em seu projeto que redundou na Independência.

---
[379] Marcelo Cheche Galves, 2013, p. 23.

PARÁ: O INÍCIO E O FIM DE UM PROCESSO

Primeiro do Reino a aderir à Revolução do Porto (ainda que a notícia tenha chegado ao Rio de Janeiro tardiamente, após informação sobre a Bahia), o Pará foi a penúltima província (a última foi a Cisplatina) a se incorporar ao regime implantado no Rio de Janeiro e permitir a consolidação do Império nos contornos do antigo Reino do Brasil.

Por longo tempo prevaleceram interpretações que atribuíram o atraso desse processo ao fato de que alguns poucos membros portugueses tolheram, em Belém, o caminho "natural" para a Independência. Outros atribuíram a Grenfell, ao chegar ao porto de Belém, o mérito da conquista. Todas essas visões tinham uma tendência parecida:

> questão-chave para o soldalício era a de tentar, a todo custo, apagar das memórias as versões de que teria existido uma guerra de independência. (...) A principal tarefa desempenhada por esse historiador (o jurista Candido Costa) foi a de reescrever e acomodar a ação dos personagens envolvidos nas tramas da Independência, de tal modo que a história das lutas contrárias à formação da nacionalidade brasileira se transformasse exatamente no oposto.[380]

Essas visões antigas não mais se sustentam.[381] O processo foi mais complexo, caótico e não linear. No Pará, o binômio política-violência

---

[380] FIGUEIREDO, Aldrin Moura de. "Memórias cartaginesas: modernismo, Antiguidade clássica e a historiografia da Independênia do Brasil na Amazônia, 1823-1893." In: *Revista Estudos Históricos*. Rio de Janeiro, vol. 22, nº 43, janeiro-junho de 2009, p. 180-181. André Roberto de Arruda Machado (2006, p. 23) igualmente aponta para os trabalhos de criar uma imagem da incorporação do Pará como uma "adesão", ou seja, algo "espontâneo e entusiasmado", que teria sido apenas resistido por algumas tropas.
[381] Machado, 2006, p. 53.

se traduziu, principalmente, no apoio a atividades militares fora da província e em conflitos internos, que causaram muitas vítimas até a pressão final, representada pela chegada de Grenfell.

Maior província do Reino, o Pará representava massa territorial importante, mas muito distante da Corte. Chegara a compor colônia à parte, o Grão-Pará, fato que marcou praticamente toda a existência da província. Mesmo com a instalação da família real no Rio de Janeiro, a partir de 1808, muitos paraenses ainda continuavam a se reportar diretamente a Lisboa".[382] Havia também uma dinâmica regional própria, que aproximava o Grão-Pará do Maranhão, do norte do Mato Grosso e de Goiás, e era incentivada pela própria Coroa, para efeitos de melhor controle, administração e dinamização econômica.[383]

Esse conjunto de capitanias, depois províncias, desenvolveram uma realidade política, econômica e social própria, reforçando laços de solidariedade regional e com Lisboa. A crise econômica do início dos anos 1820 atingiu essa interação, mas "os laços que restavam eram suficientes não só para enxergar um bloco regional, mas também para perceber uma hierarquia entre as províncias".[384]

Pouco populosa, a província do Grão-Pará atingia, em meados do início do século XIX, aproximadamente 120 mil indivíduos.[385] Informação enviada pela Junta de Belém às Cortes, em ofício de 23 de janeiro de 1822,[386] falava em 62 mil habitantes do Grão-Pará, 6 mil na ilha de Joannes (ilha de Marajó) e 15 mil no Rio Negro. Esse número possivelmente excluía os escravos e boa parte dos indígenas, que compreendiam número importante da população, sendo empregados em serviços de diferentes naturezas.

Como aponta André Roberto de Arruda Machado, na época da incorporação, a província era habitada por maioria que ainda utilizava a "língua geral amazônica" e "não tinha o português como língua materna".[387] Na década de 1820, os indígenas, especialmente os tapuios,

---

[382] P. 63.
[383] André Roberto de Arruda Machado, 2006, p. 87.
[384] André Roberto de Arruda Machado, 2006, p. 88.
[385] André Roberto de Arruda Machado, 2006, p. 61.
[386] Arquivo Histórico Ultramarino, AHU_ACL_CU_013, Cx 152, D. 11714. In: Biblioteca Virtual do Projeto Resgate, http://www.cmd.unb.br/biblioteca.html (acesso em 30/12/2014).
[387] A "Língua Geral Amazônica foi uma criação dos Jesuítas a partir do tupinambá, realizada no século XVII, que se pretendia meio de comunicação supraétnica entre

haviam sido equiparados a homens livres,[388] mas permaneciam diferenças no tratamento. Era importante a presença de escravos africanos, mas os limites na importação faziam com que os indígenas tivessem papel essencial na formação da mão de obra.[389]

No campo militar, havia no Pará um corpo de polícia, três regimentos de infantaria, um corpo de artilharia e um esquadrão de cavalaria (1ª linha). A 2ª linha era formada por dois regimentos de infantaria e duas companhias de artilharia montada. Na ilha de Marajó havia uma legião mista, três regimentos e oito corpos ligeiros no interior.[390] Relação da tropa do 3º Regimento de Infantaria "denominado de Extremôz",[391] com 82 oficiais, suboficiais e cadetes, mostra que parte da tropa era experiente nas campanhas da Guiana Francesa, na década de 1810, e outra parte havia circulado por outras regiões da Colônia, depois Reino do Brasil.

Parte dos soldados era composta por tapuios. Essa tropa desenvolveu suas próprias interpretações sobre as ideias e projetos que circulavam no Reino, tornando-se mais um elemento na complexa disputa política do período. Sua atuação tornou "ainda mais difícil que qualquer um dos grupos em disputa pudesse alcançar o poder, na esfera institucional do Estado, e mantê-lo de maneira estável".[392]

Economicamente, a maior atividade no Pará era o extrativismo, mas a agricultura lograra desenvolver-se e entrar no registro de exportações, com cacau, café e arroz. A madeira produzida no Pará era importante para o Arsenal de Lisboa, tendo sido enviadas quantidades

---

os indígenas de várias etnias que conviviam nas missões e entre estes e os colonizadores." In: André Roberto de Arruda Machado, 2006, p. 63 e 65.
[388] André Roberto de Arruda Machado, 2006, p. 66 e 77.
[389] Ibid., p. 74.
[390] RAIOL, Domingos Antonio. *Motins Políticos ou Historia dos Principaes Acontecimentos Politicos da Provincia do Pará, desde o anno de 1821 até 1835*. Rio de Janeiro: Typographia do Imperial Instituto Artistico, 1865. In: Google Books, http://books.google.fr/books/about/Motins_politicos_ou_Historia_dos_princip.html?id=5Q9QAAAAYA-AJ&redir_esc=y (acesso em 15/12/2014), p. 10.
[391] "Informações sobre a Idade, Antiguidade, differentes Graduações, Conduta, e préstimo dos Officiaes, Officiaes Interiores e Cadetes do 3º Regimento de Infanteria de Linha denominado de Extremôz. Aprezantadas no 2º Semestre do Anno de 1821". In: Arquivo Histórico Ultramarino, AHU_ACL_CU_13, Cx. 152, D. 11710 In: Biblioteca Virtual do Projeto Resgate, http://www.cmd.unb.br/biblioteca.html (acesso em 30/12/2014).
[392] André Roberto de Arruda Machado, 2006, p. 68.

expressivas do insumo para Portugal, ainda que não figurassem em alguns balanços das exportações da província.[393] A economia da província, ainda que modesta em comparação às grandes unidades, como Bahia e Pernambuco, havia crescido entre 1720-1822 acima da média do resto do Império Colonial, a 3,2% ao ano, atingindo uma dimensão "40 vezes maior que o modesto porte no qual se havia mantido por cem anos".[394] Era um desenvolvimento importante não apenas para a atividade econômica em si, contribuindo igualmente para o desenvolvimento da infraestrutura e da sociedade locais.

Nos anos precedentes ao processo que levou à Independência (1799-1820), entretanto, houve um "período desregulamentado", com crescimento mais baixo do que a média e importante queda nas exportações (-2,7% ao ano).[395] Assim como em outras regiões do Reino, o Pará enfrentava um período de dificuldades econômicas, na época atribuídas, corretamente ou não, a fatores como a abertura dos portos e a presença da Corte no Rio de Janeiro.

A situação paraense, desse modo, não era muito diferente daquela do Maranhão, distante do Rio de Janeiro, resistente ao recolhimento de impostos e crítico da abertura dos portos. Eram elementos que surgiam a partir de dificuldades econômicas enfrentadas por alguns setores locais. O quadro era favorável à mudança e, uma vez ela se concretizando, seria difícil um segundo movimento, de volta ao Rio de Janeiro.

Para analisar o processo de incorporação do Grão-Pará ao Império, portanto, é preciso sempre ter em mente a distância política da província com relação ao Rio de Janeiro (mesmo que existissem rotas terrestres, contatos diretos etc.) e as relações sociais e econômicas próximas a Portugal. Manter-se fiel às Cortes não era ato contrário à identidade "brasileira" preexistente. Essa identidade seria criada apenas no avançar do século XIX, com base em múltiplos elementos. Em 1821 e 1822, as Cortes continuavam a representar o avanço (o constitucionalismo)

---

[393] Sobre a exportação da madeira do Pará para Portugal, vide: CRUZ, Ernesto. "A Exportação da madeira do Pará para Portugal, no Século XVIII". In: *Revista do Instituto Histórico e Geográfico Brasileiro*. Volume 234, janeiro–março de 1957. In: http://www.ihgb.org.br/rihgb.php?s=20 (acesso em 10/12/2013), p. 39.

[394] COSTA, Francisco de Assis. "A Economia colonial do Grão-Pará: uma avaliação crítica (1720-1822)". In: *Economia e Sociedade*, Campinas, v. 21, n. 1 (44), p. 197-219, abril de 2012. In: http://www.scielo.br/pdf/ecos/v21n1/08.pdf (acesso em 19/12/2014), p. 201.

[395] Francisco de Assis Costa, 2012, p. 209.

contra o atraso (o absolutismo do Rio de Janeiro de D. João VI), motivando muitos paraenses a permanecerem fiéis a Lisboa.

O início de todo o processo, no Pará, se deu com a chegada da galera *Nova-Amazonas*, em 10 de dezembro de 1820.[396] Nesse tempo, governava a província o conde de Vila Flor, que se encontrava, naquele fim de 1820, no Rio de Janeiro, para casar-se. Esse pormenor contribuiu para a forma como se desenrolaram os eventos. Na *Nova-Amazonas* vinha o paraense Filipe Alberto Patroni Martins Maciel Parente, estudante de Coimbra que testemunhara a Revolução do Porto e partiu para o Brasil em 28 de outubro de 1820. Chegando em 10 de dezembro, Patroni fez contatos junto à elite local, aproximando-se de José Batista da Silva (sobrinho do bispo d. frei Caetano Brandão) e do alferes Domingos Simões da Cunha. Estes, por sua vez, lograram aliciar o coronel José Pereira Vilaça e Francisco Rodrigues Barata. Esses personagens conformaram o núcleo principal das conspirações.[397]

A figura de Patroni destaca-se nesse momento, mas não se devem atribuir exclusivamente a ele o início e a condução do movimento em direção ao vintismo. Ideias liberais e projetos de reforma, inclusive parecidos com os da Revolução do Porto, à semelhança do que se passava em Pernambuco (vide capítulo III) circulavam antes da chegada da *Nova-Amazonas*, mesmo que de maneira limitada. Outras informações também chegaram pela embarcação que trazia o então estudante de direito. Ainda assim, estima-se que o papel de Patroni foi "relevante porque, ajustando-se aos ideais de Portugal, satisfazia aos grupos portugueses que dominavam o Pará". Relativizando-se em parte a visão de "grupos portugueses" utilizada por José Honório Rodrigues,[398] ainda assim tem-se que a conjuntura local era favorável à adesão, bastando para tanto um indutor.

A articulação para a aclamação das Cortes foi rápida. No dia 1º de cada mês, era feita revista da tropa. Os batalhões da cidade desfilavam e se reuniam no largo do Palácio de Governo, em Belém.[399] Naquele 1º de janeiro de 1821, os conspiradores acordaram utilizar a revista para dar a expressão da adesão e, nesse movimento, limitar as chances de

---

[396] Raiol, 1865, p. 10.
[397] Varnhagen, 1957, p. 346.
[398] 2002, p. 300.
[399] Raiol, 1865, p. 11.

reação contrária. Assim, na passagem do 1º Regimento, o alferes Simões dirigiu-se ao coronel Vilaça dando "vivas à Constituição". Obteve a resposta de todo o 1º Regimento, ao que se juntou o 2º.[400] Ao fim, quatro regimentos de infantaria e de milícias responderam à conclamação ao vintismo. A artilharia e a cavalaria, no entanto, conservaram-se nos quartéis, "dispostos ambos a desobedecerem as ordens de Villaça".[401] Um sinal de que o consenso não existia sobre o movimento.

Como nas outras províncias, foi proclamada a Constituição e eleita uma Junta Governativa, de que fizeram parte o vigário Romualdo Antônio de Seixas (presidente), Joaquim Pereira de Macedo, tenente-coronel Francisco José de Faria, Francisco Gonçalves Lima e José da Fonseca Freitas. Todos eram nascidos na Europa. Foram também incluídos, por essa razão, o coronel Geraldo José de Abreu e José Rodrigues de Castro Góis, de origem local.[402] Ao mesmo tempo em que iniciaram as providências de organização do Governo, a nova Junta enviou emissários a Lisboa e ao Rio de Janeiro. Em 5 de fevereiro, partiu para Portugal o alferes Domingo Simões da Cunha, com a notícia da adesão e juramento de obediência às Cortes.[403] O tenente-coronel Mariano de Oliveira Belo foi enviado ao Rio de Janeiro, com a mesma informação.[404]

Todo o início da operação do vintismo na província do Pará foi realizado sem instruções específicas, resultando em confusão ainda maior sobre como organizar o novo poder e selecionar seus representantes.[405] Essa dificuldade suscitaria disputas sobre o acesso ao poder local, com consequências sobre as simpatias políticas e as opções posteriores, pró-Lisboa ou pró-Rio de Janeiro, as quais parecem menos "naturais" (resultantes de identidade preestabelecida), e mais consequência dos conflitos políticos e das estratégias de enfrentamento destes.

Essa disputa de poder local estaria, por exemplo, na origem da briga que colocaria Patroni tanto contra Lisboa quanto contra Belém. O jovem foi inicialmente eleito "juiz do povo", para "suplicar a Vossas Excellencias quanto fôr compatível com as circumstancias desta

---

[400] Raiol, 1865, p. 11 e Varnhagen, 1957, p. 346.
[401] Raiol, 1865, p. 12.
[402] Varnhagen, 1957, p. 346.
[403] Ofício da Junta Provisória, de 5 de fevereiro, é transcrito em Raiol, 1865, p. 14.
[404] Varnhagen, 1957, p. 346.
[405] Em ofício de 6 de fevereiro de 1821, a Junta aponta a falta de instruções e a impossibilidade de eleger deputado. In: Raiol, 1865, p. 15.

Provincia".[406] Patroni partiu para Lisboa no dia 6 de fevereiro de 1821. Pretendeu, ao chegar à capital portuguesa, assumir a representação política, mas não teve sorte em suas iniciativas, sendo recusado como representante. Foi, pouco depois, acusado de caluniar o rei, em processo que teria consequências quando de sua volta ao Brasil.

Alguns meses após a adesão foram finalmente recebidas instruções. Foi realizada a eleição dos deputados para as Cortes, em 10 de dezembro de 1821, tendo vencido pleito José Cavalcante e Albuquerque, Francisco de Souza Moreira, João Lopes da Cunha e o bispo dom Romualdo de Souza Coelho. Este se tornaria um dos principais expoentes do grupo de representantes das províncias do Brasil que se posicionaram contra a causa do Rio de Janeiro. Os representantes paraenses nas Cortes defenderiam, principalmente, a organização de mais de uma representação do Executivo no Brasil, para "não se manterem subordinados a um centro de poder no sul do continente".[407] Na sessão das Cortes de 7 de agosto de 1822, o bispo do Pará voltou a defender sua posição, de que "hajam duas delegaçoens do Poder Executivo, dizendo, que tal éra a vontade manifesta dos povos de sua provincia".[408]

Nessa mesma sessão das Cortes, em que se discutia a existência de uma ou mais delegações do Executivo no Reino do Brasil, chegou a ser proposto que, no caso de unidade do Executivo, fosse feita exceção ao Pará e Maranhão. Esse tipo de visão mostrava um projeto que, claramente, se chocava com os planos do Rio de Janeiro, não por oposição necessária a D. Pedro, mas por uma concepção distinta da realidade do Reino e dos projetos de como organizá-lo.

Ao longo de 1822, o espaço político paraense começou a dar sinais de agitação, inclusive contra supostos "excessos" da Junta de Belém.[409] Ainda não se fazia a opção entre o Rio de Janeiro e Lisboa. Continuaram, pelo contrário, as demonstrações de ligação com Lisboa, especialmente na implementação dos decretos das Cortes sobre a organização política, a eleição dos deputados para as Cortes e a aplicação do decreto de 29 de setembro de 1821. Como em outros pontos do Norte, a Junta de Belém não contestou a nova organização

---

[406] Ofício de 6 de fevereiro de 1821. In: Raiol, 1865, p. 15.
[407] André Roberto de Arruda Machado, 2006, p. 85.
[408] In: *Correio Braziliense*, vol. XXIX, nº 172, setembro de 1822, p. 337. In: Brasiliana USP.
[409] Raiol, 1865, p. 24.

política decidida pelas Cortes naqueles decretos que, no Rio de Janeiro, motivaram o Fico.

Pelo contrário, assim que recebido o decreto, "asseguramos a V Exa. que neste mesmo dia expedimos ao Ouvidor ordem para a prompta convocação dos Eleitores da Parochia, a fim de elegerem nova Junta Provizória na conformidade do mesmo Decreto".[410] A nova Junta, eleita em 10 de março de 1822, enviou repetidas expressões de fidelidade a D. João VI por ofícios,[411] garantindo, também, que a província se mantinha na adesão ao "Sistema Constitucional Português". Outras medidas das Cortes, recebidas posteriormente, foram igualmente cumpridas.[412]

Os conflitos que se observaram no Pará, ao longo de 1821 e 1822, decorreram principalmente da continuidade dos problemas de organização interna e disputa pelo poder local. Um dos casos mais notórios, já mencionado, foi o caso de Filipe Patroni contra a Junta Governativa, que envolveu troca de acusações, a fundação do diário o *Paraense*,[413] por Patroni, sua prisão e o envio de ofício da Junta a Lisboa, defendendo-se das acusações feitas pelo primeiro.[414]

---

[410] Ofício de 23 de janeiro de 1822. In: Arquivo Histórico Ultramarino, AHU_ACL_CU_013, Cx 152, D. 11714. In: Biblioteca Virtual do Projeto Resgate, http://www.cmd.unb.br/biblioteca.html (acesso em 30/12/2014).

[411] Carta da Junta Provisória do Governo Civil da província do Pará para o rei D. João VI, remetendo cópia do termo com os resultados da sua eleição, felicitando o monarca pelo seu governo e expressando obediência e adesão ao Sistema Constitucional Português. Em 13 de março de 1822. In: Arquivo Histórico Ultramarino, AHU_ACL_CU_013, Cx 152, D. 11739. In: Biblioteca Virtual do Projeto Resgate, http://www.cmd.unb.br/biblioteca.html (acesso em 30/12/2014). Vide também: OFÍCIO da Junta Provisória do Governo Civil da província do Pará para o [ministro e secretário de estado dos Negócios do Reino], Filipe Ferreira de Araújo e Castro, remetendo os autos do seu juramento e da tomada de posse, e manifestando a adesão dos membros daquela Junta, bem como dos habitantes da província, ao Sistema Constitucional Português. 22 de abril de 1822. In: Arquivo Histórico Ultramarino, AHU_ACL_CU_013, Cx 152, D. 11756. In: Biblioteca Virtual do Projeto Resgate, http://www.cmd.unb.br/biblioteca.html (acesso em 30/12/2014).

[412] Vide, por exemplo, o ofício sobre recepção da portaria de 16 de outubro de 1821 e decretos anexos. In: Arquivo Histórico Ultramarino, AHU_ACL_CU_013, Cx 152, D. 11725. In: Biblioteca Virtual do Projeto Resgate, http://www.cmd.unb.br/biblioteca.html (acesso em 30/12/2014).

[413] Edições completas disponíveis na Hemeroteca Digital Brasileira, http://hemerotecadigital.bn.br/ (acesso em 30/12/2014).

[414] Ofício da Junta de 23 de Janeiro de 1822, informando das eleições dos deputados das Cortes, defendendo-se das acusações de Filipe Alberto Patroni Martins Maciel Parente; e acusa recepção do decreto da Corte de 29 de setembro de 1821.

A prisão de Patroni, em 25 de maio de 1822, é normalmente caracterizada como exemplo da repressão contra os partidários da Independência do Brasil, fundamentada na imagem da existência de identidade nacional anterior que foi resistida, no Norte-Nordeste, por algumas poucas autoridades e tropas. A acusação foi publicamente rejeitada por escrito de uma carta assinada por "um militar brasileiro",[415] que duvidava da efetiva posição favorável de Patroni à Independência:

> Quem não abraça uma coisa senão por interesse, e amor-próprio, é claro que estará pronto a abandoná-la, logo que não encontre nela vantagens, e proveitos que esperava. É talvez por isso que atribuem geralmente a Patroni as vertiginosas ideias de independência, que aqui vieram propagar os filhos do falecido Manoel Fernandes de Vasconcellos, como Emissários, ou Precursores desse filantrópico Mortal, que nos temores da sua débil imaginação se julga destinado para ser o Penn da sua Pátria.

Como se viu, Patroni fora, na verdade, um dos patrocinadores originais da Revolução do Porto, que se dirigia exatamente contra o Rio de Janeiro e o poder absoluto. Ante as dificuldades encontradas pelo paraense em Lisboa, houve mudança de posição e a volta ao Pará, em fins de 1821, justificada pela suposta hostilidade das Cortes contra o Brasil. Patroni fora acusado, por outro lado, de causar problemas políticos e financeiros em Lisboa.

Denúncia à Junta de Belém pedindo a prisão de Patroni foi feita por José Ribeiro Guimarães em 2 de novembro de 1821.[416] O documento é interessante por mostrar a complexidade política do momento, especialmente com relação à Independência. No documento contra Patroni, Guimarães afirma:

> (...) mas há poucos dias eu ouço soar vozes de independência americana e união á causa de Pernambuco; ainda mais proclamações se tem afixado, que persuadem este maldito systema!! Propagadores existem desta

---

In: Arquivo Histórico Ultramarino, AHU_ACL_CU_013, Cx 152, D. 11714. In: Biblioteca Virtual do Projeto Resgate, http://www.cmd.unb.br/biblioteca.html (acesso em 30/12/2014).
[415] "Carta de um militar brasileiro a um solitário do Amazonas", de 20 de novembro de 1821. In: Carvalho et al., 2014, vol. 1, p. 131.
[416] O documento foi reproduzido em Raiol, 1865, p. 19.

doutrina; alguns se inculcão precursores de Patroni, em quem confião, porque esperam para (o que elles chamão) a grande obra da salvação da Patria! Tudo isto são idéas novas, que jamais lembrarão á este povo fiel; são idéas só conhecidas, depois que chegou de Lisbôa o navio Deligente/ atalhe-se o mal na sua origem (...).

A passagem revela, de fato, a existência de ideias de emancipação. Mas, observando-se atentamente, não era a causa de um Rio de Janeiro liderado por D. Pedro que se encontra na denúncia, até porque ela não existia naquele momento, pois nem mesmo os decretos das Cortes de setembro de 1821, que motivaram o Fico, haviam sido recebidos na capital carioca. A referência-chave é a "união á causa de Pernambuco", ou seja, às ideias autonomistas que se desenvolveram nas terras pernambucanas contra a Corte de D. João VI no Rio de Janeiro (a qual, inclusive, reprimira o movimento de 1817), motivaram apoio à Revolução do Porto, mas pelos fins de 1821 já se traduziam em resistência tanto ao Rio de Janeiro quanto a Lisboa. Como se viu no capítulo III, seriam ainda necessários meses, ao longo de 1822, e a queda de Gervásio Pires, para a aproximação de Pernambuco com o Rio de Janeiro.

As ideias, inclusive as emancipatórias, que circulavam por todo o Norte-Nordeste naquele ano de 1821 eram múltiplas, sem lograr uma definição muito clara de "partidos". André Roberto de Arruda Machado sublinha que os projetos políticos que circularam pelo Norte também "levavam em conta uma lógica regional", tendo presente, dentre outros, a própria realidade geográfica do Norte com relação ao Sul.

Filipe Patroni demonstrou essa distância ao rejeitar possibilidade de o Rio de Janeiro ser o centro político do Reino do Brasil, no *Paraense* de 29 de maio de 1822, ao reproduzir artigo do *Sentinela Constitucional Bahiense*.[417] Patroni utilizou-se várias vezes de escritos daquele periódico da Bahia. Ao fim, o controvertido personagem se colocava contra as Cortes, contra a Junta e contra o próprio Rio de Janeiro. Observa-se por aí como os projetos eram mais variados e complexos. Aquela ideia desenvolvida em torno de D. Pedro, portanto, ainda levaria algum tem-

---

[417] O texto no qual se rejeita a centralização no Rio de Janeiro, inclusive por dificuldades de navegação, não foi escrito por Patroni. Tratou-se de uma reprodução de artigo do *Sentinela Constitucional Bahiense*, reproduzido no *Paraense*, nº 3, de 29 de maio de 1822. In: Hemeroteca Digital Brasileira, http://hemerotecadigital.bn.br/ (acesso em 30/12/2014).

po para chegar a ser aceita por alguns, rejeitada por muitos e resultar em "adesão" ou em "conquista", apenas no segundo semestre de 1823.

Outro ponto de atrito na política paraense se deu na própria estrutura de governo, especialmente entre as autoridades centrais, que respondiam cada uma diretamente a Lisboa. No caso da tropa, houve inicialmente uma disputa sobre o comando, pretendido pelo coronel Villaça, mas entregue provisoriamente ao coronel Joaquim Felippe dos Reis, militar mais antigo da província,[418] até a chegada do governador das armas, brigadeiro José Maria de Moura, em 1º de abril de 1822 (nomeado por portaria de 9 de dezembro de 1821).

A chegada do brigadeiro Moura a Belém e a tomada da posse no cargo, em 3 de abril, também ocorreram com dificuldades. Segundo ofício da Junta,[419] de 25 de abril de 1822, antes mesmo de Moura desembarcar, surgiram questões sobre a definição das esferas de poder, uma vez que o brigadeiro havia solicitado espaço no Palácio do Governo, ocupado pela Junta. O pedido não foi atendido e deu origem aos primeiros estremecimentos.

Na sequência, a Junta solicitou ao governador das armas (este, recorde-se, vinculado diretamente a Lisboa) a criação de nova força militar, que servisse como a Guarda Real de Polícia de Lisboa. José Maria de Moura prendeu vários suspeitos de serem "facciosos", a pedido da Junta, mas resistiu à criação do corpo policial determinado pela Junta.

Em longa carta às Cortes, datada de 20 de abril de 1822,[420] Moura disse ser "extremo desagradável, mas necessário, fazer sobir ao conhecimento das Cortes" o dissenso que tivera com o governo civil, re-

---

[418] Raiol, 1865, p. 26.
[419] OFÍCIO da Junta Provisória do Governo Civil da província do Pará, para o [ministro e secretário de estado dos Negócios do Reino], Filipe Ferreira de Araújo e Castro, sobre o pedido do governador de armas da província do Pará, brigadeiro José Maria de Moura, que solicitou à Junta o Palácio Nacional para sua habitação. In: Arquivo Histórico Ultramarino, AHU_ACL_CU_013, Cx 152, D. 11769. In: Biblioteca Virtual do Projeto Resgate, http://www.cmd.unb.br/biblioteca.html (acesso em 30/12/2014).
[420] "OFÍCIO do Governador de armas da província do Pará (brigadeiro) José Maria de Xavier, sobre a pretensão da Junta Provisória do Governo da província do Pará em que se lhe ponha à disposição um destacamento de Tropa de 1ª Linha, com a designação de Corpo Provisório de Polícia, e regulado pelo decreto de criação da Guarda Real de Polícia de Lisboa, datado de 10 de dezembro de 1801". Arquivo Histórico Ultramarino, AHU_ACL_CU_013, Cx 152, D. 11751. In: Biblioteca Virtual do Projeto Resgate, http://www.cmd.unb.br/biblioteca.html (acesso em 30/12/2014).

gistrando ter o apoio, em sua decisão, dos principais comandantes militares "os quaes terminante e concisamente declarão que, a seu parecer, não se deve condescender com a pretensão da Junta a este respeito". A principal justificativa do governador das armas era a de que a província

> se acha, e continuará provavelmente por muito tempo, em pleno soccego, e que o serviço tal qual se estabeleceo pela citada ordem, que ofereço por copia, e que he coerente com as leis existentes, põem a salvo os seus pacíficos Habitantes de qualquer inesperado malévolo procedimento, que se possa recear da parte d'aquella classe de Gente do Povo, que pelos seos vícios, e malfeitorias costumão inquietar os Povos de todos os Países do Mundo.

Ou seja, os movimentos políticos existentes, que apenas se iniciavam, não mostravam a necessidade de um corpo policial. Pela justificativa apresentada, André Roberto de Arruda Machado estima que José Maria de Moura resistira "ou porque depositasse inteira confiança na tropa, ou porque não quisesse mostrar receio algum de sua parte, ou porque, enfim, não se julgasse autorisado de sua parte a effectuar semelhante creação, oppoz-se á esta requisição da junta".[421]

Há também outro aspecto a ser levado em conta, que recai muito sobre a situação política confusa daqueles tempos. Moura sublinha, em seu ofício, a autonomia do governador das armas com relação à Junta Provisória, estabelecida pelo decreto das Cortes de 29 de setembro de 1821. Estimava que sua relação era com as Cortes, não com a Junta, ao passo que esta, conforme documento anexado ao ofício de Moura, estimava que os temas de polícia cabiam ao governo civil. Ao fim, o que se percebe é o conflito por poder entre as duas principais instituições criadas pelas Cortes. Nenhum dos dois lados se mostrava hostil a Lisboa. Pelo contrário, recorriam à capital para solucionar um impasse político local.[422]

---

[421] Varnhagen, 1957, p. 347.
[422] Vide OFÍCIO da Junta Provisória do Governo Civil da província do Pará, para o [ministro secretário de estado dos Negócios do Reino], Filipe Ferreira de Araújo e Castro, sobre a necessidade de se esclarecer de quem depende a polícia civil do Pará; informando ter criado dois correios para expediente externo da Secretaria da referida Junta e as medidas adoptadas pelo governador de armas da província do Pará, brigadeiro José Maria de Moura, na organização de uma Secretaria

A tensão entre o governador das armas e a Junta continuaria até março de 1823. Cada lado buscava maior espaço no governo, naquele difícil ajuste da nova realidade determinada pelos decretos das Cortes.[423] A realidade política paraense permanecia de tal forma que a adesão a Lisboa resistia, mas as fricções internas eram reais, ainda que não necessariamente a favor do Rio de Janeiro. Sobrava, mesmo assim, potencial de desentendimento que poderia ser aproveitado para cooptação para a causa que se formava em torno de D. Pedro.

À parte o conflito entre o governador das armas e a Junta Provisória, cabe destacar que, no mesmo 20 de abril de 1822, quando enviou às Cortes reclamação contra a Junta (sobre a criação do Corpo de Polícia), José Maria de Moura escreveu outro ofício,[424] dando conta da situação política e de segurança do Pará,[425] província

> a qual achei em tranquilidade e sem que em algumas de suas Povoações se observasse o gérmen d'anarchia e de discórdia que se patenteou em Pernambuco d'onde vim para esta Província.

Militar. In: Arquivo Histórico Ultramarino, AHU_ACL_CU_013, Cx 152, D. 11751. In: Biblioteca Virtual do Projeto Resgate, http://www.cmd.unb.br/biblioteca.html (acesso em 30/12/2014).

[423] Vide, por exemplo, documento de 22 de abril de 1822, sobre problemas para a nomeação de novo presidente da Junta da Justiça: OFÍCIO da Junta Provisória do Governo Civil da província do Pará, para o [secretário das Cortes Constituintes Gerais e Extraordinárias da Nação Portuguesa], João Baptista Felgueiras, sobre a questão da presidência da Junta da Justiça, a intromissão do ouvidor geral da comarca de Santa Maria de Belém do Pará, Francisco Carneiro Pinto Vieira de Melo, e a convocação de um Conselho para tentar resolver a decisão final tomada pela referida Junta Provisória. Anexo: ofícios (cópias). Arquivo Histórico Ultramarino, AHU_ACL_CU_013, Cx 152, D. 11754. In: Biblioteca Virtual do Projeto Resgate, http://www.cmd.unb.br/biblioteca.html (acesso em 30/12/2014).

[424] "Ofício do governador de armas da província do Pará, (brigadeiro) José Maria de Moura, para o ministro e secretário de estado dos Negócios da Guerra, Cândido José Xavier, sobre sua chegada à província do Pará e o início do exercício das suas funções; do estado de anarquia em que se vive na província de Pernambuco, e tecendo importantes considerações quanto á situação vivida na província do Pará: sua tranquilidade política e civil, vantagens comerciais possibilitadas pela sua situação geográfica, e o papel dos jesuítas na civilização das aldeias indígenas. In: Arquivo Histórico Ultramarino, AHU_ACL_CU_013, Cx 152, D. 11752. In: Biblioteca Virtual do Projeto Resgate, http://www.cmd.unb.br/biblioteca.html (acesso em 30/12/2014).

[425] Na comunicação, interessantemente, Moura propõe a abertura da navegação do Amazonas ao Peru e outros andinos.

O brigadeiro Moura comparou, então, a situação do Pará com a de Pernambuco, onde a agitação política era intensa. Para o governador das armas,

> a situação geográfica e as relações de interesse comercial desta Provincia cujo maior numero de Habitantes industriozos são Europeos a tem posto e provavelmente continuará a pôr a salvo do contagio de ideias de Independência da Metrópole, que tem grassado em algumas Províncias de Barlavento, e que Deos queira se não generalizem a todas, que ficao ao sul do Cabo de São Roque.

Havia, portanto, não apenas notícias do que se passava nos outros pontos do Reino, mas também a noção do perigo que poderia se aproximar. Ele não demoraria muito para chegar.

A "causa do Rio de Janeiro" apresentou-se no Pará com a chegada da escuna *Maria da Glória* ao porto de Belém, em 6 de junho de 1822.[426] A embarcação trazia papéis do Rio de Janeiro, especialmente o decreto de 16 de fevereiro, sobre a convocação do Conselho de Procuradores. Era, assim, uma tentativa direta do Rio de Janeiro de aproximação da província, em movimento que José Bonifácio coordenava em todo o Reino.

A Junta reuniu-se para deliberar sobre as medidas e optou por recusar a aproximação da capital carioca. Duas comunicações, a Lisboa, em 8 de junho, e ao Rio de Janeiro, em 11 do mesmo mês, informaram a decisão de Belém de permanecer fiel às Cortes. A Junta, na verdade, não apenas não aceitou a aproximação, como adotou providências para mobilizar a Junta de Goiás e Mato Grosso, "para mutuamente se auxiliarem contra qualquer tentativa revolucionaria do Rio de Janeiro á favor da independência"[427] (vide capítulo IV). O ofício da Junta paraense foi recebido "com especial agrado" pelas Cortes Gerais de Lisboa na sessão de 17 de agosto de 1822.[428]

Apesar da decisão da Junta contrária ao Rio de Janeiro, o efeito da passagem da *Maria da Glória* foi o de apresentar aos atores da disputa local paraense uma via alternativa a Lisboa (e da disputa pelo poder local), ainda que naquela época não estivesse completamente claro, no próprio Rio de Janeiro, o objetivo da Independência. Varnhagen

---

[426] Raiol, 1865, p. 28, e Varnhagen, 1957, p. 347.
[427] Raiol, 1865, p. 29.
[428] Conforme registrado na ata da sessão daquele dia.

sustenta que a presença da embarcação "deixara algumas ideias favoráveis à Independência ou pelo menos à união da província ao Rio de Janeiro".[429] A segunda hipótese será mais provável, pois, cabe insistir, ainda não havia no Rio de Janeiro a ideia da Independência, salvo da "Independência Moderada". Aparecia, de todo modo, a alternativa.

Logo após a passagem da *Maria da Glória*, foram realizadas prisões de acusados de defenderem causas próximas ao Rio de Janeiro.[430] Esse tipo de reação se tornou comum desde a adesão ao vintismo e se tornaria uma marca daqueles anos no Pará. Em agosto daquele ano, foram detidos os irmãos Fernandes de Vasconcelos, acusados de conspirar junto com Filipe Patroni.[431]

O afunilamento das opções demoraria mais um pouco para se apresentar. Prevalecia a fidelidade às Cortes, ainda que houvesse uma heterogeneidade nos interesses e visões de como se relacionar com Lisboa. Como sublinha Machado:[432]

> (...) as instituições portuguesas estavam em pleno funcionamento na província (em 1822), ligando esta última aos acontecimentos políticos do Reino Europeu. Os sucessos ao sul do continente eram acompanhados com atenção, mas o centro da vida política ainda orbitava, em grande medida, nas tentativas de incorporar na província as novas ideias promovidas pelo vintistmo. (...) Naquele momento, a nação portuguesa, em nome do qual se justificaram as Cortes de Lisboa, era uma referência plena de significado político no Grão-Pará.

No início de 1823, no entanto, o cenário se alterou. A província foi obrigada a lidar, principalmente, com a guerra que ocorria não muito distante, envolvendo o Maranhão, o Piauí, o Ceará e outros, e que representava o avanço militar e político da causa do Rio de Janeiro. Esse movimento, sem dúvida, estimulava o crescimento e a adaptação de visões contrárias ao sistema vigente, em setores da elite e da população. A "propaganda", do Rio de Janeiro, que dava cores nacionais à resistência à "recolonização", começava a produzir algum efeito, ainda que limitado.

---

[429] 1957, p. 347.
[430] Varnhagen, 1957, p. 347, e Raiol, p. 30.
[431] Varnhagen, 1957, p. 346.
[432] 2006, p. 45.

A reação dos partidários de Lisboa foi a de reforçar suas demonstrações de fidelidade a Lisboa e de solidariedade com a Junta do Maranhão. Em 13 de janeiro de 1823, foi realizado o juramento da Constituição de Portugal,[433] continuando-se o envio de expressões – por diferentes setores e não apenas a Junta – de fidelidade da província a Lisboa.[434]

Em 1º de fevereiro, oficiais da 1ª e 2ª linhas enviaram carta a D. João VI[435] reiterando sua fidelidade. Os signatários se diziam, principalmente, "injusta, e inconsideradamente (...) offendidos em huma representação da Junta Provisoria desta Provincia do Pará, àcerca de constestaçoens, que teve com o respectivo Governador das Armas José Maria de Moura, em a qual denuncia huma facção de Officiaes de 1ª e 2ª Linha". O documento, assim, não apenas mostrava descontentamento com a Junta e apoio ao brigadeiro Moura, como revelava suspeitas de que militares poderiam estar se movendo para a causa do Rio de Janeiro.

A mais importante expressão de fidelidade a Lisboa se deu, na verdade, em fevereiro de 1823. No dia 6 daquele mês, "a junta provisória communicou ao governador das armas, que o Maranhão estava ameaçado pelos independentes do Piahuy e Ceará, e que o governo dali pedia auxilio".[436] Decidiu-se, nessa oportunidade, pelo envio de 200 soldados em apoio ao Maranhão, o que foi a principal contribuição paraense para a guerra que se desenrolava nas províncias vizinhas e que teria impactos diretos sobre o Pará.

Ao comunicar essa decisão a Lisboa, em 14 de fevereiro,[437] a Junta mencionou novos problemas no trato com o governador das armas,

---

[433] Raiol, 1865, p. 34.
[434] Vide, por exemplo, CARTA dos oficiais da Alfândega da província do Pará, para o rei [D. João VI], manifestando a sua adesão e obediência ao Sistema Constitucional Português e prestando homenagem ao Soberano Congresso e ao monarca.Anexo: ofício e 2ª via. Arquivo Histórico Ultramarino, AHU_ACL_CU_013, Cx 152, D. 11752. In: Biblioteca Virtual do Projeto Resgate, http://www.cmd.unb.br/biblioteca.html (acesso em 30/12/2014).
[435] Publicado no *Conciliador* do Maranhão, nº 174, de 12 de março de 1823. In: Hemeroteca Digital Brasileira. In: http://hemerotecadigital.bn.br/ (acesso em 06/01/2015)
[436] Raiol, 1865, p. 35.
[437] OFÍCIO da Junta Provisória do Governo Civil da província do Pará, para o [conselheiro do Conselho da Guerra], Cândido José Xavier, sobre o envio de duzentos militares para o Maranhão em socorro dos acontecimentos que tiveram lugar no Ceará e Piauí.Anexo: ofícios (cópias e extracto). Arquivo Histórico Ultramarino, AHU_ACL_CU_013, Cx 159, D. 12082. In: Biblioteca Virtual do Projeto Resgate, http://www.cmd.unb.br/biblioteca.html (acesso em 05/01/2015).

que havia resistido à medida, preocupado que estava com a situação da tropa no Pará, que já enfrentava o problema das "ações dissidentes" (como reconhecia a própria Junta).[438] A justificativa do poder civil foi a de que o envio era "prova do quanto a Junta deseja conservar inalterável a união desta, e mais Provincias do Brazil com Portugal", além de apoio ao "natural amigo", Maranhão, este também um "verdadeiro ante-mural de segurança do Grão-Pará". Por essas palavras e pelo contexto político em que se encontrava, é possível que o envio das forças ao Maranhão tenha sido tomado como meio de a Junta Provisória reforçar sua imagem de fidelidade a Lisboa, ante aos abalos sofridos pelo confronto com a tropa e pela acusação, suscitada por alguns setores mais firmemente pró-Lisboa, de que o órgão favoreceria o partido independentista.

Apesar das medidas repressivas, o partido pró-Rio de Janeiro passou a ganhar densidade, mesmo que não adquirisse força suficiente para prevalecer. Não era uma causa que brotava naturalmente no Pará, do sentimento já presente na população. Em sua maioria, as adesões à causa carioca vieram de "indivíduos egressos de outros grupos que tiveram o seu projeto político primeiro inviabilizado e traziam aspirações diversas".[439]

A insatisfação local, desse modo, amalgamou-se, em 1823, a uma causa externa, que vinha com promessas de vantagens que prometiam favorecer tanto elites, quanto a população em geral. Daí a demora no aparecimento do partido pró-D. Pedro e sua fraqueza posterior.

---

[438] Em ofício do início de fevereiro, o governador das armas reclama da falta de homens na primeira linha e pede recrutamento de 500 a 600 homens: OFÍCIO do governador de armas da província do Pará, brigadeiro José Maria de Moura, para o ministro e secretário de estado dos Negócios da Guerra, Manuel Gonçalves de Miranda, remetendo certidão de juramento dos oficiais do Estado Maior e dos oficiais da Tropa de Linha e Milícias.Anexo: certidões, 2ª via, ofício (extracto). In: Arquivo Histórico Ultramarino, AHU_ACL_CU_013, Cx 158, D. 12064. In: Biblioteca Virtual do Projeto Resgate, http://www.cmd.unb.br/biblioteca.html (acesso em 05/01/2015). Vide também: OFÍCIO do governador de armas da província do Pará, brigadeiro José Maria de Moura, para o ministro e secretário de estado dos Negócios da Guerra, Manuel Gonçalves de Miranda, sobre a composição das hostes militares por degredados e a falta de homens nestes Corpos, 9 de fevereiro de 1823. In: Arquivo Histórico Ultramarino, AHU_ACL_CU_013, Cx 158, D. 11065. In: Biblioteca Virtual do Projeto Resgate, http://www.cmd.unb.br/biblioteca.html (acesso em 30/12/2014).

[439] André Roberto de Arruda Machado, 2006, p. 93.

Em princípios de 1823, a atuação dos partidários da Independência passou a ser objeto de constantes comunicações do governador das armas do Pará. Em dois ofícios de 8 de fevereiro,[440] o brigadeiro Moura relata esforços "insanos" para conter os independentistas. Dizia que a situação era favorável na capital, onde possuía os meios de repressão. No interior, no entanto, era cada vez mais difícil conter "diligencias, que espíritos inquietos inimigos da Ordem" realizavam para "involver esta Provincia nas desordens que flagellão as mais Provincias do Sul". A atividade da ilha de Marajó, informava a autoridade militar, era

> mais huma prova de que se trabalha com actividade por subverter as sans e constitucionais opiniões dos Povos desta Provincia (...) He hum dos planos dos Partedistas da Independencia inculcarem paz e segurança aonde a não há, atribuírem ás Authoridades constituídas, e aos bons Constitucionaes os males a que elles dão origem, e mentirem sempre que se trata de ocultar seus dissidentes procedimentos.

O brigadeiro Moura solicitava, principalmente, recursos de Lisboa para enfrentar os dissidentes, pois estimava que ainda era tempo para impedir a ampliação do movimento. As informações sobre o crescimento da dissidência foram completadas por ofício de 14 de fevereiro (mesmo dia em que a Junta informou o envio de tropa ao Pará), com novo registro[441] do "elevado número de dissidências que têm ocor-

---

[440] OFÍCIO do governador de armas da província do Pará, brigadeiro José Maria de Moura, para o ministro e secretário de estado dos Negócios da Guerra, Manuel Gonçalves de Miranda, remetendo a correspondência do governador da ilha Grande de Joanes, informando que os redactores do periódico "Paraense" não invocaram o nome de D. João VI na lista da família real e a tentativa de alguém promover movimentos independentistas naquela ilha. In: Arquivo Histórico Ultramarino, AHU_ACL_CU_013, Cx 158, D. 12052. In: Biblioteca Virtual do Projeto Resgate, http://www.cmd.unb.br/biblioteca.html (acesso em 03/01/2015). E OFÍCIO do governador de armas da província do Pará, brigadeiro José Maria de Moura, para o ministro e secretário de estado dos Negócios da Guerra, Manuel Gonçalves de Miranda, sobre a prisão do emissário Vitorino Marques e a devassa que se mandou realizar e a existência de um partido de dissidentes no Governo da província do Pará, sendo a paz mantida pelos militares.Anexo: 2ª via e ofícios (cópias e extracto). In: Arquivo Histórico Ultramarino, AHU_ACL_CU_013, Cx 158, D. 12063. In: Biblioteca Virtual do Projeto Resgate, http://www.cmd.unb.br/biblioteca.html (acesso em 03/01/2015).

[441] OFÍCIO do governador de armas da província do Pará, brigadeiro José Maria de Moura, para o ministro e secretário de estado dos Negócios da Guerra, Manuel

rido", informação que também foi dada pela Junta Governativa, na mesma data.⁴⁴²

A própria situação do governador das armas mostrou a evolução da conjuntura política paraense. Fiel a Lisboa, adotando várias medidas de repressão, o brigadeiro Moura foi desligado de suas funções em novembro de 1822, por ordem de Lisboa. Deveria partir no início de 1823, mas retardou a medida, segundo ele,⁴⁴³ a pedido de representantes locais, em razão da instabilidade observada na província e do "dessocêgo" que sua partida havia causado entre os negociantes e militares.

O governador das armas disse ter recebido, nesse sentido, duas representações, uma das quais com mais de 300 assinaturas, pedindo que ficasse até a chegada de seu substituto. Justificou as representações

> nos receios, que tinhão todos os Constitucionaes habitantes do Pará, de que animando-se o partido dissidente que tem grassado em todo o Brazil, com a minha retirada a Portugal antes da chegada de meu Sucessor.

O ouvidor, responsável por perseguir os dissidentes, também teria pedido por sua permanência:

> He esta huma das collisões mais afficitiva em que se pode achar hum Empregrado Publico. He hum dever obedecer cegamente as Ordens do Soberano, mas também o he não abandonar huma Provincia Leal, e Constitucional, ás vicissitudes políticas em que se acha o Brazil.

Gonçalves de Miranda, sobre as dificuldades que tem tido para arregimentar pessoas que possam ajudar a província do Maranhão, solicitando o envio de tropas do Reino, atendendo ao elevado número de dissidências que têm ocorrido. In: Arquivo Histórico Ultramarino, AHU_ACL_CU_013, Cx 158, D. 12090. In: Biblioteca Virtual do Projeto Resgate, http://www.cmd.unb.br/biblioteca.html (acesso em 04/01/2015).

⁴⁴² OFÍCIO da Junta Provisória do Governo Civil da província do Pará, para o [ministro e secretário de estado dos Negócios do Reino], Filipe Ferreira de Araújo e Castro, sobre os movimentos de contestação ao Sistema Constitucional. In: Arquivo Histórico Ultramarino. AHU_ACL_CU_013, Cx 158, D. 12093. In: Biblioteca Virtual do Projeto Resgate, http://www.cmd.unb.br/biblioteca.html (acesso em 04/01/2015).

⁴⁴³ OFÍCIO do governador de armas da província do Pará, brigadeiro José Maria de Moura, para o ministro e secretário de estado de Negócios da Guerra, Manuel Gonçalves de Miranda, sobre o pedido de várias entidades para que não regressasse ao Reino sem que fosse substituído. Anexo: ofício, lembrete e 2ª via (extracto). 26 de janeiro de 1823. In: Arquivo Histórico Ultramarino, AHU_ACL_CU_013, Cx 158, D. 12056. In: Biblioteca Virtual do Projeto Resgate, http://www.cmd.unb.br/biblioteca. html (acesso em 30/12/2014).

Moura de fato permaneceu na província até a incorporação ao Império e foi responsável pela repressão ao partido independentista, que crescia em número e em força.

O confronto, de múltiplas fontes, se tornou mais claro ao longo de fevereiro de 1823, e passou a alimentar o afunilamento das opções entre Lisboa ou o Rio de Janeiro. À parte os alertas do governador das armas sobre o aumento da dissidência, ampliou-se também o confronto entre as instituições civis e militares, o que dificultou ainda mais a administração da província. Ainda no mesmo mês de fevereiro, após terem enviado carta de fidelidade a D. João VI (mencionada acima), os oficiais da 1ª e 2ª linhas encaminharam ao governador das armas uma reclamação contra a Junta Governativa.[444] O documento expressava, principalmente, as diferenças de visão e de procedimento entre o poder civil e militar.

A própria Junta reconheceu,[445] então, que o "gênio da discórdia" estava presente, tendo sido quebrada a harmonia entre "as repartiçoens Civis entre si, e com a Militar". Por esse motivo, também em 14 de fevereiro de 1822, a segunda Junta Governativa da Província do Pará pedia ao rei D. João VI para ser dispensada de suas funções e nomeada em novo corpo. A situação do governo civil era extremamente frágil e piorou ainda mais, pois, enquanto novos membros não fossem escolhidos, a Junta teria de continuar a administrar a província, marcada pela forte tensão.

Foi nesse contexto que se organizaram as eleições para a Câmara Municipal de Belém, em 25 daquele mês, pleito que deu a largada ao confronto aberto. O resultado da eleição foi o de que nenhum português de origem europeia teve maioria de votos, sendo todos os eleitos favoráveis ou simpáticos à emancipação.[446]

---

[444] OFÍCIO (extracto) do governador de armas da província do Pará, brigadeiro José Maria de Moura, sobre uma representação dos corpos de 1ª e 2ª Linha que se queixam da Junta Provisória do Governo da província. In: Arquivo Histórico Ultramarino, AHU_ACL_CU_013, Cx 159, D. 12084. In: Biblioteca Virtual do Projeto Resgate, http://www.cmd.unb.br/biblioteca.html (acesso em 30/12/2014).
[445] CARTA da Junta Provisória do Governo Civil da província do Pará, para o rei [D. João VI], sobre as dificuldades verificadas na governação da província, solicitando a dispensa das suas funções para que seja nomeada uma nova Junta. In: Arquivo Histórico Ultramarino, AHU_ACL_CU_013, Cx 159, D. 12087. In: Biblioteca Virtual do Projeto Resgate, http://www.cmd.unb.br/biblioteca.html (acesso em 05/01/2015).
[446] Raiol, 1865, p. 35. Vide também José Honório Rodrigues, 2002, p. 302.

A reação dos partidários de Lisboa foi a de proclamar a nulidade da eleição, por vícios no processo. A Junta Governativa não tomou, entretanto, medida imediata em relação à eleição, o que provocou, em 1º de março, uma revolta de forças militares comandadas pelo coronel Villaça. Aproveitando, como fizera quando da adesão do Pará ao vintismo, a passagem da tropa realizada todo início de mês, frente ao Palácio do Governo, Villaça assumiu a tropa e iniciou uma revolta contra a Junta,[447] prendendo todos os seus membros.

Foi, em seguida, restabelecida a antiga Câmara Municipal, em prejuízo daquela que fora eleita em fevereiro anterior. A Câmara elegeu, então, nova Junta, liderada pelo bispo D. Romualdo. Em suas medidas iniciais, a nova Junta determinou que

> as pessoas consideradas pela opinião publica como agentes da facção dissidente, fossem arrestadas e mandadas para diversos lugares, em quanto as circumstancias da segurança publica urgissem a sua ausência da capital.[448]

Reforçavam-se, assim, a fidelidade a Lisboa e a disposição de reprimir movimentos contrários a ela, inclusive com maior recrutamento de novas forças militares. No dia 4 de março, os comandantes militares publicaram manifestos justificando o golpe, acusando a Junta anterior de "ineptos, frouxos e dispostos a apoiar a causa da independência". Por essa razão, registrou a nova Junta que foram "depostos e deportados á bem do socego publico".

O golpe de 1º de março teria convencido os partidários da Independência da necessidade de encontrar apoio dentre as fileiras militares.[449] Iniciaram-se, então, conspirações para atrair oficiais das forças estacionadas na província. Alguns oficiais, como o tenente-coronel José Narciso da Costa Rocha, os capitães Domiciano Ernesto Dias Cardoso e Boaventura Ferreira da Silva e o alferes José Mariano de Oliveira Bello aderiram aos independentistas e começaram secretamente a preparar um levante.

Na noite de 13 de abril, no entanto, o governador das armas reuniu abruptamente seus oficiais e denunciou a existência de conspiração

---

[447] Raiol, 1865, p. 36. Vide também Varnhagen, 1957, p. 348, e José Honório Rodrigues, 2002, p. 302.
[448] Apud Raiol, 1865, p. 37.
[449] Raiol, 1865, p. 36.

pró-Rio de Janeiro. A atitude do brigadeiro Moura assustou os rebeldes, que aceleraram o levante, para evitar que fosse desbaratado.

No dia seguinte, em 14 de abril de 1823, estourou revolta pró-Rio de Janeiro. A maior parte do 2º Regimento aderiu, apoderando-se do parque de artilharia. A reação portuguesa, no entanto, foi dura. Ainda na disputa pela artilharia, o comandante do agrupamento, tenente-coronel José Antônio Nunes, reagiu e iniciou ataque, no qual ele próprio ficou ferido e um artilheiro morreu. Outras forças também reagiram e, ameaçados de contra-ataque, na manhã do dia seguinte, dispersaram-se. Os chefes da conspiração fugiram de Belém, enquanto os soldados que permaneceram renderam-se por meio de reunião na qual deram "vivas à Constituição e ao Rei".[450]

Ao relatar os eventos de 14 de abril à Câmara do Maranhão,[451] o governador das armas mencionou que as

> caballas, e as intrigas do perjuro partido dissidente conseguirão finalmente aliciar huma parte da Tropa desta Guarnição; e fazella aparecer n'aquella fatal madrugada como o principal e mais poderozo agente de seus perniciozos planos.

Moura sustentou que foi possível "rebater-se o tumulto", mas reconhecia ser necessário reforço de tropas europeias, uma vez que "o Pará está presentemente em maiores apuros". Por essa razão, estimava ser importante que Pará e Maranhão "se auxiliem reciprocamente em suas necessidades Políticas". Demandava que a Junta maranhense enviasse imediatamente ao Pará as tropas europeias que lá chegassem.

As autoridades pró-Lisboa lograram, assim, segurar a situação por mais algum tempo, mas com medidas extremas. Eram atitudes enérgicas tomadas pelo governador das armas para tentar frear a causa independentista, cujo sucesso era dúbio. Novas ações de repressão foram colocadas em prática e muitos foram condenados à prisão.

---

[450] Varnhagen, 1957, p. 348.
[451] Ofício do Governador das Armas, de 29 de abril de 1823, no qual informa "sobre acontecimentos revolucionários na Província do Pará e solicita ao Maranhão, reforço de tropas europeias (já solicitadas pelo Maranhão), até que cheguem as tropas europeias que ora o Pará solicita a Corte de Lisboa". In: *Manuscritos esquecidos*, http://manuscritosesquecidos.blogspot.fr/2012/04/revolta-na-provincia-do-grao-para-1823_23.html (acesso em 02/01/2015).

Os participantes do levante de 14 de abril que haviam conseguido escapar reuniram-se na localidade de Muaná, na parte ocidental da ilha de Marajó. Lá proclamaram, em 28 de maio de 1823, o apoio à causa do Rio de Janeiro.[452] Era a primeira expressão dessa natureza na província paraense. A reação da Junta foi o envio de força, que se bateu com os aproximadamente 200 rebeldes por mais de quatro horas. A vitória foi dos partidários de Lisboa, que aprisionaram os independentistas e os recolheram a Belém. Em 7 de junho de 1923, dezenas de prisioneiros foram enviados a Lisboa.[453]

Quase um ano depois, portanto, de ter escrito a Lisboa que a situação em Belém era tranquila, o governador das armas apresentava uma realidade distinta do Pará, o qual, dizia, se encontrava "em maiores apuros". A mudança ocorrera na virada do ano e com o avanço da causa do Rio de Janeiro, que por diferentes meios chegava nas notícias da Guerra na Bahia (recorde-se, por exemplo, as transcrições do *Sentinella Constitucional*, pelo *Paraense*) e no Ceará-Piauí-Maranhão.

A causa da Junta de Belém se enfraquecia e o governador de armas tentava resistir. Em julho, ainda houve mudança no comando da Junta, quando o bispo d. Romualdo a deixou para partir para Lisboa, acompanhado de Francisco José Rodrigues Barata, eleito deputado para as Cortes ordinárias portuguesas.[454] Ambos seriam capturados, na Barra de Lisboa, por John Taylor, que lá chegara em perseguição à esquadra portuguesa que abandonara Salvador.

Também em julho de 1823, no dia 24, pelo navio *Palhaço*,[455] chegou a notícia da mudança do cenário político em Portugal, com a Vilafrancada. O presidente da Junta reuniu-se com o governador das armas, decidindo-se manter o governo até a chegada de instruções, não se colocando em questão, no entanto, a "indissolubilidade" dos laços com Portugal. Tentou-se, inclusive, realizar uma nova proclamação a D. João VI. Um Conselho reuniu-se em 5 de agosto, na tentativa de manter a situação inalterada até que fossem recebidas novas ordens.

Não foi possível, no entanto, acalmar os ânimos. Chegaram a Belém as notícias dos acontecimentos no Maranhão, em 28 de julho, que

---

[452] José Honório Rodrigues, 2002, p. 304.
[453] José Honório Rodrigues, 2002, p. 303.
[454] José Honório Rodrigues, 2002, p. 304.
[455] José Honório Rodrigues, 2002, p. 305.

completava a incorporação do território composto por Ceará, Piauí e Maranhão ao Império. As movimentações de grupos pró-Rio de Janeiro na tropa paraense ganharam impulso, com expressões abertas à Independência.[456] A ebulição chegava ao ponto mais alto, apesar dos esforços do governador das armas.

Qual era, assim, a situação política do Pará no final do primeiro semestre de 1823, antes da chegada de Grenfell a Belém, em 11 de agosto de 1823? A província mantinha-se oficialmente pró-Lisboa, o que não significa dizer que apenas pequeno grupo de portugueses e algumas tropas mantinham toda a província como refém. Havia, por outro lado, múltiplos projetos em curso, representados por forças conservadoras, interesses econômicos locais, lealdades com Lisboa, mas também reações às medidas das Cortes e diferenças quanto às expectativas dos rumos da política. Alguns setores moveram-se para o lado da autonomia ou independência, ainda que sem relação com o Rio de Janeiro.

A partir da passagem da *Maria da Glória*, o gérmen da causa do Rio de Janeiro se colocou e aos poucos obteve apoio. Uma visão, diga-se, que veio sustentada pelo avanço das forças militares independentistas sobre todo o Norte-Nordeste, particularmente, no caso paraense, sobre o Maranhão, e sem o qual o espaço para aquele partido "brasileiro" não teria sido aberto.

Assim como no Maranhão, a perspectiva era de conflito continuado ou de manutenção da ordem das coisas caso Lisboa prevalecesse. Do outro lado, porém, vinha com força a causa do outro partido, com promessas de autonomia e outras benesses, ou com ameaças de ação militar. A incorporação ao Império se mostrava mais interessante para alguns setores, dada a possibilidade de adquirir novas vantagens.

Em resumo, havia visões divergentes e uma crise política aberta, à qual se adicionou a Vilafrancada. André Roberto de Arruda Machado[457] aponta, então, o elemento central daquela conjuntura política:

> (...) a disputa política na província tinha chegado a um impasse: a cisão era tamanha que nenhum partido era capaz de chegar ao poder e sustentá-lo de maneira estável. Por sua vez, se todos pretendiam ver triunfar o projeto político defendido por seu grupo, todos também sabiam

---
[456] José Honório Rodrigues, 2002, p. 306.
[457] 2006, p. 312.

que este equilíbrio de forças era um cenário perigoso para o conjunto dos estratos dominantes do Grão-Pará.

A ruptura teria de vir de fora e ocorreu favoravelmente ao Rio de Janeiro. Em 11 de agosto de 1823, Grenfell, no comando do brigue *Maranhão* (ex-*Infante D. Miguel*), apareceu em Belém. Foi "a única força externa que atracou em Belém, tendo sido encarada como a possibilidade de desequilibrar a disputa em favor de um partido o que, consequentemente, pensava-se que asseguraria a manutenção da ordem interna"[458].

Navegando para o Pará, Grenfell tinha recebido de Cochrane instruções para apresentar intimação às autoridades paraenses para que se incorporassem ao Império.[459] Também fora instruído a empreender a mesma "astúcia" que o primeiro almirante utilizara no Maranhão, ou seja, de se apresentar como o primeiro navio de uma grande esquadra, que vinha para submeter a província.

Assim como no caso do Maranhão, não foi apenas a "astúcia" que garantiu a vitória no Pará, pois era patente que a situação já estava conflagrada, com o crescimento da força pró-Rio de Janeiro e com a perda de impulso do vintismo com a Vilafrancada. Grenfell foi o vetor da ruptura. Ainda assim, sua chegada e o ultimato, em 11 de agosto, não mudaram automaticamente a posição do governo da província. Seis dias antes do aparecimento do navio brasileiro, autoridades civis e militares haviam se reunido para discutir mudanças na estrutura de governo. Buscavam-se meios de barrar o "partido dissidente", com a unificação das instituições civis e militares. Esperava-se ganhar tempo até a chegada de instruções de Lisboa.[460]

O governador das armas tentou se mobilizar contra o ultimato de Grenfell, convocando uma reunião da oficialidade.[461] Mostrava-se desconfiado da efetiva força independentista, o que expressou em reunião ocorrida no mesmo dia, entre todas as autoridades civis e militares, destinada a analisar o ultimato. Ao final, prevaleceu a posição favorável ao ultimato, declarando Moura que se via, então, desligado de suas funções.[462] O governador das armas tentaria, naquela noite, um último

---

[458] André Roberto de Arruda Machado, 2006, p. 313.
[459] *Narrativa de serviços*, 2003, p. 93.
[460] André Roberto de Arruda Machado, 2006, p. 36.
[461] José Honório Rodrigues, 2002, p. 306.
[462] Ibid., p. 307.

levante dos militares, que não deu certo. Terminou preso, junto com o coronel Villaça, abrindo espaço para a incorporação do Pará.

Em 12 de agosto de 1823, Grenfell desembarcou, após convite da Junta. Dois dias depois, foi realizada eleição de novo governo e, em 15 de agosto de 1823, ocorreu o juramento a D. Pedro. O Pará foi oficialmente incorporado ao Império, sendo também realizada, em 12 de outubro, a aclamação do imperador. José Honório Rodrigues menciona informação de Varnhagen segundo a qual, ao longo dos tumultos do processo que terminou com a incorporação do Pará, morreram cerca de 1 mil pessoas (incluindo os mortos no episódio do brigue *Palhaço*, mencionado abaixo).[463]

Ao fim, a incorporação ao Rio de Janeiro não se deu como plano bem elaborado por elites que se identificavam com seus homólogos do Sul por sua formação intelectual ou por puro interesse na manutenção da ordem econômica ou da escravidão. A manutenção da ordem, afinal, significava, no Norte, a fidelidade a Lisboa. Adicionalmente, as eventuais dificuldades políticas internas ou com Lisboa não redundavam em movimento natural em direção ao Rio de Janeiro, como ocorreu no Centro-Sul. Distanciar-se das Cortes não se traduziu na aproximação de parcelas significativas das elites ao Rio de Janeiro. Outras possibilidades, como mostrou a posição de Filipe Patroni, eram também cogitadas. Nenhuma prevalecia.

As "adesões" das elites no Pará, na verdade, foram uma resposta à "necessidade de se adaptar ao rápido processo de mudanças que alterava, então, o cenário político externo e interno".[464] Quando o Rio de Janeiro, principalmente pela força militar que arregimentou, adquiriu a vantagem, parte da elite fez como a maranhense e outras. Obrigada a se adaptar, viu a chegada de Grenfell (e as promessas de novas forças militares, se necessário) "como a oportunidade dos estratos dominantes restabelecerem a ordem, coisa que então se julgava que só poderia ser alcançado com uma intervenção de forças militares externas".[465]

Sem necessariamente compartilhar um plano ou uma identidade, a adesão paraense (e de grande parte do Norte-Nordeste, como visto) não tinha, ao contrário do Sul, a solidez que a "interiorização da metrópole"

---
[463] 2002, p. 309.
[464] André Roberto de Arruda Machado, 2006, p. 311.
[465] Ibid., 2006, p. 312.

e as promessas/realizações da Corte haviam operado sobre as "Provincias Colligadas". Com isso, na ausência de medidas de curto prazo do Rio de janeiro para cumprir suas promessas e mostrar as vantagens da nova ordem política, os problemas relacionados à estabilidade política – inclusive a revisão da "adesão" – voltaram rapidamente.

Havia ameaças de vários lados

> como a reconquista da província por Portugal ou a incorporação da mesma pela Confederação do Equador, mas também por projetos de futuro tidos como radicais, cuja defesa acabou fomentando a guerra civil que se iniciou poucas semanas depois do juramento de fidelidade a D. Pedro I.[466]

Ou, se poderia dizer, a "adesão" não significou de maneira alguma a resolução ou interrupção dos problemas políticos, pois foi em questão de semanas que eles ressurgiram. Os primeiros membros da Junta eram, segundo José Honório Rodrigues,[467] "adesistas" à causa independentista, e não lograram alcançar a estabilidade da província.

Foi numa expressão antiportuguesa,[468] surgida no dia 15 de outubro de 1823, que soldados do 2º regimento de artilharia, acompanhados de populares, saíram às ruas para atacar portugueses e pedir a demissão da Junta. Foi necessário recorrer à força naval e a Grenfell. Este determinou, ainda de madrugada, o desembarque de tropas, auxiliadas por marinheiros mercantes. Muitas pessoas foram presas.

No dia 17, 5 indivíduos foram fuzilados e 256 soldados, inicialmente recolhidos na cadeia, foram encarcerados no brigue *Palhaço*. Ocorreu, então, o episódio do confinamento desses presos em uma cela pequena, que gerou tumulto. Tiros da guarnição para "acalmar os ânimos" teriam provocado ainda maior movimentação, de modo que a cal que estava no porão foi espalhada e fechou as aberturas. No dia seguinte, 252 soldados estavam mortos. Dos 4 sobreviventes, apenas um resistiu.[469]

A instabilidade política, ao final, não deixaria a província do Pará antes de 1825, obrigando o Rio de Janeiro a enviar força naval ainda em 1824. Foi o reconhecimento da Independência por Portugal que

---

[466] André Roberto de Arruda Machado, 2006, p. 31.
[467] José Honório Rodrigues, 2002, p. 308.
[468] José Honório Rodrigues, 2002, p. 308.
[469] Aldrin Moura de Figueiredo, 2009, p. 177.

eliminou os últimos bastiões de fidelidade a Lisboa, fechando importante foco de problemas, que não havia sido extinto em 1823 e ainda se aproveitava de conexões com Portugal para se manter vivo. Sobre esse ponto, afirmou Cochrane[470] que a instabilidade no Pará mostrava

> (...) da parte das províncias um desejo de prosseguir cada uma sua carreira separada; provando o profundo efeito produzido pelos conselhos de Palmela para promover a anarquia com fomentar o amor-próprio provincial – como meio de exercitar a discórdia, e assim reduzir o Império novamente formado à insignificância e à ruína.

Se, depois do Tratado de Reconhecimento, não havia mais a ideia de restabelecimento do vínculo com Lisboa, a ligação com o Rio de Janeiro ainda permaneceria frágil por anos até a definitiva consolidação do território e identidade nacional, já em meados do século XIX. O processo político, que levou à Independência, e a guerra tiveram, portanto, efeitos ao longo de várias décadas nas províncias do Norte-Nordeste do Brasil, mantendo por outras roupagens a mesma instabilidade política originada no processo político de 1821-1823.

---

[470] *Narrativa de serviços*, 2003, p. 203.

VII
CISPLATINA: O CONFLITO ESTRATÉGICO DO SUL

A Cisplatina foi caso tão complexo quanto díspar do ocorrido no Norte-Nordeste. O território já era região em guerra, com presença constante de tropas portuguesas. Estas procuravam garantir a fronteira sul, a mais vulnerável e instável do Reino, por meio da ocupação de território originalmente fundado por portugueses, mas que era parte, até então, da Coroa espanhola. Era, portanto, zona permanentemente em conflito e precariamente vinculada ao Reino do Brasil, ponto estratégico na relação com o mundo hispânico e entrada para o Prata, rio que facilitava o transporte até as províncias centrais, como o Mato Grosso.

Foi no seio das forças militares portuguesas que surgiu a discórdia, derivada da obrigação de optar por Lisboa ou pelo Rio de Janeiro.

A SITUAÇÃO POLÍTICO-ESTRATÉGICA EM 1821

A Cisplatina foi "durante um século e meio (1680–1828) o centro e o símbolo das divergências entre Portugal e Espanha".[1] Busca de limites naturais, exercício de soberania e aproveitamento de espaços territoriais, a fronteira no Prata motivava o permanente jogo diplomático-militar entre espanhóis e portugueses. Naquele ponto do Atlântico "desaguavam três caudalosos rios que alongavam seu percurso até o centro da América do Sul".[2] O Prata facilitava todo o transporte para o interior do continente e até mesmo do Pacífico, evitando o estreito de Magalhães. Era um ponto-chave da colonização do continente.

Ao estabelecimento de Buenos Aires pelos espanhóis, Portugal havia tentado responder com a fundação de Colônia do Sacramento, em 1680, na outra margem do rio da Prata.[3] A cidade e o território acabaram ocupados pela Espanha, em agosto de 1680, sendo restituídos aos portugueses em 1683. Pelas décadas seguintes, a área pendulou entre as duas metrópoles.[4] No início do século XIX, tanto Colônia do Sacramento quanto os Povos das Sete Missões estavam em mãos espanholas,

---

[1] In: ARAÚJO, João Hermes Pereira. "A Herança Cultural". Capítulo I. In: *Três ensaios sobre diplomacia brasileira*: João Hermes Pereira Araújo, Marcos Azambuja, Rubens Ricúpero. Brasília: Ministério das Relações Exteriores, 198, p. 5.
[2] MARTINS, Helio Leoncio. "A Província Cisplatina do ponto de vista brasileiro". In: Estudios Historicos – CDHRP. Año II, nº 4, Marzo 2010. In: http://www.estudioshistoricos.org/edicion_4/helio-leoncio.pdf (acesso em 18/08/2014), p. 1.
[3] FERREIRA, Gabriela. "Conflitos no Rio da Prata". In: *O Brasil Imperial*, volume I: 1808/1831/ SALLES, Ricardo e GRINBERG, Keila (orgs.). Rio de Janeiro, Civilização Brasileira, 2009, p. 325.
[4] João Hermes Pereira Araújo, op. cit., p. 7–8.

desde 1776 (em operação que ocupou, inclusive, a ilha de Santa Catarina), mas já na primeira década do século XIX, as Sete Missões haviam sido recuperadas.

Montevidéu foi fundada em 1726, construída como praça forte destinada a proteger a produção agropecuária da Banda Oriental dos avanços portugueses, que operavam a partir da Colônia do Sacramento.[5] Ao contrário de outras áreas do Vice-Reinado, que dependiam do porto de Buenos Aires, a cidade tinha seu próprio porto. "Essa posição particular está na raiz de dois fatos marcantes: o espírito de autonomia de Montevidéu e a rivalidade econômica com Buenos Aires".[6]

As revoluções nas colônias espanholas na década de 1810 transformaram o cenário platino e abriram um novo capítulo da disputa entre Portugal e Espanha. Em maio de 1810, ante a informação da dominação da Espanha por Napoleão, ocorreram as chamadas "Jornadas de Maio", nas quais partidos locais ("criollos") assumiram o poder e deram os primeiros passos para a independência do Prata, apenas consumada na década seguinte. Duas Juntas se sucederam em Buenos Aires, em meio a protestos populares. A segunda, de 25 de maio de 1810, era liderada por Cornélio Saavedra e jurava fidelidade a Fernando VII (mas não ao Conselho de Regência).

Esta segunda formação tinha também a pretensão de reivindicar autoridade sobre todo o Vice-Reino do Prata. A partir desse momento, iniciou-se processo de indas e vindas em toda a região, entre governos revolucionários e reações da Espanha. Conforme aponta Gabriela Ferreira:[7]

> Nesse período, portanto, reinava a incerteza acerca da melhor forma de organização política a ser assumida pelas Províncias Unidas do Rio da Prata. (...) No Rio da Prata, a primeira década revolucionária foi de fato marcada pela coexistência conflituosa da soberania das cidades com a tendência dos governos centrais a buscar, além da independência em relação às autoridades da metrópole, a organização de um Estado que, sob a liderança de Buenos Aires, conformaria uma única soberania rio-platense.

---

[5] FERREIRA, Gabriela Nunes. *O rio da Prata e a consolidação do Estado imperial*. São Paulo: Hucitec, 2006, p. 53.
[6] Ibid., p. 53.
[7] 2006, p. 315.

Outras cidades resistiram às pretensões portenhas e, no choque dessas duas posturas, houve a desagregação no Prata. Buenos Aires chegou a enviar missões militares ao Paraguai, ao Alto da Bolívia e a Montevidéu, mas seu sucesso foi limitado.

Montevidéu permaneceu, inicialmente, vinculada à Espanha, mas o governo do território alternou-se, no período, entre autoridades espanholas e Juntas Governativas.[8] Buenos Aires, então, passou a auxiliar os partidários orientais da independência contra a Espanha, movimento que resultou em guerrilhas que atingiam a fronteira com o Reino do Brasil, provocando um estado de insegurança.[9]

No período surgiu também a figura de José Gervásio Artigas. Oficial do Exército espanhol, Artigas aderiu aos insurgentes de Buenos Aires, assumindo o comando da revolução no território oriental. A aliança não durou muito, rompendo Artigas com os portenhos. O comandante também polarizaria a elite oriental, sendo apoiado por alguns estancieiros, ao passo que os comerciantes de Montevidéu permaneceram, em sua maioria, ao lado da Espanha.[10] Ainda em 1811, em 28 de fevereiro, ocorreu a primeira investida de Artigas, inicialmente restrita a um pequeno grupo de partidários que se rebelou nas margens do "Arroio Ascencio".[11] O líder oriental recebeu o apoio de 3 mil homens de Buenos Aires e obteve vitórias no interior da Banda Oriental. Marchou, então, para cercar Montevidéu, onde se encontrava o vice-rei, Javier Elío, ainda fiel à Espanha.[12]

Sem contar com apoio militar espanhol, Elío apelou a D. João VI, no Rio de Janeiro. A resposta foi rápida e, ainda em 1811, tropas brasileiras comandadas pelo general Diogo de Souza ocuparam Montevidéu. D. João VI, ademais de buscar reforço da segurança da fronteira e garantir "a integridade dos domínios dos familiares de Carlota Joaquina", "tinha pretensões de estender seus domínios americanos ao Prata, sendo que o pedido de ajuda de Elío era uma excelente argumentação para que

---

[478] Vide FERREIRA, Fábio. "O General Lecor, os Voluntários Reais e os Conflitos pela Independência do Brasil na Cisplatina (1822-1824)". Tese de doutorado apresentada ao Programa de pós-graduação em história da Universidade Federal Fluminense. Niterói, 2012. In: http://www.historia.uff.br/stricto/td/1408.pdf (acesso em 14/08/2014).
[9] João Hermes Pereira Araújo, 1989, p. 10.
[10] Fábio Ferreira, 2012, p. 54.
[11] Helio Leoncio Martins, 2010, p. 3.
[12] Fábio Ferreira, 2012, p. 54.

as tropas lusas ocupassem o território platino".[13] Para além de seus interesses estratégicos, o monarca português agia, no Prata, como braço monárquico contra os revolucionários platinos.

A presença portuguesa durou, no entanto, poucos meses. Elío e Buenos Aires chegam a acordo em 20 de outubro de 1811, sem a participação dos portugueses. Os portenhos aceitaram sair da Banda Oriental, mas demandaram a retirada das tropas portuguesas. Essas ainda permaneceram por um tempo. Sem capacidade militar para expulsá-las, os orientais recorreram à Inglaterra, que pressionou o Rio de Janeiro pela saída.[14] Os ingleses, ao longo de toda a década, realizaram gestões políticas contra a presença portuguesa na Banda Oriental.[15] Seu interesse estratégico era de evitar o domínio do Prata por um só Estado. Toda a sua atuação se daria nessa direção, pendulando entre os governos da região.

O período que se seguiu, até 1816, permaneceu agitado na Banda Oriental, com os mesmos personagens realizando marchas e contramarchas. Artigas se deslocou até Entre Rios, acompanhado por algo como 15-16 mil pessoas,[16] o que ficou conhecido como o "Êxodo do Povo Oriental". Em Entre Rios, foi aclamado chefe dos orientais, incluindo as províncias de Santa Fé, Entre Rios e Corrientes. Sua relação com as Províncias Unidas permaneceu, ainda assim, sensível.

Uma nova Junta foi eleita em Buenos Aires, em 1813, e convocou Assembleia Geral, com representantes de todas as províncias, destinada a tentar organizar a relação entre as colônias do Prata. A tendência da nova Junta era de centralização do poder na capital portenha, o que se chocou com interesses locais, inclusive de Artigas, que, fora de Montevidéu, foi eleito governador por uma Câmara de Deputados. A mesma Assembleia designou representantes para a Assembleia em Buenos Aires,[17] os quais seguiriam instruções decorrentes de encontro conhecido como Congresso Oriental. As "Instrucciones del Año XIII", ao contrário da tendência de Buenos Aires, reivindicavam autonomia da Banda Oriental.[18] O conflito político já estava patente.

---

[13] Fábio Ferreira, 2012, p. 54.
[14] Fábio Ferreira, 2012, p. 55.
[15] Fábio Ferreira, 2012, p. 55.
[16] Helio Leoncio Martins, 2010, p. 4.
[17] Helio Leoncio Martins, 2010, p. 5.
[18] Fábio Ferreira, op. cit., 2012, p. 56.

Nesse contexto, um novo ataque foi realizado contra Montevidéu, em 20 de junho de 1814, na tentativa de derrubar o substituto de Javier Elío, Vigodet. A ação foi eficaz, principalmente em razão da atuação da Marinha portenha. Artigas participou inicialmente do cerco, mas abandonou-o depois por divergências com Buenos Aires. Partiu para o Norte, onde ampliou sua influência no interior da Banda Oriental. Foi por essa razão declarado "infame, traidor da Pátria". Após a ocupação, houve um princípio de reaproximação, com a assinatura, em 9 de julho de 1814, de tratado com Alvear. Artigas foi perdoado, recebendo posto militar e se tornou responsável pela organização da província.

A aliança, mais uma vez, não durou muito. Mobilizando caudilhos locais, Artigas fez com que os portenhos abandonassem Montevidéu em janeiro de 1815. O líder oriental assumiu o governo,[19] mas não teve apoio de toda a elite, com parte da qual se indispôs. Essas rusgas com Buenos Aires e com as elites locais tiveram grande influência posterior, na ocupação e gestão portuguesa do território.[20] Helio Leoncio Martins resume a situação da região no início de 1815:

> As Províncias Unidas em grande desordem política e tendo abandonado a Banda Oriental, com operações militares no norte, sem capacidade de enfrentar Artigas, que estava com toda a força, influindo mesmo em três províncias da União. Buenos Aires procurava um Governo que assumisse quando a União tivesse independência total, o que se aproximava, aceitando um príncipe estrangeiro, até da Casa de Bragança (ou Inca!). (...) Há insinuações históricas de que o Governo de Buenos Aires tenha pedido a invasão à Corte do Rio de Janeiro.[21]

Com interesses estratégicos na região e uma conjuntura política instável que atingia as fronteiras de seu Reino, D. João VI organizou nova invasão da Banda Oriental. A "anarquia" na região, especialmente pelas ações de Artigas, foi a justificativa para a operação militar.[22]

---

[19] Fábio Ferreira, op. cit., 2012, p. 57.
[20] Fábio Ferreira, 2012, p. 58.
[21] Vide também COMIRAN, Fernando. "Portugal no Uruguai: um debate sobre a intervenção portuguesa na Banda Oriental do Uruguai (1816)". In: Anais do XXVI Simpósio Nacional de História – ANPUH. São Paulo, julho de 2011. http://www.snh2011.anpuh.org/resources/anais/14/1300893727_ARQUIVO_ANPUH2011_PortugalnoUruguai-umdebatesobreaintervencaoportuguesanaBandaOrientaldoUruguai-1816.pdf (acesso em 14/08/2014), p. 7.
[22] Fernando Comiran, 2011. Vide também RODRIGUES, José Honório & SEITEN-

Há diferentes interpretações, no entanto, sobre os objetivos da ocupação. Fernando Comiran aponta relação entre a ocupação da Banda Oriental e pendências na Península Ibérica (ocupação espanhola de Olivença, no contexto das guerras napoleônicas), que eram discutidas nos congressos diplomáticos em curso, pós-período napoleônico.[23] Nessa concepção, a invasão buscaria adquirir uma moeda de troca para as negociações com a Espanha. Já Helio Leoncio Martins registra instruções dadas ao comandante da expedição militar portuguesa, Carlos Frederico de Lecor, em 6 de junho de 1816, nas quais estaria clara a intenção de D. João VI de instalar a soberania portuguesa sobre a Banda Oriental.[24] Essa segunda interpretação, aliás, se relaciona à tradicional visão que Portugal tinha daquele território, considerado sua "fronteira natural". Independentemente dos objetivos iniciais da operação, a invasão portuguesa da Banda Oriental traduziu-se no tempo pelo desejo de uma ocupação permanente.

A preparação para a invasão portuguesa iniciou-se ainda em 1814. Pela ordem de 7 de dezembro de 1814, foi estabelecido um Corpo de Exército de Portugal, denominado "Divisão de Voluntários d'El Rei", que viajou ao Brasil com a Divisão Auxiliadora, ao longo de 1815-1816. Parte da divisão ficou no Rio de Janeiro e outra parte partiu diretamente para o Prata. Era composta por 2 batalhões de Caçadores – denominados Voluntários Reais (e, posteriormente, Voluntários d'El Rei), 3 esquadrões de cavalaria e 1 companhia de artilharia, totalizando 4.831 homens.[25] A tropa que desembarcou no Rio de Janeiro desfilou para D. João VI, em episódio que ficou registrado pelo pintor Debret.[26]

Outra parte do contingente que atuou na Banda Oriental foi recrutada na própria Colônia, depois Reino do Brasil, especialmente no Sul, em São Paulo e no Rio de Janeiro. Também havia tropas de Pernam-

---

FUS, Ricardo A. S. *Uma história diplomática do Brasil, 1531-1945*. Organização de Lêda Boechat Rodrigues. Rio de Janeiro: Civilização Brasileira, 1995, p. 112.

[23] Palmella, segundo Comiran, liderava a missão diplomática em Viena e buscava tornar tal episódio um elemento de "barganha" nas negociações com a Espanha. Op. cit., p. 8.

[24] "Sua Majestade decidiu mandar ocupar a cidade de Montevidéu e os territórios deste lado do Rio Uruguai e instalar capitania com um Governo separado e interno enquanto convenha à segurança de nossas fronteiras". Apud Helio Leoncio Martins, op. cit., p. 7.

[25] Gustavo Barroso, 2000, p. 34.

[26] In: Brasiliana – USP. www.brasiliana.usp.br.

buco, que partiram para o Sul após o fim da Revolução de 1817.[27] Eram em torno de 2 mil homens, incluindo oficiais, dentre os quais o general Bernardo da Silveira Pinto, e duas figuras importantes da história do Sul do país: Bento Manuel e Bento Gonçalves.[28]

Segundo mapa de tropas enviado pelo ministro da Guerra de Portugal às Cortes de Lisboa,[29] em 26 de março de 1822 a Cisplatina contava com 8.129 homens e 3.733 cavalos. Destes, 3.678 eram da Divisão de Voluntários Reais, um número um pouco distinto do quadro inicial da Divisão, que chegara à Banda Oriental com 4.831 soldados. Essa disparidade poderá se referir às movimentações, baixas e outras medidas rotineiras em um processo longo de ocupação e posterior incorporação daquele território ao Reino português. As demais tropas, de províncias brasileiras, totalizavam 4.416 soldados.

Essas tropas de origem americana permaneceram longo tempo no local, a ponto de a Assembleia Constitucional do Rio de Janeiro discutir, em julho de 1823, a situação dos soldados paulistas, que já haviam ultrapassado seu tempo de serviço (dois anos). Os deputados Paula Mello[30] e Vergueiro[31] se referiram à força de mais de mil paulistas que estariam na Cisplatina, Vergueiro adicionando a essa tropa de 1ª linha mais 800 milicianos, sem contar outras "companhias de guerrilhas", vindas de Curitiba. No dia 31 de julho de 1823,[32] o deputado Nogueira da Gama defendia a continuada presença dessas tropas e reforçava a imagem de que a ação luso-brasileira na Cisplatina era principalmente defensiva, contra os inimigos do Brasil, que incluíam elementos das ex-colônias espanholas e os portugueses. Nogueira da Gama insistia, assim, na necessidade das tropas paulistas, para terminar com a expulsão dos portugueses e para manter o "theatro da guerra fora do nosso território".

Em 1816, as tropas de D. João VI avançaram. Após escaramuças ao longo do caminho, lograram entrar pacificamente em Montevidéu, em 20 de janeiro de 1817, após acordo com o cabildo local. A tomada de

---

[27] Oliveira Lima, 1997, p. 260.
[28] J. B. Magalhães, 2001, p. 231.
[29] Sessão de 20 de agosto de 1822. In: Atas das Cortes Geraes e Extraordinárias da Nação Portugesa. Vide também, como mencionado no capítulo V, José Honório Rodrigues, 2002, p. 217.
[30] Sessão de 17/06/1823. In: *Diário da Assembleia Geral e Constituinte*.
[31] Sessão de 30/07/1823. In: *Diário da Assembleia Geral e Constituinte*.
[32] Sessão de 31/07/1823. In: *Diário da Assembleia Geral e Constituinte*.

Montevidéu não significou, no entanto, o fim da luta. Os combates continuaram, na verdade até 21 de janeiro de 1820, quando da Batalha de Taquarembó.[33] As tropas luso-brasileiras foram constantemente reforçadas e apoiadas por elementos da Marinha que atuaram na região.

Com a derrota de Artigas, segundo Fábio Ferreira, a Monarquia lusa desferiu forte golpe "no segmento mais radical da revolução platina", adquiriu um estratégico ponto-chave para a segurança do Brasil e apropriou-se "de um território de grande riqueza pecuária".[34]

O comandante militar por trás da ação portuguesa sobre a Cisplatina foi o general Carlos Frederico Lecor, nascido em Portugal, em 1764. Era militar experiente da guerras napoleônicas, em Portugal, nas quais havia adquirido grande reputação, inclusive junto aos comandantes ingleses.[35]

Na avaliação de Fábio Ferreira, a figura de Lecor é pouco valorizada no Brasil, talvez pelo fato de que era "fortemente vinculado ao projeto cisplatino, ou seja, de transformar o que é hoje o atual Uruguai em parte dos domínios bragantinos". Lecor ficou associado com os resultados posteriores, desfavoráveis ao Império. Mas, ressalta o autor, a situação no início daquela década de 1820 era muito distinta do que veio depois. Pela importância estratégica da região e pela gravidade do conflito que lá ocorreu, "é provável que se o projeto de estender o Brasil ao Prata tivesse vingado, houvesse espaço para Lecor na galeria de heróis nacionais".[36]

O comandante das forças portuguesas, instruído por D. João VI, não limitou sua ação à esfera militar. Desenvolveu todo um trabalho político no governo da Banda Oriental e na delicada relação com os orientais. Lecor alcançou, nesse processo, apoio de parte da elite uruguaia, "descontente com a política artiguista; defecções importantes entre os seguidores de Artigas, como a de Fructuoso Rivera, deram mais força aos portugueses".[37] Muitos desses aliados já eram figuras

---

[33] Helio Leoncio Martins, 2010, p. 12.
[34] FERREIRA, Fábio. "A atuação do General Lecor na incorporação de Montevidéu e sua campanha à monarquia portuguesa: as divergentes interpretações historiográficas no Brasil e no Uruguai". 2010. In: http://cdn.fee.tche.br/jornadas/2/H5-01.pdf (acesso em 13/08/2014), p. 3.
[35] Ibid., p. 19.
[36] Ibid., p. 29.
[37] José Honório Rodrigues & Ricardo Seitenfus, 1995, p. 56.

importantes, ligadas à Espanha ou mesmo a Artigas. Permaneceram em destaque mesmo após a Independência uruguaia, como foi o caso de Rivera. Também foram incentivados os casamentos entre portugueses e orientais, tendo o próprio Lecor se casado com senhora da sociedade local.

Há controvérsias sobre a maneira como Lecor alcançou essa aliança com parte dos orientais. Foram distribuídos títulos, condecorações e feitas promoções na administração pública, o que foi interpretado por alguns como meios de "comprar" alguns orientais. Independentemente dos modos, o comandante das forças portuguesas teve algum sucesso nas ações políticas com os orientais, no sentido do "enraizamento da presença lusa na região".[38] Não foram eliminados, no entanto, os opositores, incentivados por Artigas, por Buenos Aires e, depois, pelos próprios portugueses que resistiam ao Rio de Janeiro.

Paralelamente às ações políticas e militares de Lecor na Banda Oriental, continuou a desenvolver-se no Rio de Janeiro e na Europa um intenso esforço diplomático sobre a questão cisplatina. A Espanha não aceitou a conquista e realizou gestões junto às potências europeias, que tentaram atuar como mediadoras do conflito.[39] Cabe lembrar, como mencionado acima, que as autoridades portuguesas trataram, paralelamente à questão da Banda Oriental, o caso de Olivença, ocupado pelos espanhóis durante as guerras napoleônicas.

Em suas memórias, o conde de Palmella registrou os trabalhos diplomáticos realizados sobre a situação da Banda Oriental. Em carta a D. Antonio de Saldanha da Gama, de 9 de setembro de 1817,[40] Palmella afirmava que "o grande negocio, que ocupa agora as atenções d'este Governo é o da America hespanhola". Relatava o conde as ações espanholas junto às Cortes europeias, inclusive com pedidos de apoio contra as revoltas, a ponto de Palmella avaliar que "para obter esse fim

---

[38] FERREIRA, Fábio, "O discurso dos deputados orientais na criação do Estado Cisplatino". In: Anais Eletrônicos do VII Encontro Internacional da ANPHLAC. Campinas, 2006. In: http://anphlac.fflch.usp.br/sites/anphlac.fflch.usp.br/files/fabio_ferreira_0.pdf (acesso em 02/03/2014), p. 1.

[39] Em carta a D. Antonio Saldanha, de 10/11/1817, Palmella informa que o ministro da Prússia e Encarregados de Negócios de outras quatro potências dirigiram nota comum à chancelaria portuguesa, "fazendo representações contra a sahida de alguns reforços que se mandaram para Mondevideu. (...) Com que temos já a conferencia do Rio de Janeiro como a de París!". 1851, p. 42.

[40] 1851, p. 39.

(a Espanha) até se lhe não daria de repartir algumas das suas colônias entre as grandes potencias".

A mediação europeia, no entanto, teve pouco resultado prático. Em nova comunicação a D. Antonio Saldanha, em 10 de abril de 1819,[41] Palmella avaliava que os mediadores estavam "inclinando a nosso favor". Por essa razão, planejava com o marquês de Marialva a entrega de ultimato à Espanha, exigindo uma indenização mensal, "por todo o decurso do tempo que tardar ainda em fazer tomar posse do seu território". Na avaliação de Palmella, essa indenização cresceria a ponto de ser impossível pagá-la. A alternativa seria o envio de uma missão militar, contra a qual o Rio de Janeiro resistiria. Nas duas hipóteses, segundo a estratégia de Palmella, Portugal adquiriria o direito de manter a Banda Oriental.

A expedição espanhola não ocorreu, assim como não prosperou a causa desta perante as potências europeias, que não foram além de tentativas de mediação. Com esse cenário diplomático favorável, com o aprofundamento das relações políticas e sociais entre portugueses e orientais, e com a derrota de Artigas em 1820, o caminho se mostrava livre para que a Coroa portuguesa finalmente ampliasse seu território para incluir a Banda Oriental.

Exatamente nesse sentido que D. João VI ordenou, em 16 de abril de 1821 houve a realização de Congresso na Banda Oriental, cujo objetivo era de os orientais decidirem o futuro do território. Segundo Fábio Ferreira, a sociedade oriental vivia, nesse momento, "relativa paz, conseguindo, inclusive, alguma recuperação econômica".[42] Os setores produtivos também se interessavam em definir a situação com os portugueses, ao passo que, para o governo de D. João VI, o evento permitiria legitimar, de uma vez por todas, a ocupação.

O Congresso iniciou suas atividades em 15 de julho de 1821, com 12 dos 18 deputados originalmente previstos.[43] As discussões deveriam levar à escolha de uma de três opções: incorporação ao Brasil, incorporação às Províncias Unidas do Prata, ou Independência.

Os parlamentares favoráveis à primeira opção se fundamentaram particularmente no risco de anarquia, nas dificuldades de se manter

---

[41] Ibid., p. 48.
[42] 2006, p. 2.
[43] Fábio Ferreira, 2006, p. 3.

como Estado independente.[44] Folheto publicado em 1822, por J.S.V, registrando-se como "natural de Minas Geraes",[45] também frisava, da perspectiva do Reino do Brasil, a vantagem da incorporação:

> Montevidéu estando incorporado a uma Potência grande pelo seu território, grande pela sua feliz posição, e por suas raras e esquisitas produções, começa a constituir-se um Estado de Ordem, e representação; um estado que conservará as suas Leis, usos, e privilégios até obter outros mais liberais; (...)

Os sucessos militares e políticos de Lecor se traduziam, assim, no apoio dos deputados orientais, que, em 18 de julho 1821, votaram de forma unânime pela incorporação à Coroa portuguesa. Foi redigida carta para a incorporação, que buscava preservar as particularidades da Banda Oriental no contexto do Estado português.[46] Em 31 do mesmo mês, Lecor aceitou a decisão em nome de D. João VI. Em 5 de agosto, foi realizado o juramento ao rei de Portugal.

Impulsionado pelo momento liberal e convocado no apagar das luzes do governo carioca de D. João VI (dez dias antes de sua partida do Rio de Janeiro), o Congresso resultou na incorporação da Banda Oriental ao Reino do Brasil, tornando-se a província da Cisplatina. A medida, vislumbrada como meio de pacificação, não atingiria esse objetivo central, pois logo seria tragada pela batalha da Independência do Brasil e, na sequência, pela guerra entre o Império e as Províncias Unidas, que resultou no Uruguai independente.

---

[44] 2006, p. 6.
[45] "Considerações político-mercantis sobre a incorporação de Montevideo por J.S.V., Natural de Minas Geraes". In: Carvalho et al., 2014, vol. 2, p. 370.
[46] Ibid., p. 7.

ENTRE LISBOA E RIO DE JANEIRO

A nova província da Cisplatina chegou à família portuguesa em momento de grande agitação política, assim como se passava em todas as outras unidades do Reino do Brasil. Também a Cisplatina teria, ao fim do complexo e longo processo de afunilamento das opções, que realizar a opção entre Lisboa ou o Rio de Janeiro. Com o agravante da forte presença de tropas, de origem continental e americana, além das movimentações não extintas daqueles que desejavam transformar a Cisplatina em ente independente ou vinculado às Províncias Unidas do Prata. Nesse ponto estratégico da região, mais de uma disputa foi travada naquele período.

A relação entre tropas europeias e americanas já era tensa em fins de 1820 e início de 1821, antes mesmo da realização do Congresso de Montevidéu. Ficou pior ainda a partir de 1º de dezembro de 1820, com a decisão de D. João VI de incorporar os Voluntários Reais ao Exército do Brasil.[47] A insatisfação das tropas portuguesas foi grande, já em contexto no qual não eram incomuns motins e desordens. Reclamava-se, principalmente, dos atrasos no soldo. Em 23 de junho de 1821 houve princípio de revolta no 2º Regimento de Infantaria dos Voluntários Reais acantonados na área do Secco, que demandavam pagamento dos soldos e melhoria nas condições de vida. O coman-

---

[47] "Manda desligar do Exercito de Portugal a Divisão de Voluntarios Reaes de El-Rei que fica pertencente ao Exercito do Brazil". In: Coleção de Leis do Império do Brasil – 1820, p. 108, vol. 1, pt. I (Publicação Original). In: http://www2.camara.leg.br/legin/fed/decret_sn/anterioresa1824/decreto-39075-1-dezembro-1820-568664-norma-pl.html (acesso em 21/08/2014).

dante do Regimento logrou controlar o movimento, mas com muito esforço.[48]

Foi nesse clima que a notícia da Constituinte portuguesa chegou à região. Em 20 de março de 1821, na ainda ocupada Banda Oriental, a oficialidade apresentou seu juramento à Constituição portuguesa. No manifesto sobre o juramento, também se voltou a protestar contra o decreto de sua incorporação ao Exército do Brasil. Pedia-se, ainda, a retirada da Divisão de Montevidéu.[49] Os oficiais portugueses, no contexto da publicação desse manifesto, pressionaram para que Lecor igualmente jurasse a Constituição e que D. João VI retornasse a Portugal. As tropas de origem "brasileira", no entanto, demoraram mais tempo a aderir às medidas,[50] assim como Lecor.

A tensão entre os dois lados apenas cresceu a partir de 1821, impulsionada dentre outros pelo coronel Claudino Pimentel,[51] que liderara a proclamação de 20 de março e continuou no movimento de reivindicação portuguesa, que pretendia reforçar o vínculo com as Cortes. A convocação do Congresso Cisplatino por D. João VI se inseriu, desse modo, em contexto de agitação política e controvérsia sobre a presença portuguesa na Cisplatina. Em grande medida, a decisão buscava oferecer resposta ao caso, estabelecendo quadro jurídico que solucionasse também o impasse interno na província.

Em razão das crescentes disputas, os oficiais portugueses que reivindicavam a vinculação com Lisboa criaram um Conselho Militar para tratar da disciplina. Este acabou presidido por Lecor.[52] O Conselho, na verdade, se tornaria representação dos corpos da Divisão de Voluntários[53] e constituiria a principal fonte de manifestos a favor de Lisboa e contra

---

[48] Vide "Fiel, natural e circunstanciada exposição dos acontecimentos da noite de 23 de Junho de 1821, pela irregular e indiscreta reunião do 2º Regimento de Infantaria da Divisão de Voluntários Reaes d'El Rei em seu próprio acantonamento do Secco. In: Carvalho et al., 2014, vol. 4, p. 424.
[49] In: LISBOA, José da Silva. *Historia dos Principaes Successos Politicos do Imperio do Brasil, dedicada ao Senhor D. Pedro I*. Parte X. Rio de Janeiro, Typographia Imperial Nacional, 1829. In: Brasiliana USP, http://www.brasiliana.usp.br/bbd/handle/1918/00858810 (acesso em 29/08/2014), p. 165.
[50] FERREIRA, Fábio. "A administração Lecor e a Montevidéu Portuguesa: 1817-1822". In: *Revista Tema Livre*. In: http://www.revistatemalivre.com/lecor10.html (acesso em 21/08/2014).
[51] Ibid.
[52] Helio Leoncio Martins, 2010, p. 12.
[53] Fábio Ferreira, 2012, p. 143.

o Rio de Janeiro. Lecor estava em sua presidência principalmente por ser o chefe, não por compartilhar necessariamente os mesmos anseios.

A adesão às Cortes marcou, ademais, a incorporação da Cisplatina em todo o imbróglio político que se passava dos dois lados do Atlântico em torno do projeto de construção do novo Estado português. Findo 1821, ano que marcou o momento de maior passividade de D. Pedro, o início do conflito do Rio de Janeiro com as Cortes aguçou o clima de tensão que já existia entre as tropas europeias e americanas, estas em sua maioria do Centro-Sul e Sul, ou seja, mais próximas ao Rio de Janeiro. Duas relações paralelas se desenvolveram: tanto Lisboa quanto o Rio de Janeiro empreenderam diálogo direto com Lecor e a Cisplatina, e, com o avançar da disputa, procuraram ganhar adesões no seio da tropa.

A primeira relação, com Lisboa, foi a mais complicada. A posição do governo português não foi necessariamente favorável à incorporação da Cisplatina ao Reino.[54] Chanceler de D. João VI na volta a Lisboa, Silvestre Pinheiro Ferreira efetivamente posicionou-se contra a incorporação, enviando dois ofícios a Lecor, em dezembro de 1821, manifestando "indignação com a anexação" e solicitando exposição dos fatos.[55]

Nem D. João VI, nem as Cortes jamais ratificaram a incorporação da Cisplatina, ainda que a nova província tenha elegido um deputado às Cortes de Lisboa, D. Lucas José Obes. Este nunca chegou a Lisboa, pois, fazendo escala no Rio de Janeiro e consultando D. Pedro, estimou este que era melhor que o oriental permanecesse na capital carioca.[56] D. Lucas Obes se tornou, no momento seguinte, importante figura na gestão dos temas da Cisplatina no Rio de Janeiro e membro do Conselho de Procuradores convocado por D. Pedro.

A resposta de Lecor a Silvestre Pinheiro foi enviada em 29 de março de 1822.[57] O comandante português elencou as críticas de ter prejudicado as relações com a Espanha e de ter criado um "simulacro" de Assembleia para a incorporação da província, que teria sido objetivo pessoal de Lecor e não interesse do rei. Respondeu ter cumprido suas instruções, inclusive as enviadas pelas Cortes, em 16 de abril de 1821, e defendeu a validade do Congresso. Reiterava, ainda, sua vassalagem ao rei.

---

[54] Helio Leoncio Martins, 2010, p. 15.
[55] Fábio Ferreira, 2012, p. 132.
[56] Oliveira Lima, 1997, p. 261.
[57] In: Fábio Ferreira, 2012, p.136.

Lecor registrou o envio de documentos sobre suas medidas, os quais auxiliariam o governo a entender o caso. Apontou, também, para a influência de outras nações no caso:

> a parte lesada sempre se queixa, e as queixas dela nunca fazem regra; e como na Incorporação desta Província aos Dominios Portuguezes não é lesada so a Hespanha (...) é necessário estar de cautela contra o que digam outras Potencias acaso mais prejudicadas nisto que a mesma Hespanha, porque queriam este Paiz para si, outras porque sendo nosso não lhe rende tantos lucros.[58]

A referência indireta recai principalmente sobre o Reino Unido, que tinha interesses estratégicos diretos na região. Nova correspondência do comandante português no Prata foi enviada a Silvestre Pinheiro em 22 do mesmo mês, na qual reiterava sua defesa das medidas adotadas.

As Cortes Gerais discutiram, nesse período, a presença das tropas na Cisplatina. Alguns deputados defendiam, já em 1821, que as forças portuguesas fossem retiradas da região. Outros desejavam que as tropas fossem enviadas à Bahia, ponto que se tornou o centro da causa das Cortes no Brasil, em contraposição ao Rio de Janeiro. Essa preocupação com o risco do reforço das tropas na Bahia com os Voluntários de el'Rey se manteve do lado brasileiro por todo o conflito. Madeira efetivamente manteve correspondência com D. Álvaro da Costa, comandante na Cisplatina que se manteve fiel a Lisboa, e cogitou a transferência de suas forças para Salvador,[59] medida que também foi analisada pelas Cortes. A atuação da Marinha brasileira se tornava, nesse caso, ainda mais importante do que o simples cerco que se deu a Montevidéu. Ela foi o único meio de garantir que a operação de transferência – cujas implicações para a guerra na Bahia poderiam ter sido importantes – não ocorresse.

---

[58] Apud Fábio Ferreira, 2012, p. 138.
[59] Os entendimentos entre os comandantes portugueses na Cisplatina e na Bahia também são relatados por PEREIRA, Aline Pinto. *A Monarquia constitucional representativa e o locus da soberania no Primeiro Reinado: Executivo versus Legislativo no contexto da Guerra da Cisplatina e a formação do Estado no Brasil*. Tese de doutorado. Curso de pós-graduação em história social da Universidade Federal Fluminense. Nitéroi, 2012. In: http://www.historia.uff.br/stricto/td/1390.pdf (acesso em 21/08/2014), p. 89.

A Bahia, cabe ressaltar, mantinha relações comerciais com o Prata e com a Cisplatina.⁶⁰ As combinações entre essas duas províncias se colocava, naquele ano de 1822, como importante ameaça contra o Rio de Janeiro, ainda em processo de consolidação de sua autoridade no próprio seio das "Provincias Colligadas." Em dezembro de 1822, antes de fechado o cerco a Montevidéu, como se verá abaixo, discutiu-se em Salvador⁶¹ a possibilidade de envio de parte da esquadra sob o comando do almirante João Félix para auxiliar os Voluntários Reais. A decisão, após conselho dos principais oficiais de Marinha, foi de privilegiar a defesa de Salvador, não enviando o reforço para o Sul. Este, se tivesse se efetivado, teria se colocado como forte adversário às tropas pró-Rio de Janeiro e complicado ainda mais a situação na Cisplatina. Os múltiplos teatros de guerra e a ausência de reforços europeus prejudicavam a estratégia dos partidários das Cortes.

Em Lisboa, a questão cisplatina foi debatida com pormenor na sessão de 2 de maio de 1822,⁶² a partir de parecer da Comissão diplomática sobre a eventual evacuação de Montevidéu. Discutiu-se a oportunidade ou não de se deixar a província. Arrolaram-se, entre representantes a favor e contra, argumentos sobre custos, legitimidade da ocupação e, especialmente, o tema da segurança do Brasil. Sobre a incorporação da Cisplatina, a maioria dos parlamentares defendeu a legalidade da posse do território, em alguns casos fazendo longas digressões sobre as disputas – jurídicas e armadas – entre portugueses e espanhóis. A fronteira portuguesa, por direito e fato, terminaria no Prata, visão defendida por muitos deputados portugueses. Era, contudo, o tema da segurança que se destacava nas razões dos parlamentares para que Montevidéu permanecesse protegida pelas Forças Armadas portuguesas.

---

⁶⁰ Sobre esse relacionamento comercial, vide JUNQUEIRA, Lucas de Faria. "A Bahia e o Prata no Primeiro Reinado: comércio, recrutamento e guerra cisplatina (1822–1831)." Dissertação apresentada ao programa de pós-graduação em história da Universidade Federal da Bahia. Salvador, 2005. In: https://repositorio.ufba.br/ri/bitstream/ri/11345/1/Dissertacao%20Lucas%20Junqueiraseg.pdf (acesso em 22/08/2014).

⁶¹ Anexo, de 21 de dezembro de 1822, ao OFÍCIO do (chefe de divisão e comandante da Esquadra), João Félix Pereira de Campos, ao (secretário de estado da Marinha e Ultramar), Inácio da Costa Quintela, sobre operações da Esquadra sob o seu comando e enviando o mapa geral do estado dos navios. In: Projeto Resgate, AHU_ACL_CU_005, Cx 275 D. 19178 – 22 de dezembro de 1822. Arquivo da Biblioteca Nacional.

⁶² *Cortes Geraes e Extraordinarias da Nação Portuguesa, Atas.* In: www.debates.parlamento.pt

A segurança do Brasil era, interessantemente, a mesma razão utilizada por aqueles que advogavam retirada da província. Para esses deputados, a permanência das tropas em Montevidéu acirraria ânimos e poderia incentivar, ou dar motivos, a incursões de "revolucionários" em território "brasileiro".[63] Ademais, arrolavam-se os custos da manutenção das tropas em Montevidéu. Na visão dos defensores da retirada, as tropas americanas seriam suficientes para manter a segurança da região, podendo os corpos profissionais dos Voluntários ser utilizados em outros pontos nos quais fossem necessários.

Apesar das vozes em contrário, a ata de 2 de maio registra apoio majoritário à manutenção de forças em Montevidéu. O tema ali era geopolítico, não se deixando de lado que o acesso pelo Prata era o caminho mais rápido às províncias do Mato Grosso e de Goiás. Encaixava-se, ademais, diretamente na questão das relações entre Portugal e Brasil, terminando, ultimamente, a indicar aquela que seria, posteriormente, a estratégia portuguesa na guerra: posse das duas entradas fluviais para o interior do Brasil (o Grão-Pará estava do lado português) e a manutenção das províncias ricas do Norte-Nordeste.

Em agosto de 1822, nova sessão das Cortes mudou a direção das posições quanto à Cisplatina.[64] Os debates refletiam a perceptível tensão na província – inclusive com relação às diferentes facções que formavam os próprios orientais[65] – e as alegações de Lecor de que não tinha condições de cumprir as instruções de Lisboa. Houve a autorização para a remoção das tropas, "como entendesse útil e honroso",[66] sendo que o parecer da Comissão portuguesa negava legalidade ao ato de incorporação da Cisplatina ao Reino do Brasil, por ter sido feita por "método arbitrário do Barão da Laguna".

A questão cisplatina não se desenvolveu, em Lisboa, favoravelmente à posição de comandante das forças portuguesas. Lecor perdeu muito de seu prestígio, abalado por motins no interior da Divisão dos Voluntários e pela reação do Executivo português. A conclusão das Cortes pela manutenção, em um primeiro momento, da praça de Montevi-

---

[63] Vide ata da sessão de 02/05/1822, intervenção do deputado Trigoso. In: Atas das Cortes Geraes e Extraordinarias da Nação Portuguesa.
[64] Sessão de 20 de agosto de 1822. In: Atas das Cortes Geraes e Extraordinarias da Nação Portuguesa, op. cit.
[65] Ibid.
[66] José Honório Rodrigues, 2002, p. 220.

déu, pouco alterava a situação do então comandante. Continuavam as demandas por explicações e, meses depois, chegava-se à conclusão da retirada. Na verdade, as Cortes optaram por substituir Lecor já nos primeiros momentos da questão.

Fábio Ferreira sugere que essa atitude impulsionou a aproximação de Lecor com o Rio de Janeiro, favorecendo, posteriormente, sua adesão ao novo Império.[67] Lecor, nessa interpretação, teria se aproximado de D. Pedro "em virtude dos seus interesses pessoais e do seu grupo político".[68] De todo modo, a Independência brasileira "abonou Lecor de qualquer explicação para com Portugal" (sobre sua ação para a incorporação da Cisplatina),[69] livrando-o da necessidade de maiores explicações, como demandava o chanceler português Silvestre Pinheiro.

As reações do Rio de Janeiro sobre a Cisplatina foram claramente melhores para Lecor. Paralelamente às conversas com Lisboa, Lecor manteve diálogo com D. Pedro sobre a situação da província e sobre a importância estratégica da região.[70] Já em 7 de fevereiro de 1822, o militar escreveu a D. Pedro para tratar da conjuntura cisplatina e dos desentendimentos com as Cortes. Lecor sustentou ter cumprido as instruções de D. João VI e defendeu seu posicionamento sobre o Congresso de Montevidéu. Insistia, nesse sentido, nas vantagens estratégicas da manutenção da Cisplatina e alertava D. Pedro sobre a situação dos Voluntários Reais. A reação do regente foi positiva.

Também na imprensa o movimento político no Rio de Janeiro era mais favorável à política de Lecor. Em 13 de agosto de 1821, o *Revérbero Constitucional Fluminense* celebrou a incorporação da Cisplatina, posição que o periódico de Januário da Cunha Barbosa e Gonçalves Ledo manteve ao longo de 1822.[71] Igualmente, o visconde de Cairu, José da Silva Lisboa, escrevendo em 1829, registrou ter defendido a incorporação da Cisplatina.[72]

D. Lucas Obes, presente no Rio de Janeiro, foi muito ativo em mobilizar os partidários de D. Pedro na resistência tanto contra a opo-

---

[67] 2010, p. 4.
[68] Fábio Ferreira, 2012, p. 135.
[69] Fábio Ferreira, 2010, p. 16.
[70] Fábio Ferreira, 2012, p. 133.
[71] Aline Pinto Pereira, 2012, p. 84.
[72] *História dos Principaes Successos Politicos do Imperio do Brasil*, 1829, p. 165.

sição que vinha do Prata, quanto a de Portugal.⁷³ Crítico de Lisboa, Obes estimava que as Cortes humilhavam o Brasil e incitavam focos de rebeldia no Norte e no Sul. Pouco antes do 7 de setembro, D. Lucas defendeu que "o Brasil precisava preparar-se para a guerra e armar-se, reestruturando o Exército e a Marinha, em defesa de suas fronteiras".

A manutenção da Cisplatina era, ademais, de fundamental importância para os projetos de José Bonifácio de construção de um grande Império na América: "a perda daquele território colocava em risco, por exemplo, o contato do Rio de Janeiro com o Mato Grosso".⁷⁴ O Patriarca da Independência foi, então, o principal articulador dos contatos com a Cisplatina e com Lecor, na busca de convencer o comandante das forças portuguesas a aderir à causa do Rio de Janeiro.

Como resultado, em fins de fevereiro de 1822, segundo o relato de Mareschal,⁷⁵ Lecor aderiu à causa do Rio de Janeiro. O diplomata austríaco recebeu essa informação diretamente do príncipe regente, segundo o qual três deputados orientais, destinados originalmente para as Cortes de Lisboa, iriam ao Rio de Janeiro e lá ficariam, caso o príncipe também permanecesse na capital carioca. Esse número informado por Mareschal é distinto daquele mencionado acima, que previa apenas o envio de D. Lucas Obes, que efetivamente chegou ao Rio de Janeiro e atuou como interlocutor de D. Pedro na causa da Cisplatina.

Ainda segundo Mareschal, a notícia do apoio de Lecor era importante, "no sentido que ela é uma prova do partido que adota esse General, a tropa portuguesa não deseja de maneira alguma deixar essa Província onde ela recebe um soldo bem alto e onde os habitantes que temem Buenos Aires querem mantê-la.⁷⁶ O apoio de Lecor, terminava Mareschal, chegava com outras cartas de apoio de diferentes provín-

---

⁷³ Aline Pinto Pereira, 2012, p. 86.
⁷⁴ Fábio Ferreira, 2012, p. 36.
⁷⁵ Ofício de 2 de março de 1822, nº 7, letra A. In: Figueira de Mello, 1914, p. 37.
⁷⁶ *J'ai été hier faire ma cour à Madame la Princesse Royale dont la santé est toujours parfaite: en traversant les appartements j'ai rencontré le Prince Régent. Il m'adressa la parole et me fit l'honneur de me dire qu'il venait de recevoir un officier venant de la part du Général Le Cor, qui le prévenoit, au nom de la Province de Monte-VIdeo, de son entière adhésion à la Cause du Brésil et de l'arrivé de trois députés, destinés originairement pour les Cortès mais qui demeureroient à Rio de Janeiro si S.A.R y restoit ; cette nouvelle est importante en ce sens qu'elle est une preuve du parti que prend ce général, la trouppe portugaise ne désire point quitter cette Province où elle reçoit une très haute solde et les habitans qui craignent Buenos Ayres désirent la conserver.*

cias, manifestamente de Pernambuco e do Piauí. Como se viu nas seções anteriores, esse apoio ainda era precário nas duas províncias. Era ainda também frágil nas próprias "Provincias Colligadas," naquele início de março de 1822, no qual as esquadras do almirante Maximiliano, que trazia tropas portuguesas para o Rio de Janeiro, ainda ameaçavam a situação do regente.

Poucos dias depois, em 5 de março de 1822,[77] Mareschal relatou conversa na qual D. Pedro teria reclamado da falta de apoio da Cortes e, ao mencionar o caso da Cisplatina, criticou-as por voltar a pensar na hipótese da troca de Olivença pela Banda Oriental. D. Pedro avaliava tratar-se de uma nova "loucura" das Cortes, pois a província já aderira ao Rio de Janeiro. Ainda segundo o regente, "teria sido melhor nunca a ter conquistado", mas não havia como abandoná-la após tudo o que custou. Registre-se que, no mesmo dia do ofício de Mareschal, D. Álvaro da Costa remetia documento a Lecor, emitido pela Junta de Saúde Militar da Divisão de Voluntários Reais, reiterando apoio a Lisboa e "julgando prematuros os rumores sobre possível independência do Brasil".[78]

Do lado do Rio de Janeiro, não houve, portanto, indecisão sobre como lidar com a Cisplatina. José Bonifácio emitiu proclamação em nome de D. Pedro, de 24 de maio de 1822, na qual declarava que "sendo o Príncipe Regente Defensor Perpetuo do Reino do Brazil também o é da Provincia Cisplatina no mesmo Reino Incorporada".[79] O documento referia-se a dois ofícios de D. Lucas Obes, que permanecia no Rio de Janeiro. O primeiro agradecia a permanência do regente no Brasil e o segundo lhe solicitava que D. Pedro também se declarasse a favor do "Estado Cisplatino". D. Pedro, desse modo, respondeu a D. Lucas Obes dizendo, no decreto, que também era defensor perpétuo da província da Cisplatina, que foi incorporada ao Reino do Brasil.

No mesmo mês em que Lisboa vacilava em discussões sobre manutenção ou não da tropa em Montevidéu, o Rio de Janeiro emitia decisão clara de defender não só a manutenção da Cisplatina, mas também de incorporá-la à causa do regente. D. Lucas Obes, representando a

---

[77] Ofício de 5 de março de 1822, nº 8. Ibid., p. 43.
[78] In: Arquivo Ultramarino, ofício de 5 de julho de 1822. In: AHU-Montevidéu, cx. 3, doc. 6 (AHU_CU_065, Cx 3, D. 183).
[79] In: http://www.obrabonifacio.com.br/colecao/obra/981/digitalizacao/pagina/1.

Cisplatina no Rio de Janeiro, foi signatário, em 3 de junho de 1822, da petição para a instalação da Assembleia Constituinte no Rio de Janeiro, posicionando-se contra as Cortes de Lisboa (vide capítulo III, terceira parte). A Cisplatina teria 2 deputados na Assembleia, conforme a decisão de 19 do mesmo mês.[80]

Se em suas cartas ao Rio de Janeiro Lecor já indicara, desde o início, aproximação com D. Pedro, a concretização pública desse apoio tardou alguns meses. Mesmo com o posicionamento do Rio de Janeiro, o general teve dificuldades em adotar abertamente uma posição pró-D. Pedro, especialmente pela ação dos oficiais do Corpo de Voluntários, mobilizados pela causa de Lisboa, como mencionara Mareschal no ofício citado acima.

Lecor ainda participou de encontros do Conselho Militar que discutiram a situação política portuguesa. Em 28 de junho de 1822, o comandante militar da Cisplatina assinou com Álvaro da Costa manifesto sobre o "descontentamento com as atitudes do governo do Rio de Janeiro que propunha a independência".[81] O Conselho Militar, manifestando-se em nome da Divisão dos Voluntários Reais, se dizia "magoado no fundo d'alma pela nova deliberação tomada por quatro províncias do Brasil, e aprovada por sua alteza o príncipe real do Reino Unido". O documento atribuía a posse da Cisplatina, a qual "se diz coligada com as outras quatro para o novo sistema a que propões o Brasil", aos esforços das tropas do Reino Unido e dos portugueses. Acusava o Rio de Janeiro de formar "causa separada" de Portugal. Proclamava, ainda, que o Conselho e a Divisão "não temos parte em tão ruinosos planos", conclamando os Voluntários Reais a manterem seu juramento às Cortes. É difícil precisar qual era, naquele momento, a margem de manobra de Lecor, que parecia vacilar entre indicações de apoio a D. Pedro (expressas especialmente por D. Lucas Obes) e a vinculação ao Conselho Militar, de tendência claramente para as Cortes.

Três dias depois, em carta a José Bonifácio, de 1º de julho de 1822,[82] Lecor relatou que situação se mostrava desfavorável a ele, "por me julgarem amigo da separação do Brasil". Segundo o comandante, fora

---

[80] In: http://www.obrabonifacio.com.br/colecao/obra/985/digitalizacao/pagina/4/.
[81] In: Arquivo Nacional. Coleção Cisplatina, caixa 977, fundo 1ª, 1819-1823.
[82] In: José Honório Rodrigues, 2002, p. 216.

exatamente a "exaltação dos espíritos" que fez com que se propusesse no Conselho Militar a elaboração e publicação do manifesto. O general registrava não ter tido poderes para impedir sua circulação, lamentando os efeitos que teria seu consentimento àquele documento. Lecor avaliava que, para serem eficazes, as ordens de D. Pedro deveriam ter por objeto a retirada das tropas da Divisão, "se é que as correspondências que elas têm com as do comando do Brigadeiro Madeira na Bahia não influiriam também avessamente nesta medida".

Conforme a sugestão de Lecor, a reação do Rio de Janeiro chegou em poucos dias. D. Pedro emitiu decreto, em 20 de julho de 1822,[83] mandando a Divisão de Voluntários Reais d'El Rei regressar a Portugal. No documento, o regente recordava que D. João VI havia "mandado prometer" à Divisão seu pronto regresso, o que seria realizado quando as circunstâncias permitissem. Determinava, então, o regresso da tropa, ordenando que não recebessem pagamento os soldados que descumprissem a ordem. Autorizava, ainda, o barão da Laguna (Lecor) a conceder baixa aos soldados que desejassem ficar (não como militares), referindo-se ao comandante das tropas como "Commandante em Chefe do Exército do Sul".

Por essa menção, observa-se a força do apoio que o Rio de Janeiro conferiu a Lecor, reiterado em decreto de 9 de agosto de 1822,[84] no qual D. Pedro ordenou que o barão da Laguna (Lecor) "continue a Commandar em Chefe as Tropas da Provincia de Montevidéu". A diferença que se colocava nessa nova medida era que Lecor seria comandante das tropas que restariam após a retirada da Divisão de Voluntários Reais, da qual era desligado pelo decreto. Por esse documento, portanto, criava-se uma situação de duplicidade de comando, compreensível naquela situação de confronto Rio de Janeiro-Lisboa, na qual a Divisão dos Voluntários Reais não mais tinha autoridade, ao menos do ponto de vista carioca. Essa tropa, por outro lado, se sentia ligada a Lisboa, não reconhecendo o príncipe regente.

---

[83] Decreto de 22/07/1822. In: Coleção de Leis do Império do Brasil – 1822, p. 31, vol. 1, pt. II. In: http://www2.camara.leg.br/legin/fed/decret_sn/anterioresa1824/decreto-38958-20-julho-1822-568308-publicacaooriginal-91682-pe.html (acesso em 25/08/2014).
[84] Decreto de 9 de agosto de 1822. In: http://www2.camara.leg.br/legin/fed/decret_sn/anterioresa1824/decreto-38970-9-agosto-1822-568335-publicacaooriginal-91698-pe.html.

Mareschal registra,⁸⁵ no início de setembro de 1822, que Lecor estaria conseguindo administrar a situação, mas havia risco relacionado com o presidente da Junta do Rio Grande, João Carlos Saldanha. Este, como se viu no capítulo III, tentou demitir-se e partir para Montevidéu, onde, segundo os rumores, assumiria o comando da tropa europeia. Saldanha não obteve autorização para sair do Rio Grande. O diplomata austríaco relata, ao contrário de seu ofício de março, que a tropa europeia não demandava outra coisa que ser enviada de volta à Europa, para o que já teriam sido organizados os navios, faltando apenas a escolta militar.

A informação de Mareschal estava, no entanto, ultrapassada por eventos que se passavam concomitantemente à elaboração de seus ofícios. Tanto a análise do diplomata quanto o decreto de 9 de agosto de 1822 foram publicados já em contexto no qual a situação na Cisplatina e o conflito no seio da tropa atingiram seus momentos mais intensos. Circulavam, inclusive, rumores de destituição ou de prisão de Lecor pelas tropas portuguesas.⁸⁶

Vendo-se ameaçado em Montevidéu pelos Voluntários Reais, Lecor decidiu sair da cidade. Alegando a necessidade de lidar com problemas relacionados a militares pernambucanos, que estavam em Canelones, o general deixou Montevidéu em 11 de setembro de 1822.⁸⁷ Informou que retornaria no dia seguinte, ou no posterior, o que não ocorreu. Lecor partira, cabe frisar, sem conhecimento da declaração da Independência, de 7 de setembro de 1822.

O representante da Espanha no Rio de Janeiro, que, como se sabe, se opunha à presença portuguesa na Cisplatina, avaliou na época que Lecor "teve muita astucia para separar e sair para o campo, sem oposição". Antônio Luís Pereyra dizia que as tropas portuguesas estavam prontas para partir, mas que a operação se vislumbrava lenta e difícil.⁸⁸ Em carta a José Bonifácio, em 1º de junho de 1823, Lecor justificou sua opção pela causa brasileira, culminada na saída de Montevidéu, alegando defender os direitos do trono português contra o "partido espanhol", que seria dominante nas Cortes de Lisboa.

---

⁸⁵ Ofício de 13/09/1822, nº 26, letra A.. In: Figueira de Mello, 1914, p. 98.
⁸⁶ Fábio Ferreira, 2012, p. 143.
⁸⁷ Fábio Ferreira, 2012, p. 143.
⁸⁸ Correspondência do diplomata espanhol Antônio Luís Pereyra, do Rio de Janeiro, em 17/10/1822. In: *Documentos para a História da Independência*, 1923, p. 429.

O futuro barão da Laguna referiu-se também ao "cativeiro" de D. João VI e concluiu que "nada me pareceria mais digno do que obedecer a Seu Augusto Filho".[89]

Paralelamente a Lecor, partiram nos mesmos dias vários de seus aliados, tanto luso-brasileiros quanto orientais. A posição do comandante das tropas era expressão também dos corpos de origem no Reino, que realizavam o mesmo movimento em direção ao Rio de Janeiro, lembrando-se que a maior parte dos soldados era de São Paulo e do Rio de Janeiro, membros das "Provincias Colligadas". Uma última ordem do comandante foi dirigida à fragata *Tétis*, para que bloqueasse o porto de Montevidéu. O comandante da embarcação, almirante Rodrigo José Pereira Lobo, acatou a instrução, também optando pelo Rio de Janeiro.[90] Mas a situação no mar, como se verá, era tão incerta quanto na terra – pela presença de outras embarcações que se mantiveram ao lado de Lisboa – e ainda apresentaria várias dificuldades para o Rio de Janeiro.

Lecor estabeleceu seu quartel-general inicialmente em Canelones e posteriormente em San José, de onde escreveu ofício ao governo do Rio Grande, explicando sua atitude e informando das ações dos "facciosos" que haviam permanecido em Montevidéu.[91] Desde o início começou a preparar suas tropas e pôr em execução as ordens de D. Pedro, que incluíam a extinção do Conselho Militar e a retirada das tropas portuguesas. Em Montevidéu, permanecia a maioria dos Voluntários Reais, liderados por D. Álvaro da Costa, que já em setembro começou a publicar ordens como comandante interino.[92]

Havia também uma terceira parte nesse conflito, os próprios habitantes da Cisplatina, que se dividiram entre os dois lados da contenda ou em terceiro partido, que apoiava as pretensões das Províncias Unidas do Prata. Já com o conflito muito adiantado, em 28 de agosto de

---

[89] Carta de 01/06/1823. Transcrita in: http://lecor.blogspot.fr/search/label/1823 (acesso em 28/08/2014).
[90] Ibid., p. 143.
[91] Ofício dirigido ao Governo da Província do Rio Grande de S. Pedro do Sul. Barão da Laguna, Quartel General na Villa de S. José, 8 de Outubro de 1822. In: *Diários da Assembleia Geral, Constituinte e Legislativa do Império do Brasil.*
[92] Vide, por exemplo, circular de D. Álvaro da Costa, de 25/091823, na qual criticava a postura de Lecor. Costa considerava, interessantemente, o momento político da Independência "um cazo tão novo na História Portugueza". In: Fábio Ferreira, 2012, p. 150.

1823, Buenos Aires enviou um representante diplomático ao Rio de Janeiro para demandar a retirada das "tropas que ocupavam parte de seu território".[93] A resposta brasileira foi, logicamente, negativa. Era o prelúdio para o conflito que se seguiria, a Guerra da Cisplatina (1825-1828), cujo desenrolar não pode ser dissociado de todo o processo que se iniciara ainda em 1811 e que tinha no processo de emancipação brasileira um capítulo de suma importância.

As decisões quanto à escolha entre o Rio de Janeiro e Lisboa estavam adotadas, portanto, naquele setembro de 1822. Cada lado deveria consumar, agora, as ordens respectivas, a saída das tropas portuguesas ou a manutenção da Cisplatina sob as ordens de Lisboa. Na ausência de um acordo, a solução que se apresentava era a militar.

---

[93] Helio Leoncio Martins, 2010, p. 16.

O CERCO A MONTEVIDÉU

Ao relatar a situação de Montevidéu, Mareschal aponta, em 30 de janeiro de 1823,[94] que desde a opção de Lecor pelo Brasil, estabelecendo seu quartel-general em San José, iniciaram-se conversas com os portugueses em Montevidéu e Colônia do Sacramento para seu embarque. Lecor demandara do governo os transportes necessários para a operação. Fora atendido com o envio das fragatas *União* e *Carolina*, e da corveta *Liberal*, comandadas pelo comodoro norte-americano David Jewett. Não houve, no entanto, acordo, apesar da presença da esquadra brasileira e da aproximação das tropas brasileiras em torno de Montevidéu. Tampouco houve combates naquele momento, tendo a tropa portuguesa evitado a luta e expressado desejo de partir. Mas nenhuma medida prática confirmava essa decisão.

De fato, nos primeiros meses do conflito, até o início de 1823, a situação militar permaneceu relativamente calma. Dois movimentos concentravam as ações dos dois lados da contenda: a preparação e os movimentos de tropa, e as ações no plano político. Até janeiro de 1823, a atitude do Rio de Janeiro foi a de maior cautela, aguardando a saída voluntária da tropa portuguesa. Apenas nos meses seguintes, e especialmente no segundo semestre de 1823 (após a liberação de forças da Bahia) é que aumentou gradualmente a pressão militar sobre Montevidéu.

No caso de Lecor e dos brasileiros, o objetivo era claro desde o primeiro momento: retirar da Cisplatina, particularmente de Montevidéu,

---

[94] Ofício de 30 de janeiro de 1823, nº 1, litt A. In: "Correspondência do Barão Wensel de Mareschal com o Príncipe de Metternich. Rio de Janeiro, janeiro/abril de 1823". In: *RIHGB*, 1976, p. 159.

as tropas lideradas por D. Álvaro da Costa, que resistiam a aceitar a subordinação ao Rio de Janeiro. Ainda em 13 de setembro de 1822, antes da chegada da notícia da declaração de Independência, Lecor escreveu a D. Álvaro informando do decreto de D. Pedro sobre o fim do Conselho e de outras ordens do regente.[95] O recado era claro: que a tropa se subordinasse às ordens do Rio de Janeiro e partisse.

Ao mesmo tempo, em Montevidéu, D. Álvaro da Costa e outros partidários de Lisboa emitiam proclamações contrárias àquelas de Lecor, inclusive declarando este um "traidor",[96] por ter se posicionado oficialmente como pró-Lisboa, enquanto se aproximava do Rio de Janeiro. Na circular de 25 de setembro de 1822, D. Álvaro referia-se ao "cazo tão novo na História Portugueza" que era o processo de emancipação brasileira, e indicava estar assumindo "provisoriamente" o comando. O Conselho Militar, em Montevidéu, expedia ordens para que Lecor voltasse e exigia que o general partisse com a tropa de volta para Lisboa.[97]

Em 8 de outubro de 1822, o Conselho Militar publicou manifesto e declaração sobre sua situação, na qual apontava seu desejo de partir.[98] Apesar da clara indicação dessa vontade, havia exigências, inclusive que fosse cumprido de forma completa o decreto de D. Pedro, de 20 de julho de 1822, que determinara a partida da tropa. Requisitavam transportes para todo o corpo e recusavam a partida de algumas unidades (batalhões de caçadores) de forma antecipada. E, mais importante, recusaram o envio de novas forças brasileiras para a província, sob a aleagação de que isto seria uma "deshonra".[99]

Esse padrão de comunicado contraditório alongou-se por todo o período. Os dois lados concordavam com a mesma premissa: a Divisão devia partir. A forma como se daria a saída, no entanto, é que causava atritos e declarações explícitas dos dois lados sobre a ameaça da ação militar. Havia, de um lado, a questão do reconhecimento da autoridade, ou seja, de quem poderia ordenar a saída. Com Montevidéu já sob cerco, em 25 de fevereiro de 1825,[100] D. Álvaro reclamava da falta de

---

[95] Fábio Ferreira, 2012, p. 144.
[96] Fábio Ferreira, 2012, p. 145
[97] Fábio Ferreira, 2012, p. 153.
[98] Publicado no *Diário do Governo* (Lisboa), nº 37, 12 de fevereiro de 1823, p. 280.
[99] Ibid., p. 281.
[100] OFÍCIO do [brigadeiro ajudante-general e comandante interino da Divisão dos Voluntários Reais d"El Rei], D. Álvaro da Costa de Sousa de Macedo, ao [secretário

instruções, sobre resistir ou partir. Sem orientação, adotava as medidas que julgava necessárias, ou seja, aguardava e resistia.

Os Voluntários Reais reconheciam apenas as Cortes de Lisboa como competentes para dar instruções. Porém, suas comunicações referem-se, em alguns momentos, às ordens do Rio de Janeiro. Na sessão das Cortes de 15 de janeiro de 1823,[101] o deputado Gyrão diz ter recebido ofício do Conselho Militar no qual se relata o recebimento de ordens de D. Pedro. Dizia o Conselho que "apesar de reconhecer a incompetência do mandato", colocara em voto da tropa (menciona 2 regimentos de cavalaria, 2 de infantaria e um corpo de artilharia) as exigências de extinção do órgão e de dar baixa aos soldados que assim quisessem, para se unirem à causa do Rio de Janeiro. Os soldados teriam rejeitado as demandas e reiterado suas condições para partir.

É interessante apontar que as informações dadas pelo deputado Gyrão, como ele mesmo menciona em seu discurso, chegavam por intermédio da Bahia. O parlamentar mencionava, nesse sentido, a tentativa de mobilização de recursos em Salvador para auxiliar na retirada de Montevidéu.[102] O "corpo de comércio" de Salvador, relatou Gyrão, publicou declaração nesse sentido,[103] no qual indicava o dinheiro mobilizado e oferecia comentários sobre a retirada. Pediam, inclusive, o bloqueio marítimo do Rio de Janeiro e a adoção de medidas de resistência no caso de tentativas de forçar a Divisão de Voluntários a partir. A coordenação entre Madeira e D. Álvaro da Costa, como se vê, era clara e de fato trazia risco importante à posição estratégica do Rio de Janeiro.

O recebimento de ordens de Lisboa não era, porém, o único elemento necessário para a partida. Mesmo quando essa ordem de Lisboa chegou a Montevidéu, em julho de 1823,[104] as forças comandadas por

---

de estado da Guerra], Manoel Gonçalves de Miranda sobre a situação em Montevidéu e a pressão exercida pelo barão de Laguna, [Carlos Frederico Lecor], agora aliado ao Brasil. Arquivo Histórico Ultramarino, AHU_ACL_CU_065, Cx 4, D. 205. In: Biblioteca Virtual do Projeto Resgate, http://www.cmd.unb.br/biblioteca.html (acesso em 07/01/2015).
[101] *Diário do Governo* (Lisboa), nº 13, 15 de janeiro de 1823, p. 80.
[102] Ibid., p. 81.
[103] Transcrita no *Diário do Governo*, ibid., p. 81.
[104] "Ofício do [secretário de estado da Marinha e Ultramar], conde de Subserra [Manoel Inácio Pamplona Corte Real], ao brigadeiro ajudante-general e comandante interino da Divisão dos Voluntários Reais d'El Rei, D. Álvaro da Costa de Sousa de Macedo, encaminhando-lhe uma carta régia que ordenava a retirada das forças

D. Álvaro da Costa ainda resistiram por mais de seis meses. Também complicava esse procedimento o ponto da "honra", que impedia uma "fuga" ou medida semelhante, que era expressado pela recusa da chegada de tropas brasileiras na região. Os portugueses alegavam, igualmente, que tinham o apoio da população local,[105] a qual não poderiam abandonar, sob a ameaça da anarquia.

Não se pode descartar, por fim, que a questão financeira também estivesse presente: recebendo altos soldos na Cisplatina, os soldados ficaram sem pagamento por todo o período do cerco. Ainda antes do início do confronto, alguns dos movimentos de tropas brasileiras ou portuguesas em Montevidéu ocorriam em razão da falta de pagamento dos soldos. Assim, na manhã de 30 de dezembro 1821, o Regimento de Infantaria e o Batalhão de Pernambuco apareceram armados na praça de Montevidéu.[106] Em audiência com Lecor, sublinharam o atraso de 18 meses de soldos e a penúria que isto causava. Lecor prometeu providências para saldar a dívida, inclusive com recurso ao comércio local, o que fez com que a tropa se acalmasse. Outros corpos, no entanto, seguiram o exemplo da tropa pernambucana, ampliando a confusão política naquele território. Recorde-se, também, que em Pernambuco o pagamento dos salários (inclusive três meses antecipados) foi elemento importante para a partida do batalhão português. Nesse sentido, o Conselho Militar enviou ofício a Lisboa, em 29 de abril de 1823, no qual reconhecia a necessidade de evacuar a Cisplatina, mas reclamava da dificuldade financeira por que passavam, e das tropas inimigas que "apareceram hostis defronte o porto".[107]

---

de mar e terra da praça de Montevidéu e da banda Oriental do Rio da Prata". In: Arquivo Ultramarino, AHU-Montevidéu, cx. 3, doc. 25 (AHU_CU_065, Cx. 4, D. 217).
[105] Vide, por exemplo, o "Ofício de 26 de julho de 1824, de José Agostinho Parral ao [secretário de estado da Marinha e Ultramar], conde de Subserra, [Manoel Inácio Pamplona Corte Real], sobre as notícias que recebera pelo brigue inglês Bela Carolina, revelando que a situação em Montevidéu estava calma, embora quase toda a população estivesse contra as tropas brasileiras". In: Arquivo Ultramarino, AHU-Montevidéu, cx. 3-A, doc. 5 (AHU_CU_065, Cx. 4, D. 220).
[106] In: José Maria Lisboa, 1829, p. 172.
[107] Ofício do Conselho Militar de Montevidéu ao [secretário de estado da Guerra], Manoel Gonçalves de Miranda, sobre a clareza que possuem quanto a necessidade de evacuar aquela província, sabendo que alguns oficiais irão ficar no Brasil, mesmo depois do embarque; da dificuldade financeira que estão passando; que as tropas inimigas apareceram de maneira hostil defronte o porto. In: Arquivo Histórico Ultramarino. AHU-Montevidéu, cx. 3, doc. 28 (AHU_CU_065, Cx. 4, D. 209).

Independentemente dos motivos, o fato é que a tropa portuguesa alongou sua permanência em Montevidéu e levou ao início da ação militar do Rio de Janeiro. A confirmação de que a força se tornaria necessária ocorreu por ocasião da passagem da primeira esquadra enviada pelo Rio de Janeiro, sob as ordens do comodoro David Jewet, que assumia missão no serviço imperial.[108]

Essa foi a primeira esquadra a navegar com a bandeira do Império independente,[109] e incluía as fragatas *União* e *Carolina*, a corveta *Liberal* e os transportes *S. José Americano, Sete de Março, Duarte Pacheco* e *Conde dos Arcos*, todos com provisões para o transporte das tropas estacionadas na Cisplatina para Portugal. A corveta *Maria da Glória* também deveria ter partido, mas acabou permanecendo no Rio de janeiro. De acordo com informação transmitida às Cortes de Lisboa pelo comandante do navio *Português*, que chegara a Lisboa proveniente do Brasil, não havia notícia de que cartas de corso haviam sido dadas aos navios da esquadra, mas, o comandante do *Português* relatava que "se ameaçava muito com esse gênero de guerra".[110] Decreto de D. Pedro sobre o corso já havia sido publicado, autorizando-o.

No Prata, já se encontravam, além da fragata *Thétis*, comandada pelo almirante Rodrigo José Ferreira Lobo, outros navios de guerra de menor tamanho, como a escuna *Maria Thereza*, comandada pelo capitão-tenente Francisco de Assis Cabral. A posição da oficialidade da Marinha ainda era incerta, apesar das indicações de que eles penderiam para o Brasil. Com a chegada do comodoro Jewet, Rodriguo Lobo recebeu as instruções de D. Pedro, marcando a adesão e a incorporação da *Thétis* às forças brasileiras.

A partida naval, no entanto, não foi ganha de imediato. Uma das embarcações, a *Maria Thereza*, transitando entre Maldonado e Colônia, sofreu uma revolta dos marinheiros, que tomaram controle do navio e se dirigiram a Montevidéu, para se juntar às forças de D. Álvaro da Costa. Este também logrou armar outros navios,[111] em primeiro lugar

---

[108] Max Justo Guedes, 1973, p. 211.
[109] In: *A Marinha de Guerra do Brasil na Lucta da Independência – Apontamentos para a História*, 1880, p. 56. A informação sobre os componentes da esquadra foi também relatada no *Diário do Governo* (Lisboa), n° 41, 17 de fevereiro de 1823, p. 331.
[110] *Diário do Governo* (Lisboa), n° 41, 17 de fevereiro de 1823, p. 331.
[111] A galera *Conde dos Arcos* (26 canhões), o brigue *Liguri* e a corveta *General Lecor* (ambos com 16 canhões) e a *Maria Thereza* (14 canhões).

para resistir à esquadra brasileira e, meses depois, para tentar romper o cerco.

No último momento, os portugueses se recusaram a embarcar na esquadra enviada pelo Rio de Janeiro. Sem poder permanecer no Prata,[112] Jewet partiu de retorno ao Rio de Janeiro, em 12 de janeiro de 1823, com a notícia da resistência de D. Álvaro. Em 3 de fevereiro de 1823, o almirante Lobo foi substituído pelo capitão de mar e guerra Pedro Antonio Nunes, que ao longo do primeiro semestre de 1823 foi gradualmente recebendo os brigues *Real Pedro, Guarany* e *Cacique*, a corveta *Liberal*, as escunas *Cossaca, Leopoldina* e *Seis de Fevereiro*, destinados ao bloqueio de Montevidéu.[113] Este só se efetivou, como se verá, a partir de outubro daquele ano.

Concomitantemente, Lecor movimentou suas forças para o cerco de Montevidéu. A tropa brasileira era, num primeiro momento, em número que se equilibrava com o que ficara ao lado de D. Álvaro da Costa. Eram 1.340 soldados de todas as armas, como relatava o general ao ministro da Guerra, em 11 de abril 1823.[114] Esse contingente não parecia incluir, no entanto, tropas orientais favoráveis ao Brasil e outras destacadas para fazer a segurança em outros pontos do território da Cisplatina,[115] contra os portugueses ou contra Buenos Aires.

Lecor reclamou, em todo o conflito, a necessidade de reforço em homens e materiais. Sua principal crítica era contra a província de Rio Grande, que tardava no envio de reforços para o cerco. O Rio Grande enviaria, depois, dois esquadrões de voluntários milicianos.[116] O grosso da tropa de Lecor seria composto, ainda assim, pelos soldados de origem americana já presentes na Cisplatina, além de muitas adesões de membros dos Voluntários Reais e de tropas orientais.

---

[112] Os navios eram necessários também para as operações no Nordeste e Jewett logo depois foi responsável pelo transporte do Batalhão do Imperador para a Bahia. In: Max Justo Gueres, 1973, p. 211.

[113] In: *A Marinha de Guerra do Brasil na Lucta da Independência – Apontamentos para a História*, 1880, p. 57.

[114] Ofício de 11 de abril de 1823. In: Arquivo Nacional, Fundo Coleção Cisplatina, Caixa 977, 1A.

[115] Lecor cita, no ofício de 11/04/1823, a ida de Frutuoso Rivera, com 300 soldados, ao Departamento de Maldonado, para extinguir as atividades dos revoltosos portugueses.

[116] Vide: MIRANDA, Marcia Eckert. "Ao Sul das Cortes: a Independência na Província do Rio Grande de São Pedro do Sul". In: *Revista Nuevo Mundo*. Debates, 2013. In: http://nuevomundo.revues.org/65334?lang=pt (acesso em 25/08/2014), p. 69.

Na verdade, houve um fluxo de deserções dos dois lados, movimentações que provocaram, em várias oportunidades, novos confrontos entre as tropas brasileiras e portuguesas. A balança das deserções pendeu, no entanto, para o Brasil, mesmo que, em 5 de maio de 1823, D. Álvaro da Costa registrasse diminuição da perda de militares para o lado brasileiro.[117] Ao longo de todo o conflito, Lecor procuraria também reforçar os laços com seus apoiadores orientais, na busca por enraizar a presença do Império e evitar as influências vindas das Províncias Unidas do Prata.

Além da falta de tropas, Lecor e seus subordinados muito reclamaram das limitações de seus equipamentos, tanto no cerco a Montevidéu, quanto nas outras operações militares que procuravam manter a segurança na província. Em carta a Bonifácio, de 1º de junho de 1823,[118] o comandante relatou seus esforços,

> quanto mais escassos eram os meios que eu tinha para o fazer; quando a sua longa estada neste País contra os seus engajamentos as trazia descontentes; sem pólvora; sem cartuchame; sem barracas; sem armamentos de reserva; porque a precipitação, com que saí de Montevidéu, para cumprir as ordens de S.M.I., nada disto me deixou tirar, e que por certo tiraria, como naquela ocasião disse ao Síndico Procurador, e ao Brigadeiro Manoel Marques, se não tivesse que satisfazer as desconfianças que de mim havia, e que a minha Carta a S.M.I., ainda Príncipe Regente, devia ter desvanecido, e sacrificar assim o tempo, que precisava para salvar os dois Batalhões de Libertos; para extrair da Praça quanto conviesse às minhas Tropas, e quanto cumpria subtrair-se às da Divisão, e para tomar várias outras providências, cuja falta cada dia ha de ir sendo mais sensível, e rodeado de outros mil embaraços.

Em relatos posteriores ao Rio de Janeiro, no entanto, Lecor enfatizava a motivação da tropa e afirmava que "as coisas tem tomado uma face bem agradável, quando ao princípio se anunciavam funestas consequências".[119] O projeto de Lecor, como anunciou ao ministro da Guerra,

---

[117] Ofício ao Secretário de Estado da Guerra, em 5 de maio de 1823. In: Arquivo Histórico Ultramarino. AHU–Montevidéu, cx. 3, doc. 28 e 18. (AHU_CU_065, Cx. 4, D. 210).
[118] In: http://lecor.blogspot.fr/2009/05/carta-161823-jose-bonifacio-andrada-e_09.html
[119] Ofício de 11/04/1823. In: Arquivo Nacional, Fundo Coleção Cisplatina, Caixa 977, 1A.

era intensificar as operações antes do início do inverno de 1823. Na avaliação do general, seria difícil um ataque frontal aos portugueses, sendo que a melhor estratégia seria a de realizar uma "guerra de recursos",[120] privando os Voluntários dos suprimentos essenciais. Essa estratégia seria logo colocada em prática.

O primeiro evento desse processo, como já adiantado, foi cercar as tropas de D. Álvaro da Costa em Montevidéu. Apesar dos constrangimentos e de escaramuças, as forças portuguesas foram isoladas em janeiro de 1823. Segundo Condy Raguet, cônsul dos EUA no Rio de Janeiro, o movimento havia efetivamente sitiado a cidade, com os postos avançados de Lecor postados a 3-4 léguas (algo em torno de 15 km) da cidade.[121]

Em 23 de janeiro de 1823, foi declarado oficialmente o cerco a Montevidéu. Carta Imperial foi publicada no Rio de Janeiro, cinco dias depois,[122] intimando os Voluntários Reais a partirem e dando poderes ao barão da Laguna para adotar as medidas necessárias para fazer a tropa portuguesa partir. Ou seja, autorizava a ação militar. Ficavam suspensos, desde logo, quaisquer pagamentos de soldo ou fornecimento de víveres às tropas de D. Álvaro da Costa. D. Pedro também emitiu ordens para que se colocassem "debaixo da vigilância e uma activissima policia" os partidários da Independência ou da vinculação da Cisplatina a Buenos Aires. Se algum destes partidários fossem empregados públicos, a determinação foi de demissão imediata.

A partir do anúncio do cerco e do decreto imperial, o quadro para o confronto se completou. A força que Lecor deveria enfrentar não era numerosa, mas possuía experiência de combate, conhecimento da região e a vantagem de estar em perímetro urbano. Fábio Ferreira indica[123] que, em janeiro de 1823, os portugueses possuíam 1,3 mil homens, dos quais 800 de infantaria e artilharia e 500 de cavalaria. Os números registrados em maio seguinte eram maiores, com 1,4 mil homens de

---

[120] Fábio Ferreira, 2012, p. 195.
[121] Ofício de 8 de março de 1823. In: *Diplomatic Correspondence of the United States concerning the Independence of the Latin-American Nations*. 1925, p. 757.
[122] Carta Imperial de 28 de janeiro de 1823. In: Coleção de Leis do Império do Brasil – 1823, p. 13, vol. 1. In: http://www2.camara.leg.br/legin/fed/carimp/anterioresa1824/cartaimperial-38726-28-janeiro-1823-567502-publicacaooriginal-90828-pe.html (acesso em 02/09/2014).
[123] 2012, p. 190.

infantaria, 400 de cavalaria, 100 de artilharia, 250 de milícia e de guerrilha dos orientais, ademais de dois batalhões de libertos.[124] Chegavam, assim, a cerca de 2,5 mil homens. Esse valor era menor do que os originais 3.678 homens da Divisão de Voluntários, revelando que uma parte da tropa havia seguido Lecor. Publicação do Exército brasileiro utiliza número maior das tropas portuguesas, que teriam chegado a 4 mil ao longo dos 17 meses de cerco.[125]

Os valores das tropas, na verdade, variaram bastante, em função das mencionadas mudanças de lado e de reforços recebidos pelos dois lados. Mareschal registra[126] que 300 soldados, que acompanharam Lecor na saída de Montevidéu, haviam mudado de posição e retornado às colunas pró-Lisboa. Igualmente, em 17 de março de 1823, aproximadamente 80 milicianos passaram para o lado português.[127] O referido ofício do diplomata austríaco, assim como outros documentos, registram a chegada de homens e de suprimentos de Buenos Aires, confirmando as ligações que se estabeleciam entre os portugueses em Montevidéu e o governo portenho. As movimentações anti-Rio de Janeiro dos orientais se tornaram um problema paralelo que Lecor teve de enfrentar, especialmente pelos entendimentos que os portugueses buscavam com esses elementos.

Enquanto discutiam sua saída, as tropas portuguesas reforçaram as defesas de Montevidéu, construindo pontos de proteção, trincheiras e centros de apoio de artilharia pesada, chamados "serritos".[128] A cidade de Montevidéu foi, desse modo, transformada em praça de guerra, bem defendida pelos portugueses.

As hostilidades ocorreram desde o início do cerco. No dia 29 de janeiro de 1823, tropas brasileiras e aproximadamente 600 orientais comandados por Fructuoso Rivera realizaram ataque à cidade.[129] Não se tratava de tentativa de ocupação, mas, sim, de operação para a apreensão de cavalos e gado, destinados ao suprimento das forças brasileiras.

---

[124] Sobre a participação de escravos ou libertos no conflito, dos dois lados, vide ALADRÉN, Gabriel. "Experiências de liberdade em tempos de guerra: escravos e libertos nas Guerras Cisplatinas (1811-1828)". In: *Estudos Históricos*. Rio de Janeiro, vol. 22, n. 44, p. 439-458, julho-dezembro de 2009.
[125] *O Exército na História do Brasil*, 1998, p. 52.
[126] Em 28/02/1823, 1976, p. 177.
[127] Fábio Ferreira, 2012, p. 192.
[128] Fábio Ferreira, 2012, p. 191.
[129] Fábio Ferreira, 2012, p. 191.

No dia seguinte, porém, o cabo Antonio Talala, acompanhado de seis marinheiros pró-Lisboa, atacou e reconquistou a escuna *D. Maria Teresa*, que havia aderido ao barão da Laguna. A ação foi celebrada por D. Álvaro da Costa,[130] que ganhou, com isso, reforço naval para Montevidéu. Novas ações ocorreram em 11 e 27 de fevereiro. Nesse segundo caso, foram aprisionados 1 sargento e 3 soldados portugueses, muitas cabeças de gado e alguns cavalos. Na ação, 2 brasileiros foram mortos e 4 feridos.[131] Mareschal registra,[132] sobre o combate de 27 de fevereiro, que os portugueses eram apoiados diretamente por Buenos Aires, que lhes fornecia víveres e que "os engajava na resistência".

Dias depois, em 17 de março de 1823, foi a vez de os Voluntários Reais contra-atacarem. Aproveitando o rumor de que três companhias de milícia haviam abandonado a causa brasileira, 1,1 mil portugueses avançaram sobre a linha esquerda do sítio a Montevidéu, composta por 400 soldados[133] e comandada pelo coronel de milícias de Entre Rios Jeronimo Gomes Jardim. O objetivo dos portugueses era tentar chegar ao próprio acampamento de Lecor. De fato, de acordo com o relato do cônsul norte-americano no Rio de Janeiro, o ataque avançou efetivamente sobre o quartel-general, "e o General escapou por pouco de ser tornado prisioneiro".[134] O diplomata norte-americano cita, na mesma comunicação, que Buenos Aires havia esposado a causa dos habitantes de Montevidéu e estaria realizando gestões na Europa sobre o tema.[135]

O combate foi duro, com brasileiros sendo feitos prisioneiros e posteriormente libertados em contra-ataque liderado pelo coronel Jardim. A contraofensiva também desestruturou a ação portuguesa, que foi suspensa, com os Voluntários se retirando para Montevidéu. Na ação,

---

[130] OFÍCIO do (brigadeiro ajudante-general e comandante interino da Divisão dos Voluntários Reais d'El Rei) D. Álvaro da Costa de Sousa de Macedo, ao (secretário de estado da Marinha e Ultramar), Inácio da Costa Quintela, sobre a retomada pelo cabo de esquadra Antonio Talala, da escuna D. Maria Teresa, do capitão-tenente Francisco de Assis Cabral, que havia aderido às forças do barão de Laguna, (Carlos Frederico Lecor). 1º de março de 1823. Arquivo Histórico Ultramarino, AHU_ACL_CU_065, Cx 4, D. 206. In: Biblioteca Virtual do Projeto Resgate, http://www.cmd.unb.br/biblioteca.html (acesso em 30/12/2014).
[131] Fábio Ferreira, 2012, p. 191.
[132] Ofício de 28/04/1823. In: *RIHGB*, 1976, p. 193.
[133] Montevidéu, ordem do dia de 20 de março de 1823. In: Arquivo Nacional, Fundo Coleção Cisplatina, Caixa 977, 1A.
[134] Fábio Ferreira, 2012, p. 192.
[135] Ofício do cônsul Condy Raguet, de 8 de maio de 1823. In: Manning, 1925, p. 757.

morreram 8 portugueses e mais de 20 ficaram feridos, alguns gravemente; 14 brasileiros foram feridos.[136] Armas e cavalos foram deixados pelos portugueses, para benefício das tropas brasileiras, que continuavam a sofrer com a escassez de meios. A ação de 17 de março de 1823 foi relatada por Lecor ao Rio de Janeiro e registrada por Mareschal em ofício de 26 de maio de 1823.[137] Segundo o diplomata austríaco, o comandante das forças brasileiras, além de informar sobre os combates, também havia transmitido protesto, dele e da população do interior da Cisplatina, contra uma deputação de Buenos Aires e de Montevidéu que estava prevista para ir ao Rio de Janeiro demandar a evacuação das tropas brasileiras da Banda Oriental.

Os atritos como estes, de fevereiro/março de 1823, e escaramuças isoladas continuaram ao longo de todo o cerco, entremeados por momentos de calmaria, e sem uma ação que se mostrasse decisiva. Houve, conforme os registros do lado brasileiro,[138] baixas em 18 de abril, 18 de maio (documento português fala em 19 de maio), 20 de abril, 24 de junho, 15 de junho, 10 de agosto e 27 de setembro.

Nos documentos portugueses,[139] a ordem do dia de 21 de abril de 1823 menciona combate em 19 de abril, nas imediações do "Saladeiro de Duran". Falava-se em 20 mortos, 6 prisioneiros e muitos feridos do lado brasileiro, ao passo que os portugueses perderam 6 homens. Os registros portugueses mencionam, também, ações de menor dimensão, como escaramuça ocorrida em 14 de abril, quando 10 soldados obrigaram mais de 40 brasileiros a saírem do "Arroyo Miguelete" (resultando em 1 morto e 3 feridos), e uma nova ação de conquista de uma lancha brasileira, pelo prático Manoel Joaquim Costa.[140] Em 19 de abril, um grupo de 70 homens dos Voluntários Reais se chocaram com os inimigos.

---

[136] Ibid., p. 192.
[137] Ofício de 26 de maio de 1823, nº 16, litt. C. In: *RIHGB*, 1976, p. 193.
[138] Relação dos Mortos, e Feridos, que teve o Exercito Imperial do Sul, em toda a Campanha do Sitio de Montevideo contra a Divisão de Voluntários Reaes de Portugal, e Corpos a ella unidos desde Fevereiro deste anno, athe fim de Outubro ultimo. In: Arquivo Nacional, Fundo Coleção Cisplatina, Caixa 977, 1A.
[139] Arquivo Histórico Ultramarino, AHU_ACL_CU_065, Cx 4, D. 216. In: Biblioteca Virtual do Projeto Resgate, http://www.cmd.unb.br/biblioteca.html (acesso em 30/12/2014).
[140] Respectivamente, ordens do dia de 14 e de 1º de abril de 1823. In: Arquivo Histórico Ultramarino, AHU_ACL_CU_065, Cx 4, D. 216. In: Biblioteca Virtual do Projeto Resgate, http://www.cmd.unb.br/biblioteca.html (acesso em 30/12/2014).

A guerra na Cisplatina foi, assim, uma guerra de atrito, distinta do confronto direto e brutal ocorrido no Piauí e na Bahia. Em abril de 1823, Lecor enviou nova informação ao Rio de Janeiro, dizendo que o ânimo da tropa era bom, e que os comandados de D. Álvaro permaneciam sitiados, "sem promoverem grandes ações, a não ser o cuidado com sua defesa".[141] No ofício de 11 de abril,[142] o comandante transmitia otimismo sobre as operações. Dizia que seus postos avançados estavam "a tal distancia que não he possível sahir hum homem sem ser visto", além de reservas para socorrer qualquer lugar atacado. Mas indicava não ter meios de invadir Montevidéu. Registrava, também, entreveros no interior, das forças comandadas por Fructuoso Rivera. Pedia mais tropas.

De sua parte, o comandante português informava Lisboa, em 5 de maio de 1823,[143] que as forças brasileiras não haviam logrado avançar posição, frente à resistência das tropas leais às Cortes, o que teria, inclusive, provocado deserções em favor dos sitiados em Montevidéu:

(...) o inimigo ocupa as mesmas poziçoens junto ao Saladeiro do Pereira, como nos meus anteriores Officios participei a V. Exa., seus projectos lhe vão sendo por todos os modos contrariados, e a impostura com que publicou a voluntaria união dos habitantes da Campanha ao systema do Rio de Janeiro se há completamente conhecida e a toda luz provada a falcidade de tal asserção, pois que perto de quatro centos homens das Milicias que tem reunido, e que por seus particulares interesses estabão com elle, o abandonarão, reunindo-se ás Tropas do meu Comando desde o dia 17 de Março, cujo comportamento deu lugar ao movimento feito n'este dia contra a Vanguarda inimiga, consegui pô-la em confusão,

---

[141] Fábio Ferreira, 2012, p. 198.
[142] Arquivo Nacional, Coleção Cisplatina, caixa 977, fundo 1ª, 1819-1823.
[143] OFÍCIO do (brigadeiro ajudante-general e comandante interino da Divisão dos Voluntários Reais d'El Rei), D. Álvaro da Costa de Sousa de Macedo, ao (secretario de estado da Guerra), Manoel Gonçalves de Miranda, sobre a diminuição da deserção dos militares, apesar de alguns oficiais portugueses demonstrarem que gostariam de qualquer forma permanecer no Brasil; do combate tido com o inimigo e que a postura dos militares da Divisão fora digna do nome português; que os acontecimentos políticos têm influído no comércio, fazendo com que os rendimentos da alfândega tornem-se diminutos não cobrindo as despesas; e remetendo as Ordens do Dia. Cx 4 D. 210 – 5 de maio de 1823 Arquivo Histórico Ultramarino, AHU_ACL_CU_065, Cx 4, D. 206. In: Biblioteca Virtual do Projeto Resgate, http://www.cmd.unb.br/biblioteca.html (acesso em 30/12/2014).

e fugir vergonhosamente, perdendo alguns homens mortos, e levando muitos feridos, sem que dos Voluntários Reaes perdese-mos mais que dois soldados, e tivesse-mos quatro feridos, e das Tropas do Paiz quatro mortos e quatro feridos.

D. Álvaro da Costa reconheceu, no mesmo ofício, que em Montevidéu a situação política não era boa, uma vez que "os habitantes d'esta Praça já não tem entre si aquella boa harmonia que antes disfrutavão, já so lhe conhecem partido". O comandante português contava, ainda assim, com 2.724 soldados, inclusive dois Batalhões de Libertos, que reuniam 435 homens.[144] Havia boa organização, controle da tropa e quantidade importante de equipamento. Era o suficiente para evitar uma invasão, mas os prejuízos no comércio eram visíveis, afetando as finanças da estrutura militar.[145]

As tropas pró-Rio de Janeiro tiveram que enfrentar, paralelamente, movimentações dos partidários de Buenos Aires. Em abril, alguns destes, dentre os quais Lavalleja, tentaram se levantar em armas por toda a Cisplatina. Os três líderes do movimento foram presos e julgados, sendo que um deles, Oliveira, foi enforcado em Canelones.[146] As movimentações pró-Independência da Cisplatina ou pró-Buenos Aires não pararam, inclusive nas combinações com os portugueses, como visto

---

[144] Conforme registro de tropas de maio de 1823. OFÍCIO do [brigadeiro ajudante-general e comandante interino da Divisão dos Voluntários Reais d"El Rei], D. Álvaro da Costa de Sousa de Macedo, ao [secretário de estado da Guerra], Manoel Gonçalves de Miranda, sobre o envio do mapa da força da Divisão dos Voluntários Reais d"El Rei e demais Corpos que se encontram debaixo de seu comando.Anexo: mapa. 8 de maio de 1823. Arquivo Histórico Ultramarino, AHU_ACL_CU_065, Cx 4, D. 214. In: Biblioteca Virtual do Projeto Resgate, http://www.cmd.unb.br/biblioteca.html (acesso em 30/12/2014).

[145] OFÍCIO do [brigadeiro ajudante-general e comandante interino da Divisão dos Voluntários Reais d'El Rei], D. Álvaro da Costa de Sousa de Macedo, ao [secretário de estado da Guerra], Manoel Gonçalves de Miranda, sobre a diminuição da deserção dos militares, apesar de alguns oficiais portugueses demonstrarem que gostariam de qualquer forma permanecer no Brasil; do combate tido com o inimigo e que a postura dos militares da Divisão fora digna do nome português; que os acontecimentos políticos têm influido no comércio, fazendo com que os rendimentos da alfândega tornem-se diminutos não cobrindo as despesas; e remetendo as Ordens do Dia. In: Arquivo Histórico Ultramarino, AHU_ACL_CU_065, Cx 4, D. 218. In: Biblioteca Virtual do Projeto Resgate, http://www.cmd.unb.br/biblioteca.html (acesso em 01/01/2015).

[146] Fábio Ferreira, op. cit., 2012, p. 195.

acima. Lecor destacara Fructuoso Rivera para combater essas ações, a maior parte das quais no interior.[147]

O comandante brasileiro buscou, em todo esse tempo, adotar medidas que arregimentassem os orientais para a causa brasileira, sugerindo ao Rio de Janeiro o "bom tratamento" de pessoas ricas e ilustradas da província, por sua influência junto à população. Em documento de 1º de agosto de 1823,[148] o general citava nomes de orientais de quem se aproximou, como D. Thomaz Garcia de Zuñiga e D. João Duran. Dizia que esses interlocutores defendiam a união, sendo melhor estarem no interior de um Estado forte, "preferindo a vantagem de ter hum Governo estável, seguro e pacifico, aos riscos da revolução e anarquia". Duran permaneceu em Montevidéu e auxiliou Lecor, mesmo com prejuízos financeiros.

Havia, ainda, um terceiro elemento a demandar atenção das forças brasileiras: a ação inglesa. O Prata era ponto estratégico para o Reino Unido, que desde o início dos processos de Independência, como visto, havia atuado sobre a Banda Oriental. Os britânicos trabalhavam especialmente pela saída das tropas brasileiras, todas elas, evitando que aquele território ficasse nas mãos do Rio de Janeiro, ou mesmo de Buenos Aires. Lecor sustenta, em documento de 31 de agosto de 1823,[149] que os "revolucionários" de Montevidéu, ou seja, grupos que negociavam com os portugueses e defendiam a Cisplatina fora do Brasil, pretendiam oferecer a província ao Reino Unido. Por essa razão, defendia Lecor, era preciso acelerar e "concluir as operações contra aquella Praça".

Houve possibilidade de solução política a partir da Vilafrancada e da retomada do controle pelo rei. Em 23 de julho de 1823, foi emitida em Lisboa instrução a D. Álvaro para que retirasse suas forças da Cisplatina,[150] o que teria terminado com a questão. O problema foi a distância,

---

[147] Ibid., p. 198.
[148] No Ofício de 1º de Agosto de 1823, Lecor recomenda "o bom tratamento, e contemplações (...) das pessoas ricas, ilustradas, e que figurão nesse Paiz (...) porque, em fim, se ellas tem emulos, maior he a influencia do seu dinheiro e da sua representação para com os seus paisanos do que tanto proveito me tem resultado".. In: Arquivo Nacional, Coleção Cisplatina.
[149] Arquivo Nacional, Coleção Cisplatina.
[150] Vide OFÍCIO do [secretário de estado da Marinha e Ultramar], conde de Subserra [Manoel Inácio Pamplona Corte Real], ao brigadeiro ajudante-general e comandante interino da Divisão dos Voluntários Reais d'El Rei, D. Álvaro da Costa

que impediu que a ordem chegasse a tempo de evitar a continuidade do confronto. Com a ausência de instruções, de que muito reclamava, D. Álvaro continuou a resistir, apesar dos prejuízos causados pelos combates e pelo cerco, que afetavam as finanças de toda a cidade.

Pressionado por diferentes interesses, Lecor precisava agir rápido, mas não tinha capacidade para realizar um ataque frontal contra as tropas entrincheiradas em Montevidéu. A ruptura do impasse veio, ao fim, pelo mar.

Em agosto de 1823, finalmente se completara a esquadra comandada pelo capitão de mar e guerra Pedro Antonio Nunes,[151] que partiu para fechar o cerco marítimo a Montevidéu. Como visto acima, faziam parte desse conjunto dois brigues (*Real Pedro* e *Cacique*), uma corveta (*Liberal*), e três escunas (*Leopoldina, Cossaca* e *Seis de Fevereiro*). Em 11 de outubro de 1823, a esquadra brasileira impôs o cerco ao porto de Montevidéu.

Em 21 de outubro de 1823, deu-se o breve, mas decisivo combate. D. Álvaro da Costa buscou romper o cerco realizado por Antonio Nunes e ordenou, para tanto, que os quatro navios a sua disposição zarpassem do porto. O comandante Pedro Antonio Nunes relatou ao Rio de Janeiro o combate,[152] que se iniciou ao nascer do sol. Avistando o inimigo, Nunes fez sinal para levantar âncora e determinou manobra "não só para ganhar barlavento ao inimigo, como também para o afastar do porto". Executada a manobra, as embarcações viraram sobre a frota portuguesa, "por contramarcha engajando o combate em bordos desencontrados" A primeira a abrir fogo foi a *Liberal*, ao qual responderam os portugueses. O *Real Pedro* atacou o *Conde dos Arcos*, sendo depois atacado pelo *General Lecor*. Nova passagem dos navios brasileiros foi realizada, sempre com "vivo fogo".

---

de Sousa de Macedo, encaminhando-lhe uma carta régia que ordenava a retirada das forças de mar e terra da praça de Montevidéu e da banda Oriental do Rio da Prata.Anexo: carta régia. 23 de julho de 1823. In: Arquivo Histórico Ultramarino, AHU_ACL_CU_065, Cx 4, D. 214. In: Biblioteca Virtual do Projeto Resgate, http://www.cmd.unb.br/biblioteca.html (acesso em 30/12/2014).

[151] In: *A Marinha de Guerra do Brasil na Lucta da Independência*, op. cit., p. 59. Vide também DORATIOTO, Francisco. "Poder naval e política externa do Império do Brasil no Rio da Prata (1822-1852)". In: *Revista Navigator*, 2012. In: http://www.revistanavigator.com.br/navig12/dossie/N12_dossie1.pdf (acesso em 25/08/2014).

[152] "Parte oficial dada pelo Capitão de Mar e Guerra Graduado Pedro Antonio Nunes, relativa ao combate de 21 de Outubro de 1823". In: *A Marinha de Guerra do Brasil na Lucta da Independência*, 1880, p. 78.

O embate terminou apenas às 4 horas da tarde, com a retirada das forças portuguesas de volta ao porto de Montevidéu. O comandante Nunes informou tentativa de perseguir o inimigo, que não teve sucesso. Segundo seu relato, as embarcações brasileiras tiveram várias avarias, especialmente a *Seis de Fevereiro* e a *Leopoldina*, que tiveram rombos em seus cascos, os quais, no entanto, não impediam a continuidade das operações. Também os navios portugueses ficaram avariados. Não houve mortos ou feridos do lado brasileiro. Os portugueses, por sua vez, registraram 6 mortos e 18 feridos.

Após o combate de 21 de outubro de 1823, a pequena esquadra portuguesa chegou a realizar uma nova tentativa de saída do porto, no dia seguinte, mas não ultrapassou a linha da "boca do porto" até o pôr do sol, sem se disporem ao combate à esquadra brasileira, que se achava à vista.[153] Não havia mais capacidade pró-Lisboa para empreender uma ação decisiva.

---

[153] Ibid., p. 59.

A PARTIDA DAS TROPAS PORTUGUESAS

Sem romper com o cerco marítimo, após perder o combate naval, poucas opções restavam a D. Álvaro da Costa. Foram, então, iniciadas negociações, que terminaram em 18 de novembro de 1823, com a "Convenção para a Suspensão de Armas e Retiradas da Tropas Portuguesas de Monvevidéu".[154] Nesta, regulava-se a presença das tropas portuguesas na cidade até sua partida, reabriam-se o comércio e o porto, e regulava-se a questão da dívida contraída na praça. Estipulava-se, ademais, que a fragata *Thétis*, já de posse dos brasileiros, ficaria "em deposito" até acordo entre Rio de Janeiro e Lisboa. A Escuna *Maria Teresa* e uma corveta igualmente ficariam sob o comando brasileiro.

Lecor e D. Álvaro não assinaram a convenção, o que foi feito, do lado brasileiro, pelo coronel da Legião de São Paulo, Ignacio José Vicente da Fonseca, e pelo tenente-coronel comandante da Artilharia da Côrte, Wenceslao de Oliveira Bello. O coronel Felippe Nery Gorjão e o major Ignacio da Cunha Gasparinho assinaram do lado português.

Mesmo com a rendição de D. Álvaro, a partida das forças portuguesas foi lenta, concretizando-se apenas em 28 de fevereiro de 1824. Eram as últimas tropas portuguesas a partir, consolidando a intenção do Império de fazer-se na mesma dimensão territorial do antigo Reino do Brasil. Lecor entrou em Montevidéu em 2 de março de 1824, procedendo à aclamação de D. Pedro como imperador. O Reino do Brasil se transformava, por inteiro, em Império do Brasil.

---

[154] O texto completo do instrumento pode ser encontrado em: http://dai-mre.serpro.gov.br/atos-internacionais/bilaterais/1823/b_1/ (acesso em 02/09/2014).

Em 20 de novembro de 1823, Lecor enviou ofício ao ministro da Guerra informando a relação de mortos e feridos do Exército Imperial "na campanha da praça de Montevidéu contra a divisão de Voluntários Reais de Portugal e corpos a ela unidos".[155] Segundo o documento, entre fevereiro e outubro de 1823, houve 46 baixas do lado brasileiro, das quais apenas 13 teriam morrido.

É preciso, no entanto, relativizar essa avaliação. As baixas registradas por Lecor não incluíram aquelas do período anterior, nem aquelas relacionadas à Marinha. Existe, ademais, uma contradição entre os relatos dos dois lados, haja vista que D. Álvaro da Costa relatava que o combate de 19 de abril havia, apenas ele, deixado 20 mortos e muitos feridos do lado brasileiro, ao passo que os Voluntários Reais teriam perdido 6 homens. Do lado português, não foi encontrada indicação precisa do total das baixas.

Tomando-se como base o lado brasileiro, que teve algo como 50-80 baixas (incluindo as anteriores a fevereiro de 1823 e as da Marinha), os combates da Cisplatina provocaram algo como 100-150 baixas, dos dois lados. Um resultado que, pela dimensão do confronto, foi de fato limitado, ao passo que os prejuízos materiais foram importantes, seja na destruição causada pelo cerco a Montevidéu, seja pelos combates nessa ação militar e em outras que ocorreram no interior da província, principalmente voltados ao combate dos partidários de Buenos Aires. A guerra existiu, no entanto, independentemente do número de mortes.

O término da guerra entre Rio de Janeiro e Lisboa não significou, por fim, a conclusão da instabilidade política e do conflito na Cisplatina. Segundo Helio Leoncio Martins,[156] a mobilização para a incorporação da Cisplatina ao Império não foi seguida de atenção no mesmo nível por parte do Rio de Janeiro, em 1824. As tropas portuguesas não foram substituídas, as atenções políticas e militares se voltaram aos outros problemas que continuavam a ocorrer no Nordeste, com a Confederação do Equador.

Essa fragilidade estimulou o "espírito artiguista", que já se manifestara, em outubro de 1823, com o cabildo de Montevidéu, ainda na presença dos Voluntários Reais, a reunião de opositores ao Rio de Janeiro que declarara nulo o Congresso que incorporou a Cisplatina ao Reino

---

[155] In: Arquivo Nacional, Coleção Cisplatina, caixa 977, fundo 1ª, 1819-1823.
[156] 2010, p. 17.

do Brasil, ao ver negado pedido ao Rio de Janeiro de retirada das tropas brasileiras da província.

As movimentações continuaram ao longo de todo o período de 1824-1825, culminando com a conhecida travessia do rio Uruguai por 33 refugiados das Províncias Unidas, liderados por Lavalleja e empunhando a bandeira de Artigas, em 19 de abril de 1825. O pequeno movimento ganhou adesões, inclusive de Fructuoso Rivera, enviado por Lecor para enfrentar a revolta.[157] A rebelião, com apoio das Províncias Unidas do Prata, ganhou vulto.

Em 10 de dezembro de 1825, o Império do Brasil declarou guerra contra as Províncias Unidas do Rio da Prata, por meio de um longo manifesto, no qual se apresentavam as razões da guerra. A Guerra da Cisplatina se iniciava.

---

[157] Helio Leoncio Martins, 2010, p. 17.

VIII
O PÓS-GUERRA
E O RECONHECIMENTO
DA INDEPENDÊNCIA

(...) seria aliás muito injusto pretender que o Brasil oferecesse o espetáculo maravilhoso dum estado de dois anos de existência só tendo relativamente a seus negócios internos um único objetivo, uma única vontade. Este admirável acordo, se é possível que tenha lugar ente tantas castas e tantos povos diversos, só será sem dúvida a obra do tempo e após desordens, revoluções intestinas, a consequência do cansaço de todos os partidos.[1]

Se a Independência brasileira foi o resultado da disputa entre o Rio de Janeiro e Lisboa, que dragou todas as províncias do Reino em um conflito que se transformou em guerra caracterizada por três frentes principais (Bahia, Norte, Cisplatina), resta saber quando terminou o conflito. Seria no 2 de julho, quando a província mais estratégica do Reino, a Bahia, foi finalmente incorporada pelo Império, no final dos combates no Norte, com a incorporação do Pará, em agosto de 1823, ou com a retirada dos Voluntários Reais da Cisplatina, já em 1824?

Duas indicações poderão ajudar nessa avaliação: os combates terminaram em 1823, mas revoltas vinculadas às lealdades com Lisboa, principalmente no Maranhão e no Pará, continuaram vivas até o momento do reconhecimento da Independência do Império, em 1825. Este também é o momento em que Portugal cessou de reclamar a volta dos territórios. Em Lisboa os debates sobre a recuperação continuaram até o reconhecimento, tendo sido elaborados planos de reconquista, mesmo que de difícil execução. Ademais, como sugerido por Cochrane no final da seção sobre o Pará (capítulo VI), gestões políticas de portugueses que desejavam colocar obstáculos à solidificação das adesões declaradas (e forçadas, em alguns casos) das diferentes províncias do Império.

Sendo o processo de Independência, a partir do 7 de setembro, uma guerra em moldes tradicionais, a paz, portanto, chegou com o Tratado de Amizade e Aliança entre el-rei o senhor D. João VI e D. Pedro, imperador do Brasil, assinado em 29 de agosto de 1825.[2] Foi nesse momento que cessaram oficialmente as hostilidades e terminaram as reclamações de Portugal.

O reconhecimento da Independência do Brasil foi intermediado pelo Reino Unido e terminou em acordo no qual, dentre outros, o

---

[1] Avaliação do cônsul da França em Recife, apud Evaldo Cabral de Mello, 2014, p. 141.
[2] Transcrições integrais do Tratado e da Convenção Adicional estão disponíveis na página da Divisão de Atos Internacionais do Ministério das Relações Exteriores do Brasil. In: http://dai-mre.serpro.gov.br/atos-internacionais/bilaterais/1825/b_2 (acesso em 12/01/2015).

novo Império pagaria a Lisboa a alta soma de 2 milhões de libras esterlinas. Com o passar do tempo, a historiografia passou a caracterizar o reconhecimento brasileiro como um "péssimo negócio", a origem da dívida externa brasileira ou mesmo uma traição de D. Pedro. Para José Honório Rodrigues.[3]

> A diferença essencial entre a Independência dos Estados Unidos, do México, de toda a América espanhola, do Haiti francês e a do Brasil é a de que só o Brasil pagou aos seus antigos senhores. Uma vergonha sem igual na História da América, praticada por D. Pedro e seus serviçais ministros, aqueles que promoveram a contra-revolução, enquanto José Bonifácio sofria no exílio por ter sido sempre íntegro, independente, corajoso, culto, consciente e nacionalista.

Teria D. Pedro efetivamente traído o movimento inicial ou mesmo cedido, por pressões ou por interesse, quando a conjuntura já lhe era favorável? A força das adesões e das conquistas nos anos de 1822-1823 poderia confirmar essa interpretação. Essa é a base utilizada por José Honório Rodrigues, por Amado Cervo & Clodoaldo Bueno e também mencionada por Rubens Ricúpero, para quem o interesse dinástico de D. Pedro (ganhar a Coroa portuguesa) prevaleceu, quando o Brasil já "não se encontrava ameaçado por ataque estrangeiro, já havia expulsado as tropas portuguesas de seu território, não era um aliado subalterno da Grã-Bretanha".[4] A reação conservadora a partir de 1824 com as influências portuguesas sobre D. Pedro terão sido de fato elementos políticos do período. Explicariam, no entanto, o processo de reconhecimento?

O ano de 1825 não era, contudo, o primeiro semestre de 1823, agosto de 1823, ou mesmo janeiro de 1824, quando se iniciou o segundo ciclo de negociações. Muito tinha mudado na política, fosse na capital do Império, fosse nas províncias. Influências externas ainda estavam atuantes e a conjuntura política, na verdade, degringolou no que diz respeito à unidade que recentemente havia sido construída em torno do Rio de Janeiro. As capacidades de negociação da capital carioca diminuíram no período e esse é o ponto que se faz necessário explorar aqui, antes de se retornar à

---

[3] 2002, p. 334.
[4] RICÚPERO, Rubens. "Parte 3: O Brasil no Mundo". In: *História do Brasil Nação: 1808/2010*. Volume 1: *Crise Colonial e Independência (1808-1830)*. Coordenação: Alberto da Costa e Silva. Direção: Lilia Moritz Swarcz. Rio de Janeiro: Objetiva, 2011.

questão do "mau negócio", para o Brasil, que teria sido o Tratado de Reconhecimento da Independência.

Quatro fatores principais servem de guia para essa análise: a conjuntura política no Rio de Janeiro, a situação das províncias e seus vínculos com a capital do Império, a postura de Lisboa e, por fim, a intermediação inglesa. Eles serão explorados na primeira parte do presente capítulo. A segunda parte se concentrará nas negociações do reconhecimento.

A MUDANÇA DOS VENTOS NO BRASIL E AS AÇÕES DE PORTUGAL E REINO UNIDO

Desde o início do processo, como visto no capítulo III, a relação de D. Pedro com os núcleos iniciais (como os representados por José Bonifácio e por Gonçalves Ledo) do projeto em torno do Rio de Janeiro e com elites das "Provincias Colligadas" foi sensível e não era fundamentada necessariamente em uma identidade de visões e de interesses. A conjugação dos diferentes projetos levara tempo e muito esforço para ser alcançada. Ao final, foi a atitude hostil das Cortes que impulsionou a aproximação, levando a acordo, mas não ao compartilhamento das mesmas aspirações. A convocação da Constituinte e a Guerra de Independência contribuíram, finalmente, para que os conflitos internos fossem provisoriamente deixados de lado, ao menos no primeiro semestre de 1823.

Também contribuíram para essa aparente tranquilidade as medidas de força adotadas por José Bonifácio, em fins de 1822 e início de 1823, para eliminar a oposição ao imperador. Jornais foram fechados e os adversários mais duros foram presos ou expulsos do Rio de Janeiro. Essas ações, por outro lado, revelavam que em 1822, em meio à declaração de Independência e à coroação do imperador, já havia divergências importantes no campo político. As questões não eram novas. Continuavam, na verdade, com o debate que se iniciara em 1820, com a Revolução do Porto e a crise do antigo Regime, o que André Roberto de Arruda Machado chamou de a "quebra da mola real das sociedades".[5]

Essas medidas, inclusive, reverberaram nos jornais das províncias brasileiras que ainda apoiavam as Cortes, como foi o caso do *Idade*

---

[5] 2006, p. 1.

d'Ouro, de Salvador, que em 1º de novembro de 1822[6] criticava a suposta maioria a favor da Independência do Brasil, uma vez que

> Se porém no Rio de Janeiro se quer estabelecer hum Imperio liberal porque prohibem os Escriptos, e perseguem os Escriptores sem exceptuar o Reclamador quando principia a publicar as Doutrinas do grande Burke? Muito medo tem os Bonifacios da liberdade da Imprensa a respeito de Doutrinas: isto prova que elles não se fião na sua.

As diferenças, desse modo, subsistiam e foram ficando mais claras a partir dos preparativos dos trabalhos da Assembleia Constituinte. Para a cerimônia inaugural da Constituinte, em 3 de maio de 1823, debateu-se, por exemplo, se D. Pedro deveria ingressar no Congresso descoberto ou com toda a ornamentação, esta símbolo do poder imperial. O imperador terminou por ir à Assembleia com toda a ornamentação, simbolizando o poder que buscava consolidar.

Outro temas discutidos na Assembleia Constituinte, ao longo de todos os seus trabalhos, foi o poder de veto do imperador sobre os artigos da Constituição. Havia resistência de muitos constituintes em dar esse poder a D. Pedro, considerando que o Legislativo deveria manter sua precedência, como era a visão liberal. Os apoiadores do imperador defendiam o reforço de sua autoridade. O debate permaneceu inconclusivo.

O próprio discurso de D. Pedro na sessão inaugural da Assembleia, em 3 de maio de 1823, causou controvérsia. As sessões após a abertura dos trabalhos repercutiram abertamente o trecho em que D. Pedro falava da aprovação de uma Constituição "se for digna de mim". Muitas vozes se insurgiram contra a fala, suscitando longa discussão sobre o assunto e acusações de "despotismo" contra D. Pedro. Mareschal cita,[7] por exemplo, crítica do deputado João Carlos Dias, de Minas Gerais (para o diplomata "um dos mais imbecis" parlamentares), que teria sustentado não ter aclamado D. Pedro.

Os ataques de alguns deputados a D. Pedro levaram, inclusive, à reação de José Bonifácio, que em discurso na Assembleia sobre a primeira Fala do Trono criticou aqueles que reagiam à expressão do impe-

---

[6] Edição nº 88. In: Biblioteca Nacional – Hemeroteca Digital.
[7] In: Mareschal, ofício de 26 de maio de 1823. Retraduzido para o português. In: *RIHGB*, vol. 313, outubro-dezembro, 1976, p. 223.

rador sobre a Constituição "digna de mim": "todos nós queremos uma Constituição digna do Brasil, digna do Imperador e digna de nós".[8] O Patriarca defendia que a Carta deveria dar o grau de liberdade "da qual sejamos capazes", limite que deveria ser visto em comparação com o que se passava no resto das Américas: "faz 14 anos que os homens se destroem, desde que eles saíram do Governo monárquico, não produziram nada mais que o sangue vertido".

Junto com as reações às pressões do imperador em manter precedência sobre a Assembleia (no caso das ornamentações e do veto), os debates revelavam as dificuldades dos constituintes em entrarem em acordo sobre a relação do Rio de Janeiro com as províncias.[9] Nos debates na Assembleia e nas outras expressões políticas, especialmente na imprensa e em proclamações públicas, o que se observava era uma a volta da disputa entre projetos distintos de organização do novo Estado, como havia ocorrido com as Cortes de Lisboa. Eliminado o inimigo externo (o conflito com as Cortes de Lisboa), acordava-se para o fato de que as alianças forjadas em 1822 não significavam, necessariamente, a concordância com uma mesma ideia de Estado. Assim,

> apesar de certa aparente solidez do Império brasílico, continuava indecisa a questão fundamental da distribuição de poder entre a autoridade nacional no Rio de Janeiro e os governos provinciais.[10]

Ainda que as alianças e interesses fossem fluidos e não houvesse partidos como hoje se conhece, havia duas tendências identificáveis nessa disputa política. Oponham-se, *grosso modo*, centralistas e autonomistas. De um lado, estava o grupo encabeçado por D. Pedro e, principalmente, por José Bonifácio, cujos planos se voltavam à centralização do poder, principalmente nas mãos do imperador.

De outro, estava o grupo autonomista, incluindo a maior parte dos representantes provinciais, inicialmente ligados ao vintismo (e contra o Rio de Janeiro de D. João VI), mas que haviam se aproximado do Rio de Janeiro exatamente pelas diferenças com as Cortes e pelas promessas

---

[8] In: Mareschal, ofício de 26 de maio de 1823. Retraduzido para o português. In: *RIHGB*, vol. 313, outubro-dezembro, 1976, p. 223.
[9] Vide, por exemplo, alocução do deputado Souza Mello, em 26 de maio de 1823.
[10] Lúcia Bastos Pereira das Neves 2011, p. 100.

de autonomia que viria com a Constituinte brasileira. Os autonomistas eram fortes, particularmente, em Pernambuco, que chegou a aprovar instruções para seus representantes na Constituinte do Rio de Janeiro ("para não sermos bigodeados como já fomos pelas Cortes de Lisboa"), frontalmente contrárias às ideias de Bonifácio e que traziam uma noção de "soberania provincial".[11]

Em jogo estava principalmente qual seria o órgão representativo da soberania do novo Estado. A questão do veto mostrava, particularmente, a disputa pela definição de relação hierárquica entre o Parlamento e o Executivo, como apontava o deputado Dias, em sessão da Assembleia de 11 de junho de 1823: "Representantes como somos de uma Nação livre, que se constitue, não podemos em quanto nos constituímos, tratar o Imperador como superior á mesma Nação, mas sim como secundário á sua Soberania."

Os trabalhos da Assembleia Constituinte de 1823 trouxeram à tona, portanto, as diferenças passadas e impulsionaram o conflito político. "Fervia a disputa entre José Bonifácio e a Assembleia, com muitos ataques de parte a parte através do *Diário do Governo* e dos demais jornais que então circulavam na cidade".[12] As diferenças ainda não chegavam, é bem verdade, ao ponto de ruptura. O imperador ainda era visto como o chefe do Estado e as tendências republicanas, mesmo existentes, não eram majoritárias.

Ainda assim, desde o início dos trabalhos, os temores sobre os rumos da Assembleia e dos conflitos potenciais levavam à reflexão sobre alternativas. Em 11 de março de 1823,[13] Mareschal escreveu a Viena avaliação de que aos problemas na Assembleia havia uma alternativa, "um meio sempre perigoso, é verdade, mais que aqui, segundo o espírito do povo, teria sucesso infalível: dissolver a Assembleia pela força e promulgar uma Constituição". Mareschal apontava que muitos apoiavam a ideia, e estimavam que D. Pedro já deveria ter promulgado uma Carta quando de sua coroação. A ideia de dissolução da Constituinte, como indicava o diplomata austríaco, não surgiu apenas no final de 1823, após o conflito entre D. Pedro e a Assembleia. E, o que é interessante no relato de Mareschal: havia apoio à ideia.

---

[11] Evaldo Cabral de Mello, "A Outra Independência", 2014, p. 118.
[12] Isabel Lustosa, 2006, p. 257.
[13] In: *RIHGB*, vol. 313, outubro–dezembro de 1976, p. 179.

Foi o estabelecimento de um terceiro grupo político, muito ativo, que ampliou o conflito e levou à ruptura. Esse grupo formou-se com a saída de José Bonifácio do governo, em 16 de julho de 1823.

Mareschal registra, em 19 de julho de 1823,[14] um clima de "intrigas" no Palácio Imperial, que foram agravadas pela queda de D. Pedro de seu cavalo e o resguardo por dias, afastando-o da gestão do Estado. Essa ausência exacerbou as conspirações e, ao fim, provocou a queda de José Bonifácio. Uma ruptura de tal maneira, que, segundo o diplomata austríaco "é quase impossível qualquer tipo de reconciliação (com o imperador)". Preocupado com o resultado dos eventos, Mareschal informava a Viena ter buscado contato com D. Pedro para "o convencer de que o momento requeria demonstração de segurança, que era de necessidade absoluta para a manutenção de sua autoridade, para o que teria o apoio das potências europeias". D. Pedro teria respondido positivamente à gestão. José Bonifácio, de sua parte, pareceu a Mareschal "abatido e fatigado".

As negociações para a formação do novo governo foram cercadas de segredo, mas terminaram com a composição de gabinete considerado "português" e, para muitos, de baixa qualidade.[15] Restabelecia-se, nesse momento, a influência "portuguesa" em torno de D. Pedro, a "contrarrevolução" afirmada por José Honório Rodrigues,[16] que o distanciaria de importantes figuras do movimento da Independência. O novo gabinete teria como oposição figuras como José Bonifácio, Cochrane e antigos chefes militares provinciais da Guerra de Independência, estes que se vinculariam, em 1824, à Confederação do Equador.

D. Pedro anulou, em julho de 1823, as investigações abertas por Bonifácio em São Paulo, consideradas mais fruto de rivalidades provinciais do que de sedições contra a ordem. Uma outra portaria, segundo Mareschal, acusava Bonifácio de ter "alienado", por seus atos de vingança, as províncias do Norte e a própria Assembleia. O Patriarca da Independência se tornava, pela pena do imperador, o responsável pela maior parte dos problemas existentes naquela conjuntura política bra-

---

[14] *RIHGB*, nº 314, janeiro-março, 1977, p. 319.
[15] Segundo Mareschal: *le veritable conseil du Prince se compose du Ministre de la Guerra, de trois ou quatre serviteurs du Palais, tous portugais, incapables de lui conseiller bien et sous tous rapports indignes de sa confiance (...).* Ofício de 6 de setembro de 1823. In: *RIHGB*, volume 315, abril-junho, 1977, p. 303.
[16] 2002.

sileira. Essa visão, logicamente, não convencia o diplomata austríaco, para quem o príncipe errava em achar que os problemas de consolidação do Império haviam se restringido ao apoio de várias províncias a Portugal, em outras palavras, à guerra. As acusações de D. Pedro e de seus novos assessores contra Bonifácio, de todo modo, acirraram ainda mais a disputa.

Os irmãos Andrada reagiram com a mesma força. Fundaram o jornal *Tamoio*, a partir do qual realizaram ataques tanto aos radicais quanto ao governo, acusado de "português". Isabel Lustosa aponta, por outro lado, que a passagem para a oposição "não aproximou os Andradas dos seus antigos adversários".[17] Era mais um grupo que se adicionava à turbulência política.

A atuação dos Andradas e de outros atores fez com que, a partir do segundo semestre de 1823, renascesse "o clima febril do ano anterior (1822), com a multiplicação dos jornais que se posicionavam em relação aos debates na Assembleia".[18] Não havia, mais uma vez, partidos organizados, mas "correntes de opinião, que se agrupavam ou se dividiam no desenrolar dos debates", de acordo com ideologias e interesses.[19]

O conflito entre o imperador e setores liberais, republicanos e com os Andradas tornava-se aberto. Na avaliação de Mareschal,[20] se a rusga entre D. Pedro e José Bonifácio não tivesse sido tão "envenenada", suscitando um "espírito de vingança", a solução para a crise política estaria na volta do Patriarca ao governo. Segundo o diplomata austríaco, apesar das "faltas pessoais, de sua família e do seu partido", Bonifácio

> ao menos tinha um plano para o conjunto geral das coisas que era bom e praticável e, se como o acusaram, ele abusava da autoridade de seu Mestre, sem dúvida realizava sua prerrogativa e seus direitos com vigor.

Sem essa solução, o distanciamento entre o imperador e a Assembleia se ampliou. Em 23 de agosto de 1823,[21] Mareschal informava sobre "discussões muito violentas", com os membros do que chamava de

---

[17] Isabel Lustosa, 2006, p. 259.
[18] Lúcia Bastos Pereira das Neves 2011, p. 103.
[19] Ibid., p. 102.
[20] Ofício de 5 de agosto de 1823. In: *RIHGB*, nº 314, janeiro-março, 1977, p. 332.
[21] *RIHGB*, nº 314, janeiro-março, 1977, p. 342.

"partido democrata" ameaçando se retirar às suas províncias. Os irmãos Andrada também se tornavam mais agressivos, na Assembleia e no combate ao ministério "português", ainda que, na opinião do diplomata austríaco, José Bonifácio não participasse diretamente do que se passava. A questão do veto imperial às decisões da Constituinte permanecia como ponto de discórdia.

O problema foi agravado pelo próprio procedimento da Constituinte, lento e permeado por discussões que não se relacionavam apenas com a elaboração da Constituição. Os trabalhos levaram tempo demais para avançar, quando a conjuntura demandava resultados rápidos, para garantir a estabilidade.[22] A permeabilidade da Assembleia a outros temas, não necessariamente políticos, ecoava situação que havia ocorrido com as Cortes de Lisboa, também contaminadas por temas estranhos à organização constitucional, os quais foram um dos fatores de forte dissenso dentro do mundo português.

Foi exatamente um desses temas exógenos que se tornou o estopim para a confrontação que levou ao fechamento da Constituinte. No clima exacerbado de 1823, os jornais traziam ataques constantes de lado a lado, ofensivas em alguns casos difamatórias e agressivas. O *Tamoio*, dos Andradas, era contraposto pelo *Correio do Rio de Janeiro*, pelo *Espelho* e pelo *Diário do Governo*, que em linhas gerais defendiam o imperador. A batalha política na imprensa do Rio de Janeiro foi amplamente explorada por Isabel Lustosa em *Insultos impressos*:[23]

> o vigor com que a imprensa participou e conduziu os debates em torno das questões definidoras do regime que seria adotado e a efetiva ação de seus jornalistas no processo político em evolução encontraram seu lugar num contexto em que preponderava a indefinição das formas que assumiria o regime político que se estava fundando.[24]

---

[22] Na avaliação de Mareschal : *Je crois aussi qu'il faudra bom gré mal gré, en venir là et que c'est toujours déjà un bien d'avoir un projet de Constitution fait par les membres les plus éclairés de l'Assemblée et choisis par elle; que l'on puisse présenter comme Charte; mais ce qui eut été facile et sûr il y a six semaines, est devenu et sera, de jour en jour plus périlleux, l'adoption de mesures fortes, d'un système suivi, deviendroit indispensable si l'on ne veut pas voir dans peu l'Empire réduit au Rio-de-Janeiro et il n'y a dans ce Parti et en général, personne qui en paraisse capable.* Ofício de 6 de setembro de 1823. In: RIHGB, volume 315, abril-junho, 1977, p. 304.
[23] LUSTOSA, Isabel. *Insultos impressos: a guerra dos jornalistas na Independência (1821-1823)*. São Paulo: Companhia das Letras, 2000.
[24] Ibid., 2006, p. 266.

Em um dos casos da imprensa excitada, o diário *A Sentinela da Liberdade na Guarita da Praia Grande*, de José Estevão Grondona, publicou uma série de artigos assinados com o pseudônimo "Brasileiro Resoluto", que atacava ferozmente o Governo Imperial. O diário era próximo ao *Tamoio* dos Andradas. Não compartilhava necessariamente o mesmo projeto, mas "era conveniente para ele aliar-se aos paulistas no combate aos portugueses para ver se, expulsos estes, sairia com eles do Brasil o imperador e, quem sabe, se instauraria no Rio de Janeiro uma república".[25] Os artigos do "Brasileiro Resoluto" provocaram revolta nos grupos portugueses, que planejaram uma reação.

Em 5 de novembro, sem muito precisar quem era o autor dos artigos, o sargento-mor Joze Joaquim Januario Lapa e o capitão Zeferino Pimentel Moreira Freire agrediram David Pamplona Corte Real, acusando-o de ser o "Brasileiro Resoluto". David Pamplona apresentou, em reação, requerimento à Comissão de Justiça Civil e Criminal da Assembleia Constituinte, acusando os dois militares pela agressão sofrida no dia anterior. É curioso que a Justiça tenha sido buscada por David Pamplona no Legislativo e não no Judiciário. Mas esse era o caso da porosidade da Constituinte, na qual alguns de seus membros viam nesses episódios corriqueiros oportunidade para ação política. A Assembleia "vinha se constituindo no desaguadouro de todas as queixas populares".[26]

Antonio Carlos e Martim Francisco tomaram partido da vítima, deixando de lado o fato de que Pamplona era português de nascimento. A opção entre "brasileiros" e "portugueses" não era necessariamente pela origem geográfica (Europa ou América), mas de posição política. Era uma oportunidade aos Andradas explorar o caso, que permitia atacar tão diretamente o "partido português".

Na sessão da Assembleia Constituinte de 10 de novembro, Antônio Carlos reclamou providências urgentes, "ao que lhe retrucou o Ministro do Império que via no caso o resultado dos 'libelos difamatórios' dos jornais".[27] Os debates foram se acirrando e, para piorar o clima, o povo foi aceito nas galerias e no próprio plenário. Os Andradas, em discursos inflamados, lograram mobilizar a população que estava presente no local, que se preparou para sair às ruas em protesto. A sessão

---

[25] Isabel Lustosa, 2006, p. 260.
[26] Isabel Lustosa, 2006, p. 260.
[27] Otávio Tarquínio de Sousa, *José Bonifácio*, 2002, p. 216.

parlamentar foi finalmente suspensa e o clima de tensão se ampliou para fora da Assembleia. D. Pedro, em reação, mandou formar a tropa e toda a guarnição de São Cristóvão se armou.

No dia seguinte, a sessão se iniciou já sob os protestos contra a mobilização militar. Chegava, também, por oficial despachado pelo ministro do Império, ordem para que a Assembleia tomasse providência contra os jornais *Tamoio* e *Sentinela*. Ante a reação do Executivo, uma comissão especial que incluía Vergueiro, Felisberto Caldeira Brant e José Bonifácio propôs que a Assembleia se instalasse em sessão permanente, o que foi aprovado.

Iniciar-se-ia o que ficou conhecido como a "noite da agonia",[28] na qual foram pronunciadas muitas críticas a D. Pedro. Na madrugada de 11 para 12 de novembro, tropas imperiais cercaram e invadiram o Parlamento e dissolveram a Assembleia, com fundamento em decreto do imperador. Vários deputados foram presos, incluindo os dois Andradas. José Bonifácio foi, na sequência, exilado. Terminava, naquela madrugada, a Constituinte de 1823.

Em decreto de 13 de novembro de 1823,[29] D. Pedro justificou a dissolução por ter se tornado a Assembleia "perjura". Afirmava não confundir os representantes da "facção" que dominava o corpo com os "legítimos representantes do Povo Brazileiro", tendo sido obrigado a enfrentar os "facciosos que anhelavão vingança ainda á custa dos horrores da anarchia". Era praticamente a mesma linguagem utilizada contra as Cortes no processo de Independência e que revelava, fundamentalmente, uma diferença entre o corpo Legislativo e o Executivo sobre o projeto de organização do Estado, entre a autonomia provincial e a centralização no Rio de Janeiro.

Havia, nesse caso, duas perspectivas em jogo. Os constituintes e grupos dirigentes provinciais atinham-se ao entendimento, desenvolvido no processo que levou à emancipação, de que a manutenção da unidade do antigo Reino viria junto com a autonomia provincial, uma das razões pelas quais se havia lutado contra Lisboa e a favor do Rio de Janeiro. Outras resistências diziam respeito a grupos ainda favoráveis a Lisboa, ou a tendências mais radicais, republicanas.

---

[28] Parte das transcrições da sessão encontram-se nos documentos publicados na obra *José Bonifácio de Andrada e Silva*, 2002, p. 244.
[29] *Documentos para a História da Independência*, 1923, p. 441.

O projeto do imperador, de sua parte, era claro na centralização do poder no Rio de Janeiro, ante o risco, já percebido nas discussões anteriores à partida de D. João VI, em 1821, da "anarquia". As operações militares contra as Cortes de Lisboa, ademais, haviam mostrado os riscos de fragmentação. Da briga imediata e pessoal do monarca e de seus próximos contra os deputados e a oposição dos Andradas sobressaíam diferenças fundamentais sobre o Estado, uma diferença que também acabaria sendo resolvida, em última instância, pela força.

O interessante do decreto de dissolução da Constituinte é que ele não aprenas fechava a Assembleia. Ao mesmo tempo em que fechava uma, D. Pedro convocava outra Constituinte, "duplicadamente mais liberal":

> na forma das instrucções feitas para a convocação d'esta que se acaba, a qual deverá trabalhar sobre o projecto de Constituição, que Eu lhe dei de em breve apresentar, que será duplicadamente mais liberal do que a que extinta Assembléa acabou de fazer.[30]

O objetivo inicial, desse modo, era voltar a reunir o corpo constituinte, o que terminou não ocorrendo. Ao fim, o novo projeto de Constituição foi apresentado em 20 de dezembro de 1823 e submetido a consultas nas Câmaras Municipais.[31] Após terem sido recebidos apoios municipais ao projeto e à promulgação direta, sem a instalação da Assembleia prometida, a Constituição do Império do Brasil foi promulgada em 25 de março de 1824.

A dissolução da Constituinte e a promulgação da Constituição de 1824 não terminaram com as tensões, na Corte ou nas províncias. Pelo contrário, elas se exacerbaram ao longo de 1824–1825. No Rio de Ja-

---

[30] *Documentos para a História da Independência*, 1923, p. 441.

[31] É interessante notar relato feito a Lisboa, sobre esse momento, em que "três Camaras do Imperio aviao pedido absolutismo, constava mais que o imperador já por huma portaria tinha respondido as ditas Camaras, que não convinha ao Imperio do Brazil o sistema". In: OFÍCIO de Francisco Antônio de Miranda ao secretário de estado da Marinha e Ultramar, Joaquim José de Monteiro Torres, sobre as notícias obtidas com a chegada do Rio de Janeiro da galera Fama; informando que três câmaras do Império haviam pedido a implantação do regime absolutista e que o imperador já tinha respondido negativamente às mesmas com uma portaria. Em 15 de julho de 1825. In: Arquivo Histórico Ultramarino – Projeto Resgate, AHU_ACL_CU_017, Cx 294, D. 20831.

neiro, ampliou-se, inclusive, a dissonância entre "brasileiros" e "portugueses", "aos quais se atribuía influência na decisão do imperador de praticar aquele golpe de Estado".[32] Também continuava a oposição ao imperador, como se observa, por exemplo, em devassa realizada em 8 de março de 1824, sobre "o movimento subversivo". O decreto[33] que autorizou a investigação falava em forças "incendiárias" que atentavam contra a ordem e o sistema liberal, e punham "em dúvida a Constitucionalidade". O documento aponta especialmente para a ação de "proclamaçoens incendiarias e pasquins insolentes". Alguns indivíduos já estavam, segundo o decreto, presos. A devassa se destinava a prender os cúmplices, que "só por inquirição de testemunhas poderá verificar-se cabalmente".

Nas províncias, a situação foi ainda pior. Nos capítulos anteriores relatou-se que, apesar do esforço político-militar, províncias como Pernambuco, Ceará, Pará ou Maranhão continuaram a sofrer com forte instabilidade política nos meses posteriores às respectivas adesões ao Império. Na Cisplatina, em pouco tempo estouraria nova guerra. A aceitação ou, em alguns casos, a imposição da unidade em torno do Rio de Janeiro era frágil, dependendo de acordos, por exemplo, sobre a Constituinte, ou de medidas de força.

Em fins de 1823 e início de 1824, essas fragilidades se tornaram mais claras, uma vez que o problema externo dos grupos sociais e tropas que apoiavam Lisboa desaparecera. Alguns destes elementos pró-Lisboa permaneciam no Brasil, complicando ainda mais a equação.

Voltaram a mesclar-se, então, disputas locais, projetos distintos sobre a organização provincial do novo Império, sobre a relação com o Rio de Janeiro e sobre a figura de D. Pedro. A guerra que havia devastado o Norte-Nordeste não foi seguida, como visto anteriormente, pela estabilidade política e recuperação econômico-social. Províncias como Pernambuco, Maranhão e Pará sofriam com as disputas internas e também com controvérsias relacionadas às medidas e aos debates políticos no Rio de Janeiro.

Em abril de 1823, Cipriano Barata fundou o *Sentinela da Liberdade na Guarita de Pernambuco*, em que publicou artigos alertando para o risco de dissolução da Constituinte e concentração de poder nas mãos do im-

---

[32] Isabel Lustosa, 2006, p. 175.
[33] In: *Documentos para a História da Independência*, 1923, p. 459.

perador.³⁴ Na edição de 23 de abril de 1823,³⁵ enquanto a guerra transcorria na Bahia, no Norte e na Cisplatina, Barata criticou a declaração de D. Pedro como "Generalíssimo" e se colocou fortemente contrário à organização de Forças Armadas no âmbito nacional. Evocando o mau exemplo das Cortes, na guerra que transcorria, Barata defendia que as forças militares deveriam ser provinciais. Tratava-se de visão diretamente contrária ao unitarismo do Rio de Janeiro. No caso das forças militares, a ideia chegou a ser promovida, durante a Regência, com a criação da Guarda Nacional.

A aprovação da lei de 20 de outubro de 1823, reorganizando as províncias, com substituição das Juntas Governativas por governadores designados por D. Pedro, suscitou grande celeuma.³⁶ Na avaliação de Roderick J. Barman³⁷ a lei "subvertia o equilíbrio de forças existente desde o começo de 1821 entre as províncias e o centro, no propósito de restabelecer o *status quo* colonial". A expressão "status quo colonial" deve ser entendida aqui não como retomada da colônia (que depois de 1816 já não existia), mas como a reconcentração do poder no Rio de Janeiro. Retomava-se, assim, um dos motivos da própria adesão das províncias do Norte à Revolução do Porto, de 1820, o que naturalmente agitou os grupos liberais e autonomistas.

A dissolução da Constituinte de 1823 agravaria sobremaneira o conflito político. Em um cenário de instabilidade e desestruturação política local e regional, a ação centralizadora do Rio de Janeiro despertava as forças que haviam se desmobilizado em parte pela disputa entre D. Pedro e as Cortes, trazendo de volta pressões fragmentadoras.

Pernambuco constituiu o caso mais claro dos problemas decorrentes da disputa entre autonomia e centralização, redundando no risco de fragmentação. A instabilidade política, na verdade, não foi interrompida com a queda de Luís do Rego, com a de Gervásio Pires, com a adesão a D. Pedro ou com o apoio decisivo nas operações na Bahia e no teatro Piauí-Maranhão. Eram os mesmos motivos, as

---

³⁴ Lúcia Bastos P. Neves, 2011, p. 103. As edições do jornal podem ser encontradas na Biblioteca Nacional – Hemeroteca Digital Brasileira, http://memoria.bn.br/DocReader/docreader.aspx?bib=759961&pasta=ano%20182&pesq= (acesso em 13/1/2016).
³⁵ Edição nº 5.
³⁶ Lúcia Bastos P. Neves, 2011, p. 102.
³⁷ Apud Evaldo Cabral de Mello, 2014, p. 151.

mesmas diferenças, que foram se acirrando ao longo do primeiro semestre de 1824:

> Em lados opostos, autonomistas e centralistas ameaçavam a paz da província e estavam, mais uma vez à beira da guerra civil. (...) O confronto entre autonomistas e centralistas encerrava, em última análise, o conflito entre diferentes visões acerca da independência, da formação do Estado e da nação. Tais visões conviviam no mesmo contexto provincial, mas acenavam para as diferentes formas pelas quais então se construía o pacto mais amplo entre governadores e governados.[38]

Foi a disputa pelo poder local, agravada pelo conflito político sobre a organização do Império, que levou a novos combates. Segundo Evaldo Cabral de Mello, a Junta que substituiu Gervásio Pires compunha-se de senhores de engenho, "descomprometidos com os gervasistas ou com os unitários".[39] Essa característica a tornava uma "incógnita", sendo favorecida pelos gervasistas, que tentavam utilizá-la contra os unitários. Ainda assim, as novas visões que governavam a província ampliavam e não diminuíam o conflito pela organização do poder provincial. O governador das armas, Pedroso, e outras figuras disputavam intensamente o poder, mobilizando setores da população. Continuavam os projetos de autonomia, federalismo, República, unitarismo. Muitos grupos permaneciam refratários ao Rio de Janeiro, ou aos planos de D. Pedro de centralização do poder.

Frei Caneca iniciou, naquele mesmo mês de dezembro de 1823, a publicação do *Typhis Pernambucano*, novo jornal em que criticou abertamente o fechamento da Constituinte, avaliando a medida como "nefasta" para a liberdade do Brasil[40] e conclamando à resistência. Frei Caneca não era o único, em Pernambuco e no Rio de Janeiro, que tratava dos problemas entre grupos "federalistas" e grupos autonomistas. O cônsul da França no Recife estimou que a Corte deveria apressar suas providências para "garantir a submissão de Pernambuco e das Províncias do Norte", sem o que a própria unidade estaria ameaçada.[41] Também

---

[38] Luiz Geraldo Santos da Silva, "O avesso da Independência: Pernambuco (1817-1824)", 2006, p. 353.
[39] Evaldo Cabral de Mello, 2014, p. 113.
[40] In: Lúcia Bastos P. Neves, 2011, p. 104.
[41] Evaldo Cabral de Mello, 2014, p. 158.

José Bonifácio havia pressentido os riscos em Pernambuco e sugerido ao imperador (com quem permanecia rompido), por intermédio de Mareschal, um "golpe parlamentar".[42] Bonifácio, opondo-se à proposta de submissão do projeto de Constituição às províncias, concebeu um plano pelo qual a Constituição seria rapidamente aprovada, a legislatura ordinária eleita, e realizada intervenção militar em Pernambuco. "Urgia cortar o mal pela raiz, pois as províncias do Sul já começavam a se intoxicar com o 'maligno vapor pernambucano.'"[43]

A dissolução da Assembleia Constituinte tornou-se um pano de fundo grave a esse processo. Sua notícia chegou em 12 de dezembro de 1823, poucas horas após a chegada de Barros Falcão e suas tropas de volta da Bahia.[44] Grupos unitários contavam com a presença dessas tropas para atacar os federalistas. Estes, no entanto, ganharam impulso e adesões, mesmo de unitários moderados, indignados com a dissolução da Constituinte, entendida como uma ruptura do acordo de adesão ao Rio de Janeiro. Não havia, nessa interpretação, conjunção total dos interesses da província com D. Pedro e muito menos uma identidade "nacional" que desse carta branca ao Rio de Janeiro. Pelo contrário, o acordo que aproximara pernambucanos e o regente, que tinha na autonomia provincial a base, parecia ao federalista rompido, enfraquecendo-se os laços de união.

A agitação política decorrente levou à queda da Junta, a favor dos federalistas. Foi constituído um novo Governo Provisório no Recife, em 13 de dezembro de 1823 (no dia seguinte à chegada da notícia da dissolução). Era liderado por Manuel de Carvalho Pais de Andrade e composto majoritariamente por ex-adeptos da Revolução de 1817.[45] Segundo Evaldo Cabral de Mello, o carvalhismo não era puramente federalista. Incorporava também tendências como unitários ressentidos com a dissolução da Constituinte, apoiadores de Pedroso (governador das armas) e outros moderados. Essa coalizão tinha um fundamento:

> a tomada de poder pelos federalistas não teria sido factível sem a onda de indignação provocada pela dissolução da Constituinte, a qual se estendeu à parte dos unitários que se sentia lograda pela perfídia imperial, como ilustra o gesto do próprio (Coronel) Barros Falcão de arrancar em

---

[42] Evaldo Cabral de Mello, 2014, p. 153.
[43] Ibid.
[44] Ibid., p. 159.
[45] Ibid., p. 163.

público a condecoração que o Imperador lhe concedera pela campanha da Bahia.[46]

A provisoriedade do novo governo era fator de instabilidade e a assunção de um novo governo, legitimado tanto localmente quanto pelo Rio de Janeiro, daria o tom da disputa política que se desenrolou no primeiro semestre de 1824.

A situação foi agravada pela notícia, recebida em fins de dezembro, antes de as notícias da queda da Junta de Governo chegarem a D. Pedro, de que Manoel Pais Barreto fora nomeado pelo Rio de Janeiro como governador da província. A decisão agravava a posição de Pais de Andrade na liderança do governo.[47] Pais Barreto era local, tinha apoio em Pernambuco e colocava em risco o carvalhismo. Sua nomeação foi parte da estratégia do Rio de Janeiro de escolher personalidades locais para as províncias do Norte,[48] evitando a mobilização local contra algum indicado "estranho" e proveniente da capital imperial.

A disputa entre os dois grupos pernambucanos foi intensificada com a insatisfação decorrente da promulgação da Constituição de 1824. Apesar da ação de grupos fiéis ao Rio de Janeiro pela aceitação do texto,[49] especialmente nas províncias vizinhas, a situação pernambucana era instável e abria pouco espaço para a conciliação. Com a continuidade das disputas pelo poder, os ânimos foram se acirrando. Tentativas de sublevação militares ocorreram em março de 1824.

O conflito tornou-se ainda mais agudo quando, em fins de março de 1824, uma flotilha comandada por Taylor tentou negociar a posse de Pais Barreto para o Governo Provincial, no lugar de Pais de Andrade. Também buscava a desmobilização da tropa. Houve, na sequência, nova tentativa de negociação, com a designação de uma terceira opção, José Carlos Mayrinck da Silva Ferrão. Tampouco houve sucesso, sofrendo Mayrinck forte oposição para assumir o governo pernambucano, tema que se tornou uma das principais fontes de conflito. Taylor declarou, então, o porto de Recife bloqueado.

Em meio a essa tentativa de acordo, chegavam notícias de que, no Ceará, a informação da dissolução da Constituinte havia provocado

---

[46] Evaldo Cabral de Mello, 2014, p. 162.
[47] Evaldo Cabral de Mello, 2014, p. 167.
[48] Ibid., p. 166.
[49] Ibid., 2014, p. 174.

reações nas Câmaras de Quixeramobim e do Icó, que haviam proclamado a República. Os problemas tanto no Ceará quanto em Pernambuco influenciavam diretamente as províncias vizinhas, como Rio Grande e Paraíba. Manifestos surgiram em Recife, em 27 de abril e em 1º de maio, contra o imperador.[50]

Em 2 de junho de 1824, houve tentativa de posse de Maryrinck feita com apoio da força de Taylor, provocando caos em Recife. A operação, apenas "açulou o ódio nativista".[51] Taylor, no entanto, não deu sequência à ação militar, tendo sido chamado de volta ao Rio de Janeiro. Na capital do Império, D. Pedro havia recebido informações de preparativos de uma expedição portuguesa, que atacaria a Corte a partir de Santa Catarina.[52] Era necessário preparar a defesa, especialmente no plano naval. O tema da "reconquista" portuguesa será tratado adiante, mas o episódio do bloqueio de Recife dá conta de como a notícia foi recebida no Rio de Janeiro.

No vácuo deixado pela retirada de Taylor, o confronto em Pernambuco foi se acentuando até estourar em 2 de julho de 1824 (exato um ano após a saída das tropas portuguesas da Bahia), na Confederação do Equador. O movimento pretendia reorganizar o Estado brasileiro, com base em uma confederação. Não era necessariamente separatista.[53] Foi com o desenvolvimento do conflito, com a ampliação do movimento no Norte e sua rejeição pelo Sul, que a ruptura se colocou. A Confederação teve, ao contrário da Revolta de 1817, forte participação popular, o que fez ampliar o conflito.[54]

A reação do Rio de Janeiro teve de ser imediata e nela se observa a influência que o processo tinha sobre a conjuntura de 1824, quando se desenrolavam as negociações do reconhecimento. Como aponta Evaldo Cabral de Mello,

> na reação da Corte, pesou fortemente a avaliação das repercussões internacionais da Confederação. Ao patentear a fragilidade do Império, elas prejudicavam não só as negociações sobre o reconhecimento da Independência, como também o desembolso das demais parcelas do

---

[50] Ibid., p. 190.
[51] Evaldo Cabral de Mello, 2014, p. 201.
[52] Evaldo Cabral de Mello, 2014, p. 203.
[53] Evaldo Cabral de Mello, 2014, p. 214.
[54] Evaldo Cabral de Mello, 2014, p. 226.

empréstimo levantado em Londres, para cuja amortização se haviam hipotecado as rendas das alfândegas.

Assim como no caso da primeira etapa da emancipação e construção do Estado brasileiro, a reação à Confederação do Equador e às ameaças de fragmentação tinha de ser militar. Foi organizada uma tropa no Rio de Janeiro, que partiu para Pernambuco em 2 de agosto de 1824. A esquadra era comandada por Cochrane e levava 1,2 mil homens sob o comando do brigadeiro Lima e Silva, que fora comandante das forças na Bahia após a queda de Labatut. As tropas desembarcaram em Alagoas. Aos poucos, grupos fiéis à Monarquia foram engrossando o contingente pró-Rio de Janeiro, que ultrapassou 3 mil soldados. O apoio à Confederação do Equador não era unânime nas províncias onde o conflito se desenrolou.

Cochrane, por sua vez, bloqueou o porto de Recife. A atitude do almirante inglês, que bombardeou Recife em 28 de agosto de 1824, mas não mostrou a mesma energia de operações anteriores, suscitou críticas no Rio de Janeiro por suposta falta de firmeza. Ainda assim, a capital pernambucana rendeu-se em 17 de setembro. A esquadra seguiu, depois, para o Ceará e para o Maranhão. Muitos revoltosos retiraram-se para o interior da província e das províncias vizinhas, onde continuaram o conflito, vencido pelas forças do Rio de Janeiro nos finais de novembro de 1824. Os combates, ao final, se espraiaram por Pernambuco, Paraíba, Rio Grande do Norte e Ceará.

A Confederação do Equador não foi, por fim, um movimento isolado do processo de Independência, mera expressão de descontentamento interno em algumas províncias. A instabilidade provincial também esteve presente no Pará e no Maranhão. Na Cisplatina, vivia-se o preâmbulo da guerra. Outras províncias também experimentavam a mesma situação, que continuou a ameaçar a unidade do Império, em 1825, apesar da derrota do movimento confederal.[55]

Descontados os exageros motivados pela cobrança da dívida de Cochrane contra o Estado brasileiro, o relato do primeiro almirante do Brasil dá conta do abandono a que foram relegadas as províncias do Norte após sua incorporação ao Império, o que muito alimentou o descontentamento. A origem dessa insatisfação, para Cochrane, estava

---

[55] Evaldo Cabral de Mello, 2014, p. 236.

no "sistema de governo antibrasileiro que no Rio de Janeiro se prosseguia".⁵⁶ No caso do Ceará, envolvido na Confederação do Equador, Cochrane apontava diretamente o fechamento da Constituinte como origem do conflito político com o imperador.⁵⁷ Mais do que isso, como citado no final do capítulo VI:

> No Maranhão, como em outras províncias setentrionais do Império, não se tinha dado melhoramento algum na condição do povo, e sem tal melhoramento era absurdo confiar nas profissões hiperbólicas de devoção ao Imperador (...).⁵⁸
> (...)
> Nada, pois, era para admirar, que os habitantes destas longínquas províncias, que, havia apenas um ano, me tinham recebido tão bem e saudado como seu libertador da opressão portuguesa, e como o representante da autoridade constitucional, estivessem agora descontentes do que com razão consideravam sistema de governo antinacional (a influência dos portugueses sobre D. Pedro) – preferindo submeter-se a mau governo de sua própria escolha antes que a outro assim arbitrariamente imposto.⁵⁹

Revelavam-se, nessas múltiplas confusões, o problema subsistente do processo de emancipação, a fragilidade dos laços e dos próprios entendimentos políticos entre os diferentes pontos do Império, cuja união tinha se dado por acordos, de níveis diferentes de fiabilidade, ou pela guerra. Figuras conhecidas da Guerra de Independência, como o capitão Alecrim (figura controversa dos combates no Maranhão), em menos de um ano haviam passado de aliados a inimigos do Rio de Janeiro. A ideia que as havia unido em 1822-1823, contra Portugal, não garantira a estabilidade do país, que continuou a exigir a conjugação da negociação com a força militar, pelo menos até 1840. Em 1824-1825, essa fragilidade era flagrante. E ela reapareceria, em moldes muito parecidos, na década de 1830, durante a Regência.

Havia, ademais, outro problema que contribuía para a instabilidade e que dificultava em muito a vida de D. Pedro: apesar de derrotado mi-

---

⁵⁶ *Narrativa de serviços*, 2003, p. 166.
⁵⁷ Ibid., p. 177.
⁵⁸ Ibid., p. 175.
⁵⁹ Ibid., p. 166.

litarmente, Portugal não havia se conformado com a perda de todo um Reino e trabalhava contra o Rio de Janeiro. Ainda no primeiro semestre de 1825, D. João VI ostentava o título de "Dom João por Graça de Deos, e pela Constituição da Monarquia, Rei, do Reino Unido de Portugal, Brazil, e Algarves, d'aquem e d'além Mar em Africa".[60] Não se reconhecia a separação. Pelo contrário, trabalhava-se contra a Independência declarada pelo novo imperador.

A situação, logicamente, era mais complexa, dividindo-se entre aqueles que julgavam o Brasil definitivamente perdido e outros que ainda enxergavam a possibilidade de reunião. A segunda opção prevaleceu por algum tempo. Após a Vilafrancada, a própria Coroa portuguesa estimou que, findo o problema com as Cortes liberais, era chegada a hora da reconciliação. D. João VI enviou emissários ao Brasil, para que entregassem a D. Pedro carta na qual havia ordem expressa para se fazer cessar "o derramamento de sangue que desgraçadamente resulta de guerra civil entre dois povos".[61] Não houve sucesso nas missões, que serão também mencionadas a seguir, no contexto das negociações sobre o reconhecimento. Como aponta Valentim Alexandre,[62] "malograda a diligência em que a corte de Lisboa depositava o melhor das suas esperanças, tornava-se necessário repensar a política a seguir na questão brasileira".

Duas iniciativas se destacaram na tentativa de Lisboa de tentar recuperar o Brasil, ou ao menos parte dele. A primeira foi a ação diplomática encabeçada pelo conde de Palmella, que buscou apoio junto às potências europeias para a causa de Portugal. Outra foi a ação direta, na reativação de apoios no Brasil e no desenho de uma operação militar de "reconquista", ainda que a primeira medida da volta de D. João VI ao poder absoluto, após a VilaFrancada, tivesse sido exatamente a de ordenar que as tropas portuguesas cessassem os combates no Brasil. A ordem, ao final, havia sido inócua, pois chegou às tropas fiéis a Lisboa quando a maior parte delas já havia sido derrotada.

---

[60] In: *Gazeta de Lisboa*, nº 69, 22 de março de 1825. Coleção de Diários de Harvard College Library. Digitalizado por Google Books. In: http://books.google.fr/books?id=Yw8wAAAAYAAJ&printsec=frontcover&hl=pt-PT&source=gbs_ge_summary_r&cad=0#v=onepage&q=d.%20joao&f=false (acesso em 27/01/2015).
[61] In: ALEXANDRE, Valentina. "A desagregação do império: Portugal e o reconhecimento do Estado brasileiro (1824–1826). In: *Análise Social*, vol. XXVIII, 1993 (2º), 309–341, p. 310.
[62] P. 312.

Ainda assim, em 1824/1825, Portugal restava como parte ativa na política brasileira, atuando contra o reconhecimento. Como se recorda do capítulo III, Palmella, nas instruções ao representante português em Londres, considerava o "assumpto do Brasil" como segundo em ordem de importância, após a sensível questão envolvendo a Espanha. O chanceler reconhecera a legitimidade inicial a D. Pedro contra as Cortes. Depois, restabelecido D. João, julgava o chanceler necessária a reconciliação e a retomada da união. O chanceler cogitava, em 1823, apoio a D. Pedro militarmente no caso de ampliação da "anarquia". Não havia, no entanto, considerações sobre o reconhecimento da Independência:[63]

> em quanto ao reconhecimento de uma independência total, ou renunciação á Soberania, dividindo-se a Monarchia portuguesa entre dois ramos da Casa de Bragança, não pensa El-Rei meu Senhor que a sua consciência, nem o interesse da sua Corôa, nem os interesses mesmos de seu Filho consintam similhante concessão.

O primeiro passo do reconhecimento, portanto, seria convencer Portugal a aceitar a ideia em si. Isso ainda levaria algum tempo. Uma das séries documentais mais interessantes sobre o Brasil, desse período de 1824-1825, é a reflexão demandada pelo conde de Palmella sobre as relações de Portugal com o Brasil.[64] A consulta, que incluía particularmente a pergunta aos ministros portugueses sobre a oportunidade ou não de uma expedição militar de reconquista, mostra as percepções sobre o Brasil e as tentativas de ação de um Portugal que não aceitava a perda da maior parte de seu território.

Palmella, em seu documento inicial, de 9 de janeiro de 1824, apresentou avaliação geral das causas da Independência, e dos primeiros passos das negociações entre D. João VI e D. Pedro I. Para o chanceler português, as causas imediatas da "insurrecção" no Brasil eram o regresso de D. João VI para a Europa, que teria "ofendido" a "vaidade daqueles Povos", e o "espirito vertiginoso da inovação e da Democracia", que "seduzio o pequeno nº de homens q. domina naquele Paiz huma multidão de escravos". A essas causas, Palmella adicionou a "culpa das

---

[63] Correpondência do conde de Palmella, 1851, p. 276.
[64] In: *Documentos para a História da Independência*, 1923, p. 85 e seguintes.

Cortes", que tiveram o condão de "excitar fermentaçoens entre aquelles Povos".

Palmella é condescendente com D. Pedro em um primeiro momento, aceitando suas atitudes ao longo de 1822, enquanto as Cortes dominavam. Mas refletia que, "assim que S. Magestade recuperou o livre exercício de Sua Autoridade", a tarefa era de retomar os laços anteriores, para o que o chanceler mobilizava os contatos junto às Cortes europeias. Palmella reconhecia, no entanto, que apenas o Reino Unido tinha efetiva capacidade de lidar com a situação, e também aponta que Londres "olharia com o maior ciúme para a intervenção collectiva das Potencias Continentaes da Europa nas questões das Colonias Americanas, e que qualquer passo desta natureza bastaria" para que o Reino Unido reconhecesse as Independências.

Palmella perguntava, então, qual deveria ser a reação de Portugal: reagir e recorrer às armas, ou negociar? E em quais termos negociar?

O parecer mostra que Palmella avaliava todos os europeus como próximos da causa de Portugal, pelos laços de legitimidade monárquica. Essa imagem contrastava, no entanto, com outras referências britânica, francesa (que propôs uma negociação direta com o Rio de Janeiro, como se verá abaixo) e austríaca (pelos escritos de Mareschal), que indicavam simpatia por D. Pedro e não se colocavam necessariamente contra o Império. Essa percepção da legitimidade da causa portuguesa ganhou a historiografia, para quem as Cortes europeias estavam contra o Rio de Janeiro. A situação era um pouco mais complexa, mas o fato é que os ministros portugueses acreditavam no apoio europeu a sua causa, de modo que tinham poucos incentivos a negociar.

O interessante dos pareceres ministeriais contidos na série supramencionada também foi a avaliação sobre a conjuntura brasileira. Apesar de apresentarem equívocos de percepção sobre a realidade do que se passava no Rio de Janeiro e da força que tinha o imperador, todas as opiniões apontam para o perigo da "anarquia" que vigorava no país, para os efeitos das ideias dos "facciosos", da "Democracia" e do "carbonarismo". O conde de Subserra atribuiu a Independência aos "clubs" de facciosos, que buscariam não apenas a Independência, mas também o "estabelecimento de huma democracia descarnada".

Nos pareceres estavam presentes a avaliação da confusão política que vigorava no Brasil, as dissensões internas, a diferença entre as percepções e os projetos entre o Norte e o Sul. Tomás Antonio de Villanova

Portugal chegou a estimar que D. Pedro, no fim, teria de pedir o auxílio de Portugal para conter a anarquia que imperava no Brasil. Assim também pensava Palmella. As opiniões eram muito próximas, portanto, em ver a manutenção da unidade em torno do Rio de Janeiro como algo frágil e transitório, fundamentado na força militar e não no consenso político ou em uma identidade nacional, como se convencionou olhar a história do Brasil.

Nesse sentido, é interessante o ofício ao secretário da Guerra português enviado por cidadão chamado José Pedro Neto Albuquerque, que morava no Império, no qual apontava para a facilidade em se recuperar o Norte do Brasil "onde não há um inimigo de Portugal que ele não conheça".[65] Albuquerque sustentava que

> todos os que, como eu, teem pleno conhecimento d'aquelle Paiz, contão com a restauração d'elle, e com a indemnização de tão exorbitantes prejuízos, que o selvagem furor braziliense tem cauzado a Portugal.

Por essa razão:

> nada mais fácil do que subjugar o Norte do Brasil desde o Rio de S. Francisco athe Rio Amazonas, cuja porção de terreno tenho pizado muitas vezes, e onde não há hum só inimigo de Portugal, que eu não conheça.

Albuquerque dizia-se, em particular, pronto para assumir uma secretaria de governo em qualquer das províncias do Norte. O pedido de cargo fragiliza sua avaliação, que poderia estar sendo exagerada para convencer Lisboa. Ainda assim, a análise não parece completamente inventada.

De sua parte, o conde de Subserra, após olhar as causas do movimento, atribuiu a derrota portuguesa no Brasil:

---

[65] OFÍCIO de José Pedro Neto Albuquerque ao [secretário de estado da Guerra e interinamente da Marinha e Ultramar e ministro assistente ao Despacho, conde de Subserra], Manoel Inácio Pamplona Corte Real, sobre a situação política na Corte do Rio de Janeiro, os prejuízos para Portugal, da sua confiança na restauração do poder português; e da facilidade em se dominar o Norte do Brasil, onde não há um inimigo de Portugal que ele não conheça; oferecendo-se para uma secretaria de governo de qualquer das províncias do norte, visto os conhecimentos que tem do Piauí, Ceará e Maranhão. Em 22 de fevereiro de 1824. In: Arquivo Histórico Ultramarino, Projeto Resgate, AHU_ACL_CU_017, Cx. 292, D. 20646.

Ao máo emprego das forças que os dois Chefes de mar e terra commandavão na Bahia: A pouca inteligência do que dirigio as operações no Maranhão: O desacôrdo do Governador do Pará, junto ao ataque que a estes dois pontos dirigio o Almirante Cochrane, fizeram com que as acclamações á independência do Brasil, excepto Montevideo sobre o Rio da Prata, que se sustenta unido a Portugal, se estendessem a todo o Paiz.

A opinião dos ministros apresentou, ao fim, variações sobre o mesmo recurso: o de privilegiar o uso das armas, com as negociações correndo em paralelo, não pelo reconhecimento, mas para a retomada dos laços tradicionais. Não se vislumbrava o reconhecimento, pois se acreditava na legitimidade da causa portuguesa. A recuperação do Brasil era o objetivo, para o que os meios poderiam variar entre uma grande expedição ou expedições menores.

Uma delas foi a ideia de ocupar a ilha de Santa Catarina, que serviria como ponta de lança sobre o Rio de Janeiro. Tomás Antônio de Villanova Portugal reconheceu a dificuldade de realizar operação de grande envergadura ou ataque direto à capital do Império. Atribuiu essas limitações às dificuldades de se mobilizar recursos em Portugal e não ao fato de que o Brasil possuía tropas e uma Marinha capazes de realizar operações com participação de várias províncias (como na Bahia) e que haviam expulsado as forças portuguesas pela guerra. Esse equívoco de percepção levou a interpretações errôneas também dos historiadores, que viram nessas avaliações mais uma indicação da ausência da guerra. Os ministros portugueses desestimavam, conscientemente ou não, a derrota militar que haviam sofrido.

A principal estratégia dos pareceristas era, na verdade, aproveitar a confusão que reinava em diversos pontos do Brasil, ampliando o conflito entre o Norte e o Rio de Janeiro. Nesse sentido, Cochrane acusou Palmella de incitar a confusão. Tanto o conde de Subserra quanto Villanova Portugal sugeriam a estratégia de aproveitar os pontos onde se observava a "anarquia" e onde subsistiam fiéis vassalos de Portugal, tal como no Maranhão, Pará e Pernambuco, para reanimar a defesa portuguesa.[66] Esses pareceres, mais uma vez, ignoravam a capacidade

---

[66] Segundo Villanova Portugal: "As Provincias do Brazil são corpos separados; p.a ocupar huma, o q. há a considerar he que forças tem, e q. pessoas a Governão; nem o Maranhão se pode socorrer de Pernambuco; nem vice versa. Protanto calculemse as forças de Portugal, a face das q. há em Pernambuco ou no Ceara, no Maranhão ou no

que as forças militares brasileiras haviam demonstrado em se unir nos três principais teatros de operação da Guerra de Independência. As batalhas no Piauí e no Maranhão contaram com cearenses, piauienses, pernambucanos e outros vizinhos. Na Bahia, como visto, havia toda uma coalizão de forças provinciais em ação. Todas eram apoiadas, em maior ou menor grau, pela Armada Nacional.

Ao final, o projeto de reconquista militar ou de mobilização dos grupos pró-Lisboa não prosperou, mas preparativos foram efetivamente realizados para a operação militar.[67] Não havia, ao fim, como prosperar, pela própria limitação militar portuguesa.

Também contribuía para esse limite o fato de que a influência nas províncias era contrarrestada pela realidade brasileira. Se os portugueses ainda tinham alguma capacidade de influir sobre grupos que lhes eram simpáticos, a demonstração pública dessa simpatia, no Brasil, esbarrava-se na forte antipatia que se desenvolveu, pós-1822-23, ao "elemento português". De norte a sul do novo país, o "antiportuguesismo" tornou-se moda. Sua influência foi importante, ademais, para a formação da imagem da Independência pacífica, razão pela qual é preciso tratar brevemente do fenômeno.

Para; e tomemse as empresas a proporção das forças; se as forças não são bastantes para ocupar três Provincias, ou quatro, ocupemse duas; e tendo essas já a força relativa he maior e capaz de se ocupar terceira, e depois quarta pois a força aumentasse tanta a física, como a força moral do exemplo á proporção que se forem ocupando mais."

[67] São exemplos de preparativos para a expedição: OFÍCIO do [secretário de estado da Guerra e interinamente da Marinha e Ultramar e ministro assistente ao Despacho], conde de Subserra, [Manoel Inácio Pamplona Corte Real], ao secretário de estado da Marinha e Ultramar, remetendo o ofício de Antônio José de Siqueira que ofereceu 30 mil rações de vinho para a expedição que vai para o Brasil. Em 1º de junho de 1824. In: Arquivo Histórico Ultramarino – Projeto Resgate, AHU_ACL_CU_017, Cx 292, D. 20670. REQUERIMENTO do tenente coronel reformado da Brigada Real da Marinha, José Bernardo de Lacerda, ao [secretário de estado da Marinha], solicitando ser efetivo, ficando agregado ao Estado Maior do seu mesmo Corpo ou no comando de um batalhão na expedição que vai ao Rio de Janeiro. 1 junho de 1824. AHU_ACL_CU_017, Cx 292, D. 20669. OFÍCIO do [chanceler da Relação do Porto], Sebastião Correia de Sá, ao [secretário de estado da Guerra, da Marinha e Ultramar e ministro assistente ao Despacho], conde de Subserra, [Manoel Inácio Pamplona Corte Real], sobre as declarações dos comerciantes do Porto que se sentiram iludidos pelo escrivão piloto da barra, Francisco Antônio de Miranda, devido ao oferecimento que fizeram dos navios para compor a expedição que vai para o [Rio de Janeiro]; indicando que se forem necessárias algumas embarcações para este fim, ali podem ser obtidas algumas. 19 de setembro de 1824, AHU_ACL_CU_017, Cx 292, D. 20723.

Se bem que esteve presente em todo o Império, o antiportuguesismo teve facetas distintas que não permitem reduzi-lo à simples reação de "brasileiros", que já teriam previamente à Independência uma imagem nacional de si mesmos, e dos grupos portugueses que permaneceram no país após o divórcio com Portugal. Houve nuances regionais, além do fato de que a ação não se destinava necessariamente a todos os nascidos em Portugal, mesmo porque muitos deles estavam do lado do Rio de Janeiro.

O antiportuguesismo foi, em última instância, contrário aos apoiadores das Cortes de Lisboa e não necessariamente a todos os nascidos no Brasil. Houve, como visto no caso do Pará, expressões de ódio a todo português que se encontrava em Belém. O mesmo se passou com comunidades inteiras no Norte-Nordeste, como no caso da Bahia, onde muitos portugueses deixaram o interior para se instalar na Salvador ainda controlada por Madeira. Não há como ignorar que o fato de se ter nascido na Europa trouxe, naqueles anos, alguma complicação.

Ocorre, porém, que muitos europeus de nascimento foram também partidários do Rio de Janeiro, ou ao menos anti-Cortes. João das Botas, Lecor, muitos soldados e voluntários, em todas as operações militares ou demonstrações de força, eram de origem portuguesa, assim como o próprio imperador. A origem do nascimento não era, desse modo, a fonte principal do antiportuguesismo. Como dito, eram os empregados públicos, comerciantes, setores das elites e do próprio povo, que permaneceram ao lado de Lisboa, que se tornaram alvo dos ataques após o fim da primeira etapa da Independência, que foi a ruptura política em 1822 e a guerra entre 1822 e 1823.

Não se tratou, nesse caso, apenas de reação das ruas. Foi também objeto de atos oficiais. A administração do Império teve de lidar com o fato de que muitas autoridades e empregados públicos, que não haviam partido junto com as tropas e os grupos pró-Lisboa, tinham sido aberta ou discretamente simpáticos às Cortes. A situação se dava tanto no Rio de Janeiro quanto nas províncias que haviam resistido até o fim, como no caso do Maranhão e do Pará.

Ao longo de todos os seus trabalhos, a Assembleia Constituinte de 1823 debateu a questão. Tratou da permanência das tropas portuguesas aprisionadas na Bahia (capturadas por Cochrane, após o 2 de julho de 1823, e posteriormente incorporadas ao Exército brasileiro) e de originários de Portugal nos governos nacional e regionais. Discussões sobre a naturalização dos portugueses e a permanência nos empregos públicos dividiam o Parlamento. Em 7 de agosto de 1823, por exemplo, discutiu-se a sorte dos funcionários públicos baianos que haviam ficado junto a Madeira. Alguns deputados eram pela manutenção dos empregos, pois muitos teriam sido "obrigados" a ficar ao lado de Lisboa, por não terem conseguido fugir para o Recôncavo. Outros deputados, porém, eram mais revanchistas e propunham a pura demissão, ou mesmo a expulsão dos antigos partidários das Cortes.

Também em outras províncias foi necessário lidar com os remanescentes do regime anterior, especialmente naquelas áreas onde a guerra havia ampliado significativamente a animosidade entre as partes. A esse sentimento se somavam os interesses de grupos ou de indivíduos, em ocupar postos importantes no governo e na sociedade, antes preferencialmente oferecidos aos portugueses de nascimento. Em ofício encaminhado ao imperador, em 26 de agosto de 1823,[68] a Junta Governativa do Maranhão comunicou a decisão de demitir os portugueses dos empregos públicos, "a fim de serem substituídos por filhos do país, e principalmente por aqueles, que na presente crise mais dignos se mostraram da pública estimação".

Na reação ao violento processo de emancipação e unificação do Brasil, e nos interesses político-econômicos, formulou-se o combustível do antiportuguesismo. A intensidade, por outro lado, foi distinta no Norte e no Sul do país, em grande medida refletindo a forma como a transição havia operado, entre a predominância da política, no caso das "Províncias Colligadas", e da guerra, no Norte-Nordeste. Mareschal confirma[69] essa distinção da intensidade do antiportuguesismo entre o Norte e o Sul:

> No sul, onde a permanência da Corte e um clima menos ardente levaram muitos portugueses a se estabelecer, eles não apenas permaneceram mais foram reforçados pela maior parte daqueles expulsos de outras Províncias. No norte da Bahia, incluindo esta Província, pode-se

---

[68] In: GALVES, Marcelo Cheche. "Entre os lustros e a lei: portugueses residentes na cidade de São Luís na época da Independência do Brasil". In: Usos do Passado – XII Encontro Regional de História. Anpuh-RJ, 2006. In: http://www.rj.anpuh.org/resources/rj/Anais/2006/conferencias/Marcelo%20Cheche%20Galves.pdf (acesso em 21/11/2014), p. 3.
[69] Ofício de 8 de janeiro de 1825. In: RIHGB, nº 328, julho-setembro de 1980, p. 207.

admitir que eles (portugueses) foram quase inteiramente obrigados a partir".

Mareschal segue seu relato apontando sentimento de "inveja" existente na Bahia contra o Rio de Janeiro, em razão da mudança da capital do Reino. Também aponta que a Bahia e Pernambuco mostraram tendência a ideias republicanas e que a ação do governo, depois da chegada de D. João VI ao Brasil, nunca tinha sido bem-vista, em razão dos impostos cobrados. Em 1825, Mareschal recordava os problemas que haviam levado ao apoio massivo do Norte-Nordeste ao vintismo, contra o Rio de Janeiro. Se a política depois se movera em direção ao conflito entre Rio de Janeiro e Lisboa, que obrigou as províncias a optar ou a se submeterem (pela guerra), sentimentos dúbios com relação aos portugueses e ao Rio de Janeiro subsistiam.

Essa combinação é essencial para a compreensão de um dos elementos da imagem da Independência pacífica, originada já nos primeiros momentos do Império. O antiportuguesismo no Norte teve impacto direto: não apenas expulsou muitos portugueses, mas fez com que todos os "adesistas à Independência", nascidos nos dois continentes, procurassem, após 1823, apagar suas pegadas pró-Lisboa e se declarar independentistas "desde sempre". A ideia de que apenas alguns poucos comerciantes e algumas tropas resistiram ao movimento "natural" da emancipação teve como um de seus pilares essa tentativa dos próprios apoiadores de Lisboa, posteriormente sustentadores do Rio de Janeiro, em apagar seus traços, a fim de evitar as represálias.

No Sul, aliás, o crescimento da presença portuguesa em volta de D. Pedro e a instabilidade no Norte-Nordeste acabaram se tornando fundamento para a desvalorização da Guerra de Independência, até porque, como visto, grande parte dos principais atores das batalhas estavam, em 1824, contra o Rio de Janeiro. Com o acordo com Portugal, em 1825, D. Pedro adquirira nova fonte de legitimidade de seu poder centralizador. Sobravam, assim, poucos incentivos para a valorização da guerra. O mito da emancipação pacífica estava no seu nascedouro.

Enfrentando esse antiportuguesismo, que mantinha seus apoiadores de cabeça baixa e as próprias dificuldades de se armar para enviar uma expedição militar ao Brasil, Portugal voltou-se, como era a ideia de Palmella, à negociação. Ainda assim, devem-se considerar as movimentações em Portugal como fatores agravantes da situação de

D. Pedro que, do Rio de Janeiro, tentava manter o Império unido e obter o reconhecimento do novo Estado. Viável ou não, a ameaça de reconquista mobilizou forças no Brasil. Em uma conjuntura marcada pela instabilidade e pelas movimentações de "populares" e de "escravos" não seria impossível que a causa de Lisboa voltasse a ganhar apoio como meio de restabelecimento da ordem. Assim acreditavam, como visto, Palmella e Subserra.

A maior prova do impacto da ação de Portugal foi demonstrada pelo próprio D. Pedro. Como se viu no caso dos momentos que precederam a Confederação do Equador, o imperador chamou Taylor de volta ao Rio de Janeiro por temores com relação ao plano de ataque português a Santa Catarina. Apenas essa ameaça e a consequência de ter retirado a esquadra do Recife, abrindo o caminho para a revolta pernambucana, já são suficientes para mostrar o efeito da ação portuguesa sobre o Império, em 1824-1825.

Mas D. Pedro também oficializou a percepção do risco, atribuindo a Portugal os problemas em Pernambuco: em proclamação de 10 de junho de 1824 (antes de estourar a Confederação do Equador), o imperador acusou diretamente o governo português de influenciar os pernambucanos e atuar pela separação da província "da união geral de todas as Provincias, indispensável para a consolidação, e segurança da nossa Independencia". O imperador também apontou que "circulão entre nós boatos de expedições Militares a Portugal contra este Imperio". D. Pedro diz que nada havia a temer, pois havia capacidades de defesa, apoiadas principalmente na vastidão do território, que as forças inimigas não poderiam ocupar.

Apesar do antiportuguesismo que se desenvolvia na sociedade imperial, a ação de Portugal, portanto, era um fator de instabilidade que se somava às dificuldades enfrentadas por D. Pedro no seio das "Provincias Colligadas" e no resto do Império, especialmente no Norte-Nordeste. A união era frágil e ameaçava arrebentar-se, com o risco da fragmentação. A força militar fora mais uma vez necessária, para conquistar e para transmitir segurança.

Essas necessidades enfraqueciam a posição do Rio de Janeiro em buscar o reconhecimento direto, que também era atrapalhado pela ação portuguesa, ademais ativa na negação de qualquer possibilidade de negociação direta. Numa conjuntura difícil como D. Pedro vivia em 1824-1825, a posição de força se invertia e se tornava necessário oferecer algo a Lisboa. Daí a fragilidade em resistir às exigências que foram aparecendo ao longo do processo de negociação do reconhecimento.

Para estabelecer e avançar a negociação, tornava-se, adicionalmente, necessário que um terceiro ator entrasse naquele jogo, a fim de pressionar os dois lados. O Reino Unido, principal potência naval, era de fato o mais indicado para essa tarefa, ainda que fosse, ao mesmo tempo, intermediário e parte interessada. Com seu papel de garante de Portugal, derivado dos tratados de assistência, como ocorrera em 1808, o governo britânico tinha entrada no mundo português e no "brasileiro", e sustentava-se com o poder naval, que poderia interromper o fluxo comercial dos dois lados do Atlântico e buscava evitar as influências de outras potências, especialmente a França.

Em 1824, o próprio Reino Unido já havia reconhecido a Independência das Províncias Unidas do Prata e da Grã-Colômbia, de modo que trabalhava no reconhecimento apenas como uma questão de tempo. Em 1822, as gestões de Caldeira Brant, em Londres, tinham avançado, esbarrando-se, dentre outros, no problema do tráfico de escravos. A separação completa do Império contribuiu, no entanto, para o atraso na decisão britânica, que até então vinha trabalhando com a ideia da "Independência Moderada" defendida por José Bonifácio.

Londres era antigo aliado de Portugal (o que levava Palmella a pensar que o Reino Unido os defenderia), mas tinha seus interesses nas Américas. Eram eles políticos (com relação à atuação das outras potências e ao tráfico de escravos) e comerciais, nesse caso a manutenção dos acordos que já prevaleciam no Brasil, desde a chegada da família real. Cabe recordar que exatamente esses acordos haviam nutrido a insatisfação em algumas províncias do Norte, servindo de impulso para o apoio ao vintismo no Brasil. Mas, como se verá adiante, sua posição não estava necessariamente definida de antemão, nem havia a Coroa britânica atuado em favor ou contra as Independências.

O Reino Unido era, portanto, intermediário e parte interessada, fosse no comércio, fosse na questão do território da Cisplatina, sobre o qual José Bonifácio temia que os britânicos pretendessem transformar Montevidéu em uma nova Gilbraltar.[70] Atuava também em um ambiente em que, apesar da centralidade de Londres, outros atores também participavam do jogo.

---

[70] João Alfredo dos Anjos, 2008, p. 289.

O conde de Palmella aponta que D. João VI pediu inicialmente a mediação do imperador da Áustria, a que o Reino Unido teria se movido para atuar como único mediador oficial. Em fins de 1824, de outro lado, a França propôs, segundo Mareschal,[71] o reconhecimento do Império em troca de um tratado de comércio. O acordo foi apresentado pelo conde de Gestas, representante francês, que se dizia autorizado a entrar em negociações de um tratado, que, se presumia, estaria relacionado ao comércio. Nesse primeiro momento, D. Pedro teria evitado as negociações, uma vez que entendia já haver um compromisso com os britânicos. Da leitura dos arquivos diplomáticos da França e do Reino Unido, observam-se a atenção dos representantes locais às atividades de seus adversários, especialmente no que se refere ao Prata, e tentativas constantes de anular os avanços do outro lado. D. Pedro resistiria ao francês, mas teria a proposta em mente, na negociação com o representante britânico.

Londres precisava, ainda assim, jogar entre dois interesses, em uma conjuntura em que outras potências também atuavam. Correu o risco, apesar de sua força, de não satisfazer ninguém. Uma situação comum no universo diplomático, em que o resultado final, alcançado por cessões e pressões de lado a lado, sempre parece pior para o público, pois os constrangimentos que levaram a ele ficam reservados aos arquivos secretos e aos círculos restritos. Mas, normalmente, esse resultado aparentemente "subótimo" é o que era possível para encontrar uma solução pacífica, que desse conta das necessidades de cada lado, naquela conjuntura específica.

---

[71] Ofício de 1º de janeiro de 1825. In: *RIHGB*, nº 332, julho–setembro, 1981, p. 266.

O DESENROLAR DAS NEGOCIAÇÕES

Autores como Rubens Ricúpero,[72] Rodrigues & Seitenfus,[73] Valentim Alexandre[74] e Cervo & Bueno[75] costumam resumir o processo de reconhecimento em duas fases e três questões centrais. As fases estariam divididas entre agosto de 1822-junho de 1823 e janeiro de 1824-agosto de 1825. As primeiras tratativas foram levadas a cabo pelo chanceler José Bonifácio, ao passo que a segunda fase foi conduzida diretamente por D. Pedro, apoiado por ministros, acusados, no Rio de Janeiro, de serem "portugueses". Os principais pontos do processo negociador foram (i) os direitos de sucessão ao trono português e os direitos de D. Pedro; (ii) a dívida contraída por Portugal, no Reino Unido, para financiar as operações contra a Independência; e (iii) A transmissão do poder soberano, em que D. João VI assumiria o Império e o transmitiria a D. Pedro, medida classificada por Oliveira Lima como "vaidade senil" de D. João.[76]

O período de José Bonifácio foi marcado por tentativas de reconhecimento da Independência sem negociação com Portugal. A conjuntura de agosto-1822/junho-1823 (estendendo-se, também, por parte do segundo semestre) era de guerra contra Portugal e de gestões intensas junto a potenciais aliados pelo reconhecimento direto da Independência. No primeiro semestre de 1823, os avanços na guerra davam vantagem ao Brasil, a ponto de se tornar difícil algum tipo de negociação

---

[72] 2011, p. 144.
[73] 1995, p. 128.
[74] 1993.
[75] 2002, p. 33.
[76] Ricúpero, 2011, p. 144.

com concessões a Lisboa. O próprio Mareschal reconhecia, do Rio de Janeiro, que as ambições portuguesas de reunião eram apenas uma "quimera". Pelo contrário, avaliava o diplomata austríaco que o interesse de D. João VI deveria ser o de reconhecer a Independência, a fim de preservar o Brasil para sua família e "pelo bem dos povos".[77]

As instruções enviadas aos diversos representantes brasileiros nas Cortes europeias e a Buenos Aires, como visto no capítulo III, colocavam o tema do reconhecimento como uma das prioridades da ação diplomática do Rio de Janeiro. O ponto importante das instruções era o meio de alcançá-lo: o convencimento direto das potências sobre a legitimidade da causa brasileira, sem passar por negociações com Portugal, e o risco de ter de ceder em alguns pontos.

Era uma posição de força, que não excluía negociações, por exemplo, com o Reino Unido, ocorridas em 1822, como mencionado na seção anterior, e que incluíram o tema do fim do tráfico de escravos. Caso essa medida fosse adotada, o ministro britânico George Canning teria indicado ao representante brasileiro, em Londres, a hipótese do reconhecimento direto pelo Reino Unido. O compromisso não foi aceito, mas tanto britânicos quanto outras potências europeias refletiram sobre a demanda brasileira, assim como os EUA, que em 1824 foram os primeiros a reconhecer, sem contrapartida, o Império do Brasil.

A maior parte das potências, cabe frisar, reconhecia a Independência "de fato", uma vez que mantinham representantes diplomáticos no Rio de Janeiro. Apesar dos títulos de cônsul que os estrangeiros mantinham,[78] e do fato de Mareschal continuar a tratar D. Pedro como "Prín-

---

[77] (...) *toute réunion future des deux pays est une chimère, elle est devenue impossible; en y travaillant le Portugal s'épuisera entièrement, sans rien obtenir et on compromettra et finira par perdre dans ce pays la cause monarchique; (...) j'ignore si le Gouvernement de S.A.R a fait ou non quelques démarches en Europe, pour faire sentir la nécessité où Elle se trouve de rester inébranlabre dans la ligne de conduite qu'Elle a cru devoir adopter; j'en doute parce que le Ministère des Affaires Etrangères est le plus mal mené de tous, mais je le croirais d'autant plus urgent que je ne puis penser que S.M. renonce jamais volontairement à cette belle partie de ses domaines, elle est cependant bien décidément perdue pour Elle, et la vaine gloire d'en apporter le titre dans la tombe ne devroit point entrer en ligne de compte quand il s'agit d'en assurer la possession à sa famille, e du bien réel des peuples*. Ofício de 6 de setembro de 1823. In: *RIHGB*, volume 315, abril-junho, 1977, p. 305.

[78] Um Estado pode manter mais de um Consulado junto a outro, mas a representação diplomática é uma só. Oficialmente, portanto, a presença de "cônsules" no Rio de Janeiro não significava o reconhecimento "de direito", pois não havia uma relação propriamente diplomática com o Rio de Janeiro.

cipe Regente", e não como imperador, a atuação daqueles diplomatas equivalia, ao fim, ao tratamento do Brasil como um Estado, como se verá a seguir, em ofício do chanceler britânico a Chamberlain, que em 1825 reassumiria o cargo de cônsul-geral no Rio de Janeiro.

Não era, porém, apenas Bonifácio que mantinha a posição firme no trabalho pelo reconhecimento, e contrário a Portugal. Também a Assembleia Constituinte refletia o tom daquele momento, demonstrando que a posição com relação ao reconhecimento não se restringia ao chanceler brasileiro. Ao referir-se a Portugal, sobre a possibilidade de volta da união e a relação entre as duas Cortes, afirmavam os deputados Henriques Resende e Carneiro da Cunha, em 28 de agosto de 1823:[79]

> (...) porque todos os Brasileiros sabem que pela declaração de nossa independencia nada mais temos com Portugal nem com a Dynastia de Bragança, porque nossa Casa Reinante começa com o actual Imperador, sem que aquella Dynastia possa nunca aspirar ao throno deste Imperio.

> Sejamos coerentes, e mostremos nestas mesmas pequenas cousas, que nem esperanças nem sombras há de se renovar a união Sr. Presidente! Nós não reconhecemos por nosso Monarca se não o Senhor Dom Pedro Primeiro, todos os mais são estrangeiros para nós, e o Rei de Portugal o he tanto como qualquer outro Soberano da Europa.

Em setembro de 1823, a questão do reconhecimento era abertamente discutida na Assembleia, assim como as diferentes movimentações feitas por Portugal, para tentar mobilizar os países da Santa Aliança, que até aquele momento se dividiam entre simpatia (por exemplo, a Áustria) e crítica a D. Pedro (por exemplo, a Rússia). Em 9 de setembro de 1823, sessão da Constituinte discutiu pedido de audiência do enviado de Lisboa, Luiz Paulino.[80] O deputado Andrada Machado mencionou informações do ministro dos Negócios do Reino sobre o encontro. A resposta do ministro brasileiro teria sido a de que se o português "trazia instrucções para reconhecer a Independencia seria ouvido, e que a não as trazer nem desembarcaria". Luiz Paulino havia viajado ao Brasil para entregar documento de cessação dos combates na Bahia, onde havia parado antes

---

[79] *Diário da Assembleia Constituinte*, em 28 de agosto de 1823.
[80] *Diário da Assembleia Constituinte*, em 9 de setembro de 1823, n° 69.

de seguir ao Rio de Janeiro. Mas a comissão que trazia ao Rio de Janeiro não tinha instruções sobre o reconhecimento.

Na sessão do dia 10 de setembro,[81] os deputados brasileiros reagiram à presença de Luiz Paulino, acusando-o de tentar tramar a reunião da Bahia com Portugal. Sobre a relação com Portugal, deputados como o sr. França rejeitam terminantemente a volta da união, "por ir de encontro ao Sistema da Independência que os Povos Brasileiros querem". Por essa razão, estimavam que não deveria haver correspondência com os "agentes portugueses, sem que primeiramente se faça pelo Governo a que pertencem acto de reconhecimento da Independência do nosso território".

Nova missão portuguesa, do conde do Rio Maior e de Francisco José Vieira, chegou ao Rio de Janeiro em novembro de 1823. O relato das duas autoridades[82] dá conta da hostilidade com que foram recebidos, a ponto de terem sido obrigados a arriar a bandeira portuguesa da corveta *Voadora*, pois se tratava de "bandeira inimiga". Os emissários traziam cartas de D. João VI a D. Pedro, para tratar dos "negócios da reconciliação" e "fazer sumir toda a ideia de guerra" entre Brasil e Portugal. D. Pedro, no entanto, não os recebeu, indicando que o fazia apenas se os emissários tivessem poderes para reconhecer a "independência e integridade do Império do Brazil".

A reação de diferentes figuras políticas brasileiras, portanto, foi a de não negociar com Portugal no primeiro momento, e sim de alcançar o reconhecimento de outras potências e forçar Portugal a fazer o mesmo, sem concessões. Essa postura inspirava-se na conjuntura política favorável, nos ventos da vitória militar e das adesões/incorporações ao Império. Nesse clima de relativo triunfo, ou ao menos de otimismo, era muito difícil conceber-se um resultado como aquele obtido em 1825, quando se incluiu o pagamento de indenização ao perdedor da guerra.

---

[81] *Diário da Assembleia Constituinte*, em 10 de setembro de 1823, nº 70.
[82] OFÍCIO dos comissários reais ao Rio de Janeiro, conde do Rio Maior, [D. Antônio de Saldanha Oliveira Jusarte e Sousa], e Francisco José Vieira, ao [secretário de estado da Guerra], conde de Subserra, [Manoel Inácio Pamplona Corte Real], informando a maneira hostil como foram recebidos no Rio de Janeiro; remetendo correspondência trocada com o imperador [D. Pedro]. Em 27 de novembro de 1823. In: Arquivo Histórico Ultramarino – Projeto Resgate, AHU_ACL_CU_017, Cx., 292, D. 20635.

Ainda assim, já em 1823, surgiam visões contrastantes, que apontavam para o risco de fragmentação do Brasil e, posteriormente, de que a crise entre D. Pedro e a Assembleia Constituinte poderia romper o entendimento entre D. Pedro e diferentes lideranças locais, que tinham expectativa de autonomia provincial. Em março de 1823, ainda no contexto da guerra, o cônsul dos EUA no Rio de Janeiro apontava[83] as dificuldades de navegação entre o Norte e o Sul do Brasil, e os prejuízos que essa realidade causava para a consolidação da unidade. Na avaliação de Condy Raguet, bastaria que uma das províncias se declarasse independente do Rio de Janeiro para que seu exemplo fosse seguido por outras.

Esse risco de fragmentação estava presente nas considerações de diplomatas e do próprio governo do Rio de Janeiro. Assim avaliava o diplomata espanhol José Delavat y Rincon, em ofício de 6 de novembro de 1823, para quem as recentes "adesões" do Maranhão e do Pará não escondiam os problemas existentes em outras províncias, dentre as quais Pernambuco e Bahia, que "continuan obrando em absoluta Independencia".[84] A crise política, avaliava o espanhol, em 13 de novembro,[85] havia estourado, com o fechamento da Assembleia, o que, em sua avaliação:

No es fácil calcular en este momento el resultado que tendrá este acontecimento, pues dependerá en gran parte del modo con que las províncias de Minas Generales, Sn. Pablo, Rio Grande y demas del interior reciban. En cuanto á Bahia y Pernambuco no me parece dudoso el partido que tomaran que será proclamando-se independientes. (...) Si las otras siguen este exemplo, parece que no le quedará outro arbítrio al Emperador sino entenderse

---

[83] Ofício a John Quincy Adams, em 8 de março de 1823. In: Manning, 1925, p. 755.
[84] (...) *apesar de estas vantajas* (adesão do Maranhão e Pará) *la posición del Emperador y su Ministerio no dexo de ser muy criticas, pues Pernambuco y Bahia continuan obrando en absoluta Independencia. V.E. verá en los referidos Diarios, que al único cuerpo que se mantenia em la dependência de esta Corte en la última de dichas Ciudades debian embarcarlo para aqui con el Governador Militar que ali habia. (...) Igualmente hallará V.E. de la terrible oposición q. dhos Diputados han declarado al actual Ministerio acusandolos de adictos á los Portugueses y de poco liberales. (...) Me temo que se van reuniendo elementos para una crisis, pues sé que el Emperador está muy disgustado con dichas ideas de los Andrades y con las disposiciones que manifesta la Asamblea de cortarle las facultades que se le conceden en el proyecto de Constituición.* In: Documentos para a História da Independência, p. 446.
[85] Documentos para a História da Independência, p. 448.

con el Portugal, con los auxílios que de ali reciba ver si las puede sugetar por la fuerza".[86]

Dois meses após essa avaliação, em janeiro de 1824, foi iniciada a segunda fase das negociações sobre o reconhecimento, conduzida diretamente por D. Pedro. O ano que se iniciava seria, como visto acima, muito distinto de 1823. A conjuntura já não era mais favorável, vivendo-se, em 1824-1825, um momento de crise política aguda, simbolizada, dentre outros, pela Confederação do Equador.

É imprescindível ter em mente os elementos dessa segunda fase, apresentados na primeira parte do presente capítulo, para compreender o resultado do processo negociador: as dificuldades políticas no Rio de Janeiro, o risco evidente de fragmentação do Império, por meio de revoltas como a Confederação do Equador, a ação de Portugal e a intermediação interessada do Reino Unido. O imperador, apesar das ações de força como o fechamento da Assembleia, estava em uma posição frágil. Agora era ele quem tinha interesse em negociar.

O processo da segunda rodada de negociação foi impulsionado pela renomeação de Caldeira Brant como representante brasileiro em Londres, em 3 de janeiro de 1824. Dois meses antes, em 24 de novembro de 1823, haviam sido enviadas instruções a Manoel Gameiro Pessoa, inicialmente designado para chefiar a representação no Reino Unido, nas quais o reconhecimento "autêntico e formal da independência, integridade e dinastia do Império do Brasil" era o tema principal.[87] Gameiro era orientado a expor "com energia e firmeza os motivos que teve o Brasil:

1º para ressentir-se da retirada d'El-Rei Fidelíssimo o sr. d. João VI;
2º conservar em seu seio o seu augusto primogênito;
3º recusar o jugo tirânico que as cortes demagógicas de Lisboa preparavam à sua boa-fé;
4º aclamar por seu Defensor Perpétuo ao mesmo augusto príncipe;
5º abraçar um governo representativo;

---

[86] Cabe recordar que o conde de Palmella de fato mencionou que eventual operação militar portuguesa no Brasil, em 1824, ocorreria em apoio a D. Pedro, não contra ele.
[87] Instruções de Luís José de Carvalho e Melo, ministro dos Negócios Estrangeiros, a Manuel Rodrigues Gameiro Pessoa, encarregado de Negócios na Inglaterra. Despacho de 24 nov. 1823 (AHI 417/03/27). In: *Cadernos do CHDD*, ano 7, nº 12, 1º semestre de 2008, p. 35.

6º separar-se, enfim, de uma metrópole a que não podia mais permanecer unido senão nominalmente, quando a política, os interesses nacionais, o ressentimento progressivo do povo e até a própria natureza tornaram de fato o Brasil independente;
7º aclamar conjuntamente ao herdeiro da monarquia, de que fazia parte, conciliando os princípios da legitimidade com os da salvação do Estado e interesses públicos;
8º conferindo o título de Imperador por certa delicadeza com Portugal, por ser conforme às idéias dos brasileiros, pela extensão territorial e, finalmente, por anexar ao Brasil a categoria que lhe deverá competir, no futuro, nas listas das outras potências do continente americano.

Observa-se, nas próprias instruções, certa contradição nas razões da separação: por um lado acusam-se o "jugo tirânico" das Cortes e o ressentimento da partida de D. João VI, ao mesmo tempo em que se sustenta que a Independência não fora um efeito das Cortes, pois "já de muito estes povos desejavam (a separação)".

Esse argumento fundamentava a retórica utilizada pelo Rio de Janeiro para lutar pela união do Reino em torno de D. Pedro, mas era pouco condizente com a realidade do processo de emancipação. Tinha como objetivo principal, no trabalho de Gameiro, evitar que a "amizade existente entre a Inglaterra e o governo de Portugal" se tornasse obstáculo ao reconhecimento.

Tentava-se, assim, criar uma imagem de unidade e autonomia anterior, destinada a reforçar o argumento pró-reconhecimento nas Cortes europeias e minimizar o vínculo com Portugal. Mais um elemento do mito da Independência pacífica, que, como visto nos capítulos anteriores e nas avaliações de diplomatas estrangeiros citados anteriormente, não condizia com a realidade do processo de Independência.

Gameiro também era instruído a sublinhar o exemplo da Colômbia e

> insinuará destramente que os próprios interesses de Inglaterra pedem esse reconhecimento, pois não seria estranho que o governo britânico tratase exclusivamente com outra potência a este respeito, estipulando-se condições que pudessem afetar os interesses comerciais da Grã-Bretanha neste Império?.

Apontava-se, no ofício, que a Prússia teria proposto um tratado de comércio ao Brasil, que D. Pedro, "por ora, não julgou necessário responder". O representante brasileiro era instruído, finalmente, a buscar que o Reino Unido servisse de mediador nas negociações do Império com Portugal, "mediação que S.M.I aceitaria de boa vontade, ficando, todavia, reservadas para deliberação futura as condições que Portugal quisesse propor".

Ainda que reconhecesse a importância da Inglaterra no processo de reconhecimento, o Rio de Janeiro continuou a realizar gestões nas demais Cortes europeias,[88] utilizando-se dos mesmos argumentos enviados nas instruções a Gameiro. Essas ações paralelas serviam também como mecanismo de pressão sobre o Reino Unido, como nos mencionados casos dos tratados de comércio, que incluíam o reconhecimento, propostos por França e Prússia. Em novas instruções para a representação em Londres, já liderada por Felisberto Caldeira Brant, em 3 de janeiro de 1824,[89] os argumentos pelo reconhecimento eram reforçados com a indicação de que "outras nações da Europa estão convencidas das razões recontadas e que só esperam que a Inglaterra dê o sinal de o querer para também se declararem a favor do reconhecimento". Não funcionando essa linha, o diplomata brasileiro poderia ir além, dizendo que outras nações "estão dispostas a reconhecer, e o farão", uma vez que o próprio Reino Unido já o havia feito no caso do Chile e da Colômbia. Os interesses nacionais, insistia-se, falariam mais alto, fundados no próprio fato de que as Américas já eram em sua maior parte independentes.

Aceitava-se que a Inglaterra pressionaria por concessões a Portugal, pois seria difícil aceitar a Independência "sem que este (Portugal) fique de algum modo satisfeito e contemplado". Dava-se aos negociadores, então, liberdade para tratar dessas condições, desde que "limpo de embaraços que venham afrontar a opinião pública dos brasileiros". Esse último ponto já seria mais difícil de seguir, haja vista as pressões exercidas sobre o Brasil para aceitar as demandas portuguesas.

---

[88] Vide, por exemplo, despacho de 24 de nov. de 1823, Instruções. de Luís José de Carvalho Melo, ministro dos Negócios Estrangeiros, a Domingos Borges de Barros, encarregado de negócios na França. In: *Cadernos do CHDD*, nº 12, 1º semestre de 2008, p. 31.
[89] Despacho de 3 de janeiro de 1824 (AHI 417/03/28), Instruções de Luís José de Carvalho e Melo, ministro dos Negócios Estrangeiros, a Felisberto Caldeira Brant Pontes e Manuel Rodrigues Gameiro Pessoa, enviados extraordinários e ministros plenipotenciários na Inglaterra. In: *Cadernos do CHDD*, 2008, p. 40.

É interessante apontar que, naquelas instruções de janeiro de 1824, eram também expostas as razões do fechamento da Assembleia Constituinte,

> pelo excesso de alguns deputados que pretenderam desorganizar a marcha progressiva da consolidação, com sinistros fins, e isto, ao primeiro aspecto, fizesse estremecer as províncias da Bahia e Pernambuco.

Ainda não havia estourado a Confederação do Equador, mas a preocupação com a agitação política interna era clara, justificando-se a promulgação da Constituição de 1824 pela necessidade de "sossegar" os povos do Sul e do Norte.

Era de interesse britânico, argumentava-se nas instruções, a manutenção nas Américas de uma potência "monárquico-constitucional", com a grandeza e força "que o Império do Brasil há de vir a ter", que pudesse se opor às influências republicanas, em particular os EUA. "Muito se recomenda aos negociadores que chamem a este ponto a consideração do governo britânico, insistindo em mostrar os esforços que S. M. Imperial tem feito para sufocar a influência democrática dos Estados vizinhos".

Democracia nesta época, cabe lembrar, não tinha o mesmo sentido do atual e era vista negativamente, contrária aos princípios políticos em voga. O termo servia principalmente para atacar as ameaças de "anarquia", o problema das "facções" e a instabilidade que poderiam criar. Por essas mesmas razões, não era julgado conveniente entrar, nas negociações do reconhecimento, na questão da abolição do tráfico de escravos. Instruções específicas foram emitidas sobre esse ponto, para evitar que as duas questões fossem tratadas conjuntamente.[90]

De posse dessas orientações, Caldeira Brant retomou suas atividades e procurou tratar diretamente com os britânicos. Em abril, porém, recebeu indicações de que o reconhecimento britânico dependeria de entendimento prévio entre Brasil e Portugal, que deveria estar em curso. Nessa época, havia partido ao Rio de Janeiro o conde de Rio Maior, com instruções para negociar com D. Pedro a retomada dos laços di-

---

[90] Despacho de 3 de janeiro de 1824 (AHI 417/03/28), Instruções de Luís José de Carvalho e Melo, ministro dos Negócios Estrangeiros, a Felisberto Caldeira Brant Pontes e Manuel Rodrigues Gameiro Pessoa, enviados extraordinários e ministros plenipotenciários na Inglaterra. Ibid., p. 45.

retos. A missão, logicamente, não teve sucesso, assim como não tivera aquela de Luís Paulino, designado para realizar a evacuação da Bahia (desnecessária após o 2 de julho de 1823).[91]

Tanto portugueses quanto brasileiros tentavam pressionar o governo britânico. Em 4 de março de 1824, o conde de Vila Real visitou o Reino Unido para exigir da Coroa britânica o respeito aos tratados anteriores, que garantiam a proteção inglesa a Lisboa. Poucas semanas antes, em fevereiro, os negociadores brasileiros haviam sugerido ao governo inglês que o imperador poderia realizar mudanças nas tarifas alfandegárias brasileiras para, num prazo de 15 anos, levantar as preferências de que a Coroa inglesa gozava no Brasil.[92] Essas ações mostram que, ademais dos próprios interesses britânicos, que procuravam preservar a relação com Portugal, mas tinham dinâmica própria com relação às Américas, as duas partes da contenda viam no Reino Unido um intermediário importante, cujo apoio poderia ser altamente vantajoso.

Londres ainda hesitou em atuar diretamente na questão, procurando servir como facilitador e não como intermediário. Georges Canning incentivou, inicialmente, as tratativas diretas, oferecendo como apoio um projeto de conciliação por ele desenhado.[93] Era o "projeto de reconciliação e amizade entre Portugal e Brasil", que reconhecia a Independência e levava D. Pedro a renunciar aos seus direitos da Coroa portuguesa, ao menos inicialmente, pois caberia às Cortes portuguesas a decisão sobre a sucessão.[94]

As negociações entre brasileiros e portugueses se desenrolaram, em Londres, entre 14 de junho de 1824 e 18 de fevereiro de 1825. Nesse período, apareceram as principais questões da sucessão real, da manutenção de algum tipo de laço entre Lisboa e Rio de Janeiro, e a própria necessidade de arranjo financeiro. Como aponta Valentim Alexandre,[95] Portugal apresentou contraprojeto àquele elaborado por Canning, no qual era mantida a soberania de D. João VI no Brasil. As instruções eram de que os representantes diplomáticos portugueses poderiam interromper as negociações se esse elemento não fosse aceito. Portugal insistia, portanto, na subordinação brasileira a

---

[91] Rodrigues & Seitenfus, 1995, p. 128.
[92] Rodrigues & Seitenfus, 1995, p. 129.
[93] Rodrigues & Seitenfus, 1995, p. 128.
[94] Valentina Alexandre, 1993, p. 315.
[95] 1993, p. 315.

D. João VI, mesmo que novo arranjo de governo fosse encontrado. O chanceler britânico considerou o contraprojeto português "desarrazoado e inadmissível" e tentou, inicialmente, continuar as negociações em Londres, com os representantes diplomáticos dos dois países, sem muito sucesso.⁹⁶ O principal obstáculo era a resistência portuguesa em aceitar a emancipação.

Lisboa tentou, novamente, enviar um emissário, José Antônio Soares Leal, ao Rio de Janeiro, para tratar diretamente com D. Pedro.⁹⁷ A missão Soares Leal assim como as negociações diretas falharam, frente à negativa do imperador de negociar algo distinto do reconhecimento de direito da realidade, que era o Brasil independente.

O impasse teve de ser rompido pelo Reino Unido. Em fins de 1824, a Coroa britânica reconheceu as Independências das Colônias espanholas e passou a atuar de forma intensa no caso brasileiro. O Reino Unido, de fato, tinha estabelecido como base de sua postura a negociação entre as duas partes, e a mediação, como caminho necessário para o reconhecimento. As instruções confidenciais ao cônsul-geral do Reino Unido no Rio de Janeiro, Henry Chamberlain, datadas de 12 de janeiro de 1825,⁹⁸ continham o essencial da posição britânica sobre a negociação do reconhecimento.

Mais interessante, as instruções estabeleciam uma diferença fundamental da posição britânica entre as ex-Colônias espanholas e o Brasil. No documento, o chanceler britânico da época e um dos grandes responsáveis pela política inglesa com relação às Independências americanas, Georges Canning, anunciava a Chamberlain o reconhecimento do México, Colômbia e Buenos Aires. Autorizava que o cônsul comunicasse a decisão ao Rio de Janeiro, mas ponderava que

> penso necessário se preparar para qualquer sentimento de ciúme o qual (ainda que irrazoável) possa surgir do que poderia parecer uma prioridade dada ao estabelecimento de relações com os Estados espano-americanos sobre aquela do Brasil.⁹⁹

---

⁹⁶ PEREIRA DE ARAÚJO, João Hermes. Capítulo I – "A Herança Colonial". In: *Três ensaios sobre diplomacia brasileira*. Brasília: Ministério das Relações Exteriores, 1989, p. 19.
⁹⁷ Rodrigues & Seitenfus, 1995, p. 130.
⁹⁸ *"George Canning to Henry Chamberlain."* Ofício nº 1 "confidencial", de 12 de janeiro de 1825, F.O. 13/7. In: Webster, 1938, p. 248.
⁹⁹ *I think it necessary to prepare you for any feeling of jealousy which (however unreasonable) may*

Canning sublinhou que essa percepção seria equivocada por parte do Rio de Janeiro. O chanceler britânico apontou, então, que a política do Reino Unido com o Brasil foi "essencialmente diferente desde o começo" daquela com a América Espanhola. Segundo Canning, as relações com as ex-Colônias espanholas eram limitadas àquelas que se desenvolveram do comércio, "sem estipulação ou acordo ou reconhecimento de qualquer natureza", e sem que lá, antes de 1824, houvesse agente britânico para tratar dos interesses de Londres.

No caso brasileiro, havia, dizia o chanceler, um tratado de comércio "escrupulozamente respeitado dos dois lados" e a presença de um representante no Rio de Janeiro, um cônsul-geral, "mas na prática um agente político ativo, mantendo contato político e exercendo para todos os aspectos práticos funções diplomáticas". Com isso, dizia Canning, o reconhecimento da forma como se passara no caso das, ex-Colônias espanholas, não ia além de estabelecer uma realidade que já existia com o Brasil.

Também contava, segundo o chanceler britânico, a diferença nas relações do Reino Unido com a Espanha e com Portugal, além do fato de que, apenas no caso do Brasil, a Coroa britânica estava atuando oficialmente como mediadora, o que foi aceito pelas duas partes. Na visão de Canning, essa tarefa seria levada a cabo, inclusive com prejuízos, pois a mera preservação dos interesses britânicos seria mais fácil sem o desempenho da mediação, a qual se justificava por "melhores esperanças" do que nas relações com a América Espanhola.

Canning seguiu na exposição da posição britânica sobre a mediação e deixou clara a posição britânica de favorecer o reconhecimento das Independências, o que "nem a Espanha nem Portugal teriam nada a temer". Sobre os tratados de defesa com Portugal, o chanceler britânico alegava que não se aplicariam às Colônias, mas haveria disposição para acomodar as mudanças do tempo, possivelmente referência indireta à elevação do Brasil a Reino Unido. Mais uma vez, insistia Canning, a comparação com as ex-Colônias espanholas não se aplicava, pois as circunstâncias, a atuação e os interesses britânicos eram essencialmente distintos. A continuidade da guerra nesses países era indiferente para Londres.

---

possibly be excited by what may at first sight appear to be a priority given to the establishment of relations with the Spanish American States over that of Brazil.

Outro era o caso de Portugal, de modo que "não seria um impulso para o filho, mas um desrespeito ao pai" deixar que os laços da Casa de Bragança se rompessem de forma violenta. Mais ainda, pela existência da guerra e a obrigação de respeito aos tratados com Portugal, o reconhecimento direto do Brasil, interpretava Canning, o colocaria como potência inimiga de Lisboa, legitimando o pedido desta de auxílio inglês, criando uma situação paradoxal para Londres. Na visão britânica era necessário, portanto, um acordo entre as duas partes para o reconhecimento do Reino Unido, que não viria, desse modo, unilateralmente. É interessante no ofício a explicação de que, segundo as informações disponíveis aos britânicos, D. Pedro não pretendia renunciar a seus direitos à sucessão de D. João VI, o que, ao fim e ao cabo, significaria uma reunião de Portugal e Brasil debaixo do mesmo soberano. Na visão de Londres, essa ideia não poderia prosperar se a Independência viesse da guerra e do reconhecimento externo, sem arranjo bilateral.

A posição de Londres era, assim, clara: os laços com Portugal, dizia Canning, cuja "preservação muito custou ao Tesouro britânico e ao sangue britânico", deveriam ser protegidos. Mas esses sentimentos, dizia, não se manteriam contra uma indefinida e irrazoável recusa de Lisboa em negociar com o Brasil, o que significava que Londres, apesar de tudo, mantinha uma porta aberta ao reconhecimento direto. Essa porta seria mencionada, posteriormente, a Lisboa, como pressão para aceitar a negociação. Canning também indicava a Chamberlain que a mediação levada a cabo pela Áustria era positiva, mas que o Rio de Janeiro ainda não teria se dado conta de seu valor.

Para o Reino Unido, portanto, o reconhecimento brasileiro demandava um arranjo com Lisboa, mesmo que "o fato da Independência já estivesse praticamente assegurado". Tentativas de intimidar Portugal pouco adiantariam, na visão de Londres. Da mesma forma, apontava Canning, ainda não era tempo para uma conferência entre as duas partes, que apenas agravaria a situação. D. Pedro deveria conter sua impaciência, pois a negociação se encontrava, na prática, suspensa, "mas não abandonada". E, insistia Canning no documento, a situação era distinta da América Espanhola, onde a alternativa havia sido entre submissão ou Independência, sobre o que o Reino Unido optou pela segunda.

A reação de D. Pedro à transmissão desses elementos por Chamberlain teria sido relativamente positiva, segundo relato do diplomata britânico a Londres.[100] O imperador teria feito várias perguntas sobre o processo de reconhecimento das ex-Colônias espanholas e mantido intensa interação com Chamberlain quando este comentou a posição britânica, informada no ofício confidencial nº 1, interrompendo-o a todo momento.

D. Pedro também sublinhou que vinha cumprindo o tratado de 1810 à risca, mas discordou da interpretação de que a velha aliança se aplicaria a Lisboa contra o Rio de Janeiro. Em sua visão, neste, assim como o acordo de comércio de 1810, também estaria englobado o Brasil (não se poderia ter interpretações distintas para os dois tratados, segundo D. Pedro), o que significava que o Reino Unido também estaria obrigado a vir em socorro do Império. D. Pedro teria reiterado a Chamberlain seu desinteresse pela sucessão em Lisboa, perguntando-se "por que Portugal não poderia ser dado a D. Miguel?". Por fim, o imperador teria se mostrado desconfiado com relação à Áustria e a Mareschal, e sublinhado sua consideração ao Reino Unido. Segundo o diplomata britânico, o imperador teria dito que "a Grã-Bretanha e o Brasil unidos podem conquistar o mundo".

Nesse meio-tempo, as negociações entre Rio de Janeiro e Lisboa, que corriam em Londres, não encontraram resultado. Com esse insucesso, Canning decidiu ampliar a pressão e designou Charles Stuart como enviado britânico, com instruções para viajar a Lisboa e ao Rio de Janeiro e negociar o reconhecimento.[101] Stuart era diplomata experiente e influente, tendo sido ministro em Lisboa e, posteriormente, embaixador na França.

O primeiro ofício de instruções de Canning a Charles Stuart[102] é um dos documentos históricos mais interessantes, seja pela visão que tinha do processo de emancipação nas Américas, seja por sua precisão e visão diplomática. Canning insiste na tese da diferença entre o que se passou na América Espanhola e no Brasil, justificando o reconhecimento rápido das primeiras e o processo mais lento no Brasil. Para o chanceler britânico, a posição britânica não tinha nada de impensada ou perigosa. "A separação das colônias espanholas da Espanha, ou das

---

[100] *"Henry Chamberlain to George Canning"*, 22 February 1825 – F. O. 13/8. In: Webster, 1938, p. 257.
[101] Rodrigues & Seitenfus, 1995, p. 132.
[102] *"George Canning to Charles Stuart"*, 14 March 1825 – F. O. 13/1. In: Webster, 1938, p. 270.

colônias portugesas de Portugal", registra, "não foi nem (o resultado do) nosso trabalho nem nosso desejo".

O Reino Unido, defendeu, teria agido para garantir seus interesses e, mais ainda, para lidar pragmaticamente[103] com uma situação sem volta (as Independências), o que, na opinião do chanceler, teria sido inclusive melhor para a situação da Europa.

No caso do Brasil, Canning voltou a tratar a mediação como "uma obrigação moral", sem perder de vista o interesse na manutenção do tratado de comércio de 1810, tanto com Portugal quanto com o Brasil. Nesse sentido, a instrução a Stuart era a de que não deixasse o Brasil sem um novo arranjo comercial. Essa era a porta para um eventual reconhecimento unilateral, caso Portugal se mantivesse inflexível.

O ofício seguiu na análise da situação brasileira e na justificativa da ação britânica. A visão britânica era claramente favorável a D. Pedro, inclusive em negar o caráter "revolucionário" de sua ação. Canning sustentou que, por sucessivos atos de D. João, após 1808, o Brasil tinha deixado de ser Colônia, se tornado uma jurisdição independente, depois Reino. Havia sido prevista, inclusive, no contexto das guerras napoleônicas, uma opção pela qual se tornaria independente de Lisboa, por ato do próprio governo. Em suma, na visão do Reino Unido, o Brasil já tinha uma identidade política, tendo inclusive ganho predominância sobre Lisboa.

Os atos subsequentes de D. Pedro, na visão britânica, haviam se fiado nessas bases e na ideia da proteção da Monarquia. O regente, com base nos poderes deixados pelo pai, teria agido quando "a autoridade do Rei foi suplantada pela facção democrática". Para Londres, D. Pedro teria tido "coragem em salvar a monarquia no Brasil", o que teria feito "sem sacar a espada". Essa última avaliação, como visto, não condiz com o que efetivamente ocorrera no Rio de Janeiro, em janeiro de 1822, e no Norte-Nordeste do Reino. Canning, nesse ponto, se mostrou contraditório em falar na manutenção do Brasil "sem espada", quando, em ofício posterior a Stuart,[104] indicava preocupação com a "renovação" da guerra entre Portugal e Brasil, o que, em sua opinião, não era interes-

---

[103] Reiterado em outro despacho, de 25 de abril. In: Webster, 1938, p. 271.
[104] *"George Canning to Charles Stuart"*, nº 17, 10 May 1825 – F. O. 13/1. In: Webster, 1938, p. 277.

sante para nenhuma das partes envolvidas.[105] Não havia, desse modo, dúvidas da existência de um estado de beligerância entre Lisboa e o Rio de Janeiro.

Canning avaliou, também, que a convocação da Constituinte por D. Pedro foi algo que já havia sido feito pelo pai e que apenas reforçou a união das províncias, prevenindo a guerra civil (o que não aconteceu, haja vista os combates registrados na guerra de Independência). Também advogou que o título de "Defensor Perpétuo" fora anteriormente utilizado por João I e pelo governador Vieira, este na luta contra os holandeses em Pernambuco, no século XVII. O título, desse modo, não tinha "nada de novo ou de origem democrática", sem representar "motivo revolucionário".

O próprio título de "imperador", que incomodava as monarquias europeias por seu tom napoleônico, teria sido para Canning uma "concessão ao partido democrático no Brasil, que era forte o suficiente para derrubar a monarquia inteira, se desafiado, e uma usurpação menor dos direitos do pai do que se tivesse assumido como Rei". Por essa razão, inclusive, Londres era contra D. João assumir o Império e tranferi-lo para D. Pedro, pois faltaria a "eleição" que o filho tivera no Brasil, ao congregar os apoios ao longo do processo que levou à emancipação.

Haja vista a realidade de 1825, a visão britânica era a de que a pergunta não era se o Brasil deveria retornar ou não a Portugal. O principal seria "como deve-se salvar a monarquia na América?" Para Londres, era necessário o reconhecimento, de modo a preservar a Casa de Bragança nas Américas, ainda que separada de Lisboa. Canning referiu-se, inclusive, à possibilidade de ação do imperador contra Portugal: em sua visão, ao reconhecer o Brasil, este se tornaria poder independente e Lisboa se veria protegida de qualquer ação do Rio de Janeiro, em razão do tratado de proteção que tinha com o Reino Unido.

Com essas reflexões em mente, as instruções a Charles Stuart eram a de trabalhar pelo reconhecimento, preferencialmente por decreto real de D. João VI e não por tratado, renunciando Lisboa a qualquer exercício sobre a soberania brasileira ("qualquer concessão que não a Independência substantiva terá pouco valor"[106]). Stuart deveria pressionar

---

[105] *The failure of the negotiation may, or may not, lead to a renewal of war between Portugal and Brazil. Your Excellency will use your utmost endeavours to avert that renewal* (...). Ibid., p. 278.
[106] (...) *That any concession short of substantive Independence must be altogether unavailling.*

Lisboa a aceitar esse ponto central. Deveria igualmente convencer D. João a nomeá-lo emissário de Portugal, para tratar do reconhecimento, como portador do decreto real, ou como plenipotenciário, para assinar tratado bilateral. Em qualquer dos casos, com sucesso ou não, Stuart deveria negociar os termos do comério do Reino Unido com o Brasil e com Portugal.

Em comunicação posterior, de 25 de abril,[107] Canning continuou a recusar a demanda de D. João VI em assumir o Império, sempre com o argumento de que D. Pedro obtivera o título por "eleição e aclamação". Ante as resistências do Rio de Janeiro, reportadas por Henry Chamberlain, Canning estimava que o melhor era esperar a chegada de Charles Stuart ao Brasil para avançar na negociação. Já em 30 de abril,[108] Canning informava a Stuart que teria obtido dos franceses apoio à mediação britânica e que havia tentado ao máximo atrasar a partida de Caldeira Brant para o Rio de Janeiro. Ainda assim, o chanceler britânico preferia que Brant assumisse o contato com Stuart no lugar do chanceler brasileiro, pois este teria um "espírito de suspeição e caráter intratável".

Charles Stuart foi instruído, então, a assumir papel de protagonista na mediação, servindo de enviado ou mesmo de plenipotenciário de D. João VI. Passando inicialmente por Lisboa, Charles Stuart pressionou D. João VI a aceitar as condições do reconhecimento. Os ofícios de Canning a Stuart mostram que as questões do título de imperador a D. João e outros temas continuaram a ser duramente negociados em Lisboa, com diferentes versões da carta régia que deveria ser emitida, reconhecendo a Independência. Para romper a inflexibilidade portuguesa, Londres ameaçou com o reconhecimento direto britânico do Brasil, via assinatura de acordo de comércio com o Rio de Janeiro. Era uma janela necessária, inclusive, para dar conta dos avanços de outras potências, como visto anteriormente, especialmente a França. Os ofícios de Canning a Charles Stuart revelam, nesse sentido, preocupação com a ação francesa.[109]

---

[107] *"George Canning to Sir Charles Stuart"*, nº 7, April 25, 1825. F.O. 13/1. In: Webster, 1938, p. 272.
[108] *"George Canning to Sir Charles Stuart"*, nº 9, April 30, 1825. F.O. 13/1. Webster, 1938, p. 273.
[109] Ofício de Charles Stuart a George Canning, em 26 de julho de 1825. F.O. 13/4. In: Webster, 1938, p. 282.

A gestão de Stuart surtiu efeito. Também contribuiu para o avanço de sua missão uma mudança política em Portugal, a queda do conde de Subserra (fortemente contrário ao reconhecimento), o que permitiu que as negociações em Lisboa avançassem entre março e maio de 1825.[110] O governo português aceitou, então, a ideia da Independência, mas teve como compensação a aceitação inglesa de insistir em que D. Pedro cedesse nas condições do reconhecimento, dentre os quais a forma particular de realização do ato, que era a de D. João assumir o Império e o transmitir, por sua "vontade", ao filho. Um dos pontos essenciais do acordo, ademais das condições do reconhecimento, era a "cessação imediata das hostilidades".

Sustenta João Hermes Pereira de Araújo[111] que as ambições de Charles Stuart em suceder a Canning no *Foreign Office* o levaram a buscar um resultado rápido, o qual, somado a suas tendências "absolutistas e legitimistas", "o levaram a condescender com certas pretensões absurdas do governo português". Não foi, porém, apenas a ambição de Stuart que levou os britânicos a aceitarem as exigências portuguesas. A atuação de Palmella, que deixara a chancelaria portuguesa para se tornar embaixador em Londres, também foi essencial para convencer os ingleses a encamparem as demandas de Lisboa,[112] as quais, sublinhe-se, já eram uma flexibilização importante em sua posição original de não reconhecer a Independência.

Surgiu, nesse contexto, a ideia de que o Brasil deveria assumir parte da dívida pública de Portugal, em razão dos bens deixados no país pela Coroa de Portugal,[113] e indenizar os antigos donatários das anteriores capitanias brasileiras. Após longas negociações, entre março e junho de 1825, o próprio Stuart seguiu para o Brasil como plenipotenciário português, com poderes de concluir o tratado de reconhecimento.[114]

O representante britânico chegou ao Rio de Janeiro em 17 de julho de 1825 e encontrou resistências também fortes contra os termos do acordo de reconhecimento. Stuart informou a Canning[115] que, em sua

---

[110] Valentim Alexandre, 1993, p. 318.
[111] 1989, p. 20.
[112] Valentim Alexandre, 1993, p. 322.
[113] Valentim Alexandre, 1993, p. 319.
[114] Cervo & Bueno, 2002, p. 34.
[115] Ofício de Charles Stuart a George Canning, em 20 de agosto de 1825. F. O. 13/20. In: Webster, 1938, p. 284.

chegada, foi cortado de encontros com pessoas favoráveis ao Reino Unido, por determinação de D. Pedro. Mesmo o diplomata austríaco, barão de Mareschal, teria confidenciado a Stuart ter-se mantido distante dele, a fim de evitar qualquer represália do imperador. Os contatos iniciais do emissário britânico foram com pessoas hostis ao Reino Unido. Era, provavelmente, uma tática negociadora de D. Pedro.[116]

A correspondência de Mareschal,[117] por sua proximidade com D. Pedro e por sua distância do núcleo negociador (Brasil-Portugal-Reino Unido, mesmo que a Áustria tivesse interesses no caso), mostra meandros interessantes dessa fase do processo de mediação britânica. Aponta, especialmente, para fortes resistências por parte do Rio de Janeiro em aceitar as demandas portuguesas, particularmente a indenização.

Ao longo do processo, Mareschal relata, principalmente, a oposição de D. Pedro aos termos que vinham sendo negociados por seus representantes com os portugueses, intermediados pelos britânicos. Não se tratou, cabe frisar, de resistência do monarca apenas nas fases iniciais da negociação. Em ofício de 11 de julho de 1825, Mareschal registra o relato do general Brant, que, em encontro em 5 de julho, teria constatado que D. Pedro "muito se opunha à ideia de que seu pai tivesse o título de Imperador, assim como à sucessão em Portugal e a um sacrifício pecuniário". No dia seguinte, entretanto, D. Pedro teria mudado de ideia, dizendo que (a sucessão) em Portugal poderia ser "boa", para ser entregue a uma de suas filhas".[118]

Sobre o título de imperador, ao contrário da interpretação britânica (da necessidade de compromisso com o "partido democrático"), Mareschal afirmava se tratar de questão de "vaidade" de D. Pedro, o mais recente monarca a adquirir o título, ademais da dificuldade em voltar atrás na palavra, vez que D. Pedro havia renegado a Coroa de Portugal. A postura do diplomata austríaco nessa avaliação deve ser relativizada, pois seus ofícios mostram gestões de representantes estrangeiros para que D. Pedro passasse a utilizar o título de rei e não de imperador, uma vez que esta designação para o novo Estado não seria vista com

---

[116] *The first step which His Highness adopted was the selection of those persons for the conduct of the negotiation whose hostility, not to Portugal, but to Great Britain, has at all times been the most prominent.*
[117] "Correspondência do barão de Mareschal", *RIHGB*, nº 332, julho-setembro de 1981, p. 268 e seguintes; e *RIHGB* outubro-dezembro de 1981, p. 93 e seguintes.
[118] Mareschal. In: *RIHGB*, 1981, p. 268.

olhos simpáticos, seja por evocar uma inspiração "napoleônica", seja pela antipatia de imperadores de maior antiguidade, como o austríaco e o russo.

Mareschal estimava que a chegada do representante inglês, Charles Stuart, colocaria as coisas no lugar. Em ofício do mesmo dia 11 de julho, mais uma vez transcreve relato de Brant, "que me disse que o Príncipe Regente, com quem ele teve várias conferências, se mostra ainda em forte oposição às propostas portuguesas e que o mesmo espírito foi manifestado no Conselho (de Estado)". Em transcrição da conversa, o diplomata austríaco apontava que D. Pedro resistia a conceder o título a seu pai, não pretendia voltar a Portugal e não concordava em ampliar a dívida brasileira com novos encargos, decorrentes do reconhecimento.

O diplomata austríaco avaliava que parte dessa resistência viria da proposta francesa de tratado comercial, que traria em si o reconhecimento. O diplomata austríaco desestimava a efetiva capacidade do conde de Gestas, representante francês, em concluir essa negociação, mas temia que a proposta travasse os entendimentos com Portugal. Brant, segundo o relato de Mareschal, esperava, no entanto, que "Sir Charles Stuart terá sucesso no fim, mas prevê muitas dificuldades".

Apesar das dificuldades iniciais relatadas a Londres, a chegada de Charles Stuart trouxe novo impulso às negociações e, principalmente, aumentou a pressão para que D. Pedro cedesse às demandas de Portugal. No relato de 27 de julho de 1825, o diplomata austríaco relata satisfação do representante britânico com o príncipe, o qual "considera como infinitamente mais capaz de tudo que o circunda". D. Pedro, ainda assim, estaria em posição ameaçada, pelo que se passava na Cisplatina, e pela "total ausência de meios". Não parecia amainar, ainda assim, a oposição de D. Pedro, que também recusava a alteração do Império para Reino. Mareschal, no fim, achava difícil que D. Pedro fosse voltar atrás nesse ponto.[119]

O cenário das resistências e das negociações, no entanto, pouco mudou nas etapas finais. Em ofício de 20 de agosto de 1823, Mareschal relata novos desentendimentos. O protocolo da 5ª Conferência entre Stuart e os brasileiros, de 13 de agosto, registrou o "ressentimento" (*"chagrin"*) com que terminara a reunião anterior, de 3 de agosto. Ressentimento

---

[119] Vide ofício de 27 de julho de 1823.

também foi a expressão utilizada por Stuart, que, por nota de 28 de julho, segundo Mareschal,[120] havia transmitido sua surpresa ao

> espírito de hostilidade manifestado nas conferências e à hesitação em admitir as bases do acordo proposto por S.M.T.F., após as mesmas bases terem sido negociadas por ele (Charles Stuart), em nome de S. M. britânica e adotada pelo Rei, com base no parecer e nos comentários dos plenipotenciários em Londres, Srs. Brant e Gameiro.

Charles Stuart afirmava ainda que o Reino Unido não teria apresentado a proposta sem o consentimento dos plenipotenciários das duas nações.

Ainda segundo Mareschal, Charles Stuart era menos esperançoso em "ver a questão do dinheiro terminar satisfatoriamente, pois me disse nunca ter visto igual obstinação àquela mostrada na véspera pelos plenipotenciários brasileiros".

Para Valentim Alexandre,[121] a ideia em si da indenização era aceita por alguns representantes brasileiros, mas o montante a ser pago foi objeto de séria controvérsia, uma vez que o cálculo brasileiro era significativamente menor do que a demanda portuguesa. Foi pela pressão inglesa que o governo brasileiro chegou ao valor de 2 milhões de libras.

A análise mais importante de Mareschal, no entanto, não se relaciona apenas com as cláusulas do tratado e com os encontros dos representantes, nos quais Stuart pressionou D. Pedro, mas com o contexto político de sua negociação. Em outro ofício, de 20 de agosto de 1825, o diplomata austríaco avaliava o acordo como necessário a D. Pedro, apesar das fortes resistências brasileiras ao pagamento da indenização de 2 milhões de libras:

> O estado das Províncias do Norte, a insurreição na Banda Oriental, a questão de Chiquitos e as disposições suspeitas do Governo de Buenos Aires, de Bolívar e de Sucre formam conjunto de fatos muito inquietantes, aos quais se deve adicionar reunião da Assembleia, que, haja vista o montante considerável dos sacrifícios pecuniários exigidos do Brasil, torna-se indispensável.[122]

---

[120] Ofício de 20 de agosto de 1825.
[121] 1993, p. 327.
[122] *J'ai l'honneur de transmettre ci-joins de Litt. R à N. inclusivement, à Votre Altesse, la Suite de la négotiation avec le Portugal; les dispositions que m'a montrés S.A.R dans l'entretien de ce matin me confirmet de plus en plus dans l'opinion qu'elle sera bientôt et heureusement terminée. Depuis que ce*

Ou seja, Mareschal sublinha a conjuntura desfavorável ao Rio de Janeiro, a fim de mostrar as pressões que D. Pedro sofria, na negociação e fora dela, pela manutenção do Império do Brasil nos contornos do antigo Reino, com ele à testa do Estado, como imperador. Essa fragilidade é ponto fundamental para se compreender a diferença entre as resistências de D. Pedro nas negociações e o resultado final destas, que exatamente colocavam D. João transmitindo o cargo ao filho, regulavam a sucessão e indenizavam Portugal. A conjuntura política não pode ser dissociada do processo negociador.

O acordo foi, então, alcançado e assinado em 29 de agosto de 1825. Seria ratificado, do lado brasileiro, no dia seguinte, sendo também necessárias pressões inglesas e da influência, segundo Isabel Lustosa,[123] de D. Domitila de Castro, em concertação com Charles Stuart, para vencer as resistências de D. Pedro. Em 18 de outubro, Brasil e Reino Unido assinaram, no Rio de Janeiro, acordo comercial e um arranjo sobre a extinção do tráfico de escravos.[124] Em 15 de novembro, o governo português admitiu a entrada de navios brasileiros em seus portos, em razão do tratado de paz.[125]

Prince a cédé sur le titre que se reservoit son Auguste Pére, il me sembleroit injuste de ne pas lui tenir compte des difficultés réelles de sa position, qui l'empêchent d'accepter et de publier la lettre patente dans son état actuel; j'avoue franchement que je suis loin de penser que Les craintes et apréhensions de S.A.R et de son conseil à cet égard, aient été mal-fondés et il me semble que quoi-qu'il ne doit certainement pont régler sa conduite sur les désirs du Parti Republicain, il setait également peu judicieuse de ne pas éviter autant que possible, tout ce qui pourroit lui servir de lévier pour remuer l'esprit public, les graves considérations me semblent devoir influencer la détermination de S.M.T.F et l'engager à ratifier simplement et sans la publication de la lettre patente, le traité que j'espère ne tardera pas à être signé et transmis à Lisbonne; d'autant plus que d'un côté, le Préambule, met principe de la légitimité entièrement à couvert et que de l'autre la position du Prince son fils relativement au Brésil est loin d'être rassurante. L'état des Provinces du Nord, l'insurrection dans la Banda Orientale, l'affaire de Chiquitos et les dispositions peu douteuses du Governement de Buenos-Aires et de Bolivar et Sucre, forment une ensemble de faits très inquiétants et il faudra encore y ajouter la réunion de l'assemblée, que le montant considérable des sacrifices pécuniaires éxigés du Brésil, rendra probablement indispensable. (…) Sir Charles Stuart au quel j'ai communiqué la démarche que j'ai fait ce matin, ne partage pas mes ésperances de voir l'affaire d'argent se terminer à sa satisfaction, il me dit qu'il n'avoit jamais vu une obstination pareille á celle montré la veille par les Plenipotenciares Brésiliens; il me semble qu'elle provenoit d'abord, de l'idée que c'étoit le moyen de rabattre encore quelque chose et ensuite de l'émulation entre le Prince et son conseil de rejetter autant que possible l'un sur l'autre le poids d'une responsabilité qui les épouvantent également. (grifo nosso)

[123] 2006, p. 211.
[124] Rodrigues & Seitenfus, 1995, p. 132.
[125] AVISO (cópia) do [secretário de estado dos Negócios da Marinha e Ultramar], Joaquim José Monteiro Torres, para o [marquês de Viana], major-general [da Armada,

O ponto sobre o pagamento da indenização a Portugal foi objeto de convenção adicional, assinada no mesmo dia 29 de agosto. Esse ponto foi mantido em segredo por algum tempo, tendo surgido apenas com a reabertura da Assembleia, em 1826, quando foi objeto de ferozes críticas. Criou-se, assim, uma imagem de que o segredo se destinava a esconder uma negociata contrária aos interesses do Brasil.

Uma interpretação alternativa poderia sugerir que D. Pedro tinha consciência do prejuízo, ao qual ele mesmo se opunha, e das reações, atrasando a publicação para permitir a assinatura do Tratado de Reconhecimento e a resolução do problema maior que tinha, relacionado à própria unidade do Império. Mesmo o ponto de D. João VI ter assumido e transmitido o Império pode ser visto por um prisma distinto daquele da mera "vaidade senil do Rei de Portugal". Ao assumir um Império fundamentado no território que era "seu" e passá-lo a seu filho, D. João VI reforçava a legitimidade da transmissão do ponto de vista monárquico, eliminando, de certo modo, o elemento revolucionário de todo o processo.

Era assim que se posicionava o governo português, conforme aponta Valentim Alexandre,[126] para quem o simbolismo era muito importante, vendo a ação da transmissão como meio de legitimação do título de imperador, "apagando a ilegalidade que estava na origem da autoridade soberana de D. Pedro". Em uma conjuntura legitimista daquela década, influenciada pela Santa Aliança, essa ação facilitava a sustentação do poder de D. Pedro junto às Monarquias europeias. Entre vaidades dos dois lados (D. João em assumir, D. Pedro em ser mais, em ser o primeiro imperador), transmitia-se simbolicamente o retorno da harmonia ao seio da família real, eliminando, inclusive a marca da guerra (alimentando-se, nesse caso, o mito da Independência pacífica).

Ao fim e ao cabo, as versões do reconhecimento como "traição" do imperador, como egoísmo voltado a proteger a Casa de Bragança, ou de que D. Pedro se opunha ao acordo e sofreu pressões externas

---

D. João Manoel de Menezes], ordenando que sejam admitidos nos portos do Reino e nos domínios ultramarinos os navios tanto de guerra como mercantes com bandeira brasileira, visto o tratado de paz e aliança firmado no Rio de Janeiro entre o rei de Portugal e Algarves, D. João VI e o imperador do Reino do Brasil, seu filho, D. Pedro. Em 15 de novembro de 1825. In: Arquivo Histórico Ultramarino – Projeto Resgate, AHU_ACL_CU_017, Cx. 295, D. 20922.
[126] 1993, p. 320.

para "engoli-lo", resultam na mesma constatação: em uma conjuntura desfavorável, o novo tratado ajudava D. Pedro em seu projeto de centralização e consolidação do Império. O tempo, desse modo, era fator importante para o imperador naquela conjuntura de 1825. Sofrendo com oposição na Corte e, principalmente, nas províncias, onde ventos de fragmentação continuavam presentes, D. Pedro teve no reconhecimento importante apoio. Para obtê-lo, foi obrigado a ceder, mesmo que não concordasse com os termos, assim como o fez D. João VI.

A partir de 1826, as outras potências europeias reconheceram o Brasil. A França adotou a medida em 8 de janeiro de 1826, seguida pela Áustria (30 de junho), pela Prússia (9 de julho), e por outros Estados.[127] Os EUA, primeiros a reconhecer o Brasil, ainda em 1824, reafirmaram o ato em 12 de dezembro de 1828. A iniciativa norte-americana fora importante como elemento simbólico, em meio à instabilidade de 1824, mas o país ainda não possuía força suficiente para ter o peso de influenciar o desenrolar das negociações, que dependeram, no fim, das pressões inglesas e da influência da conjuntura política doméstica, tanto no Brasil quanto em Portugal.

O resultado do reconhecimento, portanto, não agradou ninguém, mas solucionou a questão. Visto desse prisma, o negócio não parece tão ruim como se convencionou acreditar. Caro ou não, o reconhecimento resolveu um problema muito maior do que 2 milhões de libras esterlinas. Como se viu, a rebelião no Norte perdeu força com o reconhecimento, que oficializava a separação e terminava de vez com veleios de reunificação, seja em Portugal, seja no Brasil. Mais do que isso, era o ponto final, e oficial, da guerra entre o Reino, depois Império, e Lisboa.

---

[127] Rodrigues & Seitenfus, 1995, p. 134.

CONCLUSÃO

Em 2022, o Brasil completará 200 anos de sua Independência. Observando o país hoje, com seus desafios e problemas, é fácil esquecer que em um território de dimensões continentais, existe um Estado consolidado e, mais importante, os brasileiros se veem, de norte a sul, como nação única. Indo mais além e apesar de muitos problemas ainda subsistentes, a capacidade de integração de culturas distintas dentro da mesma ideia de "brasileiro" merece destaque em um contexto internacional no qual as particularidades culturais ou locais voltam a ganhar impulso no mundo.

Há quase duzentos anos, esse processo de consolidação do Estado e de seu território se iniciou. Pela solidez que adquiriu, a partir de meados do século XIX, muitas interpretações estimaram que sua força vinha do fato de que, mesmo antes da Independência, existia no Brasil uma identidade nacional, ademais de um Estado embrionário, que se consolidou na chegada da família real, em 1808, e a partir do qual se ultrapassou o ponto de não retorno. As Cortes Gerais de Lisboa, produto da Revolução do Porto, provocaram a ruptura, mas uma ruptura leve, um "divórcio pacífico".

As pesquisas mais recentes mostraram, no entanto, que o desenvolvimento do Estado e da nação brasileira não foi nem natural, nem suave. Na verdade, foi um processo conturbado e caótico, que terminou com a Independência, mas que poderia também ter resultado em outros arranjos ou soluções. Não foi, como dito anteriormente, um "processo de Independência", mas um "processo que resultou, que teve como consequência, vislumbrada ou não, a Independência".

Na época, não havia identidade "brasileira". O que é hoje o Brasil era um vasto território mal ocupado por portugueses, índios e escravos. Havia ligações entre os pontos desses territórios, mas eram difíceis e lentas, a ponto de o contato do Norte do Brasil, via marítima, ser mais rápido com Lisboa do que com o Rio de Janeiro. A Colônia era, fundamentalmente, formada por "pequenas pátrias" complexas, que misturavam elementos de identidade comum "portuguesa" e de dispersão de interesses, formando múltiplas camadas de aproximação e distanciamento, organizadas em torno de um soberano: o rei. Todos estavam submetidos a D. João VI e, de uma maneira mais próxima ou mais distante, pertenciam à nação portuguesa. Esses eram os vínculos comuns. Cada pessoa, ao mesmo tempo, tinha sua característica regional, do lugar de seu nascimento. A forma como cada ponto do país se desenvolveu contou muito para o desenrolar do processo de emancipação.

O que hoje classificamos como Nordeste era a região mais populosa e economicamente importante. Em Pernambuco, toda uma história de resistência e busca por autonomia na administração dos temas de interesse local havia redundado na Revolução de 1817, dirigida contra o Rio de Janeiro. O Maranhão e o Pará viviam realidades próprias, muito mais próximas de Lisboa do que do Rio de Janeiro.

O Norte-Nordeste distinguia-se, em grande medida, do Sul do Reino, como expressaram, na época, vários atores, inclusive nas Cortes Gerais de Lisboa e na própria Assembleia Constituinte do Rio de Janeiro. Essas duas regiões também se dividiam internamente em realidades locais, interesses particulares, que se misturavam às questões regionais, como o comércio ou a cooperação interprovincial, e aos temas nacionais, que chegavam e eram discutidos – dentro das possibilidades – em cada província. Todos influíam nas posições que seriam tomadas sobre os rumos da nação portuguesa. E ninguém, por essas razões, era mais ou menos "brasileiro". Não existia essa noção, nem o patriotismo que lhe era decorrente.

Havia, ademais, uma diferenciação entre nascidos na Colônia americana e os originários do território europeu, sem que isso chegasse a constituir a separação necessária para que os brasileiros se vissem como "nação". Essa característica não chegava à divisão verificada nas Colônias espanholas, onde os americanos eram discriminados em tudo, principalmente no acesso aos cargos públicos. Apesar do acesso restrito e desigual, muitos brasileiros foram figuras importantes da Monarquia portuguesa, frequentavam a mesma universidade, o que facilitava a identidade comum, ainda que, ao final, cada um vivia em regiões distintas, com interesses e relações diferentes.

A separação entre "Europa" e "América" portuguesa era, no fim, mais social do que política, sem ainda ter uma conotação relacionada à formação de um Estado-Nação. As ações das Cortes Gerais reforçaram essa dicotomia "brasileiro" e "português" e impulsionaram a diferenciação, que também foi utilizada na campanha da causa do Rio de Janeiro, fundada na ideia da ameaça de "recolonização". Foi principalmente no contexto do processo que resultou na Independência, e da guerra, que essa distinção entre "portugueses" e "brasileiros" transformou-se em elemento político e base para a formação de uma identidade nacional que ainda demandaria décadas para se consolidar.

Tampouco houve, no processo de 1821-1823, tranquilidade na transição política para a Independência. A Revolução do Porto e o advento do vintismo, como apontou André Roberto de Arruda Machado,[128] abriram um novo momento da política portuguesa, caracterizado pela "quebra da mola real da sociedade" e pelo surgimento de múltiplos projetos políticos sobre como reorganizar o Estado português. Muitos desses projetos eram próximos, mas não podem ser confundidos. Assim se deu, por exemplo, nas ideias de emancipação, surgidas já em 1821 em Pernambuco (e que repercutiram até no Maranhão), que se ligavam ao desejo de autonomia regional e não tinham relação com a causa que D. Pedro passou a esposar a partir de 9 de janeiro de 1822.

Mais importante ainda, a administração dos projetos e das lealdades com Lisboa ou com o Rio de Janeiro não dependia apenas das reações locais com relação às causas das duas capitais. Cada província tinha dinâmica política própria, que misturava disputas locais com as regionais e com as nacionais. Interesses econômicos próximos de Lisboa ou do Rio de Janeiro, ideias liberais, reações às Cortes ou a D. Pedro, disputas locais sobre a formação das Juntas Provisórias, tudo entrava no caldeirão político de 1821-1823, naquele esforço de reorganizar o Estado português e, dentro dele, o Brasil, unidade juridicamente autônoma e não mais Colônia, desde 1815, quando foi elevado a Reino Unido.

Nada naquele Reino do Brasil de 1821-1823 era garantido, nenhum caminho era seguro, resultados distintos eram possíveis. Tampouco

---

[128] 2006.

havia ideia unânime ou consenso em torno de uma figura, tal como D. Pedro. Não havia, desse modo, caminho automático ou único em direção à Independência do Brasil, como ocorrida em 1822 e que formou o Estado que hoje conhecemos.

Essa fragilidade, logo percebida pelos historiadores a partir de fins da década de 1970, suscitou questionamentos sobre o que, então, teria levado o Brasil a permanecer unificado. Elementos essenciais para a compreensão da unidade brasileira, como a relativa homogeneidade intelectual da elite portuguesa, toda ela egressa de Coimbra, o medo das rebeliões de escravos (o "haitianismo") durante a instabilidade política de 1821-1823, e os interesses econômicos em jogo, principalmente com relação ao Reino Unido, foram estudados por diferentes historiadores. Nenhuma dessas perspectivas, logicamente, explicava por si só a manutenção da unidade em torno do Rio de Janeiro. Parecia faltar ao menos um elemento, que se somaria às variáveis já estudadas e, em conjunto, formaria a base de uma interpretação mais ampla.

O objetivo do presente trabalho foi exatamente reexaminar o processo político da emancipação brasileira, adicionando novo ingrediente essencial para a construção da unidade em torno de D. Pedro: o conflito político, que se transformou em guerra civil, e, depois da Independência, em guerra no sentido tradicional. Não se analisaram apenas as operações militares. Isoladas, elas pouco serviriam de argumento sobre o processo de manutenção da unidade brasileira. O fio condutor foi a evolução política da disputa entre Lisboa e Rio de Janeiro, que se impôs a cada província, absorvendo os debates e conflitos que ocorriam no plano local e regional.

Em jogo estava a reconstrução do Estado português, após a Revolução do Porto, de 1820. Os próprios conselheiros de D. João VI, no início do vintismo, fizeram propostas para resistir ao movimento ou, pelo menos, controlá-lo, a fim de que não liberasse todas as forças e ideias presentes no Império e, principalmente, para que não derivasse em um conflito que já poderia ser vislumbrado, na disputa entre as duas capitais. A proposta de convocação de Constituinte no Rio de Janeiro, ainda que se prestasse aos interesses da Coroa de controlar o processo, também mostrava a realidade de que parte do Reino do Brasil, o Centro-Sul, era também metrópole.

Houve, desde o início, potencial choque de interesses, entre os vintistas, que pretendiam recuperar a supremacia de Lisboa (para todos os efeitos reduzida a papel subalterno entre 1808 e 1820) e aqueles que haviam se beneficiado e a quem interessava manter a centralidade política do Rio de Janeiro. Esse conflito não era o único que se desenrolava naquele período. Havia outros interesses, outras ideias, incluindo visões unitárias, centralizadas em um ponto do Reino, e teses descentralizadoras, esposadas, por exemplo, pelos deputados pernambucanos, que tornavam o processo ao mesmo tempo rico e caótico. O conflito que se criou entre Rio de Janeiro e Lisboa foi um no meio de muitos, mas foi aquele que ganhou força, impôs-se sobre outros e se tornou causa. E aquele que serviu de fio condutor do processo que levou à Independência.

As Cortes Gerais, reunidas em Lisboa, escancararam esse conflito entre capitais. A dinâmica que se desenvolveu ao longo de 1822 foi a da gradual dissensão e da tendência à guerra. Mesmo que não houvesse partidos sólidos e os interesses dos constituintes tivessem pontos de convergência e de confronto, o fato é que as visões que passaram a prevalecer, inclusive com o apoio de muitos deputados do Reino do Brasil, chocavam-se com aquelas que eram predominantes no Centro-Sul brasileiro.

O avançar das discussões em Lisboa ampliou a fratura, passando a incluir setores que inicialmente se opunham ao Rio de Janeiro, mas que passaram a ver nas Cortes um mal maior e ensaiaram entendimento com D. Pedro. Em um processo de pouca previsibilidade, iniciado a partir da volta de D. João VI a Lisboa, observou-se que D. Pedro, inicialmente frágil e titubeante, aos poucos se uniu a grupos em torno do Rio de Janeiro, cujos interesses se ligavam à presença da Corte nas Américas e que tinham a esperança de manter a capital carioca ao menos no mesmo patamar de importância que Lisboa.

D. Pedro era figura de atração simbólica, pelo fato de ser o herdeiro da Coroa, com legitimidade, mas pouco poder efetivo. Os grupos políticos que terminaram se aproximando dele tinham capacidades econômicas e sociais, mas pouca legitimidade política. Eram, também, forças heterogêneas, entre produtores agrícolas que se beneficiavam da "interiorização da metrópole", funcionários públicos, cujos empregos dependiam da manutenção da estrutura de poder no Rio de Janeiro, e apoiadores das ideias liberais, que pretendiam promover reformas. Projetos para o Reino Unido existiam, como era o caso daquele elaborado por José Bonifácio, contido nas instruções à representação de São Paulo nas Cortes Gerais. Outros projetos transitavam pela maçonaria, pelos círculos restritos da sociedade e pela própria imprensa, que começava a dar seus passos.

Em relação às incertezas políticas que reinavam no Rio de Janeiro de 1821-1823, foi preciso um evento político maior, vindo de fora, para selar o pacto inicial. As Cortes ofereceram essa oportunidade ao confirmarem seus interesses em concentrar o poder em Lisboa, em detrimento do Rio de Janeiro. Atingiram, com isso, diretamente os múltiplos interesses presentes no Centro-Sul e em alguns grupos do Nordeste. Também tiveram o condão de atingir pessoalmente D. Pedro e provocá-lo à decisão. O Fico, em 9 de janeiro de 1822, marcou a aliança entre diferentes grupos de interesse, unidos em torno da figura de D. Pedro.

Separados, todos eram frágeis. Juntos, em torno de um herdeiro da Coroa, liberal, catalisador do imaginário político das camadas mais baixas da sociedade, os grupos que formaram as "Provincias Colligadas" tinham força. Assim mostraram nos dias seguintes ao Fico, quando as tropas portuguesas tentaram repetir a intimidação contra D. Pedro para se submeter às Cortes, ação que em 1821 havia funcionado por duas vezes. A reação dos apoiadores do Fico, a mobilização militar no Campo de Sant'Ana, como visto, mudou a lógica do jogo. No quase confronto militar, deu-se a primeira ação que resultaria no Império. Essa lógica político-militar seguiria por todo o processo.

O novo grupo formado em torno do príncipe precisava, logicamente, de um projeto político, de uma visão. Dentre as diferentes propostas, ganhou destaque, num primeiro momento, o projeto de José Bonifácio, cujas ideias não eram as únicas, mas tiveram apelo junto a D. Pedro. O projeto do "Patriarca da Independência" buscava a reorganização política, mantinha a autonomia do Reino e o Rio de Janeiro como seu centro, em pé de igualdade com Lisboa. Não estava ali o gérmen da Independência. O máximo a que se chegou foi a "Independência moderada", a qual, para todos os efeitos, já existia na figura do "Reino Unido". Foi o conflito que fez a Independência e exigiu a mobilização de tropas.

A partir da formação das "Provincias Colligadas", o conflito, antes esparso e caótico, se afunilou entre as perspectivas do Rio de Janeiro e de Lisboa. Fala-se aqui em "perspectiva", consciente de que não havia unidade de pensamento em nenhuma das duas capitais. Na verdade, o conflito entre Rio de Janeiro e Lisboa teve uma linha condutora, fundada na oposição entre as correntes mais "fortes" em cada capital, ainda que houvesse posições diferentes e mesmo ensaios de conciliação, que buscavam atingir um equilíbrio entre os Reinos.

As diferenças de perspectiva ganharam força e redundaram na construção de imagens opostas: face à "regeneração", que fundamentava a legitimidade pretendida pelo vintismo de Lisboa, surgiu no Rio de Janeiro a reação à "recolonização". Nas duas imagens, havia ideias claras e interesses ocultos. A regeneração combatia o despotismo, mas trazia em si o "rancor" do papel subalterno de Lisboa após a mudança da família real para o Rio de Janeiro. A luta contra a "recolonização" indicava de fato contrariedade à ação das Cortes Gerais, que reduzia as capacidades do Brasil como "Reino Unido", mas não demonstrava a efetiva existência de projeto das Cortes de redução do Reino ao estado anterior de Colônia. O discurso de enfrentamento da "recolonização", em grande medida, foi peça de propaganda.

A ação das ideias de regeneração versus recolonização foi o elemento central do conflito, que foi se agravando e passando de uma diferença interna para a ruptura. Os grupos em torno de D. Pedro falavam em "Independência moderada", com o Reino do Brasil independente de Lisboa, mas não da Coroa. A soberania seria a mesma, em torno da Coroa; o governo, não. A continuidade do conflito político, já derivado, em meados de 1822, na guerra civil que se desenrolava na Bahia, levou a uma ruptura não planejada.

A contenda também se apoiou nas imagens derivadas de "rebelião" e "anarquia". Rebelião foi a visão das Cortes Gerais sobre os apoiadores do Rio de Janeiro, os "facciosos". A resposta tradicional para esse problema era o uso da força, como ocorrera em Pernambuco, em 1817. Do lado do Rio de Janeiro, lutar contra a "recolonização" exigia também esforços contra a "anarquia", o desgoverno, que não advinha apenas da ameaça de rebelião escrava. Em 1822, a principal imagem dessa anarquia era o que se passava nas ex-Colônias espanholas, fragmentadas e vítimas do caos político, e fundamentava o projeto do príncipe regente de se manter como poder central do Brasil.

O confronto desses conceitos opostos teve seu ponto de ruptura na convocação da Constituinte no Brasil, em 3 de junho de 1822, mesmo que não se falasse ainda em quebra da soberania de D. João VI, ou seja, em Independência total. Como se viu, circulavam ideias de separação total, mas, no projeto em curso com D. Pedro, ainda não se colocava abertamente a hipótese.

A efetiva ruptura foi se dando gradualmente. A guerra do Rio de Janeiro contra as Cortes foi declarada, em agosto, com a qualificação das tropas portuguesas inimigas e com o manifesto às nações. Insistia-se, ainda assim, na manutenção de D. João VI como soberano. A ideia de Reino Unido era esticada, dos dois lados, aos limites da submissão (por Lisboa) e da autonomia (pelo Rio de Janeiro).

A guerra, que já se iniciava na Bahia em razão de questões locais, e as atitudes cada vez mais hostis, de lado a lado, provocaram a emancipação total, declarada em 7 de setembro e consumada em 12 de outubro de 1822. Mais uma vez, tratou-se de processo complexo e incerto, no qual a Independência, como conhecemos, não estava planejada.

O conflito político entre Rio de Janeiro e as Cortes, portanto, foi o *casus belli* para a guerra de Independência, na qual se jogava não a criação de um Estado qualquer, mas a disputa do território do Reino do Brasil entre Lisboa e o Rio de Janeiro. O imperador tinha a visão da manutenção do Brasil unido em torno de si, com base na imagem anterior do Reino Unido e da liderança da Casa de Bragança. Para alcançar esse objetivo, precisou agir política e militarmente. Em grande parte do território, não houve adesão, mas sim incorporação de províncias ao Império, ou mesmo conquista.

O conflito entre o Rio de Janeiro e Lisboa obrigou todas as províncias a optar ou a se submeter. Não foi um processo natural. Na verdade, a pressão veio de fora e, como apontado, se misturou com as imagens particulares de cada província com relação ao Rio de Janeiro e com Lisboa.

A relação entre as províncias do Brasil, após a chegada da família real, em 1808, não era harmônica. Para as províncias próximas ao Rio de Janeiro, a chegada do rei e a implantação da Corte no Rio de Janeiro representaram um grande avanço. Houve um salto no desenvolvimento econômico, social e urbano da cidade e de seus arredores. Minas Gerais e São Paulo passaram a manter relações políticas e econômicas diretas com as Cortes e adquiriram, ademais dos negócios, maior acesso ao mundo político. Em termos simbólicos, a "interiorização da metrópole", conforme a expressão de Maria Odila L. da Silva Dias, tornava a região em torno do Rio de Janeiro o centro do Império português, não mais implantado em uma Colônia, mas em um Reino, que se pretendeu igual ao território europeu.

O Centro-Sul também presenciou o desenvolvimento de ideias liberais e antiabsolutistas, as quais levaram ao apoio, após 1820, à Revolução do Porto. No Rio de Janeiro, São Paulo e Minas Gerais, no entanto, essas ideias conviviam também com elementos próximos do absolutismo e com o valor decorrente da ideia de "centralidade" política em torno da Coroa. Na capital do Reino, os responsáveis pela sua administração trabalhavam com imagens amplas do território governado, vendo no Brasil uma unidade que as províncias, de sua perspectiva, não tinham condições de ver.

O Norte-Nordeste beneficiou-se em menor escala dessa presença da Corte na capital carioca. Na verdade, a situação era quase reversa, em muitos casos: as vias de comércio e a conexão sociopolítica, tradicionalmente feita diretamente com Lisboa, foram cortadas durante as guerras napoleônicas. Depois, mesmo restabelecidas as comunicações, enfrentavam a realidade de um território europeu que havia perdido importância.

Também sentiam o peso dos impostos exigidos do Rio de Janeiro e a concorrência dos comerciantes ingleses. Havia, logicamente, grupos mais próximos do Rio de Janeiro, elementos absolutistas e relações de comércio com o Sul, os quais veriam com simpatia a causa do Rio de Janeiro. Existiam também grupos de pensamento autônomo, regional ou local, que chegaram a levantar a bandeira da emancipação, como ocorreu nas ex-Colônias espanholas. O Norte-Nordeste de 1821-1823 talvez tivesse sua realidade política mais próxima daquela das ex-Colônias espanholas do que do Centro-Sul. Eram elementos de aproximação que se chocavam com elementos de fragmentação. Em muitos casos, era a fidelidade a Lisboa que servia de estabilizador.

O apoio inicial da maior parte das províncias do Norte-Nordeste ao vintismo tinha como componente central a rejeição ao Rio de Janeiro absolutista. Em muitos pontos do Norte-Nordeste, fiava-se na ideologia que havia sido legitimada em todo o Reino, em 1820-1821, a do constitucionalismo-liberal. Mover-se dessa causa e de Lisboa era, para muitos, a traição, o "facciosismo". Daí a fidelidade que, para além de seus interesses econômicos, alguns grupos mantiveram com Lisboa: não eram os partidários de Lisboa que mudaram de posição em 1822, pois estes se fiavam no acordo atingido no ano anterior, de adesão ao constitucionalismo: era o Rio de Janeiro que inovava.

A rejeição ao Rio de Janeiro tendia, assim, a durar, não fosse a atitude das Cortes Gerais e das disputas locais pelo poder. Independentemente das causas profundas da emancipação, as razões imediatas vieram, de fato, dos conflitos nascidos nas Cortes, que, no caso do Norte-Nordeste, empurraram interesses de grupos políticos de algumas províncias, como Pernambuco, e os contrariaram de volta a um Rio de Janeiro que acenava, agora com D. Pedro, com as mesmas promessas que Lisboa não soubera cumprir (especialmente, uma organização constitucional descentralizada).

Muitos desses grupos já estavam em conflito com outros membros das elites provinciais por interesses locais e pela organização do poder local no novo regime. O avanço dessas disputas foi aos poucos se inserindo no movimento nacional, adquirindo cores nacionais quando, de fora, vieram as pressões pela opção entre Rio de Janeiro ou Lisboa. Em alguns casos, os perdedores das eleições locais, inicialmente apoiadores de Lisboa, penderam para o Rio de Janeiro, como forma de contornar a derrota pelo poder local. Onde havia uma maioria, a mobilização política prevaleceu sobre o aspecto militar, na opção pelo Rio de Janeiro ou por Lisboa. Onde não havia consenso, a guerra estourou rapidamente, como foi o caso da Bahia, cujo conflito se iniciou por razões locais, mas depois adquiriu tons nacionais.

Depois da formação do núcleo das "Provincias Colligadas" e da adesão de Pernambuco, que trouxe consigo o apoio de algumas províncias vizinhas, a mobilização se tornou geral no Reino, desdobrando-se em três focos principais de conflito. Em 1823, a guerra continuou, avançando sobre as províncias que haviam se colocado a favor de Lisboa, no caso do Maranhão e do Pará.

As operações militares foram ferramenta essencial para a manutenção do território do Reino, transformado em Império. Não foram a única razão da unidade, mas sem elas o impasse não teria sido rompido. Nem teria sido possível manter as conquistas, onde os acordos eram frágeis.

A incorporação de algumas províncias ao Império foi, assim, uma conquista decorrente da guerra e desta derivou a garantia da unidade do Império brasileiro. Uma guerra de fato e de direito. Houve declarações inequívocas dos dois lados sobre o estado de beligerância entre Lisboa e Rio de Janeiro. Neste segundo caso, D. Pedro tomou medidas oficiais de declarar as tropas portuguesas inimigas, proferir ultimatos contra todos os que apoiavam Lisboa e, medida típica da guerra da época, de permitir o corso. Já avançada no terreno, a guerra foi entendida como existente "de direito", no encontro do Conselho de Procuradores, no Rio de Janeiro, em 4 de dezembro de 1822. Um dos pontos principais das negociações pelo reconhecimento da Independência era exatamente o fim das hostilidades entre Portugal e Brasil.

A guerra mobilizou milhares de brasileiros e portugueses, de todas as regiões, e estrangeiros, recursos de grande monta e resultou em milhares de mortes e de feridos. Analisou-se, nesse sentido, a estrutura militar que Portugal possuía, na Europa e no Brasil, assim como a gradual separação entre as forças pró-Rio de Janeiro e pró-Lisboa, ao que se seguiu a mobilização de lado a lado no esforço de guerra. Cada oponente definiu sua estratégia, que, ao fim e ao cabo, concentrava-se em um teatro principal e dois secundários.

Na Bahia jogou-se a partida principal e para lá Portugal mandou o grosso das forças disponíveis. Durante a mobilização, em 1823, Lisboa sofreu com ameaças no próprio continente europeu, que limitaram sua capacidade de enviar tropas ao Brasil. D. Pedro, de sua parte, conseguiu mobilizar um número maior de tropas e de equipamentos. O grosso dos combates no Norte-Nordeste, de todo modo, foi realizado e financiado por forças locais, atuando em nome ou em causa do Rio de Janeiro. Praticamente todas as províncias participaram das operações militares, que foram intensas e custaram muitas vidas e bens. As forças dos dois lados sofreram dificuldades de abastecimento, de organização e de mobilização de tropas. Os dois lados cometeram atrocidades, os dois participaram de destruições. E os dois lutaram duramente, em grandes batalhas ou nas escaramuças diárias.

Nos três casos, Bahia, Norte (Ceará-Piauí-Maranhão-Pará) e Cisplatina, a Marinha foi providencial para romper o impasse terrestre, ainda que não tenha sido o fator único. A entrada de Cochrane na luta rompeu as linhas de comunicação com os portugueses e acelerou a derrota. Em todos os casos, no entanto, foi a guerra terrestre que efetivamente determinou o resultado. Não houve os casos de "estratagema" de Cochrane ou Taylor que, sozinhos, enganando os portugueses com esquadras imaginárias, ganharam o Maranhão e o Pará. Foi a combinação dos milhares de soldados, que caminhavam por terra com a Marinha, que derrotou os portugueses.

A dinâmica do conflito entre Rio de Janeiro e Lisboa, que derivou em operações militares, confirma, assim, a hipótese da Guerra de Independência, pouco importando os números de mobilizados ou mortos. Se a guerra no Brasil teve menor mortandade que na América Espanhola, isso não significa que foi "menos guerra". Esses dois eventos históricos, aliás, foram muito diferentes no tempo em que se desenrolaram, de modo que não se pode comparar o processo brasileiro, concentrado em praticamente pouco mais de um ano, com a longa década que marcou a emancipação das Colônias espanholas.

Ainda assim, é interessante revisitar alguns números. Somadas as médias das avaliações de tropas terrestres e de Marinha mobilizadas, pelos dois lados, no Rio de Janeiro[129] (em janeiro de 1822), na Bahia,[130] na Cisplatina[131] e no Ceará-Piauí-Maranhão-Pará,[132] tem-se que a guerra no Brasil envolveu pelo menos 60 mil militares, em 1822-1823. Esse número não inclui as variações provocadas pelas baixas, deserções e novas incorporações, realizadas ao longo do tempo, de modo que os valores serão maiores. Tampouco foram adicionadas as tropas de outras províncias, onde houve agitações, como em Goiás ou em Mato Grosso, ou mesmo conflitos, mas anteriores ao processo de emancipação em torno do Rio de Janeiro, como no caso de Pernambuco, em 1821.

Tomando como base uma população de 4,5 milhões de habitantes, em 1822, temos que algo em torno de 1,5-1,8% da população esteve engajada nas Forças Armadas. Um número próximo, por exemplo, da Guerra do Paraguai (1864-1870), que mobilizou aproximadamente 1,5% da população da época, entre 120-150 mil homens, de uma população de 9 milhões.

Eram, como visto, tropas provenientes de quase todas as províncias do Brasil e de Portugal. Também estiveram presentes muitos estrangeiros. Caracterizados como "mercenários", a maior parte de fato partiu para o Brasil para ganhar dinheiro e retornar aos países de origem. Muitos, no entanto, fizeram uma opção pelo Brasil, permaneceram no país e nele morreram. Esse foi o caso de Pierre Labatut, comandante

---

[129] Em janeiro de 1822, com aproximadamente 6 mil brasileiros e 1,7 mil portugueses. Também se incluem aqui os 1,1 mil soldados de São Paulo, que foram reforçar a defesa da capital, mais o contingente de Marinha, que era superior, como apontado no capítulo V, a 3 mil homens.

[130] Uma média de 10-15 mil brasileiros e 8-10 mil portugueses, aos quais se adicionam os aproximadamente 5 mil marinheiros portugueses, a maioria concentrada na Bahia, mas outros em atuação em outros pontos do Brasil. Vide capítulo VI.

[131] Aproximadamente 3 mil brasileiros e 2,5-3 mil portugueses. Vide capítulo VIII.

[132] Cerca de 1,5 mil portugueses lutaram no Jenipapo, aos quais devem ser adicionadas as tropas que lutaram no Maranhão, atingindo-se um mínimo de 2 mil homens. Do lado brasileiro, eram 2,5-3 mil no Jenipapo, número que se manteve, em média, nas operações iniciais sobre o Maranhão. Depois, chegaram aproximadamente 8 mil homens da força vinda do Ceará. No Pará, as movimentações envolveram fundamentalmente as Forças Armadas, podendo-se utilizar uma média de 1-2 mil homens. Vide capítulo VII.

das tropas brasileiras na Bahia até sua destituição em maio de 1823. Labatut viveu todo o resto de sua vida no Brasil. Ao ter lutado no processo de Independência e optado por estabelecer-se no país, deveria ele ser relegado ao papel de estrangeiro, por seu nascimento, ao passo que muitos nascidos na Europa, como o próprio D. Pedro, se tornaram "brasileiros" com a emancipação?

Os números sobre baixas da guerra são imprecisos e quase impossíveis de serem determinados. Nem mesmo os registros dos campos de batalha permitem números claros. Ainda assim, é possível realizar algumas estimativas, com as mortes variando entre 2-3 mil na Bahia, 500-1 mil no Piauí-Ceará-Maranhão, 100 na Cisplatina e, utilizando-se a avaliação de Varnhagen, 1 mil no Pará. Chega-se, assim, ao número possível de 3 a 5 mil mortos na Guerra da Independência. No caso das baixas, que incluem feridos e prisioneiros, esse valor poderia dobrar. Sublinhe-se, como dito acima, que esses valores estimados ocorreram em pouco mais de um ano de conflito. Os números das batalhas na América Espanhola dizem respeito a quase dez anos de luta, do início da década de 1810 até o início da década de 1820. A comparação é, assim, relativamente difícil de ser feita.

Como apontou uma das personagens da guerra no Norte, o coronel Simplício Dias, do Piauí, a Guerra da Independência foi dura, violenta e mobilizou amplamente a sociedade no Norte com o que se transformou no Brasil. Sua particularidade foi ter-se desenrolado, fundamentalmente, no Norte-Nordeste do país, o que fez com que esses acontecimentos fossem perdendo importância relativa na medida em que se consolidou, ao longo do século XIX e, principalmente, no século XX, o Centro-Sul do país como centro político, econômico e cultural. Uma realidade distinta do início do século XIX, que tinha o Norte-Nordeste como forças econômica, populacional e política significativas.

A análise histórica posterior desequilibrou a avaliação dos acontecimentos de 1821-1823: as peripécias amorosas de D. Pedro ou o dia a dia na capital ganharam importância maior na historiografia do que as Batalhas do Pirajá ou do Jenipapo, o cerco a Caxias, ou o fato de que algumas dessas províncias poderiam ter se mantido com Lisboa e quebrado o Reino Unido. O estudo do processo de emancipação do Brasil e, especialmente, das razões da manutenção da unidade territorial, no entanto, apenas pode ser feito com o reequilíbrio das perspectivas regionais. A Independência no Norte-Nordeste mostra a realidade de uma emancipação que precisou da guerra para se firmar e consolidar a união territorial.

As operações militares da Guerra da Independência do Brasil terminaram, fundamentalmente, com a retirada dos Voluntários Reais da Cisplatina no início de 1824. A cessação das hostilidades, por sua vez, terminou apenas com o acordo de reconhecimento do Brasil, em 1825. Esse acordo, assinado em 29 de agosto de 1825, concluiu a etapa da Independência e a guerra. Suas condições não eram favoráveis ao Rio de Janeiro, que simbolicamente recebia o poder de D. João VI e ainda teria de pagar uma grande indenização a Lisboa.

A conjuntura de 1824-1825, no entanto, era negativa para D. Pedro, diferentemente do que havia sido em fins de 1822-início de 1823, quando a busca pelo reconhecimento não passava por uma negociação com Portugal. O Rio de Janeiro vivia a instabilidade política e as províncias do Norte-Nordeste ameaçavam com a fragmentação. Foram adotadas medidas autoritárias, como a dissolução da Constituinte e o envio de tropas para enfrentar os focos de resistência à centralização do poder no Rio de Janeiro, principalmente a Confederação do Equador.

Nessa conjuntura, tornou-se essencial para o imperador alcançar entendimento rápido com Lisboa, que reforçasse sua legitimidade e eliminasse o foco de instabilidade representado pela possibilidade de volta da união. A negociação passou pelas mãos do Reino Unido, que terminou por pressionar as duas partes a ceder em algum ponto, como sempre ocorre em negociações diplomáticas. Outras potências tinham interesses nesse processo e chegaram a oferecer, como a França, caminhos alternativos, que não foram utilizados em razão da influência política dos britânicos.

Bom ou mau negócio, o reconhecimento cumpriu seu papel e fortaleceu a posição de D. Pedro sobre o conjunto do território de um Império que ainda se construía, não com base em uma nacionalidade preexistente, mas entre forças de convergência e de fragmentação, que não necessariamente levariam ao Brasil que se conhece hoje. A unidade era ainda frágil e precisava ser mantida com a combinação de negociação e força militar.

No ano de 1824 e nos seguintes, muito mais do que 1822-1823, estão presentes os elementos que deram início ao mito da Independência Pacífica do Brasil. Nos problemas políticos no Rio de Janeiro e nas províncias, no antiportuguesismo e no processo de reconhecimento da

Independência brasileira por Portugal, são encontrados os elementos importantes de origem do mito. Os teatros de operação haviam sido relativamente distantes do Rio de Janeiro e a guerra havia sido levada, salvo na Bahia, de forma descentralizada, liderada por grupos que não compunham necessariamente o núcleo em torno do Rio de Janeiro e, em muitos casos, tinham interesses de autonomia que se chocavam com o projeto centralizador do imperador. Muitos dos atores-chave da guerra depois se colocaram contra o Rio de Janeiro na Confederação do Equador, tornando impossível, na sequência, prestar-lhes homenagens.

Na distância do Rio de Janeiro com o teatro de operações e com as elites que as haviam liderado, na influência do "partido português" no Paço Imperial, no entendimento posterior de D. Pedro com Portugal, que lhe conferiu uma legitimidade nova, encontramos as origens do mito.

Nas décadas seguintes, as necessidades da construção da identidade nacional brasileira levaram ao programa historiográfico fundamentado na ideia de uma nação preexistente, da nacionalidade brasileira consumada já em tempos anteriores ao século XIX. Essa imagem tornou-se incompatível com a guerra, já desvalorizada pelo próprio Império e que trazia em si o significado de um processo mais caótico, incerto e que não era natural ou automático. A guerra mostrava o conflito, não apenas com Lisboa, mas dentro do Brasil, quando o que se precisava transmitir era a imagem da união em torno do imperador. No Brasil pós-1840, essa história perdeu lugar.

Após percorrer todo o caminho do conflito político, da guerra e da paz, a conclusão a que se chega, ao incluir a guerra como elemento importante na construção de um Brasil que não existia antes de 1822, é a da perda definitiva da "naturalidade" histórica do Brasil "desde sempre" unido. Não é mais possível ver a Independência como um passo natural e lógico de uma nação preestabelecida.

A constatação de que o país foi uma construção, algo "artificial", prejudicaria, entretanto, a força da nacionalidade brasileira?

Exagerando-se um pouco nas cores, dessa imagem de Brasil preexistente à Independência parece derivar na sociedade brasileira certo mito de "paraíso perdido", de um Brasil idilicamente existente, com potencial imenso, preestabelecido, que nunca seria atingido pela ação de governantes ou elites corruptos que se esforçam para manter o país pra baixo, destruindo-o e evitando que aquela nação originária, quase mitologicamente imaginada, venha a emergir.

A interpretação alternativa, do "artificialismo" inicial não se presta a esconder os problemas históricos, e na história do país, as dificuldades de desenvolvimento e doenças endêmicas como a corrupção. O que se oferece, na verdade, é apenas uma visão um pouco mais balanceada entre acertos e erros. Ao lograrem construir o Estado brasileiro, em meio à confusão da época, os homens de Estado não apenas erraram, mas também acertaram. D. Pedro não foi nem um herói mitológico, nem um mulherengo analfabeto.

Em resumo, ao aceitar-se que o Império não foi a continuidade natural de uma nação já existente, valoriza-se a obra em torno da construção do Estado e da identidade nacional, por meio dos esforços empregados por todos aqueles que, ao longo da história, o criaram. Isso não significa que a Guerra de Independência deva ser julgada moralmente (e, desse modo, contra o sentido da pesquisa histórica) como "positiva".

Compreender sua realidade é passo importante para conhecer o período da gênese do Estado brasileiro e obter um balanço mais equilibrado de bons e maus desenvolvimentos, sobre uma história que foi por muito tempo ou exagerada em imagem excessivamente patriótica (transformando todos os personagens históricos em heróis), ou deturpada pela crítica excessiva (que julgou, por exemplo, D. Pedro por seus defeitos pessoais, menosprezando seu papel político). Talvez, com o rebalanceamento dos erros e dos acertos, o brasileiro do presente possa se sentir menos incomodado e distante de sua história.

APÊNDICE

BREVE OLHAR SOBRE O SIGNIFICADO DA "GUERRA"

Observando-se os estudos sobre a Independência do Brasil, constata-se que falar em operações militares ou Guerra da Independência do Brasil tem significado entrar em terreno da subjetividade. Parâmetros muito imprecisos são utilizados nos julgamentos sobre a natureza do conflito. Relega-se o tema a relativismo no qual a localização dos confrontos (para alguns apenas na Bahia) ou a comparação do número de baixas entre o caso português e o espanhol (ou norte-americano) são consideradas suficientes para desestimar a visão de uma guerra brasileira. Sérgio Armando Diniz Guerra Filho,[133] por exemplo, sustenta que "fome, doenças, deserções e, principalmente, desordens preocuparam mais o comando do Exército Libertador que as mortes em batalhas pela posse da Bahia". Como se esses elementos não fossem característicos também de outros conflitos.

É necessário, assim, fazer um breve parêntese e voltar-se ao próprio conceito de guerra. A definição tradicional de Clausewitz[134] de guerra, como continuação da política por outros meios,[135] com seus componentes de violência, probabilidade e motivação política,[136] é pertinente ao se estudar o caso brasileiro. Tratou-se efetivamente de uma disputa política, que se desdobrou em conflito e na guerra.

---

[133] 2004, p. 13.
[134] CLAUSEWITZ, Carl Von. *On War*. Hertfordshire: Wordsworth, 1997.
[135] Clausewitz (p. 5) fala também que *"war therefore is na act of violence intended to compel our oponente to fulfil our will"*.
[136] A política é o centro da definição clausewitziana (p. 13): *"thus, the political object, as the original movite of the war, will be the standart for determining both the aim of the military force and also the amount of effort to be made"*.

O trabalho de Quincy Wright[137] é igualmente interessante na questão das características da guerra, nos parâmetros de classificação dos conflitos armados. Ainda que, conforme apontado anteriormente, os números não devam ser o único elemento para o julgamento da existência ou não de uma Guerra de Independência brasileira, é importante ter em mente elementos mais precisos tecnicamente para qualquer avaliação dessas estatísticas.

Wright[138] precisa batalha como um "período de contato direto contínuo de forças armadas, no qual pelo menos um dos lados está engajado em ofensiva tática". Anteriormente ao século XX, de acordo com o estudioso, as batalhas, via de regra, eram eventos identificáveis, raramente durando mais de um dia, dificilmente ultrapassando 30 quilômetros de extensão e não envolvendo, salvo exceções, mais de 100 mil homens. Registravam, no mínimo, 1.000 baixas nas batalhas terrestres e 500 baixas, nas navais. Baixas, segundo o autor, incluem mortos, feridos e prisioneiros. Ainda no caso dos mortos, não se distinguem os falecimentos decorrentes da ação violenta de um opositor ou aquele advindo de uma doença que atinge, por exemplo, o acampamento de um dos lados. Na verdade, Wright[139] relata que até o século XIX, as baixas militares por doenças ultrapassavam a casa dos 50-60% do total dos efetivos.

O autor continua sua classificação[140] estabelecendo campanha militar como um "conjunto de operações militares dentro de um período limitado e coordenado por um plano estratégico sob o controle de um único comando". Até o fim do século XIX, as campanhas raramente ultrapassavam seis a oito meses; envolviam mais do que dois ou três exércitos de 50-100 mil homens cada; e, tiveram, no mínimo, 1.000 baixas.

O estudioso norte-americano chega, por fim, à determinação da "guerra".[141] Não estabelece, nesse caso, números precisos para o conceito, pois seria "mais difícil identificar guerras do que batalhas ou campanhas". Na verdade, a guerra está mais envolvida, sustenta o autor, em aspectos legais e políticos:

---

[137] WRIGHT, Quincy. *A guerra*. Rio de Janeiro: Biblioteca do Exército, 1988.
[138] 1988, p. 5.
[139] Ibid., p. 50.
[140] Ibid., p. 6.
[141] Ibid., p. 7.

As batalhas e as campanhas de uma guerra estão associadas pela continuidade de direção política de cada um dos beligerantes e a permanência de um grande objetivo estratégico, pelo menos por parte de um dos estados participantes.

Luigi Bonaparte[142] aponta a continuação das pesquisas de Wright por outros autores, que também procuraram oferecer parâmetros para a inclusão de um confronto na lista de batalhas ou guerras. Cita Richardson e seu número mínimo de 317 mortos para que o combate entre na lista. Outro autor mencionado é D.J. Singer, para quem o limite inferior deveria ser de 1.000 mortos para que se possa falar verdadeiramente em uma guerra. Note-se que o primeiro autor citado por Bonaparte está falando em "batalha", ao passo que o segundo trata de "guerra".

Como se viu, os eventos registrados no Brasil de 1822-1823 ultrapassam os limites propostos por esses autores. Finalmente, é preciso ter sempre em conta, nessa reflexão, a avaliação de Christian Godin[143] sobre os números da guerra:

> Um conflito armado é necessariamente mortífero, e a morte em massa é a imagem imediata que nós temos da guerra. Dito isto, a História nos oferece um quadro contraditório sobre essa questão: Maratona fez 200 mortos, Waterloo, 30 mil. Na Batalha de Agnani, na Renascença, houve apenas uma vítima, morta por uma queda de cavalo. Nem o resultado nem a intensidade de uma guerra se mede (sic) pelo número de seus mortos.[144]

---

[142] BONAPARTE, Luigi. *A guerra*. São Paulo: Estação Liberdade, 2001, p. 27.
[143] GODIN, Christian. *La Guerre*. Nantes: Éditions du Temps, 2006, p. 13.
[144] *Un conflit armé est nécessariament meutrier, et la mort en masse est l'image immédiate que nous avons de la guerre. Cela dit, l'Histoire nous offre sur cette question un tableau contrasté: Marathon fait 200 morts, Waterloo, 30.000. À la bataille d'Agnani, durant la Renaissance, il n'y eut qu'une seule victime tuée par une chute de cheval... Ni le résultat, ni l'intensité d'une guerre se mesurent au nombre de ses morts.*

AGRADECIMENTOS

O presente livro é versão resumida e significativamente editada de tese de doutorado defendida no Departamento de História da Universidade de Brasília, em novembro de 2015. Foram retirados trechos que se alongavam em pormenores teóricos ou metodológicos, próprios da pesquisa acadêmica. Também, pela mesma razão, a Introdução é versão resumida da Introdução + Capítulo I da tese. Foram igualmente abreviadas algumas passagens: no texto original, há passagens mais longas dos atores da época e de documentos, grande parte dos quais nas notas de rodapé. Houve, ademais, complementações e adições, decorrentes da continuidade da pesquisa, após a conclusão do programa de doutorado.

A pesquisa em torno da *Independência e Morte* do Brasil só existiu graças ao apoio de muitas pessoas e instituições, às quais sou imensamente grato. O grupo mais importante de todos, a inspiração e motivação em tudo, é minha família. Ivy, companheira dos sonhos e da realidade, é o apoio maior. Junto com esta pesquisa e com a preparação do livro, nasceram nossas pequenas Sophie e Beatriz, a quem dedico o trabalho. Meus pais, minha irmã Beli, Thorsten e Dora são as pessoas-chave em toda essa existência. Sinto-me permanentemente abençoado por tê-los perto.

Por meio de meu caro colega César Barrio, conheci o professor Doratioto, orientador da tese. Agradeço muito ao prof. Doratioto, por sua paciência, conselhos e apoio ao longo de todo o período. Foi um privilégio tê-lo como orientador, o que me faz lembrar também de Oliveiros Ferreira, orientador do mestrado, mas cujos ensinamentos continuam presentes. Também tenho gratidão ao Departamento de História da UnB, cujo auxílio foi essencial para o bom andamento da pesquisa.

A busca pelas fontes primárias se aproveitou de vários mecanismos de acesso eletrônico, os quais são listados na bibliografia, mas teve auxílio-chave dos setores de atendimento a distância do Arquivo Nacional e da Biblioteca Nacional. É motivo de orgulho ver a eficiência e a disposição dessas instituições em atender os pesquisadores, mesmo aqueles que tenham dificuldades em visitar o Rio de Janeiro.

A presente pesquisa foi realizada em horários livres, sem impacto sobre as obrigações do serviço público. Ainda assim, contei com o apoio, interesse e amizade de chefes e colegas com quem convivi no período: os embaixadores José Maurício Bustani e Maria-Theresa Lazaro, o ministro Achilles Zaluar, amigo e parceiro de reflexões, a ministra Daniella Ortega e o conselheiro Eduardo Cançado.

O presente livro não existiria sem o auxílio-chave do Felipe Fortuna, que fez a fundamental ponte com a editora. Bom conselheiro e incentivador, a ele meu profundo agradecimento.

A história do Brasil, como todo o passado da humanidade, permanece como mundo interessante e limitadamente conhecido. É um permanente convite ao conhecimento e à curiosidade, dos quais todos os brasileiros devemos participar. Ainda há muito o que se descobrir desse nosso passado.

FONTES E BIBLIOGRAFIA

A construção da história político-militar da Independência do Brasil fundamentou-se na revisão de fontes históricas primárias e secundárias. Como visto ao longo do texto, foram realizadas pesquisas no Arquivo Histórico Ultramarino de Lisboa, por meio do Projeto Resgate, nos Arquivos das Forças Armadas brasileiras, Biblioteca Nacional, no Arquivo Nacional e nos Arquivos Diplomáticos do Brasil, da Áustria e da França. A pesquisa das fontes portuguesas beneficia-se largamente das facilidades oferecidas pelo Projeto Resgate, que disponibilizou versões eletrônicas dos arquivos, largamente citados ao longo do trabalho. A correspondência diplomática austríaca estava disponível, por sua vez, na Biblioteca Nacional, ao passo que as do Reino Unido e dos Estados Unidos da América foram obtidas por meio de coletâneas documentais.

Os relatos de atores ou testemunhas dos eventos, muito utilizados pela historiografia nacional, também mereceram destaque. Os escritos de Maria Graham,[145] do representante diplomático austríaco no Rio de Janeiro, barão de Mareschal, e, em menor escala, o relato do almirante Cochrane[146] talvez sejam os mais presentes na historiografia nacional.

---

[145] GRAHAM, Maria. *Diary of a Voyage to Brazil*. Londres: Longman, Hurst, Rees, Orme, Brown & Green, 1824. In: http://fr.scribd.com/doc/65591366/Journal-of-a-Voyage-to-Brazil-1821-1823-Maria-Graham (acesso em 19/11/2013).

_____ *Esboço biográfico de Dom Pedro I, com uma notícia do Brasil e do Rio de Janeiro*. Anais da Biblioteca Nacional do Rio de Janeiro. Rio de Janeiro: Serviço Gráfico do Ministério da Educação, 1938. In: Biblioteca Nacional, acervo digital: http://objdigital.bn.br/acervo_digital/anais/anais_060_1938.pdf (acesso em 03/06/2013).

[146] COCHRANE, Thomas John. *Narrativa de serviços no libertar-se o Brasil da dominação portuguesa*. Brasília: Senado Federal, Conselho Editorial, 2003.

Juntaram-se a essa lista de testemunhos do "calor do momento" as narrativas do padre Paixão e Dores[147] (capelão do almirante Cochrane), de Vasconcelos de Drummond (assessor de Bonifácio), do conde de Palmella, de militares portugueses – Avilez, Madeira e Fidié[148] – dentre vários outros documentos, destacados na primeira parte da bibliografia.

Há de se reconhecer que, em comparação a períodos anteriores, a pesquisa de fontes primárias é hoje muito facilitada pelo gigantesco processo de digitalização de meios em curso. Grande parte dos documentos e obras da época, citados ao longo da presente tese, foram adquiridos eletronicamente.

Nesse processo, devem-se destacar, igualmente, os documentos disponibilizados no Projeto Resgate/UnB, Google Books, Brasiliana/USP, Centro de Estudos Históricos da Universidade de Nova Lisboa, seção de Obras Raras do sítio eletrônico do Senado Federal, coleção de leis e decretos da Câmara dos Deputados, página do Parlamento português, Fundação Biblioteca Nacional do Brasil e Instituto Histórico e Geográfico Brasileiro. Todos os números da *Revista do IHGB*, desde 1838, estão disponíveis eletronicamente e trazem em seus volumes não apenas artigos sobre a Independência brasileira, mas também a reprodução de inúmeros documentos da época. Fontes eletrônicas esparsas são mencionadas nas obras relacionadas na bibliografia.

As fontes eletrônicas não esgotaram nem suprimiram, entretanto, os registros existentes nos diferentes arquivos históricos. Realizaram-se, nesse contexto, pesquisas nos arquivos do Ministério dos Negócios Estrangeiros da França, no Arquivo Nacional, na Biblioteca Nacional e nos Arquivos das Forças Armadas brasileiras. Ademais da pesquisa presencial junto a essas instituições, os serviços de atendimento a distância do Arquivo Nacional e da Biblioteca Nacional representaram uma fonte rápida de busca documental. Cabe reiterar o forte elogio a estas instituições por manterem serviços muito eficientes no atendimento a distância, que muito contribuem para a pesquisa sobre a história brasileira.

---

[147] PAIXÃO E DORES, frei Manoel Moreira da. *Diário do Capelao da esquadra de Lord Cochrane*. Anais da Biblioteca Nacional do Rio de Janeiro. Rio de Janeiro: Serviço Gráfica do Ministério da Educação, 1938. In: Biblioteca Nacional, acervo digital: http://objdigital.bn.br/acervo_digital/anais/anais_060_1938.pdf (acesso em 03/06/2013).
[148] FIDIÉ, João José da Cunha. *Vária fortuna de um soldado português*. Terezina: Fundapi, 2006.

Papel importante em termos de fontes secundárias disse respeito às obras regionais, pesquisas acadêmicas ou livros, que se dedicaram a se aprofundar em alguns dos elementos da guerra. Esse tipo de estudo é bem corrente no Norte e Nordeste do país, como mostram, por exemplo, os trabalhos de Luiz Henrique Dias Tavares,[149] Abdias Neves,[150] Evaldo Cabral de Mello, Marcelo Cheche Galves, André Roberto de Arruda Machado, dentre outros. Uma vez que o objetivo do trabalho era aprimorar os fatos da guerra de 1822-1823 em uma perspectiva global, nacional, inserindo-os no processo político de longo prazo, as pesquisas que se debruçaram em cada pormenor de uma província ou evento do período desempenharam função importante de fonte para os capítulos em que se relata o desenrolar da guerra em cada ponto do país.

Não se dispensaram, cabe frisar, mesmo nos casos regionais, pesquisa de fontes primárias, documentos disponíveis sobre o período, sejam eles registros, atas, cartas, decretos, artigos em jornais, proclamações e narrativas de atores ou testemunhas da época.

1) ARQUIVOS BRASILEIROS E PORTUGUESES

BRASIL. BIBLIOTECA NACIONAL. *ACERVO DIGITAL*. In: http://bndigital.bn.br/

_____ SANTOS, Antonio Pio dos. *Comunicações a D. João VI dando conta das informações obtidas nos barcos recém chegados, sobre Portugal*. Rio de Janeiro: [s.n.], 1821. In: http://objdigital.bn.br/acervo_digital/div_manuscritos/mss1289253/mss1289253.pdf (Acesso em 22 de junho de 2015).

_____ *Documentos diversos sobre a Bahia*. I-31,6,7. Rolos de Microfilme: MS 512 (65), nº 1318-1323; MS 512 (67), nº 1330.

_____ *Documentos para a História da Independência*. Rio de Janeiro: Gráfica da Biblioteca Nacional, 1923.

_____ *Documentos Avulsos do Projeto Resgate* (Arquivo Histórico Ultramarino) – Bahia.

BRASIL. ARQUIVO NACIONAL. *Fundo Coleção Cisplatina, Caixa 977*.

PORTUGAL. ARQUIVO DO CONSELHO ULTRAMARINO. Disponíveis eletronicamente por

---

[149] DIAS TAVARES, Luís Henrique. *A Independência do Brasil na Bahia*. Rio de Janeiro: Civilização Brasileira, 1977.
[150] NEVES, Abdias. *A guerra do Fidié. Uma epopeia brasileira na luta pela Independência*. 4ª ed., Teresina: Fundapi, 2006.

meio do Projeto Resgate. In: Biblioteca Virtual do Projeto Resgate UnB: http://www.cmd.unb.br/biblioteca.html.

2) CORRESPONDÊNCIA DIPLOMÁTICA

ÁUSTRIA. "Correspondência do Barão Wensel de Mareschal com o Príncipe de Metternich. Rio de Janeiro, abril 1823". Lata 349, Arquivo do IHGB. In: *Revista do Instituto Histórico e Geográfico Brasileiro.* Volume 313, outubro–dezembro de 1976. In: http://www.ihgb.org.br/rihgb.php?s=20 (acesso em 13/11/2013).
ESTADOS UNIDOS DA AMÉRICA. MANNING, William R. (organizador). *Diplomatic Correspondence of the United States Concerning the Independence of the Latin-American Nations.* Vol. II. New York: Oxford University Press, 1925. In: www.archive.org.pdf (acesso em 16/09/2014).
FRANÇA. Ministério dos Negócios Estrangeiros (Quai d'Orsay). "Correspondance politique – Brésil". *Arquivos Diplomáticos.* Volume 2, p. 1677.
REINO UNIDO. WEBSTER, C. K. (ed.). *Britain and the Independence of Latin America (1812-1830). Select documents from the Foreign Office Archives.* Vol. I. London: Oxford University Press, 1938.

3) PUBLICAÇÕES OFICIAIS E DOCUMENTOS PUBLICADOS EM LIVROS E REVISTAS

AMARAL, Braz do. *Ação da Bahia na Obra da Independência Nacional.* Coletânea de Documentos. Salvador: EDUFBA, 2005.
BAHIA. *Officios e Documentos dirigidos ao Governo para serem presentes as Cortes Geraes Extraordinarias e Constituintes da Nação Portugueza e a Sua Magestade o Senhor Dom João VI, pela Junta Provisoria do Governo da Provincia da Bahia, com a data de 8 e 13 de março de 1822.* Lisboa: Imprensa Nacional, 1822. Disponível eletronicamente em http://books.google.com (acesso em 15/03/2013).
BRASIL. *Diários da Assembleia Geral, Constituinte e Legislativa do Império do Brasil – 1823.* In: http://books.google.com (acesso em 15/02/2013).
_____ *Decretos e Proclamações* (1822–1823). In: www2.camara.leg.br.
_____ *Manifesto de 1º de Agosto de 1822. Esclarece os Povos do Brazil das causas da guerra travada contra o Governo de Portugal.* In: Câmara dos Deputados, http://www.camara.gov.br/Internet/InfDoc/conteudo/colecoes/Legislacao/Legimp-F_35.pdf (acesso em 10/12/2013).
_____ *Coleção das Leis e Decretos do Imperio do Brasil desde a feliz epoca de sua Independencia.* Rio de Janeiro: Imperial Typographia de P. Plancher-Seignot, 1827. In:

http://books.google.fr/books?id=8QJLAAAAYAAJ&printsec=frontcover&hl=pt-PT&source=gbs_ge_summary_r&cad=0#v=onepage&q&f=false (acesso em 16/04/2014).

_____ *Coleção de Provisões do Conselho Supremo Militar e de Justiça do Imperio do Brasil, de 1823 a 1856.* Publicadas por ordem do Exmo. Sr. Ministro da Guerra, Sebastião do Rego Barros. Rio de Janeiro: Typographia Universal de E. & H Laemmert, 1861. Senado do Brasil. Coleção de Obras Raras. In: www.2senado.gov.br (acesso em 10/05/2014).

BRASIL. MINISTÉRIO DAS RELAÇÕES EXTERIORES. "Instruções 1822-1840". *Cadernos do Centro de História e Documentação Diplomática.* Ano 7, n° 12, primeiro semestre, 2008. In: Fundação Alexandre de Gusmão, www.funag.gov.br (acesso em 04/03/2012).

CARVALHO, José Murilo de; BASTOS, Lúcia & BASILE, Marcello (organizadores). Às armas cidadãos! – Panfletos manuscritos da Independência do Brasil (1820-1823). 1ª ed. São Paulo: Companhia das Letras; Belo Horizonte: Editora UFMG, 2012.

_____ GUERRA LITERÁRIA: PANFLETOS DA INDEPENDÊNCIA (1820-1823). 4 VOLUMES. BELO HORIZONTE: EDITORA UFMG, 2014.

DE ALCÂNTARA, Dom Pedro. *Cartas e mais peças officiaes dirigidas a sua Magestade, o Senhor Dom João VI.* Lisboa: Imprensa Nacional, 1822. Exemplar mantido pela Universidade de Harvard. Disponível eletronicamente em http://books.google.com (acesso em 15/03/2013).

DOM JOÃO VI. *Carta de Lei. Permite a permanência de D. Pedro no Brasil. Publicada em 24/07/1822.* In: Seção de Obras Raras da Biblioteca Digital do Senado Federal. www.senado.gov.br. (acesso em 05/07/2013).

INSTITUTO HISTÓRICO E GEOGRÁFICO BRASILEIRO (IHGB). Coleção completa da *Revista do IHGB.* In: http://www.ihgb.org.br/rihgb.php (acesso em 16/04/2013).

_____ "Memoria sobre os acontecimentos dos dias 21 e 22 de abril de 1821 na Praça do Commercio do Rio de Janeiro, escripta em Maio do mesmo anno por uma testemunha presencial. Offerecida ao Instituto em Sessão de 16 de Março de 1839 pelo Sócio José Domingues de Atahide Moncorvo" In: *Revista do Instituto Histórico e Geográfico Brasileiro.* Tomo XXVII, parte primeira, 1864. In: http://www.ihgb.org.br/rihgb.php?s=20 (acesso em 14/12/2013).

_____ "Memoria sobre a maneira de cobrir militarmente a cidade do Rio de Janeiro de qualquer ataque, que uma expedição inimiga tentasse desembarcando ao sul da barra da mesma cidade". In: *Revista do Instituto Histórico e Geográfico Brasileiro.* Tomo LXXVII, parte II, 1914. In: http://www.ihgb.org.br/rihgb.php?s=20 (acesso em 15/01/2014).

_____ "Cartas Ineditas da 1ª Imperatriz D. Maria Leopoldina (1821-1826)". In: *Revista do Instituto Histórico e Geográfico Brasileiro*. Tomo LXXV, parte 2, 1912. In: http://www.ihgb.org.br/rihgb.php?s=20 (acesso em 10/11/2013).

_____ "Excursão do Principe Regente D. Pedro de Alcântara á Provincia de Minas Geraes em março e abril de 1822". *Revista do Instituto Histórico e Geográfico Brasileiro*. Tomo LXVII, parte I, 1904. In: http://www.ihgb.org.br/rihgb.php?s=20 (acesso em 05/12/2013).

_____ "Excursão do Principe Regente D. Pedro de Alcantara á Provincia de S. Paulo, em agosto e setembro de 1822". In: *Revista do Instituto Histórico e Geográfico Brasileiro*. Tomo LXVII, parte I, 1904. In: http://www.ihgb.org.br/rihgb.php?s=20 (acesso em 05/12/2013).

_____ "Nos Archivos de Hispanha, relação dos manuscriptos que interessam ao Brasil". Organizada por Pedro Souto Maior. In: *Revista do Instituto Histórico e Geográfico Brasileiro*. Tomo nº 81 (1917), 1918. In: http://www.ihgb.org.br/rihgb.php?s=20 (acesso em 05/11/2013), p. 224.

_____ "Documentos relativos á História da Capitania, depois Provincia, de S. Pedro do Rio Grande do Sul". Compilação do Barão Homem de Mello. In: *Revista do Instituto Histórico e Geográfico Brasileiro*. Tomo XLII, parte I, 1879. In: http://www.ihgb.org.br/rihgb.php?s=19 (acesso em 10/10/2013).

_____ "Memoria sobre a declaração de independência, escripta pelo major Francisco de Castro Canto e Mello, gentil-homem da imperial câmara, comendador da ordem de Christo, oficial da do Cruzeiro e cavaleiro da de Aviz, etc. Anexo á biografia do 'Conselheiro Manoel Joaquim do Amaral Gurgel'", Manoel Joaquim do Amaral Gurgel. In: *Revista do Instituto Histórico e Geográfico Brasileiro*. Tomo XLI, parte Segunda, 1878. In: http://www.ihgb.org.br/rihgb.php?s=20 (acesso em 23/10/2013).

_____ "Descripção dos factos de Marinha, que se deram desde que se projectou a Independência do Imperio do Brasil, até o final da luta (Manuscripto copiado do Archivo Publico)" In: *Revista do Instituto Histórico e Geográfico Brasileiro*. Tomo XXXVII, parte Primeira, 1874. http://www.ihgb.org.br/rihgb.php?s=20 (acesso em 05/12/2013).

_____ "Mappa dos navios apresados pela Esquadra Brasileira durante a guerra da independência do Brasil, desde 21 de Março de 1823 a 12 de Fevereiro de 1824, com designação de seus valores e mais circumstancias abaixo designadas que serviram de base para a partilha da quantia de 252:351$656, votada para indemnização das mesmas presas pelos reclamantes que foram julgados com direitos a ellas, de conformidade com a Lei nº 834 de 16 de Agosto de 1855 e Decreto nº 1708 de Dezembro do mesmo anno". Organizado por Garcez

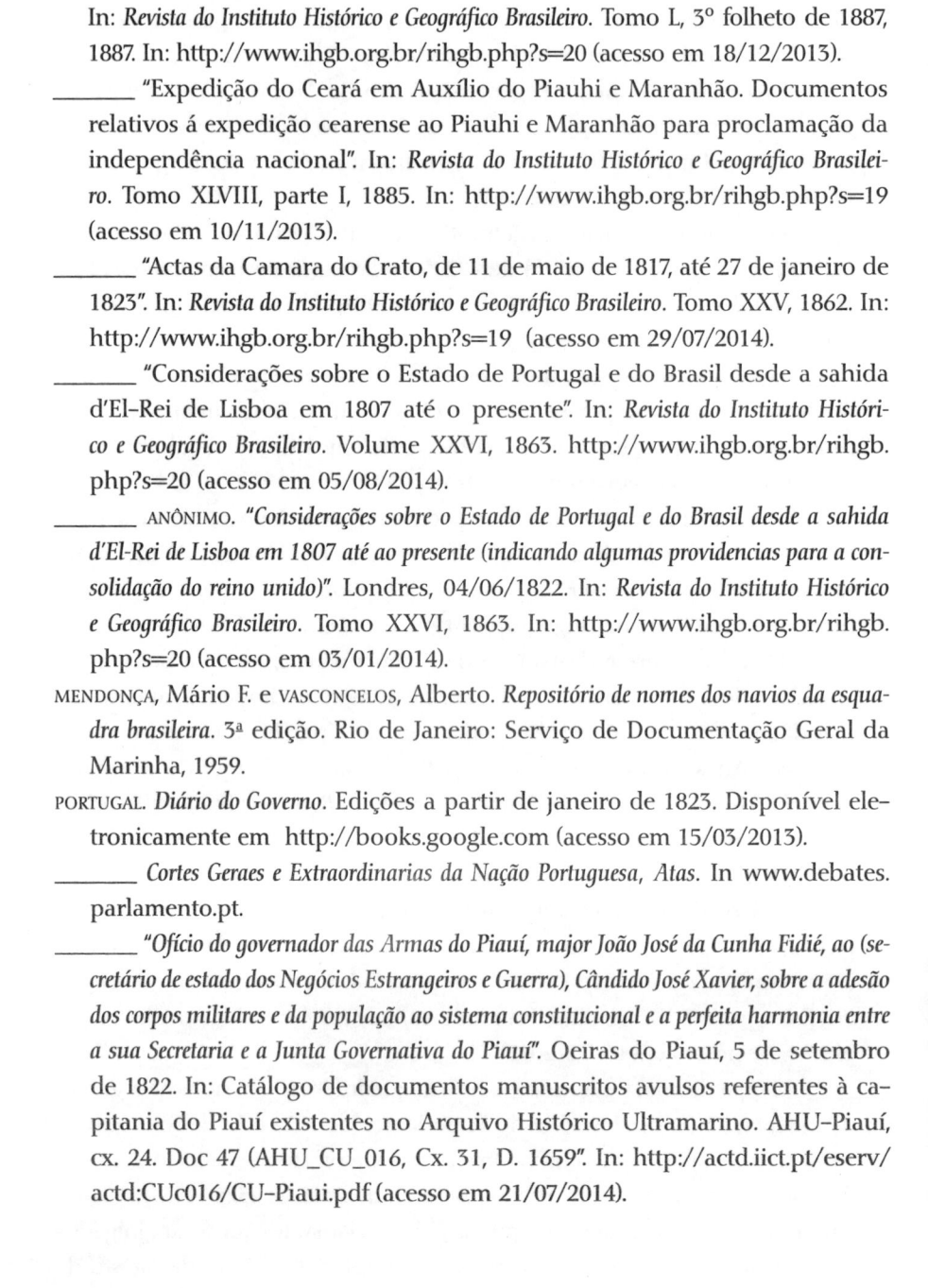

Palha, com base em original existente no arquivo da Contadoria de Marinha. In: *Revista do Instituto Histórico e Geográfico Brasileiro*. Tomo L, 3º folheto de 1887, 1887. In: http://www.ihgb.org.br/rihgb.php?s=20 (acesso em 18/12/2013).

_____ "Expedição do Ceará em Auxílio do Piauhi e Maranhão. Documentos relativos á expedição cearense ao Piauhi e Maranhão para proclamação da independência nacional". In: *Revista do Instituto Histórico e Geográfico Brasileiro*. Tomo XLVIII, parte I, 1885. In: http://www.ihgb.org.br/rihgb.php?s=19 (acesso em 10/11/2013).

_____ "Actas da Camara do Crato, de 11 de maio de 1817, até 27 de janeiro de 1823". In: *Revista do Instituto Histórico e Geográfico Brasileiro*. Tomo XXV, 1862. In: http://www.ihgb.org.br/rihgb.php?s=19 (acesso em 29/07/2014).

_____ "Considerações sobre o Estado de Portugal e do Brasil desde a sahida d'El-Rei de Lisboa em 1807 até o presente". In: *Revista do Instituto Histórico e Geográfico Brasileiro*. Volume XXVI, 1863. http://www.ihgb.org.br/rihgb.php?s=20 (acesso em 05/08/2014).

_____ ANÔNIMO. "*Considerações sobre o Estado de Portugal e do Brasil desde a sahida d'El-Rei de Lisboa em 1807 até ao presente (indicando algumas providencias para a consolidação do reino unido)*". Londres, 04/06/1822. In: *Revista do Instituto Histórico e Geográfico Brasileiro*. Tomo XXVI, 1863. In: http://www.ihgb.org.br/rihgb.php?s=20 (acesso em 03/01/2014).

MENDONÇA, Mário F. e VASCONCELOS, Alberto. *Repositório de nomes dos navios da esquadra brasileira*. 3ª edição. Rio de Janeiro: Serviço de Documentação Geral da Marinha, 1959.

PORTUGAL. *Diário do Governo*. Edições a partir de janeiro de 1823. Disponível eletronicamente em http://books.google.com (acesso em 15/03/2013).

_____ *Cortes Geraes e Extraordinarias da Nação Portuguesa, Atas*. In www.debates.parlamento.pt.

_____ "*Ofício do governador das Armas do Piauí, major João José da Cunha Fidié, ao (secretário de estado dos Negócios Estrangeiros e Guerra), Cândido José Xavier, sobre a adesão dos corpos militares e da população ao sistema constitucional e a perfeita harmonia entre a sua Secretaria e a Junta Governativa do Piauí*". Oeiras do Piauí, 5 de setembro de 1822. In: Catálogo de documentos manuscritos avulsos referentes à capitania do Piauí existentes no Arquivo Histórico Ultramarino. AHU-Piauí, cx. 24. Doc 47 (AHU_CU_016, Cx. 31, D. 1659". In: http://actd.iict.pt/eserv/actd:CUc016/CU-Piaui.pdf (acesso em 21/07/2014).

4) MEMÓRIAS E RELATOS

ANDRADA E SILVA, José Bonifácio de. *José Bonifácio de Andrada e Silva*. Organização e introdução de Jorge Caldeira. São Paulo: Ed. 34, 2002.

____ *Proclamação de 13/06/1821 aos Habitantes do Brazil*. Biblioteca do Senado. www2.senado.gov.br (acesso em 05/05/2013).

ANÔNIMO, *Exposição dos Serviços Prestados pelo Coronel José de Barros Falcão de Lacerda, em differentes épocas e provincias do Imperio, desde 1788 até 1848, com especialidade nos anos de 1817, 1821, 1822, 1823 e 1824. Por um Contemporâneo*. Pernambuco: Typographia M. F. de Faria, 1849. In: Brasiliana USP, http://www.brasiliana.usp.br/bbd/search?&fq=dc.subject%3ALacerda%2C%5C+Jos%C3%A9%-5C+de%5C+Barros%5C+Falc%C3%A3o%5C+de (acesso em 22/10/2014).

ARAGÃO E VASCONCELLOS. *Memorias sobre o Estabelecimento do Imperio do Brazil ou Novo Imperio Luzitano*. Annaes da Biblioteca Nacional. Volume XLIII-IV, 1920-1921. Rio de Janeiro, Officinas Graphicas da Biblioteca Nacional, 1931.

AVILEZ. Jorge d'Avilez Juzarte de Sousa Tavares. *Participação, e documentos dirigidos ao Governo pelo General Commandante da tropa expedicionária, que existia na Provincia do Rio de Janeiro, chegando a Lisboa: e remetidos pelo Governo ás Cortes Geraes, Extraordinarias e Constituintes da Nação Portuguesa*. Lisboa: Imprensa Nacional, 1822. In: Senado Federal. Biblioteca Digital – http://www2.senado.leg.br/bdsf/item/id/179481 (acesso em 15/07/2015).

CALMON DU PIN E ALMEIDA, Miguel. "*Relatório dos Trabalhos do Conselho Interino de Governo da Província da Bahia em Prol da Regência e do Imperio de Sua Magestade Imperial o Senhor D. Pedro I e da Independência Politica do Brazil*". Bahia, Typographia Nacional, 1823. In: Biblioteca Nacional, Hemeroteca Digital Brasileira. In: http://memoria.bn.br/DocReader/docreader.aspx?bib=130605&pasta=ano%20 182&pesq= (acesso em 19/10/2014).

COCHRANE, Thomas John. *Narrativa de serviços no libertar-se o Brasil da dominação portuguesa*. Brasília: Senado Federal, Conselho Editorial, 2003.

FERREIRA, Silvestre Pinheiro. "Cartas sobre a Revolução do Brazil pelo Conselheiro Silvestre Pinheiro Ferreira". In: *Revista do Instituto Histórico e Geográfico Brasileiro*. Tomo LI, Primeiro Folheto de 1888. In: http://www.ihgb.org.br/rihgb.php?s=20 (acesso em 11/12/2013).

FIDIÉ, João José da Cunha. *Vária fortuna de um soldado português*. Terezina: Fundapi, 2006.

GAMA, Bernardo José da (Visconde de Goyana). *Memoria sobre as Principaes Cauzas, por que deve o Brasil reassumir os seus direitos e reunir as suas Provincias. Offerecida ao Principe Real por B.J.G.* 1º Anno da Regeneração do Brasil. Rio de Janeiro:

Typographia Nacional, 1822. In: Senado Federal, http://www2.senado.gov.br/bdsf/item/id/185625 (acesso em 06/02/2014).

GRAHAM, Maria. *Diary of a Voyage to Brazil.* Londres: Longman, Hurst, Rees, Orme, Brown & Green, 1824. In: http://fr.scribd.com/doc/65591366/Journal-of-a-Voyage-to-Brazil-1821-1823-Maria-Graham. (Acesso em 19/11/2013.)

_____ *Esboço biográfico de Dom Pedro I, com uma notícia do Brasil e do Rio de Janeiro.* Anais da Biblioteca Nacional do Rio de Janeiro. Rio de Janeiro: Serviço Gráfico do Ministério da Educação, 1938. In: Biblioteca Nacional, acervo digital: http://objdigital.bn.br/acervo_digital/anais/anais_060_1938.pdf (acesso em 03/06/2013).

LISBOA, José da Silva. *Historia dos Principaes Successos Politicos do Imperio do Brasil, dedicada ao Senhor D. Pedro I.* Parte X. Rio de Janeiro: Typographia Imperial Nacional, 1829. In: Brasiliana USP, http://www.brasiliana.usp.br/bbd/handle/1918/00858810 (acesso em 29/08/2014).

MACHADO, Francisco Xavier. "Memoria Relativa ás Capitanias do Piauhy e Maranhão". In: *Revista do Instituto Histórico e Geográfico Brasileiro.* 3ª série, nº 13, 1º trimestre de 1854. In: http://www.ihgb.org.br/rihgb.php?s=20 (acesso em 10/01/2014).

MADEIRA DE MELO, General Inácio Luís. *Officios e Cartas dirigidos ao Governo pelo Governador das Armas da Provincia da Bahia com as datas de 7 e 9 de julho deste anno e que forão presentes às Cortes Geraes Extraordinarias e Constituintes da Nação Portugueza.* Lisboa: Imprensa Nacional, 1822. Disponível eletronicamente em http://books.google.com (acesso em 15/03/2013).

_____ *Officios e Cartas dirigidos ao Governo pelo Governador das Armas da Provincia da Bahia com as datas de 8 e 13 de março deste anno e que forão presentes ás Cortes Geraes Extraordinarias e Constituintes da Nação Portugueza.* Lisboa: Imprensa Nacional, 1822. Disponível eletronicamente em http://books.google.com (acesso em 15/03/2013).

MENDONÇA, José Alves Ribeiro de. (ed.). *Carta que ao Ilustre Deputado o Senhor Luiz Nicolao Fagundes Varella escreveo hum Zellozo Patriota dada á luz por José Alves Ribeiro de Mendonça.* Rio de Janeiro: Imprensa Nacional, 1822. In: Brasiliana USP,http://www.brasiliana.usp.br/bbd/handle/1918/2/search?&fq=dc.subject%3APol%C3%ADtica%5C+e%5C+governo%5C+%5C-%5C+S%-C3%A9c.%5C+XIX%5C+%5C-%5C+Brasil&fq=dateissued.year%3A1822 (acesso em 24/02/2014).

PALMELLA, Duque de. *Despachos e Correspondência do Duque de Palmella.* Tomo Primeiro: desde 9 de abril de 1817 a 25 de janeiro de 1825. Lisboa: Imprensa Nacional, 1851. In: Centro de Estudos Históricos da Universidade Nova de Lisboa, http://books.google.fr/books?id=_IMDAAAAYAAJ&printsec=frontcover&d-q=editions:06tseqmN7Fw6IvTc7gD8bO&hl=pt-PT&redir_esc=y#v=onepage&q&f=false(último acesso em 06/01/2014).

PAIXÃO E DORES, Frei Manoel Moreira da. *Diário do Capelao da esquadra de Lord Cochrane*. Anais da Biblioteca Nacional do Rio de Janeiro. Rio de Janeiro: Serviço Gráfico do Ministério da Educação, 1938. In: Biblioteca Nacional, acervo digital:http://objdigital.bn.br/acervo_digital/anais/anais_060_1938.pdf (acesso em 03/06/2013).

PARÁ, João Francisco de Madureira. *O Despotismo Desmascarado ou a Verdade Denodada. Decicado ao Memorável dia 1º de janeiro de 1821, em que a Província do Grão-Pará deo princípio à Regeneração do Brasil oferecido ao Soberano Congresso da Nação Portugueza*. Lisboa: Typographia de Desiderio Marques Leão, 1822. In:http://books.google.fr/books/about/O_despotismo_desmascarado_ou_A_verdade_d.html?id=ICk0AQAAIAAJ&redir_esc=y. (acesso em 08/01/2016).

PINHEIRO, José Feliciano Fernandes (Visconde de São Leopoldo). "Memorias do Visconde de S. Leopoldo, José Feliciano Fernandes Pinheiro, compiladas e postas em ordem pelo Conselheiro Francisco Ignácio Marcondes Homem de Mello". In: *Revista do Instituto Histórico e Geográfico Brasileiro*. Tomo XXXVII, parte Segunda, 1874. In: http://www.ihgb.org.br/rihgb.php?s=20 (acesso em 15/01/2014).

REBOUÇAS, Antonio Pereira. *Recordações Patrióticas (1821-1838)*. Rio de Janeiro, Typ. G. Leuzinger & Filhos, 1879. Biblioteca do Senado – Obras Raras. In: http://www2.senado.leg.br/bdsf/item/id/242446 (acesso em 01/10/2014).

REGO BARRETO, Luiz. *Memoria Justificativa sobre a conducta do Marechal de Campo Luiz do Rego Barreto, durante o tempo em que foi Governador de Pernambuco, Presidente da Junta*. Lisboa: Typographia de Desiderio Marques Leão, 1822. Coleção da Harvard College Library. In: Google Books, http://books.google.com (acesso em 10/02/2013).

SÃO PAULO. *Representações que, á Augusta Presença de Sua Alteza Real o Principe regente do Brasil, Levarão o Governo, Senado da Câmara, e Clero de S. Paulo; por meio de seus respectivos Deputados; com o Discurso, que, em Audiência Pública do dia 26 de Janeiro de 1822, dirigio em nome de todos ao Mesmo Augusto Senhor, o Concelheiro José Bonifácio d'Andrade e Silva, Ministro, e Secretário d'Estado dos Negocios do Reino, e Estrangeiros*. Rio de Janeiro: Imprensa Nacional, 1822. In: Brasiliana USP. http://www.brasiliana.usp.br/ (acesso em 05/07/2013).

VASCONCELOS DE DRUMMOND, Antonio de Menezes. *Anotações de A.M. Vasconcelos de Drummond à sua biografia*. Brasília: Senado Federal, Conselho Editorial, 2012.

XAVIER, Manoel António, "Memória sobre o Decadente Estado da Lavoura e Comércio da Província do Maranhão e outros ramos públicos, que obstão à prosperidade e aumento de que é susceptível". In: *Revista do Instituto Histórico e Geográfico Brasileiro*. Nº 231, abril-junho de 1956. In: http://www.ihgb.org.br/rihgb.php?s=20 (acesso em 05/12/2013).

5) JORNAIS, REVISTAS E DOCUMENTOS ESPARSOS

BRASIL. *DIÁRIO DO GOVERNO*. Edições de 1822 e 1822. In: Hemeroteca Digital Brasileira. Biblioteca Nacional, http://memoria.bn.br/.

IDADE D'OURO (Bahia). Edições de 1821-1823. In: Hemeroteca Digital da Biblioteca Nacional. In: http://memoria.bn.br/DocReader/docreader.aspx?bib=749940&pasta=ano%20182&pesq= (acesso em 11/1/2016).

O COMPILADOR CONSTITUCIONAL, POLITICO E LITTERARIO BRASILIENSE. In: Biblioteca Nacional, Hemeroteca Digital Brasileira. In: http://memoria.bn.br/DocReader/DocReader.aspx?bib=700371&pasta=ano%20182. (acesso em 29/12/2015).

O CONSTITUCIONAL. Salvador, 1822. In: Biblioteca Nacional, Hemeroteca Digital Brasileira. In: http://memoria.bn.br/DocReader/docreader.aspx?bib=749630&pasta=ano%20182&pesq= (acesso em 20/10/2014).

O CONCILIADOR MARANHENSE. Disponível digitalmente na Hemeroteca Digital da Biblioteca Nacional. In: http://memoria.bn.br/DOCREADER/DocReader.aspx?bib=749524 (acesso em 26/11/2014).

CORREIO BRAZILIENSE. Londres: W. Lewis, Paternoster, 1822. In: Brasiliana USP. http://www.brasiliana.usp.br/

LISBOA, João Soares. *Correio do Rio de Janeiro (1822)*. In: Google Books, http://books.google.fr/books?id=FzxKAAAAcAAJ&printsec=frontcover&hl=pt=-PT&source-gbs_ge_summary_r&cad=0#v=onepage&q&f=false (acesso em 17/03/2014).

O PARAENSE. Belém, 1821-1822. Edições disponíveis na Hemeroteca Digital Brasileira. In: http://hemerotecadigital.bn.br/ (acesso em 30/12/2014).

PERNAMBUCO, Província. *Diário da Junta do Governo*. Pernambuco, nºˢ 1, 6, 7 e 14, fevereiro/maio de 1823. In: Biblioteca Brasiliana e Guita José Midlin, http://www.brasiliana.usp.br/bbd/handle/1918/06003410 (acesso em 19/05/2014).

PORTUGAL. *Diário do Governo*. Edições a partir de janeiro de 1823. Disponível eletronicamente em http://books.google.com (acesso em 15/03/2013).

SEMANÁRIO CÍVICO (Bahia). Edições de 1822-1823. In: Hemeroteca Digital da Biblioteca Nacional. In: http://memoria.bn.br/DocReader/docreader.aspx?bib=702870&pasta=ano%20182&pesq= (acesso em 22/1/2016).

SENTINELA DA LIBERDADE NA GUARIDA DE PERNAMBUCO. In: Biblioteca Nacional, Hemeroteca Digital Brasileira, http://memoria.bn.br/DocReader/docreader.aspx?bib=759961&pasta=ano%20182&pesq=

6) ARTIGOS E CAPÍTULOS DE LIVROS

AGUIAR DE SENA, Ana Lívia. "As Cortes Gerais e Extraordinárias da Nação Portuguesa: Espaço do Cidadão Maranhense na Resolução de suas Querelas". II Simpósio de História do Maranhão Oitocentista. São Luís, Universidade Estadual do Maranhão – Uema, 7 a 10 de junho de 2011. In: www.outrostempos.uema.br/anais/pdf/sena.pdf (acesso em 30/11/2014).

ADRIÃO NETO. "A Epopeia do Jenipapo e a polêmica criada por Renato Marques". Ensaio. In: http://www.usinadeletras.com.br/exibelotexto.php?cod=8682&cat=Ensaios (acesso em 21/07/2014).

ALADRÉN, Gabriel. "Experiências de liberdade em tempos de guerra: escravos e libertos nas Guerras Cisplatinas (1811-1828)". In: *Estudos Históricos*. Rio de Janeiro, vol. 22, n. 44, p. 439-458, julho-dezembro de 2009.

ALGRANTI, Leila Mezan. "Tabernas e Botequins: Cotidiano e sociabilidades no Rio de Janeiro (1808-1821)". In: *Revista Acervo*, Rio de Janeiro, v. 24, nº 2, p. 25-42, jul./dez. 2011. In: www.revistaacervo.an.gov.br (acesso em 26/02/2014).

ALENCASTRO, Luiz Felipe de. Resenha sobre o livro de Fernando Novais – *Brasil e Portugal na Crise do Antigo Sistema Colonial*. In: *Revista Novos Estudos*, nº 59, março de 2001, p.221.

ALEXANDRE, Valentim. "A desagregação do Império: Portugal e o reconhecimento do Estado brasileiro (1824-1826)". In: *Análise Social*, vol. XXVIII (121), 1993 (2º), 309-341. In: http://analisesocial.ics.ul.pt/documentos/1223290651A0nXZ4uu3Yj11RW5.pdf (acesso em 27/05/2014).

ALVES DE CARVALHO, Maria do Amparo. "Cultura Material da Batalha do Jenipapo". In: XXVII Simpósio Nacional de História (ANPUH). Natal, RN, 22 a 26 de julho de 2013. In: http://www.snh2013.anpuh.org/resources/anais/27/1371320248_ARQUIVO_Artigo-C.M.BatalhadoJenipapo_revisaofinal_.pdf (acesso em 16/07/2014), p. 11.

ARARIPE, Tristão de Alencar. "Expedição do Ceará em auxílio do Piauhi e Maranhão". Publicado originalmente em 1885. In: www.institutodoceara.org (acesso em 02/07/2013).

_____. "Independência no Maranhão. Memória lida no Instituto Histórico e Geografico Brazileiro". Tomo XLVIII, parte II, 1885 (A).

ARAÚJO PINHO, José Wanderley de. "A Guerra da Independência. Crônica de toda a Campanha (transcrição do poema PARAGUAÇU por Ladislau dos Santos Titara)". In: *Revista do Instituto Histórico e Geográfico Brasileiro*, volume 278, janeiro-março, 1968. In: http://www.ihgb.org.br/rihgb.php?s=20 (acesso em 10/09/2014).

ARAÚJO, Ubiratan Castro de. "A guerra da Bahia". In: "*2 de julho: A Bahia na Independência Nacional*". Salvador: Fundação Pedro Calmon – Governo do Estado da Bahia, 2010. In: http://www.bv2dejulho.ba.gov.br/portal/ (acesso em 29/09/2014).

AVELINO, Jarbas Gomes Machado. "Piracuruca e o curso do movimento de adesão do Piauí à Independência do Brasil". In: http://krudu.blogspot.fr/2012/04/batalha-do-jacare-em-piracuruca.html (acesso em 04/08/2014).

AZEVEDO, Moreira de. "O 9 de Janeiro de 1822. Memoria lida no Instituto Historico e Geografico Brasileiro pelo Dr. Moreira de Azevedo". In: *Revista do Instituto Histórico e Geográfico Brasileiro*. Tomo XXXI, 1868. In: http://www.ihgb.org.br/rihgb.php?s=20 (acesso em 08/12/2013).

BARBOSA, Maria do Socorro Ferraz. "Liberais constitucionalistas entre dois centros de poder: Rio de Janeiro e Lisboa". In: Revista *Tempo*, vol. 12, nº 24, Niterói, 2008. In: http://www.scielo.br/scielo.php?script=sci_arttext&pid=S1413-77042008000100006 (acesso em 02/09/2013).

BARRETO, Dalmo. "Da Independência à Constituinte". In: *Revista do Instituto Histórico e Geográfico Brasileiro*. Vol. nº 312, julho-setembro de 1976. In: http://www.ihgb.org.br/rihgb.php?s=20 (acesso em 05/12/2013).

BERBEL, Márcia Regina. "A Constituição Espanhola no mundo Luso-americano (1820-1823). In: *Revista de Índias*, 2008, vol. XVIII, nº 242, 225-254. www.revistadeindias.revistas.csic.es/index.php/revistadeindias/article/view/641/707. (último acesso em 12/07/2012).

_____ "Os apelos nacionais nas cortes constituintes de Lisboa (1821/1822)". In: *A Independência Brasileira. Novas dimensões*. Organização de Jurandir Malerba. Rio de Janeiro: Editora FGV, 2006. Capítulo 5.

BITTENCOURT, Armando de Senna. "Da Marinha de Portugal forma-se uma Marinha para o Brasil, 1807 a 1823". In: http://www.casadatorre.org.br/FORMA-SE_A_MARINHA_DO_BRASIL.pdf (acesso em 02/05/2014).

BITTENCOURT, Anna Ribeiro de Góes. "Um Héroe na Campanha da Libertação da Bahia: a vida do Sargento-Mór Pedro Ribeiro de Araujo". In: *Illustração Brasileira*, ano 4, nº 34, 1923. In: Hemeroteca Digital Brasileira da Biblioteca Nacional. In: http://memoria.bn.br/DocReader/docreader.aspx?bib=107468&pasta=ano%20192&pesq=jequitaia (acesso em 19/10/2014).

BORGES, Luiz Adriano. "Aspectos econômicos da participação paulista no processo de independência". In: *Almanack*. Guarulhos, nº 6, p. 61-80, 2º semestre de 2013. In: www.almanack.unifesp.br (acesso em 15/07/2015).

BRASIL. MARINHA DO BRASIL. "*A Marinha Imperial e a Independência do Brasil*". In: www.mar.mil.br (acesso em 12/01/2012).

BRAZ DO AMARAL, "A Bahia na Independência Nacional". In: "*2 de julho: A Bahia na Independência Nacional*". Salvador: Fundação Pedro Calmon – Governo do Estado da Bahia, 2010. In: http://www.bv2dejulho.ba.gov.br/portal/ (acesso em 29/09/2014).

BRITO, Adilson Junior Ishihara. "A 'invasão de desertores': as representações senhoriais sobre a 'soldadesca'na Independência". In: *Cadernos de Estudos Sociais*. Recife, vol. 20, nº 2, p. 161-174, jul. /dez., 2004.

BROTHERHOOD, Karina. "Trabalho e organização do Arsenal de Marinha do Rio de Janeiro na década de 1820. In: *Revista Navigator*, nº 3, 2006. In: http://www.revistanavigator.com.br/navig3/art/N3_art1.pdf (acesso em 05/04/2014).

CALMON MONIZ DE BITTENCOURT, Pedro. "A evolução para a Independência". In: *Revista do Instituto Histórico e Geográfico Brasileiro*. Tomo 94, vol. 148, 1923. In: http://www.ihgb.org.br/rihgb.php?s=20 (acesso em 05/10/2014).

CALMON, Jorge. "As lutas pela Independência nos mares da Bahia". In: "*2 de julho: A Bahia na Independência Nacional*". Salvador: Fundação Pedro Calmon – Governo do Estado da Bahia, 2010. In: http://www.bv2dejulho.ba.gov.br/portal/ (acesso em 29/09/2014).

CAVALCANTE, Juliana Rodrigues e DE MORAES, Maria Dione Carvalho. "Da tradição oral da Batalha do Jenipapo e dos diálogos com a política nacional de patrimônio imaterial". In: *Revista FSA*, Teresina, nº 8, 2011. In: http://www4.fsanet.com.br/revista/index.php/fsa/article/view/449 (acesso em 24/07/2014).

CARVALHO SOUZA, Iara Lis. "A adesão das Câmaras e a figura do imperador". In: *Revista Brasileira de História*. Vol. 18, nº 36. São Paulo, 1998. In: www.scielo.br (acesso em 05/06/2012).

COMIRAN, Fernando. "Portugal no Uruguai: um debate sobre a intervenção portuguesa na Banda Oriental do Uruguai (1816)". In: Anais do XXVI Simpósio Nacional de História – ANPUH. São Paulo, julho 2011. http://www.snh2011.anpuh.org/resources/anais/14/1300893727_ARQUIVO_ANPUH2011_PortugalnoUruguai-umdebatesobreaintervencaoportuguesanaBandaOriental-doUruguai-1816.pdf (acesso em 14/08/2014).

CRUZ, Ernesto. "A Exportação da madeira do Pará para Portugal, no Século XVIII". In: *Revista do Instituto Histórico e Geográfico Brasileiro*. Volume 234, janeiro-março de 1957. In: http://www.ihgb.org.br/rihgb.php?s=20 (acesso em 10/12/2013).

CUTRIM, Luísa Moraes. "João Rodrigues de Miranda: relações com as Cortes Portuguesas e disputas políticas na província do Maranhão (1821-1822)". In: II Simpósio de História do Maranhão Oitocentista. Universidade Estadual do Maranhão, 2011.

D'ALENCASTRE, José Martins Pereira. "Memoria chronologica, histórica e corographica da Provincia do Piauhy". In: *Revista do Instituto Histórico e Geográfico Brasileiro*. Tomo XX, 1857. In: http://www.ihgb.org.br/rihgb.php?s=20 (acesso em 10/12/2013).

DA GAMA, Edina Laura Nogueira. "As Forças Armadas e a Construção Nacional (1822-1850): breve análise sobre sua formação e consolidação". XXXVII Conferência de História Militar. Escola de Comando e Estado-Maior do Exército, 2011. In: www.eceme.ensino.eb.br/cihm/Arquivos/.../56.pdf.

DARÓZ, Carlos Roberto Carvalho. "A Milícia em Armas: o soldado brasileiro da guerra de Independência". Trabalho apresentado no XXXVII Congresso Internacional de História Militar. Rio de Janeiro, setembro de 2011. In: www.eceme.ensino.eb.br/cihm/Arquivos/.../30.pdf (acesso em 04/07/2013).

DE LUCENA, Ana Priscilla Barbosa. "Os Corpos Militares na Capitania de São Paulo: um esboço acerca da organização e situação das Tropas de 1ª Linha (1760 -1820)". In: Anais do XIX Encontro Regional de História: Poder, Violência e Exclusão. ANPUH/SP-USP. São Paulo, 08 a 12 de setembro de 2008. In: http://www.anpuhsp.org.br/sp/downloads/CD%20XIX/PDF/Paineis/Ana%20Priscilla%20Barbosa%20de%20Lucena.pdf (acesso em 28/05/2014).

DE SOUZA, Adriana Barreto. "A metamorfose de um militar em nobre: trajetória, estratégia e ascensão social no Rio de Janeiro joanino". In: *Revista Tempo*, n° 24, 2007. In: http://www.scielo.br/pdf/tem/v12n24/a04v1224.pdf (acesso em 25/8/2015).

DIAS TAVARES, Luis Henrique. "A Independência como Decisão da Unidade do Brasil". In: *Luso-Brazilian Review*. Vol. 12, n° 1 (Summer, 1975), p. 58-64. www.jstor.org/stable/3512926.

_____ "Uma Leitura do Manifesto de Cipriano Barata à Bahia em 1823". In: *Revista do Instituto Histórico e Geográfico Brasileiro*. Vol. 149, n° 360, julho-setembro de 1988. In: http://www.ihgb.org.br/rihgb.php?s=20 (acesso em 10/12/2013).

DORATIOTO, Francisco. "Poder naval e política externa do Império do Brasil no Rio da Prata (1822-1852)". In: *Revista Navigator*, 2012. In: http://www.revistanavigator.com.br/navig12/dossie/N12_dossie1.pdf (acesso em 25/08/2014).

FERREIRA, Fábio. "A atuação do General Lecor na incorporação de Montevidéu e sua campanha à monarquia portuguesa: as divergentes interpretações historiográficas no Brasil e no Uruguai". 2010. In: http://cdn.fee.tche.br/jornadas/2/H5-01.pdf (acesso em 13/08/2014).

_____ "O discurso dos deputados orientais na criação do Estado Cisplatino". In: Anais Eletrônicos do VII Encontro Internacional da ANPHLAC. Campinas, 2006. In: http://anphlac.fflch.usp.br/sites/anphlac.fflch.usp.br/files/fabio_ferreira_0.pdf (acesso em 02/03/2014).

_____ "A administração Lecor e a Montevidéu Portuguesa: 1817-1822". In: *Revista Tema Livre*. In: http://www.revistatemalivre.com/lecor10.html (acesso em 21/08/2014).

FIGUEIRA MELLO, Jeronymo de A.. "A Correspondencia do Barão Wenzel de Mareschal (Agente diplomático da Austria no Brasil de 1821 a 1831)". In: *Revista do Instituto Histórico e Geográfico Brasileiro*. Tomo LXXVII, parte I, 1914. In: http://www.ihgb.org.br/rihgb.php?s=20 (acesso em 29/11/2013).

FIGUEIREDO, Aldrin Moura de. "Memórias cartaginesas: modernismo, Antiguidade clássica e a historiografia da Independênia do Brasil na Amazônia, 1823-1893". In: *Revista Estudos Históricos*. Rio de Janeiro, vol. 22, n° 43, janeiro-junho de 2009.

FROTA, Guilherme de Andréa. "A Marinha do Brasil nas Lutas da Independência". Palestra realizada em Soamar, São Paulo. São Paulo: Marinha do Brasil, 1986.

_____ "Organização Militar do Império do Brasil em Decorrência da Emancipação Política (07.09.1822). Escola de Comando e Estado-Maior do Exército Brasileiro. In: http://www.eceme.ensino.eb.br/cihm/Arquivos/PDF%20Files/36.pdf (acesso em 14/11/2013).

GALVES, Marcelo Cheche. "'Aderir', 'jurar' e 'aclamar': o Império no Maranhão (1823-1826)". In: *Almanack*. Guarulhos, nº 1, p. 105-118, 1º semestre de 2011.

_____ "Sobre lutas contra a Independência na América Portuguesa: os 'portugueses' da Província do Maranhão". Universidade Estadual do Maranhão, 2013. In: http://fr.scribd.com/doc/151820775/Texto-Marcelo-Galves-1 (acesso em 04/12/2014).

_____ "Os impressos e as formas de lembrar: memórias produzidas sobre o jornal *Conciliador*, Maranhão, 1821-1823". In: *Recôncavo: Revista de História da UNIABEU*. Ano 1, n° 1, agosto-dezembro de 2011 (A). In: http://www.uniabeu.edu.br/publica/index.php/reconcavo/article/view/263 (acesso em 20/11/2014).

_____ "Demandas provinciais nas Cortes constitucionais portuguesas: Izidoro Rodrigues Pereira, Maranhão, 1822". In: Anais do XXVI Simpósio Nacional de História – ANPUH. São Paulo, julho 2011 (B). In: http://www.snh2011.anpuh.org/resources/anais/14/1312478607_ARQUIVO_ANPUH-SP.pdf (acesso em 24/11/2014).

_____ "Comemorações vintistas no Maranhão (1821-1823)". In: *Revista Outros Tempos*. Volume 8, número 12, dezembro de 2011 (C) – Dossiê História Atlântica e da Diáspora Africana.

_____ "Entre os lustros e a lei: portugueses residentes na cidade de São Luís na época da Independência do Brasil". In: Usos do Passado – XII Encontro regional de História. Anpuh-RJ, 2006. In: http://www.rj.anpuh.org/resources/rj/Anais/2006/conferencias/Marcelo%20Cheche%20Galves.pdf (acesso em 21/11/2014).

GUEDES, Max Justo. "A Marinha nas Lutas da Independência". In: *Revista do Instituto Histórico e Geográfico Brasileiro*. Volume 298, janeiro-março de 1973. In: http://www.ihgb.org.br/rihgb.php?s=20 (acesso em 10/12/2013).

JANCSÓ, István e PIMENTA, João Paulo G.. "Peças de um mosaico (ou apontamentos para o estudo da emergência da identidade nacional brasileira)". In: *Viagem incompleta. A experiência brasileira (1500-2000)*. Carlos Guilherme Mota (org.), 2ª edição. São Paulo: Editora Senac, 2000.

KRAAY, Hendrik. "Em outra coisa não falavam os pardos, cabras e crioulos: o 'recrutamento' de escravos na Guerra da Independência na Bahia". In: *Revista Brasileira de História*. São Paulo, v. 22, n° 43, p. 109-126, 2002. www.scielo.br/scielo.php?script=sci_arttext&pid (acesso em 26/06/2013).

_____ "Muralhas da Independência e liberdade do Brasil: a participação popular nas lutas políticas (Bahia, 1820-1825)". In: *A Independência Brasileira. Novas dimensões*. Organização de Jurandir Malerba. Rio de Janeiro: Editora FGV, 2006.

_____ "Erro Vitorioso". In: *Revista de História*, 2011. In: http://www.revistadehistoria.com.br/secao/capa/erro-vitorioso (acesso em 15/10/2014).

LACOMBE, Américo Jacobina. "A Constituinte Brasileira". In: *Revista do Instituto Histórico e Geográfico Brasileiro*. N° 298, janeiro-março de 1973. In: http://www.ihgb.org.br/rihgb.php?s=20 (acesso em 10/10/2013).

LEITÃO DE CARVALHO, General E.. "Forças Armadas". In: *Revista do Instituto Histórico e Geográfico Brasileiro*. Volume 195, abril-junho de 1947. In: http://www.ihgb.org.br/rihgb.php?s=20 (acesso em 24/11/2013).

LOUREIRO, Heitor de Andrade Carvalho. "A Independência Brasileira: considerações historiográficas". In: *Ibéria Revista Interdisciplinar de Estudos Ibéricos e Ibero-Americanos*. Ano III, n° 13, Juiz de Fora, março-junho/2010. http://www.academia.edu/1821825/A_INDEPENDENCIA_BRASILEIRA_CONSIDERACOES_HISTORIOGRAFICAS (acesso em 16/05/2013).

MADALENO GERALDO, José Custódio. "A Transferência da Família Real para o Brasil: suas consequências". In: *Revista Militar*, n° 2472, Lisboa, janeiro de 2008. In: http://www.revistamilitar.pt/artigo.php?art_id=257 (acesso em 12/05/2014).

MALERBA, Jurandir. "Esboço crítico da recente historiografia sobre a independência do Brasil (c. 1980-2002)". In: *A Independência Brasileira. Novas dimensões*. Organização de Jurandir Malerba. Rio de Janeiro: Editora FGV, 2006.

MARCÍLIO, Maria Luiza. "Crescimento Histórico da População Brasileira até 1872". In: www.cebrap.org.br. (acesso em 18/02/2013).

MARTINS, Helio Leoncio. "A Província Cisplatina do ponto de vista brasileiro". In: *Estudios Historicos – CDHRP*. Año II, n° 4, Marzo 2010. In: http://www.estudioshistoricos.org/edicion_4/helio-leoncio.pdf (acesso em 18/08/2014).

MARTINS, Maria Fernanda Vieira. "Famílias, poderes locais e redes de poder: estratégias e ascensão política das elites coloniais no Rio de Janeiro (1750-1808)". In: Congresso Internacional Pequena Nobreza nos Impérios Ibéricos de Antigo Regime. Lisboa, 18 a 21 de maio de 2011. www.iict.pt/pequenanobreza/arquivo/Doc/t5s1-02.pdf (acesso em 17/06/2013).

MAXWELL, Kenneth. "Por que o Brasil foi diferente? O contexto da independência". In: *Viagem incompleta. A experiência brasileira (1500-2000)*. Carlos Guilherme Mota (org.), 2ª edição. São Paulo: Editora Senac, 2000.

MELLO, Evaldo Cabral de. "Frei Caneca ou a outra independência. In: *Frei Joaquim do Amor Divino Caneca*. Organização de Evaldo Cabral de Mello. São Paulo: E. 34, 2001.

MENDONÇA, Sonia Regina de. "Independência do Brasil em Perspectiva Historiográfica". In: *Revista Pilquen. Sección Ciencias Sociales. Dossier Bicentenario*. Año XII, n° 12, 2010.

MIRANDA, Marcia Eckert. "Ao Sul das Cortes: a Independência na Província do Rio Grande de São Pedro do Sul". In: *Revista Nuevo Mundo*. Debates, 2013. In: http://nuevomundo.revues.org/65334?lang=pt (acesso em 25/08/2014).

MORGATO, Sérgio Roberto Dentino. "Os combates de Itaparica e Pirajá". In: *"2 de julho: A Bahia na Independência Nacional"*. Salvador: Fundação Pedro Calmon – Governo do Estado da Bahia, 2010. In: http://www.bv2dejulho.ba.gov.br/portal/ (acesso em 29/09/2014).

NEVES, Lúcia Bastos P. "Parte 2 – A Vida Política". In: *História do Brasil Nação: 1808/2010*. Volume 1: *Crise Colonial e Independência (1808-1830)*. Coordenação: Alberto da Costa e Silva. Direção: Lilia Moritz Swarcz. Rio de Janeiro: Objetiva, 2011.

_____ "A 'Guerra de Penas': os impressos políticos e a independência do Brasil". In 8Tempo, agosto de 1999. www.historia.uff.br. (acesso em 15/06/2012).

_____ "Estado e política na Independência". In: *O Brasil Imperial*, volume I: 1808-1831. Organização Keila Grinberg e Ricardo Salles. Rio de Janeiro: Civilização Brasileira, 2009.

_____ "O Império Luso-Brasileiro redefinido: o debate político da Independência (1820-1822)". In: *Revista do Instituto Histórico e Geográfico Brasileiro*. N° 387, abril-junho de 1995. In: http://www.ihgb.org.br/rihgb.php?s=20 (acesso em 04/12/2013).

NIZZA DA SILVA, Maria Beatriz. "D. Pedro e o Processo de Independência do Brasil". *Estudos em Homenagem a Luís António de Oliveira Ramos*. Faculdade de Letras da

Universidade do Porto, 2004, p. 1011-1018. In: www.ler.letras.up.pt (acesso em 29/03/2012).

_____ "Autonomia e Separatismo". In: *Clio – Revista de Pesquisa Histórica*. Nº 30.1, 2012. http://www.revista.ufpe.br/revistaclio/index.php/revista/article/view/260 (acesso em 15/05/2013).

NUNES, Francivaldo Alves. "A Amazônia e a formação do Estado Imperial no Brasil: unidade do território e expansão de domínio". In *Almanack*. Guarulhos, nº 3, p. 54-65, 1º semestre de 2012.

OBERACKER JR., Carlos H.. "Por que D. Pedro declarou a Independência do Brasil". In: *Revista do Instituto Histórico e Geográfico Brasileiro*. Nº 349, outubro-dezembro de 1985. In: http://www.ihgb.org.br/rihgb.php?s=20 (acesso em 10/12/2013).

OLIVEIRA, Mayra Cardoso Baêta de. "As Companhias Milicianas de Pedestres no Maranhão (Década de 1820). II Simpósio de História do Maranhão Oitocentista. São Luís, Universidade Estadual do Maranhão – Uema, 7 a 10 de junho de 2011. In: www.outrostempos.uema.br/anais/pdf/sena.pdf (acesso em 30/11/2014).

OLIVEIRA RAMOS, Luís A. de. "A Revolução de 1820 e a Revolução Francesa". Palestra proferida em 25/01/1985, na Universidade de Bordeaux. In: www.ler.letras.up.pt (acesso em 25/04/2012).

PAIVA ABREU, Marcelo de & CORREIA DO LAGO, Luiz Aranha. "A economia brasileira no Império, 1822-1889". In: *Textos para Discussão*, nº 584. Departamento de Economia PUC-Rio. In: http://www.econ.puc-rio.br/pdf/td584.pdf (acesso em 20/11/2013).

PARENTE, Paulo André Leira. "A construção de uma nova História Militar". In: *Revista Brasileira de História Militar*. Ano I, Edição Especial de Lançamento. Dezembro de 2009. www.historiamilitar.com.br/Artigo1RHBM0.pdf (acesso em 10/05/2013).

PASCOAL, Isaías. "Fundamentos econômicos da participação política do sul de Minas na construção do Estado brasileiro nos anos 1822-1840". In: *Economia e Sociedade*. Campinas, v. 17, nº 2 (33), p. 133-157, agosto de 2008.

PELEGRINO, Humberto. "História Militar da Independência (Circunstâncias e contradições)". In: *Revista do Instituto de Geografia e História Militar do Brasil*. Nº 326, janeiro-março, 1980. In: http://www.ihgb.org.br/rihgb.php?s=20www.ihgb.gov.br (acesso em 19/03/2013).

PEDREIRA, Jorge Miguel. "Capítulo 1 – Economia e Política na explicação da independência do Brasil". In: MALERBA, Jurandir (org.). *A Independência brasileira: novas dimensões*. Rio de Janeiro: Editora FGV, 2006.

PEREIRA DE ARAÚJO, João Hermes. "Capítulo I – A Herança Colonial". In: *Três en-*

saios sobre diplomacia brasileira. Brasília: Ministéiro das Relações Exteriores, 1989.

PEREIRA, Marcos Henrique de Faria. "Uma leitura historiográfica de três contribuições do livro *A experiência do tempo*". In: *Fênix – Revista de História e Estudos Culturais*. Julho/ Agosto/ Setembro de 2009, vol. 6, ano VI, n° 3. http://www.revistafenix.pro.br (acesso em 21/05/2013).

PIMENTA, João Paulo G.. "A independência do Brasil como uma revolução: história e atualidade de um tema clássico". In: *História da Historiografia*. Ouro Preto, n° 3, setembro de 2009, pfs 53-82. www.historiadahistoriografia.com.br/revista (acesso em 15/01/2013).

_____ "Portugueses, americanos, brasileiros: identidades políticas na crise do Antigo Regime luso-americano". In: *Almanack Braziliense*, n° 3, maio de 2006. In: http://www.ieb.usp.br/publicacoes/doc/almanack_03_1322177388.pdf (acesso em 10/04/2015).

RABELO, Alberto. "O Papel de Chachoeira nas Lutas de Independência". In: *2 de julho: A Bahia na Independência Nacional*. Salvador: Fundação Pedro Calmon – Governo do Estado da Bahia, 2010. In: http://www.bv2dejulho.ba.gov.br/portal/(acesso em 29/09/2014).

REIS, Arthur Cezar Ferreira. "Portugal no seu esforço de independência e autonomia do Brasil. In: *Revista do Instituto Histórico e Geográfico Brasileiro*. Volume 249, outubro-dezembro de 1960. http://www.ihgb.org.br/rihgb.php?s=20 (acesso em 03/12/2013).

RICÚPERO, Rubens. "Parte 3: O Brasil no Mundo". In: *História do Brasil Nação: 1808/2010*. Volume 1: *Crise Colonial e Independência (1808-1830)*. Coordenação: Alberto da Costa e Silva. Direção: Lilia Moritz Swarcz. Rio de Janeiro: Objetiva, 2011.

RIOS, José Arthur. "Estrutura agrária brasileira na época da Independência". In: *Revista do Instituto Histórico e Geográfico Brasileiro*. Volume 298, janeiro-março de 1973. In: http://www.ihgb.org.br/rihgb.php?s=20 (acesso em 04/12/2013).

RUBIM, Braz da Costa. "Memoria sobre a Revolução do Ceará em 1821". In: *Revista do Instituto Histórico e Geográfico Brasileiro*. Tomo XXIX, parte Segunda, 1866. In: http://www.ihgb.org.br/rihgb.php?s=20 (acesso em 05/12/2013).

SANCHES, Marcos Guimarães. "A Guerra: problemas e desafios do campo da História Militar Brasileira". In *Revista do Instituto de Geografia e História Militar do Brasil*. Ano 66 – n° 94 Especial – 2007 e 2008. In: www.ighmb.gov.br (acesso em 19/03/2013).

SANTOS, Francisco Ruas. "A Independência do Brasil do ponto de vista militar terrestre. In: *Revista do Instituto Histórico e Geográfico Brasileiro*. Volume 298, janeiro-março, 1973. In: http://www.ihgb.org.br/rihgb.php?s=20 (acesso em 23/09/2013).

SANTOS DA SILVA, Luiz Geraldo. "O avesso da independência: Pernambuco (1817-24)". In: *A Independência Brasileira. Novas dimensões*. Organização de Jurandir Malerba. Rio de Janeiro: Editora FGV, 2006, capítulo 10.

SCHIAVINATTO, Iara Lis. "Questões de poder na fundação do Brasil: o governo dos homens e de si (c. 1780-1830)". In: *A Independência Brasileira. Novas dimensões*. Organização de Jurandir Malerba. Rio de Janeiro: Editora FGV, 2006.

_____ "Entre histórias e historiografias: algumas tramas do governo joanino". In: *O Brasil Imperial*, volume I: 1808-1831. Organização Keila Grinberg e Ricardo Salles. Rio de Janeiro: Civilização Brasileira, 2009.

SCHWATZ, Stuart B.. "'Gente da terra braziliense da nasção'. Pensando o Brasil: a construção de um povo". In: *Viagem incompleta. A experiência brasileira (1500-2000)*. Carlos Guilherme Mota (org.), 2ª edição. São Paulo: Editora Senac, 2000.

SENA, Ana Lívia Aguiar de. *As Cortes Gerais e Extraordinárias da Nação Portuguesa: espaço do cidadão maranhense na resolução de suas querelas*. II Simpósio de História do Maranhão Oitocentista, São Luís, 2011.

SOARES, Luiz Carlos. O "Povo de Cam" na Capital do Brasil: a escravidão urbana no Rio de Janeiro do Século XIX. Rio de Janeiro: Faperj – 7Letras, 2007. In: www.books.google.fr (acesso em 26/02/2014).

SOBRINHO, Antonio de Araújo de Aragão Bulcão. "A Bahia nas Côrtes de Lisboa de 1821". In: *Revista do Instituto Histórico e Geográfico Brasileiro*, vol 226, janeiro-março de 1955. In: http://www.ihgb.org.br/rihgb.php?s=20 (acesso em 15/12/2013).

SOUZA, Márcio. "Afinal, quem é mais moderno neste país?". In: *Estudos Avançados*, nº 19 (53), 2005.

SOUZA, Antonio Moniz. "Entrada do Exército Pacificador na Bahia". In: *"2 de julho: A Bahia na Independência Nacional"*. Salvador: Fundação Pedro Calmon – Governo do Estado da Bahia, 2010. In: http://www.bv2dejulho.ba.gov.br/portal/(acesso em 29/09/2014).

SOUZA FILHO, Agemiro Ribeiro de. "Projetos políticos na revolução constitucionalista na Bahia (1821-1822)". In: *Almanack Braziliense*, nº 07, maio de 2008.

_____ "Entre a Bahia e o Rio de Janeiro: articulações políticas e o reordenamento do poder no tempo da Independência (1821-1823)". In: *Revista Binacional Brasil Argentina*. Vol. 1, nº 2, p. 33 a 53. Vitória da Conquista, dezembro de 2012. In: http://periodicos.uesb.br/index.php/rbba/article/view/1962 (acesso em 30/09/2014).

VALE, Brian, "English and Irish Naval Officers in the War for Brazilian Independence". *Irish Migration Studies in Latin America*, vol. 4, n° 3, July 2006. In: http://irlandeses.org/0607_102to114.pdf (acesso em 28/05/2014).

VASCONCELOS, Pedro de Almeida. "Salvador, rainha destronada? (1763-1823)". In: *História* (São Paulo), v. 30, n° 1, p. 174-188, jan.-jun. 2011. In: www.scielo.br/pdf/his/v30n1/v30n1a08.pdf (último acesso em 02/09/2013).

VIANNA, Hélio. "José Bonifácio e os Imperadores D. Pedro I e Dom Pedro II". In: *Revista do Instituto Histórico e Geográfico Brasileiro*, nº 260, julho-setembro de 1963. In: http://www.ihgb.org.br/rihgb.php?s=20 (acesso em 10/12/2013).

_____ "A Independência e o Império". In: *Revista do Instituto Histórico e Geográfico Brasileiro*. Volume 263, abril-junho de 1964. In: http://www.ihgb.org.br/rihgb.php?s=20 (acesso em 10/10/2013).

VIEIRA, Martha Victor. "Cunha Mattos em Goiás: os conflitos de jurisdição entre o Governo das Armas e o Governo civil (1823-1826)". In: *Revista Territórios & Fronteiras*. Cuiabá, vol. 5, n° 2, julho-dezembro 2012. In: http://www.ppghis.com/territorios&fronteiras/index.php/v03n02/search/titles?searchPage=3 (acesso em 10/03/2014).

VINHOSA, Francisco Luiz Teixeira. "Administração Provincial em Minas Gerais". In: *Revista do Instituto Histórico e Geográfico Brasileiro*. A. 160, número 403, abril-junho de 1999. In: http://www.ihgb.org.br/rihgb.php?s=20 (acesso em 16/11/2013).

WEHLING, Arno. "Constitucionalismo e engenharia social no contexto da independência". In: *Revista do Instituto Histórico e Geográfico Brasileiro*, nº 150 (363), abril-junho de 1989. In: http://www.ihgb.org.br/rihgb.php?s=20 (acesso em 25/11/2013).

WEHLING, Arno e WEHLING, Maria José. "Exército, Milícias e Ordenanças na Corte Joanina: permanências e modificações". In: *Revista da Cultura*, ano VIII, n° 14, 2008. In: www.funab.org.br (acesso em 21/05/2013).

7) TESES E LIVROS

ALVES DE CARVALHO, Maria do Amparo. "Batalha do Jenipapo: reminiscências da cultura material em uma abordagem arqueológica". Tese de doutorado. Programa de pós-graduação em história da Faculdade de Filosofia e Ciências Humanas da PUC-RS, 2014. In: http://repositorio.pucrs.br/dspace/handle/10923/6740 (acesso em 11/08/2014).

ANJOS, João Alfredo dos. *José Bonifácio: primeiro Chanceler do Brasil*. Brasília: Fundação Alexandre de Gusmão, 2007.

ARAÚJO, João Hermes Pereira. "A Herança Cultural". Capítulo I. In: *Três ensaios sobre diplomacia brasileira* – João Hermes Pereira Araújo, Marcos Azambuja, Rubens Ricúpero. Brasília: Ministério das Relações Exteriores, 1989.

ARMITAGE, John. *História do Brazil, desde a chegada da Real Família de Bragança, em 1808, até a abdicação do Imperador Dom Pedro Primeiro, em 1831*. Rio de Janeiro, J. Vileneuve, 1837. In: Brasiliana USP, Coleção . In: www.brasiliana.usp.br (acesso em 20/04/2013).

BARROSO, Gustavo. *História Militar do Brasil*. Rio de Janeiro: Bibliex, 2000.

BIELINSKI, Alba Carneiro. *Os Fuzileiros Navais na História do Brasil*. Rio de Janeiro: Agência 2ª Comunicação, 2008. In: www.mar.mil.br/cgcfn/.../Livro_Historico_FN.pdf (acesso em 10/05/2013).

BONAPARTE, Luigi. *A guerra*. São Paulo: Estação Liberdade, 2001.

BOURDÉ, Guy e MARTIN, Hervé. *Les Écoles Historiques*. Paris: Points, 1997, p. 364.

BRASIL. EXÉRCITO BRASILEIRO. *O Exército na História do Brasil*. Volume 2. Rio de Janeiro, Biblioteca do Exército Editora; Salvador: Odebrecht, 1998.

BRASIL. MARINHA DO BRASIL. *História Naval Brasileira*. Volume Primeiro, tomo I. Rio de Janeiro: Serviço de Documentação da Marinha, 1975.

_____ *História Naval Brasileira*. Segundo Volume, tomo II, Rio de Janeiro: Ministério da Marinha, 1979.

_____ *A Marinha de Guerra do Brasil na Lucta da Independência – Apontamentos para a História*. Rio de Janeiro: Typographia de J. D. de Oliveira, 1880. In: Senado Federal. Obras Raras. In: www.senado.gov.br (acesso em 15/10/2013).

BUARQUE DE HOLANDA, Sérgio (direção). *História Geral da Civilização Brasileira*. Tomo II: O Brasil Monárquico. 1º Volume: *O Processo de Emancipação*. 2ª edição. São Paulo: Difusão Europeia do Livro, 1965.

BRITO, Anísio. *O Município de Piracuruca (Separata do O Piauhy no Centenário de Sua Independencia)*. Piracuruca, reedição de Haroldo Barros, 2000. In: http://www.piracuruca.com/index.php/revistas-e-livros (acesso em 01/08/2014).

CARNEIRO, José García. *La racionalidad de la guerra. Borrador para una crítica de la razón bélica*. Madrid: Biblioteca Nueva, 2000.

CARVALHO, José Murilo de. *A construção da ordem: a elite imperial. Teatro de Sombras: a politica Imperial*, 4ª ed. Rio de Janeiro: Civilização Brasileira, 2008.

CERVO, Amado Luiz e BUENO, Clodoaldo. *História da política exterior do Brasil*, 2ª ed., Brasília: Editora Universidade de Brasília, 2002.

CHAVES, Monsenhor Joaquim. *O Piauí nas lutas da independência do Brasil*. Teresina: Alínea Publicações Editora, 2005.

CLAUSEWITZ, Carl Von. *On War*. Hertfordshire: Wordsworth, 1997.

COSTA E SILVA, Alberto. Capítulo I, "História do Brasil Nação: 1808/2010". Volume 1:

Crise colonial e Independência (1808-1830). Coordenação: Alberto da Costa e Silva. Direção: Lilia Moritz Swarcz. Rio de Janeiro: Objetiva, 2011.

DA SILVA, Alfredo Pretextato Maciel. *Os Generaes do Exercito Brazileiro – de 1822 a 1889. Traços Biographicos*. Rio de Janeiro: Impressores M. Orosco & Cia., 1906. In: https://archive.org/stream/osgeneraesdoexr00silvgoog#page/n5/mode/2up (acesso em 22/05/2014).

DELFIM, Maria Elisa Ribeiro. "Viva a Independência do Brasil!: a atuação da elite política sanjoanense no processo de Independência (1808-1822)". Dissertação apresentada no curso de pós-graduação em história da Universidade Federal de São João del Rei, 2011. In: http://www.ufsj.edu.br/portal2-repositorio/File/pghis/DissertacaoMariaElisa.pdf (acesso em 10/02/2015).

DIAS TAVARES, Luís Henrique. *A Independência do Brasil na Bahia*. Rio de Janeiro: Civilização Brasileira, 1977.

_____ *História da Bahia*, 11ª ed., São Paulo: Editora da Unesp; Salvador: EDUFBA, 2008, p. 200.

DIEGUES, Fernando. *A Revolução Brasílica: o projeto político e a estratégia da Independência*. Rio de Janeiro: Objetiva, 2004.

FAUSTO, Boris. *História do Brasil*, 8ª ed., São Paulo: Edusp, 2000.

FERREIRA, Oliveiros Silva. *Os 45 Cavaleiros Húngaros: uma leitura dos cadernos de Gramsci*. São Paulo: Hucitec, 1986.

FERREIRA, Fábio. *O General Lecor, os Voluntários Reais e os Conflitos pela Independência do Brasil na Cisplatina (1822-1824)*. Tese de doutorado apresentada ao programa de pós-graduação em história da Universidade Federal Fluminense. Niterói, 2012. In: http://www.historia.uff.br/stricto/td/1408.pdf (acesso em 14/08/2014).

FERREIRA, Gabriela Nunes. *O Rio da Prata e a consolidação do Estado imperial*. São Paulo: Hucitec, 2006.

FERNANDES, Florestan. *Revolução burguesa no Brasil*. Coleção Intérpretes do Brasil. Coordenação de Silviano Santiago. Volume III. Rio de Janeiro: Editora Nova Aguiar, 2002.

GALVES, Marcelo Cheche. *Ao Público Sincero e Imparcial: imprensa e Independência do Maranhão (1821-1826)*. Tese apresentada ao programa de pós-graduação em história da Universidade Federal Fluminense. Niterói, 2010. www.historia.uff.br/stricto/td/1199.pdf (acesso em 15/12/2012).

CHAVES, Monsenhor Joaquim. *O Piauí nas lutas de independência do Brasil*. Teresina: Alínea Publicações Editora, 2005.

GODIN, Christian. *La Guerre*. Nantes: Éditions du Temps, 2006.

GOMES, Laurentino. *1822: como um homem sábio, uma princesa triste e um escocês louco por dinheiro ajudaram D. Pedro a criar o Brasil, um país que tinha tudo para dar errado*. Rio de Janeiro: Nova Fronteira, 2010.

GOMES DE CARVALHO, M.E. *Os Deputados brasileiros nas Cortes Gerais de 1821*. Porto: Livraria Chardron, 1912. (in: www.gutemberg.com (acesso em 25/04/2012).

GONÇALVES, Paulo Frederico Ferreira. "As Cortes Constituintes (1821-1822) e a Independência do Brasil". Dissertação de mestrado. Porto, Universidade Portucalense, 1997. In:https://alpha.sib.uc.pt/?q=content/cortes-constituintes-1821-1822-e-independ%C3%AAncia-do-brasil (acesso em 13/03/2013).

GUERRA FILHO. Sérgio Armando Diniz. *O Povo e a Guerra: participação das camadas populares nas lutas pela independência do Brasil na Bahia*. Dissertação apresentada ao programa de pós-graduação em história social da Universidade Federal da Bahia. Salvador, 2004. www.ppgh.ufba.br/IMG/pdf/O_Povo_e_a_Guerra.pdf (acesso em 05/07/2011)

IGLESIAS, Francisco. *Trajetória política do Brasil: 1500-1964*. São Paulo: Companhia das Letras, 1993.

JUNQUEIRA, Lucas de Faria. "A Bahia e o Prata no Primeiro Reinado: comércio, recrutamento e guerra cisplatina (1822-1831)". Dissertação apresentada ao programa de pós-graduação em história da Universidade Federal da Bahia. Salvador, 2005. In: https://repositorio.ufba.br/ri/bitstream/ri/11345/1/Dissertacao%20Lucas%20Junqueiraseg.pdf (acesso em 22/08/2014).

LEMOS, Juvêncio Saldanha. *Os mercenários do imperador*. Rio de Janeiro: Biblioteca do Exército, 1996.

LIMA, Oliveira. *O movimento da Independência, 1821-1822*, 6ª ed., Rio de Janeiro: Topbooks, 1997.

_____ *D. João VI no Brasil (1808-1821)*. Segundo volume. Rio de Janeiro: Typ. do Jornal do Commercio, 1908. In: http://www.yumpu.com/pt/document/view/12657111/dom-joao-vi-no-brazil-1808-1821 (acesso em 27/01/2014).

LIMA, Edyene Moraes dos Santos. "Honradas Famílias: poder e política no Maranhão do Século XIX (1821-1823)". Dissertação de mestrado apresentada ao programa de pós-graduação em história da Universidade Federal da Paraíba, João Pessoa, 2009. In: http://www.cchla.ufpb.br/ppgh/2009_mest_edyene_lima.pdf (acesso em 21/11/2014).

LUSTOSA, Isabel. *Insultos impressos: a guerra dos jornalistas na Independência (1821-1823)*. São Paulo: Companhia das Letras, 2000.

_____ *Dom Pedro I: um herói sem nenhum caráter*. São Paulo: Companhia das Letras, 2006.

LUZ SORIANO, Simão José da. *História de El-Rei Dom João VI, Primeiro Rei Constitucional de Portugal e do Brasil*. Lisboa: Typographia Universal, 1866. Cópia pertencente à Universidade da Califórnia. In: http://books.google.com (acesso em 05/12/2013).

MACHADO, André Roberto de Arruda. *A Quebra da Mola Real das Sociedades: a crise política do Antigo Regime português na província do Grão-Pará (1821-1825)*. Tese de doutorado apresentada na Universidade de São Paulo. São Paulo, 2006.

MAGALHÃES, João Batista. *A evolução militar do Brasil*, 3ª ed. Rio de Janeiro: Biblioteca do Exército Ed., 2001.

MELLO, Evaldo Cabral de. *A outra independência: o federalismo pernambucano de 1817 a 1824*, 2ª ed. São Paulo: Editora 34, 2014.

_____ *A educação pela guerra: Leituras cruzadas de história colonial*. São Paulo: Penguin Classics Companhia das Letras, 2014.

MENDES, Francisco Iweltman Vasconcelos. "Parnaíba: Educação e Sociedade na Primeira República". Dissertação de mestrado. Teresina, Universidade Federal do Piauí, 2007. In: http://www.ufpi.br/subsiteFiles/ppged/arquivos/files/Fco%20Iweltman%20Mendes(1).pdf (acesso em 15/02/2014).

NABUCO, Joaquim. *Um estadista do Império*, 5ª ed., Rio de Janeiro: Topbooks, 1997.

NEVES, Abdias. *A guerra do Fidié. Uma epopéia brasileira na luta pela independência*, 4ª ed. Teresina: Fundapi, 2006.

NOGUEIRA, Shirley Maria Silva. "A soldadesca desenfreada: politização militar no Grão-Pará da Era da Independência (1790-1850)". Tese apresentada ao programa de pós-graduação em história da Universidade Federal da Bahia. Salvador, 2009. www.dominiopublico.gov.br/ (acesso em 23/11/2012).

NOVAIS, Fernando A. *Portugal e Brasil na crise do antigo sistema colonial (1777-1808)*, 2ª ed. São Paulo: Editora Hucitec, 1983.

PEREIRA, Aline Pinto. "A Monarquia constitucional representativa e o lócus da soberania no Primeiro Reinado: Executivo versus Legislativo no contexto da Guerra da Cisplatina e a formação do Estado no Brasil". Tese de doutorado. Curso de pós-graduação em história social da Universidade Federal Fluminense. Niterói, 2012. In: http://www.historia.uff.br/stricto/td/1390.pdf (acesso em 21/08/2014).

PRADO JÚNIOR, Caio. *Formação do Brasil contemporâneo*. Coleção Intérpretes do Brasil. Coordenação de Silviano Santiago. Volume III. Rio de Janeiro: Editora Nova Aguiar, 2002.

RAIOL, Domingos Antonio. *Motins Políticos ou Historia dos Principaes Acontecimentos Politicos da Provincia do Pará, desde o anno de 1821 até 1835*. Rio de Janeiro: Typographia do Imperial Instituto Artistico, 1865. In: Google Books, http://books.google.fr/books/about/Motins_politicos_ou_Historia_dos_princip.html?id=5Q9QAAAAYAAJ&redir_esc=y (acesso em 15/12/2014).

REIS, Amada de Cássia Campos. "História e Memória da Educação em Oeiras – Piauí". Dissertação de mestrado. Teresina, Universidade Federal do Piauí, 2006. In: http://www.ufpi.br/subsiteFiles/ppged/arquivos/files/dissertacao/2006/historia_oeias-amada.pdf (acesso em 23/07/2014)

RIO BRANCO, Barão do. "Esboço da História do Brasil". In: *Obras do Barão do Rio Branco VIII: estudos históricos*. Brasília: Fundação Alexandre de Gusmão, 2012.

ROCHA, Antônio Penalves. *A recolonização do Brasil pelas Cortes: História de uma invenção historiográfica*. São Paulo: Editora Unesp, 2009.

ROHLOFF DE MATTOS, Ilmar. *O Tempo Saquarema. A formação do Estado Imperial*, 2ª edição. São Paulo: Editora Hucitec, 1990.

RODRIGUES, José Honório. *Independência: Revolução e Contra-Revolução*. Rio de Janeiro, Biblioteca do Exército Editora, 2002.

RODRIGUES, José Honório e SEITENFUS, Ricardo A. S. *Uma história diplomática do Brasil, 1531-1945*. Organização de Lêda Boechat Rodrigues. Rio de Janeiro: Civilização Brasileira, 1995.

RODRIGUES, Neuma Brilhante. "Nos caminhos do Império: a trajetória de Raimundo José da Cunha Mattos". Tese de doutorado. Universidade de Brasília, 2008. In: http://repositorio.unb.br/bitstream/10482/5134/1/2008_NeumaBRodrigues.pdf?origin=publication_detail (acesso em 06/05/2014).

SELVAGEM, Carlos. *Portugal militar. Compêndio de história militar e naval de Portugal*. Coleção Temas Portugueses. Lisboa: Imprensa Nacional – Casa da Moeda, 1999.

SILVA DIAS, Maria Odila Leite da. *A interiorização da metrópole e outros estudos*, 2ª ed. São Paulo: Alameda, 2005.

SIQUARA SILVA, Marcelo Renato. "Independência ou morte em Salvador: O cotidiano da capital da Bahia no contexto do processo de independência brasileiro (1821-1823)". Dissertação apresentada ao programa de pós-graduação em história social do Departamento de História da Universidade Federal da Bahia. Salvador, 2012. In: http://www.ppgh.ufba.br/wp-content/uploads/2013/09/Independ%C3%AAncia-ou-morte-em-Salvador.pdf(acesso em 25/09/2014).

SODRÉ, Nelson Werneck. *História militar do Brasil*, 2ª ed. São Paulo: Expressão Popular, 2010.

SOUZA, Otávio Tarquínio de. *José Bonifácio*. Belo Horizonte: Itatiaia; São Paulo: Editora da Universidade de São Paulo, 1988.

SOUZA, Paulo Gutemberg de Carvalho. "História e Identidade: as narrativas da piauiensidade". Dissertação de mestrado. Universidade Federal do Piauí. Teresina, 2008. In: http://www.livrosgratis.com.br/arquivos_livros/cp104679.pdf (acesso em 25/07/2014).

SCHWARCZ, Lilia Moritz. *A longa viagem da biblioteca dos reis: do terremoto de Lisboa à Independência do Brasil*. Lilia Moritz Schwarcz com Paulo Cesar de Azevedo e Angela Marques da Costa. São Paulo: Companhia das Letras, 2002.

TAUNAY, Visconde de. *A Retirada da Laguna*. Coleção Obra-Prima de Cada Autor. São Paulo: Martin Claret, 2005.

VARNHAGEN, Francisco Adolpho de. *História Geral do Brasil*. Tomo II. Rio de Janeiro: E. E. H. Laemmert, 1857. Disponibilizado em Google Books, http://books.google.com.br/books?id=Gl0OAAAAQAAJ&printsec=frontcover&hl=pt-BR&source=gbs_ge_summary_r&cad=0#v=onepage&q&f=false (acesso em 20/06/2013).

_____ *História da Independência do Brasil*, 3ª ed., São Paulo: Edições Melhoramentos, 1957.

VIANNA, Hélio. *História diplomática do Brasil*. Rio de Janeiro: Biblioteca do Exército, 1958.

WRIGHT, Quincy. *A guerra*. Rio de Janeiro: Biblioteca do Exército, 1988.

VALE, Brian. *Una guerra entre ingleses*, 1ª ed. Buenos Aires: Instituto de Publicaciones Navales, 2005.

VIEIRA DA SILVA, Luiz Antonio. *História da Independência da Provincia do Maranhão (1822-1828)*. Maranhão: Typographia do Progresso, 1862. Acervo da Universidade da Califórnia. Digitalizado pelo Google Books. In: Hathi Trust, http://babel.hathitrust.org/cgi/pt?id=uc1.b3630975;view=1up;seq=8 (acesso em 28/11/2014).

VIOTTI DA COSTA. *Da Monarquia à República: momentos decisivos*, 9ª ed. São Paulo: Editora Unesp, 2010.

Este livro foi impresso pela Edigráfica.